영남대학교

인문학

육성총서

• • • 21

스스로 역사가 될 수 없었던 사람들 - 진휘속고
초판 발행 2018년 6월 30일
옮긴이 김혈조·송병렬·정은진·최종호
김남규·양재성·박다원·이심권
디자인 정재완
펴낸곳 영남대학교출판부
펴낸이 서길수
출판등록 1975년 9월 5일 경산 제16-1호
주소 경북 경산시 대동 214-1
전화 053) 810-1801~3
FAX 053) 810-4722
홈페이지 book.yu.ac.kr

ISBN 978-89-7581-577-5 93990

이 도서의 국립중앙도서관 출판예정도서목록(CIP)은
서지정보유통지원시스템 홈페이지(http://seoji.nl.go.kr)와
국가자료공동목록시스템(http://www.nl.go.kr/kolisnet)에서
이용하실 수 있습니다. (CIP제어번호 : CIP2018013837)

값은 표지 뒷면에 있습니다.
잘못 만들어진 책은 바꾸어 드립니다.

스스로 역사가 될 수 없었던 사람들

-진휘속고震彙續攷

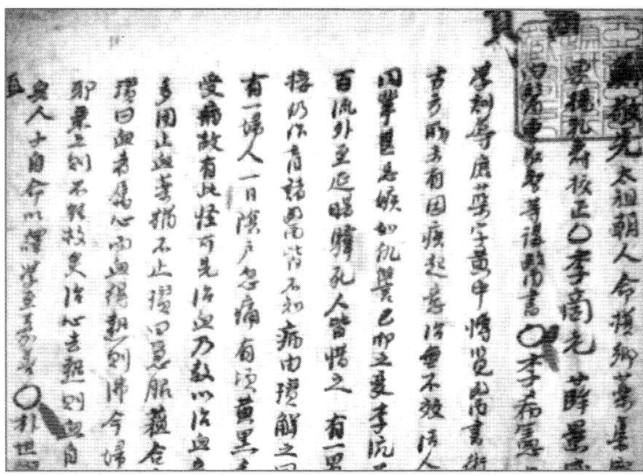

김혈조·송병렬·정은진·최종호
김남규·양재성·박다원·이심권 옮김

영남대학교출판부

서문

벽초 홍명희 선생의 소설『임꺽정』의형제 편에 박유복이 아버지를 죽게 한 원수 노첨지의 목을 잘라 재에 묻혀서 그 아버지 무덤 앞에 원수를 갚았다고 고유하고 통곡하는 장면은 이 소설의 이름난 장면 중의 하나이다. 이후 관군에 쫓기는 박유복이 산중의 당집에서 제물로 받쳐진 여인을 아내로 취하여 도망하다가 산적 오가의 사위노릇을 하게 되는 기구한 사연은 그가 살아왔던 인생역정도 대단히 험난했지만, 도적으로 살아갈 앞날이 대단히 순탄하지 못할 것이라는 사실을 예고하는 듯하다. 이후 청석골로 모여드는 도적들은 하나같이 기구한 사연을 간직한 백성들의 하나이다. 역사 현실 밖으로 내몰린 이들은 자신의 이름도 없이 단지 양반 기록자들에 의해 도적으로 역사에 불렸을 뿐이다.

그 박유복은 어떤 인물인가? 물론 소설의 작중인물이므로 가공된 인물이지만, 전혀 터무니없는 허구의 인물은 아니다. 유복이라는 이름처럼, 그는 유복자로 태어났다. 소설에 의하면 그의 아버지는 황해도 강령 출신의 농부로, 실농한 원인이 정치의 잘못이라는 푸념을 늘어놓다가 역모로 고변을 당하여 서울 의금부에 압송되어 옥에서 죽은 인물이다. 그 부인이 옥바라지를 위해 서울에 왔다가 남편이 죽은 뒤에 낳은 유복자가 바로 박유복이다. 갖바치의 배려로 한양에서 살게 된 박유복은 꺽정이 이봉학 등의 언니와 함께 자라며, 불투명한 앞날의 운명적인 삶을 살게 된다.

박유복은 전혀 가공의 인물일 수 있지만, 그의 아버지는 역사속에 실재했던 인물이다. 소설 속에 등장하는 박유복 아버지의 이야기는 패관잡기 등 문헌기록에 그대로 나오는 내용이다. 강령지방의 이름없는 민초이었기에 농부 출신으로 처리되어 있지만, 중종 연간에 실존했던 백성이다. 곧 박유복 아버지의 사연은 사실에 근거한 것이다. 벽초는 이 사실에 근거해서 박유복이라는 인물을 창조한 것이다. 말하자면 벽초는 박유복을 이 억울한 민초와 부자 관계로 설정하여, 그의 타고난 이력과 앞으로 살아갈 운명이 결코 세상과 조화를 이룰 수 없음을 운명적으로 그려놓았던 것이다.

패관잡기와 소설 임꺽정 등의 문헌이 아니었다면 박유복의 아버지는 역사 속에서 사라졌을 인물이다. 실존했지만, 한 맺힌 사연을 간직한 비운의 인물이지만 역사 기록에 단 한 줄의 기록도 남기지 못하였을 것이다. 우리의 역사 기록은 주로 문자(한자)를 아는 양반 사대부들의 전유물이었다. 전통시대 인구의 대부분을 차지했던 민중들은 철저히 문자에서 소외되었고, 자신에 대한 기록을 전혀 남길 수 없었던 것이 역사적 진실이다. 곧 스스로 역사가 될 수 없었던 사람들이다. 역사책에 기록되지 못한, 역사 없는 수많은 사람들의 역사는 어디에서 찾을 수 있을까? 그들의 실재가 존재하지 않는다면 역사를 올바로 설명할 수 없을 것이 물론이다.

이름하여 '스스로 역사가 될 수 없었던 사람들'이라고 한 이 책은 『진휘속고震彙續攷』라는 한문 원전을 번역한 것이다. 『진휘속고』는 당초 한문학에서 여항인의 전기 자료의 하나로 학계에 소개되었던 책이다. 여항문학이란 양반 사대부문학과는 대척적인 위치와 의미를 지닌 것으로 설정된 개념인데, 여항인은 주로 서울의 시정과 여항에서 생장한 인물들로 위로 양반 사대부와 아래로 서민대중들의 사이에 끼어 있었던 역사적 존재이다. 이들 중에는 요즈음 용어로 예능인적인 삶을 산 사람들이 있었는바, 시인 화가 가객 악사 강담사 등 자신의 고유한 재능을 가지고 비교적 자유롭게 살았던 인물이었지만, 그들 자신에 대한 전기 자료는 스스로 남기지 못하였다. 부득이 양반의 기록에 의존할 수밖에 없었는데, 그들의 전기가 기록된 책의 하나로 남아있는 책이 『진휘속고』이다.

그런데 『진휘속고』에는 여항인의 전기만 수록되어 있는 것은 아니다.(진휘속고에 대해서는 이 책에 실린 해제를 참고하기 바람) 이 책에는 여항인 뿐 아니라, 양반 사대부, 서민대중, 혹은 무명의 인물들이 혼재되어 있다. 또한 문인 뿐 아니라 그야말로 각종 각양각색의 인물들이, 즉 신분에 구애 받지 않고 폭넓게 등재되어 있다. 역사 긍정적인 인물이든 부정적인 인물이든 관계없이, 각 분야에 걸쳐 한 시대에 이름을 날렸던 사람이면 그 행적이 기록되어 있다. 앞에 거론한 박유복의 아버지에 대한 기록도 사실은 이 『진휘속고』에 실려 있다.(이 책 239쪽) 『진휘속고』의 편자는 현재 알려져 있지 않지만, 편자는 다양한 책에서 이러저러한 인물들의 전기 자료를 나름의 기준을 가지고 선발하고 이를 항목별로 배치하였다. 따라서 이 책은 고려말에서 구한말까지 생존하였던 다양한 인물들이 수록되어 있는바, 역사 속에서 활약한 인물들의 숨소리를 확인 할 수 있다는 점에서 그 의의를 지닌다.

필자가 이 책에 관심을 가진 것은 여항문인의 전기를 읽어낼 수 있다는 자료적 측면도 있었지만, 사실은 소설 『임꺽정』에 나오는 재미난 인물들과 그 일화가 수록되어 있다는 개인적 호기심에서 주목하였다. 정희량, 갖바치, 김륜, 갑이와 계놈이 같은 천출 등등 소설에 등장하는 실로 수많은 사람들의 행적이 실려 있는바, 그 자료가 그대로 소설에 반영되어 있었기 때문이었다. 말하자면 소설의 원천으로서 그 자료적 가치가 있는 것은 아닐까하는 생각이 들었다.

영남대 한자문화연구소에서 한문으로 된 우리 고전을 택하여 윤독 번역하자는 안이 나왔을 때, 필자는 이 『진휘속고』를 읽자고 적극 추천하였다. 여항인의 전기집으로 자료적 가치를 지니고 있으므로 그 번역은 학계에 일정한 의미를 가지기도 하겠지만, 무엇보다 기록의 민주화란 측면에서 번역의 의의를 충분히 가질 수 있겠다는 필자의 의견에 연구소 연구원들이 적극 찬동하였다. 역사 속에 살며 활동했던 수많은 인물 중에서 그동안 그의 전기가 매몰되었던 인물을 오늘날 복원하고 이를 통해 역사의 생생한 실체에 다가가는 일이야말로 모든 인물을 공평하게 다루고 인식해야 한다는 이른바 역사 기록의 민주화에 근접하는 작업이라고 판단하였기 때문일 것이다.

공동의 번역 작업이 대체로 그러하듯, 연구원들이 각자 맡은 부분을 번역 제출하고 이를 강독한 뒤에 연구원 전체가 이를 함께 검토하는 과정을 거쳐서 성책을 하였다. 맡은 부분을 책임진다는 의미에서 맡은 부분을 실명제로 표기하였지만, 번역 상 오류도 있을 수 있으며 또한 번역의 문체가 통일되지 못했다는 태생적 한계를 가질 수밖에 없다. 독자 여러분의 이해를 구한다. 이 책이 많은 사람들에게 읽혀짐으로서, 역사 현실에 대한 진전된 인식을 갖기를 바라는 마음이다.

2018년 6월

번역참가자를 대표하여 김혈조 쓰다.

차례

번역편

원문편

진휘속고震彙續攷 해제

정은진(영남대학교 한문교육과 부교수)

『진휘속고震彙續攷』 해제[1]

정은진

『진휘속고』 번역을 하며

한문학에는 문인들이 자유롭게 쓴 필기筆記라는 전통이 내려오고 있는데, 이는 전傳이나 묘지명墓誌銘처럼 정식 문집에 편차되는 글쓰기가 아니다. 그저 작자가 보고 들은 사실을 기록한 것으로, 말 그대로 붓가는 대로 잡다하게 기록한 것이다. 따라서 이곳에는 시에 얽힌 이야기, 역사적 사실, 문인들 사이에 오고 갔던 이야기나 특정 인물에 관한 사적이 등장한다.

『진휘속고震彙續考』는 이러한 필기 전통에서 기인한 글쓰기로, 저자가 독서하고 들었던 기록을 모아 재편한 책이다. 알려진 대로 육당 최남선(1890~1957)은 10만권이라는 문헌을 보유했던 인물로, 현재 그의 장서들은 고려대에서 만날 수 있다. 『진휘속고』 역시 고려대 육당문고에 소장되어 있다.[2] 편저자는 미상인데, 조선 시대 전문직이나 특이한 이력을 지녔던 인물들을 망라한 통합 인물지라고 할 수 있다.

16세기 조선 유생들의 논論·책策 가운데 뛰어난 문장을 모은 『진영

---

1 본 해제는 정은진의 「고려대 육당문고본 『진휘속고』고찰」(태동고전연구』 39집, 한림대학교 부설 태동고전연구소, 2017.)을 재인용하되 부분 수정하였다..

2 편저자 미상, 『震彙續攷』, 육당 B12A77263015607, 고려대 도서관 소장본. 본 해제는 육당문고본 『진휘속고』의 특성을 부각시키는 것이 주된 목적인 바, 본 해제 안에서 매번 '육당문고본'을 쓰는 번거로움을 피하기 위해 이후부터 『진휘속고』로 지칭하겠다. 다만 동일 책명이되 이본인 경우 소장처를 밝히는 방법을 취하도록 하겠다.

수어震英粹語』라는 책이 있듯이, 『진휘속고』의 제목에 쓰인 '진震'은 곧 조선을 의미한다. 『주역』의 "만물은 진震에서 나온다."라는 의미에서 유래한 것이고,[3] 휘彙는 '무리 또는 모으다'의 뜻으로 이 역시 『주역』의 '휘정彙征'[4]이란 단어를 염두에 둔 것이다.

다시 말해 '진휘속고'는 '우리나라 인물을 모은 내용을 이어서 무엇인가 더 고찰했다'는 말로 이해할 수 있다. 이를 통해보면 『진휘속고』는 초기작이 아니고 중간 단계의 저술임을 알 수 있다.

『진휘속고』는 과거 『여항문학총서』를 발행할 때 알려졌고,[5] 조희룡趙熙龍(1789~1866)의 『호산외사壺山外史』와 유재건劉在健(1793~1880)의 『이향견문록里鄕見聞錄』 등과 함께 언급되었다. 하지만 위의 여항 전기집이 편저자가 드러났던 것에 비하여, 『진휘속고』의 편저자는 불명확하다. 무엇보다 『진휘속고』는 완결본이 아니다. 춘春·하夏·추秋·동冬 4책으로 구성되어 있었던 듯한데, 현재 전하는 것은 '하'책 뿐이다. 그렇다보니 『호산외사』나 『이향견문록』 등의 자료가 일찍 번역되어 학계에 제공되었던 것에 비하여, 『진휘속고』는 중요 자료임에도 불구하고 그 모습이 전체로 드러나지 못하였다. 오히려 『진휘속고』보다 후대에 『진휘속고』를 다시 재편한 것으로 보이는 『진벌휘고속편震閥彙攷續編』에 대한 연구가 이루어졌다. 『진벌휘고속편震閥彙攷續篇』은 일본 동경대학교 아천문고阿川文庫에 전하는 도서로 『한국고서종합목록

---

3 주역周易 : 「설괘說卦」. "萬物出乎震. 震, 東方也."

4 『주역周易』·「태괘泰卦」. 초구初九에 "띠풀의 뿌리를 뽑으니 서로 엉켜 있다. 끼리끼리 나오니 길하다.(拔茅茹 以其彙征吉)"하여, 띠풀의 뿌리가 함께 뽑혀 나오듯 무리들과 함께 나와서 일을 성취시키는 것을 말한다.

5 편저자 미상, 『震彙續攷』, 임형택 편, 『이조후기 여항문학총서』 9, 여강출판사, 1991. ; 강명관, 「진휘속고 해제」, 『이조후기 여항문학총서』 9, 여강출판사, 1991, 3~4쪽.

韓國古書綜合目錄』[6]에 처음 소개되었었다. 하지만 당시는 주목을 받지 못하였다가, 2016년 성균관대 한영규 교수가 일본에서 이 자료를 입수하여 학계에 소개하였고,[7] 이후 최수은 선생이 석사논문으로 집필하면서 보다 구체적인 면모가 부각되었다.[8] 때문에 『진휘속고』는 『진벌휘고속편』을 이해하는 보조적인 자료로 활용되어 있다. 하지만 『진벌휘고속편』은 『진휘속고』에 비해 후대에 나왔고 인물들도 많이 축소되어 있는 바, 19세기 『진휘속고』 류의 출현을 이해하기 위해서는 『진휘속고』에 대한 이해가 우선적이라고 생각된다.

영남대학교 한자문화연구소는 연구소가 설립된 이후, 중요 문헌을 선별하여 역주하는 사업을 기획해왔다. 이에 『진휘속고』의 가치를 주목하고 2016년부터 2017년까지 한자문화연구소 소장이신 김혈조 교수를 비롯한 한문교육과 교수와 한자문화연구소 연구원을 중심으로 번역에 착수하였다. 또한 『진휘속고』가 해서·행서·초서체가 어울려져 있어, 전공자나 일반인들이 쉽게 읽을 수 없는 면도 고려했다. 이에 탈초를 겸하여 관련 원문을 입력하고, 한문 원의를 훼손하지 않으면서도 현대인들도 읽을 수 있도록 번역하여 『진휘속고』의 가치를 부각시키고자 하였다.

---

6 국회도서관 편, 『한국고서종합목록』, 국회도서관, 1968, 1312쪽.

7 한영규, 「잡록형 인물지, 『진벌휘고속편』 연구」, 『한민족문화연구』 55호, 2016, 131~163쪽.

8 최수은, 「신발굴 인물지 『진벌휘고속편』 연구」, 성균관대 석사학위 논문, 2017.

『진휘속고』의 이본 및 체재, 내용

<그림 1, 『진휘속고』 표지>

육당문고본 『진휘속고』 표지를 보면 <그림 1>처럼 '진휘속고震彙續攷'라고 쓰여 있고 그 아래 희미하게 하夏가 쓰여 있다.

『진휘속고』라는 서목은 육당문고본 외에도 장지연(1864~1921)의 문집에도 보인다.[9] 이런 이유 때문인지 현재 인터넷 등에서 『진휘속고』를 검색해보면 육당문고본 보다 장지연본 『진휘속고』가 더 많이 등장한다. 특히 장지연의 『진휘속고』에는 조선시대 화가를 기록한 '명화가名畵家' 부분이 있고, 이것이 다시 오세창의 『근역서화징』에 그 이름을 올리면서 육당문고본 『진휘속고』 보다 더 많이 알려지게 되었다. 때문에 <그림2>의 장지연본 에는 『진휘속고』 제목아래 전인傳人이라는 기록이 첨부되어 있다.

앞서 『진휘속고』가 '하' 책만 남아 전한다고 하였듯이, 장지연본 『진휘속고』는 '하' 책 외에 다른 책에 수록되었던 내용을 필사했을 가능성이 크다. 실제로 『진휘속고』 '귀신' 항목의 '김석주金錫胄와 민

9 편저자 미상, 『震彙續攷』, 『장지연전서』2, 『동양학연구총서』 8집, 단국대출판부, 1979. 『장지연전서』 범례에 따르면 『진휘속고』는 장지연 선생의 증손이던 장재수張載洙 선생이 소장했던 미간원고라고 기록되어 있다. 이곳에는 '명화가名畵家'·'규범閨範'·'기妓'·'승僧'·'니尼'·'무격巫覡'·'역관譯官'·'용력가勇力家' 등 총 7항목으로 구성되어 있다. <그림 2 참조>

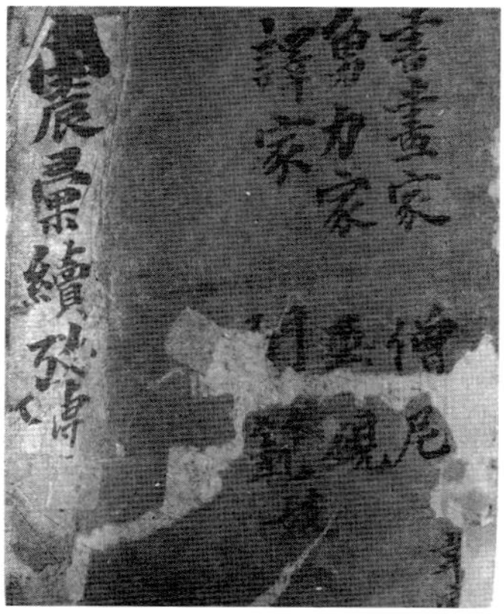

<그림 2, 장지연본『진휘속고』표지>

암閔黯'을 기록한 곳에 "『기록冀錄』에 보인다.[見于冀錄]"라는 짧은 내용이 있다. 그런데 장지연본의 '무격巫覡' 항목의 정효성을 기록한 곳에도 "『기록冀錄』의 이벽강李白剛 이름 아래 자세하다.[詳于冀錄李白剛名下]"라는 내용이 등장하고 있다. 『기록』이 정확히 어떤 내용의 책인지 알 수 없으나, 이 두 본에 공통적으로 거론되며 서술의 모습이 비슷한 것을 볼 때 이 두 본은 서로 관련성을 가지고 있음을 알 수 있다.

『진휘속고』에 '하' 책 외에 춘春·추秋·동冬이 있었다는 것은 '복자卜者[점쟁이]' 항목의 토정土亭 이지함과 권숙權璹 관련 기사를 보면 알 수 있다. 『진휘속고』에 "토정土亭 이지함李之菡은 음양가陰陽家에 보인다[李土亭 見陰陽家]"라고 기술되어 있고, 권숙權璹을 설명하면서도 '음양가陰陽家' 항목을 거론하고 있다.[權璹 陰陽家] 여기서 말한 음양가란 아마도 춘·추·동 등 다른 책에 기술되어 있을 다른 항목을 의미하는 듯하다. 이를 통해 보면 춘·하·추·동의 『진휘속고』가 흩어진 채 육당문고본과 장지연본을 형성했음을 알 수 있다.

『진휘속고』 이후에 출현한 것이 일본에 전하는 『진벌휘고속편震閥彙攷續篇』이다. 『진벌휘고』라고 했을 때는 "우리나라에서 위업을 떨친 사람들을 전부 모아 고찰한 책"이라고 이해할 수 있다. 속된 말로 표현하자면 우리나라에서 명성께나 날리고 끗발을 남긴 사람들을 모두 모아놓은 것으로 풀이할 수 있다.

『진벌휘고속편』에 관한 두 선행연구에 따르면 『진벌휘고속편』은 육당문고본과 장지연본 『진휘속고』보다 후대에 출현한 것으로, 두 『진휘속고』를 수용하면서도 목차나 편수의 조정·내용의 수정을 가했다고 한다. 실제 『진벌휘고속편』을 보면 해서楷書로 필사한 7권으로,[10] 목차에는 『진벌휘고속편』으로 기록되어 있고 책 제목에는 『진휘속편震彙續編』으로 약칭되어 있다. 『진휘속고』 역시 『진벌휘고속고震閥彙攷續攷』를 약칭해서 『진휘속고』라 불렀으며, 이를 다시 윤색을 한 것이 『진벌휘고속편』이 아닌가 한다.

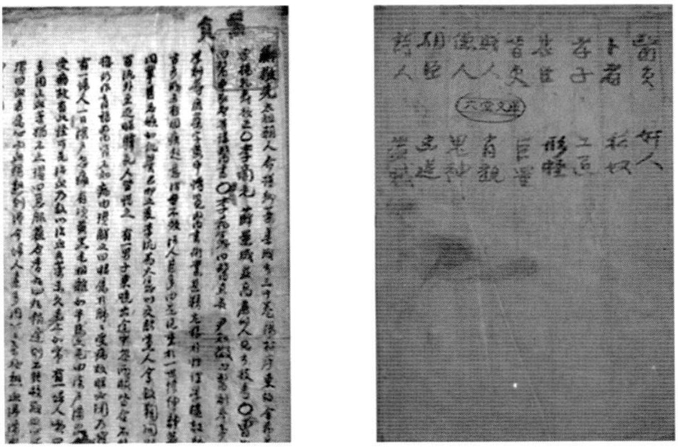

<그림 3, 『진휘속고』 목차 및 첫 장> (←오른쪽부터)

『진휘속고』에는 총 18개 항목에 걸친 다양한 인물들의 사적이 등장한다. 『진휘속고』 목차 부분에 '육당문고'라는 인장과 함께 18항목에 관한 제목들이 나열되어 있다. 본문 첫 페이지에는 '아세아문제연구소장인亞細亞問題研究所藏印'이라는 장서인과 붉은 글씨로 쓴 의원醫員이

---

10 『진벌휘고속편』 전체 권수와 권별 항목을 제시하면 다음과 같다. 진하게 밑줄 친 부분은 육당문고본 『진휘속고』에 등장하는 항목이다.

선명하게 보인다. 아세아문제연구소는 1957년에 설립된 고려대학교 부설 연구소로, 이곳에는 육당문고六堂文庫·민족 항일기 때의 한국연구자료·공산권 연구 자료를 비롯하여 다수의 도서를 보유하고 있었다. 때문에 이 연구소 장서인이 찍히게 되었던 것이다.

『진휘속고』에는 처음부터 끝까지 한 사람의 필체가 이어지고 있고, 관련 인물을 서술할 때 ○를 표시하고 큰 글씨로 인물의 이름을 크고 진하게 쓴 다음 인물의 사적을 기록하고 있다. <그림 3>을 보면 알겠지만 육당 최남선인지 자세하지 않지만 후대에 이 책을 열람한 인물은 다시 자신이 눈여겨본 인물에 대해 붉은 색깔로 ○를 덧칠하기도 하였다.

다음으로 『진휘속고』에 수록된 항목과 관련 인물 수를 살펴보기로 한다. 이해의 편의상 『진휘속고』와 후대에 재편된 『진벌휘고속편』을 한 도표에 두어 작성해보았다.

<도표 1, 『진벌휘고속편』 권별 항목>

구분	『진벌휘고속편』 권별 항목
1권	권1 : 성씨姓氏 권2 : 신동神童·부附 총명聰明, 권3 : 통재通才, 권4 : 시가詩家·부附 필가筆家, 권5 : 명화名畫
2권	권6 : 규영閨英, 권7 : 열녀烈女, 권8 : 빈어嬪御·부附 궁녀宮女, 권9 : 별실別室, 권10 : 창기娼妓, 권11 : 상천常賤, 권12 : 비사婢使
3권	권13 : 도류道流
4권	권14 :선가禪家, 부附 여승女僧·거사居士·무녀巫女
5권	권15 : 음률音律, 권16 : 음양가陰陽家, 권17 : 감여堪輿, 권18 : 복서卜筮, 권19 : 상인相人·부附 상마相馬, 권20 : 공장工匠
6권	권21 : 충신忠臣, 권22 : 효자孝子, 권23 : 공신功臣, 권24 : 의술醫術, 권25 : 역관譯官, 권26 : 부인富人, 권27 : 환관宦官·부附 궁노宮奴, 권28 : 겸인傔人, 권29 : 서리胥吏, 권30 : 천인賤人, 권31 : 노예奴隷
7권	권32 : 재서才諝, 권33 : 용력勇力, 권34 : 거량巨量, 권35 : 모초貌肖, 권36 : 형괴形怪, 권37 : 창우唱優, 부附 담해談諧, 권38 : 간교奸巧, 권39 : 귀신鬼神, 권40 : 난역亂逆, 권41 : 도적盜賊

<도표 2 , 『진휘속고』및 『진벌휘고속편』 상호 비교표>

가) 『진휘속고』 항목	나) 『진휘속고』 인원	다) 『진벌휘고속편』 항목/ 권수	라) 『진벌휘고속편』 인원
1. 의원醫員	123명	1. 의술醫術(6권)	23명
2. 복자卜者(점쟁이)	55명	2. 복서卜筮(5권)	17명
3. 효자孝子	12명	3. 효자孝子(6권)	10명
4. 충신忠臣	41명	4. 충신忠臣(6권)	13명
5. 서리胥吏(하급 관리)	22명	5. 서리胥吏(6권)	12명
6. 천인賤人(천한 사람)	16명	6. 천인賤人(6권)	13명
7. 겸인傔人 (시중 드는 하인)	4명	7. 겸인傔人(6권)	8명
8. 공신功臣	35명 (21명은 이름만 나열)	8. 공신功臣(6권)	7명
9. 시인詩人	41명	9. 시가詩家(1권)	7명
10. 간인奸人 (간사한 사람)	6명	10. 간교奸巧(6권)	4명
11. 사노私奴	34명	11. 노예奴隸(6권)	16명
12. 공장工匠(기술자)	22명	12. 공장工匠(5권)	4명
13. 형괴形怪(못난이)	9명	13. 형괴形怪(7권)	7명
14. 거량巨量(대식가)	4명	14. 거량巨量(7권)	3명
15. 초모肖貌 (닮은사람)	4명	15. 모초貌肖(7권)	4명
16. 귀신鬼神	49명	16. 귀신鬼神(7권)	15명
17. 흉역凶逆 (흉악무도한 사람)	277명 (255명 이름만 나열)	17. 난역亂逆(7권)	10명
18. 도적盜賊	2명	18. 도적盜賊(7권)	8명
총합계	756명		181명

『진휘속고』에 실린 항목들은 위 <도표 2> 가)에 열거된 것처럼 조선시대의 의원醫員이었던 정견선을 시작으로 도적盜賊에 이르기까지 총 18항목이다. 하지만 후대에 정리된 『진벌휘고속편』에는 다)의 사례처럼 1권(1항목)/5권(2항목)/6권(9항목)/7권(6항목)으로 분산되어 있고, 의원醫員→의술醫術·복자卜者→복서卜筮·시인詩人→시가詩家·간인奸人→간

교奸巧·사노私奴→노예奴隸·초모肖貌→모초貌肖·흉역凶逆→난역亂逆과 같이 『진휘속고』 항목를 따르되 다소 변화를 두기도 하였다.

『진휘속고』는 서술에 있어서도 어떤 인물은 길고 반복해서 서술한 경우도 있고, 어떤 인물은 한 줄 형태의 간략한 메모 내지 이름을 모를 때는 비워놓은 곳도 있다. 이는 『진휘속고』 자체가 정연하게 정리된 형태가 아니었음을 말하는 것이기도 하다. 때문에 위 도표 (다)와 (라)에 보이듯이, 『진벌휘고속편』에는 인원수를 조정한다거나 목차 역시 조정하는 등, 『진휘속고』의 번잡함과 부족함을 지양하고 통일성과 완전성을 추구하고자 하였다. 그러나 『진휘속고』는 통합 인물지답게 『진벌휘고속편』에 비해 되도록 많은 인물을 수록하고자 했다.

이곳에 실린 756명은 보통 1회 나오는 것이 상례이지만 양예수는 의원에 3회 등장하여 빈도가 제일 높고, 이 외에 엄택주는 간인과 사노, 배순은 서리와 공장, 박성번은 서리와 천인, 철수는 충신과 사노, 허준은 의원과 공신에 각 2회씩 등장한다. 하지만 후대 재편된 『진벌휘고속편』에는 각 1회씩으로 수정되어 등장한다. 위의 도표를 보면 공식적인 인물은 500명 가까이고 이 외에 수록된 인둘까지도 본다면 750명 정도이다. 하지만 『진벌휘고속편』은 라)에 제시되어 있듯이 181명으로, 『진휘속고』에 수록된 인원에 비해 현격하게 줄어든 것을 알 수 있다.

그러면 『진휘속고』에 실린 18항목에 관한 개괄적인 내용을 살펴보기로 하겠다.

1. '의원' 항목에는 123명의 의원이 기술되어 있는데, 우리에게 알려져 있는 허준에 대한 기록은 간략한 반면, 양예수 관련 부분이 제일 길다. 그러나 편저자는 양예수가 지닌 의술의 뛰어난 점도 부각시켰지만, 양예

수의 의술을 패도로 인식하였고 오히려 안덕수의 의술이 바른 도를 지녔다고 대비시키고 있다. 곧 편저자는 특별 기술방면의 능력을 인정하면서 기술 속에 매몰될 수 있는 옳고 그름을 분별하고자 한 면이 있다. 『진휘속고』에는 '김응탁은 태의太醫이다.'의 경우처럼, 특별한 일화 없이 한 줄로 짧게 인물의 특징을 부각한 경우가 많다. 경우에 따라서는 두 인물을 함께 나열하여 '김석주金錫胄와 유명견柳命堅은 의학의 이치에 밝았다.'라고 밝히는 등 되도록 많은 인물을 제시하고자 했다.

사대부라고 해서 특별히 부각하지도 않았고, 김응립처럼 천인이더라도 매우 상세히 그 행적을 기술함으로써 되도록 객관적 사실에 입각하여 의원이라는 직분의 특성을 살리도록 하였다. 의원이 어디에 특장이 있고 저술이 무엇인지 내지 마의馬醫·종의腫醫 등 특기를 제시하는 것도 잊지 않았다.

2. '복자卜者[점쟁이]' 항목에는 55명이 수록되어 있다. 전통시대 점은 운명을 결정하는 것으로, 과학이 대체할 수 없는 신비한 영역이었다. 운명을 안다는 것이야 말로 천天·지地·인人을 이해하는 중요한 능력이었다. 때문에 수명·벼슬·길흉이나 과실過失, 나무심기나 그릇 만들기 등 여러 분야에서 점을 치는 것은 중요한 위치를 차지했다. 때문에 점쟁이 부분에서는 이와 관련된 『어우야담』에 실린 일화를 먼저 제시하였다. 이곳에는 정희량과 조양래에 관련된 부분이 많다. 그 가운데서도 정희량과 김륜의 일화, 정희량과 이하의 일화 등 방외를 떠돌며 예언에 신통력을 발휘했던 인물들의 일화가 비중있게 제시되어 있다. 이외에도 악행을 하는데 자신의 기능을 발휘했던 김치명이 기술되어 있고, 임우춘과 관련해서 파자점破字占이 흥미롭게 기술되어 있다.

3. '효자孝子' 항목에는 오준·정옥량·이종희 등 사대부, 유희경·조덕건 등 여항인, 김귀천 등 천인 12명의 행적이 복합적으로 드러난다. 특히 유

희경 관련 내용을 『어우야담』, 김창흡의 묘표, 유몽인의 전, 홍세태의 전을 종합적으로 배치하여 가장 길게 서술하였다.

4. '충신忠臣' 항목에는 주로 서리胥吏·호장戶長·교생校生·부민府民·겸인傔人·서얼庶孽·현리縣吏·통인通引·포수砲手·노비 등 여항인을 비롯한 하층 인물 41명의 행적을 주로 다루었다. 이들은 임진왜란·병자호란·이인좌의 난과 관련하여 충성스런 면모를 보였기에, 특히 이 당시의 행적이 서술되어 있다. 다만 신돈항의 사적을 기록한 구절에서는 충직한 면모보다는 신동항과 신천능 부자의 학덕과 문장을 부각시키는 데 초점을 두었다.
5. '서리胥吏[하급 관리]' 항목에서는 승문원·이조·내수사·장원서·형조의 서리와 겸인·군관·배리·보인·교생 등 여항인 22명이 보여주었던 업무적 능력, 자신의 직분을 끝까지 완수하는 철저한 직업의식과 의리에 대해 설명하였다.
6. '천인賤人[천한 사람]' 항목에서는 표정준·김귀련·안용복·양부하·갖바치·왕태 등 노비 16명의 하층 인물이 보여주었던 의리와 충직, 높은 학덕 등을 기술하였다. 이곳에 조완벽 이야기가 간략히 소개되어 있는데, 조완벽의 신분은 천인이 아니라 양반이었다. 포로로 베트남에 잡혀갔기 때문에 천인 부분에 포함시킨 듯하다.
7. '겸인傔人[시중드는 하인]' 항목에는 총 4명이 수록되어 있다. 양반집의 수청방守廳房에 있으면서 잡일을 맡아보고 시중을 드는 사람을 겸인이라고 불렀듯이, 양반집 청지기로 불리는 인물들에 관한 이야기다.
8. '공신功臣' 항목에는 35명이 기술되어 있는데, 21명은 반정이나 전란 때 공을 세운 인물들이다. 『용재총화』에서 뽑은 서얼 출신 이양생을 비롯하여 아전이나 심부름꾼, 서얼, 미천한 인물의 공적과 벼슬이 기술되어 있다. 이례적으로 '서경생徐敬生 봉성군峯城君'이라고 간략하게 이름과 벼슬만 기술되어 있기도 하다. 또한 익대공신翊戴功臣, 정국공신靖國功臣,

호성공신扈聖功臣 식으로 나누어 설명하였지만, 마지막에 거론한 김중만金重萬은 '장교將校 언성군彦城君 ○○○'라고만 기술함으로써 인적 사항은 물론 어떠한 공을 세웠는지 파악하기 힘든 사례도 있다.

9. '시인詩人' 항목에는 41명의 인적사항이 수록되어 있다. 조선후기 여항 시인으로 명성이 있었던 최기남·백대붕·고시언·박계강을 비롯하여 『백화보』를 남겼던 김덕형, 「환아잠」을 썼던 신의칙 등이 등장한다. 이 외에도 비장裨將·무인武人·서리·배리陪吏·교생·장사치·천민 등의 시적 역량이 기술되어 있으며, 중국 및 우리나라 역사를 장편으로 노래한 박창원의 시도 소개되어 있다.

10. '간인奸人[간사한 사람]' 항목에는 6명이 수록되어 있는데, 아전이나 서얼·교생·노비 중 간사한 인물을 뽑았다. 『효빈잡기』에서 뽑은 송길의 사기 행각을 비롯하여, 이만강으로 알려진 엄택주, 정막개 등의 악행을 기록하였다.

11. '사노私奴[사노비]' 항목에는 34명이 수록되어 있는데, 사노비 중에서 반석평처럼 재상이 되었거나 의리를 지키거나 학행이나 덕행이 훌륭한 인물을 위주로 실었다. 그러면서도 김충보·왕명회·이태· 이신 등 간사한 행적을 보인 인물의 비참한 죽음도 수록하였다. 또한 여항의 대표 시인으로 알려진 홍세태의 행적을 비롯하여 어려서부터 여장을 하며 사대부집에 드나들었던 사방지의 행적이 눈길을 끌며, 이름을 알 수 없어 '쌀 한 됫박 먹는 종놈'이라는 의미에서 일승복一升僕이라 기술했던 인물의 주인에 대한 의리도 돋보인다.

12. '공장工匠[기술자]' 항목에는 석수장이·화포장이·금속세공장·붓 기술자·연금술사·자명종 제작자·꽃신 제작자 등 22명의 조선시대 기술자 내지 기능장이 수록되어 있다. 우리에게 익히 알려져 있는 장영실, 이순신도 등장한다. 기능인 중에서는 꽃신 제작으로 정평이 나 있던 왕

족 출신의 이옥견, 트로이의 목마를 연상케하는 목우류마木牛流馬 제작자 이성석李聖錫, 옻칠을 대체할 역청瀝靑을 개발한 조성趙晟 등은 모두 사대부 출신이었다.

13. '형괴形怪[못난이]' 항목에는 못난이처럼 독특한 외모나 취향을 지닌 9명을 모아 기록하였다. 이곳에는 양반출신의 괴이한 형상을 가졌던 이근이 첫 부분에 기술되어 있는데, 못난이라는 모습보다는 임진왜란 때 적장에 보여주었던 그의 노래나 춤, 글씨의 덕목들이 묘사되어 있다. 여장 차림을 하고 궁중을 시끄럽게 했던 복동, 식사량이 장대했던 가산동이 등장하고, 후반부에는 키다리와 난쟁이, 소경과 귀머거리, 곰보와 절름발이, 대머리와 털복숭이가 서로를 묘사했던 희작시도 소개되어 있다.

14. '거량巨量[대식가]' 항목은 대식가 4명이 등장한다. 양반에서 의관까지 현대판 '푸드 파이터'라고 불릴 만큼 식사량이 남달랐던 인물들이다. 이 가운데 홍일동洪逸童은 이름만 있고 기사는 없다.

15. '초모肖貌[닮은 사람]' 항목은 닮은 모습을 했던 4명이 등장한다. 곧 쌍둥이는 아니었지만, 선대와 후대의 닮은 꼴, 죽은 남편과 닮은 인물 등 동일한 외모를 지녔던 인물들이 등장한다.

16. '귀신鬼神' 항목은 46명이 등장하는데, 양반·서얼·평민·여인 등의 인물이 많다. 귀신의 도움으로 시적 역량을 발휘하거나 시적 능력을 과시하거나 시상 전개에 있어 인간적 요소가 하지 못하는 것을 귀신의 힘으로 작성했다는 논리가 등장한다. 공자는 괴이하거나 귀신의 얘기는 말하지 않았다고 『논어』에 밝힌 바 있지만, 『진휘속고』에는 귀신의 존재는 인간을 뛰어넘어 시상을 보조하고 완성하는 역할을 한다. 18세기 이규상 역시 『병세재언록』에서 귀신의 덕은 거룩하다고 하면서 귀신의 체험담 등 여러 가지 신이한 사적도 「영괴록」에 담은 바 있다.

17. '흉역凶逆[흉악무도한 사람]' 항목에는 277명의 흉악무도한 인물이 등장한다. 역모를 고변告變하여 수십 명을 죽음에 이르게 한 유세창柳世昌, 왜장의 향도 역할을 하며 스승을 배반한 공호겸, 역적 우두머리 이몽학李夢鶴 등을 시작으로, 정여립·지함두·변승복·길운절·이기 등 정여립 모반에 관련되어 고신을 받고 죽거나 유배 또는 하옥되어 죽은 자 등 22명의 이력이 기술되어 있다.
그 아래에는 무신난에 연루된 인물 255명의 이름과 행적이 열거되어 있다. 초반부는 김중만金重萬·안박安鑮·성탁成琢 등 무신란을 고변하여 상을 받은 자가 서술되어 있고, 나머지는 모반과 관련해서 고문을 당하거나 죽임을 당한 자, 연좌된 자, 유배간 자 등의 명단이 나와 있다.
18. '도적盜賊' 항목에는 2명이 등장한다. 첫 번째는 산속에 살던 의적 이야기로, 자기 아내를 취한 이완의 담력을 보고 흔쾌히 그에게 아내를 내어주는 것은 물론 이완을 후히 대접하는 배포를 지녔다. 훗날 이완 역시 이러한 도둑의 그릇을 보고 그를 발탁하여 무관으로 삼았다는 얘기이다. 또 다른 도적은 곰가죽을 덮어쓰고서 기지를 발휘하여 남의 집 재산을 탈취한 웅피도熊皮盜로 관련 이야기가 흥미롭게 서술되어 있다.

『진휘속고』의 중요 특징

전문 기능인 내지 특이 캐릭터 관련 통사적 인물지 지향

알려진 대로 조선후기 들어 이규상李奎象(1727~1799)의 『병세재언록幷世才彦錄』·윤광심尹光心(1751~1817)의 『병세집幷世集』·유득공柳得恭(1748~1807)의 『병세집幷世集』 등 동시대 인물들을 기록한 필기 형태의 인물지가 출현하는가 하면,[11] 19세기 들어 사대부 중심에서 벗어난 여항인들의 삶을 입전한 전기 작품들이 출현하였다. 인간에 대한 시선이 다양한 방식으로 출현하며 사대부를 넘어 우리의 삶을 이루는 다양한 계층의 삶과 정신이 표현되었던 것이다.

『진휘속고』의 편저자는 밝혀지지 않았기에 번역하는 과정 내내 편저자를 유추할 수 있는 단서를 찾고자 노력하였다. 하지만 아쉽게도 끝내 찾을 수가 없었다. 대신 편저자가 관련 문헌들을 인용하면서 관련 인물의 능동성이 발휘되도록 윤문을 한다거나 고친 흔적은 발견할 수 있었다.

『진휘속고』에는 조선 초기 성현의 『용재총화』를 비롯하여 당대 조희룡의 『호산외사』까지 조선시대에 걸쳐 활약했던 인물들의 다양한 사적이 포함되어 있다. 작성시기로 본다면 1844년에 작성된 『호산외사』가 언급되었고, 이후 조희룡의 벗이었던 유재건이 1862년 편찬한 『이향견문록』에서 『진휘속고』 내용을 14항이나 언급하고 있는 것을 보았을 때, 1850년을 전후로 편찬되었던 것 같다. 하지만 『진휘속고』는 위 세 책과 달리 여항인들만을 다룬 저작이라고 보기는 어렵다.

오히려 이곳은 여항인을 뛰어넘어 사대부·천민들까지 전 신분을 아우르는 성격이 강하다. 다루고 있는 시기 역시 17세기나 18세기 등 특정시기가 아닌 조선시대 전시대를 관통하고 있다. 아주 드물게 '의원' 항목의 '이상로李商老와 설경성薛景成', '귀신' 항목의 '최누백崔婁伯'

11 이규상 지음, 민족문학사연구소 한문학분과 옮김, 『18세기 조선 인물지 -幷世才彦錄-』, 창작과 비평사, 1997. ; 임형택, 「이규상과 병세재언록」, 『우리 고전을 찾아서』, 한길사, 2007. ; 정민, 「18~19세기 조선 지식인의 병세 의식」, 『한국문화』 54, 2011.; 이화진, 「윤광심의 병세집 일고찰 -수록 한시를 중심으로」, 『한문학보』 32, 2015.; 정은진, 「병세재언록 -우리 시대의 사람들」, 『한국고전문학작품론』5, 휴머니스트, 2018.

의 경우는 고려시대 인물이다. 하지만 이 외에 대부분은 조선시대의 인물들로 구성되어 있다.

알려진 대로 전통시대 인물을 기록하는 문학양식으로 전傳이 있다. 역사서에 등장하는 열전列傳이나 개인 문집에 들어있는 사전私傳에 등장하는 인물들의 유형은 충·효·의·열·신 등 유교적 덕목과 관련된 인물들이었다. 결국 이러한 도덕적 자장이 전통적 지식인들에게 중요한 입전의 대상이었던 것이다.

『진휘속고』에 등장하는 인물은 충신·효자·공신과 같은 전통적 범주의 가치에 충족하는 인물도 있지만, 앞에서 살펴 본대로 귀신·점쟁이·공장·못난이·닮은 사람·대식가 등 도덕적·윤리적 가치를 벗어나 전문 기능인, 악인을 포함한 특이 캐릭터, 특정 분야에서 위업을 남긴 인물 등에 초점을 두어 기록하고 있다. 곧 『진휘속고』에는 요즘 매체에서 떠드는 다양한 기사거리들이 많이 부각되었다고 할 수 있다. 때문에 선악의 이분법적 사고를 제시하면서도 더 나아가 기능·특이함·외모·능력 등을 표현하는 제3의 영역들이 등장한다.

그리고 사대부가 등장하지만 그는 다른 여항인이나 천민에 비해 우월한 존재로 서술되지 않는다. 신분질서가 무너진 것은 아니지만 기능과 역할에 따른 면모가 부각된다. 경우에 따라서는 겸인이나 신분이 낮은 사람들에게 지적을 받거나 가르침을 받는 모습도 많다. 시점이 위로부터 아래로가 아니라, 아래로부터 위로 확대되어 가는 모습이다.

그러나 무엇보다도 『진휘속고』의 장점은 수록 인물 수가 후대 기록에 비해 많다는 것이다. 앞에서도 살펴보았듯이 『진휘속고』의 후속 편인 『진벌휘고속편』은 『진휘속고』를 다시 줄이고 정리하여, 500여명 가까이가 줄어들었고 따라서 이들의 행적 역시 묘연하게 되었다. 이런 측면에서 『진휘속고』는 자칫하면 사라질 수 있는 조선

시대의 특수 기능직 내지 특이한 이력을 지닌 수많은 인물들의 보고라는 측면에서 그 의의가 크다.

'시인' 항목을 예로 살펴보면 『진휘속고』에는 아래 제시되어 있듯 총 41명의 사적이 기록되어 있다. 그런데 『진벌휘고속편』에는 이 가운데서 ◎로 표시한 7명만 기록되어 있어, 나머지 36명의 사적은 누락되어 있다.

<도표 3, 『진휘속고』 소재 '시인' 항목 수록 인물> ◎는 『진벌휘고속편』 중복 등장 인물

손만호孫萬戶	박성원朴性源	이름 모를 교생
이름 모를 무인	신의칙申矣則	◎백대붕白大鵬
이효칙李孝則	지수연池受衍	최기남崔奇男
◎김충렬金忠烈	김유성金維城	정초부鄭樵夫
박붕규朴鵬逵	윤유성尹有誠	정옥세鄭玉世
◎박계강朴繼姜	김 아무개	조문명趙文命에게 시를 훈수한 소교小校
김정래金鼎來	이름 모를 사람	이름 모를 문지기
◎김부현金富賢	김우문金又門	강윤정姜允精
◎강취주姜就周	김덕형金德亨	이름 모를 시인
◎오일명吳一明	진업국秦業國	이름 모를 상인
이계현李啓賢	고시언高時彦	시를 고쳐주는 장사꾼
◎박창원朴昌元	석희박石希璞	관동 지방의 소금장수
조계옥趙啓沃	김흥갑金興甲	송씨 성을 가진 사람
김도金壔	신귀원辛貴元	

<도표 3>에 나타나듯, 『진벌휘고속편』과 비교하면 김충렬·박계강·김부현·오일명·박창원·백대붕 외의 36명의 사적이 『진휘속고』에는 더 많이 기록되어 있다. 36명 가운데는 이름 모를 무인· 문지기·상인·서리·배리陪吏·교생·장사치·천민 등 그 존재조차 알려지지 않은 인물도 많다. 이처럼 『진휘속고』에는 『진벌휘고속편』에 비해

자칫하면 인멸될 뻔 했던 인물들이 더 기록되어 있다. 또한 『진휘속고』 18항목 속에 들어 있는 인물은 『진벌휘고속편』에 거론되고 있는 중복 인물보다 중복되지 않은 인물이 더 많다.

참고로 『진휘속고』와 『진벌휘고속편』에 중복된 인물을 예로 들어 보면 다음과 같다.

<도표 4. 『진휘속고』와 『진벌휘고속편』의 중복 인물>

항목	중복 인물	항목	중복 인물	항목	중복 인물	항목	중복 인물
의원	정경선	충신	강효원	시인	김충렬	형괴	이근
	안찬		문덕겸		박계강		가산동
	박세거		김상		김부현		곽씨아
	배상문		김철현		강취주		강가시
	김수량		김현		오일명		장순손
	안경창		이사룡		이계현	거량	정응두
	양예수		애남		박창원		김응사
	허준		장사진		백대붕		고형산
	양인수		신홍남	간인	정상	초모	홍학곡
	안덕수		엄홍도		송길		김귀봉
	손사명		박춘봉		엄택주	귀신	관서무인
	강명길		철수		정막개		황준량
	유상		장비장	사노	반석평		신숙주
	김호	서리	이수겸		명복		제말
	김응립		정애남		명회		성완
	조준		박성번		명춘		신경연
	남언경		이우방		김충보		김덕생
	전유형		홍동석		왕명회		임백령
	윤동겸		박연중		이태		전영달
	원의		배순		홍세태		황건중
	임언국		이승민		허생의 노비		이발
	윤인미		신경휘		수석	흉역	유세창
점쟁이	홍계관	천인	표정준		윤량		공호겸
	김륜		안용복		박인수		이몽학

점쟁이	이하	천인	송장군	사노	사방지	흉역	정여립
	김효명		왕태		일승복		지함두
	박견		안수욱	공장	태풍손		변승복
	한억령		김완철		이옥견		의연
	장순명	공신	이양생		이순신	도적	산속 의적
	조양래		이석룡		화포장		웅피도
	임우춘		조구				
	박엽		조득림				

두 책에 중복된 인물은 총 124명인데 『진휘속고』에 등장하는 인원이 750여명 넘으니, 620여명 정도가 『진휘속고』에 더 기록되어 있다고 할 수 있다. 물론 계산 과정에서 일부 누락된 인원이 있다손 치더라도, 600여명 정도가 후대 재편된 『진벌휘고속편』에 비해 더 많다고 할 수 있다. 그리고 『진벌휘고속편』에는 『진휘속고』 내용이 그대로 수록된 경우도 있지만, 축약되거나 증감되는 등 그 내용이 일부 변화되기도 하였다. 『진벌휘고속편』의 편저자는 『진휘속고』의 항목을 되도록 그대로 반영하면서도 일부 조정하였다. 이를테면 철수鐵壽는 『진휘속고』 '충신' 항목에 있었는데, 『진벌휘고속편』에는 '노예' 부분으로 이동되었다. 이외에도 박엽朴燁은 '점쟁이'에서 '천인'으로, 박연중朴連中·배순裵純·신경휘申景輝은 '서리'에서 '겸인'으로, 이승민李承敏은 '서리'에서 '천인'으로, 이계현李啓賢은 '시인'에서 '천인'으로 항목의 조정을 이루면서, 『진휘속고』의 원 모습이 사라졌다.

물론 『진휘속고』 항목에 맞지 않는 부분이 있다는 것을 반영하는 것이기도 하다. 하지만 『진휘속고』의 편저자는 정연한 일화나 하나의 스토리를 일관적으로 기록하기보다, 관련 인물을 많이 열거하고 관련 기사를 최대한 수록하고자 했음을 알 수 있다. 때문에 설령 그 인물의 성과 이름 등이 불명확하더라도 되도록 수록하고자 하였다. 이를테면 여항의 기사奇士로 알려진 쌍좌전雙坐廛 김 아무개, 동네 입구에서 갓을 만드는 이름 모를 장인 등 이름이 분명치 않은 인물도 이름이 결락된 채로 수록했다. 비록 한 줄로 설명한 경우도 있지만, 무명의 삶으로 역사에 묻힐 인물을 유명의 삶으로 전환시켰던 것이다.

중하층 인물의 주목과 이들의 주체성 강조

『진휘속고』는 기본적으로 사대부에서 천민까지의 신분이 망라되어 있다. 그럼에도 불구하고 『진휘속고』를 읽다보면 편저자의 의식을 느끼지 않을 수 없다. 『진휘속고』는 기본적으로 이전에 전하던 저술들을 채록한 것이 많다. 기존에 있는 저서에서 내용을 선별하는 것 역시 편저자의 기호를 반영하는 것이려니와, 뽑아서 있는 그대로 수록하지 않고 개작을 했다는 것 역시 주목할 점이라고 할 수 있다.

먼저 그가 채록한 저서들 중에 주목할 만한 부분의 얘기를 들어보기로 한다.

*『**지봉유설』에 이르기를** 일찍이 궐 안의 초석 위에 시가 있었는데 그 내용은 다음과 같다.

…그것을 물으니 곧 **궁궐 문지기가 지은 것이라 했는데 이름이 전하지 않아서 안타깝다.**[12]

* 『**백야기문**白野記聞』**에** 다음과 같이 기록되어 있다. …**누가 노예들이 지혜가 없다고들 하는가? 당시에 사대부라고 일컫는 자들은 그 뜻과 절개가 이 노비에게 능히 부끄럽지 않을 수 있겠는가? 허씨 집에서는 꺼리고 싫어하는**

12 『진휘속고』·「詩人」 條.

바가 있고, 노비 또한 스스로 말할 수 없었기에 마침에 그 이름은 상실하여 전하지 않게 되었다. 애석하구나![13]

*『**어우야담**於于野譚』**에 다음과 같이 말하였다. 무릇 사람의 자질구레한 기술을 자기들끼리 그 업을 사유화했기 때문에 그 업이 남들에게는 전하지 않았다.** …우리나라 한양의 사면絲麵, 실국수, 개성의 교면蕎麵, 게밀국수, 전주의 백산白散, 안동의 다식茶食, 성주의 백자병柏子餠, 인동의 유피장니油皮障泥, 의주의 누철등자鏤鐵鐙子 등은 모두 자기들끼리만 그 묘리를 비밀로 하고 다른 읍에 전하려 하지 않았다.[14]

*『**잠곡수필**潛谷隨筆』**에 말했다. 도적이란 본시 양민 출신으로 지혜로운 꾀와 대담한 용맹을 가진 사람이 그렇게 된 것이다. 대개 재주는 있으되 그 타고난 출신이 비천하여 자신의 재주를 펼칠 수가 없고 또 생계가 막막한데 부대끼어 부득이해서 도적이 된 것이다. 역시 애석하고 가련한 일이다.**[15]

『진휘속고』의 편저자는 다양한 문헌들을 섭렵하고 글감을 모았다. 위의 인용문은 『진휘속고』에 등장하는 내용으로 이수광李睟光(1563~1628)의 『지봉유설』, 조석주趙奭周(1641~1716)의 『백야기문』, 유몽인柳夢寅(1559~1623)의 『어우야담』, 김육金堉(1580~1658)의 『잠곡수필』 등에서 채록한 내용이다. 편저자는 기존 문헌에서 글감을 뽑아 정리하여 수록하였지만, 다양한 문헌을 채록할 때도 작자의 시선과 비평안이 존재하지 않을 수 없다. 위의 예는 '시인'·'사노'·'공장'·'도적'에 등장

13 『진휘속고』·「私奴」 條.
14 『진휘속고』·「工匠」 條.
15 『진휘속고』·「盜賊」 條.

하는 일부 내용으로, 『진휘속고』의 편저자의 시선이 원 저자의 시선과 공감되고 있음을 알 수 있다.

위 지문을 분석해보면, 이수광의 『지봉유설』에는 궁궐 문지기가 지은 시가 훌륭하지만 이름이 전하지 않는 점, 조석주趙奭周(1641~1716)의 『백야기문』에는 허생집의 의로운 노비 이름이 전해지지 않는 것을 안타깝게 여기는 부분이 등장한다. 또한 유몽인의 『어우야담』에는 조선의 가업·기술·전문 직종들이 사유화되고 전해지지 않는 점, 김육의 『잠곡수필』에는 평범한 백성이 도적이 될 수밖에 없었던 사정 등이 등장하고 있다. 때문에 편저자는 이런 기록들을 바로 『진휘속고』에 채록하면서 상당부분 그들의 생각과 공감하며, 해당 항목에 존재하는 다른 기록들도 모으고 정리하였다. 『진휘속고』에 기록된 많은 인물들은 이름이나 사적 등이 분명한 경우도 있다. 이런 인물의 경우에는 있는 사실을 그대로 기술해놓았지만, 위의 인용문처럼 그 이름이 불명확한 경우에는 원래 기록을 그대로 수록하며 이런 인물의 사적이 선명하지 않거나 인멸되는 것에 대한 안타까움을 공감하고 있었던 것이다.

주지하듯이 『진휘속고』에는 서문이나 발문이 전혀 존재하지 않는다. 편저자는 많은 서책을 보며 기록을 할 수 있었던 신분이었던 듯한 바, 강명관 교수가 해제에서 이미 지적했듯이 규장각 서리층으로 보인다. 여항문인 조희룡은 『호산외사』 서문에서 여항인들이 전할 만한 이야기가 있어도 자료를 찾을 수 없어 인멸되는 경우가 많다고 한탄하였다.[16] 『진휘속고』 편저자 역시 직접 서문은 남기기 않았지만

---

16 조희룡 저, 『조희룡전집』 6, 「호산외기」. 실시학사고전문학연구회 역, 한길아트, 1999 참조.
"비록 여항 약간인의 전할 만한 것이 있을지라도 어디로 좇아 자료를 얻을 수 있겠

그 역시 이름도 없고 미천한 인물들이나 특이한 행적을 지닌 인물들이 역사 속에 사라지는 것을 안타깝게 생각했다. 하지만 그는 조희룡과 다르게 여항인만이 아닌 여항인을 포함한 하층의 인물, 더 나아가 사대부도 수록하고 있지만 그 중심에는 관련 항목에 부합하는 기능과 전문성을 위주로 하였다.

실제로 750명 가운데 사대부는 50여 명이고 천민 61명을 제외하면 중인계층의 인물이 대다수를 차지한다. 때문에 『진휘속고』는 의원, 서리라든가 겸인, 의원 등 여항인이 중심축을 차지하고 나머지 사대부와 천민 등이 포치되어 있다. 곧 『진휘속고』는 오히려 전문직 기능 중심이라는 측면을 강조하면서, 다이아몬드 모양처럼 여항인들이 중심축을 이루고 사대부, 천민이 그 주변부를 형성해가고 있다. 그리고 여항인들이나 천민이 사대부보다 열등하지도 않다.

시인 항목을 살펴보면 조선후기 대표적 문인으로 알려진 조문명의 시를 훈수 두는 소교小校를 비롯하여,[17] 시를 고쳐주는 장사꾼에서는 김창흡의 시를 고치는가 하면[18] 관동지방의 소금 장수가 오도일 등의 시를 교정하는 등[19] 기존의 시화에서는 김창흡, 조문명 등이 시화의 주인공이었다면 『진휘속고』에서는 이들을 뛰어넘는 무명이거나 중하층 인물들의 시적 재능·그들의 능력이 부각되고 있다. 이러한 면모는 '겸인' 항목에서도 찾을 수 있다. 겸인 안수욱은 이광좌 집안을 보필하다 선혜청 아전을 거쳐 홍봉한을 모시며 홍봉한에게 깨우침을

는가? 세상에 대인거필大人巨筆이 있어 혹 좇아서 그 자료를 찾을 경우에 행여 이 책에서 얻음이 있을 것이다. 이를 위해 우선 이것을 보존해 둔다."

17 『진휘속고』·「詩人」條.

18 『진휘속고』·「詩人」條.

19 『진휘속고』·「詩人」條.

주기도 하고,[20] 김완철 역시 재상이었던 이은의 업무의 잘못을 바로 잡거나 잘못된 판단을 하였을 때 이를 깨우쳐 주는 역할을 담당하며 김완철은 오히려 사대부를 뛰어넘는 면모를 보여주기도 하였다.[21]

또 주목할 점은 『진휘속고』의 편저자는 1차 원자료를 그대로 채록하지 않고 자신의 필치에 맞게 윤색하였다. 되도록 많은 인물을 수록하다보니 개작 과정에 원본이 축약되는 것이 많았는데, 주목할 점은 개작·축약하면서 중하층 인물들의 주체성이 부각되도록 만들었다.

위에 나온 『백야기문』에 실린 '허생의 노비許生奴'부분을 예로 들어 보면 다음과 같다.

허생의 노비가 있었는데 그 이름은 알지 못하겠다. 갑자년(1624)에 역적 이괄이 한양에 들어와 웅거하고 있을 때 역적 이괄의 막하에 허생 옆집에 사는 자가 있어 평소 허생이 뚝심이 있음을 알고 사람을 보내 뵙기를 청하였다. 때마침 허생이 형님의 상을 당하여 염도 하지 않았기에 차마 빈소 곁을 떠나지 못하겠다는 이유로 사양하였다.

이에 **(사람을 또 보내서)** '천하의 일을 경영하는 사람은 집안일을 돌아보지 않는다 하거늘, 어찌해서 형의 초상을 핑계대는가?'라고 하자, 허생이 앞서 말한 이유를 고집하면서 고사하였다.

그러자 또 군뢰軍牢를 보내어 협박하기를 '오지 않으면 군율로 일을 처리

---

20 『진휘속고』·「傔人」條.

21 『진휘속고』·「傔人」條. ○金完喆. 李相國漑, 家傔也. 嘗隨公嶺營任所, 公閱簿有剖決則必侍立背後, 或有誤判, 輒規之, 判已乃退. 或終日立脛, 浮腫而不少懈, 公入爲相, 嘗扈駕昌陵, 將還, 索茶不得. 怒汰惠局掌食吏, 以完喆代之, 惠局有飯果法, 三公出外, 必供之, 供已乃退, 退後雖欲食不復討, 乃例也. 完喆至衙, 得詢其由, 還見公辭退, 公怪問之曰 索茶於命退之後, 是爲小人故, 公端委廊廟之上, 事近罔民, 將何望於公乎? 公愧謝乃復其吏.
김완철 이야기는 조희룡의 『호산외사』에서 채록하였다고 밝혀 두었다.

하겠다.'라고 하자, 허생도 죽고 사는 문제에 있어 두렵지 않을 수 없어서 노비를 불러 말위에 안장을 얹으라고 하였다.

노비가 **(한편으로 안장을 끼고서, 또 한편으로 허생에게 묻기를)**,

"초상에 아직 염도 하지 않았는데 **(상전께서는)** 장차 어디를 가려고 하십니까?"

라고 하니 허생이 사실대로 설명하고 또 말하기를,

"가지 않으면 반드시 죽일 터이니 장차 **어찌 절박하지 않겠느냐? →어찌 해야 좋겠느냐?**"라고 했다. 이에 노비가 말안장을 던지고 물러서서 말하기를,

"적을 따라도 죽고, 따르지 않아도 죽는다면, 적을 따르지 않고 죽는 것이 **죽음을 맞이하는 것보다→ 적을 따르고 죽는 것보다** 오히려 더 낫지 않겠습니까?"

라고 했다. 이에 허생 역시,

"그렇다면 **어찌할까?→ 장차 어찌 하는 게 좋겠느냐**?"

라고 다시 묻자 (그) 노비는,

"살려고 하기 때문에 일에 어려움이 많은 것입니다. 죽기를 각오하신다면 무슨 어려움이 있겠습니까?"라고 답하고는 드디어 군뢰를 **욕하였다.→ 꾸짖고는 쫓아버렸다.** 그리고는 삼으로 꼰 밧줄 열 발 남짓을 취해서 앞으로 안내하며, "**상전께서는 다만 오셔서→저를 따라** 성가퀴를 넘어서 도주하면 될 것입니다."

라고 했다. 허생이, "성 주위에는 모두 지키는 군사들이 있는데 누가 기꺼이 나를 도망가게 두겠는가?" 라고 하자 노비가, "죽음을 각오한 사람이 어찌 성가퀴를 지키는 병졸을 두려워하십니까?"

라고 했다. 곧장 성위로 가서 넘어가고자 하자 성가퀴를 지키는 자가 과연 가로막고 서자 노비가 꾸짖으며, "너는 순리를 버리고 잘못을 따르고 있

으니 마땅히 멸족을 당할 처지인데도 오히려 사람들이 성을 벗어나는 것을 막고 있느냐?"

라고 꾸짖고는 지팡이로 저지하며 물리치니 **모두 쓰러졌다.→지키는 병사들이 감히 접근하지 못하였다**. 이에 삼밧줄을 허생의 허리에 매고는 아래로 떨어뜨려 내려갔고, **(그 또한 뒤따라)→ 노비 또한** 성벽을 타고 나와서 노비와 주인이 모두 탈출할 수 있었다.[22]

( )로 표시한 부분은 『백야기문』 원문에 있는 것을 삭제한 것이고, →로 표시한 부분은 『백야기문』을 개작한 것이다. 인용문을 보면 알겠지만 원문에 등장하는 '상전上典'이란 단어는 모두 지워지거나 허생노 자신을 지칭하는 저로 변경되었다. 또 일부는 주인의 심정을 드러내는 어조인 '어찌 절박하지 않겠느냐'를 허생노의 생각을 물어보는 '어찌해야 좋겠느냐'로, 적군을 대하는 허생의 자세를 좀 더 진취적으로 '욕하였다'와 '모두 쓰러졌다'를 '꾸짖고는 쫓아버렸다.'라든가 '지키는 병사들이 감히 접근하지 못하였다.'식으로 부분 개작을 하였다.

---

22 『진휘속고』·「私奴」條. ○許生奴. 有許生奴, 失其名. 甲子. 适賊之入據漢城也, 适賊幕下, 有與許生連家者, 素知許生有膂力, 送人請見. 時許生方遭兄喪, 未及殯斂, 以不忍離違喪側辭, 又(送人)曰 爲天下者, 不顧家, 何可以同氣初喪爲托乎? 許生又執前說固辭. 又送軍牢劫之曰 不來. 且以軍律從事, 許生不能不怵於死生, 呼其奴, 使之鞴馬. 奴(一邊挾鞍 一邊問於許生)曰 初喪未殯. (上典)將(安)何之? 許以實告, 且曰 不往必死, (豈不切迫乎)→將奈何. 奴投鞍却立曰 從賊死, 不從亦死. 不從賊而死, 不猶愈於(逆死乎)→從賊而死乎? 許生曰 然則 (奈何)→將若之何? (其)奴曰 欲求生故, 事多難處, 若分死則 何難之有. 遂(罵)→叱逐軍牢, 乃取麻索十餘把. 前導曰 (上典第來可)→從我踰城而走, 可也. 許生曰城堞, 皆有守卒 誰肯許我逃去乎 奴曰 分死者 何足畏守堞之卒(乎) (之)→乃至城上欲踰去 守堞者果禦之 奴罵之曰 爾乃捨順從逆, 爾當族矣. 反欲禁人出城耶! 卽以杖毆而逐之, (皆靡)→ 守卒不敢逼. 於是, 以(所持)麻索繫許生之腰, 垂而下之. (渠亦追後緣城諜而下)→奴亦緣城而出, 奴主俱免(禍)焉. 『백야기문』은 영남대 소장본을 참조했다.

‘천인’ 항목의 김귀련의 경우는 『동계집』에서 뽑았는데,[23] 허생노처럼 부분만 고친 것이 아니다. 『동계집』을 보면 알겠지만, 이름부터 김류련에서 김귀련으로 고치고 내용 역시 과감하게 줄였다. 무엇보다 조귀명의 글을 재배치하여 『동계집』을 활용하면서도 문단이나 글자를 이동시키고 ‘조자왈趙子曰’부분의 논찬을 삭제하였지만, 김귀련의 생애를 짧고 강렬하게 부각하여 의인적인 면모가 잘 드러나게 되었다.[24]

또한 ‘공장’ 항목의 ‘김업동’ 일화는 관련 기록이 검색되지 않아 어

---

23 조귀명, 『동계집』 권5, 「金流連傳」 癸丑, 『한국문집총간』 215, 99면. 金流連者, 金城民家也. 以富有鄉里名, 爲人好振施, 有以乞丐來者, 毋問多少, 具食食之, 厚爲資以遣. 乞丐轉相誇告, 歲饑來者益衆 衆至空一村, 遠或千里襁至, 爲廣堂長廊, 鴈序列之. 已側席坐其下, 與同食, 有餘飯, 不足粥, 其豐薄美惡, 皆與之等也. 乙丙之荒, 人之往湖南者, 往往見木碑植於路, 頌流連, 有盜四五十人聚, 渠帥令曰 今日取金流連, 下坐者進曰 流連富而仁者也. 吾儕未溝壑. 多此人力. 背之不祥. 帥曰信乎. 曰 請詰朝, 文往乞之, 不信則武取, 如其言而後服. 邑當賑, 出空名帖, 授流連, 使輸粟. 流連曰 饑民吾自粟之, 吾賤人也. 資級, 非吾事也. 敢辭, 强之不肯, 怒而杖之, 終不肯. 邑例鄉廳私有收於富民, 免軍役公稅而錄之案, 號曰鄉外, 視凡民尊有等, 富民皆利之, 鄉廳召流連, 將錄案. 流連謝曰 吾賤人也, 敢辱案乎? 峽俗慳且陋, 睎以財周親戚, 如割肌膚與路人, 輒指流連爲異物, 以故聲譽不達於官長, 權一衡信卿, 方爲邑令, 晩始聞奇之, 流連年已八十餘矣. 以馬迎致, 流連惶恐不敢騎, 騎牛徑來謁, 信卿預爲具盛設, 禮貌之. 且親錄其名於鄉外, 毋令鄉廳私役屬焉. 流連再三辭不獲, 觀察使出巡, 過金城, 信卿爲言, 流連宜有以薦, 寵厲峽俗, 觀察使立召見, 出檄爲營裨, 益惶恐伏地辭, 觀察使勅禮吏, 掖新裨將出, 具羽笠韃袴, 佩弓劍, 禮謁, 遂使乘馹馬前導. 固辭曰 賤不習於騎, 且老病, 必墜死, 爲道塗笑也. 使赴營亦不肯, 流連有妻, 不順其所爲, 出之. 久而悔責遜謝, 乃還每當炊, 使婢出覘客幾何而已. 趙子曰 有所爲而爲之謂利, 無所爲而爲之謂義, 義惟君子難之, 况鄉里小氓乎? 古語云 五經之表, 復自有人, 信哉! 昔齊使至趙 威后進而問之曰 鍾離子無恙耶! 是其爲人也, 有糧者亦食, 無糧者亦食, 有衣者亦衣, 無衣者亦衣, 是助王養其民者也. 何以至今不業也. 業者, 職業也. 若流連者, 可使之業也已.

24 『진휘속고』, 「賤人」 條. ○金貴連. 金城民家也. 以富名鄉里, 爲人好施, 厚資乞丐, 來者甚衆. 歲飢則爲廣堂 鴈序列之, 側席坐其下, 與之同食, 以此千里襁至, 每當炊, 出覘來人幾何. 乙丙之荒, 人之往嶺東者, 往往見木碑於道, 權一衡爲邑宰, 聞而奇之. 送騎邀致, 貴連惶懼, 不敢騎, 跨牛來謁, 權公禮貌之. 且親錄其名於公案, 毋令私役, 固辭不獲, 道伯巡到本邑, 召以營裨, 抵死不承命. 使吏掖之具儀禮謁, 遂使乘馹前導, 苦辭不肯. 出『東溪集』

디서 채록했는지 자세하지 않다. 이곳에는 기술의 가치가 천시당하고, 그 댓가를 정당히 받지 못하는 장인들의 애환을 녹아냈다.

김업동은 금속세공장이이다. 허리띠 고리를 잘 조각하였는데 세상에 이와 견줄 사람이 없었다. 사대부들이 대부분 값을 지불하지 않고 조각해 달라고 하니, 업동이 그 고통을 견디지 못해 엄지손가락을 자르고 다시는 그 일을 하지 않았다.[25]

금속세공장으로 매우 뛰어난 재능을 가졌음에도 노동의 댓가를 치르지 않는 사대부들을 향해 김업동이 할 수 있는 일은 자신의 손가락을 자르는 것이었다. 이러한 고뇌는 비단 김업동에만 해당되는 것은 아닐 것이다. 또한 설령 특별한 기술을 가진 인물이 있다 하더라도 이 인물의 존재 내지 그들의 고뇌는 잘 알려지지 못했다. 때문에 편저자는 신분과 시대를 아우르는 통사적 인물지를 지향하며, 조선시대에 존재했던 갖가지 기능인과 특이한 행적을 지닌 인물들을 소개하면서도, 무게중심을 사대부에서 중하층으로 옮겨 그들의 기술, 의리, 고민, 지향, 배신 등 생동하는 다양한 가치를 담아내고자 하였다.

참고문헌의 방대함과 서책 정보의 제공

『진휘속고』의 편저자는 정말 많은 책을 보고 관련 인물들의 정보를 모았다. 그렇다 보니 『진휘속고』에는 다양한 문헌 정보를 접할 수 있다.

---

25 『진휘속고』, 「工匠」 條.

***북창 정렴은 『패관잡기稗官雜記』에 다음과 같이 기록되어 있다.** “북창은 의술에 정밀했다. 언젠가 그 뜻으로 짐작해서 소체탕을 조제하여 이질을 치료하였는데 그것을 시험해봄에 매우 효과가 있었다고 한다.” **『고사촬요攷事撮要』에도 보인다.**[26]

*지수경池壽慶은 선조 때 화포 기술자이다. 남한산성이 함락되었을 때 오랑캐의 포로가 되었는데 오랑캐가 연습 삼아 포를 쏘게 하고 구경하였다. 수경이 구경하는 자들을 일부러 한쪽으로 모이게 하고는 포를 조준하여 쏘아 죽이니, 오랑캐가 노하여 사지를 찢어 죽였다. **『지봉유설芝峯類說』에 나온다.**[27]

의원 항목에 있는 정렴 관련 기사와 ‘공장’ 관련 항목에 있는 지수경 기사이다. 편저자가 직접 참조했던 저서를 기록하고, 또 다른 기록의 소재도 밝히고 있다. 한문학사에서 정렴은 김시습 등과 함께 방외인으로 알려져 있다. 위 인용문은 의원 항목에 기술된 내용으로, 의술에 정밀한 사항과 이질 치료에 쓰인 처방이 소개되어 있다. 이 자료들은 어숙권의 『패관잡기』와 『고사촬요』에서 뽑은 것으로, 『진휘속고』의 편저자가 한 인물에 대한 기록을 남기기 위해 한 책만이 아니라 여러 책의 기사를 함께 섭렵했음을 알 수 있다. 아래 지문은 화포 기술자로 알려진 지수경을 설명한 대목인데 이수광의 『지봉유설』에서 뽑은 것이다.[28] 병자호란 때에 청병을 유인하여 죽인 일화와 그로 인해 죽음에 처해진 사항을 설명하고 있다.

위에 예로든 『패관잡기』와 『지봉유설』은 『진휘속고』의 편저자가

---

26 『진휘속고』, 「醫員」 條.

27 『진휘속고』, 「工匠」 條.

28 李睟光, 『芝峯類說』 권3, 「병기兵器」에 관련 기록이 나온다.

10여 차례 인용했다고 밝힐 정도로 『진휘속고』에 가장 많이 등장한다. 실제 확인해본 결과 『진휘속고』에서 제일 많이 언급한 자료는 『어우야담』으로 16차례 인용되고 있다. 편저자는 어떤 경우에는 "○○가 스스로 기록한 것을 수록하였다." "○○가 전을 지었다." "○○의 기사" 식으로 서명은 생략한 채, 관련대목만을 밝힌 경우도 있다. 그러나 『진휘속고』에는 편저자가 직접 참고문헌을 밝힌 경우보다 인용처를 밝히지 못한 경우가 더 많다.

연택은 함흥咸興의 붓 만드는 기술자로 붓을 잘 만들었다. 이 때문에 함흥의 연필延筆이 호남湖南의 홍소洪梳, 박소朴梳처럼 우리나라에서 유명했다.[29]

'공장' 항목에 있는 것으로 붓 기술자 연택에 관한 얘기이다. 이 이야기는 강박姜樸의 『국포집菊圃集』 권12, 『총명쇄록聰明瑣錄』에 간단히 기록되어 있는데, 『진휘속고』 편저자는 출전을 밝히지 않고 그대로 기술하였다.[30] 이처럼 『진휘속고』에는 출처를 드러내지 않은 것이 많은 바, 번역 과정에서는 출전이 불명확한 것을 되도록 한국고전번역원 등의 검색시스템을 활용하여 찾아보았다. 그 결과 직접 출전을 밝히지는 않았으나 다른 문헌을 참고한 자료가 많았다. 이에 아래 도표를 통해 『진휘속고』에 직접 인용 출처를 밝힌 것은 ●로 표시하였고, 번역과정에 출처를 확인한 것은 아무 표시를 하지 않았다.

---

29 『진휘속고』, 「工匠」 條.

30 姜樸 著, 『菊圃集』 권12, 「聰明瑣錄」. 咸興延筆, 自良工延澤得名, 若湖南之洪梳朴梳也.

<도표 5, 『진휘속고』 소재 출전 문헌>

출전 문헌	빈도	출전 문헌	빈도
●고사촬요攷事撮要	1	●어우야담於于野談	16
●국당배어菊堂排語	2	●여지승람 輿地勝覽	1
●국조시산國朝詩刪	1	연려실기술燃藜室記述	7
강박의 국포집菊圃集	1	●충암선생연보冲庵先生年譜	1
금수재기金水齋記	1	●오산설림五山說林	1
●기록冀錄	2	옥천선생문집玉川先生文集	1
기묘록己卯錄	1	완구유집宛丘遺集	1
기묘록속집己卯錄續集	1	●용재총화慵齋叢話	2
기재잡기寄齋雜記	1	우계선생집牛溪先生集	1
●김학봉집金鶴峯集	1	●운암잡록雲巖雜錄	2
난중잡록亂中雜錄	2	월사선생집月沙先生集	1
대동야승大東野乘	1	●유하지柳下誌	1
도곡집陶谷集	1	●죽천집 竹泉集	1
●동각잡기東閣雜記	2	●이설俚說	1
●동계집東谿集	2	●이순록二旬錄	1
마과회통麻科會通	1	청구야담靑邱野談	2
만기요람萬機要覽	1	이충무공전서李忠武公全書	1
매산집梅山集	1	●일득록日得錄	1
목재집木齋集	1	●일송집一松集	1
●무송소설撫松小說	1	●잠곡수필潛谷隨筆	5
미암일기眉菴日記	1	●재조번방지再造藩邦志	2
미암집眉菴集	1	●지봉유설芝峯類說	11
박담옹집朴澹翁集	2	●창석집蒼石集	2
●방기고方技考	2	●천예록天倪錄	2
●백야기문白野記聞	1	●청강시화淸江詩話	1
벽오선생유고碧梧先生遺稿	1	●청비록淸脾錄	2
병계선생집屛溪先生集	1	청음집 淸陰集	1
산림경제山林經濟	1	청장관전서靑莊館全書	6
●삼강행실도三綱行實圖	1	●청죽수기聽竹隨記	1
●성수시화惺叟詩話	1	초사담헌草榭談獻	3
●성호사설星湖僿說	5	●패관잡기稗官雜記	9
●소문쇄록謏聞鎖錄	3	●필원잡기筆苑雜記	1

●소촌만록小村謾錄	1	학산초담 鶴山樵談	3
●손현좌무공전孫鉉佐武空傳	1	●학산한어鶴山閑語	2
●송계만록松溪漫錄	1	해동야언海東野言	2
송자대전宋子大全	3	●해동유주海東遺珠	2
수미청사脩眉青史	1	호산외사壺山外史	1
신증동국여지승람 新增東國輿地勝覽	1	회은집晦隱集	1
야곡선생집冶谷先生集	1	●효빈잡기效顰襍記	1

『진휘속고』 편저자가 인용한 참고문헌은 지금 확인된 것으로 총 80책으로 직접 인용처를 밝힌 것이 42책이고, 그 나머지 밝히지는 않았으나 현재 문헌에서 지금 확인이 된다. 하지만 여전히 어떤 책을 참고했는지 불명확한 것도 300여 건이 넘는다. 위의 도표를 보면 알 수 있듯이 『진휘속고』는 『어우야담』·『지봉유설』·『패관잡기』·『성호사설』·『청장관전서』 등 전대의 필기류나 백과사전식 문헌에서 중요 정보를 모으고, 기타 개인 문집도 섭렵하는 모습을 보였다. 이 외에도 『조선왕조실록』이나 『승정원일기』 등에도 부분 부분 등장하는 단락이 있었으나 이 두 책은 따로 도표에 제시하지 않았다. 위 서책 가운데는 우리에게 익숙한 책도 있지만, 알려지지 않는 낯선 책도 있다.

송宋씨 성을 가진 사람이 열한 명의 사내아이를 낳았는데, 입 '구口'자로 항열을 정했다. 첫째, 둘째, 셋째, 넷째로부터 열한 번째에 아이까지 차례로 이름을 만들었다. 첫째 아들은 구口, 둘째 아들은 려呂, 셋째 아들은 품品, 넷째 아들은 전田, 다섯째 아들은 오吾, 여섯째 아들은 육吙, 일곱째 아들은 질叱, 여덟째 아들은 팔叭, 아홉째 아들은 구旮, 열째 아들은 고古, 열한 번 째 아들은 길吉로 했다 한다. **『이설俚說』에 나온다.**[31]

'시인' 항목에 나오는 지문인데, 『이설』이란 책에서 뽑았다고 편저자는 밝히고 있다. 이 책의 제목으로 보아 시속의 이야기를 담은 책으로 보이는데, 현전하지도 않고 작자와 내용이 미상이다. 이처럼 『진휘속고』에는 학계에 알려지지 않은 책의 목록도 많은데 『이설俚說』 외에 『기록冀錄』·『청죽수기聽竹隨記』·『수미청사脩眉青史』·『유하지柳下誌』·『손현좌무공전孫鉉佐武空傳』 등이 그 대표적이다. 또한 참고문헌 외에 본문 속에서 언급했던 저작들 역시 주목할 만하다. '의원' 항목에서 각각의 인물들이 수많은 의학서를 비롯하여 해당 인물들을 설명하며 기록해 놓은 저술들 역시 중요하다.

*진업국의 자는 성수聖修, 호는 송곡松谷, 풍기인豐基人으로, 박창원朴昌元의 외조부이다. 그는 평소 산수山水를 좋아하여 일찍이 낭선군朗善君 이우李俁를 따라 유람하였다. **『풍악록楓嶽錄』에서 산맥山脈과 수세水勢를 자세히 기록했다.**[32]

*이성석李聖錫은 어우於于 유몽인柳夢寅이 외사촌 형이라 불렀고, 재상이 천거하여 동몽교관童蒙教官에 제수되었다. **『자유편自牖篇』을 지었는데 한자 가운데 구결을 취하여 이·니·은·을·애·서伊尼隱乙厓西를 만드니 30자로 분류되지 않은 것이 없었다. 역순으로 언해하는 법으로 대개 초학자들을 쉽게 깨우치게 하려는 뜻이었다.** 어우가 『자유편自牖篇』의 서문을 지었다.[33]

위의 인용문은 여항 시인 진업국 관련 대목이다. 진업국은 박창원朴昌元의 외조부로 시로 명성을 떨쳤다. 관련 내용이 박창원의 『박담

---

31 『진휘속고』·「詩人」 條.
32 『진휘속고』·「詩人」 條
33 『진휘속고』·「工匠」 條.

옹집朴澹翁集』·「외왕부풍악록발外王父楓嶽錄跋」에 보인다. 진업국은 낭선군 이우를 따라 유람하며 『풍악록』이란 저술을 남겼던 듯한데, 그곳에는 위 인용문대로 산맥과 수세가 아주 자세하게 기록되었다고 한다. 실제 작품이 남아 있으면 금강산의 산맥과 수세를 확인할 수 있는 중요자료임에 분명하다.

그 아래 인용문은 '공장' 항목에 등장하는 것으로, 손재주가 뛰어났던 이성석의 『자유편』을 소개하고 있다. 이 책은 한자의 구결을 취하여 초학자들에게 깨우침을 주고자 한 것으로 보인다. 유몽인이 「자유편」 서문을 썼다고 하지만 전하지 않는다. 역순으로 언해하는 법이란 대목이 구체적으로 무엇을 지칭하는 지 자세하지 않지만, 구결을 이용하여 초학교재를 만든 것으로 흥미로운 책임을 알 수 있다. 이처럼 『진휘속고』에는 편저자가 직접 인용했던 참고문헌은 물론 내용 중간 중간에 등장하는 저술 역시 주목할 자료가 많은 바, 본 『진휘속고』는 조선시대 꽃 피웠던 우리 선현들의 지적유산인 서책 문화를 이해하는 데도 유용한 정보를 제공하고 있다.

맺음말

『논어』에 '이문회우以文會友'라는 구절이 있다. 글로써 벗을 만난다는 뜻으로 학문을 매개로 벗을 사귀고 성장해간다는 의미이다. 현대사회에서는 대학의 한 과에서 같은 학문을 하면서도 함께 글을 읽는 것은 쉽지 않다. 바쁘기도 하고 각자의 공부에 매진하다보니 협업을 이루기가 어려운 실정이다. 하지만 같은 과 교수나 같은 분야를 공부를 하는 사람들만큼 좋은 학문적 동지도 없는 것이 사실이다.

『진휘속고』의 번역 과정은 영남대 한자문화연구소타는 공동체를 통해 학문협업을 이루는 좋은 계기였다. 매주 수요일 저녁 공부하며 공부하는 맛을 알고, 한문 고전의 향기를 느끼며 상호 성장의 좋은 계기였다. 현재는 『진휘속고』 번역을 완료하고, 『진벌휘고속편』을 번역 중에 있다. 이 두 본의 상호 관계 및 뚜렷한 특징은 『진벌휘고속편』 번역이 완성되면 보다 선명히 드러나게 될 것이다.

『진휘속고』는 앞서 살펴본 대로 체재도 정연하지 않고 완질의 형태도 아니다. 이곳에는 의원·점쟁이·효자·서리·충신·천인·겸인·공신·시인·간인奸人·사노비·공장工匠·못난이·대식가·닮은 사람·귀신·흉악무도한 사람·도적 등 18항목에 걸쳐 750여 명의 사적이 실려 있다. 후대 『진휘속고』를 재편한 것으로 보이는 『진벌휘고속편』에는 180여 명으로 줄어든 바, 『진휘속고』 소재 인물 정보는 중요한 가치를 지닌다. 인물에 따라 사적이 구체적인 경우도 있고 매우 간략하게 한 줄로 기록된 경우도 있지만, 인멸을 방지하지 위해 노력한 편저자의 의도를 엿볼 수 있다. 등장인물을 보면 선악의 도덕적 가치 기준을 담으면서도 전문 기능인, 악인을 포함한 특이 캐릭터, 특정 분야에서 위업을 남긴 인물을 다루고 있다. 신분 역시 중인층의 여항인뿐만 아니라 사대부·천민까지 아우르고 있다. 하지만 사대부는 60여명이고 나머지는 전부 중하층 인물들이다. 때문에 『진휘속고』의 편저자는 시대나 신분을 통합적으로 기술하되, 조선시대 중하층 인물의 전문성, 역할 내지 특이성, 의리 등을 최대한 풍부히 브각시키고 이들의 가치와 주체성을 드러내고자 하였다. 이는 19세기 중엽 이후 조선 사회에 필요한 인간의 존재와 가치 등에서 새로운 의식관이 형성되고 있음을 반영한다. 하지만 『진휘속고』에서 다룬 내용은 편저자의 독창적 저술이라기보다 『어우야담』·『지봉유설』·『패관잡기』·『성호사설』·『청장관전서』 등 전대 문헌에서 정보를 모으고 개작한 것이 많다. 그 과정에 편저자의 안목을 발휘하여 원본을 재배치하면서도 생동감 있고 인물의 특성이 부각되도록 노력했다. 이는 편저자의 독서능력과 문장솜씨를 파악할 수 있는 것으로, 방대한 문헌을 접하고 개작이라는 제2의 창작을 할 만큼 한문학적 소양이 뛰어난 인물임을 입증한다.

실제로 『진휘속고』에서 등장하는 갖바치·이신·김륜·박성번·박연중 등 다양한 인물과 그들의 사적은 일제강점기 홍명희 소설인 『임꺽정』에도 각색되어 재탄생하기도 하였다. 따라서 본 『진휘속고』 번역을 통해 홍명희의 『임꺽정』을 넘어, 앞으로 소설·영화 등 다양한 매체를 통해 다시 되살아날 수 있기를 소망해 본다.

번역편

의원醫員

점쟁이卜者

효자孝子

충신忠臣

하급관리胥吏

천한사람賤人

시중드는 하인傔人

공신功臣

시인詩人

간사한 사람奸人

사노비私奴

기술자工匠

못난이形怪

대식가巨量

닮은사람肖貌

귀신鬼神

흉악무도한 사람凶逆

도적盜賊

1. 의원醫員

· 정경선鄭敬先

정경선[1]은 태조太祖 때 인물이다. 왕의 지시로 『향약집성방鄕藥集成方』[2] 30권을 편찬했다. 양촌陽村 권근權近[3]이 이 책의 서문을 지었고[4], 강원도 관찰사 김희선金希善[5] 이 간행하여 널리 배포했다. 또 『의림촬요醫林撮要』[6]를 편찬했는데, 양예수楊禮壽[7]가 교정을 보았다.

· 이상로李商老와 설경성薛景成

---

1 정경선鄭敬先 : 집안이나 생애는 알 수 없다. 명종 초 편찬된 역대 의원들의 전기를 실은 『의림촬요醫林撮要』의 저자이다. 허준許浚이 지은 의서인 『동의보감東醫寶鑑』 권1, 「역대의방서목歷代醫方書目」에 따르면, '『의림촬요』는 정경선이 편찬하고, 양예수가 교정했다 .[醫林撮要 本國內醫鄭敬先所撰 楊禮壽校正]'고 밝히고 있다. 이로 미루어 명종 때 내의였으며, 양예수의 스승으로 짐작된다. 이때 편찬한 『의림촬요』는 모두 8권이었으나 선조 초에 양예수가 박세거朴世擧·손사명孫士銘 등과 함께 증보하여 총13권으로 만들었다.

2 『향약집성방鄕藥集成方』 : 1433년(세종 15)에 노중례盧重禮·유효통兪孝通·박윤덕朴允德 등에 의해 완성된 종합적인 향약의서이다.

3 권근權近(1352~1409) : 본관은 안동安東이다. 초명은 진晉이고 자는 가원可遠·사숙思叔, 호는 양촌陽村 또는 소오자小烏子이다. 문집 『양촌집陽村集』이 있다.

4 양촌陽村 ~ 지었고 : 『양촌집陽村集』 권17에 「향약제생집성방서鄕藥濟生集成方序」라는 제목으로 수록되어 있다. 여기에서는 편찬자가 정경선이라고 했는데 「향약제생집성방서」에는 이러한 기록이 보이지 않는다. 다만 좌정승 조준趙浚과 우정승 김사형金士衡이 편찬을 주청해 김희선金希善이 이 일을 맡았다고 했다.

5 김희선金希善(?~1408) : 조선 초 의학자이다. 시호는 원정元靖이다. 의학에 정통해 『향약제생집성방鄕藥濟生集成方』을 편찬했다.

6 『의림촬요醫林撮要』 : 조선 선조 때 양예수楊禮壽가 편찬한 역대 의학자들의 전기傳記이다.

7 양예수楊禮壽(?~1597) : 조선 초 의학자이다. 본관은 하음河陰이다. 자는 경보敬甫이고 호는 퇴사옹退思翁이다. 태의太醫로 『동의보감』의 편찬에 참여했고, 박세거朴世擧·손사명孫士銘 등과 함께 『의림촬요醫林撮要』를 편찬했다.

이상로[8]와 설경성[9]은 모두 고려시대 사람이다. 『방기고方技考』[10]에 기록이 보인다.

· 조경지曺敬智

조경지[11]는 세조世祖 때 내의원이다. 기묘년(1459)에 내의원 조경지 등을 불러서 의서醫書를 강론하게 했다.

· 이희헌李希憲과 윤지미尹知微

이희헌은 내의원 직장直長[12]이고, 윤지미는 내의원 부봉사副奉事[13]이다. 함께 『동의보감東醫寶鑑』을 교정했다.

· 안찬安瓚

안찬[14]은 의학훈도醫學訓導[15] 이다. 서얼 출신으로 자는 황중黃中이다.

---

8 이상로李商老 : 『고려사高麗史』 권122 열전35 「방기方技·이상로李商老」 조에 생애와 행적에 대한 기록이 보인다. 중서사인中書舍人 이중부李仲孚의 아들이다. 묘청妙淸의 난에 연루되어 집안이 몰락해 중에게 의술을 배워 이를 업으로 삼았다.

9 설경성薛景成 : 『고려사高麗史』 권122 열전35 「방기方技 설경성薛景成」 조에 생애와 행적에 대한 기록이 보인다. 계림鷄林 사람이며 자칭 홍유후弘儒侯 설총薛聰의 후손이라고 했다. 대대로 의술을 업으로 삼았던 집안에서 태어나 의술에 정통했다.

10 『방기고方技考』 : 『고려사高麗史』 권122 열전35 「방기方技」 편을 이른다. 방기는 방술方術과 기예技藝로 한 방면의 방술과 기예에 뛰어났던 인물들에 대한 기록이다.

11 조경지 : 『세조실록』 18권 세조 5년 11월 22일 조에 "내의內醫 조경지曺敬智 등 3인과 의서 습독관醫書習讀官 김의강金義剛 등 8인을 불러서 의서醫書를 강講하게 하고, 강이생도講肄生徒 설주薛柱 등 8인을 불러서 『한훈漢訓』을 강講하게 했다.[內醫曺敬智等三人、醫書習讀官金義剛等八人講醫書, 講肄生徒薛柱等八人講漢訓]"라는 기록이 보인다.

12 직장直長 : 조선시대 여러 관서에 두었던 종7품 관직이다.

13 부봉사副奉事 : 조선시대 여러 관서에 두었던 정9품 관직이다.

14 안찬安瓚(?~1519) : 본관은 순흥順興이고 자는 황중黃中이다. 조광조趙光祖와 교분이 두터워 1519년에 기묘사화 때 화를 입은 유림들의 신원을 상소했다가 장류杖流되

의서醫書를 두루 읽어 의술에 매우 정통했다. 게다가 성리학性理學에도 정통하여 증세에 따라 약을 처방하고 이치를 따져 병을 진단하는데 통달하여 거침이 없었다. 비록 옛 처방이 없는 병이라도 질병에 따라 처방을 내서 치료하면 효험을 보지 못하는 병이 없어 살린 사람이 매우 많았다. 이 때문에 당대 벼슬아치들에게 정중한 대우를 받았다. 정암靜庵 조광조趙光祖[16]가 그 재주를 아꼈고 많은 선비들이 그와 벗으로 지내니 동료들이 매우 시기하여 원수처럼 여겼다. 기묘년(1519) 사화士禍에 이항李沆[17]이 대사헌大司憲이 되어 그를 당인黨人들과 엮어서 잡아다 국문했다. 며칠 사이 혹독하게 고문을 가하더니 또 곤장 일백 대를 때리고 외지로 유배를 보냈는데, 가는 도중 연서역延曙驛[18]에 도착하여 사망했다. 사람들이 모두 이를 애석하게 여겼다.

한 사내가 새벽 무렵 길을 나서던 중에 문득 두 눈이 모두 붙어버려서 스스로 뜰 수가 없었고, 손으로 비비니 마치 옻칠로 붙여놓은 것과 같았다. 그대로 장님이 되고 말았는데 의원들은 모두 병의 연유를 알지 못했으나 안찬이 이 병에 대해서 해석하기를,

"눈은 폐와 관련이 있으니, 폐에 병이 났기 때문에 눈이 필시 닫혀

어가던 도중 연서역延曙驛에서 죽었다. 산수화에도 뛰어났다고 한다.

15 의학훈도醫學訓導 : 조선 시대 전의감典醫監에 속하여 의학을 가르치는 일을 맡던 정9품 관직이다.

16 조광조趙光祖(1482~1519) : 본관은 한양漢陽이고 자는 효직孝直, 호는 정암靜菴, 시호는 문정文正이다. 문집 『정암집靜菴集』이 있다

17 이항李沆(1474~1533) : 본관은 성주星州이고 자는 호숙浩叔, 호는 낙서헌洛西軒이다. 기묘사화己卯士禍를 일으켜 선비들을 많이 죽이고, 권세를 부린 까닭에 김극핍金克愊, 심정沈貞과 함께 세간에서 삼간三奸으로 불린다.

18 연서역延曙驛 : 경기도 양주시에 있던 역참으로 영서역迎曙驛이라고도 한다. 한양에서 의주로 가는 서발西撥의 첫 번째 역이자 한양으로 들어오는 마지막 역이었다.

버린 것이네."

라고 하더니, 바로 폐를 치료하는 약을 주었다. 이 약을 복용하자 점점 눈이 떠지더니 정상이 되었다.

한 부인이 하루는 음부가 갑자기 아프더니 잠시 뒤에 소와 말의 털처럼 황색과 검은색 털이 서로 섞여서 밤낮 멈추지 않고 음부에서 돋아났다. 안찬이 말하기를,

"털은 피의 나머지니, 피가 병이 들었기 때문에 이런 괴이한 증세가 나타나는 것이네. 먼저 피를 치료해야 된다네."

라고 하더니 바로 피를 치료하는 약을 알려주었다. 이 약을 복용하자 얼마 되지 않아서 털이 돋는 것을 멈추고 정상이 되었다.

한 부인이 양치질을 하는데 혀끝에서 피가 줄줄 흘러 연일 멎지 않았다. 그래서 피를 멎게 하는 약을 많이 복용해보았으나 여전히 멎지 않았다. 안찬이 말하기를,

"급히 소합향환蘇合香丸[19] 4알을 복용하게. 조금만 늦어도 고칠 수가 없다네."

라고 했다. 어떤 이가 말하기를,

"심복통心腹痛에는 반드시 이 약을 복용해야 되지만 피를 멎게 한다

19 소합향환蘇合香丸 : 갑자기 기氣가 역상逆上하여 심통心痛이 있고 귀신에 홀려 헛소리하는 등의 증상을 치료하는 처방이다.

고는 듣지 못했네."

라고 하니, 안찬이 대답하기를,

"피는 심장과 관련이 있으니 피가 열이 나면 끓어오르네. 지금 부인은 평소 마음 쓰는 일이 많아서 심기心氣가 매우 뜨거워 피가 끓어올라 솟아나는 상태네. 혀를 함부로 놀려 피가 다 흐른 뒤 심장이 허해진 상태에 나쁜 기운이 이 틈을 타면 병을 고칠 수 없게 된다네. 심장을 다스려 열을 없애면 피는 절로 멈출 것이네."

라고 했다. 그가 지어준 약을 복용하자 과연 피가 멎었다. 사람들이 그 정통한 의술과 투철한 식견에 탄복하여 평범한 의원은 하나라도 미칠 수 없는 의술이라고 했다.

의학교수醫學敎授[20] 로 본관은 순흥順興이다. 아들 자명自明은 역학譯學으로 가선대부嘉善大夫의 품계까지 올랐다.[21]

· **박세거**朴世擧

박세거[22] 는 태의太醫 [23]이다. 안찬安瓚과 함께 명의名醫로 불렸으나 가업을 이을 아이가 없었다. 사람들에게 미움을 받아 마침내 상도常道를

---

20 의학교수醫學敎授 : 조선 시대 전의감典醫監에 속하여 의학을 가르치는 일을 맡던 종6품의 관직이다. 앞서 의학훈도醫學訓導라고 기록한 것과 차이가 있다.

21 이 이야기는 안로安璐, 『기묘록보유己卯錄補遺』 권1, 「의사안찬전醫師安瓚傳」에 같은 내용이 보인다.

22 박세거 : 조선 중기의 의관이다. 김순몽金順蒙과 함께 『간이벽온방簡易辟瘟方』을 편찬하였고, 내의원 의원들과 함께 『분문온역이해방分門瘟疫易解方』을 편찬했다.

23 태의太醫 : 왕이나 왕족들의 병을 치료하던 의원으로 어의御醫와 같다.

어지럽힌 죄를 받는 지경에 이르렀으니 애통하기 그지없다.

기묘사화己卯士禍를 당했던 선비들과 종유하며 뜻과 기개가 매우 높았다. 정성을 다해 정암靜菴 조광조趙光祖를 섬겨서 기묘년(1519) 사화가 일어난 뒤에도 명절이 되면 반드시 찾아가 문밖에서 배알했다. 조공의 아들 용容 형제가 병이 나면 시간을 가리지 않고 힘을 다해 치료해주었다. 조공 댁 행랑채가 짚으로 지붕을 이었는데 해마다 바꿀 수 없는 처지라 썩어서 무너지려고 했다. 이 또한 박세거가 자비로 와서瓦署[24] 제조提調[25]에게 기와를 구해 싣고 와서는 지붕을 덮어주었는데 세상에 보기 드문 일이다.

중종中宗이 늘 풍종風腫을 앓았는데 박세거에게 명하여 침을 놓도록 했다.

한 선비가 마르고 피곤한 종을 데리고 와서 박세거에게 병을 물었다. 박세거가 모습을 살피고 진맥해보니, 바로 많이 먹어야 되는 용량을 가졌는데 그 양이 부족하여 굶주린 탓에 피곤할 뿐 달리 증상이 없는 자였다. 그래서 처방하기를,

"가소어와거환加蘇魚萵苣丸(밴댕이상추쌈)을 빈속에 서른 알 삼키면 며칠 안 있어 병이 완쾌될 것입니다."

라고 했다. 선비가 처음에 그 뜻을 알지 못하여 다시 묻기를,

"이 약은 몇 가지의 약재를 넣어 제조하는가?"

---

24 와서瓦署 : 왕실이나 관에서 쓰는 기와와 벽돌을 만들어 바치던 관아이다.
25 제조提調 : 기술, 잡직 계열의 관아 일을 겸직兼職으로 지휘하거나 총괄하던 종1품 내지 종2품의 관원이다.

라고 하니, 박세거가 대답하기를,

"저절로 약방문을 알게 될 터이니, 제게 물을 필요는 없습니다."

라고 했다. 이어서 '밴댕이가 없으면 나물전도 괜찮다'는 내용을 덧붙여 주자 선비가 비로소 그것이 상추쌈이라는 것을 알고 한바탕 웃고 떠났다.[26]

· **배상문**裵尙文

배상문에 대하여 세종世宗 갑자년(1444) 승정원에서 올린 장계狀啓에 다음과 같은 내용이 있다.

"의원 배상문이 광평대군廣平大君[27]의 병을 치료하면서, 조섭을 잘 하지 못해 그 분을 돌아가시게 했으니 국문을 청합니다."

사헌부에서도 그의 죄를 청하자 주상께서 말씀하시기를,

"상문은 본래 맹랑한 사람이긴 하나 이것은 상문의 죄가 아니라 바로 대군의 운명이다."

---

26 허봉許葑, 『해동야언海東野言』, 「중종상中宗上」과 이정형李廷馨, 『지퇴당집知退堂集』 권13, 「황토기사하黃兎記事下 유사儒士」에 간략한 기록이 보인다.

27 광평대군廣平大君(1425~1444) : 이름은 이여李璵이고 자는 환지煥之, 호는 명성당明誠堂이다. 아버지는 세종이며, 어머니는 소헌왕후昭憲王后 심씨沈氏이다.

라고 하고 끝내 국문을 윤허하지 않았다.[28]

· **김순몽**金順蒙

김순몽[29]에 대하여 『패관잡기稗官雜記』에 다음과 같은 내용이 있다.

"의원 가운데 종기를 잘 고치는 자로 김순몽이 있었다. 성종成宗 말년부터 김순몽의 침과 약으로 효험을 본 사람이 몇 천 명이나 되는지 헤아리지 못한다. 중종中宗이 특별히 통정대부通政大夫의 품계를 하사했다. 그 뒤에 녹사錄事[30] 이맹형李孟亨이라는 자가 있었는데, 또한 종기를 잘 고치는 것으로 이름이 나서 군직軍職을 제수했다. 그러나 그의 의술은 김순몽과 비교가 되지 못했다. 근래 김상곤金尙昆이라는 자는 병에 대한 처방도 못하면서 종기만 보면 곪은 여부도 따지지 않고 번번이 수침手鍼으로 침을 놓았다. 일찍이 여러 절들을 돌면서 병든 중들에게 침을 놓은 일이 매우 많았으나, 죽은 자가 반 이상이나 되었다. 그런데도 혜민서惠民署에 소속시켜 녹봉을 받도록 해주었다."[31]

· **김수량**金遂良

김수량은 별시위別侍衛[32]이다. 나력瘰癧[33]을 잘 고쳤다. 증세가 가벼우

---

28 『세종실록』 권106, 세종 26년 12월 11일 기사에 기록이 보인다.

29 김순몽金順蒙 : 조선 중기의 의원으로 종기치료에 능했다고 한다. 유영정劉永貞, 박세거朴世擧와 함께 왕명에 따라 온역瘟疫의 치료에 필요한 방문을 모은 의서 『간이벽온방簡易辟瘟方』을 편찬했다.

30 녹사錄事 : 조선시대 중앙 여러 관청에 두었던 상급 서리직胥吏職이다.

31 이 이야기는 어숙권魚叔權, 『패관잡기稗官雜記』 2권에 제목은 별도로 되어 있지 않고 여러 이야기 가운데 하나로 실려 있다.

32 별시위別侍衛 : 조선 전기의 군제인 오위五衛 중 좌위左衛 용양위龍驤衛에 속했던 군대조직이다.

33 나력瘰癧 : 지금의 경부頸部 임파선淋巴線 결핵병結核病의 일종이다.

면 약을 발라 사라지게 했고, 증세가 심하면 종기 사방에다 뜸을 뜨고 독을 섞은 약을 발라 두었다가 며칠이 지나지 않아 피부가 물러지면 침으로 그 종창의 뿌리를 도려냈다. 매번 2·3일 간격으로 한 번씩 도려내는데 한 쪽이 다 없어질 때가지 도려냈다. 도려내는 것을 끝내고 고약을 붙여 새살을 돋게 하면 드디어 정상인이 되었다. 그러나 늘 그 의술을 감추고 남에게 가르쳐주지 않았다.[34]

≪김남규≫

· **김범**金範

김범은 별시위別侍衛로 『미암일기眉菴日記』에 다음과 같은 기록이 있다.

선조 병오년(1606)에 별시위 김범이 상소하여 진언하기를, "독부산毒腐散[35], 생기고生肌膏[36]와 가오동假梧桐 달인 물로 목욕하는 것은, 이는 모두 천포창天疱瘡[37]을 치료할 때 섞어 쓰는 약입니다."라고 했다. 특히 추모주秋牟酒[38]를 마시고 목욕하는 방법은 김범이 유독 그 경륜經綸을 터득한 것인데, 예조에서 계를 올리기를, "구제하여 치료하는데 효험이 많으니, 널리 구제하여 살릴 것을 생각하십시오. 아울러 사람을 죽이는 해를 막아 끊어버리고자 한다면 약을 시험하여 효과를 본 후에 헤아려 상을 내려 보답하는 의식을 시행하는 것이 어떻습니까?" 하니, 임금이 그대로 윤허했다.

---

34 이 이야기는 어숙권魚叔權의 『패관잡기稗官雜記』 2권에 제목은 별도로 되어 있지 않고 여러 이야기 가운데 하나로 실려 있다.

35 독부산毒腐散 : 연주連珠와 나력瘰癧을 치료하는 처방. 연주 나력이 곪아 터져서 생긴 부스럼을 연주창連珠瘡이라 한다.

36 생기고生肌膏 : 나력瘰瀝과 모든 창양瘡瘍을 두루 치료하는 처방이다.

37 천포창天疱瘡 : 피부에 큰 물집이 생기는 질환을 통틀어 이르는 말이다.

38 추모주秋牟酒 : 순 발효주로 막걸리의 일종이다.

· 전순의全循義

전순의는[39] 『식료찬요食療纂要』[40]를 지어 올렸다. 최읍崔浥[41]과 변한산邊漢山[42]은 문종文宗 국상 후에 병을 잘 간호하지 않아 세 명이 모두 내의에서 제명되었다.

· 김공저金公著

김공저[43]는 의관이다. 중종中宗 정묘년(1507)에 무람한 신하를 모함해서 해친 것으로 남곤南袞[44]의 무고를 입어 박경朴耕[45], 조광보趙匡輔, 이

---

39 전순의全循義 : 세종·문종·세조에 걸쳐 전의감典醫監의 의관을 지냈는데, 1445년 왕명에 따라 『의방유취醫方類聚』의 편찬에 참여했다. 세종이 죽자 그의 직첩이 회수되어 전의감 서원書員으로 강직되었다가 곧 해제되었으며, 1452년 내의로서 밀성군密城君의 병을 고쳐 안마鞍馬의 상을 받았다. 1462년 행첨지중추원사를 거쳐 동지중추원사로 승진되고, 1463년 내의로서 입시, 의약議藥하고, 비현각丕顯閣에서 의학을 시강했다. 이듬해 시약侍藥의 공로로 자헌대부資憲大夫에 가자되고 1467년 내의로 상호군에 이어 좌익원종공신佐翼原從功臣 1등에 녹선되었다. 저서로는 『식료찬요食療纂要』 1권과 김의손金義孫과의 공저인 『침구택일편집鍼灸擇日編集』 1책이 있다.

40 『식료찬요食療纂要』 : 조선시대 편찬된 한국 최고의 식이요법서食餌療法書이다. 1460년 세조의 명에 따라 어의御醫 전순의全循義가 편찬했다.

41 최읍崔浥 : 조선 문종文宗~단종端宗 때의 의사로 그의 행적에 대해서는 자세히 밝혀진 것이 없다.

42 변한산邊漢山 : 조선 전기의 의관醫官. 1447년 5월에 내의 전순의全循義 등과 함께 일본 대마도의 승僧 숭태崇泰에게 의술을 가르쳐주었다. 세종·문종이 죽을 때의 의원으로서, 그로 인해 직첩職牒을 박탈당하고 의금부에 투옥되었으나 곧 풀려났다.

43 김공저金公著(?~1507) : 연산군의 총애를 받았던 의원이다. 내의원봉사內醫院奉事를 지내던 중 1496년 임금을 잘못 치료해 처벌을 받았다가 1500년에 많은 내의內醫들의 반대에도 불구하고 재임용되었다. 이듬해 원자元子를 치료해, 당상관堂上官이 되었고, 1504년에는 내의주부內醫主簿로서 판관判官이 되었으며, 1506년에는 가선대부嘉善大夫에 이르렀다. 이듬해 강등되었다가 다시 첨지중추부사僉知中樞府事가 되었으나, 1507년 박경朴耕 등과 모의, 박원종朴元宗·유자광柳子光·노공필盧公弼을 제거하기 위해 이를 해평부원군海平府院君 정미수鄭眉壽 및 공조참의工曹參議 유숭조柳崇祖 등에게 의논했다가 유숭조·남곤南袞·심정沈貞 등의 고발로 사형되었다.

44 남곤南袞(1471~1527) : 본관은 의령宜寧. 자는 사화士華, 호는 지정止亭·지족당知足堂이다. 김종직金宗直의 문인이다. 1496년 홍문관수찬에 임명되어 홍문관부수찬·수찬

장길李長吉과 함께 국문을 받아 박경과 함께 참형을 당했다.

· **이성**李誠

이성은 전직 전의감典醫監[46]이다. 중종中宗 기묘년(1519)에 향약인鄕約人이 장형杖刑을 집행하고 고신告身[47]을 박탈한 것을 신원하는 상소를 했다.

· **이석간**李碩幹[48]

을 거쳐, 좌랑으로 전정殿庭에서 문신을 시험할 때 1등으로 뽑혔다. 1510년 문한文翰의 제일인자로 인정받아 호조참판·대사헌·전라도관찰사 등을 역임하고, 좌의정 정광필鄭光弼의 천거로 지중추부사知中樞府事가 되었다. 1519년 심정沈貞 등과 함께 기묘사화를 일으켜 조광조趙光祖·김정 등 신진 사림파를 숙청한 뒤, 좌의정을 거쳐 1523년 영의정이 되었다. 죽은 뒤 문경文景이라는 시호가 내려졌으나 이후 세력이 커진 사림파의 탄핵을 받아 1558년 관작과 함께 삭탈 당했다. 선조 초년 다시 관작을 추삭追削당했다. 문장에 뛰어나고 글씨에도 능했으나, 사화를 일으킨 것이 문제가 되어 후대 사림의 지탄의 대상이 되었다. 저서로는 『유자광전柳子光傳』·『지정집』이 있다.

45 박경朴耕(?~1507) : 본관은 반남潘南. 자는 백우伯牛이다. 집이 가난하여 교수청校讐廳의 사자생寫字生으로 있었다. 1477년 사경寫經차 봉선사에 갔다가 돌아오는 길에 동대문에 영응대군永膺大君의 부인 송씨宋氏가 중 학조學祖와 사통했다는 방문이 붙어 있는 것을 보고 김일손金馹孫 에게 이야기한 사실이 1498년 무오사화 때 김일손의 자백에서 나와 형심을 받고 풀려났다. 1507년 역모를 꾀하고 있다고 밀고해 옥사가 일어나 박경과 김공저金公著는 대신大臣을 모해하고 조정을 어지럽혔다는 죄로 참형에 처해졌다.

46 전의감典醫監 : 조선시대에 궁중에서 의약醫藥에 관한 일을 맡아보던 관아였다. 태조太祖 1392년에 베풀어 고종高宗 1894년에 없앴다.

47 고신告身 : 직첩職牒이라고도 한다. 이는 품계品階에 따라 그 명칭과 발급 형식이 달라서, 4품 이상은 교지敎旨라 하여 임금이 직접 내리는 형식을 취하고, 5품 이하는 첩지牒紙라 했다. 이러한 증서는 서경署經을 거친 뒤 발급하였고, 만일 잃어버렸을 때에는 분실자가 이조吏曹에 신고하면 사실을 조사한 뒤 입안立案(증명서)을 교부했다. 이것은 관직의 임명장인 동시에 신분증명서로서 죄를 범했을 때에는 수직첩收職牒 또는 탈고신奪告身이라 하여 이를 박탈했다.

48 이석간李碩幹 : 조선 중기의 의원으로 그의 전기는 자세히 알려져 있지 않으나, 그의 경험방經驗方을 후인들이 수집해 『사의경험방四醫經驗方』을 편집했다. 여기에서 사

이석간[48]은 공주 출신으로, 아버지는 생원 이함李諴[49]이며 명덕明德의 후손이다. 집에 있으면서 부모님께는 효도하고, 가까운 사이와는 서로 정답게 지냈다 참봉에 올랐지만 나아가지 않았다. 어릴 적부터 문장에 능했고, 의학에 밝아 『경험방經驗方』 1권을 지었고, 채득기蔡得己, 박렴朴濂, 허임許任도 『경험방經驗方』 1권을 지어, 네 명이 함께 『동의문견방東醫聞見方』[50]을 지었다.

· **임원준**任元濬

임원준[51]은 『창진집瘡疹集』을 지었다.

의는 이석간·채득기蔡得己·박렴朴濂·허임許任을 말한다. 이것으로 보아 당시의 의원으로서 상당히 명성이 있었음을 알 수가 있다.

49 이함李諴 : 이함에 관해서는 손자인 이정헌李庭憲을 통해 그의 가계를 알 수 있다. 이정헌은 임진왜란 때 부산진성 전투에서 순절한 무신이다. 본관은 공주公州. 고조할아버지는 임파 현령 이진이고, 할아버지는 1513년 생원이 된 이함이며, 아버지는 성균관 유생 이석간이다. 이석간은 진사시에 합격해 성균관에 들어갔으나 뜻이 맞지 않는다는 이유로 학업을 그만두고 고향으로 내려갔다. 어머니는 이린의 딸이다. 형은 기장 현감 이정견이다. 이정헌李庭憲의 집안은 고조 할아버지 대부터 경상북도 영주에 살았고, 증조 할아버지 대부터 관직에 나가지 않았다.

50 『사의경험방四醫經驗方』 : 조선시대 4명의 명의名醫들의 경험 처방을 모은 책 이 책은 후인들이 사의四醫, 즉 이석간李碩幹, 채득기蔡得己, 박렴朴濂, 허임許任의 경험방經驗方을 수집하고 이것에 『본초강목本草綱目』, 『동의보감東醫寶鑑』, 『문견방聞見方』 등의 저서를 인용하여 편찬했다.
내용은 이들 4의四醫의 경험방과 본초本草·동의문견방東醫聞見方 등을 첨가 수집한 것으로, 특히 약물명藥物名의 항목은 초草·목木·금禽·수獸·과果·채菜·소蔬·수水·화火·충蟲·금金·인人·토土·석石 등 13부로 나누어 각부에 해당하는 약물 300여 종을 예거하고, 그 아래에는 알기 쉽게 한글로 표기했다. 그 다음에는 각 병증들의 경험방을 부部 혹은 문門으로 나누어 각 부문 아래에는 그 증후症候에 해당되는 증목症目을 분류 열거했다.

51 임원준任元濬 : 본관은 풍천豐川, 자는 자심子深, 호는 사우당四友堂이다. 1445년 집현전 찬서국撰書局에 발탁되어 1447년 부사정副司正이 되었는데, 1453년 사가독서賜暇讀書를 했다. 1462년 호조참판으로서 『의약론醫藥論』을 주해했으면, 1466년에는 발영시拔英試 ·등준시登俊試에 각각 급제를 했다. 1471년 좌리공신佐理功臣 3등

· **박지지**朴知止

박지지는 선비출신 의원으로 침술을 잘했다. 『일송집一松集』[52]에 보인다.

· **노중례**盧重禮

노중례[53]는 전의감정典醫監正[54]이다. 선덕宣德 8년(1433)[55]에 직제학直提學 유효통兪孝通[56]과 더불어 왕명을 받들어 『신증향약집성방新增鄕藥集成方』[57]을 지어서 올렸다. 『태산요록胎産要錄』[58] 2권, 『언해諺解』 1권을 지었

으로 서하군西河君에 책봉되었다. 좌찬성左贊成 때 최항崔恒 등과 함께 『경국대전經國大典』 편찬에도 참여했으나, 1506년 중종반정中宗反正 후 아들 사홍仕洪의 죄로 관직이 삭탈된 후 추살推殺되었다. 시호는 호문胡文이다. 문장이 뛰어났고 경사經史와 의학醫學에도 정통했는데, 저서로는 의서인 『창진집瘡疹集』이 있다.

52 이와 관련된 이야기가 심희수沈喜壽, 『일송선생문집一松先生文集』 권5, 「사접반사辭接伴使」에 실려 있다.

53 노중례盧重禮(?~1452) : 조선 세종 때의 의관醫官이다. 1423년에 사재부정司宰副正으로서 대호군 김정해金正亥 등과 함께 명나라에 가서 우리나라산 약재 62종 중에서 중국산과 같지 않은 것을 비교하여 약효의 적부를 감별하게 했다. 그 뒤 1430년에는 절일사節日使로서 명나라에 가서 명나라의 예부禮部에 청해 우리나라 소산 약초들의 진가眞假를 대의원大醫院 의사들에게 판험判驗하게 해 약초로 쓸 수 있는지의 여부를 확인한 것이 20종에 달했다. 1431년에 전의감정典醫監正으로서 동부정同副正 박윤덕朴允德 등과 함께 약용식물학 서적인 『향약채취월령鄕藥採取月令』을 편집하고, 1433년에는 『향약집성방』 85권을 박윤덕 등과 함께 편집하는 데 참여했다. 여러 대군 및 중궁中宮의 병을 치료해온 공으로 여러 차례에 걸쳐 상사賞賜를 받았다. 1452년 상호군上護軍으로 봉직하다가 죽었다. 1456년에 세조좌익원종공신일등世祖佐翼原從功臣一等과 첨지중추僉知中樞로 추서되었다.

54 전의감정典醫監正 : 조선시대 전의감典醫監의 정삼품正三品 관직으로 정원은 1명이다. 위로 제조提調 2명이 있고, 아래로 부정副正 1명, 판관判官 1명, 주부主簿 1명, 의학교수醫學敎授 1명, 직장直長 2명, 봉사奉事 1명, 부봉사副奉事 2명, 의학훈도醫學訓導 1명, 참봉參奉 2명이 있다. 후에 부정은 폐지했다. 정正의 위에 명목상의 우두머리인 제조가 있었으나, 타관他官이 겸임했고 사실상의 우두머리는 정正이었다.

55 선덕宣德 8년 : 1431년으로 명조明朝 제5대 황제 명선종明宣宗 주첨기朱瞻基의 연호로 1426~1435의 10년간 사용되었다.

56 유효통兪孝通 : 본관은 기계杞溪, 자는 행원行源·백원百源이다. 생원을 거쳐 1408년

는데, 세종世宗 갑인년(1436)에 왕명을 받들어 엮어서 올렸다.

· **안경창**安景昌

안경창[59]은 『벽온방辟瘟方』 1권을 지었다.

· **황□□**

황□□는 『황씨경험방黃氏經驗方』이 있다.

· **박송당**朴松堂

식년문과에 급제해 집현전에 등용되고, 1427년 문과중시文科重試에 급제, 대사성大司成을 거쳐 집현전 직제학이 되었다. 1431년 전의감정典醫監正 노중례盧重禮와 함께 약용식물을 정리한 『향약채취월령향약채취월령』과 한약방문으로 된 의서 『향약집성방鄕藥集成方』을 편찬했다. 문장에 능하고 의약에 정통했다.

57 『향약집성방鄕藥集成方』: 활자본이며, 85권 30책으로, 국립중앙도서관에 소장되어 있다. 1431년에 권채權採·유효통兪孝通·노중례盧重禮·박윤덕朴允德 등이 재래의 여러 의서를 참고해 편찬, 1433년에 간행한 것으로 1488년에 부분적으로 된 한글 번역본이 간행되었고 다시 1633년에 중간重刊되었다. 수록 내용은 병증病症 959종 ·약방문藥方文 1만 706종 ·침구법鍼灸法 1,416종 ·향약본초鄕藥本草 ·포제법炮製法 등으로 되어 있다.

58 『태산요록胎産要錄』: 전의감판사典醫監判事 노중례가 왕명을 받들어 편찬한 책으로, 상권은 태산교양의 법을 논하고, 하권은 영아嬰兒의 보호법을 서술했다. 성혜방聖惠方 ·천금방千金方 등 15종의 의서醫書를 참고해 일반적으로 유행되는 순서를 피하고 실용에 편하도록 엮었다.

59 안경창安景昌(1604~?) : 본관은 순흥順興, 자는 자흥子興이며 경기도 여흥驪興(지금의 여주)출생이다. 1627년 23세로 정묘식년시에 9명을 뽑은 의과에 급제, 내의원 내의內醫로 있었으며 벼슬이 통정대부에 올랐다. 1653년 황해도 지방에서 질병이 크게 창궐하자 이를 다스렸다. 이때 많은 사망자가 있어 효종은 내의원에서 약재를 꺼내어 구료하게 했으나, 약물만으로 많은 사람을 구제하기 어려워 치료법과 약물을 널리 알려주는 것이 타당하다는 진언을 들었다. 당시 어의인 안경창에게 옛 『벽온방辟瘟方』들을 연구하여 쉽게 간략한 책으로 편찬하게 했다. 백성들이 쉽고 이해할 수 있도록 언해했는데 이 책이 『벽온신방辟瘟新方』 1책이다.

송당松堂 박영朴英[60]은 형벌을 받은 후로 의서를 널리 보았다. 『경험방經驗方』, 『활인신방活人新方』[61] 등의 책을 저술해 세상에 간행되었다. 의술에 정밀해 살린 사람이 매우 많았다. 승지에 제수되자, 도승지都承旨 권벌權橃[62]이 올리기를 "내의제조內醫提調는 『경국대전經國大典』에 승지가 그것을 겸한다고 하니, 지금 박영이 의술에 정통하니 청컨대 그에게 겸하게 하소서."라고 했으나, 공은 한사코 사양하며 하지 않았다.

· **양예수**楊禮壽

---

60 박영朴英(1471~1540) : 조선 전기의 명신으로 본관은 밀양密陽, 자는 자실子實, 그의 호가 송당松堂이다. 어릴 때부터 무예에 뛰어나 담 너머 물건을 쏘아도 반드시 맞히므로 아버지가 기이하게 여겨 이름을 영英이라 했다. 항상 자신이 무인으로서 유식한 군자가 되지 못한 것을 한탄했다. 이에 1494년 성종이 별세하자 가솔들과 함께 고향으로 가서 낙동강 변에 집을 짓고 송당松堂이라는 편액을 걸고, 격물치지格物致知에 힘써 깨닫는 이치가 많았다. 1514년 황간현감黃澗縣監이 되어 훌륭한 치적을 남겼고, 1516년 강계부사江界府使를 지냈다. 1518년 동부승지同副承旨로 소환돼서 임명되었으며 내의원제조內醫院提調를 역임하고, 의술에도 능했다. 시호는 문목文穆이다. 황간의 송계서원松溪書院, 선산의 금오서원金烏書院에 제향되었다. 저서로는 『송당집』·『경험방經驗方』·『활인신방活人新方』·『백록동규해白鹿洞規解』 등이 있다.

61 『경험방經驗方』, 『활인신방活人新方』 : 현재 발견되어 있지 않으나 『중종실록』중종 35년 3월조에 보이는 그의 전기傳記 중에 『경험방經驗方』과 『활인신방』의 저서가 있다고 기록되어 있다. 박영은 의술에 정통하고 약초를 많이 채집했으며, 또 1519년 기묘사화 후 고향에 돌아가 의서를 많이 읽고 활인活人을 많이 했는데 그때의 경험을 적은 것이 아닌가 생각된다.

62 권벌權橃(1478~1548) : 본관은 안동安東. 자는 중허仲虛, 호는 충재冲齋·훤정萱亭·송정松亭이다. 1496년 생원시에 합격하고, 1507년 문과에 급제했다. 1519년 예조참판에 임용되어 그해 11월 기묘사화에 연루되어 파직당하고 귀향했다. 이후 15년간 고향에서 지내다가 1533년 복직되어 여러 관직을 거쳤다. 1545년 8월 소윤 윤원형尹元衡의 세력이 대윤 윤임尹任의 세력을 배척한 을사사화가 일어나자, 이에 반대해 윤임·유인숙柳仁淑·유관柳灌 등을 적극 구하는 계사啓辭를 올리기도 했다. 1547년 양재역벽서사건에 연루되어 처음에는 구례로 유배지가 결정되었으나, 곧 이어 태천泰川으로 바뀌었다가 다시 삭주朔州에 이배移配되었으며, 이듬해 유배지에서 세상을 떠났다. 시호는 충정忠定이다. 독서를 좋아하여 『자경편自警篇』과 『근사록近思錄』을 항상 품속에 지니고 다녔으며, 저서로는 『충재문집』이 있다.

(또 아래에 보인다) 양예수[63]의 자는 경보敬甫, 호는 퇴사옹退思翁이다. 어의로 지사知事를 지냈다. 산인山人 장한웅張漢雄에게 배워 의학의 이치에 신묘했으니, 이른바 『의경요람醫經要覽』, 『장씨의방張氏醫方』이란 것이 이것이다. 『의림촬요醫林撮要』를 저술했다.

일찍이 사신 길을 따라 북경에 가는 길에 강을 건너 노숙을 했다. 그때 호랑이가 밤을 틈타 그를 업고 가서 높은 언덕 위에 두고, 새끼 여러 마리를 내어 앞에 두고 몸을 굽혀 절하며 땅에 엎드려 애걸하는 형상을 했다. 양예수는 새끼에게 병이 있음을 눈치 채고 두루 보니, 한 마리가 다리가 부러져 죽을 지경이었다. 이에 주머니 속에 환약을 꺼내어 붙여주고, 송진을 번갈아 붙이며 그 모양을 보이며 또 손으로 소나무를 가리켰다. 호랑이가 고개를 끄덕이고 인하여 꿇어앉아 절하기를 그치지 않으며. 한 조각 검은 돌을 내어 양예수 앞에 두었다. 그가 돌을 취하여 보관했고, 호랑이는 그를 업어 다시 이전의 자리에 편안히 데려다 주었다. 북경에 들어가 그 돌을 사물에 해박한 사람에게 보이니, 놀라며 말하기를,

"이것은 '주천석酒泉石'으로, 물에 담그면 물이 변하여 술이 되니 참으로 절세의 보물이다."

---

63 양예수楊禮壽(?~1597) : 본관은 하음河陰. 자는 경보敬甫, 호는 퇴사옹退思翁이다. 박학하고 의술에 능했으나 1563년 내의원주부內醫院主簿로서 순회세자順懷世子의 병을 치료하지 못한 책임을 지고 투옥되었다. 이듬해 다시 예빈시판관禮賓寺判官으로 발탁되었다. 1565년 어의御醫로 명종의 총애를 받아 통정대부에 오르고, 명종이 죽어 의관들이 처벌당할 때 함께 투옥되었다가 곧 복직되었다. 1580년 가선대부에, 1595년 동지중추부사가 되었다. 이듬해 태의太醫로 『동의보감』의 편찬에 참여했고, 박세거朴世擧·손사명孫士銘 등과 함께 『의림촬요醫林撮要』를 저술했다. 임진왜란 때 중전이 수안과 해주에 머물 때 호종의관이 되기도 했다.

라고 했는데 시험해보니 과연 그러했다.

재주와 기운이 남보다 뛰어나지만 밖으로는 공경하고 안으로는 불손하여 사람들에게 추앙을 받는 일이 적었다. 양예수는 평소 발에 병이 있었지만 의술이 뛰어나 관직이 높은 벼슬[64]에 이르렀다. 약에 대해 묻는 사람이 오면 비록 고관대작에 이르더라도 맞이하고 보냄에 문밖을 나가지 않았다. 그러나 중봉重峯 조헌선생趙憲先生[65]이 온다는 말을 들으면 부축하여 일어나 뜰 아래로 나아가 무릎을 꿇고 절하고 이르기를,

"이 어른은 평소의 행실이 옛 사람에게 구하여도 또한 그와 짝하기가 드물 것이니, 곧 백성을 어질게 대하고 만물을 사랑하는 마음은 비록 그를 성인이라고 하더라도 좋을 것이다."

라고 했다.

---

64 재추宰樞 : 의정부議政府의 대신大臣과 중추부中樞府의 장상將相과 문무의 고관高官 대작大爵을 통틀어 일컫는 말이다.

65 조헌趙憲(1544~1592) : 조선 중기의 문신. 학자이며 의병장이다. 본관은 배천白川, 자는 여식汝式, 호는 중봉重峯. 경기도 김포출생으로 이이李珥·성혼成渾의 문인이다. 1565년 성균관에 입학한 후 1567년 식년문과 병과로 급제했다. 1568년 처음으로 관직에 나아가 정주목, 파주목, 홍주목의 교수를 역임하면서 사풍士風을 바로잡았다. 1604년 선무원종공신宣武原從功臣 1등으로 책록되고 1734년 영의정에 추증되었다. 1883년 문묘에 배향되고 표충사表忠祠문회서원文會書院, 우저서원牛渚書院, 성곡서원星谷書院, 상현서원象賢書院 등에 제향되었다. 시호는 문열文烈이다. 시조2수를 남겼는데 모두 강촌에서 자연과 더불어 즐기며 유유자적悠悠自適하는 한정閑情을 읊은 것이다. 작품수는 적지만 모두 널리 알려진 작품으로 시조문학사에서 빼놓을 수 없는 작품이다.

· 허준許浚

허준[66]은 자가 청원淸源이다. 어려서부터 학문을 좋아해 경서와 사서에 널리 통했고, 의학에 더욱 정밀했다. 호는 구암龜巖이며 어의이다. 의술로 숭록崇祿[67]에 이르렀다. 『동의보감東醫寶鑑』 25권, 『두창집요痘瘡集要』 2권, 『언해諺解』 2권, 『태산집胎産集』 1권, 『벽온신방辟瘟新方』 1권, 『구급방救急方』 1권, 『언해諺解』 1권을 저술했다.

· 양인수楊仁壽

양인수는 의관이다. 선조宣祖가 세자[68]였을 때에 양인수楊仁壽에게 『사략史略』을 배웠다. 선조가 즉위함에[69] 6품 동반직東班職에 제수할 것을 명했는데, 대간臺諫[70]에서 고쳐 바로잡을 것을 아뢰었다. 그래서 선조가 명을 고쳐 상호군上護軍[71]을 주었는데 또 관리의 위계[72]가 맞지 않다는 이유로 호군護軍과 사직司直으로 오르내리며 녹을 받았다.

---

66 허준許浚(1539~1615) : 자는 청원淸源, 호는 구암龜巖, 본관은 양천陽川이다. 30여 년 동안 왕실병원인 내의원의 어의로 활약하는 한편, 『동의보감東醫寶鑑』을 비롯한 8종의 의학서적을 집필해 조선을 대표하는 의학자로 우뚝 섰다. 사후 조정에서 그의 공을 인정해 정1품 보국숭록대부를 추증했다.

67 보국숭록대부輔國崇祿大夫 : 조선시대 정일품正一品 동서반東西班 문무관文武官에게 주던 품계品階이다. 정일품의 하계下階로서 대광보국숭록대부大匡輔國崇祿大夫와 대전회통大典會通, 1865에서 신설新設되는 상보국숭록대부上輔國崇祿大夫보다 아래 자리이다. 1392년 7월 관제를 새로 정할 때 만들어져서 문무관에게 주었다.

68 잠저潛邸 : 국왕이 즉위하기 전에 거주하던 사저私邸의 미칭으로 세자 때를 이른다.

69 어극御極 : 임금의 자리에 오르는 것으로, 등극登極·즉위卽位의 말과 함께 쓰인다.

70 대간臺諫 : 조선 시대의 사헌부, 사간원의 벼슬을 통틀어 이르는 말이며, 대계臺啓는 조선 시대, 사헌부司憲府나 사간원司諫院의 대간臺諫들이 벼슬아치의 잘못을 임금에게 보고하던 글을 이른다.

71 대간臺諫 : 조선 시대의 사헌부, 사간원의 벼슬을 통틀어 이르는 말이며, 대계臺啓는 조선 시대, 사헌부司憲府나 사간원司諫院의 대간臺諫들이 벼슬아치의 잘못을 임금에게 보고하던 글을 이른다.

72 자급資級 : 조선 시대 관리의 위계位階를 이르던 말이다.

· **김응탁**金應鐸

김응탁[73]은 태의太醫이다.

· **이명원**李命源

이명원[74]은 태의太醫이다.

· **정예남**鄭禮男

정예남[75]은 태의太醫이다. 선조 병신년(1596) 사이에 선비출신 의원 정작鄭碏, 내의 양예수楊禮壽·허준許浚·김응탁金應鐸·이명원李命源·정예남鄭禮男 등이 함께 의서를 엮어 모았는데, 정유재란丁酉再亂[76]을 당하여 마침내 중단되었다.

· **안광익**安光翼

안광익[77]은 선조조宣祖朝의 태의太醫이다.

---

73 김응탁金應鐸(?~?) : 1596년 동궁인 광해군의 병을 고친 공로로 내의內醫로서는 특별히 동반직東班職에 올랐다. 같은 해 왕명으로 『동의보감東醫寶鑑』의 편찬에 참여했다. 여기에는 김응탁 이외에 허준許浚·정작鄭碏·양예수楊禮壽·이명원李命源·정예남鄭禮男 등이 동참하였으나 이를 완성하지 못하고, 훗날 허준이 완성했다.

74 이명원李命源 : 『동의보감』 찬집에 참여했다.

75 정예남鄭禮男 : 본관은 온양溫陽, 자는 자화子和, 호는 서주西疇이다. 1596년 상의원尙衣院 주부를 지내고, 1608년 시의侍醫로서 첨지僉知중추부사가 되었다. 의학에 밝아 허준許浚 ·정작鄭碏 ·양예수楊禮壽 ·김응탁金應鐸 ·이명원李命源 등과 함께 『의방신서醫方新書』의 편찬에 착수했으나 1597년 정유재란丁酉再亂으로 중단되었고, 『육가잡영六家雜詠』에 그 시詩가 전해지고 저서로는 『서주유고西疇遺稿』가 있다.

76 정유재란丁酉再亂 : 임진왜란 중 화의교섭의 결렬로 1597년에 일어난 재차의 왜란을 말한다.

77 안광익安光翼 : 1575년 허준과 함께 선조를 진료하기 시작했다는 기록이 보인다.

· 양예수楊禮壽

(또 아래에 보인다.) 양예수가 어렸을 적에 호음湖陰 정사룡鄭士龍[78]을 알현했다. 정호음이 막 양절반씨陽節潘氏[79]의 『역대론歷代論』을 읽다가 양예수에게 이르기를,

"그대도 또한 학문에 뜻을 두었는가?"

라고 하고 이어 한 편을 가르쳐주고 책을 치우고 외우게 하니, 양예수가 물음에 응답하며 외우는데 한편을 마치도록 한 치의 어긋남도 없었다. 호음이 크게 놀라며 말하기를,

"그대의 재주로 문장을 배운다면 마땅히 나의 의발衣鉢을 전해줄 것이다."

라고 했다.

---

78 정사룡鄭士龍(1491~1570) : 본관은 동래東萊. 자는 운경雲卿, 호는 호음湖陰. 아버지는 부사 정광보鄭光輔이다. 영의정 정광필鄭光弼의 조카이다. 1514년 사가독서賜暇讀書했고, 1516년 황해도도사로서 문과중시에 장원했으며 사간을 거쳐 1523년 부제학이 되었다. 여러 관직을 지내다가 사화를 일으켰던 이량李樑의 일당으로 지목돼 삭탈관직 당했다. 중국에 다녀와서 『조천록朝天錄』을 남겼다. 말을 치밀하게 다듬어 웅대하고 호방하며 기이한 문구 사용하는 한시를 장기로 삼았다. 특히, 칠언율시에 뛰어나 당시 문단에서 그와 신광한申光漢을 한시의 쌍벽으로 꼽았다. 관료적인 시인으로 시문·음률에 뛰어났고 글씨에도 능했으나 탐학하다는 비난을 받았다. 저서로는 『호음잡고湖陰雜稿』·『조천록』 등이 있고, 글씨로는 광주廣州에 있는 「이둔촌집비李遁村集碑」가 있다.

79 양절반씨陽節潘氏 : 양절 반씨는 원元 나라 때의 학자學者인 반영潘榮을 가리키는 말로 그가 통감총론通鑑總論을 저술했다.

양예수는 한미한 집 사람으로 녹사祿仕[80]에 급하여 마침내 의과에 응시하여 이름난 의원이 되었다. 그의 처방은 강한 약을 쓰는 기술[81]을 사용하여 온갖 병을 치료했는데, 신속히 효과가 나타남이 마치 신과 같았다.

어떤 한 여자가 산후에 심장병이 나서 미친 소리를 어지러이 늘어놓으며 늘 말하기를,

"흰 옷을 입은 어린 여자아이가 나타난다."

라고하며 광증이 곧장 발작했다. 양예수에게 가서 물으니 그가 말하기를,

"귀신이 빌미가 된 것이 아닙니다. 태兌는 소녀小女를 형상하고, 폐肺는 백白을 숭상하니 이는 바람의 사악한 기운이 폐에 들어간 것이니, 오로지 폐에 들어간 바람만 치료한다면 병이 곧 나을 수 있을 것입니다."

라고 했다.

또 어떤 한 사람이 종기를 앓았는데 문을 닫은 밀실에 버들개지

---

80 녹사祿仕 : 한유韓愈의 쟁신론爭臣論에 "벼슬은 가난 때문에 하는 것이 아니지만 가난 때문에 해야 하는 경우도 있다고 맹자孟子가 말했는데, 이러한 벼슬을 녹사라고 한다.〔古之人有云 仕不爲貧 而有時乎爲貧 謂祿仕者也〕"라는 말이 나온다.

81 패술覇術 : 패자의 술수라는 뜻인데, 여기서는 강한 약을 써서 효과를 빠르게 보는 것을 뜻한다.

같은 물체가 방을 가득 채워 날려 몸에 떨어지면, 피부를 뚫고 들어가 종기가 되었다. 양예수에게 물으니 그가 말하기를,

"이 병은 방서[82]에 나타나지 않습니다. 반드시 버들개지 같은 벌레 기운이 귀신의 사악한 기운을 끼고 있는 것일 터이니, 벌레를 죽이고 귀신의 사악한 기운을 물리치는 약재를 쓴다면 효험이 있을 것입니다."

라고 했다.

양예수는 말재주가 좋았는데, 어떤 한 사람이 와서 그의 병에 대해서 말하기를,

"한기가 도는 듯하다가 열이 나고 피곤하고 지쳐 눕고 싶은 생각만 들며, 기운이 모자라고 식은땀이 많이 나서 날로 점점 심해집니다."

라고 했다. 그때는 봄과 여름의 사이로 해가 길어지고 입맛이 줄어드는 때였으니, 그 병을 살펴보니 굶주림에서 나온 것이었다. 양예수가 말하기를,

"햅쌀을 정밀하게 찌어 밥을 지어서 상추 잎에 싸서 주먹만 한 크기로 환을 만들고, 구운 소어蘇魚[밴댕이]를 얹어 매일 한낮에 열 다섯 환을 삼키면 반드시 나을 것입니다."

---

82 방서方書 : 처방을 전문으로 쓴 책들을 가리키는 말이다. 『방약합편方藥合編』·『의방집해醫方集解』 등 옛날 한의학 서적들에는 일반적으로 처방들이 많이 들어 있었기 때문에 이러한 한의학 서적들을 가리켜서 방서라고도 했다.

라고 하니, 듣는 사람이 포복절도 했다. 『어우야담於于野譚』

· **조영선**趙英璇

조영선은 내의이다. 선조 임진년(1596) 4월 29일에 조정의 논의에서 서울을 떠날 계책[83]을 결정하자, 영선英璇 및 승정원서리 신덕린申德隣 등 10여명이 대궐문을 두드리며 크게 소리 지르기를,

"수도를 버릴 수 없습니다."

라고 했다. 『재조번방지再造藩邦志』[84]

· **안덕수**安德壽

안덕수는 의술로 이름을 드러내었다. 선조 조에 노련하고 신명스런 명의였다. 나이가 많고 병이 많아 사람들과 서로 만나는 일이 드물었지만 병을 진찰하고 약을 처방함에는 백에 하나의 어긋남도 없었고, 비록 이름도 밝히기 어려운 고질병이라도 치료하지 않음이 없었다. 세상에서 일컫기를 '양예수는 패도를 써서 효과가 빨랐지만 사람을 많이 상하게 했고, 안덕수安德壽는 왕도를 써서 효과는 더뎠지만 사람을 상하게 하지는 않았다.'라고 하였으니 당시의 의론이 대부분 안덕수에게 돌아갔다.

---

83 거빈去邠의 계책 : 임금이 난을 피해 타국으로 옮기는 것을 가리킨다. 옛날 흉노 훈육薰育이 빈땅에 쳐들어오자, 고공단보古公亶父가 이를 피해 기산岐山 아래로 도읍을 옮긴 사실이 있다. 『사기史記』 권4, 「주본기周本紀」에 자세하다.

84 『재조번방지再造藩邦志』 : 조선중기의 학자 신경申炅이 임란 전후 조선과 명나라의 관계 및 명나라의 후원과 관련된 사실을 기록하였다.

어떤 한 사람이 사악한 기운의 빌미를 만나 고통스러운 병으로 끙끙 앓은 것이 여러 달이었다. 덕수가 약으로 치료하는데 그 증상이 다섯 번 바뀌면 그 약 또한 다섯 번 바꾸어 모두 효과를 보았다. 밤에 꿈에서 어떤 사람이 덕수에게 이르기를,

"나는 그 사람과 여러 대에 걸친 깊은 원수이다. 이미 상제上帝에게 고하였으니, 반드시 죽여야 끝날 것이다. 내가 다섯 번 그 증세를 바꾸어 당신의 약을 피하면, 당신은 또 다섯 번 그 약을 바꾸어서 치료하니, 내가 장차 당신을 이길 수 없게 되었다. 내일 마땅히 여섯 번 그 증세를 바꿀 것이니, 당신이 만약 다시 새로운 약으로 바꾸어 치료한다면 나는 마땅히 그 원수를 당신에게 옮겨 당신에게 주어 빌미가 되게 할 것이다."

라고 하니,

덕수가 깨어나서 기이하게 여겼다. 얼마 지나지 않아 그 집에서 와서 병을 물어보니 그 증세가 과연 여섯 번째 변했었다. 덕수가 병을 핑계로 사양하니 그 사람은 끝내 구원되지 못했다. 오리梧里 이원익李元翼[85]의 아버지 함천공咸川公이 여러 차례 위급한 병으로 고통을 받았

85 이원익李元翼(1547~1634) : 본관은 전주全州. 자는 공려公勵, 오리梧里는 그의 호이다. 한성부 출신으로 강서姜緖·조충남趙忠男 등과 교유했다. 키가 작아 키작은 재상으로 널리 불렸다. 성품이 소박하고 단조로워 과장이나 과시할 줄을 모르고, 소임에 충실하고 정의감이 투철했다. 다섯 차례나 영의정을 지냈으나 집은 두어 칸 짜리 오막살이 초가였으며, 퇴관 후에는 조석거리조차 없을 정도로 청빈했다 한다. 인조로부터 궤장几杖을 하사받았다. 저서로는 『오리집梧里集』·『속오리집續梧里集』·『오리일기梧里日記』 등이 있으며, 가사로 「고공답주인가雇貢答主人歌」가 있다. 시호는 문충文忠이다. 인조의 묘정廟庭에 배향되었고, 시흥의 충현서원忠賢書院에 제향되었다.

는데, 이원익이 매번 덕수에게 나아가 처방을 물어 곧장 효과를 보았다. 『어우야담於于野譚』

· **손사명**孫士銘

손사명[86]은 어의이다. 의술로 온 나라에 이름이 났다. 점지로 평생 온전히 살린 사람이 몇 백, 천명이 되는지 알지 못한다.

선조 을해년(1575)에 인순왕후仁順王后 국상에 사헌부에서 의관 손사명孫士銘·안덕수安德壽를 신문하여 임금에게,

"증세가 심하지 않다고 대답한 일이 기만에 이른 것이니 조서를 내려 옥에 가두십시오."

라고 했다.

아들 문서文恕가 그 가업을 대대로 이어 총명하며 잘 기억하고, 의서에 널리 통하여 처방을 발행한 것이 많은 효과를 보았으니, 세상의 의원들이 모두 그를 추대했다. 일찍이 통신사通信使를 따라 일본에 간 적이 있다. 『김학봉집金鶴峯集』에 보인다.[87]

≪양재성≫

· **정남수**鄭楠壽

정남수鄭楠壽는 남수枏壽라고도 하며 의관醫官이었다. 계해년(1623) 반

---

86 손사명孫士銘 : 박세거朴世擧 등과 함께 『의림촬요醫林撮要』를 저술했다는 기록이 보인다.

87 이와 관련된 이야기가 김성일金誠一, 『해사록海槎錄』 권2의 「증사자관이해룡 병서贈寫字官李海龍 幷序」에 실려 있다.

정일反正日에 광해光海가 친히 여긴 안국신安國信의 집에 갔다가 돌아 다른 곳으로 가려 했는데, 남수의 밀고를 당해 드디어 잡혀서 도총부都摠府에 갇히게 되었다. 남수 등이 저술한 『육가집六家集』[88]이 있다.

· 이형익李馨益과 박군朴頵

이형익[89]과 박군은 두 사람 모두 의학기술로 인조仁祖에게 총애를 받았다. 형익馨益은 심지어 한밤중에 혼자 인조를 진료함에 이르렀지만 지위는 겨우 정삼품正三品 산질散秩에 이르렀고, 박군도 육품六品 주부主簿에 불과했다.

· 유후성柳後聖

---

88 『육가집六家集』: 최기남崔奇南, 남응침南應琛, 정예남鄭禮男, 김효일金孝一, 최대립崔大立, 정남수鄭楠壽 등 6인의 시를 모은 것으로 절구絶句·고시古詩·율시律詩·오언五言·칠언七言·장단구長短句 등 각 체를 모아 실었기 때문에 『육가잡영六家雜詠』이라 이름했다. 권두에 이경석李景奭이 1658년에 쓴 서문이 있고, 권말에 1660년에 서호산인西湖山人이 쓴 발문이 있다. 시 210수가 실려 있다. 오언고시·칠언고시·삼오칠언·오언율시·칠언율시·육언율시·삼언절구·사언절구·오언절구·육언절구·칠언절구·집구절구集句絶句·회문절구回文絶句·칠언배율 등의 각종 시형이 등장하고 있다. 정남수의 시 51수, 최기남의 시 53수, 남응침의 시 43수, 정예남의 시 21수, 김효일의 시 41수, 최대립의 시 51수 등이 수록되어 있다.

89 이형익李馨益: 충청도 예산군 대흥면 출신이다. 1632년 침술로 명성名聲이 있어, 도성으로 불려가 이듬해부터 인조가 죽을 때까지 번침燔鍼을 시술한 공으로 현령을 지냈다. 인조의 애첩愛妾인 조소용趙昭容의 주선으로 내의원內醫院에 들어갔는데, 1645년 소현세자昭顯世子의 병간호를 하다가 세자가 죽자 사헌부·사간원의 탄핵을 받았으나, 왕의 두터운 신임으로 벌을 받지는 않았다. 그 후 인조가 죽자 책임을 지고 함경도 경원慶源으로 유배되었다가 이듬해인 1651년 인조의 계비인 장렬왕후莊烈王后 조씨趙氏의 병세가 위급해지자 치료를 위해 왕의 특별 명령으로 사면되었다. 인조·효종과 서인정권西人政權이 그를 두둔했다고 하며, 효종이 죽고 현종이 즉위하자 신료들이 그를 탄핵하는 상소를 올렸는데, 그 와중에 도성 부근의 사람들에게 피살당했다고 전해진다.

유후성[90]은 효종조孝宗朝의 태의太醫였다.

· 조징규趙徵奎 또 아래에 보인다.

조징규[91]는 효종조孝宗朝의 태의太醫였다.

· 신가귀申可貴

신가귀[92]는 효종조孝宗朝의 종의腫醫였다.

---

90 유후성柳後聖 : 유후성은 침鍼으로 유명했다. 1646년부터 3년간 왕실의 전의典醫를 역임했으며, 1657년 경기도 고양군수에 임명되었으면서도 수시로 대궐에 드나들며 침을 놓았다. 이듬해 왕이 쾌유되자 그 공로로 숭록대부崇祿大夫에 가자加資되었다. 그 다음해인 1659년 효종이 즉위 10년 만에 죽자, 당시 임금의 병을 돌보던 6명의 어의御醫에게 그 책임을 물어 신가귀申可貴는 교살되었다. 유후성과 조징규趙徵奎는 겨우 사사賜死를 면하고 유배에 처해졌고, 박군朴頵·이후담李後聃·최곤崔梱 등에게는 곤장 100대의 처벌이 내려졌다. 현종 즉위 후에 다시 복직되어 어의로서 내의원에 봉직했다. 1662년 대왕대비의 병이 완쾌되자 이를 특별히 경하해 그에게 정1품 보국숭록대부輔國崇祿大夫가 특별히 가자加資되었다. 조선시대 의관으로 생존자로서는 전례가 없는 높은 품계에 제수되어 많은 물의를 빚기도 했다. 1667년 왕이 대비를 모시고 온양온천에 행차할 때 수행 의원으로 동행했다. 왕실의 신임이 두터워 인조·효종·현종의 3대에 걸쳐 의관으로 활약하는 한편, 경기도내 읍은의 수령을 6, 7차례나 역임하기도 했다.

91 조징규趙徵奎 : 효종의 총애를 받아 1658년 사복시주부에 특제特除되었으나, 의관을 일시의 사은私恩으로 특수特授했다고 하여 물의를 빚게 되었다. 1659년 사복시주부의 임명이 부당하다는 헌부憲府의 여러 차례에 걸친 상소에 따라 특수의 명을 환수당했다. 효종의 병을 오진한 결과 병이 중해져 효종이 죽자, 어의御醫로서 논병의약論病議藥을 어의 유후성柳後聖의 말만 듣고 군부君父의 병을 생각하지 않았다는 죄명으로 유후성과 함께 유배되었다. 1661년 명성왕후明聖王后의 병이 심해지자 양사의 반대에도 불구하고 현종의 명에 의하여 배소에서 소환되어 왕후의 병을 치료하고 1662년에 첨지중추부사에 특제되었다. 그러나 1663년에 옥후玉候가 미령未寧하여 상하가 걱정함에도 불구하고 취중에 진찰하기 위해 출입하였으므로 불경의 죄로 나문정죄拿問定罪되었다.

92 신가귀申可貴(?~1659) : 효종孝宗의 시의侍醫로 신임을 받던 중 1659년 얼굴에 난 종독腫毒으로 위독하게 된 왕에게 침을 놓았으나 침맞은 자리에서의 출혈이 멎지 않고 왕이 죽음으로써 교수형을 받았다.

· **최유태**崔有泰

최유태[93]는 효종조孝宗朝 사람으로 침놓는 의술로 일국의 명의名醫가 되었다. 지위가 일품지사一品知事에 이르렀고, 여러 번 읍수邑守를 지냈다.

· **정후계**鄭後啓

정후계는 숭정崇禎 기사년(1629)생으로 69년을 살았다. 내의內醫였으며 또 점과 관상 등 잡기雜技에 능통했다.

· **백광현**白光炫

백광현[94]은 종의였으며 현령을 거쳐 지사를 역임했다.

· **김응삼**金應三**과 김이형**金履亨

김응삼[95]과 김이형[96]은 숙종조에 활동했던 의관으로 품계는 숭록崇祿에 이르렀고 목사牧使를 역임했다.

---

93 최유태崔有泰(1629~?) : 본관은 청주淸州이며 자는 대숙大叔이다. 1651년에 의과에 합격했다.

94 백광현白光炫 : 본관은 임천林川. 자는 숙미叔微이다. 혼자의 힘으로 의술을 익혀 침술의 권위자가 되었다. 처음에는 주로 말(馬)의 병을 치료하다가 사람의 종기를 침으로 완치시켜 명성을 얻었다. 현종 때 치종治腫 교수로 내의원 의관을 겸했다. 또, 현종의 항종項腫과 효종비 인선왕후仁宣王后의 발제종창髮際腫瘡, 숙종의 후종喉腫과 제종臍腫을 침으로 치료했다. 1684 강령현감康翎縣監, 1691년 지중추부사知中樞府事, 이듬해 숭록대부崇祿大夫에까지 이르렀다.

95 김응삼金應三(1680~?) : 본관은 경주慶州. 초명은 덕삼德三이며 자는 정보鼎甫, 호는 행촌杏村이다. 1699년에 증광의과에 급제하여 내의內醫·지중추부사知中樞府事가 되었고, 1712년 별견어의別遣御醫로 청나라 연경燕京에 다녀왔다. 1730년 빈궁의 질병이 완쾌되자 그 공로로 상을 받았다. 그는 23년간 내의원 수의首醫로 봉직했다.

96 김이형金履亨(1704~?) : 본관은 전주全州. 1726년에 의과에 합격했다.

· **방태여**方泰輿

방태여[97]의 아버지는 찰방 벼슬을 지낸 방세겸方世謙이다. 방태여의 자는 성득聖得으로 숙종 을유년(1705)에 태어났다. 구상具庠[98]이 방태여의 묘갈명을 지었고 관직은 부사府使에 이르렀다. 방태여는 임오년에 내의로써 세자를 모시다가 환약을 바친 일로 엄중한 교지를 받았다가 지신知申 이이장李彝章의 도움에 힘입어 풀려났다. 마전麻田[99]·삭녕朔寧[100]·통진通津[101]·부평富平[102] 네 고을을 두루 다스렸는데 아울러 은혜로운 정사를 펼쳤다. 성품이 지극히 효성스러웠다.

· **강명길**康命吉

강명길[103]은 어의를 지냈다. 정조 때 어명을 받아 『제중신편濟衆新編』[104] 을 지었다.

---

97 방태여方泰輿(1705~?) : 본관은 온양溫陽. 자는 성득聖得이다. 1723년에 의과에 합격했다.

98 구상具庠(1759~?) : 별시문과別試文科에 병과丙科로 급제, 홍문관 제학弘文館提興을 거쳐 예조 판서禮曹判書에 이르렀다. 능완군綾完君에 봉해졌다.

99 마전麻田 : 경기도 연천 지역의 옛 지명이다

100 삭녕朔寧 : 경기도 연천과 강원도 철원 지역의 옛 지명이다.

101 통진通津 : 경기도 김포지역의 옛 지명이다.

102 부평富平 : 경기도 부천 지역의 옛 지명이다.

103 강명길康命吉(1737~1801) : 본관은 순천順天. 초명은 명휘命徽. 자는 군석君錫이다. 1768년에 식년의과式年醫科에 급제, 이듬해 내의원의관이 되었다. 정조가 왕세손으로 있을 때부터 총애를 받아 의약에 대한 자문에 응했으며, 1794년에는 내의원 수의內醫院首醫가 되었다. 1799년에 왕명으로 『제중신편濟衆新編』 8권을 편찬하였으며, 그밖에 『통현집通玄集』5권이 초본으로 전한다. 조선 후기의 대표적인 방서方書의 하나인 『제중신편』은 『동의보감』의 번잡함을 피해 간략하게 요약한 것으로 일반의가에서 널리 사용되었다. 수의로 봉직하면서 양주목사와 지중추부사知中樞府事를 역임했으며, 숭록대부崇祿大夫에까지 이르렀다. 1801년 정조의 병을 잘못 치료했다 하여 64세로 죽임을 당했다.

104 『제중신편濟衆新編』 : 1799년에 정조의 명령을 받고 내의원內醫院의 수의首醫인

· **이원풍**李元豊

이원풍[104]은 정조 때 아의兒醫를 지냈다. 『마진휘성痲疹彙成』[106]을 모아 편찬했다.

· **성후룡**成後龍

성후룡은 준구俊耉[107]의 서자庶子이다. 참봉參奉 벼슬을 지냈고, 의술을 잘했다.

강명길康命吉이 펴낸 의학서적이다. 모두 8권 5책으로 이루어져 있으며, 목판본이다. 이 책의 머리말은 내의원 도제조都提調이자 좌의정인 이병모李秉模가 썼다. 이 책은 『단계심법丹溪心法』, 『경악전서景岳全書』, 『의림촬요醫林撮要』, 『동의보감東醫寶鑑』 등 모두 21개의 서적을 인용하고 있지만 각 항목의 분류 방법은 주로 『동의보감』의 「내경편內景篇」·「외형편外形篇」 및 「잡병편雜病篇」을 바탕으로 하고 있다. 또한 약방문들의 출전도 『동의보감』에서 많이 인용했다. 그러나 이 책에 새로 증보된 「양로養老」·「약성가藥性歌」 등은 『동의보감』에는 없는 것이다. 이 책은 간행 후 널리 보급되었다.

105 이원풍李元豊(1759~?) : 조선 후기의 의원醫員이다. 본관은 정읍井邑. 자는 대유大有이며, 호는 요산주인樂山主人이다. 1777년 정유역과 한학에 등제했는데, 이 방목榜目에 의약동참지추議藥同參知樞라 적혀 있다. 1798년 『마진휘성痲疹彙成』(1책)을 저술했는데, 홍양호洪良浩가 쓴 이 책의 서문에 소아치방小兒治方에도 능했다고 적혀 있다.

106 『마진휘성痲疹彙成』 : 마진휘성은 소아小兒의 질환을 치병하는 소아과방서小兒科方書이다. 이 책은 동국東國의 여러 방서의 근본으로 마진의 치료방을 설명하고 있다. 저자는 당시 마진방痲疹方에 관한 전문서가 없는 것을 통감하고, 자신이 임상臨床을 토대로 하여 얻은 처방을 집성하고 많은 고서를 인용해 『마진휘성』을 편찬했고, 그 내용은 원론운기原論運氣로부터 출몰잡병出沒雜病에 이르기까지 상세히 기록했다. 또한, 범례에서도 마진치법痲疹治法의 항목에는 『동의보감東醫寶鑑』·『급유방及幼方』 등의 여러 의서와 동의속방東醫俗方을 널리 채록했다. 설說이 다른 것은 반드시 그 아래에 저자의 성씨를 쓰고, 또 증症이 같은데 처방이 다른 것은 각문各門의 밑에 처방한 사람의 이름을 밝히고, 병상의 논증과 처방이 동일한 것은 가능한 한 이름을 적어 처방의 이동異同을 구명究明하게 했다.

107 성준구成俊耉(1574~1633) : 자는 덕보德甫이며 호는 장곡藏谷이다. 선조宣祖 32년 문과文科에 급제 후 여러 벼슬을 거쳤고, 이괄李适의 난과 정묘호란丁卯胡亂 때 많은 공을 세웠다. 평안도 암행어사를 거쳐 1606년 6월 23일 이조정랑이 되었다.

· **유상**柳瑺

유상[108]은 감사監司 벼슬을 지낸 경집景緝의 서자로 자는 여진汝珍이다. 참봉參奉을 겸사兼仕하고 주부主簿 벼슬에 이르렀다. 신유년(1681)에 (한편으로는 계해년(1683)이라 한다.) 유상은 숙종이 두후痘候를 앓다가 회복된 후에 보호공으로써 가선嘉善에 초수超授해 아홉 개의 군현을 다스렸고 전민田民을 하사받았다. 지위가 보국輔國에 이르렀고 지사 한자리를 더하여 받았다. 종신토록 항상 금과 옥으로 만든 두 개의 고리를 착용했는데, 모두 임금이 직접 친히 하사한 것이다. 81세까지 살았고 여섯 자녀가 있었다.

· **이경화**李景華

이경화[109]는 성천사람으로 『광제비급廣濟秘笈』[110] 4권을 지었다.

---

108 류상柳瑺(1643~1723) : 본관은 문화文化. 류상柳相 또는 류상柳尙으로도 불린다. 아버지는 관찰사 류경집柳景緝이다. 진사로서 동참 의약議藥했고, 1683년 왕의 두환痘患을 시진侍診했으며, 그 공으로 동지중추부사同知中樞府事가 되었다. 이어서 서산·고양 등지의 군수에 임명되었다. 1699년 세자의 두환을 치료하여 지중추의 실직을 받았고, 이후 합천과 삭녕군수를 역임했다. 저서로는 『고금경험활유방古今經驗活幼方』 1권이 있다.

109 이경화李景華(1721~?) : 자는 원량元亮이다. 당대의 학자이자 관료였던 이병모李秉模에게서 "경사백가經史百家를 연구하지 않는 바가 없다."라는 칭송을 받기도 했다. 영조 때 생원진사시에 합격하여 자신을 진사進士라고 표현했다. 평범한 의가醫家라기보다 유의儒醫로 불리는 것이 타당하다. 『광제비급廣濟秘笈』을 저술했는데, 이는 1790년 이병모에 의해 간행되었다. 『광제비급』 발跋에서 이경화는 스스로 어려서 입신에 뜻을 두었지만 출생의 한계에 좌절해 과거를 포기하고 의학 공부로 전향해 50년간 의업을 행해오면서 매일 10여 명의 환자를 보았다고 밝히고 있다. 또 『광제비급』 서序에서 이병모가 그를 평하기를 "스스로 드러내지는 않았으나 의사로 불리는 것을 꺼리지 않았다."라고 해 실질적으로 의업醫業을 행하여 온 의원醫員임을 알 수 있다.

110 『광제비급廣濟秘笈』 : 이경화李景華가 1790년경에 4권 1책으로 편찬한 책이다. 저자는 오랜 기간의 임상 치료 경험을 통해 효과가 있다고 본 구급 치료법과 민간에

· 김호金浩

김호는 의주사람으로 선비출신의 의사이다. 어떤 한 여인이 그 남편에게 사랑을 받지 못했다. 어느 날 갑자기 혀가 오그라들어 목구멍 사이에 들어가 말을 할 수 없었고 죽을 지경에 이르렀다. 김호가 곧 황련 여섯 전과 관계 한 전을 함께 끓여서 급히 몇 숟가락을 복용시켰다. 약이 입에 들어가니 즉시 언어가 통하고 혀가 다시 평소처럼 나왔다. 김호가 이르기를

"심신이 섞이지 못한 결과로 황련과 관계가 경각의 사이에 섞인 결과이기 때문에 사용했다"

라고 했다.

· 이공기李公沂

이공기[111]는 명헌공 이파李坡[112]의 서증손이다. 어의御醫를 지냈으며

서 손쉽게 쓸 수 있는 치료법들을 종합해 이 책을 편찬했다. 1권에는 일반 구급병, 외과, 이비인후과에 속하는 300여 종의 한의 병증에 대한 치료법, 2권에는 주로 내과 병증에 대한 치료법, 3권에는 부인병과 어린아이 병증에 대한 치료법, 4권에는 민간약으로 병을 치료한 경험들과 처방들을 실었다. 『광제비급』에는 『동의보감東醫寶鑑』·『향약집성방鄕藥集成方』·『의방류취醫方類聚』를 비롯하여 80여 종의 한의책들에 쓰여져 있는 구급 질병 치료법들과 민간요법들을 추려서 간단명료하게 설명했을 뿐 아니라 우리나라에서 많이 나는 50여 종의 한약으로 구급병과 만성 질병들을 치료한 경험들이 실려 있다.

111 이공기李公沂 : 본관은 한산韓山이다. 목은 이색李穡의 6대손으로 아버지는 이영李泠이며, 어머니는 흥양 김씨興陽金氏 김근金瑾의 딸이다. 부인은 직산 조씨稷山趙氏 조서린趙瑞鱗의 딸이며, 아들 한풍군韓豊君 이영남李英男도 의관이었다. 선조대 명의 허준許浚, 『의림촬요醫林撮要』를 저술한 양예수楊禮壽와 함께 활동하며, 왕실 구성원들의 질병을 치료했다. 이로 보아 이공기도 내의원 소속의 어의御醫였던 것으로 보인다. 특히 침을 잘 놓아 침폄술에 능했다는 당대의 기록이 있다. 임진왜란 때

호성공신扈聖功臣[113]으로 한계군에 봉해졌고 판윤에 추증되었다. 명의名醫였다.

· **정위**鄭頠

정위[114]의 호는 추담秋潭으로 『본초강목』에 정통했고 기황술岐黃術[115]까지 잘했다.

· **조신**曺伸

조신[116]의 호는 적암適庵으로 의술과 외국어를 잘했다. 세상 사람들

선조와 세자를 호종한 공으로 호성공신扈聖功臣 3등에 책록되었다. 당대 허준과 함께 명성이 높았던 의관이다.

112 호성공신扈聖功臣 : 임진왜란 때, 선조宣祖를 모시고 의주義州까지 호종扈從한 공으로 이항복李恒福 등 86명에게 내린 훈호勳號이다.

113 호성공신扈聖功臣 : 임진왜란 때, 선조宣祖를 모시고 의주義州까지 호종扈從한 공으로 이항복李恒福 등 86명에게 내린 훈호勳號이다.

114 정위鄭頠(1598~1656) : 본관은 영일迎日. 자는 자의子儀이며, 호는 추담秋潭이다. 정몽주鄭夢周의 9대손이다. 진주의 정곡서원鼎谷書院에 향사되었다. 배움에 민첩해 통함이 많았고, 예를 밝히고 적용하는 것으로 요점을 삼으니 그의 풍도를 들은 사람들은 다투어 그와 사귀고자 했다. 베풀기를 좋아하고 선을 권하기를 좋아했다. 전답이 없는 자들을 이주시켜 바닷가에서 농사지어 가을에 풍년이 들어 곡식 백여 섬을 얻자 모두 가난한 자들에게 나눠주고 형제간에 고소한 자들에게는 주지 아니하고 말하기를, "이것은 이익利을 위함이 아니다." 했다. 묘는 진주 남쪽 20리에 있는 선영 아래에 있는데, 아내 창산조씨昌山曺氏와 합장되었다.

115 기황술岐黃術 : 기황은 의가醫家의 시조始祖로 일컬어진 기백岐伯과 황제黃帝를 합칭한 말로, 전해 기황술이란 의술醫術을 가리킨다.

116 조신曺伸(1454~1529) : 본관은 창녕昌寧. 자는 숙분叔奮이며, 호는 적암適庵이다. 아버지는 현감을 지낸 조계문曺繼門이며, 얼자孼子로 태어났다. 형으로 조위曺偉가 있고, 점필재 김종직金宗直이 매형이다. 어려서부터 형인 조위와 함께 시문에 남다른 재능을 보였다. 그의 문명文名은 탁월했고, 조위와 함께 매형인 점필재 김종직에게 나아가 학문을 배우고 문학적 재능을 길렀다. 생각과 표현력이 남달랐으나, 서얼 신분의 제약을 벗어나기 어려웠다. 그래서 청년기에 직지사 능여암에서 두문분출하고 학업에 정진했고, 중국어·일본어는 따라갈 자가 없어 사람들이 신기하게 여

이 재주가 많은 것으로 지목했다.

· 장□□ 張□□

장 아무개는 산인山人 장한웅張漢雄의 아버지이다. 창의瘡醫를 업으로 삼았다. 언젠가 상륙商陸[117]을 먹어 귀신을 부릴 수 있었다. 98세에 출가하여 어디서 죽었는지 알지 못한다.

· 김윤은金允誾

김윤은[118]은 내의주부를 지냈다. 명종조에 어명을 받아 호군護軍 류지번柳之蕃[119]과 『달학이해방疸瘧易解方』을 편집하고 언해로 번역했다.

겼다. 신분과 재능을 살려 역관의 길을 걸었다. 1485년 왕은 첩의 자식과 12, 13세의 여자를 택하여 의원·의녀를 양성하도록 승정원에 지시하면서 조신을 의사醫司에 소속시키게 했다. 당시 의원醫員이나 의녀醫女로서 의술醫術에 정통한 사람이 매우 적어 10세 가량의 여자들을 택해 먼저 사서四書를 읽힌 다음 의술을 가르치게 했던 것이다. 그리고 2품品 이상의 첩妾의 아들은 의사에 소속하는 법이 있었으나, 조신은 2품의 첩의 아들이 아니어서 해당되지 않았지만 성종의 특별한 명으로 은전을 입은 것이다. 조신은 여기서 음양의 이치와 약리藥理를 가르쳤다.

117 상륙商陸 : 자리공의 뿌리로, 부증浮症를 다스리고 오줌이 잘 나오게 하는 약재로 쓴다.

118 김윤은金允誾 : 조선 중기의 의관醫官으로 1550년 11월에 유지번柳之蕃과 함께 『저·학이해방疽虐易解方』을 편찬하였으며, 1554년 8월에 원자의 다리가 봄과 여름으로 위축되는 병을 진찰하고는 그것이 유모의 습증濕症이 원인이라는 것을 밝혀내어 그 유모를 바꿀 것을 청했다. 1557년 8월에 사옹원주부司饔院主簿로 세자에 대한 약이藥餌의 공로가 크다고 하여 당상堂上의 자급資給을 받았다. 1565년 10월에 왕의 병을 치료한 공로로 가선대부嘉善大夫 자급資級을 받았고, 1567년 6월에 명종이 죽자 내의로 약을 잘못 썼다고 하여 벌을 받았다.

119 류지번柳之蕃 : 1536년 왕명을 받고 명나라의 원접사遠接使를 진료하였고, 중종·인종·명종이 죽을 때 모두 입진시약入診侍藥하여 여러 차례 상을 받기도 했다. 1550년에 의원 김윤은金允誾과 함께 『달학이해방疸瘧易解方』을 편집하였고, 이듬해 중궁中宮의 산실의원으로 한 자급資級 더해지고, 1565년 가의대부嘉義大夫에 올랐다.

· 조징규趙徵奎

조징규[120]는 효종조에 어의를 지냈고 항상 친히 궁궐에서 모셨다. 재주를 부리면 자못 영험했다. 효종이 항상 그를 잘 봐주어 특별히 사복주부司僕主簿에 제수되었다. 사람됨이 어리석고 거칠었다.

· 유우柳藕

유우[121]는 어머니가 오랜 병이 있어 의술을 짐작하고 연구해서 직접 자기 손으로 약을 지었다.

· 강응정姜應貞

강응정[122] 은 의술을 섭렵했다.

---

120 조징규趙徵奎 : 효종의 총애를 받아 1658년 사복시주부에 특제特除되었으나, 의관을 일시의 사은私恩으로 특수特授했다고 하여 물의를 빚게 되었다. 1659년 사복시주부의 임명이 부당하다는 헌부憲府의 여러 차례에 걸친 상소에 따라 특수의 명을 환수당했다. 효종의 병을 오진한 결과 병이 중해져 효종이 죽자, 어의御醫로서 논병의약論病議藥을 어의 유후성柳後聖의 말만 듣고 군부君父의 병을 생각하지 않았다는 죄명으로 유후성과 함께 유배되었다. 1661년 명성왕후明聖王后의 병이 심해지자 양사의 반대에도 불구하고 현종의 명에 의해 배소에서 소환되어 왕후의 병을 치료하고 1662년에 첨지중추부사에 특제되었다. 그러나 1663년에 옥후玉候가 미령未寧해 상하가 걱정함에도 불구하고 취중에 진찰하기 위해 출입했으므로 불경의 죄로 나문정죄拿問定罪되었다.

121 유우柳藕(1473~1537) : 본관은 진주晉州이다. 자는 양청養淸이며, 호는 서봉西峰이다. 김굉필金宏弼에게 사사해 열심히 학문을 닦았으나, 1504년 갑자사화 때 스승 김굉필이 극형을 받은 뒤, 모친이 병석에 눕게 되자 의술을 연구해 손수 약을 지어 공양했다. 서화書畵는 물론 천문 ·음률 ·복서卜筮 ·의술에 뛰어났고 특히 주역에 통달하여 이름이 났으며, 벼슬길에는 나가지 않고, 오직 후진 양성에 힘써 많은 인재를 배출했다.

122 강응정姜應貞 : 본관은 진주晉州이다. 자는 공직公直이며, 호는 중화재中和齋이다. 아버지는 첨지중추부사 의毅이다. 은진에 살면서 효행으로 이름이 있었다. 1470년 효행으로 천거되었으나 사퇴하고 1483년 생원시에 합격하여 성균관 유생이 되었다. 김용석金用石·신종호申從濩·박연朴演·손효조孫孝祖·정경조鄭敬祖·권주權柱 등

· 정도전鄭道傳

정도전[123]은 『진맥도診脈圖』[123]를 지었다.

· 주계군朱溪君

주계군[125]은 의술에 능통했고 무당과 불교를 좋아하지 않았다.

과 함께 주자의 고사에 따라 향약을 만들고, 『소학小學』을 강론했다. 그리하여 세상에서는 소학계小學契 또는 효자계孝子契라 했다. 부모의 병간호가 지극하였고, 죽은 뒤에는 여묘廬墓의 예를 다함으로써 고향에 효자 정문이 세워졌다. 은진 갈산사葛山祠에 제향되었다.

123 정도전鄭道傳(1342~1398) : 본관은 봉화奉化이다. 자는 종지宗之이며, 호는 삼봉三峰이다. 1360년 성균시에 합격하고, 2년 후에 동 진사시에 합격해 충주사록忠州司錄·전교주부典校注簿·통례문지후通禮門祗候를 역임했다. 1370년 성균관박사로 있으면서 정몽주 등 교관과 매일같이 명륜당에서 성리학을 수업, 강론했으며, 이듬 해 태상박사太常博士에 임명되고 5년간 인사행정을 관장했다. 『학자지남도學者指南圖』·『심문천답心問天答』(1375)·『심기리편』(1394)·『불씨잡변』(1398) 등의 철학서를 차례로 저술했다. 그의 경세론經世論은 『조선경국전』(1394)·『경제문감』(1395)·『경제문감별집』등이 있고 『경제의론經濟議論』·『감사요약監司要約』이 있었으나 지금은 전하지 않고, 고려 역사를 편년체로 엮은 『고려국사』가 있다. 이 책은 뒤에 김종서金宗瑞 등이 찬한 『고려사절요』의 모체가 되었으나 지금 전하지 않는다. 이 밖에 병법에 관한 것으로 『팔진36변도보 八陣三十六變圖譜』·『오행진출기도五行陣出奇圖』·『강무도講武圖』·『진법陣法』 등이 있다. 의서醫書로는 『진맥도결診脈圖訣』, 역산서曆算書로서 『태을72국도太乙七十二局圖』와 『상명태을제산법詳明太乙諸算法』 등이 있다.

124 『진맥도診脈圖』: 『진맥도결診脈圖訣』을 가리키는 것으로 이 책은 현재 망실되어 전하여지지 않으나, 『동문선』 권105와 이숭인李崇仁이 찬한 『도은집陶隱集』의 「진맥도지診脈圖誌」에 적혀 있다. 책의 내용은 자세히 알 수 없다. 그러나 『도은집』에 의하면 제조관提調官 이예문李藝文이 "의인들은 마땅히 맥을 정확히 진단해 처방하여야 효과를 볼 수 있다 말하고, 제가諸家들의 진단에 필요한 모든 논설들을 상고하여 도圖로써 그 이론의 전체를 표시하고, 결訣로써 그 이론을 더욱 밝히도록 했다."고 한다.

125 주계군朱溪君 : 이심원李深源(1454~1504)이다. 본관은 전주全州이다. 자는 백연伯淵이며, 호는 성광醒狂·묵재默齋·태평진일太平眞逸이다. 효령대군 보補의 증손으로, 평성군枰城君위偉의 아들이며, 어머니는 인천채씨仁川蔡氏로 부사 신보申保의 딸이다. 김종직金宗直의 문인이다. 1478년 주계부정朱溪副正에 제수되어 성종의 신

· 류성룡柳成龍

류성룡[126]은 『의학변증지남醫學辨證指南』을 초록하고 또 『침경요결針經要訣』을 지었다.

· 김석주金錫胄와 유명견柳命堅

임을 받았으나, 임사홍任士洪의 무고로 장단·이천 등지에서 유배생활을 했다. 1487년 종친과시강경사宗親科試講經史에서 장원급제해 정의대부正義大夫에 제수되었다. 1504년 갑자사화에 연루되어 두 아들과 함께 죽임을 당했다. 그 뒤 조광조趙光祖·정광필鄭光弼을 비롯한 유림들의 계啓에 의하여 1517년에 신원伸寃되었으며, 또 그의 충절을 기리는 정려문이 세워지고, 흥록대부주계군興祿大夫朱溪君으로 증직되었다.

126 류성룡柳成龍(1542~1607) : 본관은 풍산豊山이다. 자는 이현而見이며, 호는 서애西厓이다. 의성 출생. 자온子溫의 증손으로, 할아버지는 유공작柳公綽이고, 아버지는 황해도관찰사 유중영柳仲郢이며, 어머니는 진사 김광수金光粹의 딸이다. 이황李滉의 문인이다. 김성일金誠一과 동문수학했으며 서로 친분이 두터웠다. 1590년 우의정에 승진, 광국공신光國功臣 3등에 녹훈되고 풍원부원군豊原府院君에 봉해졌다. 이 해 정여립의 모반사건에 관련되어 죽게 된 최영경崔永慶을 구제하려는 소를 초안했으나 올리지 못했다. 1591년 우의정으로 이조판서를 겸하고 이어 좌의정에 승진해 역시 이조판서를 겸했다. 저서로는 『서애집西厓集』·『징비록懲毖錄』·『신종록愼終錄』·『영모록永慕錄』·『관화록觀化錄』·운암잡기雲巖雜記』·『난후잡록亂後雜錄』·『상례고증喪禮考證』·『무오당보戊午黨譜』·침경요의鍼經要義』 등이 있다. 편서로는 『대학연의초大學衍義抄』·『황화집皇華集』·『구경연의九經衍義』·『문산집文山集』·『정충록』·『포은집』·『퇴계집』·『효경대의孝經大義』·『퇴계선생연보』 등이 있다. 시호는 문충文忠이다.

127 김석주金錫胄(1634~1684) : 본관은 청풍淸豊이다. 자는 사백斯百이며, 호는 식암息庵이다. 증조할아버지는 김흥우金興宇이며, 할아버지는 영의정 김육金堉이고, 아버지는 병조 판서 김좌명金佐明이다. 어머니는 신익성申翊聖의 딸 평산 신씨平山申氏이다. 1662년 증광 문과에 급제하여 성균관 전적을 지낸 후 이조 좌랑, 사간원 정언, 사헌부 지평·부교리·수찬, 사간원 헌납·교리 등을 차례로 지냈다. 1674년 2차 예송禮訟 때 남인과 제휴해 송시열宋時烈 등 서인 산당山黨을 축출하였으며, 그 후 각 조 판서와 훈련대장·호위대장 등을 지냈다. 외척外戚의 중심 세력으로 왕의 측근에서 정치를 행하면서 사실상 숙종 전반기에 정국을 주도했다. 1680년 허견許堅의 역모를 적발한 경신환국으로 보사공신保社功臣이 되어 청성부원군淸城府院君에 봉해졌고, 1689년 기사환국으로 공신호가 박탈되었다가 훗날 복구되었다. 시호는

김석주[126]와 유명견[128]은 의학의 이치에 밝았다.

· **최섭**崔涉

최섭은 창평昌平[129] 유곡維谷에 살았으며 침의였다.

· **정경창**鄭慶昌**과 이현치**李玄緻

정경창과 이현치는 의술醫術을 잘했다.

· **윤동리**尹東里

윤동리[130]의 아버지는 독역재 이교頤敎[131]이다. 자는 자미子美이고 을

문충文忠이다.

128 유명견柳命堅(1628~1707) : 본관은 진주晉州이다. 자는 사고士固이며, 호는 모산茅山이다. 정언正言 격格의 증손으로, 할아버지는 시행時行이고, 아버지는 사인 영潁이며, 어머니는 이윤신李潤身의 딸이다. 1672년 별시문과에 병과로 급제했다. 1675년 도당록都堂錄에 들고, 이듬해 수찬修撰이 되었다. 숙종 초년에 남인의 논의가 갈라졌을 때는 윤휴尹鑴와 대립했다. 1680년 경주부윤으로 재직하던 중 경신대출척으로 남인이 몰락할 때 파직 당했다. 1682년 남인을 완전히 제거하고자 하는 서인의 과격파 김석주金錫胄·김익훈金益勳의 무고를 받아 투옥되었으나, 혐의가 없음이 밝혀져 석방되었다. 1689년 기사환국으로 남인이 다시 집권하게 되자 승지가 되고 부제학 등을 역임했다. 그 뒤 대사간을 거쳐 1692년 이조참판이 되었다. 1701년 장희재張希載 등과 인현왕후仁顯王后를 살해하려 했다는 죄로 위도蝟島에 안치 당했다가 1704년 풀려나왔다.

129 창평昌平 : 전라남도 담양지역의 옛 지명이다.

130 윤동리尹東里(1705~1784) : 조선 후기의 의학자로 운기의론運氣醫論을 제창한 『초창결草窓訣』의 저자이다. 전기傳記는 알려져 있지 않으나 『초창결』의 운기연론運氣衍論 서문에 "숭정을사崇禎乙巳 7월 초창도인草窓道人 윤동리尹東里"라 적혀 있는데, 숭정 을사는 영조 1년(1725)에 해당한다. 이것으로 미루어보아 호는 초창, 이름은 동리, 자는 자미子美인 것 같다. 원래 사인士人으로 유의儒醫에 속한 세업世業을 하면서 저술과 의업을 겸행했다고 생각된다. 모든 질병이 운기에서 나오고 용약用藥도 이 운기에 의해야 한다고 주장했다.

유년(1705)에 태어나서 80년을 살았다.

· 북창

북창 정렴[132]은 『패관잡기稗官雜記』[133]에 다음과 같이 기록되어 있다.

"북창은 의술에 정밀했다. 언젠가 그 뜻으로 짐작해서 소체탕을 조제하여 이질을 치료했는데 그것을 시험해봄에 매우 효과가 있었다고 한다." 『고사촬요攷事撮要』[134]에도 보인다.

· 성협成浹

---

131 윤이교尹頤敎(1680~1745) : 자는 양이養而이고 호는 독역재讀易齋이다.

132 정렴鄭磏(1506~1549) : 본관은 온양溫陽이다. 자는 사결士潔이며, 호는 북창北窓이다. 내의원제조內醫院提調 정순붕鄭順鵬의 아들이다. 1537년 사마시 생원시에 합격했다. 어려서부터 천문·지리·의서·복서卜筮 등에 두루 능통했다. 그 중에서도 특히 약의 이치에 밝았는데, 1544년 중종의 병환에 약을 짓기 위해 내의원제조들의 추천을 받아 입진入診하기도 했다. 포천현감을 지내기도 했다. 그가 일상경험한 처방을 모아 편찬한 것이라는 『정북창방鄭北窓方』이 있었으나 유실되었다. 이 책은 양예수楊禮壽가 지은 『의림촬요醫林撮要』에 인용되어 있다.

133 『패관잡기稗官雜記』 : 조선 중기에 어숙권魚叔權이 지은 수필집이다. 『광사廣史』에 6권 완본이 들어 있고, 『대동야승大東野乘』에 4권까지, 『시화총림詩話叢林』에 시화詩話 부분만 발췌, 수록되었다. 『광사』의 원본이 오래 전에 일본 동경에서 소실되었으므로 『대동야승』 수록의 4권 본이 널리 이용되고 있다. 권두에 주원장朱元璋의 홍무洪武 원년으로부터 시작해 조선왕조의 건국과 함께 명나라에 내왕한 사절들과 요동遼東·일본·대마도·유구琉球 등지에 관련된 유사遺事·풍속 등을 자세하게 기록했고, 당시의 사환仕宦 일사逸士·시인·묵객들의 언행과 재인·기예技藝·축첩蓄妾·동요童謠 등에 관한 사실들을 보고들은 그대로 기술했다. 패관문학의 대표작이라 할 수 있으며, 조선 전기의 사실史實을 이해하는 데 요긴한 자료가 되고, 풍부한 설화적 소재와 간결하고도 진솔한 서술은 문학작품으로서도 평가받고 있다.

134 『고사촬요攷事撮要』 : 1554년에 어숙권魚叔權이 왕명을 받아 편찬한 백과사전 형태의 유서類書이다. 조선시대 사대교린事大交隣을 비롯, 일상 생활에 필수 불가결한 일반 상식 따위를 뽑아 엮은 것이다. 어숙권의 원찬原撰에서부터 1771년서명응徐命膺이 『고사신서固事新書』로 대폭 개정, 증보하기까지 무려 12차에 걸쳐 간행되었다.

성협[135]은 선비출신 의사로 선조의 병이 위중했을 때 입시入侍했다.

· **창성도정 필**昌城都正佖

창성도정 필[136]은 의술을 두루 이해했다.

· **이제헌**李齊憲

이제헌은 단애丹厓 이경중李敬中[137]의 후손이다. 침법針法이 신묘하여 세상에서 신의神醫라 칭해졌다.

· **박태초**朴太初

박태초는 성주지역의 선비출신 의사였다. 경종 계묘년(1723)년에

---

135 성협成浹(1556~1620) : 성람成覽의 본관은 창녕昌寧이며, 초명은 협浹으로, 자는 사열士悅이며, 호는 청죽聽竹이다. 완琓의 증손으로, 할아버지는 희주希周이고, 아버지는 감사 세평世平이며, 어머니는 노공좌盧公佐의 딸이다. 일찍부터 성리학에 뜻을 두어 형 호浩와 함께 남언경南彦經에게 수업해 학문으로 이름을 떨쳤으며, 이이李珥·성혼成渾을 사사했다. 과거에 뜻을 두지 않고, 성리학연구에 몰두했고 의학에도 밝아 많은 사람들의 질병을 치료했다. 구언령求言令이 있을 때마다 수천언으로 진소陳疏했으며, 임진왜란 후에는 처가인 상주에 거처하면서 조익趙翊·정경세鄭經世·이준李埈 등과 교유했다. 벼슬은 효릉참봉孝陵參奉에 임명된 이래 장원·별좌·공조좌랑·무주현감을 역임한 바 있다.

136 창성도정 昌城都正 필佖 : 이필李佖(1522~?)이다. 자는 자의子儀이며 군호는 창성군昌城君이다.

137 이경중李敬中(1543~1585) : 자는 공직公直이며, 호는 단애丹崖이다. 계양군桂陽君 승僧의 4세손이며 이황李滉의 문인이다. 1568년 성균관成均館 유생儒生이 되었으며, 1570년 식년문과式年文科에 병과丙科로 급제, 1574년 홍문관정자弘文館 正字가 되었다. 이어 저작著作·정언正言 등을 역임하고, 1581년 이조좌랑吏曹 佐郎으로 있을 때 정여립鄭汝立이 계속 높이 등용되면 장차 후환이 있을 것을 예측, 그를 극력 배척하다가 논핵論劾을 당했다. 뒤에 응교應敎를 거쳐 1584년 집의執義에 이르렀으나 대사헌 정철鄭澈의 시기를 받고 경상도 추쇄어사推刷御史로 나가 밀양密陽에서 병사했다. 1589년의 정여립鄭汝立의 모반이 일어난 뒤 그의 예측이 사실화됨으로써 류성룡柳成龍의 상소로 이조참판吏曹 參判에 추증追贈되었다.

군직에 올랐다.

· **김응립**金應立

김응립은 영남 우도의 천인이다. 신의로 이름났지만 낫 놓고 기역자도 몰랐다. 그의 의술은 맥을 짚지도 않고 증세를 논하지도 않으며 다만 형색을 살펴보고 그 병의 빌미를 알아내었다. 금산의 고을원인 이명의 며느리가 처음 시집오던 날부터 기침이 몹시 심했다. 이락 또한 의술의 이치를 조금 알아서 여러 처방과 약을 써보았지만 날로 고통을 겪어 죽을 지경에 이르렀다. 응립에게 물으니 대답하기를,

"안색을 살펴보지 않고 어찌 처방을 논의할 수 있겠습니까?"

라고 대답했다. 이락이 그가 장차 죽어가는 것을 근심하여 임시로 불러서 보게 하니 응립이 문에 들어가 한참을 보고는 말하기를,

"이것은 곧 쉽게 치료할 수 있는 병이니 장과 위에 생물이 막혀 있어서 그러한 것이니 몇 개를 사서 온탕에 녹여서 먹이면 반드시 토해낼 것입니다."

라고 했다. 마신지 얼마 되지 않아 담 한 덩어리를 토해내어 갈라서 보니 안에 하나의 작은 가자가 들어있었는데 조금도 썩거나 훼손된 부분이 없었다. 병자에게 물으니,

"10여세 때에 가자 한 개를 따서 먹다가 생으로 삼켰는데 필시 이것인 듯합니다."

라고 했다. 이로부터 이후로 병의 근원이 영원히 제거되었다. 이락의 조카사위가 적고의 병이 있었는데 모든 약이 효험이 없어서 응립에게 물었는데 응립이 보고서 웃으며 말하기를

"다른 약을 복용할 필요가 없습니다. 이제 가을이 되면 잎이 떨어질 것입니다. 아무 잎을 따지지 말고 상하거나 썩지 않은 것을 가려서 두어 짐 모아 큰 솥 네다섯 개를 나열해 두고서 끓이십시오. 달인 것을 합하여 한 사발에 이른 후에 무시로 복용하면 될 것입니다."

라고 했다. 그 말대로 하여 효과를 보았다. 또 어떤 한사람이 병으로 각궁이 뒤집힌 듯했는데 응립이 보고는 곧 종이를 비벼서 침을 만들어서 콧구멍을 찔러 재채기를 하게하고 하루 종일 이와 같이 해서 병이 나았다. 그가 병을 치료하는 것이 대부분 이와 같으니 매우 기이했다.

·조준趙浚

국초에 조준[138] 등이 처음 제생원을 설치하고 여러 처방을 모았다.

---

138 조준趙浚(1346~1405) : 본관은 평양平壤이다. 자는 명중明仲이며, 호는 우재吁齋 또는 송당松堂이다. 문하시중 조인규趙仁規의 증손으로, 아버지는 판도판서 조덕유趙德裕이다. 1374년 함과에 급제하고, 1376년 좌우위호군左右衛護軍으로서 통례문부사通禮門副使를 겸하고, 강릉도안렴사江陵道按廉使로 뽑혔는데, 정치를 잘하여 이민吏民의 사랑과 존경을 받았다. 1383년 밀직제학密直提學을 지낸 뒤 상의회의도감사商議會議都監事가 되었다. 조준은 사학史學을 잘하고 경학經學과 시문에도 능했으며, 문집으로 『송당집松堂集』을 남겼다. 한편, 검상조례사檢詳條例司에게 국조의 헌장조례憲章條例를 모아 『경제육전經濟六典』을 간행하게 했으니, 이는 뒤에 『속육전續六典』·『육전등록六典謄錄』 등으로 보완되어 『경국대전經國大典』 편찬의 토대가 되었다.

또 우리나라 사람들의 경험 처방을 채집하여 문門을 나누고 류類별로 모아서 『향약제생집성방鄕藥濟生集成方』[139]이라 이름하고 마우의방을 첨부하여 안팎으로 반포했다.

· **정렴鄭磏과 정작鄭碏**

정렴과 정작[140]은 의술과 처방을 깊게 알았다.

· **유량柳亮**

유량[141]의 호는 충경忠景이다. 공은 평소 의학 처방을 알았는데 언젠

---

139 『향약제생집성방鄕藥濟生集成方』: 1398년 조준趙浚·권중화權仲和·김희선金希善·김사형金士衡 등이 편찬한 의약서醫藥書 30권으로 되어 있으며, 1399년 김희선이 강원도에서 간행했다. 이 책은 망실되어 그 내용을 자세히 알 수 없으나, 세종 때 발간한 『향약집성방鄕藥集成方』과 『향약제생집성방』에서 388증症과 2,803방方을 인용했다고 쓰여 있는 것으로 보아 그 방대함을 짐작할 수 있다. 이 책의 성립에 공헌을 한 조준·김사형·김희선·권중화 네 사람의 공적을 찬양하고, 자국풍토自國風土에서 생산되는 약제로써 자국민의 질병을 구료하기를 강조했고, 이를 위하여 이와 같은 방대한 책이 만들어졌다고 했다.

140 정작鄭碏(1533~1603): 본관은 온양溫陽이다. 자는 군경君敬이며, 호는 고옥古玉이다. 아버지는 좌의정 순붕順朋이다. 아버지가 이기李芑·윤원형尹元衡 등에게 아부하여 세인으로부터 원흉의 한 사람으로 지목받았는데, 을사사화가 일어나자 윤임尹任·류관柳灌·류인숙柳仁淑 등을 죽인 뒤 유관의 재산을 몰수하고 그 가족을 노비로 삼았다. 평소 학문에 정진하던 그는 선조 때 벼슬이 이조좌랑에 이르렀으나 아버지의 과거 전력이 세인의 지탄을 받게 되자 술로 세월을 보냈다. 그러나 평소 시를 즐겨 주선酒仙의 칭을 얻기도 했고, 특히 서예에 뛰어나 초서와 예서를 잘 썼다. 포천현감을 지낸 형 렴과 함께 의술에 뛰어나서 1596년에는 『동의보감』 편찬에 참여했다. 벼슬은 사평司平에 이르렀다.

141 류량柳亮(1355~1416): 본관은 문화文化이며, 자는 명중明仲이다. 밀직부사 인기仁琦의 증손으로, 할아버지는 판도사사版圖司事 보발甫發이고, 아버지는 고려 밀직사密直使 계조繼祖이며, 어머니는 면성군沔城君구영검具榮儉의 딸이다. 1381년 생원이 되고, 이듬해 문과 을과 제1인으로 급제, 전의부령典儀副令을 거쳐 판종부시사判宗簿寺事가 되었다. 1402년 문성군文城君으로 봉작되었고, 그 해 동북면순문사東北面巡問使가 되어 변방을 살피고 돌아왔다. 1404년에 대사헌에 이어 형조판서가 되

가 제조提調가 됨에 임금의 몸이 편치 않으시자 공이 약방에 이르러 손수 어약을 제조하여 진상하였는데 깊이 선상歡賞을 받았다.

· **안현**安玹

안현[142]은 좌상左相을 지냈다. 의술에 정밀해 항상 내외의 의국을 관리함에 증세를 따라서 약을 쓰는 예를 가르쳐 번번이 신묘한 효험이 있었다.

· **허창**許菖

허창[143]은 예종 기축년(1469)에 문과에 합격하고 전적典籍을 지냈다.

었으며, 예문관대제학도 겸했다. 그 뒤 판한성부사·이조판서를 거쳐, 참찬의정부사參贊議政府事에 올랐으며, 다시 대사헌이 되었다. 1413년 문성부원군文城府院君으로 진봉되었다가 1415년 우의정으로 승진되었다. 조선의 창건에서 제도 확립에 크게 기여한 명신 중의 한 사람이다. 시호는 충경忠景이다.

142 안현安玹(1501~1560) : 본관은 순흥順興이다. 자는 중진仲珍이며, 호는 설강雪江이다. 병마절도사 인후仁厚의 증손으로, 할아버지는 습독관習讀官 성瑊이고, 아버지는 순필舜弼이며, 어머니는 군수 조강문趙康門의 딸이다. 1521년 별시 문과에 을과로 급제해 정자正字가 되고, 승정원주서承政院注書·병조정랑을 거쳐 1533년 지평持平에 올랐다. 이로부터 삼사의 요직을 두루 지내며 언관으로 활약했다. 한 때 인사청탁을 들어주었다는 혐의로 탄핵을 받기도 했으나 계속 승진해 다음 해 숭록대부崇祿大夫로서 우찬성에 올랐다. 이어 좌찬성·판돈녕부사를 지내고, 윤원형의 추천으로 원자보양관元子輔養官을 겸하기도 했다. 다시 이조판서가 되었다가, 판중추부사를 거쳐 1558년 우의정·좌의정 등을 역임했다. 중후하고 단정해 말과 웃음이 적었으며, 일을 맡으면 성심껏 수행했다. 특히, 의술에 정통해 내외 의국醫局을 관리했다. 뒤에 청백리에 녹선錄選되었다. 시호는 문희文僖이다.

143 허창許菖 : 본관은 양천陽川이며, 자는 요구堯韭이다. 허금許錦의 증손이고, 할아버지는 허기許愭이다. 아버지는 허추許樞이며, 부인은 조선趙璿의 딸이다. 아들은 허담許聃이다. 1450년(세종 32)에 소과小科에 합격했으며, 1469년에 추장시秋場試에서 병과丙科로 급제했다. 관직은 신계현령新溪縣令과 전적典籍을 지냈다. 현재 경기도 용인시 처인구 원삼면 맹리에 양천허씨가 들어와서 살게 되는 계기를 마련했으며, 현재도 이곳은 양천허씨의 집성촌을 형성하고 있다.

군수 추樞의 아들이고 한원위漢原尉 조선趙璿[144]의 사위이다. 의학의 이치에 정통했다.

· **남응침**南應琛

남응침의 자는 자공子貢이고 호는 송파松坡이다. 의술을 업으로 삼았고 또 시에 능했다. 내의원정內醫院正을 지냈다.

· **홍한보**洪翰輔

홍한보는 교리 홍만수洪萬遂[145]의 손자로 호는 벽암癖菴이다. 시문에 매우 공교로웠고 의술에 능통했다.

· **이공윤**李公胤

이공윤은 장령 민징의 아들 승지 정규의 손자이다. 의학의 이치를 조금 알았다. 도사都事를 지냈다. 경종 갑진년(1724) 대흉년에 환취정의 흉언[146]으로 을해년(1755)에 추율追律되었다.

---

144 조준趙璿(1410~1437) : 본관은 양주이다. 영사領事 문강공文剛公 조말생趙末生의 장남이며, 정정옹주貞靜翁主에게 장가들어 태종의 부마로서 한원군漢原君에 봉해졌다. 묘는 수석동에 있다.

145 홍만수洪萬遂(1647~1695) : 본관은 풍산豊山이다. 자는 성중成中이며, 호는 채봉彩峰이다. 감사 주삼柱三의 아들이다. 1678년 증광문과에 병과로 급제하고, 이듬해 승문원정자로 문과중시에 을과로 발탁되어 상사에 출입하게 되었으며, 벼슬이 교리에 이르렀다. 안질이 매우 심하여 실명했다. 저서로는 『채봉집彩峰集』이 있다.

146 환취정의 흉언 : 1724년에 국문장에 끌려나온 김일경은 고개를 빳빳이 세우고 "나는 한 점 부끄러움이 없다. 선대왕(경종)의 빈전 앞에서 달갑게 죽겠으니 시원하게 죽여달라."라고 했고 목효룡은 "죄가 있다면 단지 종사를 위했다는 죄만 있을 뿐"이라고 했다. 1725년 1월에는 이천해라는 군사軍士가 어가 행차를 막고 온갖 흉언을 퍼부었다. 한낱 군졸에 불과한 사람이 임금을 향해 "국가가 이토록 무도할 수 있느냐"라고 막말을 던진 것을 말한다.

· 신만申曼

신만[147]의 호는 주촌舟村이다. 통하지 않는 책이 없어서 비록 벽서좌도라도 한 번 보면 현미한 것까지도 파악했다. 황기의 의술 같은 경우는 그다지 공들이지 않았지만 이미 삼매를 꿰뚫었다. 의학에도 정밀하고 두루 통했는데 손자 대규가 그 처방을 전해 가끔씩 기이한 효험이 있었다.

· 남언경南彦經

남언경[148]의 호는 동강東岡이다. 의술에 두루 통했다. 만년에 혈병을 앓아 조양하던 중에 또한 의가술醫家術을 통달했다. 마침 선조의 병환

---

147 신만申曼(1620~1669) : 자는 만정曼情이며, 호는 주촌舟村이다. 본관은 평산平山으로 영의정 신흠申欽의 증손이다. 시직侍直 신익륭申翊隆의 아들이며, 송시열宋時烈의 문인이다. 1636년에 일어난 병자호란丙子胡亂이 굴욕적인 강화講和로 끝나게 되자 당시 회덕懷德에 있던 송시열을 찾아가 학업에 정진했다. 1658년 송시열이 다시 등용되어 효종과 함께 북벌北伐을 논의할 때 그의 요청으로 조정에 들어가 이에 관한 의견을 내놓아 반영시켰으나, 이듬해 효종이 죽자 그의 계획은 와해되고 말았다. 1665년 원자元子의 탄생으로 경과慶科가 설치되자 송시열의 지시로 이를 비난함으로써 남인南人과 논쟁을 벌였으나 마침내 송시열이 우찬성右贊成에서 사직하자 낙향했다. 그는 학문에도 뛰어나 어려서 신동神童이라는 말을 들었으며, 낙향한 후 벽촌僻村의 빈민들이 쉽게 구할 수 있는 약재로 급질急疾을 치료할 수 있도록 『주촌신방舟村新方』이라는 의서를 편찬하여 보급했다. 시호는 효의孝義이다.

148 남언경南彦經 : 본관은 의령이다. 자는 시보時甫이며, 호는 동강東岡이다. 개국공신 재在의 6대손이며, 아버지는 영흥부사 치욱致勗이다. 서경덕徐敬德의 문인이며, 조선시대 최초의 양명학자이다. 학행으로 천거되어 헌릉참봉이 되고, 1566년 조식曺植·이항李恒 등과 함께 발탁되어 지평현감砥平縣監이 되었다. 1573년 양주목사가 되고, 이듬해 지평持平에 임명되었으나 어머니의 병간호를 위해 그대로 머물 것을 요청해 허락을 받았다. 1575년 지평을 거쳐 장령이 되고, 이어서 집의를 거쳐 전주부윤이 되었으나, 1589년 정여립鄭汝立의 모반사건이 일어나자 사헌부의 탄핵을 받고 파직되었다. 1592년 다시 여주목사로 기용되었고, 이듬해 공조참의가 되었으나 이요李瑤와 함께 이황李滉을 비판하다가 양명학을 숭상한다는 빌미로 탄핵을 받고 사직하여 양근楊根의 영천동靈川洞에 물러나 한거하다 67세로 별세했다.

으로 조정에서 진약청을 설치하니 공이 상소를 올려 말하기를

"선비가 의술을 알지 못하면 통유通儒라고 이르기에 부족합니다."

라고 하고 이어서 병을 받는 근원과 치료의 방법을 진술하고 마침내 어소御所로 나아가서 약을 아뢰니 자못 그 효험을 얻어 마침내 평상시와 같이 회복할 수 있었다.

≪이심권≫

· **전유형**全有亨

전유형[149]의 호는 학송鶴松이다. 『성호선생사설星湖先生僿說』[150]에 다음과 같이 말했다. "전유형全有亨이 평소부터 의술에 밝았고 의서까지 저술하여 후세 사람에게 오래도록 혜택을 주었으니, 그 활인活人한 공적이 얼마나 컸겠는가? 그러나 갑자년에 뜻하지 않게 허물없이 참수를 당했으니, 그 이유를 사람들이 '그는 임진왜란 때 길거리에서 세 사람의 시체를 해부해 본 후부터 그 의술이 더욱 정통해졌지만, 그가 비명에 죽은 것은 이로 말미암아 앙화를 입은 것이다.'"라고 했다.

· **소태원**蘇泰元

소태원[151]은 참봉參奉을 지냈다. 사은四殷 소영복蘇永福[152]의 현손玄孫으

---

149 전유형全有亨(1566~1624) : 본관 평강平康. 자 숙가叔嘉. 호 학송鶴松. 괴산槐山의 유생으로 1592년 임진왜란이 일어나자 조헌趙憲과 함께 의병을 일으켜 전공을 세우고 1594년 청안현감淸安縣監이 되었다. 의술醫術에도 능해 『오장도五臟圖』를 그렸다. 1628년 신원伸寃되고, 저서로는 『학송집』 1권이 전한다.

150 이 이야기는 『성호선생사설星湖先生僿說』 권15에 더욱 자세하게 실려 있다.

151 소태원蘇泰元 : 조선 후기 강화학파의 핵심 인물의 하나인 신대우申大羽(1735~

로, 의술에 정통했다. 성품은 절의가 있고 품행이 밝아서 익산 서원에 배향된 한천의 무리와 더불어 훌륭하다고 일컬어졌다.

· **송여익**宋汝翼

송여익[153]은 진사進士를 지냈고, 의약醫藥에 밝았다.

· **박운**朴雲

박운[154]은 『위생방衛生方』을 지었다.

· **정유인**鄭惟仁

정유인[155]은 『이생록頤生錄』을 지었다.

· **구급방**救急方

1809)의 문집인 『완구유집宛丘遺集』중, 권5에서 권7까지는 묘문墓文인데 여기에 소태원蘇泰元의 내용이 보인다.

152 소영복蘇永福(1555～？) : 조선 중기의 학자. 본관은 진주晉州. 자는 중수重綏, 호는 사은四隱. 익산 출신. 경학經學뿐만 아니라, 천문·지리·의복醫卜·병법兵法·관방關防 등에 이르기까지 널리 통했으며, 성혼과 종유從遊했다.

153 송여익宋汝翼(1454～1528) : 본관은 은진恩津. 자는 원량元亮, 호는 동파東坡. 판원사判院事 송대원宋大原의 후예다. 나이 겨우 30에 풍병風病을 앓아서 5～6년을 치료하여 다 나았다. 의약醫藥에 밝아서 마을에 환자가 있으면 극력 도와서 살려 주었다. 몸은 비록 현달하지는 못했으나 사람을 구제한 공은 많았다. 사위 김정이 1521년 신사무옥에 연루되어 사사되는 것을 겪고, 또 아들마저 먼저 보내고 여러 해를 개탄하다가 12월에 사망했다.

154 박운朴雲(1493～1562) : 조선 중기의 학자. 자는 택지澤之이고, 호는 용암龍巖·운암雲巖·지암止庵 등이며 본관은 밀양密陽이다. 송당 박영의 문도이며, 저서로 『자양심학론紫陽心學論』, 『격몽편擊蒙篇』, 『경행록景行錄』, 『삼후전三候傳』, 『위생방衛生方』 등이 있다. 1562년 몰했고 1642년 낙봉서원에 배향되었다.

155 정유인鄭惟仁(1504～1553) : 조선 전기의 의인醫人. 본관은 동래東萊. 자는 덕로德老. 『이생록頤生錄』의 저자이다. 중종中宗 계유년에 식문과式文科에 급제했다.

『구급방救急方』[156]은 세종조世宗朝에 교지를 받들어 저술했는데 저술한 사람은 자세히 알 수 없다.

· **동인경험방東人經驗方**

『동인경험방東人經驗方』 2권은 편찬한 사람이 전하지 않는다.

· **이시성李時聖**

이시성[157]은 숭록崇祿대부 차비대령差備待令[158]인 허점許坫[159]과 정헌正憲대부 차비대령差備待令인 이시필李時弼[160]과 경종景宗 임인년(1722)에 나라를 향해 흉한 말을 한 이유로 선의旋義현으로 유배 갔다. 방진기方震夔[161]와 정헌正憲 차비대령差備待令을 지낸 허신許信과 정이규鄭爾揆[162] 이상 여섯 사람은 약의藥醫이다.

---

156 『구급방救急方』 : 조선 세조 때 간행된 작자 미상의 의학서이다. 2권 2책. 목판본. 초간본의 간행시기는 『세조실록』 세조 12년 6월조에 보면 "팔도에 구급방을 각각 2건씩 하사하시다[賜八道救急方各二件]." 라는 기록으로 보아 1466년 무렵에 간행, 배포된 것으로 보인다.

157 이시성李時聖 : 숙종·경종·영조 3대에 걸쳐 어의御醫를 지냈고, 정조 때에 효행孝行으로 정려旌閭되었다. 『일성록日省錄』 정조 11년 5월 1일 조에 보인다.

158 차비대령差備待令 : 임시로 고용됨을 말한다.

159 『승정원일기』 영조 을사년 8월 18일 진시辰時에 임금이 진수당進修堂에 나아갔을 때에 약방이 입진入診하는 자리에 허점許坫 등이 입시한 내용이 보인다.

160 이시필李時弼(1657~1724) : 조선 후기의 의관. 본관은 경주慶州. 호는 성몽聖夢. 내의內醫, 동지중추부사同知中樞府事를 역임했다. 1723년 8월 흉패의 설로 율律에 따라 벌을 받고, 같은 해 12월 죽음을 면하여 선의현旋義縣에 정배되었다.

161 방진기方震夔 : 본관은 온양溫陽, 관직은 내의內醫. 『승정원일기』 영조 즉위년 10월 18일에 상이 무망각 여차에 나아갔을 때에 방진기方震夔 등이 입시한 내용이 보인다

162 정이규鄭爾揆 : 정이주鄭爾柱로 판단된다. 『승정원일기』 영조 즉위년 12월 11일 사시巳時에 임금이 무망각無妄閣 여차廬次에 있을 때에 정이주鄭爾柱가 입시한 내용이 보인다.

· 오중설吳重卨

오중설[163]은 자헌資憲 대부 차비대령差備待令인 이득영李得英, 가의嘉義 대부[164]인 변삼빈卞三彬과 최태령崔泰齡, 차비대령差備待令인 석주태石柱泰와 채광하蔡光夏 이상 여섯 사람은 침의針醫이다.

· 권성징權聖徵

권성징[165]은 정헌正憲대부 차비대령差備待令으로 경종景宗 계묘년(1723)에 녹봉을 받는 관원이 되었다.

· 하종해河宗海

하종해[166]는 연산군燕山君 때에 음설淫媟의 신하로 반정反正 뒤 의학에 뛰어나 특별히 활인서活人署와 혜민서惠民署의 제조提調[167]로 특배되었다.

---

163 『승정원일기』 영조 즉위년 9월 10일 오시午時에 임금이 무망각無妄閣 여차에 나아갔을 때에 의관 오중설吳重卨등이 입시한 내용이 보인다.

164 가의嘉義대부 : 조선시대에 종이품 문관의 품계. 중종 17년에 가정대부를 고친 것으로, 1865년부터는 문무관, 종친宗親, 의빈儀賓의 품계로 같이 썼다.

165 권성징權聖徵 : 조선 후기의 의관醫官. 숙종 이후 영조 초까지 시약청어의侍藥廳御醫·내의원수의內醫院首醫 등을 지냈다. 그는 특히 침술에 정통했다. 1701년 8월에 숙종의 계비 인현왕후仁顯王后 민씨閔氏에 이어 1720년에 숙종, 1724년에 경종, 1728년에 진종眞宗, 1730년에 경종의 계비 선의왕후善懿王后 어씨魚氏의 진료를 담당한 의관으로 활약했다. 그러나 이들이 죽게 되자 책임을 물어 삭직 또는 유배되기도 했다.

166 하종해河宗海 : 조선 중기의 의인醫人. 1501년 4월 내의內醫로서 원자元子의 역질疫疾을 보호한 공으로 한 자급資級 더해졌고, 1505년 7월 내의원 당상의관堂上醫官으로 승차되었다. 1517년 7월 원자의 창진瘡疹을 치료해 상을 받았고, 1530년 7월 내의원제조가 되고 1533년까지 내의원의관으로 왕실에 질병이 있을 때마다 진후診候했다.

167 제조 : 각 사司 또는 각 청廳의 관제官制 상의 우두머리가 아닌 사람이 그 관아官衙의 일을 다스리게 하던 벼슬로서, 종1품 또는 2품의 품질品秩을 가진 사람이 되는 경우를 일컫는다.

· **고세보**高世輔

고세보[168]는 연산조燕山朝 때에 음설淫媟의 신하로 종용慫慂함을 예측할 수 없었다. 반정反正 뒤에 그대로 수의首醫가 되어 자못 십청十淸 금세필金世弼[169]과 꽤 통했다. 중종中宗 갑술년(1514)에 혜민서惠民署와 활인서活人署의 제조提調에 제수되었다.

· **김흥수**金興守

김흥수[170]는 성종조成宗朝 때 어의御醫이다. 갑인년(1494)에 충정공忠貞公 허종許琮[171]이 병이 깊어졌을 때 임금이 내의內醫 김흥수金興守에게 명하여 치료治療를 전임하게 했다.

· **이순**李循

이순은 봉사奉事 이성李堿[172]의 서자이고 참판 이언충李彦忠[173]의 손자

---

168 고세보高世輔 : 조선 중기의 의관醫官. 연산군 때 원자의 천연두를 치료한 공으로 자헌대부에 올랐다. 중종반정 후 연산군에게 양기를 돕는 약을 바쳤다고 해 탄핵받았으나 무사히 넘어갔다. 1501년 4월 내의원의원으로 있을 때 원자元子의 천연두를 치료한 공으로 자헌대부에 올랐다.

169 십청十淸 : 조선시대의 명현名賢 십청十淸 김세필金世弼(1473~1533)이다. 조선 중기의 문신. 1504년 갑자사화에 연루되어 유배되었다가 중종반정으로 풀려나와 여러 관직을 지냈다.

170 김흥수金興守 : 조선시대의 내의內醫. 1488년 의술이 뛰어나 당상의관堂上醫官에 임명되었다. 1489년 시종의원侍從醫員으로서 세자의 창진瘡疹을 치료한 공으로 말한 필과 말안장을 상으로 받았으며, 1491년 첨지중추부사僉知中樞府事에 제수되었다. 1498년 가을 내의원제조內醫院提調 윤필상尹弼商·홍귀달洪貴達 등과 함께 『구급이해방救急易解方』1권을 편찬했다.

171 허종許琮(1434~1494) : 자字는 종경宗卿, 또는 종지宗之이며, 호號는 상우당尙友堂이다. 본관은 공암孔巖으로, 지금의 양천陽川이다. 문무를 겸전하여 국방과 문예에 큰 공을 남겼고, 의학에도 조예가 깊어 내의원제조內醫院提調를 겸대하면서 중종 때의 명의인 김순몽金順蒙·하종해河宗海 등을 교회敎誨했다. 편서에는 『의방유취醫方類聚』를 요약한 『의문정요醫門精要』가 있다.

로 내의정內醫正을 지냈다. 광해조光海朝에 벼슬을 그만두고 고향으로 돌아갔다. 아들 이성립李誠立[174]은 내의정內醫正을 지냈다. 딸은 상궁尙宮이고, 아우 격佫은 내의정內醫正을 지냈는데 숭정崇政대부로 89세까지 살았다.

· 이찬李燦

이찬[175]의 호는 국창菊窓이다. 어려서 병이 많아 기황술岐黃術을 공부했다. 인조仁祖 때에 역마로 불러올려[176] 직분을 제수했는데 벼슬이 사어공정司禦工正에 이르렀다. 80세까지 살았다.

· 김수규金壽煃

김수규[177]는 보덕輔德 김의원金義元[178]의 현손이요, 사인士人 김종상金宗

---

172 이성李珹義(1577년~1588) : 자는 백영. 1562년 생원시에 합격하고 전생서 봉사가 되었다. 현종 때 가선대부·이조참판 겸 도지의금부사·오위도총관에 추증되었다.

173 이언충(李彦忠1523~1282) : 자는 사경. 1546년 증광문과에 병과로 급제, 함경도 어사로 나아가 모든 일을 민첩하고 명백하게 처리해 도민이 송덕비를 세웠다. 1608년 자헌대부 이조판서·홍문·예문대제학·오위도총관·세자좌빈객에 추증되었다.

174 이성립李誠立(1573~1611) : 본관은 고령高靈. 자는 명숙明叔 또는 계실季實. 승형承亨의 증손이다. 어렸을 적에 총명하여 기동奇童이라 일컬어졌다. 벼슬은 호조좌랑에 이르렀다. 어머니의 상을 당하자 지나치게 슬퍼한 나머지 병을 얻어 죽었는데 나이 겨우 38세였다.

175 이찬李燦(1575~1654) : 본관은 용궁龍宮. 자는 중명仲明이고 호 국창菊窓이다. 고려 태학사太學士 행行의 8대손이며, 유성룡柳成龍이 그의 외숙이다. 젊어서 자주 병을 얻었으므로 스스로의 병을 고치기 위해 독학으로 의술을 연구해 명의名醫로 널리 이름을 떨쳤다. 왕의 특명으로 익위사사어翊衛司司御로 등용되고, 이어서 종부시주부宗簿寺主簿·공조좌랑·군위현감을 역임하고 병으로 사임했다. 다시 왕의 특명으로 내의원內醫院에 나가 어약御藥을 바치다가 공조정랑에 기용되고 이어서 김산 현감를 지냈다.

176 역소驛召 : 조정에서 선비를 역마驛馬로 불러올리는 것을 말한다.

177 조선왕조실록 영조 25년 5월2일조에 김수규金壽煃와 관련된 내용이 보인다.

相의 서자로 어의御醫를 지냈다. 숭정부사崇政府使를 지냈다. 아들 김적기金迪基는 문과에 합격했고, 손자 김진성金鎭聲은 문과에 합격하여 장령掌令[179]을 지냈다.

· **정지태**丁志泰

정지태[180]는 의술로 지사知事를 지냈다.

· **이성**李城

이성[181]은 전의감典醫監을 지냈다.

· **김응곤**金應崑

김응곤[182]은 중종中宗이 일찍이 등에 종기가 생겨 어의御醫인 그로 하여금 침을 놓게 했는데 통증이 매우 심했다.

· **김흥수**金興壽

---

178 김의원金義元(1558～?) : 본관은 선산善山. 자는 의백宜伯, 호는 곤륙재困六齋. 1588년 진사시에 1등으로 합격하고, 1593년 지제교知製敎가 되었다. 1597년 이조좌랑을 거쳐 장령掌令·직강直講·이조정랑·교리校理·보덕輔德·악정樂正·대사간 등을 역임했다. 특히 서예에 능하였으며, 저서로는 『곤륙재집困六齋集』이 있다.

179 장령掌令 : 사헌부司憲府의 정4품 벼슬의 한 종류이다.

180 정지태丁志泰 : 나주정씨羅州丁氏 고암공파顧菴公派의 36대로 「금수재기金水齋記」에 보인다.

181 이성李城(1502～1588) : 경상도 의성현에서 태어났다. 1524년 무과 별시에 장원으로 합격했으며, 장악원掌樂院 주부主簿를 거쳐 1525년 강진 현감康津 縣監에 부임했다. 선정을 베푼 관리였을 뿐만 아니라 효심도 지극했다고 전해진다.

182 『운암잡록雲巖雜錄』 붕당朋黨에 송 동지가 또 말하기를, "중종은 일찍이 등에 종기瘇氣를 앓아서 처음에는 의원 김응곤金應崐을 시켜서 침을 놓게 하였으나 매우 아프기 때문에 또 박세거朴世擧를 시켜서 침을 놓게 했으니 아마 흔적이 있을 것입니다. 마땅히 이것도 살펴보아야 할 것입니다."라고 한 내용이 보인다.

김흥수[183]는 중종조中宗朝의 양의良醫이다. 의술에 정통하여 벼슬이 지중추知中樞에 이르렀다.

· **윤후익**尹後益

윤후익[184]은 인묘조仁廟朝의 침의針醫이다.

· **최우량**崔宇量

최우량[185]은 인묘조仁廟朝에 침의針醫이다.

· **윤동겸**尹東謙

윤동겸은 전주 조촌助村에서 살았는데, 의술로 세상에 이름을 날렸다. 어떤 사람이 혀 위에 갑자기 굳은 고기 덩어리가 생긴 것이 마치 말발굽에 못을 박아둔 것 같아서 말도 못하고 먹지도 못하며 통증은 가히 형언할 수가 없었다. 그리하여 윤동겸에게 가서 물으니 그가 급히 살아있는 개와 닭의 다리를 잘라서 문드러지게 찧어 하나의 덩어리를 만들어 입에 물고 있게 했다. 한참동안 통증이 멈추더니 굳은 고기

---

183 김흥수金興壽 : 『구급역해방救急易解方』을 내의內醫 김흥수金興壽 등이 한글로 번역해 각 도道에서 발간했다는 내용이 보인다.

184 윤후익尹後益 : 1660년 6월 왕의 종기를 침으로 치료해 그 공으로 당상관에 오르고, 1662년에 삭녕 현감에 제수되었다. 1665년 어사의 탄핵을 받아 가산을 몰수당했고, 이듬해 왕이 온양온천에 갈 때 의관으로 호종했다. 1670년 왕의 치료에 공이 있다 하여 가자加資를 받았다.

185 최우량崔宇量 : 『산림경제』 제3권, 구급救急에서, 침의鍼醫 최우량崔宇量이 일찍이 말하기를, "아들 재삼在三이 두질痘疾에 걸려 위중危重하므로 주사朱砂와 용뇌龍腦를 평양平壤으로 구하러 보냈는데 약이 채 도착되기 전에 죽었고, 죽고 조금 있다가 약이 도착했다. 그리하여 주사朱砂 콩 크기만큼과 용뇌 콩 반만큼 크기를 물 한 종발에 타서 죽은 아이의 입 안에 부어주니 얼굴색이 점점 붉어지며 호흡이 통하고 흑함黑陷이 모두 일어나서 지금까지 살아 있다."라는 내용이 보인다.

덩어리가 저절로 뽑히고 말하고 먹는 것을 평상시처럼 할 수 있었다.

· **임서봉**任瑞鳳

임서봉[186]의 아버지는 임도항任道恒이고, 임국광任國光의 오세손五世孫으로, 의술에 뛰어났다. 경종景宗 계묘년(1723)에 효릉참봉孝陵參奉을 지냈고, 무신년에 장형杖刑을 당하여 죽었다. 아들 임응회任應會도 연좌되어 남원南原으로 유배 갔는데 또한 선의善醫로 칭송이 있었다.

·**김취성**金就成

김취성[187]의 호는 진락당眞樂堂이다. 의술을 이해하여 구제하거나 살린 사람이 많다.

· **안경기**安景沂

안경기[188]는 죽산竹山[189] 사람으로, 동지중추부사同知中樞府事를 지냈고 의술에 정통했다.

· **원의**元義

---

186 임서봉任瑞鳳 : 1752년 『임신진역방壬申疹疫方』을 저술한 것 외에는 별로 알려진 것이 없다. 이 책은 현재 전해지지 않으나 정약용丁若鏞의 『마과회통麻科會通』에 '임서봉임신방任瑞鳳壬申方'이라는 것이 인용되어 그 편린을 알 수 있다.

187 김취성金就成(1492~1551) : 본관은 선산善山, 자는 성지成之, 호는 진락당眞樂堂또는 서산西山. 의학에 대하여 많은 연구를 함으로써 약성藥性과 경락經絡에 대한 지식이 깊어 병든 사람을 많이 치료했는데, 그 수가 무려 수천 명에 이르렀다고 한다. 저서로는 『진락당집』이 있다.

188 『조선왕조실록』, 광해군 2년 12월10일에 '전에 혜민서에 근무했던 안경기安景沂가 평소에 개인적으로 약재를 모아 판매하는 것을 업으로 삼아 왔으므로 사람들이 거기에 많이 의뢰해 왔다.'는 내용이 보인다.

189 죽산竹山 : 경기도 안성지역의 옛 지명이다.

원의는 윤옥동輪玉洞에서 살았다. 효자인 중화재中和齋 강응정姜應貞[190]은 어머니의 병으로 3년 동안 허리띠를 풀지 아니했다. 하루는 꿈을 꾸었는데 하늘에서 천신天神이 뜰에 내려와 말하기를

"내일 손님이 올 것인데 반드시 너의 어머니 병을 치료해줄 것이다."

라고 했다. 다음날이 되니 과연 어떤 한 소년이 있으니 이름이 '원의'라고 했다. 그가 스스로 말하기를

"윤옥동에 산다."

라고 하면서 자고 가기를 청했다. 강응정이 머물게 하면서 시험 삼아 어머니의 병에 대해서 물으니, 소년이 과연 의약醫藥을 아는 자였다. 그의 처방대로 시험하니 15일 만에 병이 나았다.

· **오겸**吳謙

오겸은 스스로 질병이 많아지면서부터 넓게 의방을 섭렵했다. 항상 간정簡精으로써 스스로를 즐겼으며, 음식과 기거를 모두 절도에 맞게 해서 13년 동안 청한淸閒의 복을 누렸다.

---

190 강응정姜應貞 : 본관 진주. 자 공직公直. 호 중화재中和齋. 1470년 효행孝行으로 관직에 천거되었으나 사퇴했다. 1483년 생원시에 합격하여 성균관 유생으로 머물면서 김용석金用石 · 신종호申從濩 · 박연朴演 등과 함께 향약을 만들고 『소학』을 강론했다. 고향에 효자정문孝子旌門이 세워졌다.

· **조성**趙晟

조성[191]은 음률音律과 의술에 재능이 있고 또한 정통했다. 스스로의 잦은 질병으로 인해 의약醫藥에 학문이 깊어 살린 사람이 많다.

· **채세영**蔡世英

채세영[192]은 경사·천문·의약에 두루 밝아 섭렵하지 않은 것이 없었다.

· **성제원**成悌元

성제원[193]은 학문하는 여가에 산경지지山經地誌 ·의醫 ·복卜에 재능이 있었다.

· **김하서**金河西

김하서[194]는 인종이 병이 있어 거처가 편하지 못함에[195] 공公이 함

191 조성趙晟(1492년~1555년) : 성리학뿐만 아니라 의학·역학 등에도 해박했다. 자는 백양伯陽이며 본관은 평양平壤 사람으로, 고려 때 추밀부사樞密副使를 지낸 조영趙瑩의 후손이다.

192 채세영蔡世英(1490~1568) : 본관은 평강平康. 자는 영지英之. 호는 임진당任眞堂이다. 1510년 진사시에 합격하고, 기묘사화가 일어나던 밤 가승지 김근사金謹思가 그의 붓을 빼앗아 조광조趙光祖 등의 죄를 대역 죄인으로 고치려 들자, 사필史筆은 아무나 가지는 것이 아니라고 다시 빼앗는 기개를 보여 세상에 명성을 얻었다. 천문과 의약에 밝았고, 중국어에도 능해 1548년 이문정시吏文庭試에 장원하기도 했다.

193 성제원成悌元(1504~1559) : 자는 자경子敬, 호는 동주東州. 본관은 창녕. 성리학을 깊이 연구해 정통하게 되었으며, 한편 지리학·의학·복술 등을 배우고 벼슬을 싫어했다. 만년에 이르러 유일遺逸로써 보은 현감을 지낼 때 산수를 즐기며, 하는 일이 없는 듯해도 직무에는 충실했고 그 혜택이 백성에까지 미쳤으며, 정년이 되어 공주의 옛 집으로 돌아와 은거했다.

194 김하서金河西(1510~1560) : 본관은 울산蔚山이며 이름은 김인후金麟厚, 자는 후지厚之, 호는 하서河西·담재湛齋. 천문·지리·의약·산수·율력律曆에도 정통했다. 시

께 참여해 약을 논의하기를 청했으나, 약방에 있는 전문의가 그의 직임이 아니라고 거절했다. 이에 공公은 소리를 지르고 가슴을 치면서 청했다.[196]

· **임언국**任彦國

임언국[197]은 호남의 유학자로 여러 번 과거에 응시하였으나 합격하지 못했다. 평생 자기를 단속하는 것으로 자못 향리에서 칭송을 받았다. 종기 치료로 명성이 있어 예조에서 대신이 논의하고 계啓를 올려 역마로 불러들여 벼슬을 줄 것을 청하니 처음으로 관직에 이르렀다. 월름月廩[198]과 방한복을 주었으나 조석朝夕으로 복임僕賃[199]에게 주어 빌려주는 어려움을 감당 못했다. 특별히 위직衛職을 주고 그의 재주를 시험했더니 종기 치료하는 방법에 효능이 많았다. 이미 침을 놓은 뒤에 반드시 꾀꼬리 고기를 구운 것을 전해 주었다. 그 이유를 물으면 말하기를

문에 능해 10여 권의 시문집을 남겼으나 도학에 관한 저술은 많지 않다. 저서로는 『하서집』·『주역관상편周易觀象篇』·『서명사천도西銘事天圖』·『백련초해百聯抄解』 등이 있다.

195 진씨陳氏가 말하기를, "불안절不安節은 병이 있어서 기거와 음식을 평상시의 절차대로 따를 수 없는 것을 이른다."라고 했다.

196 이와 관련된 내용은 『하서선생전집부록河西先生全集附錄』권2, 서술敍述에 관련된 내용이 보인다.

197 임언국任彦國 : 신분이 낮았기 때문에 출생과 사망에 대한 기록이 전혀 없고, 다만 명종 때 예빈시 주부라는 관직을 하고 왕으로부터 표창을 받은 기록이 있어, 이 시기에 활동한 의학자임을 짐작할 뿐이다. 그는 당시까지 침구의사들이 맡아하던 종양치료나 간단한 외과치료법과는 질적으로 구별되는, 본격적인 외과치료법을 개척, 발전시켰다. 그의 외과수술법은 『치종비방』에 전해지고 있으며, 그 후 그의 제자들이 쓴 『치종지남治腫指南』 2권에 더욱 자세히 기록되어 전해진다.

198 월름月廩 : 월급으로 주는 곡식을 의미한다.

199 복임僕賃 : 일꾼에게 주는 품삯을 의미한다.

"내가 거처하는 마을에서 말 종기를 치료하는 자를 보면 반드시 꾀꼬리 고기를 구운 것을 전해 주는 것을 보았으니, 곧 내 뜻이 맞을 것이다. 사람과 말은 모두 같기 때문에 시험하여 효과가 있을 것이라고 했다."

"대저 말을 치료하는 방법을 취해서 사람을 치료하는 데에 사용했으니 의술이 과연 정밀한 지를 나도 잘 모르겠다."

라고 했다.

· 이이李耳

이이는 영남사인嶺南士人으로 또한 종기 치료에 정통했다. 임언국任彦國의 예처럼 경사京師에 초청되어 벼슬하게 되었다. 그의 의술은 임언국과 조금 차이가 있으니, 반드시 경락經絡을 짚어보고 그 혈에 침을 놓는 것이 십여 곳에 이르렀다. 치료로 쾌유된 10사람 중에 6~7사람은 대개 정통한 바의 것이 경락에 침을 놓은 것에 힘입은 것이라고 했다.

·임언국任彦國

임언국任彦國과 이이李耳 두 선비가 서로 관계를 이은 것은 서울에 있으면서이다.

예조에서 계啓를 올려 나이 젊은 의관 소수의 인원을 뽑아서 침법鍼法을 전수하고, 별도로 종기치료 관청을 도성 안의 중앙 경저京邸에

---

200 상사常仕 : 관리가 사무를 처리하기 위해 계속 출근함.

두어 침의鍼醫로 하여금 날마다 근무하게 하니,[200] 무릇 종기의 병을 가진 자가 마침내 줄을 이어 가서 치료를 하게 되었다. 경기도 백성들은 소나 말에 실려 와서 효과를 얻은 자를 다 헤아릴 수가 없었으므로, 그 공이 있어 전의감직장典醫監直長에 돌아가면서 직책이 맡겨졌다. 임언국과 이이는 개성부開城府[201] 월령月令[202]에 이르렀고, 5-6년 뒤에 그 재능이 모두 정통하여 후진들이 흠모하며 본받았으니 자못 그 업을 따랐다고 했다. 뒤에 조정에서 혁파革罷할 것을 논의하여 만력 갑술년에 이르러 경연관經筵官에서[203] 영남 출신 진각성陳慤誠이 종기 치료에 재능이 있어서 계啓를 청했다. 이에 역마를 타고 올라옴에 의학교수醫學校授의 직책을 주고, 청廳을 설치하고 학업을 전수하기를 한결같이 임언국과 이이의 옛일처럼 하니, 안팎의 선비와 서인들이 종기가 있는 자는 다시 치료하는 효험이 있게 되었다. 모두 『패관잡기稗官雜記』에 나온다.

·성람成灠

성람[204]은 의리醫理를 깊이 탐구하여 그 정수精粹함과 미묘微妙함을 세속의 유의儒醫가 미칠 바가 못 되었으니, 구제하고 살린 사람이 매우

---

201 개성부開城府 : 개성부는 경기의 토지·호구·농상農桑·학교·사송詞訟 등의 일을 관장하는데, 판사判事 2명 정2품이고, 윤尹 2명 종2품이고, 소윤少尹 2명 정4품이고, 판관判官 2명 정5품이고, 참군參軍 2명 정7품이고, 영사令史 6명은 8품인데, 거관去官하더라도 관리의 늠봉廩俸은 타게 하고, 그 밖의 관원은 권지權知로 한다.

202 월령月令 : 『예기』의 편명인데, 1년간 음력 달의 기후와 사물의 변화를 기록했다.

203 경연관經筵官 : 경연에 참여하던 관원이다.

204 성람成灠(1556~1620) : 이름은 협浹이요, 자는 사열士悅인데, 1613년의 옥수獄囚 중에 같은 이름이 있어 남灠으로 이름을 고쳤다. 의술醫術의 이치를 깊이 궁구했는데, 그 정수精秀하고 미묘微妙함에 있어서는 세속의 의원醫員이 미칠 바가 아니어서 사람의 목숨을 구제함이 매우 많았다.

많았다.

· **창성군**昌城君 **필**佖

창성군昌城君 이필李佖[205]은 더욱 편창술扁倉術에 뛰어나 깊이 그 요체를 얻었다. 국가에서 약을 논의할 때에 일찍이 참여하지 않은 적이 없었다.

· **윤인미**尹仁美

윤인미[206]는 『잠곡수필潛谷隨筆』에 다음과 같이 기록되어 있다. “윤인미는 남방의 명의이다. 일찍이 한양으로 올라가는 도중에 주인이 내종內腫이 매우 심해 약을 요청했다. 윤인미는 종기가 매우 치료하기 어렵다고 여겨 말하기를

“나의 의술로는 치료할 수 없습니다.”

라고 하고 마침내 한양에 이르러 몇 달을 머물렀다가 내려가면서 ‘그 사람은 반드시 죽었을 것이다.’라고 하면서 물었더니 병이 이미 차도가 있어서 일반사람과 같다고 했다. 괴이하여 어떻게 치료했느냐고 물었더니 그 사람이 말하기를

“당신이 떠난 뒤에 병이 더욱 위중하여 더 심해질까 두려워 아이들에게 닭의 창자를 구해 오라고 하여 먹었더니 가슴 속이 확연히 정

---

205 『동계집東谿集』권3, 묘지명에 이필李佖의 내용이 보인다.

206 윤인미尹仁美(1607~1674) : 고산孤山 윤선도尹善道의 아들로 문과文科 증광시 병과丙科에 합격했다.

돈되면서 통증이 줄어들기에 조금씩 이어서 보름을 먹었더니 병이 마침내 그쳤고 지금은 평상시와 같아 병 없는 사람이 되었다."

라고 했다.

· **내의원의 설치**內醫院之設

내의원內醫院의 설치는 오로지 대내大內[207]를 위한 것이니, 반드시 양의良醫를 얻어야 그 책임을 지울 수 있었다. 구례舊例에 선발한 자를 충원하는 것은 모두 스스로 말하기를

"평민으로 비록 술업術業이 가장 정통한 자라도 서얼庶孽 같은 경우는 배척한다."

라고 했다. 중종 때에 참판 송인수宋麟壽[208]는 조정대회朝廷大會를 만나 아뢰기를

"내의內醫와 고급 관리들은[209] 다만 임금만을 위해 양의만 뽑을 뿐이니, 어찌 그 신분의 지위를 물었겠습니까? 하물며 잡관雜官은 모두 같은 낮은 부류인데, 대전내의원大典內醫院 조목에는 또한 평민이나 서얼의 말을 구분한다는 말이 없습니다. 청컨대 본원本院에도 서얼 들이 내

207 대내大內 : 임금이 거처居處하는 곳이다.

208 송인수宋麟壽(1499 ~ 1547) : 조선 중기 문신. 형조참판 때 동지사로 명나라에 다녀온 뒤 대사성이 되어 유생들에게 성리학을 강론했다. 성리학의 대가로 선비들로부터 추앙받았다. 청주 신항서원 등에 배향되었다. 문집에 『규암집』이 있다.

209 아문衙門 : 급이 높은 관청官廳을 통틀어 이르던 말이다.

통하여 양의의 기능을 수급하여 조정에서도 이런 사람을 만날 수 있게 하십시오."

라고 했다. 이에 예조에 명하여 계준啓准을 시행하게 하니, 그 뒤로는 본원의 관리들이 그 길을 따라서 제조提調에 알리게 하고, 모든 의과醫科에 해당되지 않은 자는 선보選補를 허락하지 않았다.

·양예수楊禮壽

양예수는 산인山人 장한웅張漢雄에게 배워 의리醫理에 정통했으니, 이른바 『의경요람醫經要覽』, 『장씨의방張氏醫方』이 이것이다.

·김응수金應壽

김응수[210]는 마의馬醫이다. 호성공신扈聖功臣으로 분성군盆城君을 지냈다.

·안지安祉

안지安祉[211]는 부안扶安 줄포의 선비인데 말 치료를 잘해서 대적할 무리가 없었다고 한다.

≪최종호≫

---

210 김응수金應壽(1567～?) : 임진왜란 당시 마의馬醫로 선조를 호종한 인물로 사복시이마司僕寺理馬의 신분에서 동반東班의 반열에 오른 독특한 이력을 갖고 있다.

211 안지安祉 : 순흥안씨 족보에 의하면 그는 1522년에 문과에 합격하여 진사가 되었으며, 홍문관 교리 지제교 수의繡衣를 지냈다.

2. 점쟁이 卜者

·『어우야담於于野談』에 말했다.

“점을 잘 쳤던 옛날 사람은 비단 사람 수명의 길고 짧음이나 벼슬의 오르내림, 길흉과 과실에 대해서 귀신처럼 영험하게 맞추었을 뿐 아니라, 심지어 초목을 심거나 그릇을 만든 것에 대해서도 그 전후 본말을 따져서 오래된 뒤에도 딱 맞아떨어지게 맞춘 자들이 있었다.

옛날에 도자기로 빚은 베개를 산 사람이 있었는데, 항시 베개를 책상 위에 두었다. 홀연히 문을 두드리며 뵙기를 청하는 손님이 찾아 왔기에 버선발로 나가 그를 맞이했는데, 고금을 토론하는데 막힘이 없이 널리 알고 총명하고 민첩함이 비길 데가 없었다. 그가 사람으로 변한 요괴라는 것을 알아차리고 붙잡으려고 하자, 놀라 달아나다가 쥐로 변해서 상 밑으로 숨어 들어갔다. 그래서 그 베개를 집어서 던졌으나 맞추지 못하고, 베개만 가운데가 갈라졌다. 베개에 ‘모년 모월 모일 모시에 이상한 손님을 만나 깨질 것이다.’라는 글이 적혀 있었다.

고려의 왕이 중국에 들어갔다가 훙서薨逝했는데, 관으로 쓸 목재가 부족했다. 어떤 사람이

“어떤 절 집의 측백나무로 된 대들보가 관의 목재로 사용하기에 가히 적합합니다.”

라고 하기에, 다른 목재로 바꾸고 그 대들보를 뽑아서 씻었더니 거기에 ‘모년 모월 모일에 고려왕의 관이 될 것이다.’라는 글이 적혀 있었다.

이제신李濟臣이[1] 서장관이 되어 북경에 갔다가 시장에서 거울 하나를 샀다. 거울 상자에 은으로 쓴 글자로 '모 연호 모 갑자 모월 모일에 만들었고, 200년 뒤에 이씨의 소유가 될 것이다.'라는 문구가 있었다. 그 거울의 뒷면 꼭지에 은으로 '이李'라는 글자가 팔분서체八分書體로 써졌다. 이제신이 거울을 사고는 그 년도를 계산해보니 딱 맞아떨어졌다.

해주海州의 어떤 절집에 침향목沈香木으로 된 부처가 있었다. 중국에서 온 것인데, 몇 백년이나 된 것이지 알 수 없었다. 만력萬曆 연간에 어떤 자가 부처의 복장에 여러 금은보배가 있다는 소리를 듣고 시험삼아 뜯어서 살펴보았다. 복장에는 다른 물건은 없고, 단지 두충나무 잎에 금으로 된 글자로 '이이李珥는 자가 숙헌叔獻이고 호가 율곡栗谷이며 법명은 의암義菴이다.'라고 쓰여 있었다. 상공相公 율곡 이이 숙헌군은 소시에 중이 되어 법호를 의암이라고 하였고, 중년에는 파주坡州에서 해주 석담石潭으로 옮겨 살았으며, 그 해에 죽었다. 오산五山 차천로車天輅는 이 사실을 전기에 써 넣었다.

허암虛菴 정희량鄭希良이[2] 전라도를 유람했다. 아침나절에 친구의 서

---

1 이제신李濟臣(1536~1583) : 자는 몽응夢應 호는 청강淸江이다. 1558년 생원시에 합격, 이어서 1564년 식년 문과에 을과로 급제, 승문원권지정자에 보임되었다. 이어서 예문관검열 성균관전적 형조정랑 공조정랑 호조정랑 등을 역임했다. 사은사의 종사관으로 명나라에 다녀왔다. 1581년 강계부사로 다시 등용되고, 이어서 함경북도병마절도사가 되었다. 그러다가 1584년 여진족 이탕개尼湯介가 쳐들어와 경원부가 함락되자, 패전의 책임으로 의주 인산진麟山鎭에 유배되었다가 그곳에서 죽었다. 시문에 능하고 글씨는 행서·초서·전서·예서에 모두 뛰어났다. 『청강집』, 『청강소설』, 『진성잡기鎭城雜記』 등의 저서가 있다.

2 정희량鄭希良(1469~?) : 자는 순부淳夫, 호는 허암虛庵이다. 1492년 생원시에 장원으

실에 가서 앉아 이야기를 하는데, 홀연히 대나무 숲속에 장대 세 그루가 바람도 없는데 떨리는 것이 보였다. 주인이 이를 괴이하게 여겨 정희량에게 물었더니, 정희량은

"정오가 되면 필시 관인官人이 와서 저 대나무를 베어서 가져갈 것이외다."

라고 했다. 과연 정오가 되자 와서 알현하는 관리가 있었다. 온 까닭을 묻자,

"관가에서 쓸 곳이 있어서 긴 장대를 찾고 있는데, 감히 청합니다."

라고 했다. 주인이 관리에게 대나무 숲 속에서 마음대로 고르라고 했다. 관리가 스스로 장대 세 개를 골라서 베어 갔는데, 바로 그날 아침나절에 저절로 떨던 대나무였다.

한억령韓億齡은 점을 잘 치는 소경이었다.[3] 어떤 사람 집에 암소가 새끼를 낳았는데, 그 낳은 연월일시를 따져서 사람의 운명으로 속이

로 합격하였으나, 성종이 죽었을 때 올린 소가 문제되어 해주에 유배되었다. 1495년 별시문과에 병과로 급제, 승문원承文院의 권지부정자權知副正字에 임용되었다. 이듬해 사가독서賜暇讀書될 정도로 문명이 있었다. 무오사화 때에는 사초 문제로 윤필상尹弼商 등에 의해 신용개·김전 등과 함께 탄핵을 받았는데, 난언亂言을 알고도 고하지 않았다는 죄목으로 장杖 100, 유流 3,000리의 처벌을 받고 의주에 유배되었다가 1500년 5월 김해로 이배되었다. 이듬해 유배에서 풀려나 직첩을 돌려받았으나 대간·홍문관직에는 서용될 수 없게 되었다. 그해 어머니가 죽자 고향에서 시묘살이를 하다가, 산책을 나간 뒤 다시 돌아오지 않았다고 한다. 그에 대한 많은 일화가 필기소설에 전한다.

3 한억령에 대해서는 이수광의 『지봉유설』과 홍서봉洪瑞鳳의 『학곡집鶴谷集』에 전한다.

고는 임억령에게 점을 보게 했다. 억령이

"이 명은 4살이 되면 응당 오형五刑을 받아서 죽을 것이다. 사람이 비록 극악하다 할지라도 어찌 네 살에 오형의 범죄를 저지를 사람이 있겠는가? 필시 집에서 기르는 가축일 것이다."

라고 하자 그 사람이 크게 놀라고 탄복했다. 4년 뒤에 그 집에 혼사가 있어서 그 소는 도축 되어 쟁반의 음식으로 채워졌다.

또 어떤 사람이 하인에게 박씨를 심게 했다. 두 개가 껍질을 까고 땅에 싹이 나오는 것을 보고는 그 연월일시와 모양의 오주五柱를 가지고 김효명金孝命에게 물었다. 효명은 소경 점쟁이로 이름이 난 사람이다. 그가[4]

"이 박은 모월 모일 모시에 죽어서 박을 맺을 때까지 살지 못할 것입니다."

라고 하니, 그 사람이 웃으며 믿지 못하고 책상자 안에 기록해두었다. 여름이 되자 박의 줄기가 바야흐로 뻗어나갔다. 때마침 비가 내렸는데 집에 비가 새어들어왔다. 하인에게 지붕에 올라가서 기와를 바꾸게 했는데, 손을 잘못 놀려 기와 한 장이 넝쿨 위로 떨어져 박넝쿨 가운데가 끊어졌다. 그 사람이 깜짝 놀라고 깨달아서 그 책상자를 열어서 보았더니 과연 그날이었다.

---

4 김효명에 대해서는『지봉유설· 방술』,『패관잡기』권2,『명종실록』에 각각 전한다.

군자가 말했다.

"이것이 어찌 다만 점치는 사람의 능력이리오? 일이 아직 드러나지 않은 데에서 먼저 정해지는 것은 하늘이 하는 일이다. 대저 사람이 일마다 사람의 능력으로 추구할 수 있다고 말할 수 있겠는가? 한밤중에 근심하는 것이 또한 잘못되지 않았겠는가?"

라고 했다.

· **우탁**禹倬

우탁[5]의 호는 역동易東이다. 역학에 정통하였고, 점을 쳐서 맞지 않은 것이 없었다.

· **안신**安愼

안신은 태조 때의 점쟁이다.

· **김학로**金鶴老

김학로는 세종 때의 점쟁이다. 하양河陽 땅에 살았으며, 점을 잘 치는 것으로 이름이 났다.[6] 충간공忠簡公 남지南智[7] 집안의 점을 쳤는데,

---

5 우탁禹倬(1263~1342) : 본관은 단양丹陽, 자는 천장天章 또는 탁보卓甫·卓夫, 호는 백운白雲·단암丹巖. 세상에서 '역동선생易東先生'이라 일컬어졌다.

6 김학로에 관한 이야기는 『소문쇄록』에도 전한다.

7 남지南智(?~1453) : 본관은 의령宜寧, 자는 지숙智叔이다. 음보로 감찰이 되어 부정·지평을 거쳐 의성군宜城君에 책봉되었다. 1435년 형조참판으로 성절사가 되어 명나라에 가서 서적을 내려줄 것을 청해 『음주자치통감音註資治通鑑』 1질을 받아왔다. 시호는 충간忠簡이다.

길흉이 모두 영험했다. 열성공烈成公 황수신黃守身[8]이 영조 임금에게 총애를 받다가 갑자기 세력을 잃게 되어 김학로에게 물었다. 김학로는

"공은 근심하지 마십시오, 을유년에 반드시 재상에 제수될 겁니다."

라고 했는데 과연 황수신은 을유년에 재상에 임명되었다.

· **홍계관**洪繼灌

홍계관은 맹인인데 귀신같은 점쟁이로 일컬어졌다. 도성 안에 홍계관마을이라는 동네가 있는데, 홍계관이 점을 잘 쳤기 때문에 그로 인해 이름이 생겼던 것이다.

홍윤성洪允成[9]이 젊은 시절에 낙척불우했다. 향시에 합격하여 한양에 들어왔다가 홍계관의 명성을 듣고 찾아가서 운명을 점쳤다. 홍계관이 경하를 드리며

"공은 신하로서는 최상에 오를 운명입니다."

---

8 황수신黃守身(1407~1467) : 본관은 장수. 자는 계효, 호는 췌부이다. 음보로 관직에 진출하여 종묘부승·사헌부감찰·지평·호조정랑·장령 등을 지냈다. 1457년 사은사로 명나라에 다녀왔다. 1467년 영의정에 올랐다. 장수 창계서원에 제향되었고 시호는 열성烈成이다.

9 홍윤성洪允成(1425~1475) : 조선 전기의 문신, 군인이며 공신이다. 초명은 우성禹成, 자字는 수옹守翁이고, 호號는 영해領海·경해傾海, 경음당鯨飮堂이다. 본관은 회인懷仁이다. 힘이 장사여서 후일 수양대군에게 발탁되어 수양대군과 함께 계유정난에 참여해 단종을 몰아내고, 의정부 영의정에 오를 정도로 출세를 했다. 1450년 세종 32년에 문과에 급제하여 관직에 올랐다. 재상들의 권력이 커지자 수양대군에게 왕권의 확립·강화를 건의하면서 권람權擥을 모사謀士로 추천했다. 1453년 계유정난으로 수양대군이 단종을 보좌하던 황보 인皇甫仁, 김종서金宗瑞 등 원로대신을 살해, 제거하는 데 적극 가담, 협력해 정난공신 2등에 책록되었다.

라고 하고는 이어서

“모년 모시에는 공은 반드시 형조판서가 될 것입니다. 저의 자식이 죄를 지어 필시 옥에 갇히고 죽게 될 것인데, 바라건대 공께서 저를 생각하여 그 놈을 살려주시기 바랍니다.”

라고 했다. 그리고는 그 아들에게

“아무 때에 감옥에 갇히거든 단지 누구의 아들이라고만 말하면 될 것이다.”

라고 했다. 홍윤성은 몹시 놀랐으나, 감히 승낙하지는 않았다.

십년이 되지 않아서 홍윤성은 과연 벼슬이 올라 형조판서에 제수되었다. 하루는 중대 범죄인을 국문하는데, 한 죄수가

“저는 소경점쟁이 홍계관의 자식입니다. 공께서는 저를 살려주시기 바랍니다.”

라고 외쳤다. 홍윤성이 이에 깨닫고는 그를 석방해주었다.

성안공成安公 상진尙震이 젊은 시절에 홍계관에게 자신의 운명을 년도에 따라 순서대로 점을 치게 했는데, 그 길흉화복을 징험하는 것이 하나도 다르거나 어긋남이 없었다. 그러다가 모년 모월일에 이르러서 성안공 상진에게

"수명이 다하는 날이니, 필경 살아날 수 없습니다."

라고 했다. 성안공은 자신의 지난날이 모두 영험하게 맞았기 때문에 그 날이 되어서는 목욕을 하고 초상을 치를 준비를 시키고는 죽기를 기다렸다. 마침내 별 탈 없이 편안하게 지나가게 되자 이에 마음속으로 괴이하게 여겨서 홍계관에게 다시 물어보았다. 홍은 한동안 의심하고 망설이다가

"공의 수한이 필경 여기에 그친다고 한 것은 실로 점을 잘못 친 것은 아닙니다. 일찍이 듣기로 남모르는 음덕이 있는 사람은 혹 수명이 연장될 수 있다고 하였습니다. 공께서는 반드시 음덕의 보답을 받아서 그리 된 것입니다."

라고 진언했다.[10] 성안공은 15년 뒤에 죽었고, 홍은 뒷날 참형을 받았다.

---

10 음덕에 관한 관련 자료가 있어 참고로 제시한다.
"점쟁이 홍계관洪繼灌이 성안공의 일생을 점쳐 보니 길흉화복이 조금도 어긋나지 않았고, 죽을 해까지도 말했다. 공이 지난 일이 다 맞았으므로 그해에 이르러 미리 초상에 쓸 것을 준비하고 기다렸다. 홍계관이 마침 일이 있어 호남에 가 있으면서, 서울에서 오는 이를 만나면 꼭 공의 안부를 물었는데 1년이 다 지나도 공은 탈이 없으니, 홍이 매우 이상하게 여겨서 서울에 오는 길로 곧 공을 찾아 인사하니, 공이, "내가 자네의 점을 믿고 명이 금년으로 다 된 줄 알았더니, 어찌 맞지 아니하는가." 했다. 홍이 말하기를, "대감의 명수를 보면 어긋남이 없을 것이오나, 예전 사람이 음덕으로 수명을 연장한 이가 있었으니, 대감께서 반드시 그런 일이 있었을 것입니다." 했다. 공이 말하기를, "어찌 그런 일이 있겠는가. 다만 내가 수찬으로 있을 때 퇴근하여 집으로 돌아오는데 노상에 붉은 보자기가 있어서 주워 보니, 순금 잔 한 쌍이라 가만히 간직해 두고 대궐 앞에 방을 붙이기를, '아무날 물건을 잃은 자는 나를 찾아오라.' 하였더니, 이튿날 한 사람이 와서 말하기를, '소인은 대전 수랏간 별감大殿水刺間別監이온데 자질의 혼인이 있어 몰래 주방에 있는 금잔을 빌려 내왔다

· 김지명金智明

김지명은 길주吉州의 맹인 점쟁이로 기이하게 맞추고 영험함이 많았다.

· 오순형吳順亨

오순형은 주부主簿 벼슬을 지냈다. 허암虛菴 정희량鄭希良이 일찍이 당시의 점쟁이를 논평하여 모두 망령되고 보잘 것 없는 인물뿐이라고 했다. 다만 주부 오순형에 대해서는 감복하여

"이 사람이 운수를 점치는 것은 반드시 정밀하고 사실이어서 헛된 것이 없다. 다만 세도世道에 겁을 내어 자신의 재주를 다하지 않을 뿐이다."

라고 했다.

· 정허암鄭虛菴

허암虛菴 정희량鄭希良이 일찍이 상중하 삼원三元의 인명을 점쳐서 여러 책을 저술했는데, 작은 글씨는 터럭만큼 작고 큰 글자는 말 됫박만큼 컸다. 백여 권으로 책명이 『금경수金鏡數』, 『삼원명감수三元明鑑數』[11]이다.

가 잃었으므로 이미 죽을 죄를 범했으니, 후일 탄로가 나면 반드시 죽을 것입니다. 대감께서 얻으신 것이 그 물건이 아닌지요.' 하기에, '그렇다.' 하면서 내어주었다." 하니, 홍이 말하기를, "대감의 수명이 연장된 것이 반드시 이 때문입니다." 했는데, 15년 후에 죽었다." 『연려실기술』과 「후청쇄어」에 보인다.

11 『어우야담』, 『허암집』에는 『삼원명경수』三元明鏡數이라고 되어 있다.

· 김륜金倫

김륜이 젊은 시절에 관서의 묘향산을 유람했는데, 이천년李千年이라는 한 방외인 선비가 있어 그를 따라 여러 명산들을 유람하게 되었다. 김륜은 거의 6,7년 쯤 술수를 배워서 부모님을 찾아뵙는다는 말로 하직하고 영동嶺東의 본가로 돌아갔다. 그리하여 사람들의 운수를 점치고 판단했는데, 길흉화복이 백에 하나도 잘못되지 않았다. 이천년이 김륜에게 기유년에 강서현江西縣 구룡산九龍山에 와서 자신을 기다리라고 말하고는 시를 지어 주었다.

80살 산중의 늙은이	八十山中老
삼팽[12]을 진작 쓸어 버렸네	三彭已掃除
인간 세상 응당 꿈꾸지 않을 터	人間應不夢
학鶴과 짝하는 외에 다른 뜻은 없도다	鶴伴竟無餘
눈 내린 걸상에는 달빛이 차갑고	雪榻蟾光冷
구름 어린 창에는 해그림자 성기네	雲窓日影疏
뉘라서 알랴. 티끌 없는 거울이	誰知無累鑑
영원토록 본래 청허한 것을	萬代自淸虛

이천년의 시중을 드는 어린 동자는 나이가 열서너 살 쯤 되는데, 직접 시를 써서 김륜에게 주었다.

---

12 삼팽三彭 : 도가道家에서 말하는 사람의 몸 안에 있다고 하는 세 가지 해로운 벌레인 팽거彭琚·팽질彭質·팽교彭矯를 말한다. 삼시충三尸虫이라고도 하는데, 경신일庚申日 밤에 나와서 그 사람의 나쁜 일을 몰래 천제天帝에게 고한다고 한다. 이 삼팽을 없애면 불로장생한다고 한다.

천지에 집 없이 산수에 떠도는 나그네 天地無家山水客
생애는 한번 굽혔으나 뜻은 변하지 않았네 生涯一句意如如
이끼 낀 산길은 흰 구름에 잠겼고 苔痕山路白雲鎖
달빛은 서늘한데 대나무 그림자 흐르네 月影淸涼竹影流

이외에 또 다음과 같이 지었다.

푸른 산엔 구름이 만 겹으로 끼었고 碧山雲萬疊
푸른 바다는 넓어 끝이 없네 滄海濶無邊
묻노니 무슨 일 때문에 爲問緣何事
돌아갈 마음을 궁궐에 걸어두었는가 歸心北闕懸

시의 품격이 높고 고아하며, 필적도 기이하고 강건했다. 시중 드는 아이의 시를 짓는 재주나 필법도 역시 범상치 않으니, 이천년이 심상한 방외인 선비가 아님은 분명하다.

김륜이 일찍이 이천년을 따라다니며 그 스승의 사주를 보고 상세하게 알고 있었다. 한양에 오게 되었을 때, 판사判事 신경광申景洸이란 자가 있었다. 그는 점술책을 좋아하여 벼슬아치들이나 현달한 관료들의 사주를 기록해 항상 스스로 점을 쳐보고 맞추어 보았다. 허암 정희량의 사주도 역시 그 안에 적혀 있었다. 김륜이 한양에 가서 신경광을 방문하여 그 사주책을 열람하다가 허암의 사주에 이르러 크게 놀라서

"이것은 나의 스승 이천년의 사주팔자입니다."

라고 했다. 신경광은 이 때문에 허암이 죽지 않았음을 알았다.

혹자가 말하기를

"김륜이 허암의 『삼원명감수』三元明鑑數 백 권을 몰래 훔쳐서 달아났다. 그는 집에 돌아와서 돈을 받고 점을 쳤는데, 귀신처럼 영험했다. 그 후에 난리를 겪으며 책은 이리저리 흩어졌다. 이광의李光義·이화李華·양대축梁大軸의 무리들이 혹 책을 베낄 수 있었으나, 모두 전질을 채우지는 못했다."

라고 했다.

허암이 어느날 밤 산방山房에 고요히 앉아 김륜과 현묘한 이야기를 담론하는데 홀연히 산 밖에서 우는 여우의 소리가 매우 다급하게 들렸다. 허암이 한참 탄식하더니, 산을 향하여 몇 마디 주문을 외우고 손가락으로 퉁겨서 소리를 내었다. 다음날 김륜을 시켜서 앞산에 가서 그 여우를 찾아보게 했는데, 피를 토하고 쓰러져 죽어 있었다. 김륜이 깜짝 놀라서 뜰에서 절을 올리며

"선생님을 따라다닌 지 오래되어서 술수의 대강은 전수 받았지만, 부주符呪 신방神方에 대해서는 그 대략도 아직 듣지 못하였으니, 이를 배우고 싶습니다."

라고 하니, 허암은

"네가 나에게 사주학을 전수 받으면 일생동안 의식이 절로 여유가 있을 터인데, 하필 이를 배우려 하느냐."

라고 했다. 김륜이 억지로 청하길 그치지 않자, 허암이

"내가 너로 하여금 먼저 마음을 닦지 못하고 먼저 이를 따르게 한다면 필시 사람을 해치고 만물을 상하게 할 것이니 끝내 가르쳐주지 않을 것이니라. 하찮은 점술로 이름이 대궐에까지 알려지고 녹을 받는 관리에 이른다면 또한 분수에 넘치지 않겠느냐."

라고 했다.

김륜이 일찍이 상국 황헌黃憲의[13] 운명을 점 치고는 그에게 속여 말했는데 부끄러워 얼굴이 붉어짐을 견딜 수 없었다. 뜰에 내려가서 절을 하고는

"이 일은 숨겨야 합니다. 제가 평생 남에게 전파하지 않겠습니다."

라고 했으니, 남을 속이고 명예를 취하는 그의 꼴을 이를 통해서 가히 알 수 있다. 『패관잡기稗官雜記』 ≪김혈조≫

---

13 황헌黃憲(1502~574) : 조선의 문신이다. 본관은 우주紆州이며 자는 언규彦規이다. 한성부판윤, 이조판서 등을 역임하고, 1548년 우의정에 올라 위사공신衛社功臣 3등에 책록되었다. 1549년 좌의정에 올라 노비·논밭 및 가옥 등 상을 받기도 했으나 윤원형尹元衡의 심복인 부제학 진복창陳復昌에 의하여 공리功利를 탐하고 귀양 간 죄인을 함부로 죽였다는 탄핵을 받고 관작이 삭탈되었다. 고향으로 돌아가 1574년 양성陽城에 있는 집에서 편안히 늙어 죽었다.

· **이하**李賀

이하는 어린 시절 출가하여 삼각산三角山[14] 승가사僧伽寺에 거처를 정하고 객실에서 생활하며 마음속으로 기이한 스님을 살펴보고자 했다. 홀연히 헤진 옷을 입은 노승이 있었는데 모습이 맑고 기이했다. 매일 밤 밖으로 나와 뒷간에 가는 듯했고 세수와 양치를 마치고는 조금 있다가 집 뒤로 가서 북쪽을 바라보고 두 번 절을 했다. 마음속으로 남다르다고 여기고 보통 사람이 아님을 깨달았다. 매우 깍듯하게 섬기기를 마치 자식이 아버지를 섬기고, 종이 주인을 섬기듯 해 잠시도 떨어지지 않았다. 승가사 객사에서 여러 날을 보내다가 어느 날 이른 새벽에 바리를 메고서 떠났다.

이하가 바라보고는 뒤를 좇되 그로 하여금 모르게 했다. 온 종일 곧장 서쪽으로 가서 천마산 지족암으로 들어갔다. 좌정을 함에 이하가 들어가서 절을 하니 노승이 깜짝 놀라 의아해하며 찾아온 이유를 물었다. 이하가 대답하기를

"저는 제자가 되어 늘 스승님의 가르침을 받고 싶습니다."

라고 했다. 노승은 그가 매우 미웠지만, 그는 노승에게 정성을 다하고 예로 따르며 이전처럼 근실히 대했다.

여러 날 이후 이하가 절을 하며

"저는 이미 대사님께서 남다른 식견과 영험한 지혜를 지니고 있음을 알고 있습니다. 감히 청하노니 가르침을 주십시오!"

---

14 삼각산三角山 : 서울의 북한산을 지칭한다.

라고 청했다.

노승이 발끈 화를 내며 말하기를

“나이도 어린 사미승이 어찌 이리도 망령되단 말이냐? 내가 무슨 남다른 점이 있단 말인가”

라고 하며 여러 번 청해도 번번이 단호하게 거절하며 이하를 책망했다. 여러 달이 지나도 이하는 노승에게 정성과 진실됨이 흐트러지지 않았으며 더욱 깍듯하게 가르침을 청했다. 이에 노승도 그의 진심어린 행동에 감동하여 곧 복서를 가르쳐 주었다.

이하는 어느 정도 문자를 이해하고 있었고 본성 또한 영특해서 힘들이지 않고 부서를 깨우쳤다. 노승은 이하가 매번 어떤 일 하나를 점침에 그 점괘의 결과를 시험해 잘되고 못되고를 준엄하게 바로잡아주었다. 이에 거친 데서 정밀한 곳으로 나아가 마침내는 백 가지 중에 한 가지도 틀린 것이 없었다. 이하가 또 좀 더 차원 높은 역학인 대수大數를 가르쳐 주기를 청하자, 노승이 다음과 같이 말했다.

“자네가 비록 이곳에 와서 의식은 풍족해졌으니 그 나머지는 내 알 바가 아니네.”

라고 하고 지족암에 머문 지 몇 달 되던 밤중에 얘기도 없이 떠나갔다. 이하가 일어서서 그의 종적을 찾아봤지만 간 곳을 알 수 없었다. 드디어 통곡을 하고 돌아왔다.

이 이후로부터 일이 있을 때면 번번이 점을 쳤는데 딱 들어맞았다.

명성이 사방으로 퍼져 점을 치고자 하는 자들이 도처에서 도착했다. 드디어 승복을 벗고 환속하여 사대부들 사이에게 노닐었다.

이웃에 살던 서생이 종이 달아나 이하에게 물어보았다. 이하는

"홀로 둔마를 타고 남쪽으로 가면 반드시 찾을 수 있을 것이다"

라고 일러 주었다. 이에 서생이 그의 조언처럼 노둔한 말을 타고 종도 없이 홀로 말이 가는 대로 맡겨두니 말이 피곤하여 앞으로 나아가지 않았다. 드디어 말에서 내려 관목 숲으로 들어가 가지를 꺾어 채찍을 만들었는데, 도망간 종이 관목 숲 아래에 엎드려 있었다. 드디어 함께 돌아왔다.

홍 목사 아무개가 말을 보내 그를 초청해 그가 도착하자 함께 식사를 했다. 식사가 미처 끝나기도 전에 이하가 갑자기 숟가락을 던지며 놀라 말하기를

"일이 있어 빨리 돌아기를 청합니다."

라고 했다. 그 이유를 추궁하니

"저의 명운이 오늘 오전까지입니다. 청컨대 돌아가서 집에서 죽기를 원합니다."

라고 하고 소매를 털고 일어섰다. 당시 주의 판관判官이 두 세 차례 만류하자 할 수 없이 머물러 와 함께 술을 마셨다. 한창 여름이라 소주를 마셨는데 평소 술을 좋아하던 이하는 연거푸 대 여섯 사발을 마

시고는 자리 위에다 피를 토하고 죽었다.

어떤 이는

"그의 스승인 노승은 바로 허암虛菴 정희량鄭希良이다."

라고 했다.

· 정흥종鄭興宗

정흥종은 개성 풍덕인豊德人이다. 그는 오행과 점치는 법을 이해해 첩帖과 책冊 속에다 사대부들과 왕비와 임금의 오주五柱[15]를 적어 두고 생애 전반부 운세인 선분先分과 생애 후반부인 후분後分의 운세에 대해 설함이 있었다. 진복창陣復昌[16]은 정흥종과 동향 사람이라 서로 알고 있던 터라 그 일을 발설했다. 명종 병오년(1546) 여름에 삼성三省이 번갈아 국문하여[17] 의성위宜城尉의 아들 남기南沂 등이 연루되어 함께 극형을 받았다.[18] 『동각잡기』[19]에 나온다.

---

15 오주五柱 : 생년·월·일·시 사주四柱에다 태월胎月을 첨가한 것을 말한다.

16 진복창陳復昌(?~1563) : 본관은 여양驪陽, 자는 수초遂初. 소윤 윤원형의 심복이 되어 을사사화 때 대윤에 속한 사림의 숙청에 앞장섰다. 대사헌을 거쳐 공조 참판에 올랐으나, 윤원형으로부터 간교하고 음험한 인물로 배척되어 파직된 후에 삼수三水에 유배되었고, 죄가 가중되어 위리안치圍籬安置되었다가 유배지에서 죽었다. 일설에 의하면 정흥종의 땅이 성안에 있었는데, 진복창이 이를 매입하고자 했으나 정흥종이 응하지 않아 정흥종의 일을 발설했다고 한다.

17 삼성三省이 ~ 국문하여 : 나라에서 중대한 사건을 심문할 때 형조刑曹·사헌부司憲府·사간원司諫院의 삼성三省이 합동으로 사건을 심의 조사하던 것을 말한다. 삼성잡치三省雜治라고도 한다.

18 의성위宜城尉~ 받았다 : 성종成宗의 부마駙馬인 남치원南致元을 말한다. 「명종 1년 병오(1546,가정 25), 8월12일」 기사에 그의 아들 남기南沂가 연루된 내용이 보이며,

· **김효명**金孝明

김효명은 점쟁이다. 문익공鄭文翼 정광필鄭光弼이 유배지에 있으면서[20] 대계臺啓가 이미 윤허되었는데[21] 효명이 그에게 말하기를

"10여 년의 복록이 오히려 남아 있으니 별 근심이 없을 것입니다."

라고 했다. 과연 딱 맞았다.

『조선왕조실록』·「명종 1년 병오(1546,가정 25), 8월10일 (갑오)」기사에 「사헌부가 전옥서의 정흥종·전 중추부사 권벌·강음 현감 유정에 대해 벌을 청하다」라고 해 극형에 대한 내용이 보인다.

19 『동각잡기東閣雜記』: 조선 명종·선조 때 문신 이정형李廷馨이 찬술한 야사 2책이다. 고려 말 이성계李成桂가 조선을 건국한 배경으로부터 선조 때까지 정치와 명신名臣들의 행적을 기록하고 있다. '본조선원보록本朝璿源寶錄'이라고도 하며 상·하 두 권으로 되어 있다. 상권은 조선의 건국 배경으로부터 중종 연간의 기묘사화까지, 하권은 중종 말년의 정치적 사건으로부터 선조 때의 임진왜란까지를 취급하고 있다. 위 기사는 하권, 「본조선원보」 권2에 수록되어 있다.

20 정광필鄭光弼(1462~1538) : 본관은 동래東萊, 자는 사훈士勛, 호는 수부守夫, 문익공은 그의 시호이다. 성종 때 문과에 급제해 연산군 때 이조참의가 되었지만, 임금의 사냥이 너무 잦다고 간했다가 아산으로 유배되었다. 이후 1506년 중종반정 후 부제학에 오른 뒤 우의정·좌의정을 거쳐 1516년 영의정에 올랐다. 1519년 기묘사화 때 조광조趙光祖를 구하려다 영중추부사로 좌천되었다가 1527년 다시 영의정에 올랐다. 1533년 파직되어 영상에서 물러나 회덕에 있을 때, 후임 영상 김안로金安老로부터 장경왕후 국장 때 총호사摠護使를 맡아 능지陵地를 불길한 땅에 잡았다는 무고를 받아 김해로 유배되었다. 이것은 김안로의 아들 희禧가 중종의 장녀 효혜공주孝惠公主와 혼인해 부마가 되어 호곶목장壺串牧場을 받아 밭을 일구고자 하므로, 이를 저지한 일로 김안로의 원한을 샀기 때문이었다. 여기서 말한 유배지는 바로 김해를 말한다.

21 대계臺啓 : 사헌부·사간원에서 유죄로 인정해 올리는 계사啓辭이다. 정광필이 유배지에 있을 때 대계가 올려져 사형 집행이 윤허되어 곧 죽게 되었음을 말한다. 다행히 이후 임금의 명령이 번복되어 정광충이 죽음에서 벗어날 수 있게 되었다. 자세한 내용이 정창연鄭昌衍, 『정문익공유고鄭文翼公遺稿』, 「정문익공사적부록鄭文翼公事蹟附錄」에 보인다

구종직丘從直[22]이 과거에 합격하지 못했을 때 김효명이 운명을 예언하기를

"지위는 정일품正一品에 이르고 수는 팔순 가까이 누리며 지극히 부귀할 것이다."

라고 했는데, 뒷날 과연 그러했다.

가정嘉靖 임오년壬午年(1522) 봄에 감시에 관한 방이 장차 게시되려 했다. 점쟁이 김효명이 예언하기를

"금년의 생원生員 장원은 초 두艹 성을 쓰는 사람이 되고, 진사進士 장원은 나무 목木 성을 쓰는 사람이 될 것이다."

라고 했다. 과연 채무일蔡無逸이 생원시에,[23] 이거李琚가 진사시에 장

---

22 구종직丘從直(1404~1477) : 본관은 평해平海, 자는 정보正甫. 세종 때 문과에 급제하여, 1469년에 성종이 즉위하자 행첨지중추부사 겸 지경연사가 되었다. 1471년 경연 때의 언사로 대간의 탄핵을 받고 경연직을 박탈당하면서 행상호군, 이듬해 나이 70을 이유로 치사致仕를 청했으나 허락받지 못했으며, 벼슬이 좌찬성에까지 이르렀다. 문장이 뛰어나고 역학과 경학에 밝았다. 일화로서 문과에 오른 뒤 교서관정자校書館正字로 있을 때, 하루는 숙직을 하다가 경회루의 경치가 매우 좋다는 말을 듣고 평상복으로 경회루 연못가를 산책했다. 때마침 세종이 내시 몇 사람을 거느리고 경회루에 나타나자 황급히 왕 앞에 엎드렸다. 그러자 세종이 그의 신분과 밤중에 경회루에 나와 있는 까닭을 묻고는 "경전을 외울 줄 아느냐?"고 질문하자, 그가 『춘추』 한 권을 줄줄 암송했다. 이에 세종은 크게 감탄하고, 이튿날 그를 교서관부교리에 임명해, 9품직인 정자에서 하루 아침에 종5품직인 홍문관부교리가 되었다는 이야기가 전한다.

23 채무일蔡無逸(1496~1556) : 본관은 인천仁川, 자는 거경居敬, 호는 일계逸溪이다. 그는 1522년 생원 장원이 되었지만, 그 당시 고모부인 김안로金安老와 사이가 좋지 않았다. 김안로는 그가 대과에 급제하면 자기에게 방해될 것을 두려워해 대간들

원을 했다.[24] 『패관잡기稗官雜記』에 나온다.

계축년(1553) 별시에 어떤 이가 효명에게

"금년의 과거는 어떠하겠는가?"

라고 물으니,

"김씨 성을 가진 이가 마땅히 1등을 차지할 것이고, 이씨 성을 가진 이가 하위를 차지할 것입니다."

라고 답했다. 과방이 나오자 장원은 김경원金慶元[25]이고 하위는 이경우李慶祐[26]였다.

을 사주해 1534년 남해로 귀양을 가게 했다. 김안로가 실각한 뒤인 1537년 귀양에서 풀려나, 1540년 식년문과에 급제하여 승문원정자가 되었다. 정언·좌랑을 지냈다. 1544년 부안현감으로 있을 때 중종이 사망했는데, 그림 재주에 뛰어난 그가 선화善畵로 천거되어 왕명을 받고 선왕인 중종의 화상을 그려 바쳤다. 경사經史와 역易에 정통할 뿐만 아니라 서화·음률·의학·복서卜筮에도 뛰어나 명성이 높았다. 특히 중종 대에 선비로서 그림을 잘 그리는 사람이 매우 많았는데, 그 중에서도 풀벌레그림에는 가장 저명했다.

24 이거李璖 : 인적 사항이 자세하지 않다. 다른 본에는 이거李渠로 되어 있기도 하다.

25 김경원金慶元(1528~?) : 본관은 경주慶州, 자는 응선應善이다. 1528년 강원도 관찰사를 지낸 김만균金萬鈞의 첫째 아들로 태어났으며 어머니는 정경부인貞敬夫人 순흥안씨順興安氏이다. 1553년 별시문과에 갑과로 장원급제했고 충청도 병마절도사를 지냈다. 홍문관 직제학의 벼슬을 지낸 할아버지 김천령金千齡, 아버지 김만균, 본인, 동생 김명원金命元이 모두 과거에 장원급제해 3대 4장원가로 불리며 문명文名을 떨쳤다. 고상안高尙顏, 『태촌선생문집泰村先生文集』, 「효빈잡기效嚬雜記」에 관련 내용이 보인다.

26 이경우李慶祐 : 증조할아버지는 이세분李世芬이고, 할아버지는 사헌부감찰을 지낸 이광형李光亨이다. 아버지는 이활李佸이며, 어머니는 한서韓湑의 딸이다. 1553년 별시에 합격하고 사헌부장령을 지냈다. 필사본에 따라 채무일과 그의 동생 이경희李慶

· 김치명金致命

김치명은 맹인 점쟁이로 윤원형尹元衡 때의 사람이다. 윤원형이 일찍이 난정蘭貞[27]이 낳은 아들을 위해 홍치명을 시켜 박계현朴啓賢[28]에게 혼사를 상의하게 했다. 홍치명은 박공을 타이르거나 협박해 그가 분통을 이기지 못했으나 사람 사이의 관계가 완전히 끊어질까 두려워 미적거리며 답을 주지 않았다. 얼마 있지 않아 윤원형에 대한 여론이 악화되어 관직이 당시 박공이 대사헌이었는데 홍치명을 체포해 가두었다 곤장을 맞고 죽었다.

· 박견朴堅

오성鰲城 이항복李恒福[29]의 어머니께서 오성을 임신했을 때 병으로 매우 허약해져 집안 사람들이 해산할 수 없을까 걱정이 되어 독재를 써서 오성을 낙태 하고자 했는데 끝내 달리 손을 쓰지 못했다.

禧(1508~?)로 기록된 사례도 있다. 참고로 이경희의 자는 중응仲應이다. 하지만 이경우의 별시 합격 년도가 본문과 일치되는 바, 이경우로 보는 것이 타당하다.

27 난정蘭貞(?~1565) : 청계군淸溪君 정윤겸鄭允謙과 관비官婢출신 이씨李氏사이에서 태어난 서녀庶女이다. 1551년 윤원형의 정실 김씨부인을 쫓아내고 적처嫡妻의 자리를 빼앗았으며, 정경부인貞敬夫人에 올랐다. 문정왕후는 물론 당시의 가장 영향력 있는 승려인 보우普雨와도 매우 친밀했다.

28 박계현朴啓賢(1524~1580) : 본관은 밀양密陽, 자는 군옥君沃, 호는 관원灌園이다. 사가독서하고 곧 부수찬을 지냈으며, 을묘왜변으로 경상도 평사慶尙道評事가 되어 유장儒將을 기르는 책임을 맡았다. 서장관書狀官이 되어 동지사冬至使를 따라 명나라에 다녀왔다. 사간원 대사간과 성균관 대사성, 대사헌을 모두 거치고 하성절사賀聖節使로 명나라에 다녀와 경기도 관찰사 등을 지냈다. 당시 동인과 서인의 당쟁이 심함을 걱정해 이를 제지하려 했으나 실패했다. 편서에 『밀산세고密山世稿』가 있다.

29 이항복李恒福(1556~1618) : 본관은 경주慶州, 자는 자상子常, 호는 백사白沙이다. 오성부원군鰲城府院君은 그의 봉호로, 이덕형과의 우정 이야기, 오성과 한음으로 잘 알려진 인물이다. 임진왜란 당시 조선 선조를 수행하여 의주까지 다녀왔다. 참판, 우의정, 좌의정을 거쳐 1600년 영의정에 이르렀다. 광해군의 인목대비 폐모 및 영창대군, 임해군 처단을 반대하다가 유배되어 유배지에서 중풍으로 병사했다.

오성이 비로소 태어남에 오른쪽 옆구리부터 어깨 등까지 썩고 거무스름해서 사람의 형체를 갖추지 못했다. 이틀이 되어도 젖을 빨지 못하고 3일이 되어도 눈을 뜨지 않았으며 5일이 되어도 울지 않아 온 집안사람들이 걱정했다. 맹인 박견이 이르렀다. 오성군의 부친 정헌공正獻公[30] 이몽량李夢亮께서 박견에게 그 운명을 점쳐보게 했는데, 박견이 갑자기 하례를 하며

"이 아이는 반드시 부귀하게 될 것입니다. 다만 제 말만 명심하십시오."

라고 했다.

· **안응시**安應時

안응시는 평안도 용천의 이름난 점쟁이였다. 계해년(1623)에 정준鄭遵[31]이 의주부윤을 지낼 때 안응시를 불러 자신의 운명을 물어보았는데, 응시가 매우 좋다고 했다. 나오면서 안응시는 다른 사람을 보고

---

30 이몽량李夢亮(1499~1564) : 본관은 경주慶州, 자는 응명應明, 시호는 정헌定獻이다. 1522년 생원시生員試와 진사시進士試에 합격했고, 1528년 문과文科에 급제하여 1534년 정언正言이 되고 집의執義、사복시정寺僕寺正을 역임했다. 이듬해 동부승지同副承旨가 되고 이어 대사간、강원도 관찰사、예조 참의禮曹參議·병조 참지兵曹參知 등을 지냈다. 1550년 판결사判決事를 거쳐 도승지都承旨가 되어 동지사冬至使로 명나라에 다녀왔다. 한성부 판윤漢城府判尹, 1562년 형조 판서를 거쳐 우참찬右參贊에 올랐다.

31 정준鄭遵(1580~1623) : 본관은 해주海州, 자는 행지行之. 광해군 때 별시에 급제해 이후 이이첨李爾瞻의 심복으로서 1613년 계축옥사 및 폐모론 등에 대북파의 일원으로 가담하여 반대파를 제거하는 데 주동적 역할을 담당했다. 교리·이조정랑 등을 거쳐 1621년에는 의주부윤으로 임명되어, 1623년 인조반정이 일어나자 광해군의 총신寵臣이었던 죄로 의주에서 주살誅殺되었다.

말하기를

"정 부윤은 금년에 동문으로 나갔다가, 반정이 일어나서 동문 밖에서 참형을 당할 것이다"

라고 했다.

· **남응민**南應敏

남응민[32]은 절충장군折衝將軍을 지냈다. 그는 다양한 기예를 지녔으며 점을 잘 보았다. 어린 시절에는 가난으로 인해 출가해서 승려가 되었다가 곧 환속했다. 그의 점이 대부분 기이하게 적중했다. 또 망기望氣[33]에도 능하여 인조가 그를 가상히 여겼다.[34] 당시에 벼슬을 더하여 안흥 첨사를 제수했다

· **김순명**金順命

김순명은 점쟁이이다. 지천遲川 최명길崔鳴吉[35]과 연양군延陽君 이백시李時伯,[36] 계곡谿谷 장유張維[37]가 함께 오성 이항복을 배알하러 갔다. 당시 순명이 때마침 그 자리에 있었다. 오성이 묻기를

---

32 남응민南應敏 : 고려말 무장이었던 남은南誾(1354~1398)의 7세손으로 본관은 의령이다. 그에 관한 사적이 남학명南鶴鳴(1654~?), 『회은집晦隱集』, 「서남응민사書南應敏事」에 자세하다.

33 망기望氣 : 멀리서 떠 있는 기운을 보고서 조짐을 아는 일을 말한다

34 망기에도~여겼다 : 1624년(인조 2) 정월 이괄이 주동이 되어 반란이 일어나 인조가 피신했을 때, 대첩 소식이 있을 것이라고 미리 예언한 것을 말한다.

35 최명길崔鳴吉(1586~1647) : 본관은 전주全州, 자는 자겸子謙, 호는 지천遲川·창랑滄浪이다.

36 이시백李時白(1581~1660) : 본관은 연안延安, 자는 돈시敦詩, 호는 조암釣巖. 연양군延陽君은 이시백李時白의 봉호封號이다.

37 장유張維(1587~1638) : 본관은 덕수德水, 자는 지국持國, 호는 계곡谿谷·묵소默所이다.

"세 사람의 운명이 짐짓 어떠한가?"

라고 하니, 순명이 웃으며 말하기를

"반드시 점쟁이들이 이미 혁혁한 사주라 한 것으로 속이려는 것뿐입니다. 그렇지 않다면 어찌 세 정승이 한 자리에 앉아계시겠습니까?"

라고 했다.

· **한억령**韓億齡

학곡鶴谷 홍서봉洪瑞鳳[38]이 뱃속에 있을 때, 한억령이 점을 쳤는데 상서로운 봉황이 구름을 나는 점괘가 나왔다. 하례하며 말하기를

"다음 달 반드시 세상을 구제할 남다른 아이를 얻을 것입니다."

라고 했다. 산달이 찼는데도 해산하지 않자 또 점을 쳐보았는데

"하늘이 귀인을 보낼 때에는 반드시 길일을 택합니다. 내일 해시亥時가 가장 길합니다."

라고 예언했다. 그 날이 되니 과연 출생했는데. 홍공이 서봉瑞鳳이

38 홍서봉洪瑞鳳(1572~1645) : 본관은 남양南陽. 자는 휘세輝世, 호는 학곡鶴谷이다. 박태순朴泰淳, 『학곡집鶴谷集』 부록附錄 상上, 「행장行狀」에 관련 내용이 나온다.

라 이름 한 것도 대개 그 점괘를 취한 것이다.

· **장순명**張順命[39]

인조仁祖[40]가 태어날 때에 기이한 일이 있었다. 을미년(1595) 12월 4일 대원군[41] 부인이 태동이 있었으나 난산이었다. 선조가 걱정이 되어 일관日官 장순명張順命을 불러서 점을 쳤는데

"마땅히 7일에 태어나실 것이다."

라고 했다. 과연 시간이 흘러 7일이 됨에 또 순명을 불러 하교하기를

"과연 해산할 수 있겠는가"

라고 하니 대답하기를

"오늘 반드시 탄생하실 것입니다."

라고 했다. 임금께서

---

39 이와 관련된 이야기가 조극선趙克善, 『야곡선생집冶谷先生集』「삼관기三官記·이관耳官」에 실려 있다.

40 인조仁祖(1595 ~ 1649) : 자는 화백和伯, 호는 송창松窓. 휘는 종倧. 선조의 손자이고 아버지는 정원군定遠君 : 元宗으로 追尊, 어머니는 인헌왕후仁獻王后이다. 재위기간은 1623년~1649년이다. 비는 한준겸韓浚謙의 딸 인열왕후仁烈王后, 계비繼妃는 조창원趙昌元의 딸 장렬왕후莊烈王后이다.

41 대원군 : 인조의 부친은 선조의 아들 정원군定遠君으로, 좌찬성 구사맹具思孟의 딸을 맞아 인조 및 능원대군綾原大君·능창대군綾昌大君을 낳았다. 인조반정을 계기로 대원군大院君에 추존된 바 있었다. 후에 원종元宗으로 추존되었다.

"몇 시냐?"

라고 물으니

"유시酉時입니다"

라고 답했다. 유시 초에 과연 탄생했는데 붉은 기운이 온 방에 가득 차고, 특이한 향이 코를 찔렀다. 대원군이 황급히 부용향을 태워서 그 향기를 분산시켰다. 선조가 매우 기뻐하여 이름을 '천윤天胤'[42] 이라 지었다.

내려준 휘諱 또한 선조가 지은 것으로 인人 변에 종宗을 쓰는 종倧이란 이름은 운서에도 없는 것이다. 이는 대개 선조가 그 사이에 남다른 뜻을 품었던 것일 것이다.

≪정은진≫

· **조양래**趙陽來

조양래[43]는 인동에 사는 선비이다. 점을 영험하게 잘 맞추었다. 같은 고을 사는 한 무인이 장차 과거시험을 보고자 해서 조양래를 찾아가 과거시험에 합격할지 못할지를 물었다. 조양래가 점괘에 나타난 말을 읊으며 말했다.

"'달밝은 산길에 호랑이가 두렵구나.' 당신은 틀림없이 호랑이에

---

42 천윤天胤 : 임금의 후사後嗣란 의미이다.

43 조양래趙陽來(1752~1801) : 역학易學에 조예가 깊고 점占을 잘 쳐서 세상 사람들이 소강절邵康節이라 불렀다.

게 물릴 것이나 과거시험에도 합격할 것입니다."

라고 했다. '세상에 어떻게 죽은 사람이 과거에 합격하는 일이 있는가?' 라고 생각한 무인은 크게 두려워서 과거 보러 가는 것을 그만두고자 했다. 조양래가 다시 말했다.

"과거 합격은 틀림없습니다. 길을 떠나도 될 것입니다. 호랑이에게 물리는 것은 끝내 피하기 어려울 것입니다. 비록 집에만 있는다 해도 호랑이에게 물릴 운명을 어떻게 피할 수 있겠습니까?"

라고 했다.

무인은 그 말이 옳다고 생각되어 마침내 길을 떠났다. 길 떠난 지 둘째 날에 사람이 없는 곳에 이르렀다. 마침 해는 지고 달이 떠오르고 있었다. 그때 어디선가 갑자기 한 도적이 앞에 나타나더니 무인을 땅에 쓰러뜨리고 그의 목을 졸랐다. 가슴에 걸터 앉고는 긴 칼을 뽑아서 그를 겨누었다. 흰 칼날이 서릿발처럼 번득번득한데 목숨이 경각에 달려 있었다. 무인은 도적에게 간절하게 애걸했다.

"네가 바라는 것은 재물이 아니냐. 모든 내 의복과 노자, 그리고 타고 온 저 말까지도 네 맘대로 가져 가게나. 나는 자네의 피맺힌 원수가 아닐세. 목숨만 살려 주게나."

라고 했다

도적이 말했다.

"나는 재물을 탐낸 것이 아니오. 진실로 피맺힌 원한이 깊이 새겨진 원수가 아니라면 어찌 여기까지 왔겠소?"

라고 했다. 무인은

"나는 평생동안 사람을 상하게 하거나 해친 적이 없다네. 자네는 어찌하여 깊은 원한이 있다고 말하는가?"

라고 답했다. 도적은 그에게 잘 생각해보라고 했고, 그가 가만히 생각해보더니 얼마 있다가 말했다.

"내가 어린 시절에 한 여종에게 화가 나서 그녀를 매질을 했는데 갑자기 죽고 말았네. 이 외에는 일찍이 나로 인해 죽은 사람이 없다네."

라고 했다. 그러자 도적이 말했다.

"나는 도적이 아니다. 바로 당신이 죽인 여종의 아들이다. 내 어머니가 당신 손에 죽고 난 뒤에 난 남의 손에 길러졌다. 다 커 어른이 될 때까지도 맘속으로 단 한 번도 원수를 잊은 적이 없다. 그대는 비록 몰랐겠지만, 나는 기회를 엿본 지가 오래였다. 하늘이 내게 마침 좋은 기회를 주어 지금 운좋게 이 곳에서 너를 만나게 된 것이다. 이는 참으로 얻기 어려운 좋은 기회인데 내 어찌 너를 놓아주겠느냐?"

라고 하고는 마침내 그에게 칼을 겨누어 거의 목을 찌를듯이 들이대었다. 무인은 자신이 죽음을 피할 수 없다는 것을 알고는 마지막으로 말했다.

"자네가 하고픈 대로 하게나."

도적은 이를 갈고 증오에 찬 눈으로 노려보면서 서너 차례 칼을 겨누더니 찌르려고 했다. 찌르다 말기를 두세 차례 하더니 마침내 칼을 땅에 내던지고 물러나 엎드리면서 말했다.

"지금 풀어줄 테니 가던 길 가시오."

무인이 말했다.

"너는 이미 나를 원수로 여기면서 어찌하여 죽이지 않고 풀어주는가?"

라고 했다. 그러자 도적이 말했다.

"원수는 사사로운 원한이지만, 종과 주인은 명분이다. 내 원한이 비록 깊다하지만, 명분 또한 버릴 수 없다. 주인이 내 어머니를 죽이고 나중에 후회하고는 매번 어머니 돌아간 날에 음식을 차려놓고 제사를 지내며, "은정을 잊을 수 없다."고 한 말을 들었다. 주인이 자기 여종을 죽였다 하더라도, 노비가 된 자식은 어떻게 감히 복수할 수 있겠는가? 이러한 것을 생각하면서 지극한 통한이 쌓이고 쌓여 내가슴 깊이 맺혔다. 생각 같아선 원수를 갚고자 하나, 이제 목을 조르고 칼을 겨누고 보니, 비록 해치지는 못했지만 원한이 조금 풀린 것 같다. 노비로서 주인을 능멸했으니, 그 죄를 용서받기 어려울 것이다. 지금 주인 영감 앞에서 죽겠다."

라고 했다. 무인은 아직 두려움이 남아 온갖 털이 서는 듯 했다가 이 말을 듣고는 자기도 모르게 놀라 탄식하며 말했다.

"너는 의로운 사람이구나. 어떻게 죽음으로 은혜와 원수 모두를 잊을 수 있느냐? 내가 마땅히 너를 잘 봐줄 터이니. 나와 함께 서울 가서 고락을 같이 하는게 어떻겠느냐?"

라고 하고는 그리고 그의 이름을 물었다. 그가 대답하기를

"'호랑'이다. 종으로 주인을 위협하고 이렇게까지 당돌한데 어떻게 감히 당신의 종이 될 수 있겠는가. 나는 이곳에서 죽겠다."

라고 하고는 마침내 자기 칼로 스스로 목을 베고 죽었다. 무인은 크게 놀랐다. 마침내 무인은 자기 노자를 다 털어 산 기슭에 그를 묻어 주었다. 그리고는 서울로 올라 갔는데, 과연 무과 시험에 합격했다. 조양래가 점보는 것이 이같이 영험했다. 여종의 아들 '호랑'의 일은 그 효성과 의리가 매우 탁월하니 또한 후세에 전할 만하다.

· **윤명세**尹名世

윤명세는 맹인 점쟁이이다.

· **임우춘**林遇春

임우춘은 풍수로 세상에 이름이 났다. 파자점에도 뛰어났다. 하루는 여러 무인들이 모인 곳에 우연히 들르게 되었다. 한 무인이 말했다.

"내가 두서너 해 전에 관서 지방에가 정을 준 기생이 있었네. 그런데 이별한 후에 다시는 만날 수 없었네. 점을 쳐주게나."

라고 하고는 '빽빽할 울鬱'字를 써서 임우춘에게 보였다. 그러자 임우춘이

"당신에게 종형제되는 사람이 오늘 저녁 숲속에서 노닐 것인데, 틀림없이 이 기생과 정을 나눌 것입니다."

라고 하면서 글자 풀이를 해 주었다. 자리에 있던 무인들이 모두 이상하게 여기며 그에게 그 이유를 물었다. 그러자 임우춘이 대답하기를

"'빽빽할 울鬱'이란 글자는 '저녁夕에 숲林 사이에 이르니, 사촌四寸이 불량하다艮'[44]는 것이니, 반드시 이유가 있을 것입니다."

라고 했다. 자리에 있던 모든 이들이 크게 놀라면서 그 날짜를 기

---

44 빽빽할~것입니다 : 빽빽할 울鬱 자는 위에 木과 木이 있고 그 사이에 夕자가 있다. 중간에 四가 있고 아래 오른 쪽에 寸 자가 있다. 아래 왼 쪽에 어긋날 간艮 자가 있다. 이 글자는 어질다 량良 자에서 위에 점(丶) 하나가 없어 不良(良이 되지 못하다)의 의미가 된 것이다. 따라서 이렇게 풀이한 것이다.

록해 두었다. 때마침 그 무인의 이종사촌이 관서 지방에 임명되어 나갔는데, 과연 이날 밤에 노닐러 나갔다가 어떤 고을의 숲속 정자에서 그 기생을 가까이 했다. 나중에 사촌이 그녀가 바로 무인이 정을 준 기생이라는 사실을 알고는 찾아가 사과했다. 사람들이 그의 신통한 파자점에 감복했다.[45]

· **정수헌**丁壽憲

정수헌은 점쟁이였다. 윤지[46]가 나주에 귀양가 있으면서 수헌에게 자신의 운명을 점치게 했다. 수헌이 윤지에게 한 글자를 쓰라고 했는데 '밭 전田'자를 썼다. 수헌이

"물건이 '입 구口' 속에 갇혔구나. 밖으로 나올 생각은 있으나 마음이 끊어졌도다."[47]

라고 했다. 또 말하기를

"왕의 처지는 좌우가 막혔으니, 왕 또한 어쩔 수 있으리오? 물고기

---

45 심재沈鋅, 『송천필담松泉筆譚』에 관련 내용이 보인다.

46 윤지尹志(1688~1755) : 본관은 함안咸安이며 자는 사심士心이다. 1705년 진사시를 거쳐 1723년 별시문과에 을과로 급제한 뒤 사간원정언에 제수되고 이어 사헌부지평이 되었다. 1724년 김일경金一鏡 등의 옥사에 연좌되어 소론파의 영수였던 아버지는 고문 끝에 죽고, 그는 이듬해 6월 제주도 대정현에 안치되었다.

47 물건이~끊어졌다 : '밭 전田' 자는 큰입 구口 자 안에 열 십十 자가 들어 있는 모양이고, 밭 전田 아래에 마음 심心 자를 더하면 생각 사思가 되므로 이렇게 풀이한 것이다. 따라서 윤지가 큰입 구口 안에 갇혀 있는데, 벗어나고자 하나 마음 심心이 끊겨 있다고 풀이한 것이다.

가 머리와 꼬리가 잘린 형상이니, 끝내 그물에 걸리겠구나."[48]

라고 했다. 을해년에 윤지가 갑자기 죽임을 당했다. 문서 중에 수헌이 기록한 것이 있는데, 수헌 또한 죽임을 면하지 못했다.

· 황상청黃尙淸

황상청[49]은 성주에 사는 장님 점쟁이이다. 점을 잘 친다고 이름이 났다. 경상 관찰사 민백상[50]이 점을 팔면서 세상을 미혹시킨다는 죄목으로 그를 잡아다 심문하고 큰 벌을 주고자 했다. 이 때 황상청이 점으로 죄를 면해 달라고 청했다. 마침 민백상이 옷 소매에 요강을 넣어 두었는데 황상청에게 무엇이 들었는지 맞춰보라고 했다. 황상청이 절구시를 지어서 바쳤다. 그 시에는

"만약 선비가 쓰는 갓[51]이 아니라면, 마땅히 지백智伯의 머리[52]이겠

---

48 앙의~걸리겠구나 : '밭 전田' 자는 임금 왕王 자 좌우에 뚫을 곤丨 자가 막고 있고, 또한 밭 전田의 위와 아래 쌀 포勹자와 불 화灬가 잘려 나간 모양이 된다. 결국 나주에 갖힐 것이므로 이렇게 풀이한 것이다.

49 황상청黃尙淸 : 저명한 역학자易學者로 조양래趙陽來(1752~ 1801)에게 점치는 법을 배워 용한 점쟁이로 소문이 났다.

50 민백상閔百祥(1711~176) : 본관은 여흥驪興이며 자는 이지履之이다. 여양부원군驪陽府院君 유중維重의 증손으로, 할아버지는 좌의정 진원鎭遠이고, 아버지는 관찰사 형수亨洙이다.

51 선비가 쓰는 갓 : 한고조가 유가의 선비에게 모욕을 준 일을 말한다. 한고조는 유가의 선비를 싫어했다. '객들 가운데 유가의 갓을 쓰고 오는 자가 있으면 패공은 그 유가의 갓을 벗기고 그 곳에 오줌을 누었다.[沛公不好儒 諸客冠儒冠來者 沛公輒解其冠溲溺其中]'는 기록이 『사기史記』 권97 「역생육가열전酈生陸賈列傳」에 보인다.

52 지백智伯의 머리 : 조양자가 지백의 해골뼈에 칠을 옻칠을 하고 그릇으로 쓴 일을 말한다. '진나라의 삼가가 지백의 토지를 나누어 가졌다. 조양자는 지백의 해골에 칠을 해서 그릇으로 썼다.[三家分智氏之田 趙襄子漆智伯之頭 以爲飮器]'는 기록이 『사기史記』 권86, 「자객열전刺客列傳」에 보인다.

구나! 청동에 삼백이란 글자가 어찌 그 속에 있는가?"

라고 쓰여 있었다. 민백상은 신통하게 여겼다. 그는 요강이 들은 것을 이미 알고 있었으나, 아래 두 구절은 미처 깨닫지 못했다. 요강을 열어 보니, 그 속에 오십 전이 들어 있었다. 대개 방자가 요강 속에 동전을 잘못 넣어 두었는데, 헤아려 보니 오십 전이었다. 인쇄된 글자가 모두 300자[53]였으니, 더욱 신기했다. 황상청이 신통하게 맞췄기 때문에 특별히 풀어주었다.

· **김진발**金震發

김진발은 옥천에 사는 맹인이다. 현종 병오년(1666)에 장렬 대비[54]와 인선 대비[55]의 진연례進宴禮[56] 때에 진발이 피리부는 악공으로 서울에 왔다. 사람들이 그가 말상을 잘 본다는 소문을 듣고는 그를 불러 시험했다. 진발은 손으로 말을 쓰다듬어 보면 그 말의 나이, 좋은말인지 나쁜말인지를 잘 알아냈는데 털끝만치도 틀림이 없었다. 말의

---

53 300자 : 옛날 돈에는 '훈이訓二', '은이圻二', '개이開二' 등의 명목가치를 나타내는 두 글자와 '상평통보常平通寶' 등의 법정 화폐를 상징하는 네 글자를 주조했다. 그러니 동전 한 닢(文)에 6개의 글자가 새겨진 것이고, 50닢이면 300 글자가 된다. 1633년부터 1892년까지 상평통보가 주로 사용되었다.

54 장렬대비 : 인조의 계비를 말한다.

55 인선대비 : 효종의 비를 말한다.

56 진연례進宴禮 : 1605년 현종 7년 8월에 두 대비를 위해 진연례를 행할 것을 결정하고, 진연청을 설치했으나, 9월에 송준길 등이 나라에 어려운 일이 많은 것을 이유로 대어 중지할 것을 건의하여 10월에 두 대비를 위한 진연례가 정지되었다가, 이듬해 1606년 현종 8년 1월 3일에 다시 진연례를 행하기로 결정했으나, 다시 반대의 논의가 일어나 1월 18일에 취소했다. 이런 가운데 1605년에는 전국에서 진연을 위해 기생들을 상경토록 했다가 다시 돌려 보낸 일이 있었다. 김진발도 이 때에 올라 왔었던 것으로 추정된다.

종자를 점치는 때에는

"몽고말 새끼이다. 의주산 말이다. 역말이다. 시골말이다."

라고 하며 어느 것이든 모두 척척 맞추었으니 사람들이 신기하게 생각했다.

그리하여 사람들이 진발 몰래 그가 타고 온 말에서 안장을 풀어 고삐와 바꾸고는 그것을 말 사이에 두었는데, 진발이 만져보고 웃으며

"어찌 나를 속이려 합니까? 이는 제 말입니다."

라고 했다. 구경하던 사람들이 모두 감탄하고 신통하게 생각면서도 그가 귀신이 든 게 아닌가 의심했다.

· **곽옥**郭玉

곽옥은 삼화[57]에 사는 장님이다. 타고난 성품이 총명하고 민첩했다. 날마다 서당에 가서는 사람들에게 『소학』을 읽게 하고 단정하게 앉아서 들었는데 나중에 그것을 막힘없이 암송해 냈다. 배운 것을 잘 실천하여 어머니를 섬기는 데 효성이 갖추어지고 지극했다. 일찍이 점을 배웠는데

"역이란 점의 종주이다."

---

57 삼화三和 : 평안남도 용강 지역의 옛 지명이다.

라고 했다. 그는 귀로만 들어서 역을 공부하여 그 이치를 알고 그 말을 암송하였던 것이다. 노래나 피리 등이 요란하게 연주하는 소리가 들리면 기쁜 기색을 옷이나 수건으로 나타내 보이고, 손벽을 치며 통쾌하게 웃었으니 참으로 맹인 중에 호걸인가 보다.

· **이인명**李獜命

이인명은 점쟁이이다. 일찍이 그에게 연평부원군 이귀, 한음 이덕형, 박경신, 윤섬[58] 등을 점쳐 보라고 했는데,

"연평을 제일로 쳤으며, 다음은 한음 이덕형이고, 박경신과 윤섬은 평범하다."

라고 했다 한다. 나중에 과연 그대로 징험되었다.

· **송상**宋詳

송상은 점쟁이이이다. 이발의 형제가 네 사람인데, 막내의 이름은 '이직李溭'이다. 점쟁이 송상이 일찍이 점을 치기를

"막내 이직이 운세가 가장 좋고, 나머지 세 형들은 매우 흉하다."

---

58 이귀李貴(1557~1633) : 인조반정의 일등 공신으로 후에 이조판서로 마쳤으나, 후에 영의정을 추증받았다. 이덕형(1561~1613)은 조선 중기 문신으로 영의정에까지 이르렀으나 후에 삭탈되었다가 인조 즉위 후 복권되었다. 박경신(1560~1626)은 충청도 관찰사까지 이르렀으나 인조반정 후에 광해군 때의 행적으로 파직되었다. 윤섬(1561~1592)은 교리, 정언, 지평 등의 벼슬을 지내고, 임진왜란 때에 종사관으로 상주성에서 전사했다. 이인명의 점이 맞았다.

라고 했다. 나중에 보니 이직은 단 한 번도 벼슬에 오르지 못하고 일찍 죽었다. 이발[59]과 이길[60]은 명사가 되었고, 이급은 음보로 관리가 되었다. 사람들은 모두가 송상의 말이 믿을 수 없다고 여겼다.

이후로 세월이 지난 뒤 기축옥사[61] 때에 이씨네 세 형제가 모두 비명에 죽었다. 그제서야 사람들이 송상의 점괘가 영험하게 맞았다고 탄복했다.

· 이화李和

이화는 장한웅과 같은 시대 사람이다. 점쟁이로 이름이 났다.

· 윤기尹祈

윤기[62]는 호가 간보이다. 주역과 산가지 점을 잘 했다. 그는 일찍이 예산 현감이 되어 그곳으로 갔는데 때마침 달아난 죄수가 있었다. 공이 산가지 점을 쳐서 그를 추적했는데, 과연 한 고을 경계에서 잡았다. 사람들이 그를 귀신같은 현감이라고 불렀고, 감히 속이려 하지 못했다. 일찍이 그가 전쟁이 일어날 것을 미리 알고는 양구 산속으로

---

59 이발李潑(1544~1589) : 이조전랑, 부제학 대사간 등을 지냈다. 정여립 모반 사건에 연루되어 종성으로 유배갔다가 다시 압송되어 심문 받다가 죽었다. 후에 이원익의 상소로 신원되었다.

60 이길李洁(1547~1589) : 정여립鄭汝立의 모반 사건에 연루되어 귀양갔다가 죽음을 당했다. 1694년 신원되어 부제학이 추증되었다.

61 기축옥사己丑獄事 : 기축년인 1589년 정여립 등 동인東人의 인물들이 모반의 혐의로 박해를 받은 사건이다. 정여립은 서인 이이, 성혼 등과 가까이 교유했으나, 이이가 죽은 뒤에 이이 등 서인을 비판하다 탄핵을 받았다. 1589년 정여립이 대동계를 이끌고 반란을 꾀한다고 고변을 받았다. 정여립은 죽도에서 갑자기 죽었다. 이후 사건은 모반사건으로 확대되었으며, 정철 등의 주도로 동인의 인물들이 탄압을 받았다.

62 윤기尹祈(1535~1607) : 본관은 남원南原이며, 초명은 기箕, 자는 백설伯說, 호는 간보艮輔이다. 승문원 판교承文院判校 강원剛元의 아들이다.

피해가서 살았다. 정유년에 왜란이 일어나 백성들이 왜구의 칼 아래 많이 죽었으나 공의 가족은 그 덕분에 편안했다.

· **지억천**池億千

지억천은 장님 점쟁이다. 점을 잘 친다고 이름이 났다. 일찍이 그는 박비천의 운명을

"신유년에 횡사하는 재앙을 당할 것이다."

라고 점쳐주었다.

· **김영창**金永昌

김영창은 명종조明宗朝 때에 나라에서 알아주는 점쟁이였다.

· **영유현의 이름난 점쟁이**永柔名卜

영유현[63]의 이름난 점쟁이가 있었다. 도암 이재가 무자년(1708)에 어사가 되어 관서지방을 암행했다. 영유현을 지나는데, 한 점쟁이를 만났다. 그에게 달아난 노비를 잡으러 가는 길이라고 거짓으로 말하고는 노비를 잡을 수 있을 지 없을 지를 점쳐 달라고 했다. 그가 점치기를 마치고 점사를 보여주며

"관서의 온 강과 산을 다 밟고 다니니, 젊은 나이에 나랏일로 한가할 틈 없네. 청춘의 옷 위에 자수刺繡를 더하였으니, 사모쓰고 뜻을 이

63 영유현 : 조선시기 평안남도 평원군 영역에 있던 현. 1413년에 영원군이 복귀되면서 영녕현에서 일부를 분리해 신설한 현으로서 지난 시기 이 고장에 있던 영청현과 유원진에서 한 자씩 따서 영유현이라 했다. 1895년에 영유군으로 개편되었다.

루어 조정에 돌아가리라."

라고 했다. 그리고 나서 웃으며

"결코 달아난 노비 잡으러 가는 게 아닙니다. 저를 속이지 마세요."

라고 하니 이재가 아무런 대답도 않고 떠났다.

· **김형**金訶

김형이 처음에 생원시에 합격했다. 그는 남쪽 지방으로부터 와서 태학에 살면서 점과 산가지 괘점에 신묘하다고 당대에 이름이 났다. 종실 사람이 있었는데, 송사련[64]의 사위였다. 그의 집은 남부리에 있었다. 김형의 명성을 듣고 찾아와서 자신의 운명의 좋고 나쁨을 물었다. 김형은 많은 말을 하지 않고, 다만 점괘를 글로 써서 주었다.

"그리운 저 사람이여! 한 번 떠나 서북으로 가버렸네. 바라보고 탄식만 하는데, 바람은 맑고 달은 밝구나."

---

64 송사련宋祀連(1496~1575) : 조선 중기 신사무옥辛巳誣獄의 밀고자이다. 아버지는 인璘 또는 자근금者斤金이며, 어머니는 성균관 사예司藝 안돈후安敦厚의 서출庶出인 감정甘丁(안당安瑭의 서매庶妹)이다. 안처겸安處謙의 고종사촌으로 안씨 집 사람들은 사련을 친자제같이 출입하게 하여 믿고 지냈는데, 성장함에 따라 자기 지위가 미천한 것을 한탄하고 안당安瑭의 반대파였던 심정沈貞에게 아부, 벼슬이 관상감판관에 이르렀다. 사주四柱보는 법에 정통해 1521년 자기의 사주를 보니 운수가 대통해 부귀를 얻을 운이었고, 안당의 집 사람들의 사주는 죽고 망할 운수였다. 이에 엉뚱한 생각을 품고 처남 정상鄭鏛과 공모해, 고모인 안처겸의 어머니가 죽었을 때의 조객록弔客錄과 발인發靷 때의 역군부役軍簿 등을 증거로 삼아 안처겸 등이 모역을 꾀했다는 사실을 조작, 옥사를 일으켰다.

라고 쓰여 있었다 종실이 그 이유를 물으니 형이 웃기만하고 대답하지 않았다. 그해 가을에 조정에서 큰 정치적 논쟁이 있었다. 조정은 송사련의 잘못된 공로로 받은 훈장을 빼앗고, 안씨의 원한을 풀어주었다.[65] 그리고는 종실의 아내를 도리어 안가네 여종으로 삼게 했다. 안씨 집안의 자녀가 종실의 아내를 가마 뒤를 따르는 종으로 삼아 남부리에서 서북향에 있는 장의리로 갔다. 종실의 집안은 그들 종으로 대납할 수 있는데, 그것을 허락하지 않았다. 종실은 가을 바람 불고 달 밝은 때를 만나서 아내를 바라보면서 눈물 흘릴 뿐이었다. 그의 말과 똑같았다.

· 훗날 과거에 합격한 김형詗後登第

김형이 나중에 과거에 합격하였는데, 죄에 걸려 금부에서 장차 형을 받게 되었다. 같이 갇혔던 죄수의 심문이 끝나면 다음 차례는 김형이었다. 김형이 몰래 점을 쳐보니, 정오에 마땅히 임금의 사면이 있을 것이었다. 김형이 문득 측간에 가겠다고 청하고 일부러 측간에서 오래동안 일어나지 않자, 옥졸이 독촉했다. 과연 정오가 되자 어명이 내려서, 특별히 형벌을 면하고 방면을 얻었다.

· 김형의 어느 하루一日

김형은 어느날 하루 당이모집에 문안인사 드리러 갔다. 당이모집은 가업이 평소 넉넉하여, 가난한 친족이 노비들을 보내어 그 집에서 살게 했다. 김형은 저들과도 같은 인척이었다. 여종이

---

65 안씨의～풀어주었다 : 명종 즉위년 1566년 안처겸은 고변으로 억울하게 죽은 것이라고 이미 회수한 현량과賢良科 역시 모두 환급還給해 주었다. 한편 그 흉모凶謀가 무상無狀하다 하여 송사련은 위훈을 삭제 당했다.

"작은 마님이 오늘 몸을 풀었는데 딸을 낳았습니다."

라고 했다 김형이 몇 시에 낳았냐고 묻고는 말없이 점을 쳐보더니 당이모에게

"이 아이는 비록 딸이지만, 훗날에 반드시 당이모님 집을 귀하게 할 것입니다. 또한 이 아이에게 힘입어서 큰 복을 받을 것입니다. 이때 거두어서 기르시길 바랍니다."

라고 했다 당이모는 평소에 김형이 신통하게 맞춘다는 것을 알고서, 곧장 사람을 불러 그 딸아이를 기를 것을 청했다. 그 집안에서는 기뻐하며 허락했다. 그 아이가 커서 정승 유전의 부인이 되었다. 김형의 당이모는 그 아이로 인해 죽을 때까지 복을 누렸고, 그 아이를 자식으로 데려 길러준 양이모도 희수를 넘기고 죽었다. 양이모가 죽은 뒤 몇 달 있다가 유정승도 죽었다. 김형이 옥에 갇혔을 때에 이기[66]도 김안로[67]에게 찍혀서 감옥에 있었다. 김형이 그 목숨을 점쳐보니 제명에 죽을 것이며 정승이 될 것을 알았다. 마침내 함께 사귀었다고 한다.

≪송병렬≫

---

66 이기李芑(1476~1552) : 본관이 덕수德水, 자는 문중文仲, 호는 경재敬齋이다. 명신明晨의 증손이며, 할아버지는 지온양군사知溫陽郡事 추抽이다. 아버지는 사간 의무宜茂이며, 어머니는 성희成熺의 딸이다. 좌의정 행荇의 형이다.

67 김안로金安老(1481~1537) : 본관이 연안延安, 자는 이숙頤叔, 호는 희락당希樂堂·용천龍泉·퇴재退齋 등이다. 1506년 별시문과別試文科에 갑과로 급제한 뒤, 사가독서賜暇讀書를 하고 대사간을 지냈다.

· **송사련**宋祀連

송사련에 대하여 『음양수陰陽數』에 보인다.

· **이수절**李秀節

이수절은 본관이 한산韓山으로 이수언李秀彦[68]의 일가이다. 진사 시험에 합격했고,[69] 점술에 정통했다. 김창집金昌集[70] 문하를 출입하다가 신축년(1721) 옥사獄事[71] 때 김영행金令行[72] 등 19인과 귀양을 갔다. 해배되어 돌아올 때 김영행이 살고 있는 청풍계靑楓溪[73]에 들러서 하나하나 말해주기를,

"아무 해에 어느 당파가 다시 조정에 나갈 것이고, 아무 해에 화를 입었던 공들이 관직을 회복할 것입니다."

---

68 이수언李秀彦(1636~1697) : 본관은 한산韓山이고 자는 미숙美叔, 호는 농계聾溪 또는 취몽헌醉夢軒이다. 시호는 정간正簡이다.

69 진사～합격했고 : 숙종肅宗 31년(1705) 을유乙酉 증광시增廣試 3등으로 합격했다.

70 김창집金昌集(1648~1722) : 본관은 안동安東이고 자는 여성汝成, 호는 몽와夢窩이다. 창협昌協·창흡昌翕의 형으로 이른바 노론 4대신으로 불린다. 문집『몽와집夢窩集』이 있다.

71 신축년(1721) 옥사獄事 : 숙종이 타계하고 경종이 왕위에 오르자, 이듬해인 신축년(1721) 노론은 경종이 후사가 없고 병약하다는 이유로 연잉군의 세제世弟 책봉을 성사시켰다. 그리고 내친 김에 세제의 대리청정까지 추진하다가 소론의 반격으로 역풍을 맞는다. 소론계 강경파인 김일경金一鏡 등이 노론 대신들의 역모죄를 부각시킨 상소를 올린 이후 노론 4대신 김창집金昌集, 이건명李健命, 이이명李頤命, 조태채趙泰采가 귀양을 가고, 60여 명이 처벌을 받았다. 이를 신축옥사辛丑獄事라고 한다.

72 김영행金令行(1673~1755) : 본관은 안동安東이고 자는 자유子裕, 호는 필운옹弼雲翁이다. 김창흡金昌翕의 문인이다. 문집『필운유고弼雲遺稿』가 있다. 신축옥사 때 노론 김창집의 일당으로 몰려 파직되어 기장현機張縣으로 유배되었다가 1725년 영조가 즉위하자 사면되었다.

73 청풍계靑楓溪 : 인왕산 동쪽 기슭 청운동靑雲洞 일대의 골짜기이다.

라고 했는데, 그 말이 하나하나 다 맞아떨어졌다. 영조英祖가 세자로 있을 때부터 이수절의 명성을 알고 있었기 때문에 그가 점술로 죽을 뻔했을 때 특별히 살려주도록 했다. 그리고 그의 손자가 누명을 쓰고 옥에 갇혔을 때도 특별히 풀어주도록 했다.[74]

· 김생려金生麗

김생려는 본관이 무주茂朱이다. 태종太宗 조에 문과에 급제하여 함길도咸吉道 순무사巡撫使와 형조 참의參議를 역임했다. 운명을 점치는데 정통해서 이요정二樂亭 신용개申用漑[75]가 읍취헌挹翠軒 박은朴誾[76]을 사위로 삼으려고 할 때 공을 불러 운명을 물어보니, 김생려가 대답하기를,

"신랑은 문장으로 일찍 현달하겠으나 26살에 흉사凶死를 당할 것이니 혼인을 해서는 안 됩니다. 처자의 사주四柱를 보고 싶습니다."

라고 하더니 처자의 사주를 보고,

"혼인해도 괜찮겠습니다. 규수가 22살에 요절하는데 그 때 신랑은 이조 정랑正郞이 되어 있을 겁니다."

---

74 성대중成大中의 『청성잡기青城雜記』 권5, 「성언醒言」과 성해응成海應의 『연경재전집研經齋全集』 권57, 「초사담헌草榭談獻」에 기록이 보인다.

75 신용개申用漑(1463~1519) : 본관은 고령高靈이고 자는 개지漑之, 호는 이요정二樂亭, 송계松溪, 수옹睡翁이다. 문집 『이요정집二樂亭集』이 있고, 편서로 『속동문선續東文選』과 『속삼강행실도續三綱行實圖』가 있다.

76 박은朴誾(1479~1504) : 조선 중기의 학자이자 시인이다. 본관은 고령高嶺이고 자는 중열仲說, 호는 읍취헌挹翠軒이다. 1504년 갑자사화 때에 동래로 유배되었다가 다시 의금부에 투옥되어 사형을 당했는데 그때 나이가 26세였다. 이행李荇이 박은의 시를 모아 『읍취헌유고挹翠軒遺稿』를 편찬했다.

라고 했다. 드디어 혼례를 올렸는데 뒤에 김생려가 말한 대로 똑같이 되었다.

· **윤수겸**尹守謙

윤수겸[77]은 문과에 급제하여 호조 참판參判을 지냈다. 운수를 미리 잘 보았다. 기미년(1619) 심하深河 전투[78]에서 강홍립姜弘立[78]과 김경서金景瑞[80] 두 원수가 항복하여 포로가 되자 윤수겸이 영귀靈龜[81]로 점을 쳤는데 다음과 같은 점괘를 얻었다.

점 하나 있는 옥인玉人[82]은 가고,	一點玉人去
두 갈래 머리 딴 공주[83]는 온다.	雙鬟公主來

그 뒤에 김경서는 그 곳에서 병들어 죽었고, 강홍립은 정묘년(1627)

---

77 윤수겸尹守謙(1573~1624) : 본관은 해평海平이고 자는 명익鳴益이다.

78 심하深河 전투 : 건주의 누르하치[奴兒哈赤]가 무순撫順·청하淸河 등의 보를 함락시키자, 1619년 7월 명나라 조정은 조선에서 군사를 파견하기를 청했다. 조선은 사신을 보내어 남쪽 변경에 변란이 있어 군사가 부족하다고 거절의 뜻을 밝혔으나, 명나라 황제가 칙서를 내려 속히 군사를 징발하여 토벌하라고 하자 이때 강홍립을 원수로 삼고 김경서를 부원수로 삼아 출전했다. 다음해 심하深河 지방에서 전공을 세우기도 했으나, 명나라 군사가 살이호薩爾滸의 전투에서 대패하고 선천군수 김응하金應河, 운산군수 이계종李繼宗 등이 전사했다. 강홍립과 김경서가 적진에 연락하여 조선과 후금은 본래 적대적인 관계가 아니었으며 출정은 부득이한 것이었다고 말하고 남은 병사와 함께 후금에 투항했다. 당시 강홍립은 출정 전에 형세를 보아 적당히 향배向背를 결정하라는 광해군의 밀명을 받고 있었다.

79 강홍립姜弘立(1560~1627) : 본관은 진주晉州이고 자는 군신君信, 호는 내촌耐村이다.

80 김경서金景瑞(1564~1624) : 본관은 김해金海이고 초명은 김응서金應瑞, 자는 성보聖甫이다.

81 영귀靈龜 : 점칠 때 사용하는 거북 껍질을 이른다.

82 점 하나 있는 옥인玉人 : "金"의 파자(丶玉人)로 김경서를 가리킨다.

83 두 갈래 머리 딴 공주 : "姜"의 파자(丶丿 王女)로 강홍립을 가리킨다.

에 청나라에서 돌려보냈으나 얼마 되지 않아 금천衿川[84]에서 죽었다.
『잠곡수필潛谷隨筆』[85]

· 김덕령金德齡

김덕령[86]은 스스로 둔갑술遁甲術[87]을 한다고 일컬었다.

· 박대립朴大立

박대립[88]은 호가 무환자無患子이다. 귀신을 잘 부렸다.

· 이토정李土亭

토정土亭 이지함李之菡[89]에 대하여 『음양가陰陽家』[90]에 보인다.

---

84 금천衿川 : 지금 경기도 광명 지역이다.

85 『잠곡수필潛谷隨筆』 : 김육金堉이 지은 견문록 『잠곡필담潛谷筆談』을 이른다. 이 이야기는 본 책에 제목 없이 여러 이야기 가운데 하나로 기록되어있다. 아래 『잠곡수필潛谷隨筆』로 기록되어 있는 것도 이와 같다.

86 김덕령(1567~1596) : 본관은 광산光山이고 자는 경수景樹, 시호는 충장忠壯이다. 형 덕홍德弘과 함께 성혼成渾의 문하에서 수학했다. 체구가 작지만 날래고 민첩하며 신용神勇이 있어, 용력에 대한 전설적인 이야기가 많이 전한다.

87 둔갑술遁甲術 : 음양의 변화에 따라 몸을 숨기고 길흉을 택하는 용병술이다. 하도河圖·낙서洛書의 수數 배열원리 및 이를 이용한 『주역』 건착도乾鑿度의 구궁九宮의 법이 그 원형이다. 기문둔갑奇門遁甲으로 불리기도 하며 하도·낙서를 병진兵陣에 응용한 것이라고 볼 수 있다

88 박대립(1512～1584) : 조선 중기의 문신이다. 본관은 함양咸陽이고 자는 수백守伯, 호는 무환자無患子 혹은 무위당無違堂이다.

89 이지함李之菡(1517~1578) : 본관은 한산韓山이고 자는 형백馨伯 또는 형중馨仲, 호는 토정土亭 또는 수산水山이다. 의학과 복서에 밝다는 소문이 있어서 찾아오는 사람의 숫자가 많아지고 일 년의 신수를 보아 달라는 요구가 심해져 책을 지었는데, 그것이 『토정비결』이라고 알려져 있다. 『농아집聾啞集』을 저술하여 난을 구제하는 데 도움이 되도록 했다.

90 『음양가陰陽家』 : 어떤 책인지 분명하지 않다.

· **박진귀**朴震龜

박진귀는 신이神異한 비결을 얻어 『주역周易』의 술수에 정통했다. 사물의 이치와 길흉의 조짐에 대해서 환하여 알지 못하는 것이 없었다.

· **권숙**權璹

권숙權璹에 대하여 『음양가陰陽家』에 보인다.

· **임게**林垍

임게[91]는 탁월한 식견과 빠른 이해력을 가졌다. 제자백가諸子百家에 널리 통달해 다가올 일에 대해서 미리 알았다.

· **고청**孤靑

고청孤靑 서기徐起[92]는 젊은 시절 토정土亭 이지함李之菡과 화담花潭 서경덕徐敬德을 스승으로 섬겼다. 다가올 일을 미리 아는 방술이 있었다.

· **이의백**李誼伯

이의백은 신천信川에 살았다. 도술을 배워 기문奇門[93]을 잘했다.

---

91 임게林垍 : 본관은 나주羅州이고 자는 맹견孟堅, 호는 월창月窓 또는 월창月滄이다. 어려서부터 뛰어난 재주로 학문에 힘써 천문·지리·산수·율·복술 등 여러 분야에 정통했다.

92 서기徐起(1523~1591) : 본관은 이천利川이고, 자는 대가待可, 호는 고청초로孤靑樵老 또는 구당龜堂 또는 이와頤窩이다. 저서 『고청유고孤靑遺稿』가 전한다.

93 기문奇門 : 기문둔갑奇門遁甲을 말한다. 음양의 변화에 따라 몸을 숨기고 길흉을 택하는 용병술이다.

· 성규헌成揆憲

성규헌[94]은 제자백가諸子百家에 두루 통달하고, 단가丹家[95]와 삼식三式[96]술에 조예가 깊었다. 이 때문에 다가올 일을 미리 알았다고 한다.

· 점쟁이 아무개

도사都事 소자파蘇自坡[97]가 길을 나서려하다가 사슴 한 마리를 만났는데 앞에 오더니 부딪혀 죽어 버렸다. 상스럽지 못하다고 여겨서 아무개에게 점을 치게 하니, 아무개가 말하기를,

"길합니다. 필시 암사슴으로 이제 막 새끼 일곱 마리를 잉태했을 터이니 삶아서 먹으면 반드시 여기에 맞는 보답이 있을 것입니다."

라고 했다. 드디어 그 말대로 했더니 뒷날 과연 6남 1녀를 낳았고, 부부도 54년을 해로했다. 그 아들 가운데 한 명이 바로 양곡陽谷 소세양蘇世讓[98]이다.

· 정하규鄭夏圭

---

94 성규헌(1647~1741) : 본관은 창녕昌寧이고 자는 중일仲一, 호는 명탄明灘 또는 원당圓塘이다. 송시열宋時烈의 문인이다.

95 단가丹家 : 도가道家를 이른다.

96 삼식三式 : 길흉을 점치는 술수術數로 태을太乙, 기문奇門, 육임六壬을 삼식三式이라고 한다. 태을은 천원天元을 위주로 하여 나라의 일을 헤아리고, 기문은 지원地元을 위주로 하여 단체의 일을, 육임은 인원人元을 위주로 하여 개인의 일을 헤아린다고 한다.

97 소자파蘇自坡(1451~1524) : 본관은 진주晋州이고 자는 미수眉叟이다. 의빈부儀賓府 도사都事, 구례求禮 현감縣監 등을 지냈다.

98 소세양蘇世讓(1486~1562) : 본관은 진주晋州이고 자는 언겸彦謙, 호는 양곡陽谷·퇴재退齋·퇴휴당退休堂이다. 문집 『양곡집陽谷集』이 있다.

정하규는 점술로 명성을 얻었으나 풍수를 더 잘 보았다. 그가 이미 점괘를 뽑고 그 산의 형국을 논할 때면 대적할 사람이 없었다. 마치 눈으로 직접 보는 것과 같아서 이것으로 그가 길흉을 판단하면 믿지 않는 사람이 없었다. 박서권朴書權이 어머니 상을 당하여 산소 쓸 자리를 구했는데, 정하규를 맞이해 자리를 잡으려고 돈 50관으로 폐백을 만들어 깨끗한 물을 떠다가 백 번 세척한 뒤 구리쟁반에 쌓아서 주었다고 한다.

· **박엽**朴燁

박엽[99]은 호가 약창葯窓이다. 천문학과 지리학, 수리학과 점술학 모두를 환하게 알았다.

· **장운기**張雲起

장운기는 점술사로 한족漢族이다. 스스로 장도인張道人이라고 불렀다. 영남지방을 두루 유람하다가 인조仁祖 신사년(1641)에 마침 흥해군興海郡에 이르렀다. 이때 참판 류심柳淰[100]이 흥해군에서 귀양살이를 했는데 장운기가 류심이 쓴 글씨를 보고 말하기를,

---

99 박엽朴燁(1570~1623) : 본관은 반남潘南, 자는 숙야叔夜, 호는 약창葯窓이다. 1623년 인조반정 뒤, 광해군 아래에서 심하深河의 역役에 협력하고, 부인이 세자빈의 인척이라는 이유로 그를 두려워하는 훈신들에 의해 학정의 죄로 평양 임지에서 처형되었다. 이러한 학정에 대하여 『응천일록凝川日錄』에는 1613년 의주부윤으로 있을 때, 형장刑杖을 남용해 가는 곳마다 사람을 죽이고 백성들의 고혈을 짜내 작상爵賞(관작이나 포상)을 받으려 했다고 한다. 또한 사사로이 부府의 여자종을 범해 음탕하고 더러운 짓을 마음대로 했다고 기록되어 있다.

100 류심柳淰(1608~1667) : 본관은 전주全州, 자는 징보澄甫, 호는 도계道溪이다. 영경永慶의 증손이다. 1641년 보덕輔德에 임명되어 심양瀋陽으로 가게 되었으나 아버지의 병환을 이유로 사양했다가 탄핵을 받아 흥해興海로 유배되었다.

"이것은 반드시 류심의 필적일 것이다. 머지않아 성은을 입어 풀려날 것이다."

라고 했다. 드디어 류심이 우거하는 곳으로 곧장 찾아가 말하기를,

"내달 12월 초5일에 성은을 입어 풀려날 것이고 26일에는 서울에 들어갈 것입니다. 이 내용을 벽에다 써두시고 맞지 않으면 제가 당신 집 종이 되겠습니다."

라고 했다. 그날이 되자 과연 어긋남이 없이 그가 말한 그대로 되었다.

스스로 말하기를,

"처음 점술을 배울 때 나는 열 길 남짓 굴을 파고 그 속에 앉아서 11개월을 버티다 나왔다. 처음 들어갈 때는 매우 캄캄하더니 오래 지나고 나서는 저절로 환해져서 굴속의 미세한 사물들까지 모두 잘 볼 수 있었다. 밖으로 나오고 난 뒤에는 안개 같은 잡기운들이 꽉 끼어 있어도 환하게 보이지 않는 것이 없었다."

라고 했다. 『잠곡필담潛谷筆談』

· 합천의 맹인 점쟁이

인조仁祖 임오년(1642)에 성이성成以性[101]이 합천군수로 부임했다. 하루는 관청의 뜰 가운데에서 물이 솟아나더니 그 높이가 몇 척이나 되

었다. 잠시 뒤에 객사客舍의 땅이 수십 길 갈라져 마치 얼어서 터진 모양처럼 몇 손가락이 들어갈 정도가 되었다. 그는 지극히 괴이한 일이라고 여기고 있었는데, 다음날 관아에 앉아있으니 맹인이 진정서를 올렸다. 판결이 끝나고 맹인을 불러서,

"네가 점을 칠 줄 아느냐?"

라고 묻자 맹인이 대답하기를,

"그럭저럭 배웠습니다."

라고 했다. 그래서 어제 있었던 일을 묻고 길한지 흉한지 말해보게 했더니 맹인이 말하기를,

"벌써 듣고 점을 쳐보았습니다. 내년 4월 아무개 날에 서쪽 지방과 동북쪽에서 병사가 잇달아 크게 일어날 것입니다. 그로인해 왕조가 바뀔 것입니다."[102]

라고 했다. 이성이 요망하다고 꾸짖고 빨리 쫓아내도록 명했다. 갑신년(1644)에 이르러 이자성李自成[103]이 산서山西에서 병사를 일으켰고,

---

101 성이성成以性(1595~1664) : 본관은 창녕昌寧, 자는 여습汝習, 호는 계서溪西이다. 문집 『계서유고溪西遺稿』가 있다.

102 아래 나오는 이자성李自成의 반란과 청淸나라의 침입으로 명나라가 멸망함을 암시한 말이다.

103 이자성李自成(1605~1645) : 중국 명대明代(1368~1644)의 마지막 황제 숭정제崇禎帝를 제위에서 물러나게 한 중국의 반란군 지도자이다. 굶주린 민중과 유민을 조직

또 청나라가 침입하여 명나라 의종毅宗이 순국했는데 그 날짜가 점쟁이가 말한 내용과 어긋나지 않았다. 『잠곡수필潛谷隨筆』

· 조륜趙倫

조륜은 점쟁이이다. 중종中宗이 잡술雜術에도 마음을 써서 풍수쟁이와 점쟁이 부류들을 모두 불러 본 뒤에 어의御衣를 하사했다. 이 때문에 조륜도 마음대로 궁궐을 출입할 수 있었다.[104]

· 임대임李大任과 이대의李大義

생원 임대임과 이대의는 선조宣祖 때 사람으로 형제 점쟁이이다. 그들은 길흉吉凶에 관한 설說을 창도했다. 성균관 재사齋舍에서 공부하는 선비들이 분주히 그들에게 휩쓸려가자 장의掌議 우복룡禹伏龍[105]이 이에 대해 논박하며 통렬히 공격했다.

· 점쟁이 아무개

성종成宗 때 한 점쟁이가 있었는데 글자 풀이를 잘했다. 성종이 세자 시절에 미복차림으로 점쟁이를 방문하여 "백帛"자를 써서 보여주었다. 점쟁이가 가만히 중얼대다가 의아해하면서 말하기를,

---

해 각지를 점령해나가며 1644년 명明나라를 멸망시켰다. 베이징[北京]을 점령했으나 청淸나라 군사가 침입하자 패해 도주하다가 자살했다.

104 이와 관련된 이야기는 이자李耔의 『음애일기陰崖日記』에 제목 없이 여러 기사 가운데 하나로 실려 있다.

105 우복룡禹伏龍(1547~1613) : 본관은 단양丹陽, 자는 현길見吉, 호는 구암懼庵 또는 동계東溪이다. 문집 『구암집懼庵集』이 있다.

"황제의 관에다 제왕의 의상이니,[106] 결코 신하가 될 상이 아닙니다."

라고 했다. 또 "문問" 자를 써서 보여주니 점술사가 일어나 절을 하며 말하기를,

"왼쪽으로도 군君이요 오른쪽으로도 군君이니[107] 임금이 아니면 누구겠습니까?"

라고 했다. 성종이 궁으로 돌아와 그가 기이하게 맞췄다고 했다. 이 말을 엿들은 자가 있었는데 그가 점쟁이를 찾아가서 또 "백帛" 자를 써서 보여주었다. 점쟁이가 놀라며 말하기를,

"글자가 백건白巾(흰 두건)이니 그대는 장차 상을 당할 것이다."

라고 했다. 또 "문問" 자를 써서 보여주었는데 점쟁이가 말하기를,

"입이 문 안에 있으니, 이것은 바로 다른 집에 입을 달고 살 상이다. 그대는 앞으로 빌어먹게 될 것이다."

라고 했다. 물었던 자가 화를 내면서 돌아왔는데 과연 그 말대로 되었다.

---

106 파자의 원리로 "백帛" 자를 파자하면 "황皇" 자의 윗부분 "白" 자와 "帝" 자의 아랫부분 "巾"이 된다.

107 파자의 원리로 "문問" 자를 "군君" 자의 좌우 대칭으로 본 것이다.

3. 효자孝子

· 오준吳浚

오준[1]은 성종 때 사람으로 흥덕현興德縣[2] 화룡리化龍里의 선비이다. 그는 지극한 효성으로 어버이를 섬겼다. 어버지가 돌아가시시자 그가 영축산靈鷲山에 장사를 지내고 산소 곁에 여막을 지은 뒤 날마다 흰죽 한 그릇을 마시고 슬프게 통곡하니 이를 듣는 사람들도 눈물을 흘렸다. 제전祭奠을 올릴 때 늘 정화수를 떠서 썼는데 그 샘은 깊은 산속에 있었고 지극히 맑고 달았다. 여막과의 거리가 5리 쯤 되었으나 오준은 반드시 날마다 직접 길어 와서 사용했으며, 비바람이 치거나 춥고 더운 날씨에도 조금도 게을리 하지 않았다.

하루는 저녁에 산속에서 소리가 나더니 마치 우레가 치듯 온 산이 진동했다. 아침에 그가 보니 여막 곁에 샘이 솟았는데 맑으면서도 달고 시원하여 산 골짜기에 있는 샘과 똑같았다. 그가 산골짜기 샘에 가보니 그곳의 물은 벌써 말라있었다. 드디어 여막 곁의 샘에서 물을 길어 쓰게 되니 멀리까지 가는 수고에서 벗어날 수 있었다. 고을 사람들이 그 샘의 이름을 "효감천孝感泉"이라고 불렀다.

여막이 깊은 산속에 있었던 터라 호랑이와 표범의 소굴에다 도적놈들이 숨어 있기까지 한 곳이어서 집안사람들이 그를 매우 걱정했다. 소상小祥이 지난 어느 날 갑자기 큰 호랑이 한 마리가 나타나더니

---

1 오준吳浚 : 조선 전기 고창 출신의 효자이다. 본관은 동복同福, 호는 감천感泉이다. 1494년 조정에서 오준의 행적을 가상히 여겨 정려旌閭를 내리고, 뒤에 군자감 직장軍資監直長에 임명하고 호역戶役을 면제했으나 벼슬은 주지 않았다. 이에 조정에서 가상히 여겨 통선랑通善郎을 증직했다.

2 흥덕현興德縣 : 전라북도 고창군 흥덕면·성내면·신림면 일대의 옛 행정구역이다.

여막 앞에 웅크리고 있었다. 오준이 타이르며 말하기를,

"네가 나를 해치고 싶으면 네 마음대로 하거라. 나는 이곳을 떠날 수가 없다."

라고 하니, 호랑이가 머리를 숙이고 꼬리를 흔들며 기어와서 꿇어 앉더니 마치 공경을 표하는 모습처럼 했다. 오준이 괴이하게 여기고 다시 말하기를,

"이미 해칠 마음이 없는데 어찌 떠나지 않느냐?"

라고 했다. 호랑이가 바로 문밖으로 나가 떠나지 않고 날마다 일상처럼 이렇게 하더니 드디어 집에서 기르는 개와 돼지처럼 길들여졌다. 그리고 매달 초하루와 보름마다 반드시 큰 사슴 한 마리나 멧돼지를 잡아 여막 앞에 두어 이것으로 제수에 올리도록 했다. 한 해 동안 호랑이가 이 일을 그만두지 않자 맹수와 도적들도 종적을 감추었다. 오준이 상을 마치고 집으로 돌아오자 호랑이도 비로소 떠났다.

그 나머지 효성에 감응해 일어난 기이한 행적도 매우 많았다. 이 사실이 조정에 알려져 정려旌閭를 세우게 하고 비단을 하사했다. 오준은 예순 다섯에 세상을 떠났다. 사복시司僕寺 정正[3]에 증직되고 향사鄕祠에 배향되었다. 효감천孝感泉은 지금까지 남아있는데 고을 사람들이 이를 아끼고 보호하여 주위에다 석축을 쌓았다고 한다.

3 사복시司僕寺 : 조선시대 왕이 타는 말·수레 및 마구와 목축에 관한 일을 맡아보던 관청에 딸린 정3품 관직이다.

· **정옥량**鄭玉良[4]

정옥량[5]은 선조宣祖 때 사람으로 삼가三嘉 육동陸洞의 선비이다. 그는 지극한 효성으로 어머니를 섬겼다. 그의 어머니가 일찍이 병이 나 겨울에 생대추를 먹고 싶어 한 적이 있었다. 그는 겨울이라 대추를 구할 수가 없자 옥량이 뜰에 서서 밤새도록 부르짖으며 울었다. 다음날 뜰 앞에 대추나무 일곱 그루가 갑자기 자라나더니 모두 흰 열매가 열려 해를 받아 반짝거렸다. 옥량이 따서 어머니에게 올리니 그것을 먹자 고질병이 갑자기 나아버렸다. 효성에 감응하여 일어난 이 사실이 일시에 세상에 알려졌다. 옥량은 뒷날 벼슬에 나가 다섯 고을을 다스렸는데 모두 치적이 있었다. 본 마을에 서원書院[6]이 있는데 그 대추나무의 뿌리가 지금도 남아있다. 비문碑文에

"정옥량은 자가 곤보昆寶이다. 그는 어려서부터 남보다 뛰어났고 재주와 기량이 높고 컸다. 경서經書와 사서史書를 두루 섭렵했으며, 예법을 잘 지켜 집에 들어가면 어버이께 효도하고 밖에 나가면 어른들을 공경해 세상 사람들에게 추중을 받았다. 행의行誼로 누차 조정의 부름을 받고 하양河陽 현감이 되었는데, 정사가 공평하여 송사를 다스

---

4 전반부는 권별權鼈, 『해동잡록海東雜錄』 5권 「효자孝子 정옥량鄭玉良」에 같은 내용이 실려 있고, 후반부는 감사 홍목洪牧이 지은 비문이다.

5 정옥량鄭玉良(1395~1447) : 본관은 삼가三嘉, 자는 곤보崑寶, 호는 경재耕齋이다. 시호諡號는 효정孝貞이다. 길재吉再와 권우權遇의 문하에서 수학하고, 박팽년朴彭年·유성원柳誠源·정창鄭昌·이석형李石亨·정준鄭悛 등과 교우가 두터웠다. 세종 때에 효행으로 천거되어 봉직랑행하양현감奉直郎行河陽縣監에 임용되었으나 곧 향리에 은거했다. 효행으로 『삼강행실』과 『동국여지승람』에 등재되었다. 1516년 정려가 세워지고, 1689년에는 사림들이 평천平川에 사祠를 세우고 제향했으며, 1701년에 좌승지에 추증되었다. 문집 『경재문집耕齋文集』이 있다.

6 서원書院 : 평천서원平川書院을 이른다.

림에 조금도 사사롭게 처리하는 일이 없었다. 체직 될 때 짐이 여덟 바리나 되었지만 거리의 아이들과 아녀자들까지 그의 청백淸白함을 경모했다. 관직을 그만두고 돌아와서 호를 경재耕齋라 했다. 그는 어머니가 홀로 계신 것을 염려하여 곁을 떠나지 않았고 날마다 아침저녁 보살피는데 힘을 기울이고 몸소 정성을 다해 음식을 봉양했다. 어머님이 돌아가시자 그는 장사葬事와 제사祭祀를 예에 맞게 지냈다. 3년 동안 여막을 지켰고 가묘家廟 앞에도 아침저녁 음식을 올렸다. 또 그는 어머니가 살아 계실 때 대추차를 즐긴 것을 추모하여 제전을 올릴 때 대추차를 빠뜨리지 않았다. 하루는 겨울에 대추차가 떨어져 올리지 못하자 사당을 향해 부르짖으며 눈물을 흘렸다. 아침에 일어나 보니 대추나무 일곱 그루가 사당 곁에 자라나 있었는데 길이가 몇 척이나 되었고 가지 가득 열매가 맺혀 있었다. 마을에서 관가에 알리고 대추를 그려서 올렸는데 이 일이 점차 조정에 알려져서 효자를 기리는 정려旌閭를 하사했다. 그 행실이 『삼강행실도三綱行實圖』에 실렸고 그 사실이 『여지승람輿地勝覽』에 실려 있다. 감사 홍숙洪淑[7]이 비문을 짓노라."

라고 쓰여 있다.

≪김남규≫

· **이종희**李宗禧

이종희는 이발李墢로 어렸을 때의 자가 종희宗禧이고 전의현全義縣[8]

---

7 홍숙洪淑(1464~1538) : 본관은 남양南陽, 자는 순부純夫, 시호는 장희莊僖이다.

8 전의현全義縣 : 청주淸州 속현屬縣의 하나로 백제 때 구지현仇知縣으로 불리다가 신라 경덕왕 때 금지현金池縣으로 고쳐 불렀으며, 웅주熊州 대록군大麓郡[충청북도 천

출신이다. 9세에 온 집안사람들이 역병에 걸려 그의 부모와 종들까지 일시에 병으로 누웠는데 유독 종희만 앓지 않았다. 그의 부친 광국光國은 병이 이미 오래되었는데 열이 내리지 않아 기가 막힌 지 이틀이나 되었다. 종희의 부친 전신이 뻗뻗하게 굳어 인사불성이 되어도 살펴줄 수가 없었는데 종희만 유독 허둥대면서 병든 여종에게 일어나 급히 미음을 달여 올리라 독촉하고, 칼로 넷째 손가락을 잘라 피를 내어 그릇에 가득 채워 부친의 입에 부었는데 그것이 거의 반 그릇에 이르자 미미하게 숨 쉬는 소리가 들렸다. 종희는 놀라고 기뻐하며 마침내 남은 피를 모두 부친의 입에 따르니 부친이 비로소 소생했다.

그 다음날에 부친이 또 전날처럼 혼절하고 기가 막히자 종희는 목 놓아 울며 하늘에 기도하고 또 나머지 손가락을 상위에 놓고 난도질하여 많은 피를 흘렸다. 그 피 한 그릇을 올리자 갑자기 공중에서 부르는 소리가 들려왔다.

"종희야 네 정성이 하늘을 감동시켜 명부冥府에서 이미 네 아비의 나이를 연장시켜 놓았으니, 너는 근심하지 말거라."

라고 했다. 집안사람들도 듣지 않은 이가 없었는데, 모두

"목소리가 장단長湍 윤공尹公의 소리이다."

라고 했다. 윤공은 곧 종희의 외조부인 윤겸尹琭으로 죽은 지 이미

안시 목천면]의 영현領縣이 되었다.

오래된 사람이었다. 종희의 부친은 이로부터 점점 기운을 회복했고 모친 또한 병이 나을 수 있었다. 도백道伯 이성룡李聖龍이 듣고는 기이하게 여겨 특별히 세금을 감면[9]해주었고 그 일이 조정에 알려져 정려각旌閭閣이 세워졌다. 『학산한어鶴山閑語』[10]에 이르기를,

"종희는 올해 32세인데 그 뒤로 한성漢城의 아현阿峴[11]에 와서 살았고, 용모가 단아하고 깨끗하며 씩씩하고 우아한 선비였다."

라고 했다.

· **박태성**朴泰星

---

9 급복給復 : 복호復戶를 주는 것을 말한다. 조선 시대 나라에 공이 있는 사람이나 각 능의 수호군守護軍·열녀烈女·효자孝子 등에게 부역이나 조세·대동미大同米 따위의 부담을 면제하는 특권을 주던 것을 이르는 말이다.

10 『학산한어鶴山閑語』 : 신돈복이 젊은 시절부터 노년기인 1759년 무렵까지 수집해 두었던 자료를 1779년 타계하기까지 사이에 기록했던 것으로 추정된다. 여기에는 현실적 이야기와 비현실적 이야기가 공존하고 있다. 조선 후기의 급변하는 사회 속에서 새롭게 체험한 것을 사실적으로 기록한 이야기가 있는 반면, 그전부터 전해 내려오던 귀신이나 혼령에 대한 이야기도 실려 있다. 시화詩話·권학勸學·풍수風水·효자孝子·의인義人·응보應報·도술道術·신귀神鬼·신수神獸에 관한 이야기와 기타 명나라의 멸망 원인, 명나라 유민遺民들의 청나라에 대한 불복종, 우리나라의 국토와 인물, 중국 명사들의 국토 편력, 조양래趙陽來의 신점神占, 영변 길정녀吉貞女와 신명희申命熙의 결연담, 정선鄭敾의 그림에 대한 평, 임경업林慶業 장군 일화, 규염객虯髥客과 연개소문淵蓋蘇文의 상관에 대한 견해, 봉산의 무변 이야기 등이 있다. 특히 한무외韓無畏, 「해동전도록」이 실려 있어 우리나라 선도仙道의 맥을 알 수 있게 한다. 『학산한언』은 『청구야담靑邱野談』, 『기문총화記聞叢話』 등 후대 야담집의 형성에 큰 영향을 끼쳤다.

11 아현阿峴 : 마포구 아현동에 있는 고개로서, 중구 만리동의 만리재와 서대문구의 큰 고개대현보다 낮기 때문에 아기고개 즉 아현兒峴이라 하던 것이 아兒가 아阿로 변한 데서 유래된 이름이다.

박태성[12]의 자는 경숙景淑이며 영조 때의 사람이다. 그는 3세에 아버지를 잃고 어머니를 섬김에 효성을 다하였다. 그가 처음에 내의內醫에 보충되어 들어갔는데, 굳이 사양하기를,

"태어나 아버지의 얼굴도 알지 못하면서 어찌 관대를 두르고 세상에 설 수 있겠습니까?"

라고 했다. 그는 아버지가 돌아가신지 갑년이 된 해[13]에 곧 최질衰絰[14]로 여묘살이를 하며 몸이 상할 정도로 슬퍼하기를 초상때와 같이 했다. 그는 묘에 올라 곧 부여잡고 통곡하자 푸른 새가[15] 울기를 잊고 나무 위에 항상 자리 잡고 있었다. 그는 3년을 하루같이 했다. 묘는 청담淸潭가에 있는데 골짜기가 깊고 숲이 우거져 맹수로 매번 근심꺼리가 되었다. 효자 박태성이 여묘살이를 하면서부터는 마을 사람들이 밤에 돌아다닐 수 있었으며 닭과 개들도 편히 깃들게되니, 그의 여묘 곁으로 가서 사는 사람들이 많았다.

일이 조정에 알려져 처음에 관직을 제수하자는 의논이 있었으나,

---

12 박태성朴泰星(1679~1758) : 자字는 경숙景淑이며 영조 때 효자로 그의 행적에 대해서는 『진휘속고』와 『석재고』에 실린 이야기가 자세하다.

13 부몰지세父歿之歲 : 갑자甲子가 지난 60년 후 63세 때를 가리킨다.

14 최질衰絰 : 상중喪中에 입는 삼베옷과 수질首絰 및 요질腰絰을 가리킨다.

15 창조蒼鳥 : 창조는 청조靑鳥, 즉 전설적인 선녀인 서왕모西王母의 사신으로, 보통 임금의 사신을 뜻하는 말로 쓰인다. 한漢나라 반고班固의 『한무고사漢武故事』에 "홀연히 푸른 새 한 마리가 서방에서 날아와 전각 앞에 내려앉자, 상이 동방삭에게 물으니, 동방삭이 서왕모가 오려는 모양이라고 대답했는데, 과연 얼마 뒤에 서왕모가 도착했다.[忽有一靑鳥從西方來 集殿前 上問東方朔 朔曰 此西王母欲來也 有頃 王母至]"라는 말이 나온다. 창조蒼鳥와 관련된 글은 이헌경李獻慶, 『간옹선생문집艮翁先生文集』 권9 칠언고시七言古詩, 「이조가-위청담효자박태성작異鳥歌-爲淸潭孝子朴泰星作」과 박윤묵朴允默, 『존재집存齋集』 권1 부賦, 「이조부병소서異鳥賦並小序」에 실려 있다.

효행으로 관직을 얻는 것은 효자의 뜻이 아니라고 해 특별히 명해 정려旌閭를 세웠다. 신재新齋 홍낙명洪樂命[16]이 전을 지었다.[17]

아들 수천受天은 자가 성수聖守이며, 집이 가난하여 기조騎曹, 병조의 아전이 되었다. 부모를 효성스럽게 섬겨 그의 아버지가 여묘살이를 한 후로부터 이어서 청담青潭가에 살았다. 청담은 경성京城과의 거리가 30리였는데,[18] 매일 퇴근하는 여가마다 곧장 가서 살펴보고 돌아왔지만 출근하는 시간도 남에게 뒤지지 않았다. 그는 이와 같이 항상 30년을 해서 비록 바람이 불고 비가 오거나 춥거나 더워도 그만두지 않았다. 일이 조정에 알려져 세금이 감면되었다. 수천의 손자 윤묵允默은 박학강기博學强記로 명가에 기록했다.

· 유희경劉希慶

유희경[19]은 여항인으로 아버지는 업동業同, 할아버지는 통정通政이며

---

16 홍낙명洪樂命(1722~1784) : 본관은 풍산豊山, 자는 자순子順, 호는 신재新齋이다. 중기重箕의 증손으로, 할아버지는 석보錫輔이고, 아버지는 예조판서 상한象漢이며, 어머니는 어유봉魚有鳳의 딸이다. 외할아버지 어유봉으로부터 수학했다. 경사經史에 밝고 특히 『소학』을 애독했으며, 만년에 이황李滉과 중국의 한유韓愈를 사숙해 경서와 문장에 침음했다. 저서로는 『신재문집』 6권과 『소학초록小學抄錄』·『경술편敬述篇』·『기락편旣樂編』·『유은록儒隱錄』 등이 있다. 시호는 문청文淸이다.

17 이와 관련된 이야기가 윤행임尹行恁, 『석재고碩齋稿』 권9 해동외사海東外史, 「박태성朴泰星」에 실려 있다.

18 일사一舍 : 군사가 하루에 삼십 리를 걷고 하룻밤을 묵는다는 뜻으로, 삼십 리를 이르는 말이다.

19 유희경劉希慶(1545~1636) : 본관은 강화江華, 자는 응길應吉, 호는 촌은村隱이다. 박순朴淳으로부터 당시唐詩를 배웠으며 어려서부터 효자로 이름이 났다. 임진왜란 때에는 의병으로 나가 싸운 공으로 선조宣祖로부터 포상과 교지를 받았다. 또 중국 사신들의 잦은 왕래로 호조戶曹의 비용을 모두 쓰게 되자 그가 계책을 일러주었다고 한다. 그 공으로 통정대부通政大夫를 하사받았다. 80세 때 가의대부嘉義大夫를 제수

본관은 강화江華이다. 그의 자는 응길應吉, 호는 촌은村隱 또는 시은市隱이다. 그는 인종 을사년(1545)에 태어나 가의嘉義로 92세를 누렸고, 판윤判尹에 추증되었다.

그는 어려서부터 지극한 성품이 있어, 30세에 아버지가 세상을 떠나자[20] 몸소 흙을 파서 장사를 지내고 무덤을 지키며 떠나지 않았다. 어떤 이웃에 살던 중이 그를 불쌍히 여겨 묘 곁에 흙집을 지어주고 손수 죽을 끓여서 권하여 먹였다. 어머니가 오랫동안 병을 앓게 되자 그는 깔고 있던 자리를 가지고 혜화문惠化門밖으로 나가 손수 빨아서 바위 위에 말리고, 그 곁에 앉아서 책을 읽었는데 보는 사람들이 기이하게 여겼다.

젊어서 사암思庵 박순朴淳[21]에게 당시唐詩를 배웠고, 또 동강東岡 남언

받았다. 그는 당시 같은 천인신분으로 시에 능하였던 백대붕白大鵬과 함께 풍월향도風月香徒라는 모임을 만들어 주도했다. 시는 한가롭고 담담하여 당시唐詩에 가깝다는 평을 듣는다. 허균許筠의 『성수시화惺叟詩話』를 살펴보면, 유희경을 천인으로서 한시에 능통한 사람으로 꼽았다. 천민 출신이나 한시를 잘 지어 당시의 사대부들과 교유했으며 자기 집 뒤의 시냇가에 돌을 쌓아 대를 만들어 '침류대枕流臺'라고 이름 짓고 그곳에서 유명 문인들과 시로써 화답했다. 그때에 서로 주고받은 시를 모아 『침류대시첩枕流臺詩帖』을 만들었다. 문집으로 『촌은집村隱集』3권이 전하며 그 밖의 저서로 『상례초喪禮抄』가 있다.

20 홍세태가 쓴 유희경의 묘지명에는 13세 때 아버지가 돌아가신 것으로 확인이 된다.

21 박순朴淳(1523~1589) : 본관은 충주忠州, 자는 화숙和叔, 호는 사암思菴이다. 기묘명현己卯名賢 목사牧使 상祥의 조카이다. 서경덕徐敬德의 문인이다. 1540년 사마시에 합격하고, 1565년 대사간이 되어 대사헌 이탁李鐸과 함께 윤원형을 탄핵해 포악한 척신 일당의 횡포를 제거한 주역이 되었다. 그 뒤 대사헌을 거쳐, 1566년 부제학에 임명되고, 이어 이조판서·예조판서를 겸임했다. 1572년 우의정에 임명되고, 이듬해 왕수인王守仁의 학술이 그릇되었음을 진술했으며, 이 해 좌의정에 올랐다. 그 뒤 1579년에는 영의정에 임용되어 약 15년간 재직했다. 중년에 이황李滉을 사사師事했고, 만년에 이이·성혼成渾과 깊이 사귀어 '이 세 사람은 용모는 달라도 마음은 하나이다.'라고 할 정도였으며, 동향의 기대승奇大升과도 교분이 두터웠다. 나주월정서원月井書院, 광주光州월봉서원月峰書院, 개성화곡서원花谷書院, 영평永平옥병서원玉屛書院에 제향되었고, 시호는 문충文忠이다. 저서로는 『사암집』 7권이 있다.

경南彦經[22]에게 주자가례朱子家禮를 전수 받았다. 그는 수많은 예 중에서도 상례喪禮에 더욱 밝았다. 공경대부 중에 초상이 있으면 반드시 그를 맞이하여 제복장祭服匠이라 일컬었다. 나라에 초상이 있어 질쇄質殺[23]를 사용할 것을 논의했는데, 그 제도를 잘 아는 사람이 없자 곧 희경에게 맡겨 정했다. 임진왜란壬辰倭亂에는 그가 눈물을 흘리며 의사義士를 불러 모아 명나라 군사를 도와 적을 토벌하니, 임금이 가상히 여겨 장려했다.

광해군光海君 무오년(1618)에 이이첨李爾瞻[24]이 인목대비仁穆大妃를 폐모하는 모의를 해[25] 도성의 백성들을 협박하고 투소投疏하게 했으며, 이를 어기는 자들은 벌을 주었는데, 유희경만 유독 따르지 않았다. 유희경은 평소 이이첨과 친하였지만 즉시 그와 절교했다. 언젠가 길에

---

22 남언경南彦經 : 본관은 의령, 자는 시보時甫, 호는 동강東岡이다. 서경덕徐敬德의 문인이며, 조선시대 최초의 양명학자이다. 학행으로 천거되어 헌릉참봉이 되고, 1566년 조식曺植·이항李恒 등과 함께 발탁되어 지평현감砥平縣監이 되었다. 1573년 양주목사가 되고, 이듬해 지평持平에 임명되었으나 어머니의 병간호를 위해 그대로 머물 것을 요청해 허락을 받았다. 1589년 정여립鄭汝立의 모반사건이 일어나자 사헌부의 탄핵을 받고 파직되었다. 1592년 다시 여주목사로 기용되었고, 이듬해 공조참의가 되었으나 이요李瑤와 함께 이황李滉을 비판하다가 양명학을 숭상한다는 빌미로 탄핵을 받고 사직하여 양근楊根의 영천동靈川洞에 물러나 한거하다 67세로 별세했다.

23 질쇄質殺 : 상례 때 소렴小殮을 하고서 시체를 감싸는 물건이다. 두 개의 자루 모양과 같은 것인데, 질質은 시체의 윗부분을 감싸는 것이고 쇄殺는 아랫부분을 감싸는 것이다. 『예기禮記』, 「상대기喪大記」에 나온다.

24 이이첨李爾瞻(1560~1623) : 본관은 광주廣州, 자는 득여得輿, 호는 관송觀松·쌍리雙里이다. 연산군 때 무오사화를 일으킨 이극돈李克墩의 후손이다. 1582년 생원진사시에 합격해 광릉참봉光陵參奉이라는 말직을 지냈다. 시강원侍講院 사서司書로 있으면서 세자 광해군을 가르치는 교사를 역임하여 신임을 쌓았으며 조식의 제자이자 대북파大北派의 영수인 정인홍鄭仁弘의 가르침을 받았고 허균許筠과 친밀하게 지냈다. 1613년 계축옥사癸丑獄事를 일으켜 영창대군을 강화도에 안치해 죽게 하고 김제남을 사사했다. 1617년 정인홍과 함께 폐모론廢母論을 주장해 이듬해 인목대비仁穆大妃를 유폐시켰다. 1623년 인조반정이 일어나 광해군이 폐위되자 이천으로 달아났다가 붙잡힌 뒤 이튿날 참형되었으며 그의 세 아들도 모두 죽음을 당했다.

서 유희경을 만나자 이이첨이 꾸짖으며

"자네가 나를 찾아오지 않는 것은 어째서인가?"

라고 했다. 유희경이

"소인은 어머니가 계시고 봉양하는 일에 다급하여 공의 문전에 나아갈 겨를이 없었습니다."

라고 대답했다. 인조반정仁祖反正이 일어나자 대신들이 그의 절의와 기개를 아뢰니, 임금이 특별히 명하여 작위와 녹봉을 올려주었다.

공은 사람됨이 차분하고 조용했다. 집은 정업원淨業院의 하류에 있었는데, 물가에 나아가 돌을 쌓고 대臺를 만들었는데 이것을 이름 하여 침류枕流라 했다. 그는 침류 곁에 복숭아나무와 버드나무 수십 그루를 심고 매번 봄에 꽃이 피면 그 속에서 휘파람 불고 시를 짓고 읊으며 한담閑澹하기를 그 사람들(도잠陶潛, 사조謝朓)[26]과 같이 했다. 사암思菴이 자주 칭찬하고, 공경公卿들도 모두 그에게 가서 시를 짓고 주고받으니 세상에 일컫는 침류대시첩枕流臺詩帖이 바로 이것이다.

영안위永安尉 홍주원洪柱元[27]이 가장 우애가 좋아 날마다 소나무 아래

---

25 인목대비仁穆大妃를 폐모하는 모의 : 1617년에 이이첨李爾瞻이 정인홍鄭仁弘 등과 발의하여 인목대비仁穆大妃를 폐위시켰던 일을 말한다.

26 그 사람들 : 『동문선』 제83권 서序 「쌍명재시집서雙明齋詩集序」, "굴원屈原·송옥宋玉의 요율憀慄이나, 도잠陶潛·사조謝朓의 한담閑澹이나, 이백李白·두보杜甫의 준일俊逸은 비록 천백 년이 지난 뒤에도 그 시를 읽으면 그 사람됨이 깨끗하여 털끝만한 흠도 없는 것을 상상할 수 있으니," 라는 구절이 보인다.

27 홍주원洪柱元(1606~1672) : 본관은 풍산豊山, 자는 건중建中, 호는 무하당無何堂이다.

를 지나갔는데, 인목대비仁穆大妃가 듣고 번번이 어찬御饌을 실어 하사했다. 후에 그 땅이 궁중으로 들어가 도총부都摠府가 되었고, 지금 이문원摛文院[28]이 되었는데 그 소나무가 아직까지 존재한다.

지봉芝峯 이수광李睟光이 다음과 같이 유희경에게 시를 보내었다.[29]

오직 당唐의 이백李白과 두보杜甫를 따랐고	唯追唐李杜
송宋의 진사도陳師道와 황정견黃庭堅은 배우지 않았네[30]	不學宋陳黃
눈 내리는 집에는 거문고와 책이 서늘하고	雪屋琴書冷
매화나무 창가엔 웃음과 말소리 향기롭네	梅牕笑語香

라고 했으니, 곧 사실을 기록한 것이다. 그는 성품이 담백하고 고아해 젊어서부터 시예詩禮를 배웠다. 「양양도중襄陽途中」[31]시는 다음과

외할아버지와 김류金瑬로부터 수학했다. 1623년 선조의 딸 정명공주貞明公主에게 장가들어 영안위永安尉에 봉해졌다. 1647년 사은사로 청나라에 가서 시헌력時憲曆을 구입해서 귀국, 새로운 역법의 시행을 건의했다. 1649년 고부청시청승습사告訃請諡請承襲使로, 1653년 사은사로, 1661년 진위 겸 진향사陳慰兼進香使로 각각 청나라를 다녀왔다. 천성이 온순하고 효성이 지극하며 형제간에 우애가 두터웠다. 또한, 문학을 즐기고 선비들과 명승지를 찾아 놀기를 좋아했으며, 특히 조석윤趙錫胤·박장원朴長遠과의 우정이 깊었다. 시호는 문의文懿이다. 저서로는 『무하당집無何堂集』 6권이 있다.

28 이문원摛文院 : 조선시대 역대임금의 어진御眞·선적璿籍·어필御筆·어제御製·교명敎命·전장문적典章文籍 등을 보관하는 관서로 창덕궁 내에 설치되어 이 외에도 금보金寶·옥인玉印·옥책玉冊·죽책竹冊 등도 관리했다.

29 이 시는 이수광李睟光, 『지봉유설芝峯類說』 권40 문장부文章部, 「방류旁流」에 실려 있다.

30 진사도陳師道(1053~1101)와 황정견黃庭堅,(1045~1105) : 진사도는 북송 때의 시인으로 자는 무기無己이고 호는 후산後山이다. 황정견 역시 북송 때의 시인으로 자는 노직魯直이고 호는 산곡도인山谷道人이다. 진사도와 황정견은 모두 강서시파江西詩派의 대표 시인들이다.

31 양양襄陽 : 과거 양양은 강원도의 명실상부한 중심이었다. 한때 강원도는 원양도 혹

같다.[32]

산은 비 기운 머금고 물은 연기 머금었는데	山含雨氣水含煙
청초호 가엔 흰 해오리 졸고 있네	靑草湖邊白鷺眠
길이 해당화 아래로 돌아드니	路入海棠花下去
가지가득 꽃잎이 채찍에 걸려 떨어지네	滿枝香雪落揮鞭

또 '돌은 이끼무늬를 띠고 늙어가고, 산은 비 기운을 머금고 푸르네, 石帶苔紋老 山含雨氣靑' '댓잎은 아침에 이슬 흘러내리고, 솔가지엔 새벽에 별이 걸렸네, 竹葉朝傾露 松梢曉掛星'[33] 등의 구절은 사람들에게 칭찬을 받았다.

임진란壬辰亂 후에 유미경은 스스로 생계를 꾸릴 길이 없자 위장소衛將所[34]의 서원書員이 되었다. 그는 중전을 호위하면서 수안遂安에 머물렀는데, 그때 눈이 그쳐 시내와 산의 경치가 평소의 배나 아름다웠다. 호종하던 여러 신하들이 희경에게 시를 짓게 하자, 다음과 같은 시를 지었다.[35]

은 강양도라고 불렸다. 원양도는 원주와 양양을, 강양도는 강릉과 양양을 합쳐 불렀던 이름이다. 원주와 강릉은 들고 났지만, 양양만큼은 이름의 한 자리를 지키고 있었던 셈이다. 양양은 조선 태종때 도호부가 설치됐을 정도로 위세가 당당했다. 양양은 단순히 행정적인 기능만 했던 건 아니었다. 설악의 정수리인 대청봉을 등 뒤로 두고, 앞으로는 동해의 푸른 바다를 내다보고 있는 양양은 예로부터 빼어난 경관으로도 이름이 높았다.

32 이 시는 이덕무李德懋, 『청장관전서靑莊館全書』 권25, 「청비록淸脾錄」4, 「유희경劉希慶」에 실려 있다.

33 이 시는 유희경劉希慶, 『촌은집村隱集』 권1 오언고시五言古詩, 「일련逸聯」에 실려 있다.

34 위장소衛將所 : 조선시대 군대 편제인 오위五衛의 위장衛將들이 숙직하던 장소로, 이곳을 중심으로 위장들이 기병과 함께 순찰을 돌았다.

35 유희경劉希慶, 『촌은집村隱集』 권1, 칠언절구七言絶句 「수안영설遂安詠雪」에 이 시가

요양遼陽[36] 옛 성에 호위해 오니 扈衛遼陽古郡城
바람에 날리는 옥가루 숲과 들에 뿌리었네 風飄瓊屑灑林坰
시골아이야 나무하러 가는 길 묻혔다 싫어하지 말거라
村童莫嫌埋樵逕
하늘이 별궁을 짓기 위해 옥경玉京을 만든 것이니[37]
天爲行宮作玉京
『어우야담於于野談』

김창흡金昌翕이 다음과 같이 묘표墓表를 지었다.

군의 이름은 희경希慶이고 자는 응길應吉이며 호는 촌은村隱이다. 그가 거처했던 침류대枕流臺는 여러 현인들이 이름을 내려 준 것이 있다. 지금 그 땅은 도총부都摠府로 들어갔고, 심어놓은 소나무 한그루는 여전히 있다고 한다. 사람됨이 조용하면서도 성실하며 옛것을 좋아하여, 젊어서 사암思菴 박순朴淳[38]에게 당시唐詩를 배우고, 동강東岡 남언경

실려 있다.

36 수안고호遂安古號 : 수안遂安의 옛 명칭으로 오늘날 북한 황해북도 수안군 일대이다. 수안은 한사군을 거쳐 고구려 때에는 고소어古所於·장새현獐塞縣이었으며, 신라 때에는 서암군栖巖郡의 영현領縣이 되었다. 고려 초에는 수안현遂安縣이 되었다가 현종顯宗 때 곡주谷州에 속하였으며, 후에 다시 현령縣令을 두었다가 1310년에는 수주遂州로 승격되었다

37 하늘이~것이니 : 행궁行宮은 임금이 거동길擧動-에 머무는 별궁別宮을 가리키고, 옥경玉京은 하늘 위의 옥황상제玉皇上帝가 산다고 하는 가상적인 서울을 의미한다. 『화랑세기』4세 이화랑 조에 이화랑이 숙명 공주에게 태후와 대왕을 따라 옥경으로 가는 것이 어떻습니까? 한 말이 나온다.

38 박순朴淳(1523~1589) : 본관은 충주忠州, 자는 화숙和叔, 호는 청하자青霞子·사암思菴이다. 기묘명현己卯名賢으로서 문장가로도 알려진 박상朴祥은 그의 백부이다. 박순은 나주에서 태어났으나, 6세에 어머니를 잃고 이후 광주에서 서모에 의해 양육되었다. 시호는 문충文忠이다. 박순의 문집인 『사암집思菴集』은 1652년에 6권 2책으

南彦經[39]에게 예설禮說을 전수받아 드디어 『삼례주소三禮註疏』 및 『두전杜典』,[40] 『구의丘儀』[41] 를 널리 모아 학문을 연구했다. 무릇 그는 입으로 강하고 손으로 그은 것이 자세히 근거함이 있었으니, 국상에서부터 선비의 상에 이르기까지 군을 기다려 함렴含斂하지 않음이 없었다. 그가 두루 이르지 못할 경우에는 삼베를 보내어 상복을 지으려는 사람들이 항상 침류대枕流臺 아래로 서로 이어졌는데, 군은 하나하나 모두 따라서 응대했다. 그는 한가하면 소나무를 대하고 읊조려, 당시의 여러 뛰어난 문인들이 모두 그의 집을 찾았다. 그는 사람들이 붓과 벼루를 갖추어 금강산을 유람하자고 요청을 하면 늙고 병들었다는 것으로도 사양한 적이 없었으니, 그 가슴속 운치가 이와 같았다.

군은 가정嘉靖 을사년(1545) 2월에 태어나 숭정崇禎 병자년(1636) 2월에

로 처음 간행되었고, 1857년 7권 3책으로 중간되었다. 『사암집』에서 부록 등을 제외한 본집은 모두 4권인데, 이 중 박순이 남긴 시가 3권을 차지한다.

39 남언경南彦經(1546~?) : 본관은 의령, 자는 시보時甫, 호는 동강東岡이다. 개국공신 재在의 6대손이며, 아버지는 영흥부사 치욱致勗이다. 서경덕徐敬德의 문인이며, 조선시대 최초의 양명학자이다. 진백사陳白沙와 왕양명의 『전습록傳習錄』을 탐독했고, 그 영향을 받아 조선시대 최초의 양명학자가 되었다. 후에 이를 전승한 정제두鄭齊斗는 "선과 악을 논하지 않고서 고요할 때는 모두 이가 되고, 움직일 때는 모두 기가 된다고 한다면 기를 어찌 동動과 정靜으로써 한정할 것이며 움직일 때는 인욕人欲, 고요할 때는 천리天理라고 할 것인가."라고 해 이황의 이기이원론理氣二元論을 반박하고 양명학의 사상적 체계를 완성시켰다. 문하로는 이요 등이 있다.

40 두전杜典 : 두우杜佑의 『통전通典』을 가리킨다.

41 구의丘儀 : 구준丘濬(1420~1495)의 가례의절家禮儀節을 가리킨다. 구준은 명明나라의 유학자이자 정치가이다. 자字는 중심仲深, 호號는 심암深菴 또는 경산瓊山이며, 시호諡號는 문장文莊이다. 효종孝宗 때 예부 상서禮部尙書로 문연각태학사文淵閣大學士를 겸하여 정무에 참여했다. 시폐時弊를 직언하여 황제를 잘 보필하였고 주자학과 전고典故에도 밝았다. 저서로는 『대학연의보大學衍義補』·『가례의절家禮儀節』·『주자학적朱子學的』 등이 있다.

죽었다. 도성의 아래에[42] 92세까지 살면서 국가의 치란[43]과 사람의 길흉화복[44]을 경험한 것이 많았다. 시세의 변화를 만날 때마다 볼 만한 절개가 있었으니, 임진왜란壬辰倭亂에는 창의를 해서 시정의 백성들을 모집해[45] 왕사에 힘을 썼다. 무오년(1618)에 인목대비의 폐모로 조정에서 거리의 노인들을 협박하여 폐모를 권하는 상소를 하고, 따르지 않으면 형벌을 내리는 논의를 했는데, 군은 흔들리지 않았고 평소 이이첨李爾瞻과 사이가 좋았지만 이 사건에 이르러 싫어하며 발길을 끊었다. 그가 길을 나섰다가 이이첨을 만나 힐책을 당하자

"소인에게 어머니가 계셔 봉양하는데 전념하느라 공의 집에 발길을 들일 틈이 없었습니다."

라고 대답했다.

군은 진실로 효행이 있어서 13세에 아버지를 여의고 예로 장사지

---

42 연곡輦轂 : 서울의 별칭으로 원래는 천자天子가 타는 수레라는 뜻이다. 연곡하輦轂下. 연하輦下라고도 한다.

43 비태否泰 : 비否와 태泰는 본래 『주역』의 괘 이름이다. 비괘䷋는 하늘이 위에 있고 땅이 아래에 있어서 천지가 서로 막히는 상象이고, 태괘䷊는 하늘이 아래에 있고 땅이 위에 있어서 천지가 서로 교제하는 상이어서, 비괘는 비색하여 나쁘고 태괘는 통태通泰하여 길한바, 인간의 길흉과 화복이 어떻게 생겨나고 순환하는지를 연구함을 말한 것이다.

44 평피平陂 : 길의 평탄함과 기욺[平陂]을 가지고 인생의 화복과 세상의 변천을 비유하여, 고금의 치란治亂을 모두 살펴봄을 말한 것이다. 『주역』 [태괘泰卦 구삼九三[에 "평평하기만 하고 기울지 않는 것은 없으며 가기만 하고 돌아오지 않는 것은 없다.[无平不陂 无往不復]"라고 한 말을 인용한 것으로, 음양의 성쇠와 인간의 길흉화복은 무상하여 성하면 쇠하고 쇠하면 성함을 말한 것이다.

45 의모義募 : 재력 있는 자가 관에 보고한 후 스스로 장사壯士를 선발하고, 이들 집안의 생계비, 여비 등을 부담하여 이들을 수도로 보내면, 그 선발자에게 '의모'의 호칭을 내린다. 중앙에서 장사들을 부대로 편성하여 무기와 식량을 지급한다.

내며 언 몸으로 흙을 지고 드디어 그 아래에 여묘살이를 했다. 모친 배씨裵氏가 30년 동안 자리보전했는데, 아침저녁으로 모시며 직접 속옷을 빨았고[46] 여가에는 부지런히 독서하여 행실이 돈독하고 학문에 민첩했으니, 여기에서 그의 군자로서의 됨됨이를 볼 수 있다. 군의 집안은 강화江華에서 시작되었다. 조부 도치道致와 부친 업동業仝은 아마도 모두가 비천하고 한미했던 사람인 듯하다. 그의 부인 허씨許氏도 나이 90을 넘겨 죽었으니, 함께 도봉산道峯山에 장례 지냈다. 아들 5명이 있었는데, 순민舜民, 우민禹民, 성민聖民, 사민士民, 일민逸民이고, 친손, 외손, 증손, 현손이 2백여 명에 이르렀다.

군은 처음 임진왜란에 의병을 일으킨 것으로 선조의 포상을 받았고, 계해반정癸亥反正에 이르러서는 인조가 그의 절의를 가상히 여겨 가선대부嘉善大夫를 수여하였다. 그가 통정通政의 자급을 받은 것은 나라의 고관들[47]을 돕고 도모함이 나라의 쓰임에 넉넉하였기 때문이니 이 또한 충정으로 이룬 것이다.

80에 이르러서 관례에 따라 가의嘉義에 가자되었다.[48] 죽고 나서는 아들 일민逸民이 원종훈原從勳으로 군이 자헌대부한성부판윤資憲大夫漢城府判尹에 증직되었다. 태어난 처지로 비추어 본다면 또한 이미 높고 현달한 것이다. 그러나 소암疎菴 임공任公[49]은 군의 어짊을 높이고 우리

46 측투廁牏 : 땀받이 속옷, 변소의 담을 지칭한다.

47 육식肉食 : 보통 벼슬아치들을 낮춰 부를 때 쓰는 말로 쓰인다.

48 예가例加 : 예例에 따라 품계를 올리는 일이다.

49 임숙영任叔英(1576~1623) : 본관은 풍천豊川, 초명은 상湘, 자는 무숙茂淑, 호는 소암疎庵이다. 어려서부터 시를 잘 지었고 기억력이 뛰어났다 한다. 1601년 진사가 되고, 성균관에 10년 동안 수학, 논의가 과감하였으며 전후 유소儒疏가 그의 손에서 나왔다. 승문원정자·박사를 거쳐 주서가 되었고, 1613년에 영창대군永昌大君의 무옥이 일어나자 다리가 아프다는 핑계를 대고 정청庭請에 참가하지 않았다. 곧 파직되어 집에서 지내다가 외방으로 쫓겨나 광주廣州에서 은둔했다. 인조반정 초에 복직되어

나라의 제도를 비루하게 여겨서,

"서민 자제 와 양반 자제[50]가 재주[51]가 누가 낫고 못하기에 품계[52]에 구애되는가? 유의경의 덕을 숭상하였도다. 이 말이여! 나는 선대에 침류枕流의 모임이 있었고 오늘날 세상의 도에 대한 유감이 있기 때문에 가만히 저 소인에게 노모가 있다는 말을 소중히 여긴다. 이러한 까닭으로 즐겁게 표창하고 글답지 못함을 잊어버리고 드디어 묘표를 써서 군의 손자에게 주니, 이는 스스로 힘쓰게 하게끔 하려는 것이다."[53]

라고 했다.

유몽인柳夢寅[54]은 다음과 같이 전을 지었다.

예문관검열과 홍문관정자·박사·부수찬 등을 거쳐 지평에 이르렀다. 고문古文에 힘썼으며, 중국 육조六朝의 사륙문四六文에 뛰어났다. 그가 지은 「통군정서統軍亭序」는 중국학자들로부터 크게 칭찬을 받았다 한다.

50 봉필蓬蓽 : 오두막의 사립문을 뜻하는 봉문필호蓬門蓽戶의 준말인데, 여기서는 여건이 너무나 열악해서 과거에 급제하기가 무척 어려운 지방 출신이라는 뜻으로 쓰였다.

51 기환綺紈 : 비단의 일종으로 아름답게 무늬 놓은 비단과 흰 비단을 말하는데, 전하여 이러한 비단이 있는 부귀한 집을 뜻한다.

52 유품流品 : 고려·조선시대 정1품에서 종9품까지 18품계를 통틀어 이르던 말이다. 이러한 품계 안에 들어가는 것을 유내流內라 하고, 품계 안에 들어가지 못한 것을 유외流外라고 했다.

53 김창흡金昌翕이 지은 묘표墓表는 유희경劉希慶, 『촌은집村隱集』 권2 부록附錄「묘표墓表」에 실려 있다.

54 유몽인柳夢寅(1559~1623) : 본관은 고흥高興, 자는 응문應文, 호는 어우당於于堂·간재艮齋·묵호자默好子이다. 성혼成渾과 신호申濩에게서 수학했으나 경박하다는 책망을 받고 쫓겨나 성혼과는 사이가 좋지 못했다. 1582년 진사가 되고, 1589년 증광 문과에 장원 급제했다. 1592년 수찬으로 명나라에 질정관質正官으로 다녀오다가 임진왜란이 일어나 선조를 평양까지 호종했다. 여러 벼슬을 역임했고 한성부좌윤·대사간 등을 지냈으나 폐모론이 일어났을 때 여기에 가담하지 않고 도봉산 등에 은거하

유생劉生의 이름은 희경希慶, 호는 촌은村隱으로 한양의 한미한 사람이었다. 직접 하는 일은 없고 오직 시 짓고 상례만 따지는 것을 일삼았다. 늙도록 다른 기술로 바꾸지 않았고 비록 궁하고 굶주린 상황에 있더라도 오히려 태연했다. 그를 아는 사람들이 늙어도 이름을 바꾸지 않음을 가련히 여겨 도감都監[55]에 이름을 올리라 부탁하니, 예에 따라 상으로 그에게 절충장군折衝將軍[56]의 품계가 더해졌고 70세에도 항상 한가하게 거처했다.

내가 살펴보건대 우리나라는 기자箕子 이래로 신분의 귀천을 분별하는 것이 매우 심했고, 말세에 이르러서는 더욱 과거를 중시해 비록 큰 재주와 깊은 학식을 지닌 기이하고 빼어난 선비가 있더라도 불행하게 천민이나 서얼 출신이라면 양반과 나란히 벼슬길에 나아갈 수가 없다. 만일 지위가 문무과文武科에 합격해 나아가는 것을 감당할 수 없는 사람들이 있다면 역관譯官, 의원醫員, 음양陰陽, 산수算數, 감천監天, 상지相地에 모두 과거시험이 있어 응시해 임용되었다. 이들보다 못한 사람 중에 서리와 농부와 장인과 상인과 노복은 각각 생계를 이룬다. 그러므로 진실로 대과大科에 나아가지 못하는 사람들은 각각 자기의 글을 글로 여겼고, 그들이 보는 책은 시서詩書와 같은 종류들이 아니

며 성안에 발을 들여놓지 않았다. 이리하여 1623년 인조반정 때 화를 면했으나 관직에서 물러나 방랑 생활을 했다. 그 해 7월 현령 유응경柳應洞이 "유몽인이 광해군의 복위 음모를 꾸민다."고 무고해 국문을 받았다. 마침내 역률逆律로 다스려져 아들 약瀹과 함께 사형되었다. 신원된 뒤에 나라에서도 다시 의정義貞이라는 시호를 내리고 운곡사를 공인했다. 고산高山의 삼현영당三賢影堂에도 제향 되었다. 저서로는 야담을 집대성한 『어우야담』과 시문집 『어우집』이 있다.

55 도감都監 : 고려·조선시대 국가의 중대사를 관장하기 위해 수시로 설립한 임시관서이다.

56 절충장군折衝將軍 : 조선시대 정3품 당상관堂上官의 서반西班[武官]에게 주던 관계官階를 이른다.

었다. 그래서 직업이 있는 자들은 유희경을 지목해 비웃으며 현실에 맞지 않다 여겼다.

중세에 어무적魚無迹, 박계강朴繼姜, 정옥서鄭玉瑞는 시가와 문장으로 이름이 났고, 서기徐起, 박인수朴仁壽, 권천동權千同, 공억건孔億健은 학문과 행실로 칭송되었다. 당시의 사대부들은 대부분 안색을 좋게 하여 그들을 천한 노예로 보지 않고 명실名實의 끝 같은 것을 따지지 않았으니, 대개 이는 백년의 사이에 들지 못할 뛰어난 인물이다.

유생劉生의 경우도 처지가 비천하여 과거에 응시할 수 없었으므로 다른 기술에 종사하여 생활을 도모하는 것이 바로 그의 직분일 터이다. 그런데 일찍이 시詩를 배우고 생산에는 종사하지 않았으며 서리書吏 백대붕白大鵬과 수창酬唱하기를 형제처럼 하니[57] 한때의 조정의 벼슬아치들과 여러 선비들이 대부분 그를 장려하고 칭찬하는 사람이 많았다. 처음 그가 동호독서당東湖讀書堂을 유람하며 이름난 관리들의 좋은 시편을 보고 운자에 화답하니 상국相國인 사암思菴 박순朴淳이 크게 가상히 여겨 칭찬했으며, 이로 인해 당시唐詩를 가르쳐서 그의 재주를 이루게 했다.

당시 조정의 선비들은 이학理學을 숭상하여 반드시 가례家禮와 소학小學을 법도로 삼았다. 홍가신洪可臣, 서인원徐仁元, 허상許鏛, 안민학安敏學의 무리들이 유생을 가르칠 만하다 여겨져 주자가례를 가르쳤다. 그는 '거가居家'와 '효우孝友', '관혼상제冠婚喪祭'에 이르기까지 항목이나 절차, 법도와 수를 모두 다 상세히 하지 않음이 없었고, 『의례경전儀禮經傳』, 『두씨통전杜氏通典』, 『구씨의절丘氏儀節』을 참고해 당시 사람들이

57 훈지壎篪 : 『시경詩經』 소아小雅 「하인사何人斯」에 "형은 질나팔 동생은 피리 부네[伯氏吹塤 仲氏吹篪]"라고 했는데, 형제가 서로 화목하게 지내는 것을 말한다.

사용하지 않는 문장을 썼으며, 그림이나 전적, 선유의 의론을 살펴 처음부터 끝까지 모두 연구했다. 그러므로 선비들이 초상이 나면 모두 유생을 청하여 『예경禮經』을 잡고 의복의 제도를 논하였으며, 그의 말을 존중하여 예를 이루었다.

또 그는 일찍이 어버이를 섬김에 정성과 효도를 다했고 상주로 있을 때에는 슬픔과 예를 모두 극진히 했으니 여러 사람들이 이 때문에 그를 더욱 공경했다. 유명한 유학자인 허성許筬[58]이 그를 특별히 아껴 일본으로 사신 갈 때에 백대붕白大鵬과 유생과 더불어 가려고 했는데, 유생은 노모를 모시는 일로 사양해 백대붕만 혼자 갔다. 임진난壬辰亂에 이르러 순변사巡邊使 이일李鎰[59]이 백대붕이 왜의 일을 잘 안다고 해 억지로 동행했는데, 대붕이 군의 무리에서 죽자 유생은 더욱 외로워 졌으나 그래도 이전부터 하던 일을 그만두지 않았다. 몸 붙일 곳이 없고 먹고 살기도 어려웠지만 어떤 대상과 맞닥뜨리면 문득 시를 읊어 스스로 마음을 달래었다.

장안長安의 북촌에 정업원淨業院[60]이 있는데 땅이 외지고 산과 가까

---

58 허성許筬(1548~1612) : 본관은 양천陽川, 자는 공언功彦, 호는 악록岳麓·산전山前이다. 봉篈·균筠의 형이고, 난설헌蘭雪軒의 오빠이다. 당시 이름난 문장가였다. 유희춘柳希春의 문인이다. 1568년 생원이 되고, 1583년 별시문과에 병과로 급제했다. 선조대에 학문과 덕망으로 사림의 촉망을 받았으며, 성리학에 조예가 깊었고 글씨에도 뛰어났다. 저서로는 『악록집岳麓集』이 있다.

59 이일李鎰(1538~1601) : 본관은 용인이며 자는 중경重卿이다. 1558년 무과에 급제한 뒤 경성판관·전라좌수사 등을 역임했다. 저서로 『증보제승방략 增補制勝方略』이 있다.

60 정업원淨業院 : 흥인문 밖 동망봉東望峯 밑 연미정동燕尾汀洞에 있다. 즉 단종왕비 정순왕후定順王后 송씨가 궁을 물러난 뒤에 가처하던 옛터이다. 영종 47년에 어필로 정업원 옛터[淨業院舊基] 5자를 써서 비석을 세우고 또 동망봉 3자를 써서 정업원 맞은편 산 위의 돌에 새기라 했다. 즉 송씨가 올라가서 영월 단종이 있는 곳을 바라보던 곳이다. 상고해 보면 지금의 정업원에는 집이 없고 하나의 돌장기판이 있다. 또 지금 동문 밖 관왕묘 앞에 여인女人들의 채소파는 시장이 있다. 세상에서 전해오기를 '단종비 송씨가 정업원에 있을 때에 채소의 공급이 떨어져서 동교의 여인들

워 맑은 샘 한줄기가 바위굴 사이로 흘러나왔다. 그는 그곳에 그 땅을 사서 거처했다. 그는 손수 복숭아와 살구나무 네 다섯 그루를 심고 돌을 쌓아 작은 대를 만들고 날마다 그 위에 앉고 누우니 그곳을 이름하여 침류대枕流臺라 하고, 시 몇 편을 지었다. 지금의 글 읽는 선비 중에 오산五山 차천로車天輅, 지봉芝峯 이수광李睟光, 현옹玄翁 신흠申欽, 남창南窓 김현성金玄成, 녹문鹿門 홍경신洪慶臣, 소암疎菴 임숙영任叔英, 현남峴南 조우인曹友仁, 쌍천雙泉 성여학成汝學과 같은 이들이 그 대에 올라 시를 짓거나, 혹은 그 시를 보고 화답하거나, 혹은 소문을 듣고 시를 지어 보내주었다. 그래서 여러 편을 모아 한질로 엮었으니, 시를 지어 유생에게 보낸 이들은 모두 글로 세상을 울릴 만한 인물들이었다.

나는 유생과 얼굴을 안지 이미 40년이다. 처음 장의동壯義洞[61]의 청풍계淸風溪를 유람할 때 이발李潑[62]의 집이 시냇가에 있어서 유생이 청렴하고 소탈함을 아껴 나를 그의 집으로 이끌고 갔다. 나는 홍영필洪永弼과 영경전永敬殿 앞에서 유생을 만났는데, 홍영필이 말하기를,

---

이 시장을 정업원 앞에 개설하고 채소를 거두어서 공급했다. 이 뒤부터 여인들의 채소시장이 지금까지 철폐하지 않는다' 한다. 국조보감에 보면 성종 20년에 성종의 생모 한씨 인수대비仁粹大妃가 불상佛像을 만들어서 정업원에 보낸 것을 유생 이벽李鼊 등이 가져다가 불태웠다. 『한경지략漢京識略』

61 장의동壯義洞 : 장동이라고도 하는데, 현재의 효자동·궁정동·청운동 일대이다. 대릉과 소릉은 각각 대정동大貞洞과 소정동小貞洞을 가리킨다. 원래 태조의 계비 신덕왕후神德王后의 무덤인 정릉貞陵이 있었던 곳으로, 현재 중구 정동 일대이다.

62 이발李潑(1544~1589) : 본관은 광산光山, 자는 경함景涵, 호는 동암東巖·북산北山이다. 김근공金謹恭·민순閔純의 문인이다. 1568년 생원이 되고, 1573년 알성문과에 장원, 이듬해 사가독서賜暇讀書를 하고, 이조정랑으로 발탁되었다. 1579년 응교, 1581년 전한, 1583년 부제학을 역임하고 이듬해에 대사간에 이르렀다. 홍가신洪可臣·허당許鏜·박의朴宜·윤기신尹起莘·김영일金榮一·김우옹金宇顒 등과 교유하였으며, 특히 최영경崔永慶과 가장 친했다. 1589년 동인 정여립鄭汝立의 모반사건이 일어남을 계기로 서인들이 집권하게 되자, 관직을 사퇴하고 교외에서 대죄待罪하던 중 잡혀 두 차례 모진 고문을 받고 장살杖殺되었다.

"자내는 유생을 알지 못하는가? 이 시인은 나의 백부, 숙부와 막역한 사이인데 그대는 어찌 이리도 늦게 만났는가?"

라고 했다. 홍영필의 백부와 숙부는 뛰어난 시인인 홍천민洪天民과 홍성민洪聖民이다.

나는 유생의 사람됨이 우아하고 밝으면서도 공손하고 삼가며, 옛 예에 밝게 통하고, 게다가 시에도 능함을 기이하게 여겼다. 비온 뒤의 푸른 산을 가리키며 운을 불러 시를 짓게 했는데, 유생은 운자를 부르는 대로 응답하여,

"돌은 이끼무늬를 띠고 늙어가고, 산은 비 기운을 머금어 푸르네. 石帶苔痕老, 山含雨氣靑"

라고 했다. 나는 그의 맑고 고움을 아껴 항상 마음속으로 생각했으니, 이로부터 자못 서로 친분을 쌓게 되었다.

지금 그는 시를 책으로 엮으려 나에게 글을 요청하였으나 나는 그를 만나지 못하고 헛걸음하고 돌아간 것이 여러 번이었는데 곧 기회가 되어 유생을 볼 수 있었다. 유생은 문학을 좋아하여 나이 70이 되어서도 여전히 독실하였으니, 여기에서 군자다운 사람임을 알 수 있었다. 내가 비록 재주가 뛰어나지는 않지만 가만히 스스로 사양하지 않고, 망령되이 사라지지 않기를 기약한다. 내가 유생에게 글 보냄에 시詩·서序·기記로 쓰지 않고 전傳으로 쓴 것은 유생의 뜻과 업을 영원히 전하고자 하는 데에 있다. 만력萬曆 43년 을묘년(1615) 고흥高興 후인 한천寒泉 묵호옹默好翁 유몽인柳夢寅 쓰다.[63]

평소 정암靜菴을 앙모하였고 또 도봉道峯의 산수를 사랑하여 노년을 보내고 생을 마치려 했다. 이징李澄[64]에게 임장도林莊圖[65]를 그리도록 부탁하고 함께 유람하던 사람들에게 청하여 시문으로 그 뜻을 펼쳤다. 후에 도봉都峯 아래에 장사지내었고 효로 정려각이 세워졌다. 문집 2권과 『상례초喪禮抄』 1권이 있다. 박엽朴燁[66]으로 하여금 그 사나움을 잃게 했다. 『유하지柳下誌』

≪양재성≫

· 조덕건曺德健

조덕건[67]은 서리書吏의 벼슬을 지냈다. 창의동彰義洞에 살았는데, 지극한 행실이 있었다. 그는 재종조再從祖 형제의 친척 수십 명과 같은 집에서 살았는데, 작은 단지를 집 아래에 묻어 놓고 약속하기를

"옳지 못한 일을 만나 서로 경계하고 신칙할 일이 생기면 번거롭

---

63 유몽인柳夢寅, 『어우집於于集』 권6, 열전列傳에 「유희경전劉希慶傳」이 실려 있다.

64 이징李澄(1581~?) : 본관 전주全州, 자는 자함子涵, 호는 허주虛舟이다. 왕족 문인화가 이경윤李慶胤의 서자로 벼슬은 화원으로 주부主簿를 지냈다. 1623년 유희경劉希慶의 요청으로 그의 별서別墅 실경산수화인 「임장도林莊圖」를 그리고, 1628년에는 태조의 진영眞影을 개수한 공으로 동반東班의 6품직을 제수 받았다. 작품으로 「연사모종도煙寺暮鐘圖」, 「이금산수도泥金山水圖」, 「노안도蘆雁圖」 등이 전한다.

65 「임장도(林莊圖)」 : 이징이 1623년 위항 문인 유희경(劉希慶)의 요청에 의해 그의 별서(別墅)를 묘사한 실경산수이다.

66 박엽朴燁(1570~1623) : 자는 숙야叔夜, 호는 국창菊窓, 본관은 반남潘南이다. 『응천일록凝川日錄』에는 1613년 의주부윤으로 있을 때, 형장刑杖을 남용해 가는 곳마다 사람을 죽이고 백성들의 고혈을 짜내 관작이나 포상을 받으려 했다고 한다. 또한 사사로이 부府의 여자종을 범해 음탕하고 더러운 짓을 마음대로 했다고 기록되었다. 유희경의 『촌은집村隱集』 권2 부록에 홍세태가 쓴 「묘지명墓誌銘」을 살펴보면 그의 행적이 자세히 보인다.

67 조덕건曺德健과 관련된 내용은 『연경재전집研經齋全集』 권55에 보인다.

게 말하지 말고 다만 작은 쪽지를 써서 항아리 안에 던져두자. 한 해가 끝날 무렵 문득 모여 앉아서 그 쪽지를 펴 보고 각자가 묵묵히 마음으로 경계할 것을 힘쓰고, 남에게 말하지 아니하고 곧장 그 쪽지를 태우고 누가 썼는지를 알지 못하게 하자."

라고 했다. 대개 말로써 경계함을 번거롭게 하지 아니한 것은 은혜를 상하게 할까 염려한 것이고, 누가 썼는지를 알지 못하게 한 것은 싫어함이 쌓이는 것을 방지하기 위함이다. 이는 함께 살면서 싸우지 않게 하는 방도요. 법도로 경계하는 뜻이 또한 그 안에 있다. 그는 또 선친의 무덤 아래에 별도로 제기祭器를 쌓아두고 제사에 임해서 그 정성과 공경을 극진히 하니 마을 사람들이 그의 행실을 사모했고, 비록 무리한 자제子弟들이라도 그의 이름을 감히 부르지를 못하고 반드시 '덕건씨德健氏'라고 했다. 그의 죽음은 현종顯宗 중기 때이다.

· **백윤구**白胤耈

백윤구[68]는 평산平山 사람이다. 고려시대에 시중侍中 백경신白景臣의 후손으로, 자는 이맹頤孟이요, 호는 학고당學古堂이다. 학고당은 박담옹朴澹翁에게 수학受學했다. 그는 집안이 매우 가난하여 어버이를 봉양하기 위해 병조서리兵曹書吏의 벼슬을 지냈다. 일찍이 말하기를,

"후세에 좋은 풍속이 없는 것은 일마다 옛 성현을 본받지 않기 때문이다."

---

68 백윤구白胤耈와 관련된 내용은 『병계선생집屛溪先生集』 권55에 보인다.

라고 하고는, 마침내 자신의 호를 학고당學古堂이라 했다. 시문집詩文集 3권이 세상에 전해지고 있다. 비록 병조 서리의 벼슬을 지냈으나 한 번도 손에서 책을 놓은 적이 없었다. 그는 고인古人으로 스스로를 기약하며 정밀히 사색하고 힘을 다해 실천하기를 밤낮으로 했다. 부모를 섬김에 그 정성을 지극히 하였으며, 집안의 남자 아이들은 종일토록 부모 곁에 앉음에 부자父子·처매妻妹가 제각기 앉는 위치가 있어서 질서가 정연했다.

일찍이 말하기를

"성인聖人의 말을 따르고 성인의 일을 행하면 삼대三代[69]를 회복할 수 있으며 왕도王道를 일으킬 수 있다. 또한 인仁을 하여도 예禮에 밝지 못하면 인에 편안할 수 없다. 학교 제도는 옛날 법이니 복구해야 하고, 과거제도는 말엽末葉이니 폐지해야 한다. 정전법井田法이 실시된 다음에야 백성들의 살림살이가 고를 것이며 소목昭穆이 분별된 다음에야 귀신과 사람이 정해진다. 중이 되는 것을 금지하고 노비법奴婢法을 개혁하면 군대에 편입할 장정들이 충분할 것이며 절수折受[70]를 폐지하고 세금을 감면하는 것을 없애면 국가의 재정이 넉넉해질 것이다."

라고 했다. 그는 힘을 다해 부모를 섬기고 형제들과 우애롭게 지냈다. 선조先祖를 제사함에 있어 더욱 정성과 공경을 다했다. 그는 3개월마다 한 번씩 산소에 가서 슬프게 곡哭하고 무당과 점쟁이들을 배척하며 욕심을 부리지 않고 사양하면서도 물건을 받음이 엄정했다.

---

69 삼대三代 : 정치를 잘했던 옛날 하夏·은殷·주周를 말한다.
70 절수折受 : 특정인에게 농지를 떼어주는 것을 이른다.

영종대왕英宗大王 무인년(1758)에 『상례보편喪禮補編』을 편찬하도록 했는데, 백윤구를 '지례벽지知禮辟之'[71]로 급사給事[72] 벼슬을 하게 해서 그로 하여금 그 일을 돕게 했다. 이에 윤구는 세 가지 큰 예를 거론하며 임금에게 자신의 말을 알려 달라고 청하기를

"소목昭穆[73]에 대한 제도와 피발被髮[74]의 잘못과 사왕嗣王[75]이 면복冕服[76]을 입는 것이 의문입니다."

라고 하니, 여러 신하들이 그 일을 중하게 여겼으나 사용하지는 못했다. 또한 절목節目 수십 가지를 의논했는데 공의 뜻이 많이 채용되었다. 이에 어떤 사람이 혹 윤구가 신분이 낮은 아전이라 하여 기롱하거늘 윤구가 나아가 말하기를

"이것은 옛날 사람들이 말한 '녹양祿養'[77]이라는 것이다. 또한 일에 따라 스스로 나라에 보답할 수가 있으니, 어찌 신분의 귀천이 있을 수 있겠는가?"

라고 했다. 『상례보편』을 완성하지 못한 채 그는 49세로 죽었다.

---

71 지례벽지知禮辟之 : 예를 잘 안다고 하여 그를 부름을 뜻한다.

72 급사給事 : 조선시대 동반 종8품 토관계土官階의 위호位號이다.

73 소목昭穆 : 사당祠堂에서 신주神主를 모시는 차례로 왼쪽 줄의 소昭, 오른쪽 줄의 목穆을 통틀어 일컫는 말이다.

74 피발被髮 : 머리털을 풀어헤치는 것을 이른다.

75 사왕嗣王 : 왕위를 잇는다는 의미다.

76 면복冕服 : 예전에, 임금의 정복正服인 곤룡포와 면류관을 이르던 말이다.

77 녹양祿養 : 관리들이 부모를 봉양하기 위하여 받는 월급이다.

종백宗伯[78] 신회申晦[79]와 아전亞銓[80] 김치인金致仁[81]이 임금께 아뢰기를,

"지난번 백윤구가 어머니의 상喪을 당하여 소금과 채소 이외는 먹지 않았고 매일 퇴근하여서는 상복喪服을 입고 거적자리에서 잠을 자며 슬프게 곡하고 눈물을 흘려 옆에서 보는 사람들을 감동케 했습니다. 또한 의문되는 예문禮文에 대해서도 정통精通해 지금 『상례보편』을 편찬함에 있어 그의 말을 많이 인용했습니다."

라고 했다. 이에 임금은 감탄하고 특이하게 생각하여 그의 마을에 정표旌表를 명했다. 아들은 3명이었으니 경문敬門·겸문謙門·현문顯門이다. 이덕무李德懋가 전을 지었다. 문집 한 권이 있다.

· **임수복**林秀福

임수복[82]은 남양南陽[83] 영흥도靈興島 사람이다. 강진휘姜晉暉[84]가 난리

---

78 종백宗伯 : 조선 시대, 예조의 정이품 으뜸 벼슬이다.

79 신회申晦(1706~1776) : 1772년 8월 2일 영의정 발령을 받았다가, 사도세자 죽임에 동조했다는 이유로 그달 20일 삭탈관직 당해 쫓겨나는 파란을 겪은 신회는 앞서 영의정을 지낸 친형 신만申晩과 함께 형제영의정으로 평산 신씨 가문을 빛낸 장본인이다.

80 아전亞銓 : 이조 참판吏曹參判을 버금 전관銓官이라는 뜻으로 이르던 말이다.

81 김치인金致仁(1716~1790) : 자는 공서公恕, 호는 고정古亭, 본관은 청풍淸風, 시호는 헌숙憲肅이다. 우의정 김구金構의 손자이며, 아버지는 영의정 김재로金在魯이다.

82 임수복林秀福과 관련된 내용은 『우계선생집牛溪先生集』권6, 「잡저雜著, 효자림수복전孝子林秀福傳」에 보인다.

83 남양南陽 : 경기도 화성 지역의 옛 지명을 이른다.

84 강진휘姜晉暉 : 본관은 진주晉州, 자는 자서子舒, 호는 호계壺溪이다. 아버지는 학유學諭 종경宗慶이며 성혼成渾의 문인이다. 총명해 문장을 잘하고 시에 능하여 권필權韠·구용具容 등과도 교유했다. 1620년 선전관으로 있을 때, 과거시험장에서 낙방한 강무생姜戊生을 급제한 것으로 기록한 것이 발각되어 관직에서 쫓겨나 나이 30세로 요절했다.

를 피하여 섬으로 들어왔다가 임수복의 행실을 살펴보니, 노모를 섬기는데 효도와 공경을 지극히 했으며, 매일 새벽에 일어나서 안부를 살폈고, 출입할 때에는 반드시 절했다. 어머니가 병이 있자 자신의 손가락에 피를 내어 어머니에게 먹이니 병이 곧 나았다. 임수복이 죽음에 임박하자 자신의 아내에게 자신의 얼굴을 씻고 머리를 감겨 달라고 하고는 조용히 어머니와 영결永訣의 이야기를 나누면서 누워서 먼저 죽으니 당시 그의 나이가 30세였다. 우계牛溪가 전을 지었다.

· **박승장**朴承章

박승장[85]은 양산 출신으로 역의 관리인 역승驛丞을 역임했다. 양산 현효사賢孝祠에 배향되었다.

· **나유문**羅有文

나유문[86]은 단성현丹城縣 사람으로 정병正兵[87]을 지냈다. 연산조燕山朝에 복상제도服喪制度를 단기短期로 하는 법이 엄하여 사람들이 감히 어길 수가 없었다. 그러나 나유문羅有文은 어미가 죽자 홀로 예법대로 집상하기를 매우 극진히 했다. 사람들이 모두 탈상을 권했으나 끝내 따르지 않았다.

---

85 박승장朴承章 : 조선시대 경상남도 양산 출신의 효자이다. 효성으로 부모를 섬기고 형제 사이에 우애를 두텁게 하여 나라로부터 조세와 부역을 면제받았다. 이에 마을에서 사당祠堂을 세우고 봄과 가을에 제사를 지냈다. 역의 관리인 역승驛丞을 역임했다.

86 『신증동국여지승람』 제31권, 「경상도慶尙道, 단성현丹城縣」에 나유문羅有文의 기록이 보인다.

87 정병正兵 : 중군과 전충이 열에 머물러 움직이지 않는 것을 수병守兵이라 하고, 후충이 전투에 당할 때에 먼저 나와서 적군을 동하게 하는 것을 정병正兵이라 하고, 좌우군이 전투에 당할 때에 옆에서 나와서 돌격하는 것을 기병奇兵이라 한다.

· 김귀천金貴千

김귀천[88]은 사삿집의 종이다. 부모에게 효도하고, 착한 행실에 대한 이야기 듣기를 즐겼다. 조정암趙靜菴이 죽었다는 소식을 듣고 그를 위해 3개월 동안 심상心喪했다. 그는 항상 안당安瑭[89]의 집을 출입했는데, 기묘사화 때 안처겸옥安處謙獄에 연루되어 온 식구들이 이산理山으로 옮겨 유배를 가게 되니, 길을 가며 이리저리 떠도는 중에도 오히려 그는 안가安家를 위해서 눈물을 흘리며 고기를 먹지 않았다. 처자식이 이유를 묻고는 꾸짖으며 말하기를

"집안이 망한 것이 이 지경에 이르렀는데 무슨 은덕을 입었다고 오히려 소식素食을 합니까?"

라고 하니, 김귀천金貴千이 대답하기를

"우리 같은 천한 사람이야 어디 간들 살지 못하겠소? 저 안처겸의 집안사람들이 억울하게 죽고 나약한 아이들이 이리저리 떠다니는데 의지할 곳이 어디있는가? 생각이 여기까지 미치는데 어찌 차마 음식을 먹을 수 있겠는가?"

---

88 김귀천金貴千과 관련된 기록은 안로安璐의 『기묘록보유己卯錄補遺』 하권, 「김귀천전金貴千傳」에 보인다.

89 안당安瑭(1461~1521) : 본관은 순흥, 자는 언보彦寶, 호는 영모당永慕堂이다. 아버지는 사예를 지낸 돈후敦厚이다. 1481년 문과에 급제해 사관을 지낸 뒤, 1499년 『성종실록』 편찬에 참여했다. 1521년 아들 처겸處謙이 이정숙李正叔·권전權磌 등과 함께 기묘사화로 정권을 잡은 남곤南袞·심정沈貞 등을 제거하려는 모의를 하다가, 이에 참여한 송사련의 고변告辯으로 일어난 신사무옥 때 처형당했다.

라고 했다. 그 후에 그는 혹 허가를 얻어 고을에서 상경하면 반드시 안처겸安處謙의 두 아들을 찾아가 음식을 먹이고, 좌우로 그들을 껴안고 종일 흐느껴 울기를 오랫동안 그치지 않았다. 일찍이 말하기를,

"안학유安學諭가 돌아가신 날이 되면 조용한 곳에 제물을 차려놓고 목을 놓아 통곡했으나 내 심정은 조금도 풀리지를 않는다."

라고 했다. 사면당한 뒤 이산에서 돌아오니, 수년 후에 장사 차 이산에 갔다가 객사客死했다. 황면黃免의 기사記事이다.

· 김창구金昌九

김창구는 어려서부터 성품이 매우 착했다. 목욕재계하고 집 밖에서 기도해 어버이의 장수를 빌어서 그 어버이의 명을 수십 년 연장할 수 있었다. 기타 양생養生과 송사送死는 한결같이 가례家禮의 뜻을 따랐다. 이 일이 영조에게 알려져 계미년에 수령에게 명하여 친서로 '해동검루[90] 김창구지려海東黔婁金昌九之閭[91]' 아홉 글자를 그 집 대문에 새겨두고 죽을 때 까지 그 집안의 세금을 면제해 주었다.[92]

---

90 검루黔婁 : 춘추시대 제齊나라의 은사隱士로 잔릉령潺陵令에 임명되었으나, 열흘도 못돼 그의 아버지 유이庾易가 병이 들었다는 연락을 받고 벼슬을 그만두었다. 의원의 말에 따라 매일 아버지의 똥 맛을 보았고, 밤마다 북두칠성에게 자신이 대신할 것을 빌었다고 한다.

91 『강도답사기江都踏査記』 <개벽 제50호 을인乙人의 김검루金黔婁>조에 위와 같은 내용이 보인다.

92 <인천의 인물>에서 김창구金昌九에 관해 자세하게 기록되어 있다.

4. 충신忠臣

· 신덕린申德麟

신덕린[1]은 승정원承政院 서리書吏를 지냈다. 선조 임진년 4월 29일에 왜란이 일어나자 조정에서 도성을 떠날[2] 계책을 논의했다. 이미 정해 짐에 내의內醫 조영선趙英璇과 신덕린申德麟 등 10여 명이 대궐 문을 두드리고 크게 소리치며

"도성을 떠날 수 없다"

라고 했다.

· 강효원姜孝元

강효원은 시강원侍講院 서리書吏를 지냈다. 진주晉州 사람으로, 좌호선충左戶旋忠에 증직되었다. 우암尤庵 송시열宋時烈이 강효원이 심양瀋陽에서 죽은 사실을 드러내니,[3] 효종孝宗이 천민의 호적에 있었던 강효원의 자식을 내수사內需司에 명하여 양민으로 면제해 주었다. 정축년 세

---

1 신덕린申德隣 : 본관은 고령高靈, 자는 불고不孤, 호는 순은醇隱이다. 검교군기감檢校軍器監 성용成用의 4대손으로 벼슬은 예의판서禮儀判書를 거쳐 보문각제학寶文閣提學을 지냈다. 이색李穡·정몽주鄭夢周 등과 친교가 있었고 고려가 망한 뒤에는 광주光州에서 은거하며 여생을 보냈다. 그는 해서·초서·예서에 모두 능하여 당대에 이름이 높았으며, 특히 예서의 한 종류인 팔분체八分體로 많은 글을 썼다고 한다.

2 거빈去邠 : 예전에, 임금이 도성을 떠나 난리를 피하는 일을 이르던 말이다.

3 강효원姜孝元(?~1639) : 1637년 소현세자昭顯世子가 청나라에 볼모로 잡혀갔을 때 시강원서리로 배종했다. 필선弼善 정뇌경鄭雷卿이 당시 조선인으로서 후금後金의 통역관이 되어 온갖 횡포를 자행하던 정명수鄭命壽를 제거하려 할 때 적극 참가했다. 그러나 일이 누설되어 정뇌경과 함께 처형당했다. 이와 관련된 내용은 『송자대전宋子大全』권190, 「묘표墓表, 강효원묘표姜孝元墓表」에 보인다.

자를 모시고 심양에 들어가니 정뇌경鄭雷卿이[4] 그가 충직하고 신실함을 살펴보고 의지할 만하다고 하여 정명수鄭命壽[5]를 제거하고자 오가며 모의할 즈음에 반드시 그를 참여시키려고 하였다. 그러나 사건이 누설되자[6] 강효원姜孝元은 두려워하지 않고 피하지도 않았는데, 재신宰臣들이 정명수鄭命壽를 편들자 반복해가며 그들을 꾸짖다가 정뇌경鄭雷卿과 함께 죽었다.

· 박걸朴傑

박걸[7]은 상주尙州 출신으로 호장戶長을 지냈다. 임진왜란 때 판관 권길權吉과 함께 죽었다. 상주尙州 충렬사忠烈祠에 별도로 사당을 지어 향사享祀한다.

---

4 정뇌경鄭雷卿(1608~1639) : 별시 문과에 장원으로 급제하급제하여 문학의 직책으로 소현세자昭顯世子를 모시고 심양관에 들어갔다가 그곳에서 삼학사가 시해되는 것을 목격했으나 그들의 방해로 시신을 수습하지 못하고 슬피 울며 글을 지어 신하의 도리를 다하지 못함을 한탄했다. 기묘년(1639)에 심관瀋館에 있었을 때 정명수鄭命壽를 해치려고 모의하다가 해를 당했다. 그와 관련된 내용은 『성호선생사설星湖先生僿說』 권17, 「인사문人事門, 정뇌경鄭雷卿」에 보인다.

5 정명수鄭命壽(? ~1653) : 조선 후기의 반역자. 평안도 은산殷山 출신. 도사 담礑의 증손으로, 할아버지는 지겸之謙이고, 아버지는 생원 환晥이다. 천례賤隷 출신으로 성품이 교활했다. 1639년에 시강원서리侍講院書吏 강효원姜孝元, 시강원필선 정뇌경鄭雷卿 등이 그를 제거하려다 오히려 죽임을 당했다. 1653년 심양瀋陽에서 성주포수星州砲手 이사용李士用에게 모살謀殺되었다.

6 이와 관련된 내용은 『송자대전수차宋子大全隨箚』권5, 「수차隨箚 권지사십팔서卷之四十八書」에 보인다.

7 박걸朴傑 : 『국조보감』 제80권, <순조조 5, 25년 을유>에 보인다. "상주尙州의 고 호장戶長 박걸朴傑에게 증직하도록 명했다. 박걸은 호장으로 임진년의 왜란을 당해 판관 권길權吉을 따라 성을 지켰는데, 성이 함락되어 권길이 죽자 박걸은 말하기를, '후侯는 나라를 저버리지 않았는데 내가 어찌 후를 저버리겠는가.'하고는, 드디어 같이 죽었다. 그런데 이때에 이르러 여러 선비들이 행차하는 임금의 수레를 잡고 하소연하므로 윤허한 것이다."

· **문덕겸**文德謙

문덕겸[8]은 동래東萊출신 교생校生[9]으로 본관本貫은 남평南平이다. 임진년에 갑자기 왜구가 이르자 곧바로 향교로 나아가니 향교 안은 비어있고 사람이 없었다. 이에 옛 성인의 위판을 받들고 청원루淸遠樓에 안치했다. 갑자기 교수敎授 노개방盧蓋邦이 이르러 마침내 그와 함께 죽었다. 노비 검산檢山이 시신을 몰래 훔쳐 마을로 돌아와 묻었다. 문덕겸의 아내 민씨와 아들 문건중文建中은 먼저 죽었고, 문건중의 아내 정씨도 길옆에서 함께 죽었다. 호좌戶佐로 증직되었고 충렬사忠烈祠에 배향되었다. 엄숙嚴璹[10]이 전을 지었다.

· **김상**金祥

김상[11]은 동래 부민府民이다. 임진왜란이 일어나자 기와지붕을 타고 올라가 적을 공격했다. 동부참군東部參軍에 추증되었고, 부산 충렬사忠

---

8 문덕겸文德謙(?~1592) : 본관은 남평南平으로 임진왜란 무렵 동래로 옮겨 왔다. 동래향교 교수 노개방盧蓋邦 아래서 공부하던 중, 전쟁 소식을 듣고 급히 달려온 노개방과 위패를 지키던 중 동래성 함락과 함께 왜군의 칼에 순절했다. 아들 문건중文建中도 왜란 중에 죽었다.

9 교생校生 : 조선시대 각 고을의 향교에 등록된 학생이다. 서원書院에 등록된 학생을 원생院生이라 했고, 합쳐서 교원생校院生이라 불렀다. 고을의 크기에 따라 정원이 정해져 있었는데, 부·대도호부·목에는 각기 90명, 도호부에는 70명, 군에는 50명, 현에는 30명으로 제한했다.

10 엄숙嚴璹(1716~1786) : 본관은 영월寧越, 초명은 인璘, 자는 유문孺文, 호는 오서梧西이며 성구聖耉의 증손이다. 1753년 생원시에 합격했으며, 1771년 형조참판을 거쳐 대사간이 되었으며, 이듬해에는 대사헌으로 자리를 옮겼다. 1773년 동지부사冬至副使로 중국에 들어가 크게 활약한 결과 외교적 성과를 거두고 이듬해 귀국했다. 돌아와서는 그간에 기록한 일기를 간행했으며, 늙어서는 기로소耆老所에 들어갔다. 저서로는 『연행록燕行錄』이 있다.

11 김상金祥 : 『조선왕조실록』, 숙종 36년 경인년 11월10일 경자,「동래 부사 권이진이 임진 왜란 때 순절한 이들에게 사액을 내려줄 것을 청하다.」에 보인다.

烈祠에 배향配享되었다.

· **송백**宋伯

송백[12]은 동래 호장戶長이다. 임진왜란에 전사戰死했다. 예빈시 주부禮賓寺主簿에 추증되었고, 부산 충렬사忠烈祠에 배향配享되었다.

· **신여로**申汝櫓

신여로는 서얼로 동래東萊 송상현宋象賢의 겸인傔人[13]이었다. 상촌象村 신흠申欽은 「송동래전宋東萊傳」[14]을 지었다. 신여로는 공을 따라 동래에 왔는데 공이 그의 모친이 살아 있어 적에게 혹시 피해를 당할까 염려하여 돌려보냈다. 여로는 돌아가는 도중에 적이 부산을 함락했다는 소식을 듣고 옆 사람에게 말하기를

"나는 공의 후한 은혜를 받았는데 난리를 만나 감히 죽음을 아낄 수 있겠는가?"

라고 하고, 마침내 다시 공에게 돌아와 함께 죽었다.

---

12 송상현宋象賢(1551~1592) : 본관은 여산礪山, 자는 덕구德求, 호는 천곡泉谷이다. 1591년 통정대부通政大夫에 오르고 동래부사가 되었다. 임진왜란이 일어나고, 14일 부산진성을 침범한 왜군이 동래성으로 밀어닥쳤을 때 적군이 남문 밖에 목패木牌를 세우고는 "싸우고 싶으면 싸우고, 싸우고 싶지 않으면 길을 빌려라(戰則戰矣 不戰則假道)" 하자 이 때 부사인 그가 "싸워 죽기는 쉬우나 길을 빌리기는 어렵다(戰死易 假道難)"고 목패에 글을 써서 항전할 뜻을 천명했다. 그는 군사를 이끌고 항전했으나 중과부적으로 성이 함락 당하자 조복朝服을 덮어 입고 단좌端坐한 채 순사했다.

13 겸인傔人 : 예전에, 양반집의 수청방守廳房에 있으면서 여러 가지 잡일을 맡아보고 시중을 드는 사람을 이르던 말이다.

14 신흠申欽이 지은 「송동래전宋東萊傳」은 『상촌선생집』 제31권에 보인다.

· **양조한**梁朝漢

양조한[15]은 동래부東萊府 사람이다. 유역儒歷으로 훈도訓導하다가 임진왜란으로 순절殉節했다. 아우 통한通漢은 임진년(1592)에 형과 함께 순절殉節했다. 양부하梁敷河[16]는 양조한梁朝漢의 손자로 신미년(1631)에 태어나 95세까지 살았다. 임진년(1592) 나이 12세에 포로로 일본에 잡혀가 기미년(1679)에 돌아와 대질大耋[17]을 누렸다. 다닐 때에도 지팡이를 사용하지 아니했고, 술을 마실 땐 찌꺼기까지 다 마셨다. 다만 귀는 다소 어두웠으나 말할 때에는 왜놈말투가 있었다. 염헌恬軒 임상원任相元[18]의 전이 있다.

· **강충로**姜忠老

강충로[19]는 홍원현감洪原縣監 송심宋諶[20]을 모시어 따라다니는 관리이다. 정축년(1637) 송심宋諶이 힘써 싸우다가 죽으니, 강충로姜忠老도 차마 떠나지 못하고 함께 죽었다.

≪최종호≫

---

15 양조한梁朝漢 : 『연려실기술』 제17권, 「선조조 고사본말宣朝朝故事本末」에 보인다.

16 양부하梁敷河 : 『성호사설』 제14권, 「양부하梁敷河」에 보인다.

17 대질大耋 : 해가 완전히 넘어가듯 인생을 얼마 남기지 않은 노년기를 말한다.

18 임념헌任恬軒(1638~1697) : 조선시대조선 후기 문신으로 이름은 상원相元이다.. 동지부사로 청나라에 다녀와 도승지 등을 지내고 이어 공조판서·형조판서를 지냈다. 그 후 우참찬 ·한성부판윤을 거쳐 좌참찬을 지내고, 다시 우참찬이 되었다. 저술로 교거쇄편郊居瑣編이 있다.

19 강충로姜忠老 : 『도곡집陶谷集』권26, 「송정부자전宋正父子傳」에 보인다.

20 송심宋諶(1590~1637) : 본관은 여산礪山, 자는 사윤士允이다. 아버지는 창의별장倡義別將 대립大立이다. 1597년 정유재란 때 아버지가 창의별장으로서 많은 의병을 모아 흥양興陽에서 적을 무찌르다가 전사하자 이를 복수하려는 일념으로 어려서부터 무예를 연마했다. 1636년 병자호란 때 북병사 이항李沆, 남병사 서우신徐佑申 휘하의 척후장斥候將으로 남한산성 구원에 나섰다. 좌승지에 추증되고, 전라남도 흥양세충사世忠祠에 제향되었다.

· **신덕현**慎德顯

신덕현의 아버지는 통정대부通政大夫를 지낸 신성구慎聖矩(1650~?)이다. 자는 여순汝純이며 거창현리居昌縣吏를 지냈다. 초서와 예서를 잘썼다. 그는 영조 무신년(1728) 이인좌의 난에 기복起復되어 의병을 일으켜 종형제從兄弟 신석현과 난을 평정하는데 힘을 모았고 공훈을 극구 사양했다. 공조좌랑에 추증되었고 창충사[21]에 배향되었다.

· **신석현**慎錫顯

신석현의 자는 달부達夫이며 신덕현의 종형從兄이다. 공조좌랑에 추증되었고 창충사에 배향되었다.

· **신치근**慎致根

신치근의 자는 경장敬長이며 신석현의 종질從侄이다. 좌윤에 추증되었고 창충사에 배향되었다.

· **신광세**慎光世

신광세의 자는 세숙世叔이며 참판에 추증되었고 창충사에 배향되었다.

· **신극종**慎克終

신극종은 공조좌랑에 추증되었고 창충사에 배향되었다.

---

21 창충사彰忠祠 : 경상남도 거창군 거창읍 동리에 있는 사당祠堂이다. 이 사당은 일명 五忠祠라고도 부르며 조선시대의 충신인 신석현慎錫顯, 신극종慎克終, 신덕현慎德顯, 신치근慎致謹, 신광세慎光世를 제향하고 있다.

이상 사람들은 현리縣吏로 모두 목숨을 바쳐 절개를 지켰다.

· **신돈행**愼敦行

신동행은 신돈항이라 하기도 한다. 산음현[22] 아전의 아들이다. 어려서 신시직愼侍直에게 나아가 배웠는데 글재주가 일찍 갖추어졌고 학행 또한 높았다. 이미 장성해서도 그는 사부를 볼 때면 반드시 대청 아래에서 절하니 사부들이 그를 공경히 대했다. 언젠가 향시에 합격해 상경해서 회시에 나아가 장차 이름을 적으려 할 때 함께 온 사람들이 그를 유학신幼學臣[23] 신아무개라 썼다. 돈행이 그것을 보고 불쾌하여 재빨리 고치며 말하기를

"공생신貢生臣[24]입니다."

라고 하였다. 사람들 중에 혹 그의 고집을 꾸짖으니 돈행이 말하기를

"유학은 사부를 일컫는 것입니다. 나는 향민이니 어찌 그 이름을 바로잡지 않음으로써 임금을 속일 수 있겠습니까?"

라고 했다. 그의 언행이 대부분 이와 같았다. 그는 유학을 익혀 독

---

22 산음현山陰縣 : 현재의 경상남도 산청군의 옛 이름이다.『신증동국여지승람新增東國輿地勝覽』

23 유학신幼學臣 : 고려와 조선 시대에 벼슬하지 않은 유생儒生을 가리키는 말이다.

24 공생신貢生臣 : 조선 시대 향교나 서원에 다니는 유생을 이르던 말이었으나 나중에는 향교의 심부름꾼으로 변했다.

서하고 행실을 닦았으며 가죽 띠와 포의를 입은 모습이 훌륭했다. 영남에서 간행된 책을 집에 소장했는데 하나도 빠진 것이 없었다. 한미 권극중과 사이좋게 지냈다. 극중 또한 집안이 대대로 매우 함미했지만 경학에 밝고 행실도 좋았다. 우도右道[25]의 인사들이 신처사를 칭찬하기를

"온화하고 상냥하며 상서롭고 착하며 언제나 물러나고 양보하며 겸손하다. 권처사는 몸가짐이 엄중하고 깨끗하지만 남을 가르치기를 게을리 하지 않는다."

라고 했다. 돈항의 아들 천능은 약관의 나이가 지났는데 문예가 일찍 이루어졌다. 언젠가 아정 이덕무를 좇아 노닐면서 그의 문고를 교정했는데 어떤 시의 내용은 다음과 같다.

고니가 까마귀와 무리를 지어도 문득 친함을 받으니 鵠與烏群便見親
학이 닭을 따라서 짝함에 어찌 성내리요 鶴隨雞伴豈相嗔
그대는 잠시 기개를 낮추어서 爲君暫屈昂藏氣
나를 가까이해도 별 관계 없다네 近我無傷潔白身

채제공이 육신사적비「六愼事蹟碑」[26]를 지었다.[27]

---

25 우도右道 : 조선 시대, 강원도와 평안도, 함경도를 제외한 각 도를 둘로 나누어 그 한 쪽을 이르던 말이다.

26 채제공, 『樊巖集』권57에 「六愼事蹟碑銘」이 실려 있다.

27 이와 유사한 이야기가 이덕무, 『청장관전서靑莊館全書』 권50 「이목구심서3耳目口心

· 김택金澤과 홍언인洪彦仁과 홍신洪信

김택과 홍언인과 홍신 이상 3명은 모두 남양부 아전이었다. 병자호란 때 부사였던 충간忠簡 윤계[28]를 따라 순절했다. 모두 증직되고 그 자손은 부역을 면제받았다.

· 김철현金鐵賢

김철현은 (평안도)선천지역 군보통인軍保通引[29]이었다. 기미년(1619) 심하의 전역戰役[30]에서 김응하가 강을 건너 버드나무에 기대어 활을 쏠 때에 온 부대가 다 죽었지만 유독 철현만이 지키고 떠나지 않으며 김응하의 갑옷 속에 엎드려 화살을 집어 주었다. 화살이 다 떨어지자 말하기를

"원컨대 공과 함께 죽고 싶습니다."

라고 했다. 드디어 칼로 배를 찔러서 죽었다. 조정에서 그의 자손

書 三」에는 제목이 없고 『청장관전서青莊館全書 권69 寒竹堂涉筆 下』에는 「愼權兩處士」의 제목으로 실려 있다.

28 윤계尹棨(1583~1636) : 본관은 남원南原, 자는 신백信伯이며, 호는 신곡薪谷이다. 1624년 사마시에 합격하고, 1627년 정묘호란 때 상소하여 척화를 주장했다. 이 해 정시문과에 병과로 급제하고 승문원권지부정자를 거쳐 전적·홍문관교리를 지냈다. 1629년 이조좌랑이 되었고, 1636년에 남양부사가 되었다. 이 해 겨울 병자호란이 일어나자 근왕병勤王兵을 모집해 남한산성으로 들어가려다 청병에게 잡혀 굴하지 않고 대항하다가 몸에 난도질을 당해 죽었다. 뒤에 이초참판에 추증되어 정문旌門이 세워졌다. 시호는 충간忠簡이다.

29 군보軍保·통인通引 : 군보는 조선 시대 군역軍役의 하나이고, 통인은 조선 시대 지방 관아에 딸려 수령의 잔심부름을 하던 사람을 말한다.

30 심하지역深河之役 : 심하深河는 薩爾滸지역이다. 1618년 명나라의 요청에 따라 강홍립姜弘立을 오도도원수五道都元帥로 삼아 군대를 출동시킨 뒤 후금後金의 누르하치 군대와의 전투를 말한다.

10대의 세금을 면제해주었다. 용만龍灣[31]에 사당을 세워 김응하의 모습을 그릴 때에도 철현을 그 곁에 그려 넣었다. 그러나 병자호란 때 오랑캐들이 그 사당을 불태웠다.

· **김현**金鉉

김현의 자는 화평和平이며 선천지역 통인이었다. 그와 같은 고을의 계여강桂汝杠, 차재중車載重, 김대혼金大渾, 최희윤崔熙允, 이달빈李達彬 등 30여 명이 즉시 버드나무 아래에서 죽었다.

· **이사룡**李士龍

이사룡[32]은 성주의 포수였다. 계축년(1613)에 태어났다. 인조 경신년(1640) 금주錦州의 전투[33]에 군대를 따라 떠났는데 비분강개하여 관에서 주는 음식도 먹지 않았다. 명나라 사람들과 교전하게 됨에 홀로 빈 포를 쏘았는데 청나라 사람들이 알아차리고서 성내며 그에게 따지자 사룡이 말하기를

---

31 용만龍灣 : 용만은 의주義州지역의 별칭이다. 「한국고전종합DB」

32 이사룡李士龍(1612~1640) : 본관은 성산星山이다. 할아버지는 수문장 유문有文이며, 아버지는 남한산성에서 인조를 호위한 공으로 무과에 오른 정건廷建이다. 1640년 청나라가 명나라를 치기 위해 조선에 원병을 청하자 포사砲士로 징발되었는데, 금주錦州에서 명장明將 조대수祖大壽와 대전했다. 그는 임진왜란 때 명나라의 은혜를 생각하고 공포空砲로 응전했다. 이를 본 동료가 적극 말렸으나 이미 죽음을 각오했다면서 듣지 않았다. 끝내 청군에게 발각되어 잡혀가서 칼로 위협을 받았으나 청장에게 욕설을 퍼부으면서 굴하지 아니하니, 이 때 우리나라 장령將領들이 청장에게 용서를 빌어 살려주기로 허락을 받았는데도, 그는 웃으면서 스스로 죽음을 청해 의롭게 죽었다. 청장들이 비록 그를 죽이기는 했으나 그의 높은 절의에 크게 감탄했다. 뒷날 칠포만호·성주목사에 추증되고, 성주 충렬사忠烈祠에 제향 되었다.

33 금주지역錦州之役 : 청나라가 황명皇明을 침범하면서 우리에게 위협해 원병援兵을 요구한 일.

"어찌 차마 천자의 군사들을 향해 포를 쏘겠는가?"

라고 했다. 청나라 장수가 칼로 위협했지만 크게 호통치며 굴하지 않다가 결국 죽임을 당하니 온 부대가 크게 외치기를

"의사義士이다."

라고 하였다. 후에 산해관의 성두석城頭石을 보고 '조선 의사義士 이사룡'이라 크게 새긴 자가 있었다. 이 후 제사를 지내주고 아들도 등용되었다. 이현석李玄錫[34]이 전을 지었다.[35]

· **애남**愛男

---

34 이현석李玄錫(1647~1703) : 본관은 전주全州이다. 자는 하서夏瑞이며, 호는 유재游齋이다. 서울 출생. 실학자인 수광睟光의 증손으로, 할아버지는 성구聖求이고, 아버지는 호조좌랑 상규尙揆이며 어머니는 강대수姜大遂의 딸이다. 1667년 진사가 되고, 1675년 증광문과에 을과로 급제, 이듬해 예문관검열에 보직된 뒤 삼사의 여러 벼슬을 역임했다. 1694년 청풍현감을 자원해 나가 『명사강목明史綱目』을 저술했으며, 그 뒤 한성부판윤·우참찬·형조판서 등을 역임했다. 관직에 있는 동안 군학君學과 시무時務에 관한 여러 소장疏章과 저서를 제진製進했다. 탕평책과 중농정책을 건의했으며, 경연강의經筵講義 교재의 개편을 진언했다. 또 경제세무經濟稅務에 관한 실용적인 사상을 가지고 조세의 감면 등 각종 정책을 입안했고, 역리易理로써 군도君道와 치술治術을 설명한『역의규반易義窺斑』을 저술해 임금에게 올렸다. 성리학에도 조예가 깊었는데, 이론보다는 존심양성存心養性 등 실천적인 덕목에 치중했다. 저서로는 『명사강목明史綱目』24권, 『역의규반易義窺斑』1권, 『유재집游齋集』24권 등이 있다.

35 이사룡李士龍 : 전傳기록으로는 『宋子大全卷二百十三』「砲手李士龍傳」,『荷塘先生文集卷之三』,「李士龍傳」,『薄庭遺藁卷之九』「砲手李士龍傳」,『活齋先生文集卷之四』「李士龍傳」 등의 작품들이 보인다. 이외에도 『青城集卷之六 昌山成大中士執著』,「李士龍傳後叙」,「義士李士龍忠烈祠碑銘」,「李義士遺蹟」,「星州礮手李士龍贈職旌里敎」,「贈星州牧使李士龍致祭文」,「義士李公神道碑銘」,「義士李士龍墓表」,「挽李士龍」등의 작품이 있다.

애남은 영변[36]의 관노였다. 충장忠壯 남이흥南以興[37]이 평안병사 겸 영변부사로서 정유재란 때에 안주성으로 달려 들어올 때 애남은 시종일관 남이흥의 곁을 떠나지 않았다 성이 함락되고 적이 핍박하자 남이흥이 화약통에 의지하여 휘하들에게 급히 물러날 것을 명했지만 애남은 크게 통곡하고 가지 않다가 마침내 함께 죽었다.

· **장사진**張士珍(?~1592)

장사진[38]은 군위지역의 향교 생원이었다. 임진년(1592)에 의병을 일으켜 활을 쏘아 죽인 적병이 매우 많았다. 왜군들이 장장군이라 칭하고 감히 군위 경계에는 들어가지 못했다. 왜군들에게 유인되어 복병이 일어나자 힘써 싸웠지만 화살이 떨어져서 죽었다. 수사水使에 추증

---

36 영변寧邊 : 평안도 영변대도호부를 가리킨다.「신증동국여지승람新增東國輿地勝覽」

37 남이흥南以興(1576~1627) : 본관은 의령宜寧, 자는 사호士豪이며, 호는 성은城隱이다. 1598년 정유재란 때 노량 해전에서 아버지가 적탄에 맞아 전사한 데 충격을 받아 글 공부를 포기하고, 활쏘기·말타기에 전념해 1602년 무과에 급제했다. 이어서 선전관을 거쳐 부총관, 포도대장, 충청·경상도병마절도사, 구성부사, 안주목사, 평안도병마절도사 등을 역임했다. 도원수 장만張晩 휘하의 중군中軍이 되었다. 이때 장만의 휘하에 부원수 겸 평안병사로 좌천되어 영변에 머무르고 있던 이괄李适이 난을 일으키자 장만의 지휘 아래 중군을 이끌고 많은 무공을 세웠다. 특히 이괄의 부하 유순무柳舜懋·이신李愼·이윤서李胤緖를 회유해 많은 반군을 귀순하게 했다. 뒤에 영의정에 추증되고, 의춘부원군에 추봉되었다. 안주의 충민사忠愍祠에 제향되었으며, 시호는 충장忠壯이다.

38 장사진張士珍(?~1592) : 어려서부터 호협심이 대단해 불의를 보고 참지 못해 남이 당하는 것을 보고는 앞뒤를 가리지 않고 뛰어들어 손해를 보는 일이 가끔 있었으나 개의하지 않았다. 이웃사람들은 의협인義俠人이라고 불렀다. 재주도 있어 군위향교의 교생이 되어 공부를 하고 있었는데, 1592년 때마침 임진왜란이 일어나 승승장구하는 왜세를 당하지 못해 국토는 초토화되어갔다. 의병을 인솔해 고을의 주위를 돌면서 우선 고을만이라도 지키기로 하고 적을 만나는 대로 격살해 막대한 전과를 올렸다. 왜적들도 장사진의 위세를 두려워해 군위에는 들어오지 못하고 통과할 일이 있어도 길을 우회해 다녔다. 적병이 휘두르는 칼에 한쪽 팔이 잘렸으나 굴하지 아니하고 외팔로 싸우다가 힘이 다해 전사했다. 뒤에 그 공으로 수군절도사에 추증되었다.

되었다. 동생 사규士珪도 함께 의병을 일으켜 싸우다 죽었다.

· **신홍남**愼弘男

신홍남은 임진왜란 때 정조호장으로서 한양에 올라갔다. 장원으로 선발되어 임금의 수레를 호위하는 종훈從勳공신에 올랐다. 임금의 특별명령으로 향역鄕役을 면해주고 영원히 사유赦宥해 주었다.

· **신대영**愼大英

신대영은 선조 정유년(1597)에 호장으로서 안의安義[39]의 황석산성에 들어갔다가 함락되어 죽었다.

· **엄홍도**嚴興道

엄홍도[40]는 영월의 호장이었다. 호참에 추증되었고 창절사彰節祠와 민충소사愍忠小祠에 배향되었다. 정축년(1457)에 단종이 승하하자 사람들이 감히 시신을 수습하지 못했다. 그런데 홍도가 즉시 그곳으로 와서 곡을 하고 관을 갖추어 고을 북쪽 5리 되는 곳에 염장했다. 여러 친족들이 재앙을 두려워하여 급히 그를 저지했는데 대답하기를

---

39 안의安義 : 경상남도 함양 지역의 옛 지명이다.「신증동국여지승람新增東國與地勝覽」

40 엄홍도嚴興道 : 본관은 영월寧越이다. 영월의 호장으로 단종이 세조에 의하여 상왕上王에서 노산군魯山君으로 강봉되어 영월에 안치되었다가 시해되자, 그는 후환을 두려워하지 않고 시신을 수습했다. 단종이 승하한 이튿날 옥가獄街를 오가며 통곡하고 관을 마련해 아전과 백성들을 모아 영월의 북쪽 5리쯤 되는 동을지冬乙旨에 장사지냈다. 1585년 종손인 정병正兵 엄한례嚴漢禮에게 호역戶役을 면제하고 노산군의 묘역을 수호守護하게 했고, 현종 때 송시열宋時烈의 주청으로 자손을 등용하게 했다. 숙종 때 공조참의에 증직贈職되었고, 영조 때 정문旌門을 내렸다. 뒤에 공조판서에 증직되었고, 사육신과 함께 영월의 창절사彰節祠에 배향되었다. 시호는 충의忠毅이다.

"선을 행하고도 재앙을 입는 것은 내가 달게 받을 것이다."

라고 했다. 그의 후손들이 번창했다. 윤양래가 묘갈명의 글씨를 썼다.

· **김수골이**金愁骨伊

김수골이는 진산珍山[41]의 어영군이었다. 영조 무신년(1728) 이인좌의 난에 도순무사가 출정할 때 수골이는 늙고 병들어 장차 죽을 것 같았다. 주장主將이 그를 불쌍히 여겨 억지로 돌아가게 하자 수골이 성내며 말하길

"우리 할아버지는 험천의 전투에서 돌아가셨는데, 그를 뒤따라서 임금을 위해 죽는 것이 제 소원입니다. 지금 늙고 병들었다고 해서 돌아간다면 어떻게 할아버지를 지하에서 뵙겠습니까!"

라고 하고는 눈물을 흘리며 떠나려하지 않았다. 일이 평정되자 임금이 그 일을 듣고 충의군의 호를 내려주었다. 그가 어머니 상을 치를 때 육식을 권했지만 끝내 듣지 않아 한 결을 면제해주고 향장관鄕將官으로 올려주었다.[42]

· **박춘봉**朴春鳳

영조 무신년(1728)에 정희량이 안음에서 반란을 일으키고 함양군에 들어가 본거지로 삼았다. 함양군의 창고지기 박춘봉을 불러 그에게

---

41 진산珍山 : 충청남도 금산지역의 옛 지명이다. 「신증동국여지승람新增東國與地勝覽」

42 이와 유사한 이야기가 『영조실록』 「영조4년, 3월 23일조」 기사와 『東谿集』 권5 「烈士洪霖傳」에 실려 있다.

창고를 열어 곡식을 꺼내게 했다. 춘봉은 단단히 숨기고 열쇠를 감추고서 창고에 들어가지 못하게 했다. 역적들이 무기로 위협했는데도 춘봉이 눈을 부릅뜨며 크게 꾸짖기를

"안음 양반출신 정희량이 어찌 국가의 곡식에 관여하는가?"

라고 했다. 역적들이 끝내 마구 때리니 6~7일 만에 죽었다. 드러내어 밝혀주는 사람이 없어서 지금까지도 사람들 마음이 답답함에 부글부글 끓는다.[43]

· 이진우李震遇와 조중렴趙重廉

이진우와 조중렴 두 사람은 모두 청주의 군교軍校였다. 무신년(1728) 이인좌의 난에 김진희[44]와 군사를 모아 역적을 토벌했다.

· 이운룡李雲龍

이운룡은 광주의 과거시험을 준비하던 생원이었다. 중종의 능을 관리하는 지킴이였다고도 한다. 임진년(1592) 양릉의 변란[45]에 운룡은

---

43 이 이야기는 이덕무李德懋의 『청장관전서靑莊館全書 권68 한죽당섭필상寒竹堂涉筆上』「박춘봉朴春鳳」에 실려 있다.

44 김진희金晉熙 : 본관은 김해金海, 자는 겸숙兼叔이다. 아버지는 공조참판 김이환金李桓이다. 효성이 지극해 어머니가 위독해지자 손가락을 끊어 피를 흘려 넣었으며, 끝내 돌아가시자 삼 년 동안 시묘살이를 했다. 1728년 이인좌의 난으로 인해 우후虞候 박종원朴宗元이 성을 내주고 투항하는 등 민심이 소란스러워지자 이진우李震遇, 조중염趙重廉 등과 함께 의병을 일으켜 반도를 소탕하는 데 공을 세웠다. 이후 그의 공을 기리는 무명의 시가 성문에 붙었다고 전해진다. 1788년 도백道伯 홍억洪檍의 장계로 증작贈爵되고 충헌忠憲이라는 시호와 충효양전忠孝兩全의 정려를 받았다.

45 양릉의 변란 : 임진왜란 때 왜군들이 선·정 양릉宣·靖 兩陵을 파훼破毁하는 흉변凶變을 가리키는 것으로 이 사건을 이릉지변二陵之變이라 한다.

위험을 무릅쓰고 달려가 이천 행조行朝(광해군)에 알리고 또 걸어서 용만의 행재行在(선조)에게 이르렀다. 조정에서 그의 충분忠憤한 마음을 가상히 여겨 특별히 본릉 참봉에 제수했다. 죽음에 미쳐서 특별히 화소火巢 밖에서 종장을 했는데 자손이 없어 묘가 무너졌고, 향화도 수호할 수 없었다. 본릉을 개봉할 때부터, 능예들로 하여금 수호토록 정하고 또 한식에 한 번 제사지내는 법을 정했다.

· **정신국**鄭信國**과 박잠미**朴潛美

정신국과 박잠미는 태학의 전복典僕[46]이었다. 병자호란 때 태학의 여러 유생들은 모두 달아나 사방으로 흩어졌는데 유독 정신국과 박잠미 두 사람은 곡을 하며 성묘聖廟에 들어가 먼저 서무西廡[47]의 위판 및 제기와 악기를 받들고 명륜당 뒤뜰에 묻었다. 그 뒤에 두 사람이 오성십철의 위판을 등에 지고 나왔는데 진사 나이준이 건복을 갖추어 입게 하고 그들을 데리고서 남한산성에 들어갔다. 인조가 가상히 여겨 그들에게 상을 주고 열조列朝에서 자주 포상과 장려를 더하였으며, 더해주었으며 영조 정미년(1727)에 특별히 충복忠僕 두 사람의 정려를 명했다.[48]

· **명길**命吉**과 봉이**鳳伊

명길은 관가의 노비였고 봉이는 개인 노비였다. 명길은 곧 남양의[49]

---

46 전복典僕 : 조선시대 각사各司와 시寺, 성균관成均館·사학四學·향교鄕校 등에 딸려 음식을 만들거나 수직守直 혹은 건물을 짓는 등의 잡역을 맡아 하는 노복奴僕을 말한다.

47 서무西廡 : 문묘文廟 안에 있는 대성전大成殿의 서쪽 아래채로 여러 유현儒賢의 신주를 모셨던 곳이다.

48 이와 유사한 이야기가 『國朝寶鑑 제58권 영조조 3년(정미, 1727)』에 실려 있다.

49 남양南陽 : 경기도 화성 지역의 옛 지명이다. 『신증동국여지승람新增東國輿地勝覽』

관노였고, 봉이는 곧 충간공 윤계[50] 집안의 노비였다. 병자호란 때 모두 윤공을 따라 충성을 다해 순절했다. 모두 복호를 받았다.

· **철수**鐵壽

철수는 동래의 관노였다. 동래부 사람 매동邁同과 함께 천곡 송상현[51]에게 충성을 다했다. 단장壇墻의 바깥에 비석을 세우고 단향에 함께 제사지냈다.

· **목효지**睦孝知**와 황치**黃緻**와 신극장**辛克長

목효지睦孝知와 황치黃緻와 신극장辛克長은 모두 영월 별단에 배향되었다.

· **이억**李檍

이억[52]은 공청[53]병사 이의배[54]의 비장이었다. 정축년(1637)에 이의배

---

50 윤계尹棨(1583~1636) : 본관은 남원南原, 자는 신백信伯, 호는 신곡薪谷이다.1624년 사마시에 합격하고, 1627년 정묘호란 때 상소해 척화를 주장했다. 이 해 정시문과에 병과로 급제하고 승문원권지부정자를 거쳐 전적·홍문관교리를 지냈다. 1629년 이조좌랑이 되었고, 1636년에 남양부사가 되었다. 이 해 겨울 병자호란이 일어나자 근왕병勤王兵을 모집하여 남한산성으로 들어가려다 청병에게 잡혀 굴하지 않고 대항하다가 몸에 난도질을 당해 죽었다. 뒤에 이조참판에 추증되어 정문旌門이 세워졌다. 시호는 충간忠簡이다.

51 송상현宋象賢(1551~1592) : 본관은 여산礪山, 자는 덕구德求, 호는 천곡泉谷이다. 1591년 통정대부通政大夫에 오르고 동래부사가 되었다. 왜침의 소문이 들려오는 가운데 방비를 굳게 하고 선정을 베풀었다. 그는 군사를 이끌고 항전했으나 중과부적으로 성이 함락당하자 조복朝服을 덮어 입고 단좌端坐한 채 순사했다. 왜장 소 요시토시宗義智 등이 그의 충렬을 기려 동문 밖에 장사지내주었다 한다. 뒤에 이조판서·좌찬성에 추증되었다. 부산 충렬사·개성 숭절사崇節祠·청주 신항서원莘巷書院·고부 정충사旌忠祠·청원 충렬묘忠烈廟 등에 제향되었다. 시호는 충렬忠烈이다.

52 이억李檍(1615~1636) :본관은 경주慶州, 자는 여량汝樑이다. 힘이 장사로 승마와 활

와 함께 죽어서 증직되고 정려가 세워졌다.

· 장비장張裨將

장비장은 기백圻伯이었던 심대沈岱[55]의 비장裨將이었는데 서애西厓 류성룡柳成龍의 휘하로부터 와서 따른 자였다. 그는 임진년(1592)에 심대를 따라 옮겨 다니며 싸우다가 삭녕에[56] 이르렀는데 왜적들이 밤에 매우 크게 외치기를

"감사는 어디있는가?"

라고 하니 장비장이 나와서 응하기를

쏘기에 능했고 병법兵法에 밝았다. 1636년 병자호란丙子胡亂 때 충청도 병마절도사의 휘하에 들어가 광주廣州의 쌍령雙嶺에서 적을 맞아 분전 끝에 전사했다. 병조 참의兵曹參議에 추증追贈되었다.

53 공청公淸 : 충청도를 가리키는 말이다. 『신증동국여지승람新增東國輿地勝覽』

54 이의배李義培(1576~1637) : 자는 의백宜伯이다. 1599년 무과에 급제해 선전관이 되고 이어 감찰로 전임되었다. 1630년 한천군韓川君으로 봉해졌으며, 공청병마절도사公淸兵馬節度使·김해부사, 전라병사, 오위도총부부총관, 황해·평안·함경도 등의 병사를 거쳐 1635년 공청병마절도사로 다시 부임해 그곳에서 병자호란을 맞았다. 경상좌절도사 허완許完과 우절도사 민영閔栐의 군과 함께 광주 쌍령에 정족鼎足으로 진을 치고, 먼저 공격해온 적과 치열한 접전 끝에 아군이 많은 사상자를 내고 무너지자 비장裨將의 피신 권유를 물리친 채 살아남은 노비 축생丑生과 힘을 다해 싸우다가 전사했다.이 싸움에서 허완·민영 등 양 절도사도 함께 전사했다. 처음에 병조판서로 추증했다가 다시 영의정으로 승격 추증했다. 시호는 충장忠壯이다.

55 심대沈岱(1546~1592) : 심대는 1572년에 문과에 급제해, 임진왜란이 일어나자 임금을 호종해 의주로 모셨으며, 경기도 관찰사가 되어 서울을 탈환하고자 시민들과 함께 싸우다가 왜병들의 습격을 받고 사망했다.

56 삭녕朔寧 : 삭녕은 고려 때의 삭녕현朔寧縣과 승령현僧嶺縣을 합한 지역이다. 『신증동국여지승람新增東國輿地勝覽』

"내가 감사다."

라고 하자. 왜적이 그의 목을 치고는 떠났다. 뒤에 왜적이 장비장에게 속았음을 알고서는 다시 쫓아와서 핍박하니 심공이 마침내 해를 입었다. [57]

≪이심권≫

57 장비장의 이야기는 『樊巖先生集 권48 神道碑』「贈大臣輔國崇祿大夫議政府領議政靑原府院君行嘉善大夫京畿觀察使沈忠壯公神道碑銘」에 실려 있다.

5. 하급관리胥吏

· **정의손**鄭義孫 **충찬위**忠贊衛, **박자일**朴自逸, **안숭복**安崇福, **최인석**崔仁碩 **서리, 이중진**李仲進 **서리, 송분**宋糞 **악공**樂工

이상 여섯 사람은 기묘사화가 일어나는 날 상소를 하여 선비를 구원하려다가 장형을 받았다.

· **이수겸**李守謙

이수겸은 승문원承文院의 행정을 맡은 서리이다. 임진란에 한양을 버리고 피난 갈 때에 이수겸이 재상 류성룡柳成龍 말의 재갈을 잡으며

"승문원의 문서를 마땅히 어찌할까요?"

라고 고하자, 공이 긴요한 문서를 수습해서 뒤쫓아 오라고 명했다. 수겸이 통곡을 하면서 갔다.

· **정애남**鄭愛男

정애남은 이조에서 인사행정을 맡았던 광해군 시절 아전이다. 김상궁 어머니의 새남편 유몽옥劉夢玉과 그의 조카사위 정몽필鄭夢弼이 탐학 방종하여 제멋대로 일을 꾸몄는데, 이익을 좋아하고 후안무치한 조정 신료 중에 이들에게 빌붙어서 높은 벼슬을 취한 자들이 많았다. 이조 참의參議 이정원李挺元이 정몽필을 양양襄陽 현감에 추천하려고 하자, 정애남이 인사행정의 실무를 보는 아전으로서 나아가

"양양이 비록 강등되어 현縣이 되긴 했으나 , 실제로는 부府입니다.

몽필은 바로 쇤네의 아우 정남正男의 아들입니다. 그는 비천한 몸인데 어찌 여기 양양에 추천하여서 나라의 체통을 손상시키려 하십니까? 게다가 이조에는 상피相避[1]의 규정이 있습니다. 쇤네가 지금 이조의 행정을 담당하는 아전이므로 원컨대 이 관례를 적용하기를 바랍니다."

라고 했다. 이정원이 매우 부끄러워 그만두게 되었으니, 사론士論이 이를 통쾌하게 여겼다. 정몽필은 동지중추부사를 지냈으나, 계해반정癸亥反正(인조반정) 때 참수되었다.

· **김정립**金貞立

김정립은 서리이다. 경신년(1680) 허적許積[2] 이원정李元禎[3] 등 4, 5인은 모두 가산이 적몰되었다. 기사년(1689)에 그들의 적몰籍沒된 가산을 살펴서 되돌려주었다. 또 갑술년에는 기사년에 되돌려 준 가산을 살펴

---

1 관리의 상하가 서로 친척의 관계가 되면 어느 한 쪽이 기피하여 전직하거나, 사직하는 규정

2 허적許積(1610~1680) : 자는 여차汝車, 호는 묵재默齋 또는 휴옹休翁이다. 남인의 중진으로 남인 온건파의 지도자였으며 탁남의 영수였다. 1637년 문과에 급제한 후 호조판서, 형조판서, 우의정, 좌의정 등을 지내고 의정부 영의정(수상)에 이르렀으며, 영의정을 세 번 역임했다. 서인 송시열의 사형을 놓고 남인 내에서 여론이 갈라졌을 때 온건론을 폈으며, 강경파인 윤선도, 윤휴, 허목의 주장에 맞서 온건파인 탁남의 영수가 되었다. 이후 남인 강경파인 미수 허목과 미묘하게 갈등했다. 1679년 안마와 궤장을 하사받고 기로소에 들어갔으나 1680년 3월 할아버지 허잠이 시호를 추증 받은 것을 기념하면서, 왕실, 예조의 허락 없이 유악(기름천막)을 빌려 쓴 것이 화가 되어, 그해 4월 서자 허견의 여러가지 비행과 비리 사건에 연루되어 사형당했다.

3 이원정李元禎(1622~1680) : 자는 사징士徵, 호는 귀암歸巖, 경산京山이다. 2차 예송 논쟁 당시 남인 측 주요 인사의 한사람이었다. 1680년 경신환국 때 서인의 맹공격을 받고 유배되었다가 배소로 가던 도중 체포되어 형문을 받던 중 죽었다.

서 일일이 다시 거두어들였다. 김정립이 여러 사람들에게 크게 외치기를

“조정에서 이미 되돌려주었다면 저당을 잡히든지 팔든지 하여 이를 밑천으로 살아가게 하는 것이 바로 자연스러운 형세일 것이다. 이제 하는 짓들을 따라서 보니 물건을 몰수해서 받아들이는 데 있다. 6년 뒤에 적몰된 가산을 따져서 다시 징수하기를 마치 도적놈의 장물을 몰수하는 것처럼 하고 있으니, 서인西人 사대부에는 도리를 아는 사람이 어찌 하나도 없는가?”

라고 했다. 상소문을 올리려고 상소 종이를 구하다가 얻지 못하자 이에 그쳤다고 한다.

· **홍극신**洪克臣

홍극신은 내수사의 서제書題[4]이다. 사동社洞(사직동)에서 붓을 던져 서리직을 집어치우고, 북한산으로 철수했다.

· **임준원**林俊元[5]

임준원은 내수사의 서리이다. 그는 경조(한성부) 앞에서 은자를 희사하여 남의 빚을 갚아 주었다. 감찰監察 이李아무개가 다섯 노인의 사적을 그림으로 그리고 그 일을 기록했다. 명곡明谷 최석정崔錫鼎이 그 그

---

4 문서기록 및 관리를 맡은 아전 비국비변사의 서리이다.

5 임준원林俊元(?~1697) : 여항문인이다. 부를 축적해 의롭게 사용했으므로 의로운 인물로 칭송되었고, 그래서 많은 사람들이 그의 전기를 썼다. 김창흡, 남유용, 정래교, 성해응 등이 「임준원전」을 남겼다.

림을 가지고 갔는데, 아직 최씨 집에 남아 있다. 다섯 노인이란 곧 홍극신 임준원이고, 나머지 세 명은 이름이 전하지 않는다. 그 중의 한 명은 의원이다.[6] 누가 부르면 그의 귀천에 관계없이 문득 갔으며, 길을 가다가 병자를 보면 반드시 말에서 내려 그의 병을 묻고 약을 가르쳐주었다. 그 하나는 젊어서 씨름을 잘했으며, 광통교[7]에 살았다.

· **박성번**朴成蕃[8]

박성번은 장원서掌苑署(궁중의 정원·화초·과실 등의 관리를 맡아보던 기관)의 노비이다. 일찍이 장원서의 당상관인 윤임尹任의 집안을 출입했다. 이 때문에 을사사화 때 8차의 고문을 받게 되었으며, 끝내 한 마디도 토설하지 않고 죽었다.

---

6 인조 때의 태의 白光炫으로 추정되는 인물이다. 정래교가 쓴 「백태의전白太醫傳」이 있다.

7 종로네거리에서 을지로네거리 방향으로 나가다가 청계로와 만나는 길목의 청계천 위에 놓여있던 다리이다. 조선시대 광통방에 위치하고 있어 광통교 혹은 광교라고 불렀다.

8 박성번朴成蕃 : 화초쟁이 박수경朴受敬으로도 알려진 안물이다. 홍명희 소설 『임꺽정』에는 화초쟁이 박수경으로 그려졌다. 『을사전문록』의 「박성번전」에 "박성번은 장원서의 관노이다. 천성이 순박하고 성실하며, 또 꽃과 나무를 잘 가꾸어서, 당시의 사대부들이 알지 못하는 이가 없었고, 윤임이 더욱 사랑했다. 을사사화에 임백령이 옥매향玉梅香 등을 꾀어서 윤임 등의 역모한 형상을 무고하게 하고, 먼저 그의 사위 李德應을 국문하니, 이덕응이 박성번을 끌어 증거로 삼았는데, 성번은 전연 불복했다. 친국할 즈음에 이르러서 이덕응의 공초에, "어찌 말을 꾸며서 전하를 속이겠습니까." 하니, 박성번이 말하기를, "네가 시종으로 드나들 때에, 내가 일찍이 쓸 만한 사람이라 여겼더니, 지금 소행이 이와 같으니, 밉기가 짝이 없다. 또 어떻게 윤임을 지하에 가서 볼 것이냐." 하기에, 고문을 엄혹하게 하고, 불로 지지는 형벌까지 하였으나, 끝내 굽히지 아니하고 죽었다. 추국을 당한 뒤에 바깥 뜰에 물러 나와서 掌令 鄭希登 등 몇 사람과 이덕응과 같이 앉았는데, 그 집사람이 생배[生梨]를 대접하니, 이덕응이 한 개 먹고 싶다고 말하자, 박성번이 말하기를, "어찌 하늘을 속이는 사람에게 주겠느냐." 하고, 정장령을 돌아다보고 먹기를 청했다. 당시에 사대부들도 형벌을 참지 못하고 거짓 자복한 자가 많았는데, 박성번은 한 천한 종으로서 죽을 때까지 다른 말이 없었으니, 이제까지 모두 그 의열義烈을 칭찬한다."라고 했다.

· **이우방**李遇芳

이우방은 형조의 아전이다. 기묘년(1759) 날씨가 가뭄이 들었고, 부제학 김시찬金時粲(1700~1767)이 상소를 올렸다가 섬으로 찬배되었다.[9] 그리하여 이우방이 부제학을 방면하라고 말을 올렸는데, 하늘에서 크게 비가 내렸다.

· **홍동석**洪東錫

홍동석은 재상 조태채趙泰采의 겸인傔人[10]이고 혜국惠局(선혜청宣惠廳)의[11] 아전이다. 신임년간에(신축년1721년, 임인년1722) 대관臺官(사헌부의 관원)들이 계사啓辭를 올려 조태채 김창업 등 네 재상을 극렬하게 논죄했는데, 홍동석에게 계사의 초본을 쓰게 했다. 동석은 붓을 던지며 쓰지 않고

"자식은 그 아비의 죄악을 쓰지 않는다. 겸인이 상전에 대한 관계는 부자의 의리가 있으니, 의리상 쓸 수가 없다."

라고 했다. 여러 대관들이 분노해서 그를 가두었고, 형장을 받은 것이 수삼 차에 이르렀지만 끝내 듣고 따르려고 하지 않았다.

조태채가 탐라(제주도)에 귀양을 가게 됨에 동석이 아전의 직임을 버리고 따라 갔다. 얼마 있지 않아서 사약을 내리라는 후명이 이르렀는데, 조재상의 아들 관빈觀彬은 아직 탐라에 들어오지 않았다. 금오

---

9 1759년 김시찬이 사직 상소문을 올렸는데, 상소문 중에 불경스러운 말이 있다고 해 흑상도로 유배되었다. 1764년 해배되었다.

10 양반집의 수청방守廳房에 있으면서 여러 가지 잡일을 맡아보고 시중을 드는 사람을 이르던 말

11 선혜청宣惠廳 : 조선조 14대 선조 41년(1608) 대동법의 시행에 따라, 대동미·대동포 등의 출납을 맡은 관아이다.

랑이 지체하거나 기다려주려고 하지 않고 사약 사발을 들기를 재촉했다. 동석이 곁에 있다가 분함과 한을 견디지 못하고 약사발을 발로 차서 엎어버렸다. 금오랑이 대노했으나 어찌 하지는 못했다.

이윽고 관빈이 이르렀는데, 조재상이 관빈에게 이르기를

"너는 동석을 너의 동기간으로 보도록 해라."

라고 했다. 뒷날 동석은 다시 혜국의 아전이 되었고, 자손들은 이를 세습했다. 지금까지도 조씨 집안을 드나들며 내외의 사람들과 통하고 알현한다고 한다.

· **현덕명**玄德明

현덕명은 포도청 군관이다. 경자년(1720년)에 포교로 육현陸玄을[12] 염탐하고 체포했다[13]. 그는 경종 임인년(1722년)에 형장을 맞아 죽었고, 병오년(1726년)에 구휼의 은전이 내려졌다. 세간에서는 그를 서릿발 같은 의로운 선비라는 뜻으로 추상의사秋霜義士라고 일컬었다.

· **김사명**金士命

김사명은 배리陪吏[14]이다. 중종 신사년(1521) 안처겸安處謙의 옥사 때

---

12 육현陸玄 : 옥천 사람으로 술사術士였다. 김창집의 식객으로 있으며 그의 비밀을 많이 알고 있었기 때문에, 김창집이 이홍술을 시켜서 잡아다가 박살했다. 현덕명은 이때 포도군관으로 육현을 체포했다.

13 성대중의 『청성잡기』에 의하면, 육현은 자신의 운명을 점쳤더니 '현덕명玄德明에게 죽는다.'해, 자신의 이름을 현, 자는 덕명으로 바꾸어 죽음을 면해 보려 했는데, 그가 죽을 때에 체포했던 자가 과연 현덕명이었다고 했다.

14 벼슬아치를 모시고 다니는 역할을 하는 아전

그의 이름이 조문객 명단에 있었기 때문에 신문을 받아 곤장을 맞았으며, 귀양을 갔다.

· **박연중**朴連中

박연중은 김덕수金德粹의 아내 이씨의 유모의 의붓아들이다. 박연중은 대사성 김식金湜[15]이 도망할 때에 그 아들 덕수 등과 함께 달아나서 숨었다.[16] 이신李信이 김식을 고변하면서 박연중이 날래고 건장하다고 말했기 때문에 그를 체포하려는 것이 더욱 촉급했다. 뒷날 박연중은 사면을 받았으나 오히려 세상에 나가지 않았다. 그는 김대사성의 문인으로 배우는 학도學徒가 아니면서도 김대사성의 집에 거처했던 사람이었다.

· **배순**裵純

배순은 풍기군의 양민이다. 젊어서 예안읍에 살면서 생업을 꾸렸다. 퇴계退溪 선생의 행실을 듣고서 마음으로 정성껏 사모했다. 만년에는 풍기에 옮겨 살았다. 퇴계의 초상이 나자 그는 깊이 애통해 했으며, 쇠를 주조해 퇴계의 상을 만들어서 조석으로 경건히 절을 올렸

---

15 김식金湜(1482~1520) : 자는 노천老泉, 호는 사서沙西, 동천東泉 또는 정우당淨友堂이고 시호는 문의文毅이다. 성리학에 밝았으며 학행으로 중종 초 성균관과 이조판서 안당의 천거로 출사했다. 중종 때 현량과에 급제해 파격 승진, 벼슬이 대사성에 이르렀다. 조광조 등과 함께 성리학에 입각한 도의정치를 추구하다가 훈구파 및 온건 사림파의 반격에 희생되었다. 기묘사화 당시 절도안치의 처벌이 내려졌고 후에 선산으로 유배가게 되었다. 이후 신사무옥이 일어나 체포를 피해 경상도 거창으로 갔다가 거기서 자결했다.

16 대사성 김식은 기묘사화를 당하여 잠시 화를 피하기 위해 도망갔는데, 아들 김덕수와 박연중 우음산이 호위했다. 이신은 본래 중이었다가 김식의 제자된 사람인데 김식을 고발했다. 김식의 도망, 이신의 고발 등에 대한 이야기가 『황토기사黃兎記事』 및 소설 『임꺽정』에 상세히 나온다.

다. 3년 동안 소식素食을 하고 흰옷을 입었다.

· **이승민**李承敏

이승민은 전주의 보인保人[17]이다. 효종 경인년(1650)에 상소를 올려 시정의 득실과 군민軍民의 적폐를 논했다. 임금이 그를 불러오도록 승정원에 명하여 그에게 상소문을 읽게 했는데, 막힘이 없었다. 임금이 그의 재주를 기이하다고 여겨 그의 역을 면해주었고 조금 있다가 중부中部 참봉에 제수했다.

· **하대해**河大海

하대해는 문의文義의[18] 교생校生[19]이다. 용모와 자태가 준수하며 특이했고, 체력이 남보다 뛰어났다. 글을 읽어 두루 통달했고 의론이 비분강개했다.

허적許積이 재상에서 파직되어 향리에 돌아가자 하대해가 와서 뵈었다. 패랭이를 쓰고 옷은 터지고 찢어졌으며 몸에는 진흙을 바르고 있었다. 허정승은 일어나서 공경스럽게 대했으나 묻고 답하는 일은 없었다. 조금 뒤에 하대해가 하직하고 나가자 허적이 손에 가지고 있던 부채를 받들어 주겠다고 청했다. 하대해는 부채를 받아서 물러났다. 곁에 있던 사람들이 괴이하게 여기고 물으니, 허정승이,

"그는 기이한 선비이다. 패랭이를 쓴 것은 내가 임금을 속였다고

---

17 조선시대 군사비 충당을 위하여 正軍에게 딸린 경제적 보조자

18 문의文義 : 충북 청주에 속했던 고을 이름이다.

19 향교에 딸린 심부름꾼, 혹은 아전

책망한 것이고, 터지고 찢어진 옷차림과 몸에 진흙을 바른 것은 내가 진흙을 바르고 더럽고 낮은 곳에 있어야 함을 경고하는 것일 뿐이다.”

라고 했다.

감사 이언기李彦紀가 문의의 수령으로 있을 적에, 하대해가 와서 알현했다. 대청 위에서 절을 하고는 섬돌 위에서 손을 맞잡고

“대청 아래서 절을 하는 것이 예법인데, 지금 대청 위에서 절을 했으니 너무 거만한 것이 아니겠는가.”

라고 했다. 이언기가 마루로 올라오라고 명하자, 마루에 올라와 앉았다가 곧 물러났다. 그러자 고을 좌수가 나서서,

“사또께서 지성으로 백성을 진휼한 것이 지금에서야 그 효과가 나타납니다.”

라고 하니, 이언기가 그 까닭을 묻자,

“하모河某는 특이한 선비여서 평생 동안 발걸음이 관문에 이른 적이 없었습니다.”

라고 했다.

일찍이 다른 곳에 나가 유람할 때였다. 장정壯丁을 군적에 올리게 되자 그의 맏아들이 그 인원에 충액되었는데 그의 처와 자식들이 달

아나서 피했다. 하대해가 돌아와서 이 말을 듣고는 곧 그 두 아들을 데리고 와서 하소연하기를

"쇤네 같은 백성이 병역을 기피한다면 국가가 어디에서 군정軍丁을 얻겠습니까? 다만 큰자식은 몸에 병이 있어 병역을 감당할 수 없으니, 둘째 자식으로 대신 정해주길 청합니다."

라고 했다.[20]

· **신경휘**申景輝

신경휘는 충정공忠定公 권벌權橃[21] 문하의 사람이다. 충정공이 유배지에서 세상을 떠나게 되어 그 시신이 햇볕에 방치되자, 신경휘가 어영청 서리로서 사직서를 던져 스스로 물러나서 군복차림과 장검으로 시신을 호송해 고향으로 돌아가게 했다. 그리고는 술로 세월을 보내다가 죽었다.

≪김혈조≫

---

20 하대해라는 인물에 대해서는 이익의 『성호사설星湖僿說』「人事門」에도 나온다.

21 권벌權橃(1478~1548) : 자는 중허仲虛, 호는 충재冲齋이다. 1496년에 진사가 되고, 1507년에 증광문과 병과로 급제, 지평 ·사성司成을 거쳐 도승지가 되고, 1519년 예조참판이 되었다. 이어 삼척부사로 나가 있다가 이 해 겨울에 일어난 기묘사화己卯士禍에 연루되어 파직당했다. 1533년 밀양부사로 복직되었으며, 경상도관찰사 ·형조참판을 거쳐 한성부판윤을 지냈으며, 1539년 종계변무사宗系辨誣使로 명나라에 다녀왔다. 1545년 을사사화乙巳士禍로 위사공신衛社功臣에 올랐으나 정순붕鄭順朋의 반대로 삭훈되고, 1547년에 양재역벽서사건良才驛壁書事件에 연루된 죄로 구례求禮에 유배된 후, 삭주朔州에 이배되어 배소에서 죽었다. 문집에 『충재집冲齋集』이 있다.

6. 천한사람賤人

· 표정준表廷俊

표정준表廷俊은 신창新昌[1] 사람이다. 가문이 대대로 본디 미천했는데, 어려서 무술을 익혀 과거에 합격했다. 만호萬戶와 첨사僉使를 거치고 뒤로는 현감에까지 이르렀다.

타고난 자질이 강직하고 재주가 민첩했지만 사람들과 있을 때는 매우 공손하고 신중했으며 일을 만나면 과감하게 행동하고 의로운 일이라면 더욱 용감했다.

그는 젊었을 적에 청음淸陰 김상헌金尙憲[2]을 따라 바닷길로 명나라에 갔다. 하루는 수십 척의 해선海船을 만나, 선박들이 그들을 포위해 침범할 듯했다. 청음이 타루柁樓에 걸터앉아 시종들을 불렀으나 시종들은 두려워 모두 엎드린 채 감히 움직이려 하지 않았다. 표정준만이 홀로 몸을 꼿꼿이 세우고 앞으로 나가 목소리를 높여 그 선박에 있는 사람들과 대화를 했다. 이에 저들도 마침내 감히 침범하지 못하고 떠나갔다.

또 그는 일찍이 박승종朴承宗[3]을 섬겼었는데, 박승종이 죽자 친척들

---

1 신창新昌 : 경남 함안군 군북면 동촌리를 말한다.

2 청음淸陰 김상헌金尙憲(1570~1652) : '숭명배청'의 절개를 상징하는 대표적 인물로, 본관은 안동, 자는 숙도叔度, 호는 청음淸陰과 석실산인石室山人 등이 있다. 그는 1596년 선조 때 문과에 급제해 육조의 판서, 예문관 및 성균관의 제학을 지냈다. 1636년 병자호란이 일어나자 예조판서로 주화론主和論을 배척하고 끝까지 주전론主戰論을 펴다가 인조가 항복하자 안동으로 은퇴했다. 1639년 청나라가 명나라를 공격하기 위해 요구한 출병에 반대하는 소를 올렸다가, 1640년 11월에 김상헌은 청나라 심양으로 압송되어 갖은 고초를 겪고 1645년 2월 소현세자를 모시고 귀국했다. 이후 좌의정에 여러 번 제수되었으나 고사했고, 기로사에 들어갔다.

3 박승종朴承宗(1562~1623) : 본관은 밀양密陽, 자는 효백孝伯, 호는 퇴우당退憂堂이다. 1586년 선조때 문과에 급제해 광해군 때 형조판서를 거쳐 우의정, 좌의정, 영의정

도 모두 도망가 숨고 감히 시신을 거두는 자가 없었다. 오직 표정준만이 급히 달려가서는 곡을 하고 손수 관을 마련해 염을 한 다음 떠났다. 사람들은 그가 한漢나라 호첩扈輒[4]과 위魏나라 지습脂習[5] 같은 풍모가 있다고 했다.

임오년(1642) 오랑캐(청나라) 차관이 와서 청음을 잡아 다시 청나라로 데려가려 했다. 당시 청음은 의주에 구금되어 있었는데,[6] 정준이 그 소식을 서울에서 듣고는 그 날로 역말을 타고 밤낮없이 질주하여 사흘 만에 의주에 도착했다. 수성촌壽星村에서 청음을 뵈었는데, 당시 오랑캐의 차관은 아직 도착하지 않았었다. 정준이 이 사실을 고하고 이로 인하여 함께 가겠다고 청했다.

청음은 의롭게 여기면서도 허락하지 않고 말하기를,

"저 곳은 사지死地일세. 그대는 노모가 계신데 어찌해서 나를 따라 가려 하는가?"

을 역임했고 밀양부원군密陽府院君에 봉해졌다. 인조반정이 일어나자 오랫동안 요직에 앉아 권세를 누린 일을 자책하며 자결했다. 반정 뒤에 관직이 삭탈되고 가산이 적몰되었다.

4 호첩扈輒 : 한나라 장수 팽월彭越 휘하에 있던 부하로, 팽월이 유방에게 모함을 받아 죽을 위기에 처하자 호첩은 유방에게 항복하지 말고 차라리 반란을 꾀하라고 간언을 했다. 하지만 이 말을 받아들이지 않았던 호첩은 결국 죽음에 이르고 말았다.

5 지습脂習 : 공융孔融과 친분이 두터웠던 인물로, 공융이 위나라 조조의 심사를 거슬러 전 가족과 함께 살해되자, 공융의 시신 앞에 엎드려 곡을 했다. 조조가 이 소식을 듣고 죽이려 했으나, 조조의 부하 순욱荀彧이 지습을 '의인義人'이라 하여 죽음은 면하게 된다.

6 김상헌金尙憲 : 1640년 11월 심양으로 끌려가 북관北館에 구류되었다가, 이듬해 1641년 11월 부인 이씨가 안동에서 세상을 떠나고 그도 병이 심해져 12월에 의주義州로 보내지게 되었다. 이후 1643년 1월에 다시 심양으로 끌려가게 된다.

라고 하자, 정준이 슬퍼하며 말하기를,

"소인에게 어머니가 계신 것은 사실입니다. 그러나 아직 별 탈 없이 건강하십니다. 그러나 공께서는 생사를 알 수 없는 험지로 홀로 떠나시니 제가 차마 그렇게 둘 수 없습니다."

라고 말하고는 마침내 그대로 그곳에 머물고 떠나지 않았다. 이틀 후에 오랑캐 차관이 비로소 도착해 행차를 재촉하는데 분위기가 살벌하고 갖은 수단으로 협박하고 꾸짖었다.

계미년(1643) 정월에 오랑캐가 청음을 잡아서 압록강을 건너는데, 정준도 따라갔다. 이미 심양瀋陽에 도착하자 북관北館에 유폐시켰다. 북관은 오랑캐가 사형수를 가두어 두는 곳이었다. 청음이 정준을 보고 말하기를,

"내가 죽는 것은 나의 직분일 따름일세. 그러나 그대는 나와 함께 죽을 이유가 없으니, 함께 이곳에 들어가는 것은 무의미하네."

라고 하며 손을 내저으며 그를 떠나게 했으나, 정준은 눈물을 흘리며 떠나지 않으려 하며

"이미 공을 따라왔는데 지금 어찌 차마 공을 버리고 먼저 돌아갈 수 있겠습니까."

라고 대답했다.

문에 도착하자 문지기도 그를 거부했으나 정준이 힘껏 선생의 허

리를 꽉 쥐고 놓지 않아서 마침내 들어갈 수 있었다. 이미 (북관으로) 들어가자 가시나무가 둘러쳐져 있고 문을 잠근 채 사흘 동안 물과 등불도 주지 않았다.

얼마 후 조금 풀어주긴 했으나 역시 사람이 견딜 바가 아니었다. 그런데도 정준은 조금도 후회하거나 연연해하지 않고 밤낮으로 청음과 함께 생활하며 몸소 종의 역할을 하면서 몇 개월이 지나도록 조금도 게을리 하지 않았다. 청음의 자제子弟가 도착해서야 비로소 하직인사를 하고 돌아감에도 오히려 연연해하며 차마 발걸음을 돌리지 못했다. 이에 선생은 그를 위해 시를 지어 주고는[7] 자주 그의 기상과 의리를 칭찬했다. 이후로부터 정준은 드디어 세상에 유명해지게 되었다.

정준은 작은 키에 체구가 왜소했으나 수염은 길어 배까지 닿았다. 올해 나이가 80여 세인데도 오히려 건장해 얼굴에 혈기가 흐르고 걸음걸이는 젊은이처럼 날아갈 듯 가벼웠다. 일찍이 북관에 있을 때의 일을 말하곤 했는데, 오랑캐 역관譯官 정명수鄭命壽와 만나 이야기를 했고 혹 소리를 높여 논쟁을 할 때면 정명수는 늘 웃으며 꾸짖기를,

"그대도 청음을 본받았는가?"

라고 했다. 정준이 청음을 두려워하고 공경함이 이와 같았음을 볼

---

7 김상헌, 『청음집』 제12권, 『설교후집雪窖後集』·「일백이수一百二首」에 당시 청음이 표정준에게 준 시가 실려 있다.

위태로운 기미 십분 급박해진 뒤에 보니 火色蒼黃到十分
평소에 맺었던 의리 모두 참이 아니구나 平生結義摠非眞
위태로운 길에서 날 잘 부지해 주었거니 危途賴爾扶持力
세상에서 이런 사람 있는 줄을 누가 알리 世上誰知有此人

수 있다.[8]

농암 김창협이 그의 일을 기록했다.[9]

· 김귀련金貴連

김귀련金貴連은 금성金城[10]의 민가民家 출신인데 부유함으로 향리에 이름이 났다. 그는 사람됨이 나누어주길 좋아하고 구걸하는 사람들에게 재물을 후하게 써서 찾아오는 자들이 매우 많았다. 흉년이 드는 해면 넓은 당을 마련하여 사람들을 기러기 떼처럼 열거하고는 좋은 자리는 비워둔 채 맨 끝에 앉아서 그들과 함께 식사를 했다. 이런 이유로 천 리나 되는 곳에서 어린 아이를 업고 오기까지 했다. 매번 밥을 지을 때에는 나가서 찾아오는 사람이 몇 명인지를 엿보았다.

을해년(1695)과 병자년(1696)의 흉년에[11] 영동지역으로 가는 사람들이

---

8 정명수鄭命壽(? ~1653) : 평안도 은산殷山의 천예賤隷 출신의 역관으로 성품이 교활했다. 1618년명나라가 요동을 침범한 후금後金(淸)을 토벌할 때 조선에 원병援兵을 요청하자, 조선에서는 강홍립姜弘立을 오도도원수로 삼고 김경서金景瑞를 부원수로 삼아 1만 3000명의 군사를 거느리고 출정하게 했는데, 그도 이 때 강홍립을 따라 출정했다. 1629년 명나라 제독 유정劉綎의 휘하에 들어간 강홍립의 군대는 부차전투富車戰鬪에서 패배해 후금에 항복할 때 포로가 되었다. 이듬 해 조선 포로들은 석방되었으나, 그는 청나라에 살면서 그 말를 배우고 청나라에 우리나라 사정을 자세히 밀고해 청나라 황제의 신임을 얻었다. 또한 1636년 병자호란 때 청나라 장수 용골대龍骨大·마부대馬夫大의 통역으로 입국해 청나라의 조선침략에 앞잡이 노릇을 했다. 이후 조선과 청에서 권력을 믿고 갖은 행패를 부렸으며 청나라로 보내는 세폐歲幣를 노략질했다. 1653년 심양瀋陽에서 성주포수星州砲手 이사용李士用에게 모살謀殺되었다.

9 김창협, 『농암집』 제26권, 잡저雜著, 「서표정준사書表廷俊事」에 표정준과 김상헌과의 일화가 자세하다.

10 금성金城 : 강원도 김화 지역의 옛 지명이다.

11 을해년과~흉년에 : 숙종 34년 1695년 을해년과 숙종 35년 1696년 병자년에 있었던 조선시대 대흉년으로, 140만여 명이 아사하는 등 조선의 대표적 기근 사건으로 손꼽힌다.

종종 길에서 (그를 칭송하는) 목비木碑를 보았다. 수령이었던 권일형權一衡[12]은 이를 듣고 기특하게 여기고는 말을 보내 그를 초청했다. 그러나 김귀련은 황송하여 감히 타지 못하고 소를 타고 와서 알현하자 권공이 그에게 예를 갖추었다. 또한 친히 그의 이름을 공안公案에 기록하고 사역을 시키지 못하게 했으나 그가 한사코 사양해 어찌할 수 없었다. 도백道伯이 금성에 순시하러 와서 그를 영비營裨[13]로 불렀는데 끝까지 명을 받지 않았다. 감사가 이액吏掖에게 예의를 갖추어 알현하게 하고는 역마를 타고 선두에 서서 오도록 했으나 애써 사양하며 거부했다.

『동계집』에 나온다.[14]

· 안용복安龍福

안용복安龍福은 동래부東萊府[15]에서 전선戰船의 노를 젓는 군인이었다. 왜관에 출입하여 일본말을 잘 했다. 숙종 계유년癸酉年(1693) 여름에 울릉도에 표류했는데, 왜선 7척이 먼저 와서는 그들이 먼저 섬을 차지하고자 하는 분쟁거리를 만들었다. 이에 용복이 왜인과 논쟁하고 따지니, 왜인이 노해 잡아다 오키섬(五浪島)에 구금했다. 용복이 오키섬 도주島主(섬의 실력자)에게

12 권일형權一衡(1700～?) : 본관은 안동安東, 자는 신경信卿이다. 경종 때 문과에 급제한 뒤, 1728년 이인좌李麟佐와 정희량鄭希良 등이 밀풍군密豐君 탄坦을 추대해 난을 일으켰을 때 도순무사都巡撫使 오명항吳命恒을 따라 난을 평정하는 데 공을 세웠다. 그 뒤 설서說書와 필선弼善 등을 거쳐 1746년에는 의주부윤이 되었으며, 1751년에 승지가 된 뒤 병조참판을 지냈다.

13 영비營裨 : 감영監營의 비장裨將을 말한다. 감사監司에 새로 임명任命되었을 때에 이吏·호戶·예禮·병兵·형刑·공工의 여섯 사람의 비장을 선임選任하여 데리고 가던 데서 생긴 말이다.

14 조귀명, 『동계집東谿集』 권5에 「김유련전金流連傳」이 나온다. 『진휘속고』에서는 '김류련'이란 이름 대신 '김귀련'을 사용했고, 축약과 개작이 많다.

15 동래부東萊府 : 현재 부산광역시 동래를 말한다.

“울릉도와 우산은 본래 조선에 속했다. 조선은 가깝고 일본은 멀거늘 무슨 이유로 나를 구금하고 돌려보내지 않는가?”

라고 말하니, 오키섬 도주가 곧 호키슈(伯耆州)로 보내 버렸다. 호키슈 도주가 빈례賓禮로 대우하고 많은 양식을 주었으나 받지 않았다. 호키슈 도주가 용복이 하고자 하는 것을 물으니 용복은 다시 그간의 일들을 털어놓고,

“침략과 소요를 멈추고 교린의 관계를 두터이 하는 것, 이것이 제 소원입니다.”

라고 했다.

호키슈 도주가 허락하고는 강호江戶 막부幕府[16]에 아뢰어 약정서를 만들어 주어서 드디어 돌아왔다. 행차가 나카사키섬[長碕島]에 이르니 나가사키 도주가 쓰시마[對馬島]에 올라 약정서를 뺏고 안영복을 쓰시마로 압송했다. 대마 도주가 그를 구금하고 강호 막부에 물어보니, 강호에서 다시 서계書契[17]를 작성하여 두 섬[울릉도, 우산]을 침략하지 말고 다만 호송하라는 명령이 있었다.

그러나 쓰시마 도주는 다시 그 서계를 빼앗고 그를 50일 동안 가두었다가 동래부 왜관으로 압송했는데, (이곳 왜관에서) 또다시 40일을 지체했다가 동래부로 돌려보냈다. 이에 용복이 동래부 부사에게 모두 하소연했으나, 동래 부사가 상부에 보고하지 않고 국경을 넘었다

16 서계書契 : 조선 시대 일본과 조선 정부 간에 주고받던 공식 문서를 말한다.

17 현재는 송도松島 일본의 마쓰시마를 뜻하지만, 위 본문에서는 독도를 지칭하는 용어로 사용되었다.

는 이유로 그에게 형벌을 내렸다. 2년 후인 을해년(1695) 여름에 용복이 울분을 견디지 못해 떠돌이 중 다섯 명과 사공 네 명을 설득해 다시금 울릉도에 이르니, 우리나라 삼남(충청, 전라, 경상)의 배가 먼저 정박하여 고기를 잡고 대나무를 베고 있었는데, 때마침 왜선도 도착했다.

용복이 여러 사람에게 그들을 포박하라 명령했으나 여러 사람들이 두려워해 실행에 옮기지 않았다. 이에 왜인들이

"우리는 마쓰시마[松島][18]에서 고기를 잡다가 우연히 이곳에 왔을 뿐이다."

라고 하고 곧장 떠나갔다. 이에 용복이

"마쓰시마는 본래 우리 우산도이다"

라고 말하고 이튿날 우산도로 나아가니, 왜인들이 돛을 올리고 달아났다.

용복이 추격하여 오키노시마[玉岐島]에 표류했다가 호키슈까지 흘러가게 되었다. 호키슈 도주가 환영하자 용복은 스스로를 울릉도 수포장搜捕將이라 칭하고 교자를 타고 들어가 도주와 대등하게 예를 갖추고 이전의 일들을 소상히 말했다.

(또) 이르기를

---

18 현재는 송도松島 일본의 마쓰시마를 뜻하지만, 위 본문에서는 독도를 지칭하는 용어로 사용되었다.

"우리나라에서는 해마다 쌀 1석은 반드시 15두로 하고, 면포 1필은 35척으로 하며, 종이 1권은 20장으로 해 보냈는데, 쓰시마에서 훔치고 줄여서 쌀 1석은 7두로, 면포 1필은 20척으로, 종이는 잘라서 3권으로 여기고 있으니, 나는 장차 관백關白[19]에게 있는 그대로 보여 쓰시마에서 속인 죄목을 다스리고자 합니다."

라고 했다.

일행 중에 문자를 조금 터득한 자가 있어 소장疏狀을 만들어 도주에게 보여주었다. 쓰사마 도주의 부친이 이를 듣고 호키슈에 애걸복걸해 일이 마침내 무마되었다. 위로하며 타이르고 돌려보내면서,

"섬을 다툰 일은 모두 그대가 말한 바와 같으니, 만약 (앞으로) 약속을 이행하지 않는 자가 있으면 마땅히 중벌로 다스리겠다."

라고 했다.

가을 8월에 양양부로 돌아와 정박하니, 감사가 장계로 보고하고 용복을 붙잡아 서울로 압송했다. 조정의 의론은 오히려 국경을 넘고 분쟁을 도발했다고 하여 장차 참형에 처하려 했다.

대신 윤지완尹趾完과 남구만南九萬이 힘껏 주청해[20] 그의 죽음을 면하게 했고, 동래부로 하여금 쓰시마에 문서를 보내어 공문을 탈취한

---

19 관백關白 : 일본에서 왕을 내세워 실질적인 정권을 잡았던 막부의 우두머리를 말한다.
20 윤지완尹趾完(1635~1718) : 본관은 파평坡平, 자는 숙린叔麟, 호는 동산東山이다. 남구만南九萬(1629~1711)의 본관은 의령宜寧, 자는 운로雲路, 호는 약천藥泉·미재美齋이다. 이 둘은 안용복을 죄주는 것은 오히려 일본에게 유리한 일이라고 하며 힘써 그의 죽음을 막았다.

잘못을 꾸짖게 했으니, 쓰시마 도주가 과연 자복을 하였지만 죄를 이전 도주에게 돌리고는 다시는 울릉도를 왕래하지 않겠다고 했다. 조정에서는 곧 용복의 사형을 탕감하고는 먼 지역으로 유배 보냈다고 한다.[21]

· **양부하**梁敷河

양부하는 동래東萊 사람으로 임진왜란 때 포로로 잡혀 쓰시마에 억류되어 27년 만에 돌아와 95세에 죽었다. 염헌恬軒 임상원任相元[22]이 전을 지었는데, 전의 대략적 내용은 다음과 같다.

부하는 나이 12세에 포로가 되어 양민의 아들로 관백에게 바쳐졌다. 도요토미 히데요시[豊臣 秀吉][23]가 역관에게 명령해 그에게 일본말을 가르치게 했다. 3개월 만에 모두 깨우치니 도요토미 히데요시는 그가 하찮은 인물이 아님을 알고 가까이하고 아껴서 항상 주위에 두었다.

도요토미 히데요시가 죽게 되자 모리 데루모토[毛利 輝元][24]에게

---

21 이익의 『성호사설 星湖僿說』 및 원중거의 『화국지和國志』 등에 안용복 관련 기사가 보인다.

22 염헌恬軒 임상원任相元(1638~1697) : 본관은 풍천豊川, 자는 공보公輔, 호는 염헌恬軒이다. 현종 때 문과에 장원급제해 숙종 때 대사헌·공조판서·한성부판윤 등을 지냈다. 저서로 『염헌집』 10책과 『교거쇄편郊居瑣篇』이 있다.

23 도요토미 히데요시[豊臣 秀吉, 1537~1598] : 센고쿠 시대와 아즈치모모야마 시대에 활약했던 무장이자 정치가이며 다이묘이다. 오다 노부나가, 도쿠가와 이에야스와 함께 전국 3영걸로 불린다. 또한 임진왜란을 일으킨 장본인이기도 하다. 도요토미라는 성을 하사받기 이전에 하시바 히데요시[羽柴秀吉]라는 이름을 사용했다.

24 모리 데루모토[毛利 輝元, 1553~1625] : 아즈치 모모야마 시대부터 에도 시대 전기에 걸쳐 활약한 다이묘이다. 도요토미 히데요시 정권 하에서는 원로를 담당했으며 세키가하라 전투에서는 서군의 총대장으로 옹립되었다. 에도 시대 조슈 번 초대 번주이기도 하다.

소속되었는데 곧 모리 데루모토를 설득해 고국으로 돌아가기를 청하자 모리 데루모토가 허락하고 또한 도로에서 통행할 수 있는 문서를 주었다. 부하가 떠나감에 조선의 남녀 80여 인을 데리고 배를 사서 쓰시마에 도착하고는 쓰시마 도주를 설득해 돌아올 수 있었다. 당시 나이가 39세였다. 양부하가 돌아와서 심유격沈遊擊[25]에게 말하기를

"독이 든 화약을 도요토미 히데요시에게 몰래 먹여, 도요토미 히데요시가 이로 말미암아 병이 들어 죽게 되었다."

라고 했다.

≪정은진≫

· 표류한 바다 상인[26]

가정嘉靖 임술년(1572)에 호음湖陰 정사룡鄭士龍[27] 재상의 이웃 사람으

---

25 심유격沈遊擊(?~1597) : 명나라 가흥 출신의 무장 심유경沈惟敬을 말한다. 1592년 임진왜란이 발발해 일본의 기세가 드세자, 명나라 병부상서 석성石星이 비밀리에 파견한 인물이다. 그는 명나라의 유격장군을 가칭해 조선에 파격되었기 때문에, 심유격沈遊擊으로 불리었다. 그는 1593년, 명국 사신으로 일본 오사카성에 와서 도요토미 히데요시 만나 강화에 대한 논의를 했으나, 명나라에 강화내용을 제대로 전달하지 않아 명나라 장수 양원에게 체포되어 '나라와 황제를 기만한 죄'로 처형되었다.

26 이 일화는 허균의 『학산초담鶴山樵談』에 수록되어 있다.

27 정사룡鄭士龍(1491~1570) : 자는 운경雲卿, 호는 호음湖陰으로, 영의정 정광필鄭光弼의 조카이다. 1507년에 진사가 된 이래 여러 관직을 거쳤고, 1534년동지사冬至使로서 명나라에 다녀왔고, 1544년공조판서로 다시 동지사가 되어 명나라에 다녀왔다. 중국에 사신으로 가서 문명을 떨쳤을 뿐만 아니라 중국 사신을 접대하는 동안 중국인과 주고받은 시가 많았다. 중국에 다녀와서 『조천록朝天錄』을 남겼다. 말을 치밀하게 다듬어 웅대하고 호방하며 기이한 문구 사용하는 한시를 장기로 삼았다. 특히, 칠언율시에 뛰어나 당시 문단에서 그와 신광한申光漢을 한시의 쌍벽으로 꼽았다. 저서로는 『호음잡고湖陰雜稿』, 『조천록』 등이 있다.

로 해상海商을 생업으로 하는 자가 있었는데, 풍랑으로 배가 표류하여 중국 절강성浙江省 영파부寧波府에 정박하게 되었다. 지방 관아에서 호패로 신원을 확인하고 그를 북경으로 돌려보냈다. 그는 북경을 가는 길에서 조선의 사신으로 왔던 공용경龔用卿의 집을 지나게 되었다.[28] 공씨龔氏는 당시 국자감國子監 좨주祭酒[29] 벼슬을 끝으로 사직하고 집에 있었는데 조선 사람이 왔다는 소문을 듣고는 역관 譯官에게 일정을 늦추어 함께 이야기할 수 있도록 해달라고 청했다. 상인이 정호음의 집안 세계와 벼슬을 역임한 순서를 말하자, 공씨가 크게 놀라 그를 데리고 자기 집으로 갔다. 처자를 나오라 해 서로 인사시키고 정호음에게 보내는 편지를 써서 전해 달라고 부탁하고는 후하게 음식까지 대접해 보냈다. 공씨가 호음에게 심복했음이 이와 같았다.[30]

· **조완벽**趙完璧

조완벽[31]은 진주 사람으로 정유재란 때에 포로로 사로잡혀 왜에 들

---

28 공용경龔用卿 : 1537년 중종32 에 한림원 수찬翰林院修撰으로 사신을 왔으며 『사조선록使朝鮮錄』3권을 남겼다.

29 공용경은 南京의 국자감 좨주를 지냈다.

30 정사룡이 공용경의 원접사로 나가서 시로 서로 수창했으며, 수창한 시는『황화집』에 수록되어 전한다. 당시 원접사로 나갈 때 다음과 같은 일화가 있다. "중종 정유년에 중국 사신 공용경龔用卿이 왔을 때 소세양이 원접사가 되고 정사룡은 가선대부로서 평양영위사平壤迎慰使가 되었다. 공용경은 문장의 대가인 까닭에 연도에서 지은 작품이 벌써 전국에 퍼졌다. 조정 의논이 모두 소세양이 능히 감당할 수 없을 것이라 했다. 소세양이 의주에서 병으로 사직하였으므로 정사룡을 자헌대부으로 특진시켜 그를 대신하게 했다. 사룡은 웃으면서 말하기를 '조정이 나를 비오는 날 나막신으로 삼는구나. 평상시에는 버려두었다가 필요할 때만 써먹음'이라고 했다." 『지봉유설』

31 이수광, 『지봉유설』, 「조완벽전」에 다음과 같은 기록이 있다.
조생 완벽趙生完璧은 진주晉州의 선비였다. 약관의 나이에 정유왜변丁酉倭變 1597 선조 30 을 만나 사로잡혀서 일본으로 갔었고 왜인의 상선 商船을 따라 안남국安南國을 세 번이나 왕래했다. 안남국은 일본에서 해로 海路로 3만 7천 리나 떨어져 있

어갔다. 상인의 배를 따라서 안남국安南國에 들어가게 되었는데, 안남국은 일본과의 거리가 해로로 3만 여리라고 한다.[32]

· **천하장사 송장군宋將軍**

송장군은 광주光州의 품팔이였는데, 이름은 전하지 않는다. 효종이 나라 안의 힘 있는 전사를 구하라고 명을 내렸는데, 천 근을 들 수 있는 사람을 바야흐로 합격시켰다. 송품팔이가 응모하여 관의 뜰에 들어갔다. 뜰의 반석을 가리키며

"저게 천 근이 될까요?"

다. 일본의 살마주薩摩州에서 바다로 가면 해수 海水는 서쪽이 높고 동쪽은 낮다. 주야로 50~60일 가야 안남국의 흥원현興元縣에 닿는다. 그곳은 아주 따뜻하고 논에 경종耕種을 아무 때나 해서 3월에 처음으로 경종하는 자가 있는가 하면 농사가 다 되어 곡식이 익으려 하는 것도 있고 수확하려는 것도 있다. 뽕[桑]은 매년 밭에 심어서 누에를 친다. 목화 나무가 있는데 높고 커서 꽃은 작약芍藥꽃 만하여 사람이 나무에 올라가 딴다. 과일로는 귤橘·여자荔子 외에는 다른 과일이 없다. 곶감을 주면 무엇인지를 알지 못한다. 빈랑檳榔을 늘 먹고 목이 마르면 사탕풀[蔗草]을 씹는다. 그 사람들은 장수長壽해서 1백 20세의 노인이 있기도 한데 머리가 희었다가 다시 누렇게 되니 이른바 '황구黃耇'라는 것이다. 그 뒤 10여 년에 조완벽은 본국으로 돌아오게 되었는데 그의 노모와 아내는 다 함께 아무 탈이 없었다. 사람들은 기이한 일이라 생각했다.

32 이덕무『청장관전서』,「청비록」에 다음과 같은 기록이 있다.
"조완벽은 진주사람으로 정유년 1597 에 포로가 되어 왜국倭國으로 들어갔다가 상선商船을 따라 안남국에 들어간 것이 모두 세 차례인데 일본日本과의 거리는 해로海路로 3만 7천 리이다. 안남국에 문리후文理侯 정초鄭勦라는 사람이 있는데 그는 환관으로서 정권을 잡아 그 사치가 온 나라에서 제일이었다. 하루는 성대한 잔치를 벌이고 완벽을 초청 글을 내보이면서 '이것은 귀국의 지봉芝峯 이수광李晬光의 시이다.'했다. 완벽이 그 글을 열람해보니 모두가 고금의 이름난 시인의 시명가시였는데 지봉의 시가 맨 첫머리에 있고 붉은 물감으로 둥근 점을 쳐놓았다. 문리후가 '산이 이상한 모양으로 솟았으니 상골이 많고[山出異形饒象骨]'라는 구句를 가리키면서 '이곳에 상산象山이 있고 보니 더욱 기묘하다.'했다. 또 유생들도 모두 그의 시를 베껴 독송했는데 그 뒤에 완벽이 본국으로 돌아와서 그 일을 전했다."

라고 하고는 곧바로 반석을 쉽게 들었다. 마침내 합격시켜 임금에게 보고했다.

임금이 재촉해 그를 부르고는, 시위무사에게 힘을 겨루어보라고 명하니 모두를 대적할만했다. 음식을 엄청나게 하사했는데 그 자리에서 다 먹어버렸다. 임금이 더욱 그를 기이하게 여겨서 즉시 맨 앞에 두었다. 또 궁녀를 그에게 하사해 장가 들이고, 집을 금호문 밖에 하사했다. 도검류와 가죽옷 등의 물품들이 모두 내부內府[33]에서 나온 것으로 그를 매우 총애했다. 조금 지나서 시험적으로 변방의 작은 진영을 맡겨 변방의 사무를 익히게 했다. 임금이 매양 그를 생각해 하사하고 급여하느라고 파발의 말이 줄을 이었다.

임금이 승하하자 송무사가 갑자기 듣고는 목소리를 죽이고 슬퍼하며 원통해 했다. 관인과 부절을 내버리고 말을 달려 대궐 아래에 이르러 통곡했다. 자기 집에 들어가니, 그 아내는 임금의 은혜에 감격해 그만 스스로 목을 매달아 자결했다. 절도사가 그가 진영을 버리고 제멋대로 갔다고 해서 효수시키기를 청했는데, 현종 임금이 가련하게 여겨서 그를 구제해주었다.

송무사는 의지하고 붙박을 곳이 없어서 이리저리 떠돌다가 용인에서 나그네 생활을 했다. 고을 사람들이 그의 체구를 보니 장대한 모습이 마치 범을 쫓는 기상이었다. 그를 송장군이라고 부르고, 술과 음식을 만들어 반드시 그를 불러서 함께 먹으며, 그의 먹는 모습을 웃음과 즐거움으로 삼았다.

송장군은 매양 효종의 기일이 되면 문득 나물반찬으로만 밥을 먹

---

33 왕실의 재정이나 물품을 맡아보던 관청

고 종일 통곡했다. 효종이 하사한 비단 반비半臂[34]를 항상 착용했는데, 해가 오래되어 모두 해지고 다만 은으로 된 단추만 남았으나 항상 눈물의 흔적이 있었다. 사람들이 은 단추를 팔아서 스스로 먹고 살라고 하면 기꺼이 하려고 하지 않았다.[33]

· 갖바치皮匠

어떤 은군자隱君子가 있었는데, 갖바치 속에 행적을 숨겼다. 정암靜菴 조광조趙光祖는 그가 어진 사람임을 알아보고 그에게 나아가서 학문을 묻기도 하고, 때때로 그의 집에서 함께 자기도 했다. 갖바치가 조광조에게

"그대의 재주는 한 세상을 충분히 경세제민할 수 있습니다. 그러나 이는 옳은 임금을 만나야만 가능합니다. 지금 임금은 비록 이름 때문에 그대를 등용하고는 있으나, 실은 공을 알지는 못하외다. 만일 소인이 이간시키는 일이 있으면 공은 반드시 화를 면하기 어려울 것이외다."

라고 했다.

벼슬을 하라고 권했으나 응하지 않았고, 끝내 자신의 성명을 말하지 않았다.[36]

· 강령현康翎縣 농부

---

34 상의의 맨 위에 입는 소매가 없거나 아주 짧은 겉옷

35 홍직필洪直弼, 『매산집梅山集』, 「송장군전」에 수록되어 있다

36 김육金堉 『기묘록己卯錄』에 나오는 일화이다.

중종 임오년(1522)에 때마침 가뭄이 들었다. 강령현康翎縣의 세 사람이 함께 밭에서 김을 매다가 그 중 한 사람이

"가뭄의 기세가 이와 같으니 올해에도 역시 반드시 흉년이 들 것이다. 근년에 듣자하니 재상 조광조가 극히 맑고 검소해서 모든 벼슬아치들이 공경하고 두려워해 각 도와 고을에는 청탁하는 편지가 일체 없어졌다네. 이 때문에 시골 마을에도 소리 지르고 호통 치는 아전들이 없어졌는데, 이제 들으니 조재상이 귀양을 가서 죽었다 하네. 가뭄이 드는 천재지변도 아마 이로 말미암아 생기는 것 같아."

라고 말했다.

함께 김을 매던 한 사람이 한양에 가서 고변하니, 즉시 잡아다가 고문하고 신문해 마침내 중한 형벌을 받게 되었다.[37] 같이 김매던 한 사람은 듣고도 고변하지 않았다고 해 죄에 연좌되었으며, 고변한 사람에게는 면포를 상으로 주었다. 『패관잡기稗官雜記』

· **박성번**朴成蕃

박성번은 장원서掌苑署[38]의 관노이다. 자가 무숙茂叔이며 화초와 나무를 잘 가꾸어, 윤임尹任이 매우 총애했다. 을사사화 옥사의 말에 연루되었다. 이덕응이[39] 형벌과 고문에도 자복하지 않더니 친국을 받을

37 이 때 중형을 받아 죽은 사람이 홍명희 『임꺽정』에는 박유복의 아버지로 설정된 인물이다. 돌팔매를 잘 던진 박유복은 이봉학과 함께 임꺽정의 의형제인데, 소설에서는 고변한 사람이 노씨 성을 가진 노첨지로 나온다. 박유복이 후일 노첨지의 목을 따서 자기 아버지 무덤 앞에 가서 고하는 장면은 소설의 압권이다.

38 궁중에서 화훼를 가꾸는 부서

39 이덕응은 본시 윤임의 사위였다. 소윤의 윤원형尹元衡 임백령林百齡 등이 대윤의 윤

즈음에 덕응이 죄를 날조하여 박성번을 끌고 들어갔다. 박성번이 말하기를

"네가 시종들에게 출입함에 나는 일찍이 너를 쓸 만한 인물이라고 여겼는데, 지금 소행이 이와 같으니 대단히 밉살스럽다. 장차 지하에서 윤임을 어찌 볼 수 있겠는가?"

라고 했다.

박성번은 정희등鄭希登과[40] 함께 친국하는 마당에 앉아 있었는데 집안사람들이 생 배梨를 넣어주었다. 이덕응이 한 개를 먹으려고 하자, 성번이 꾸짖어 물리치며 주지 않았다. 다시 몇 개를 접시에 담아서 정희등에게 바치면서

"죽음에 임해서도 흔들리지 않으니 우러러 공경하고 탄복했기에 이것을 바칩니다."

라고 했다. 또

임 유관柳灌 유인숙柳仁淑 등을 처형할 때, 안세우安世遇의 밀고로 투옥되었다. 그는 임백령에게 위협을 받아 중종의 후궁 소생인 봉성군鳳城君을 추대하려는 역모를 꾸몄다고 무복誣服하여, 이휘李輝 나숙羅淑 등 10여 명이 처형되도록 했다가, 자신도 효수되었다.

40 정희등鄭希登(1506~1545) : 조선 중기의 인물이다. 인종이 죽고 명종이 즉위하자 권세를 잡게 된 소윤의 윤원형尹元衡 이기李芑 정순붕鄭順朋 등이 을사사화를 일으켜 대윤의 윤임尹任 유관柳灌 유인숙柳仁淑 등을 제거하려 했을 때 극력 반대하다가 혹독한 고문을 당하고 용천龍川으로 유배가던 도중에 죽었다. 1547년명종 2 정미사화 때 죄가 추가되어 가산을 적몰당했다. 1568년선조 1 신원되고 이조판서로 추증되었으며, 적몰된 가산도 환급받았다. 시호는 의민毅敏이다.

"그대와 함께 죽게 되었으니, 죽더라도 영광입니다."

라고 하면서, 끝내 자복하지 않고 죽었다.
또 이덕응을 꾸짖으며

"무고하는 말이 너의 입에서 나와 온 집안사람들이 도륙될 뿐 아니라, 사류들까지 일망타진되게 만들었으니, 모두가 너의 무고로 말미암은 것이다."

라고 했다.
박성번은 비록 신분이 천한 부류의 인물이었으나, 악한 사람을 미워하고 착한 사람을 사모하는 것이 이와 같았다.

· **학로**鶴老

학로는 종실의 천출로 홍문관의 관노였다. 학문을 이해하고 문사들과 교유했다가 이것 때문에 기묘사화에 연좌되어 장형 일백 대로 결정되고 귀양은 면했다가 신사년에 죽임을 당했다.

· **학년**鶴年

학년은 종실이 창기의 집에서 자고서 낳은 자식으로 아직 속량되지 않은 사람이다. 임금이 말하여 홍문관 관노로 옮겼다. 그는 기묘사화 때 파릉군巴陵君 이경李璥과 함께 왕자 여러 사람에게 청하여 죽을 힘을 다해 풀어줄 것을 구하다가 여기에 연루되어 장형으로 결정되고 유배는 면하였으나 신사년에 죽임을 당했다.

· **우육불**禹六不

우육불은 풍원군豊原君 조현명趙顯命의[41] 겸인이다. 사람됨이 질박하고 정직하며 술을 즐겨했다. 일찍이 어떤 무인 출신의 수령에게 거슬려서 포도청에 수감되었다. 장차 곤장을 맞아 죽게 되었는데 조현명의 구출에 힘입어 죽음을 면할 수 있었다. 조현명이 죽게 되어도 그는 계속해서 춘상春相 조재호趙載浩[42] 재상을 섬겨서 올바른 도리로 간하는 바가 많았다. 뒷날 술병으로 죽었다.

· **길삼봉**吉三峰

길삼봉은 천안의 관노였는데, 용맹이 절륜하여 흉포한 도적이 되었다. 군관들이 매번 습격해 체포하려 하면 문득 도주해서 벗어났으므로 그 이름이 국내에 소문이 났다. 그는 힘이 세어서 반석도 손으로 쳐서 깨트렸다.

· **박국지**朴國只

박국지는 예천의 군사로 무신란戊申亂[43] 때에 조령鳥嶺(새재)을 지키고 있었다. 국지가 등창을 앓았는데 종기가 터져 다 죽게 되었다. 군수(서

---

41 조현명趙顯命(1690~1752) : 자는 치회稚晦, 호는 귀록歸鹿, 녹옹鹿翁이다. 영조 통치기에 온건세력을 중심으로 한 완론탕평을 주도했던 인물이다. 1721년에 연잉군, 후의 영조가 왕세제로 책봉되자, 이를 둘러싸고 노론과 소론이 격심하게 대립한 신임사화가 일어났다. 이때 소론의 핍박으로 곤경에 처해 있던 왕세제를 보호했다.

42 조재호趙顯命(1702~1762) : 본관은 풍양豊壤.,자는 경대景大, 호는 손재損齋이다. 1759년 돈녕부영사로 있으면서 계비繼妃의 책립을 반대한 죄로 임천으로 귀양갔다가 이듬해에 풀려나 춘천에 은거했다. 1762년장헌세자莊獻世子가 화를 입게 되자 그를 구하려고 서울로 올라왔으나, 오히려 역모로 몰려 종성으로 유배, 사사되었다가 1775년 신원되었다. 춘상대감으로 불렸으며, 저서로『손재집』15권이 있다.

43 무신란戊申亂 : 1728년에 일어난 이인좌의 난을 말한다. 주로 영남의 소외 인사들이 참여했으므로 嶺南亂이라고도 하는데, 거병한 군사가 조령을 넘어 한양으로 진격했다.

종일徐宗一)가 그에게 집으로 돌아가서 조섭하고 병을 치료하라고 했으나, 국지는 마땅히 지키는 곳에서 죽겠다고 말하고는 떠나지 않았다가 결국 일어나지 못했다. 뒷날 가족들을 구휼하라는 은전을 입었다.

· **왕태**王太

왕태는 금호문金虎門[44] 밖 술집의 품팔이이다. 책읽기를 좋아하고 시를 능히 지었으나 가난하여 스스로 살아갈 수 없었다. 정조 임금이 소문을 듣고 그를 불러서 시를 시험했는데 왕태가 능히 시를 지어 올렸다. 임금이 그에게 소원을 묻자 『자치통감강목資治通鑑綱目』, 『시경』, 『서경』 및 제자백가의 글을 읽는 것이라고 대답했다. 임금이 기특하게 여겨 장용영壯勇營에 명해 그의 이름을 군적에 올리고 월급을 주도록 해서 그가 독서할 수 있도록 해주었다. 『일득록日得錄』에[45] 나온다.

· **김량**金良

김량은 양인良人[46]이다. 젊어서 수우守愚 최영경崔永慶에게[47] 인정을 받았다. 최수우는 안목이 일세에 높아 사대부들에 대해서 인정해준 경우가 드물었지만 홀로 김량만을 인정했으니, 김량의 사람됨을 알 수 있겠다. 최영경이 옥중에서 운명하게 되자,[48] 당시엔 법망이 매우

---

44 창덕궁昌德宮 : 돈화문敦化門 서쪽에 있는 작은 문이다.

45 『일득록日得錄』 : '매일 얻어서 기록한 책'이란 뜻으로, 정조 임금이 경연經筵 등 제반 행사에서 대신·각료·유생들과 나눈 대화 등을 수록한 수상록적 성격의 책이다.

46 양반과 천민 사이의 중간 계층을 말하며, 보통 평민으로 불리는 계층이다

47 최영경崔永慶(1529~1590) : 본관은 화순和順, 자는 효원孝元, 호는 수우당守愚堂이다. 정여립 모반사건에 연루되어 죽었다. 경남 산청의 덕천서원에 배향되었다.

48 기축옥사로 인해 죽었음을 말한다. 기축옥사란 기축년1589에 일어난 이른바 '정여립 모반사건'으로, 동인東人들 대부분이 이로 인해 죽임을 당했다.

엄해 사대부들은 모두 그의 원통함을 상심했지만 감히 시신을 수습해 돌보아주는 사람은 없었다. 김량이 홀로 그 시신을 거두어 장례지냄에, 늠름하고 의로운 옛 선비의 풍모가 있었다. 이를 보면 최영경이 사람을 잘 알아보았다고 말할 수 있을 것이다.

김량은 90여 세의 나이로 지사知事의 품계를 받고 생을 마쳤다. 딸 하나를 두었는데, 바로 목재木齋 홍여하洪汝河의[49] 서모庶母의 어머니이다. 그래서 목재木齋가 그 상세한 내막을 알 수 있었고 그를 위해 전을 지었다.[50]

≪김혈조≫

---

49 홍여하洪汝河(1621~1678) : 자는 백원百源, 호는 목재木齋이다. 저서로 『목재집』이 있고, 『휘찬여사 彙纂麗史』 『동국통감제강 東國通鑑提綱』 등이 있다.

50 홍여하의 문집인 『목재집』 권5에 「김량전」이 있다.

7. 시중드는 하인傔人

· 안수욱安守旭

안수욱은 운곡雲谷 이광좌李光佐[1]의 청지기이다. 어려서부터 운곡을 주변에서 모시면서 돈독한 가르침을 받았다. 사람 됨됨이가 어질고 솔직하며 사리에 밝고 부지런하여 선혜청宣惠廳 아전으로 차출되었다.

운곡이 상을 당한 뒤에 그 직함을 빼앗기고 재앙의 기색이 날마다 떨쳐 일어났다.[2] 이때 재상 홍봉한洪鳳漢[3]이 영의정으로 선혜청宣惠廳을 함께 관장했는데 집안사람들이 날마다 부탁하기를,

"안수욱은 바로 역적 집안의 청지기입니다. 어찌 자리에서 도태시키지 않으십니까?"

라고 했다. 홍공이 마음속으로 그렇게 여기고 있던 터에 마침 안수욱이 선혜청의 장부를 가지고 왔다. 네 가지 품달하는 것을 마치자 홍공이 그의 성명을 묻고 난 뒤에 다시

"너는 누구 집 사람인데 선혜청 아전 자리를 얻었느냐?"

---

1 이광좌李光佐(1674~1740) : 본관은 경주慶州, 자는 상보尙輔, 호는 운곡雲谷이다.

2 1740년 이광좌李光佐가 영의정으로 재직하던 중 박동준朴東俊 등이 중심이 되어 삼사三司의 합계合啓로 역적을 비호한 죄를 들어 탄핵을 해오자 울분 끝에 단식하다가 죽었다. 1755년 나주벽서사건으로 소론의 준소계열이 무너질 때 관직이 추탈되었다.

3 홍봉한洪鳳漢(1713~1778) : 본관은 풍산豊山, 자는 익여翼汝, 호는 익익재翼翼齋이다. 시호는 익정翼靖이다. 저서로 국정 운영에 대한 주장을 정조가 친히 편찬한 『어정홍익정공주고御定洪翼靖公奏藁』가 있으며, 그 밖에 『정사휘감正史彙鑑』과 『익익재만록翼翼齋漫錄』 등이 있다.

라고 물었다. 수욱이 대답하기를,

"돌아가신 확교確橋의 이광좌 어르신의 깊은 은혜를 입어 본 선혜청에서 복역하고 있습니다."

라고 했다. 홍공이 창을 열고는

"네가 어찌 감히 재상의 지위를 들먹이느냐?"

라고 큰 소리로 꾸짖었으나 수욱은 고개를 들고 조금도 굽히는 기색이 없었다. 홍공이 낯빛을 바꾸고

"의로운 사람이로다. 내가 잠시 한 번 시험해보았노라."

라고 하더니 그에게 앞으로 가까이 오라 명했다. 그리고 말하기를,

"자네가 확교를 섬겼던 것처럼 나를 섬길 수 있겠느냐?"

라고 하니, 수욱이

"감히 명을 따르지 않겠습니까?"

라고 대답했다. 이에 본래의 직책을 영원히 없애고 집안일을 총괄하게 했다. 차소箚疏와 서독書牘은 그에게 일일이 자문했고, 일상 사이

에 시행하거나 조처할 일들에 대해서도 서로 의논해 확정한 일이 많았는데, 응대가 민첩하고 규정에 맞지 않은 일이 없었다. 그는 전장田庄의 수확과 전곡錢穀에 관한 일들도 아울러 맡아서 한 번 내주고 받아들일 때 위아래 사람들이 기한을 넉넉히 받았고, 지시하는 것도 적합하여 위아래 사람들에게 모두 환심을 얻었다.

홍공이 일찍이 운곡이 집에서 지낼 때의 일을 물었는데, 수욱이 대답하기를,

"예전 어르신은 비록 밤이 깊어 침소에 들었을 때라도 소보小報[4]가 이르면 아이에게 창 너머에서 읽도록 했습니다. '전왈傳曰' 두 글자가 있으면 빨리 멈추게 하고 반드시 의관을 정제하고 꿇어앉은 뒤에야 비로소 다시 읽게 해 머리를 숙이고 들었습니다. 50년 동안 섬기면서 하루도 조금의 게으른 모습을 보지 못했습니다. 나머지 다른 일들에 대해서는 알지 못하겠습니다."

라고 했다.

홍공이 매번 문객들과 이야기를 나눌 때 운곡을 언급하면 반드시 성을 빼고 이름만 마구 부르니 그 자질들도 모두 이와 같이 불렀다. 그러자 수욱이 말하기를,

"제가 오늘 이렇게 차마 듣지 못할 말을 듣게 되었으니 만약 총애를 받으려고 이를 느긋하게 듣고 지낸다면 개돼지만도 못한 사람입니다."

---

4 소보小報 : 승정원에서 그날 중에 처리된 일을 간추려서 각 관원에게 알리던 문서를 말한다.

라고 하고 바로 자신의 사퇴를 요구했다. 홍공이 허락하지 않았으나 수욱이 더욱 확고하게 사양했다. 홍공이 이에 자질들과 문객들에게 다시는 운곡의 성을 빼고 이름을 마구 부르지 못하도록 하며 단지 확교確橋로만 부르게 했다. 수욱이 홍씨 집안에서 대우를 받은 것이 이와 같았다.

하루는 홍공이 일찍 조회에 갔다가 늦게 퇴청해 수욱에게 조복을 벗기도록 했는데 땀이 관복 뒷면을 적셔 흥건하게 떨어지려고 했다. 홍공이 수욱을 돌아보며 말하기를,

"오늘 경연經筵에서 대답할 때 내가 심력을 기울였노라."

라고 했다. 수욱이 가만히 대답이 없자 홍공이 다시 말하기를,

"조금 전에 성상의 말씀이 간곡해 내가 대답을 몇 십 조목이나 했는지 모르니 그 내용을 다시 다 기억해내기 어렵네. 비록 운곡을 다시 살아나게 하더라도 반드시 내가 대답한 것 보다 낫지는 않을 것이네."

라고 했다. 수욱이 말하기를,

"돌아가신 어르신은 평소에 조정에서 나눈 중요한 이야기를 말하지 않는 온실수溫室樹의 의리[5]를 잘 지켜 연대筵對에서 있었던 일을 자

5 궁관宮官의 온실수溫室樹이다. 온실수란 한漢나라 성제成帝 때 박사博士였던 공광孔光이 온실전溫室殿과 궁중에 심겨 있는 나무가 모두 무슨 나무냐는 어떤 사람의 질문에 침묵을 지키고 답하지 않았다는 데서 유래되어 궁중의 비밀스러운 일을 가리키는 말로 쓰인다.

제들에게 말해준 적이 없었습니다. 비록 아곡鵝谷 이태좌李台佐[6]와 오천梧川 이종성李宗城[7] 두 어른이라도 이를 들을 수가 없었습니다. 뜻하지 않게 대감께서 무엇보다 중대하고 신중하게 해야 할 일을 보잘 것 없는 저에게 죄다 말씀해주시니 개탄스러운 마음을 가누지 못하겠습니다."

라고 했다. 홍공이 가만히 스스로 뉘우치고 며칠 동안 불편해하더니 이에 수욱에게 말하기를,

"자네가 내 곁에서 나의 옳지 않은 점을 익숙히 보고 있었기 때문에 내가 밤낮으로 조심하고 두려워했었네. 혹 자네에게 과오를 보이거든 집으로 돌아가도 괜찮네. 때때로 와서 보살펴주겠는가?"

라고 했다. 홍공이 그를 돌보고 아끼는 마음은 오랫동안 조금도 변함이 없었다.

홍씨 집안이 점점 쇠퇴해지자 문객門客과 청지기들이 구름과 안개처럼 흩어져 사라졌으나, 수욱은 홀로 지키며 떠나지 않고 예전보다 갑절이나 정성을 쏟으니 세상 사람들이 모두 이를 의롭게 여겼다. 지금까지도 그 자손들이 홍공의 창고지기를 여전히 이어가고 있다고 한다.

---

6 이태좌李台佐(1660~1739) : 본관은 경주慶州, 자는 국언國彦, 호는 아곡鵝谷이다. 이광좌와 이태좌 모두 이항복李恒福의 현손玄孫이다.

7 이종성李宗城(1692~1759) : 본관은 경주慶州, 자는 자고子固, 호는 오천梧川이다. 이항복李恒福의 5세손이며, 이태좌李台佐의 아들이다. 문집『오천집梧川集』이 있다.

· 김완철金完喆

김완철은 상국相國 이은李溵[8] 집안의 청지기이다. 일찍이 공의 부임지인 경상도 감영에 따라갔었다. 공이 장부를 보고 판결할 일이 있으면 반드시 등 뒤에서 모시고 서 있다가 행여 잘못된 판결이 있으면 번번이 바로잡아주었고 판결이 끝나면 바로 물러났다. 간혹 그는 종일토록 서 있다가 다리가 붓는 일도 있었지만 조금도 게을리 하지 않았다.

공이 내직으로 들어가 재상이 되었을 때 창릉昌陵[9]으로 어가를 호종한 일이 있었다. 돌아오려고 할 때 차를 찾았으나 마시지 못하자 크게 노하여 선혜청宣惠廳에서 음식을 담당하는 아전을 자리에서 교체시키고 그 자리를 완철로 대체했다. 선혜청에는 반과법飯果法이 있는데, 세 정승이 외부로 나가면 반드시 음식을 올리고 올리는 일이 끝나면 바로 음식을 물리는 법이다. 그래서 음식을 물린 뒤에는 비록 먹고 싶어도 다시 찾지 않는 것이 관례였다. 완철이 관아에 이르러 임명된 연유를 물어보고 돌아와 공을 뵙고 사퇴했다. 공이 괴이하게 여겨서 물어보니, 완철이 대답하기를,

"음식을 물리도록 명한 뒤에 차를 찾으셨다니 이것은 소인을 그 자리에 넣기 위해서 한 일입니다. 공께서는 조정의 재상 자리를 맡고 계신데 이번 일은 백성을 속이는 것에 가까운 행동입니다. 앞으로 공에게 무엇을 기대하겠습니까?"

---

8 이은李溵(1722~1781) : 본관은 덕수德水. 자는 치호稚浩, 호는 첨재瞻齋이다. 시호는 충목忠穆이다.

9 창릉昌陵 : 조선 제8대 왕 예종과 계비 안순왕후安順王后의 능으로 경기도 고양시 신도읍 용두리에 있다.

라고 했다. 공이 부끄러워 사과하고 바로 그 아전을 복직시켰다.

일찍이 사람들과 함께 북한산 백운대白雲臺에 오른 적이 있었는데, 내려오려고 할 때 함께 올랐던 한 사람이 어지럽고 다리가 떨려서 내려올 수가 없었다. 완철이 이에 업고서 평지를 걷는 것처럼 내려왔다. 이 또한 매우 남다른 행적이다.[10] 『호산외사壺山外史』[11]

· 천흥철千興喆

천흥철은 상국 김익金熤 집안의 청지기이다. 자태가 훌륭하고 유협遊俠을 좋아하여 홍등가를 떠돌아다녔다. 절개를 숭상하여 작은 원한에도 반드시 되갚아주는 옛날 협객의 풍모[12]가 있었다. 비록 궁핍해도 남에게 하나의 물건도 취한 적이 없었고, 남들도 감히 그를 업신여기지 못했다.

· 잘 대응한 역리驛吏

서애西厓 류성룡柳成龍[13]이 도체찰사가 되었는데 마침 여러 고을에 공문을 띄울 일이 있었다. 그는 공문을 완성하자 역리에게 주어 이를

---

10 이 이야기는 조선 후기의 문인 조희룡趙熙龍이 지은 『호산외사壺山外史』「김완철전金完喆傳」에 실려 있는 내용이다.

11 『호산외사壺山外史』: 조선 후기에 조희룡趙熙龍이 엮은 인물전기집이다. 기존의 사서史書나 문집을 참조한 것이 아니고 여항閭巷에 떠도는 인물담을 채록한 것이어서 정통한문학 양식인 전傳과는 다른 점이 있다. 흔히 전에서 보이던 본관이나 가계는 생략하고 바로 행적 자체를 기술하는 체재를 취하면서도 평찬評贊을 뒤에 붙여두었다.

12 옛날 협객의 풍모 : 전국시대 용사 북궁유北宮黝를 두고 한 말이다. 『맹자孟子』「공손추公孫丑 상」에 북궁유는 남에게 수모를 당하면 비록 왕이라 할지라도 반드시 되갚아 주었다고 한다.

13 류성룡柳成龍(1542~1607) : 본관은 풍산, 자는 이견而見, 호는 서애西厓또는 운암雲巖이다. 시호는 문충文忠이다. 저서로 『서애집西厓集』, 『징비록懲毖錄』 등이 있다.

고을에 돌리도록 했다. 3일이 지난 뒤에 그 글을 다시 거두어 고치려고 했는데 역리가 문서를 가지고 들어오니 공이 꾸짖기를,

"문서를 받은 지 3일이 지났을 텐데 너는 어찌하여 아직도 고을에 나누어주지 않았느냐?"

라고 하니, 대답하기를

"속담에 '조선공사삼일朝鮮公事三日'이라 하더이다. 소인이 이미 3일 뒤에 다시 거둬들일 것이라고 짐작했던 터라 일부러 우선 나누어주지 않았습니다."

라고 했다. 서애가 처음에는 벌을 주려다가 가만히 생각해보더니

"이 말은 풍속을 깨우칠 만한 말이다. 내 잘못이로다. 내 잘못이로다."

라고 했다. 드디어 그 글을 고쳐서 나눠주도록 하고 그를 벌하지 않았다.

8. 공신功臣

· 이양생李陽生

이양생[1]은 서얼 출신의 천민이다. 애초에 신을 짜는 일로 생계를 꾸렸었는데 장용대壯勇隊에 들어가 이시애李施愛[2] 난에 출정해 공을 세워 계성군鷄城君에 봉해졌다. 그는 글자를 알지 못하는 까막눈이었으나 성품이 순수하고 낙천적이었다. 옛 가게를 지나다가 미천한 시절 사귀었던 사람을 만나면 반드시 말에서 내려 회포를 푼 뒤에 떠났다.

그의 처는 용재慵齋 성현成俔[3]의 고모 집 계집종이었다. 나이가 들어 모습이 추레하고 자식도 없었던 터라 사람들 중에 다시 장가들기를 권하는 자가 있었다. 그러면 대답하기를,

"내가 소싯적에 빈곤한 생활을 함께 했던 사람인데 하루아침에 버리는 것은 안 될 일이고, 또 천한 신분으로 양가의 여식에게 장가드는 것은 의義를 해치는 일이다. 내 맏형님은 집안이 미천해 떨쳐 일어나지 못하고 있으니 형님의 아들을 후사로 삼는 것만 못하다. 내가 공을 세운 음덕蔭德에 힘을 입으면 아마 우리 종가를 크게 일으킬 수 있을

---

1 이양생李陽生(1423~1488) : 본관은 경주慶州이다. 서자로 태어나 어릴 때는 신을 삼아 저자에 내어 팔아 생활을 했고, 비록 책은 읽지 못했으나 무예武藝에 능하여 장용위壯勇衛의 군졸이 되었다. 1467년 5월 이시애李施愛의 난이 일어나자 토벌군으로 출전하여 공을 세워 적개공신敵愾功臣 3등에 책록되고 계성군鷄城君에 봉해졌다.

2 이시애李施愛(?~1467) : 조선 전기 함경도 길주 출신 호족 토반土班이다. 세조는 중앙집권 체제 강화의 일환으로 북도 출신의 수령을 점차 줄이고 서울에서 직접 관리를 파견했다. 이러한 집권 정책에 반대해 1467년에 반란을 일으켰다.

3 성현成俔(1439~1504) : 본관은 창녕昌寧, 자는 경숙磬叔, 호는 용재慵齋·부휴자浮休子·허백당虛白堂·국오菊塢이다. 시호는 문대文戴이다. 저서로 『허백당집虛白堂集』·『악학궤범樂學軌範』·『용재총화慵齋叢話』·『부휴자담론浮休子談論』 등이 있다.

것이다."

라고 했다.

호랑이를 잘 잡았고 사람의 안색을 보면 반드시 도적인지를 판별하여 열에 하나도 놓치지 않았다. 조정에서 매번 호랑이를 잡거나 도적을 잡을 일이 있으면 그에게 맡겼다.[4] 『용재총화慵齋叢話』[5]에 나온다.

· **이두견**李斗堅

이두견은 신분이 비천하다. 사직을 안정시킨 공로로 완은군完恩君에 봉해졌다.[6]

· **이석룡**李碩龍

이석룡은 이산현尼山縣[7] 아전이다. 류탁柳濯 등의 변란을 고변해 나라를 안정시킨 공로로 경양군慶陽君에 책록되었다.[8]

---

4 이 이야기는 성현成俔, 『용재총화慵齋叢話』 4권에 제목 없이 여러 이야기들과 함께 실려 있는 내용이다.

5 『용재총화慵齋叢話』: 조선 중기에 성현成俔이 지은 필기잡록筆記雜錄이다. 고려로부터 조선 성종대에 이르기까지 형성, 변화된 민간 풍속이나 문물 제도·문화·역사·지리·학문·종교·문학·음악·서화 등 문화 전반에 걸쳐 다루고 있어, 당시의 문화 전반을 이해하는 데 많은 도움을 준다. 유명인들의 일화나 해학담諧謔譚, 일반 대중이나 천인들의 소화笑話에 이르기까지 다양한 설화를 담고 있기 때문에 오늘날 특히 민속학이나 구비문학 연구의 자료로서 큰 비중을 차지한다. 각 권은 편차編差 없이 서술되어 있으며, 권별의 구분도 내용과는 무관하다.

6 『인조실록』 18권, 인조 6년(1628) 1월 3일 기사에 죽산竹山에 사는 김진성金振聲·김득성金得聲·신서회申瑞檜·이두견李斗堅 등이 전 세마洗馬 허유許逌 등의 역모를 고변했다는 내용이 있다.

7 이산현尼山縣: 지금의 충남 논산시 노성면·상월면·광석면 일대이다.

8 『인조실록』 47권 인조 24년(1646) 3월 28일 기사에 "이산현尼山縣 초관哨官(아전) 이석룡李碩龍이 고변하기를 '고을 사람인 유탁柳濯이 서울에 사는 진사 권대용權大

· **조구**趙球

조구는 안악향교安岳鄕校의 심부름꾼이다. 일찍이 정여립鄭汝立의 제자라고 사칭하면서 많은 무리들을 모아 술잔치를 벌인 적이 있었다. 그 종적이 수상하여 군수 이축李軸[9]이 잡아다가 진상을 심문하니 조구가 피할 수 없는 것을 알고 정여립의 역상逆狀을 다 발고했다. 난을 평정한 공로로 금릉군金陵君에 책록되었다.[10]

· **오련**吳連

오련[11]은 부여扶餘의 정병正兵[12]이다. 임금을 호종한 공로로 석성군石城君에 봉해졌다.[13]

≪김남규≫

· **고언백**高彦伯

고언백[14]은 교동喬桐의 향리로 군대에 들어가 오랑캐를 무찔러 명

用 등과 반역을 공모하여, 임경업林慶業이 대장이 되었다고 사칭하고 어리석은 백성들을 속여서 유인하고 군사를 몰래 모아 장차 4월 1일에 거사하려 한다.'고 했습니다.[尼山縣哨官李碩龍告 縣人柳濯 與京居進士權大用等 同謀叛逆 詐稱林慶業爲大將 誑誘愚民 潛聚軍兵 將以四月初一日擧事云云]"는 기록이 보인다.

9 이축李軸(1538~1614) : 본관은 전주全州, 자는 자임子任, 호는 사촌沙村이다. 1589년 안악군수로 있을 때 한준韓準·박충간朴忠侃·한응인韓應寅과 함께 정여립鄭汝立의 역모를 조정에 고변한 공으로 이듬해 평난공신平難功臣 1등으로 완산군完山君에 봉해졌다.

10 『선조수정실록』 23권, 선조 22년(1589) 10월 1일 기사에 기록이 보인다.

11 오련 : 임진왜란 때 선조를 의주까지 호종한 공으로 1604년 호성 공신扈聖功臣 3등 석성군石城君에 봉해졌다.

12 정병正兵 : 일반 양인이 국역부담을 위해 입속하던 병종兵種이다.

13 『선조실록』 180권, 선조 37년(1604) 10월 29일 기사에 기록이 보인다.

14 고언백高彦伯(?~1609) : 본관은 제주濟州이다. 교동향리喬桐鄕吏로 있다가 무과에 급제하여 변장邊將·군관軍官을 지냈다. 임진왜란이 일어나자 영원군수寧遠郡守로서 대동강 등지에서 적을 방어하다가 패했으나 그 해 9월 왜병을 산간으로 유인해 62

성이 있었다. 임진년에 도원수都元帥[15]를 따라 장령將領이 되어 적의 목을 벤 공이 있어 특별히 절충장군折衝將軍에 더해졌다. 도원수가 양주楊州 목사에 임명되어 언백에게 능침陵寢을 보호하게 했는데, 적군이 일찍이 태릉泰陵을 침범하자 언백이 쫓아내어 여러 능이 온전할 수 있었다. 후에 관직이 경상좌병사慶尙左兵使에 이르렀고, 선무공신宣武功臣·제흥군濟興君에 봉해졌다. 무신년 임해군의 옥사에 연루되어 장형으로 죽었다.

· **노영손**盧永孫

노영손은 본래 천한 병졸로 서얼이라고도 한다. 중종 정묘년(1507)에 이과李顆가 반역을 꾀한다는 변고를 올려 정난공定難功에 책훈되고 자헌대부資憲大夫·광원군光原君에 봉해졌다.[16]

명의 목을 베는 승리를 거두었다. 이어 1593년 양주에서 왜병 42명을 참살한 공으로 양주목사楊州牧使가 되었다. 이천利川에서 적군을 격파하고 경기도방어사京畿道防禦使가 되어 내원한 명나라 군사를 도와 서울 탈환에 공을 세웠고, 이어 경상좌도 병마절도사로 승진해 양주·울산 등지에서 전공을 세웠다. 1597년 정유재란 때 다시 경기도방어사가 되어 참전했고, 1604년 선무공신宣武功臣 2등으로 제흥군濟興君에 봉해졌다. 1609년 광해군이 임해군을 제거할 때 그의 심복이라 해 함께 살해되었다. 후에 선무공신으로 회복되었으며, 인조 때 병조판서로 추증되었다.

15 도원수都元帥 : 고려·조선시대 전시戰時에 군대를 통솔하던 임시 관직으로 대개 문관의 최고관이 임명되어 임시로 군권을 부여받고 군대를 통솔했다. 이때 권율 장군의 장령이 되었다.

16 이긍익李肯翊, 『연려실기술』 제7권 중종조 고사본말中宗朝故事本末 「이과李顆의 옥사」에 명종明宗 을사년(1545)에 권벌權橃이 아뢴 것에 보인다. 정묘년(1507) 9월에 서얼 노영손盧永孫이, 이과 등이 반역을 꾀한다고 고해, 이과 등은 죽음을 당했고 노영손은 녹훈錄勳에 참여해 광원군光原君에 봉해졌다. 그밖에 20인은 대계臺啓로 인해서 모두 녹훈이 삭제되었다. 『공신록功臣錄』, 『국조보감國朝寶鑑』. 이과는, 자는 과지顆之이며, 본관은 전의全義이다. 성종 신해년에 17살에 문과에 뽑혔고, 대사간으로서 모함을 당해 죽으니, 나이 33세였다. 『호당기湖堂記』

· **조득림**趙得琳

조득림[17]은 세조 때의 노비로[18] 좌익공신佐翼功臣·익대공신翊戴功臣·파산군巴山君에 봉해졌다.

· **오치운**吳致雲

오치운은 견마위牽馬衛로 호성공신扈聖功臣·벽성군碧城君에 봉해졌다.

· **김룡**金龍

김룡은 견마위牽馬衛로 호성공신扈聖功臣·석릉군石陵君에 봉해졌다.

· **김응수**金應壽

김응수는 마의馬醫로 호성공신扈聖功臣·분성군盆城君에 봉해졌다.

· **경종지**慶宗智

경종지는 사알司謁[19]로 호성공신扈聖功臣·낭성군琅城君에 봉해졌다.

· **서경생**徐敬生 **봉성군**峯城君

---

17 조득림趙得琳 : 세조 잠저潛邸시 노비출신의 무인이다. 본디 본궁本宮의 종으로서 세조를 도와, 김종서金宗瑞를 제거하는 등 악역을 담당했다. 계유정난 이후 공이 있는 사람에게 역적의 재산을 환수해 나누어주었는데, 그는 박이령朴以寧의 집을 차지했다. 1455년에 추충좌익공신推忠佐翼功臣 3등에 책훈되었다. 예종대에는 자헌대부資憲大夫 파산군巴山君·추충좌익정난익대공신 자헌대부 파산군巴山君·익대삼등 공신翊戴三等功臣으로 책훈策勳되었다. 그는 욕심이 매우 많아서 남의 전지田地를 많이 차지하여 여러 번 유사有司에게 탄핵을 당했었다.

18 창두蒼頭 : 머리에 푸른 두건을 두른 사람으로, 곧 사내종을 가리킨다.

19 사알司謁 : 조선시대에 임금의 명령을 전달하는 일을 맡아보던 정6품의 잡직으로 액정서掖庭署에 속했으며 승급이 되지 않았다.

김효강金孝江 장천군長川君

이존명李存命 합천군陜川君

류한柳漢 성천군星川君

이존李存 성천군成川君 모두 익대공신翊戴功臣이다.

정윤겸鄭允謙 청계군淸溪君 윤원형尹元衡 첩의 아버지.[20]

강윤희康允熙 신천군信川君 강곤康袞의 서자.

문치文致 평원군平原君 이상은 환宦

김계공金繼恭[21] 가평군加平君

김숙손金叔孫 흥안군興安君

김은金銀 공산군公山君

임원산任元山 보안군保安君, 이상은 정국공신靖國功臣이다.

홍언순洪彦純[22] 당성군唐城君 역관으로 광국공신光國功臣에 봉해졌다.

---

20 윤원형尹元衡(?~1565)의 첩妾은 정난정鄭蘭貞(?~1565)인데, 청계군淸溪君 정윤겸鄭允謙과 관비官婢출신 이씨李氏사이에서 태어난 서녀庶女이다. 1551년 윤원형의 정실부인 김씨 김안수金安遂의 딸을 쫓아내고 적처嫡妻의 자리를 빼앗았으며, 결국 그녀를 독살하고 정경부인貞敬夫人에 올랐다. 그녀는 문정왕후는 물론 당시의 가장 영향력 있는 승려인 보우普雨와도 매우 친밀했다.

21 김계공金繼恭 : 조선 왕실의 내시로 활동하면서 성종·연산군·중종을 연이어 모셨다. 조선 시대 내시는 궁에 거주하는 장번 내관長番內官과 궁 근처에 거주하며 출퇴근하는 출입번 내관出入番內官의 두 유형으로 나뉘었는데, 『중종실록中宗實錄』에 따르면 김계공은 출입번 내관이었던 것으로 보인다. 1506년 중종반정中宗反正에 참여해 정국공신靖國功臣이 되고 가평군加平君에 봉해졌다는 점에서 특기할 만한 인물이다. 그가 중종반정에 참여하게 된 직접적인 계기는 알 수 없다.

김계공의 공로를 치하하기 위해 1511년 중종이 이례적으로 김계공에게 서반西班 관직을 제수했다. 하지만 내시인 김계공을 서반으로 서용한다면 이것이 선례가 되어 환관 정치의 길을 열 수 있다는 조정 신료들의 만류로 결국 중종은 뜻을 이루지 못했다. 그로부터 8년 뒤인 1519년 김계공은 조광조趙光祖 일파에 의해 유영柳濚·이효성李孝誠 등과 함께 외람되게 녹권錄券을 받은 자로 지목되어 훈적勳籍에서 삭제되기도 했다.

22 홍언순洪彦純 : 홍순언洪純彦(1530~1598)의 오기로 보인다. 홍순언의 자는 사준士

김기문金起文 진성군眞城君

최언순崔彦純 월성군月城君

민희건閔希騫 여원군呂驪原君

허준許浚 양평군陽平君 이상 환宦

김응수金應壽 마의馬醫 분성군盆城君

양순민楊舜民 금군禁軍 홍릉군洪陵君

이공기李公沂 한계군韓溪君 의원. 이상은 호성공신扈聖功臣이다.

김중만金重萬 장교將校 언성군彦城君 ■■■

俊, 호는 동고東皐이며, 본관은 남양이다. 아버지 홍겸洪謙과 동생 홍수언洪秀彦 삼부자가 유명한 한어漢語 역관이었다. 그러나 할아버지 홍경창洪慶昌은 사간원 정언, 안동 부사 등을 지냈고, 그 아들 홍신洪愼은 공조참의까지 지낸 문신 집안이었다. 홍씨 집안에서는 홍순언 삼부자만 역관을 지냈다. 역관으로 1561년 길례吉禮에 쓰일 물품을 무역해오는 일로 요동 압해관押解官을 지냈으며, 선조 때 통역을 위해 명나라에 갔다가 청루에 나온 소복한 미인을 구해주고 돌아와서 1584년 종계변무사 황정욱黃廷彧을 따라 다시 명나라로 가게 되었다. 1591년 역관으로서 우림위장羽林衛將을 지냈는데 서얼 출신이라는 이유로 대신들의 지속적인 탄핵을 받았다. 이어 임진왜란이 일어나자 명나라의 원군 파견을 이끌어 내는데 공을 세웠으며, 전쟁 기간에도 지속적으로 명나라 군과의 회담에 통역을 담당하곤 했다. 말년에 홍순언은 고향인 서울특별시 강남구 청담동에 살다가 여생을 마쳤다.

9. 시인詩人

· 손만호孫萬戶

하곡荷谷 허봉許篈[1]이 사신의 명을 받들고 관북지방으로 갔는데, 풍산역豊山驛[2]에 이르러 벽에 쓴 시를 보니 다음과 같았다.[3]

세상에는 뛰어난 재주 알아줄 사람 없는데	世上無人識俊才
황금으로 누구를 위해 높은 대[4]를 쌓았는가	黃金誰爲築高臺
변방 서리 검푸른 귀밑털 다 물들이니	邊霜染盡靑靑鬢
한 필의 말로 그늘진 산을 열 번이나 오가네	匹馬陰山十往來

말의 기운이 감개무량하며 매우 훌륭한 작품이어서 역졸에게 물어보니

---

1 허봉許篈(1551~1588) : 본관은 양천陽川, 자는 미숙美叔, 호는 하곡荷谷이다. 난설헌蘭雪軒의 오빠이자 균筠의 형이다. 유희춘柳希春의 문인이다. 1568년에 생원과, 1572년 친시문과親試文科에 병과로 급제, 이듬해 사가독서賜暇讀書를 했다. 1574년 성절사聖節使의 서장관書狀官으로 자청해 명나라에 가서 기행문 「하곡조천기荷谷朝天記」를 썼다. 그의 사상이 잘 나타나 있다. 그는 김효원金孝元 등과 동인의 선봉이 되어 서인들과 대립했다. 1584년 병조판서 이이李珥의 직무상 과실을 들어 탄핵하다가 종성에 유배됐고, 이듬해 풀려났으나 정치에 뜻을 버리고 방랑생활을 했다. 1588년 38세의 젊은 나이로 금강산 밑 김화연 생창역에서 죽었다.

2 풍산역豊山驛 : 조선시대 함경도의 도로망인 수성도輸城道에 속한 역으로, 오늘날의 함경북도 무산군에 위치해 있었다.

3 이 시는 허균許筠의 『성소부부고惺所覆瓿稿』 권25 설부說部4 「성수시화惺叟詩話 중형어풍산역견손만호시仲兄於豊山驛見孫萬戶詩」에 실려 있다.

4 황금대黃金臺 : 중국 전국 시대戰國時代 연燕 나라 소왕昭王이 곽외郭隗를 위하여 쌓았다는 대臺이다. 지금의 유주幽州 연왕고성燕王故城에 있는데, 그 지방 사람들은 현사대賢士臺 또는 초현대招賢臺라고 부른다. 소왕이 천금千金으로 천하의 현사賢士를 불러들였던 데에서 유래했다.

"병영의 비장裨將[5]인 손만호孫萬戶가 지은 것이다."

라고 했다.

· **무인**武人

무인의 이름은 알 수 없다.[6] 그의 「도초노시悼樵奴詩」는 다음과 같다.

앞 시내에는 오랫동안 소를 모는 그림자 끊기고	前溪久斷驅牛影
갈대피리는 누가 부는지 차마 들을 수 없네	蘆管誰吹不忍聞
나무꾼의 길과 게 어장에 비바람 몰아치는 밤	樵路蟹梁風雨夜
이 가운데에 아마도 죽은 노비의 혼이 오가리라	此中疑有往來魂[7]

5 비장裨將 : 관찰사나 절도사를 보좌하던 사람들이다. 지방장관들은 이들을 개인 비서처럼 부렸는데, 다른 이름으로는 막료幕僚, 막비幕裨-막객幕客-막빈幕賓-막중幕中-좌막佐幕이라고도 불렀다. 조선 후기가 되면 관찰사들만이 아니라 의주-동래-강계-제주의 수령 및 방어사를 겸한 모든 수령들이 비장을 거느렸다.

6 민인백閔仁伯(1552~1626) : 본관은 여흥驪興, 자는 백춘伯春, 호는 태천苔泉이며 성혼成渾의 문인이다. 1573년 진사가 되고, 1584년 별시문과에 장원해 성균관전적을 지냈다. 장례원판결사·충주목사 등을 지내고, 1592년 임진왜란 때 황주목사로서 임진강을 지키다가 대가大駕를 따라 행재소行在所에 이르렀다. 성절사聖節使로 명나라에 다녀왔다. 천장문안관天將問安官·청주목사 등을 거쳐, 1598년 여양군驪陽君에 봉해졌다. 1604년 주청부사奏請副使로서 또 명나라에 다녀와서 안변부사·한성부좌윤 등을 역임하고, 1621년 지중추부사가 되었다. 시호는 경정景靖이다. 저서로는 『태천집苔泉集』이 전한다.

7 무인武人 : 『진휘속고』 원문에서는 이 작품의 작가를 알 수 없다고 했는데, 여흥驪興 민인백閔仁伯의 『태천집苔泉集』 권1, 시詩 「애창두아哀蒼頭兒(칠세작七歲作 하동下同)」에 "前郊久斷驅牛影 蘆笛誰吹不忍聞 樵路蟹梁風雨夕 此間應有往來魂"이라는 시가 보이는 바 이 시의 작가는 민인백으로 보인다.

· 이효칙李孝則

이효칙은 현풍의 향소鄕所[8]에 있었다. 어무적魚無跡이 언젠가 영남을 가는 길에 새재에 이르러 말에서 내려 나무아래에서 쉬었다. 그때에 가을 경치가 매우 아름다워 애써 읊으며 시 구절을 찾으려 했지만 오래도록 이루지 못했다. 마침 한 행객이 남루한 옷을 입고 조랑말을 타고와 또한 함께 쉬었는데, 함께 읊조리기를 허락받고는 종이와 붓을 빌리기를 청해 곧 한 절구를 지었으니 다음과 같았다.

가을바람에 단풍잎 우수수 떨어지는데 秋風黃葉落紛紛
주흘산 앞은 반쯤 구름에 들었구나 主紇山前半沒雲
다리[9] 아래로 졸졸 흐르는 물소리 二十四橋嗚咽水
일 년에 세 차례나 객지에서 들었구나 一年三度客中聞

어무적은 시를 보고서 크게 놀라 마침내 붓을 내려놓고 떠나갔으니 그 사람이 곧 이효칙이었다.[10]

---

8 향소鄕所 : 특수한 지방의 하급 행정구획이다. 소所는 국가에서 필요로 하는 금·은·동·철·실[絲]·종이·도기陶器·먹墨 등을 만들기 위하여 두었던 특수 기관으로서, 여기서 일하는 공장工匠은 죄인 또는 천민의 집단이었다. 향鄕은 부곡部曲과 비슷한 행정구역의 하나인 듯하다.

9 이십사교二十四橋 : 강소성江蘇省·양주揚州·강도현江都縣에 있던 24개의 교량을 이른다. 이곳이 당대唐代에 번화한 명승지로 유명했던 데서, 전하여 여기서는 도성 거리의 번화함을 비유한 표현이다. 일설에는 옛날 24인의 미인이 퉁소를 불었던 연유로 이십사 교라는 명칭이 있게 되었다고도 한다. 두목杜牧의 시 「기양주한작판관寄揚州韓綽判官」에 "이십사교의 밝은 달밤에, 어드메서 미인에게 퉁소를 불게 할꼬.[二十四橋明月夜 玉人何處敎吹簫]"라고 했다.

10 이와 관련된 이야기가 이덕무李德懋의 『청장관전서靑莊館全書』 권32, 「청비록淸脾錄 이효칙李孝則」에 실려 있다.

· **김충렬**金忠烈

김충렬[11]은 홍문관의 아전으로 호는 옥호자玉壺子이며 자는 이언而彦이다. 그는 시의 운율을 조금 알았으며 강릉사람이다. 광해군 때에 김상궁金尙宮에 대한 분통한 마음으로 상소를 올리기를,

"'빛난 주나라는 포사褒姒가 멸망시킨다.'[12] 했는데, 우리 조선 3백 년 종묘사직은 장차 김상궁의 손에 멸망할 것이니, 신은 가만히 전하를 위해 통곡합니다."

라고 했으나 비답을 내리지 않았다.[13]

아들 보정寶鼎은 액정서掖庭署와 궁궐의 사약司鑰[14]이 되어 현종 병오년(1666)에 온천溫泉을 호종하고 무과에 올랐다.

---

11 김충렬金忠烈 : 17세기에 활동한 시인이다. 자는 이언而彦, 호는 옥호玉湖, 설봉雪篷. 서민출신으로 어려서부터 글공부를 많이 해 재능 있는 학자로 알려졌다. 한때 홍문관 서리를 했으나 불의에 꺾이지 않고 바른 말을 잘해 간신들의 모해를 받아 한생을 불우하게 살았다. 서민시선집인 『소대풍요』를 비롯한 여러 작품집들에 시가 실려 전해지고 있다.

12 빛난 ~ 멸망시킨다 : 『시경詩經』 소아小雅 「기보지십祈父之什 정월正月」에, "혁혁한 종주를 포사가 멸망시키리로다.[赫赫宗周 褒姒滅之]"라는 구절이 있다.

13 이긍익, 『연려실기술』 제21권 「폐주 광해군 고사본말廢主光海君故事本末 광해군의 난정亂政」에 다음과 같은 내용이 보인다. "홍문관 서리 김충렬金忠烈이 김상궁의 소행에 사람들의 마음이 울분한 것을 보고 상소하기를, "『시경』에 '빛난 주나라는 포사褒姒가 망친다' 했는데, 조선 3백 년 종묘사직은 김상궁이 망치니 신은 전하를 위하여 통곡합니다." 했더니, 소가 정원에 이르자, 논의가 일치하지 않다가 마침내 물리치게 되었다. 『공사견문』·충렬이 시율을 조금 알고 호號를 옥호玉壺라 하고 그 아들 보정寶鼎은 무과에 올랐다."

14 사약司鑰 : 조선시대 때 액정서掖庭署에 딸린 벼슬이다. 대전大殿 및 각 문의 열쇠를 보관하는 일을 맡아보았다. 정6품의 잡직으로 체아직遞兒職이다.

· 박붕규朴鵬逵

박붕규는 이조 서리의 아들이다. 그는 일찍 고아가 되었는데 학문에 뜻을 두어 언젠가 병약病藥의 설에 빗대어 스스로 경계하는 잠箴을 지었다. 스스로 약명을 '기를 교정하고 본성을 회복하는 환약이라는 뜻의 「교기반성환지문矯氣反性丸之文」'이라는 처방문을 두었다.[15]

· 박계강朴繼姜

박계강[16]은 저자 사람으로 호가 시은市隱이며 그의 시가 『국조시산國朝詩刪』[17]에 들어있다. 『패관잡기稗官雜記』에 이르기를 "시장 사람 박계강은 시에 능하다는 명성이 있어 중종반정 후에 이름난 선비를 모시고 창의문彰義門 밖에서 노닐었는데, 다음과 같은 시 구절을 지었다.

---

15 박붕규와 관련된 이야기가 이덕무李德懋, 『청장관전서靑莊館全書』 권50, 「이목구심서耳目口心書 3」에 실려 있다.

16 박계강朴繼姜 : 조선 중기의 여항시인閭巷詩人으로 중종 때부터 선조 때 사이에 활동했다. 호는 시은市隱이다. 『이향견문록里鄕見聞錄』에 의하면 원래 부유한 집안출신으로 40대까지 문자를 전혀 알지 못했는데, 어느 날 길거리에서 천례賤隷의 질문에 대답하지 못한 수모를 당하자, 즉시 발분해 학업에 열중한 나머지 수년 만에 문명文名을 드날리게 되었으므로 사십문장四十文章이라 일컬어졌다고 한다. 특히, 기묘명현己卯名賢의 한 사람이었던 김정金淨과 가까이 지내며 시문詩文을 창수唱酬했다고 한다. 그리고 당시 여항시인으로 이름이 높았던 유희경劉希慶이 중심이 되어 구성되었던 풍월향도시인風月香徒詩人의 한 사람이었다. 작품으로는 「증인贈人」 등 3수의 시가 남아 있을 뿐이다.

17 『국조시산國朝詩刪』 : 조선 중기에 허균許筠이 엮은 시선집. 정도전鄭道傳에서부터 권필權韠에 이르는 35가家의 각체시 877수를 수록하고, 편말에 「허문세고許門世藁」를 싣고 있다. 이 시선집은 오랫동안 발간되지 못하다가 숙종 때에 이르러 박태순朴泰淳에 의하여 다시 편집, 간행되었다. 1695년에 쓴 박태순의 서문에는 숙종 21년의 간기刊記가 있다. 간행연대는 홍만종洪萬宗의 『시화총림증정詩話叢林證正』에 "박태순이 광주부윤으로 있을 때 허균이 편찬한 『국조시산』을 간했다."라는 기록이 있는 것으로 보아 그가 광주부윤으로 재직한 1697년으로 추측된다.

하늘과 땅에는 비와 이슬 새로워지건만	乾坤新雨露
시 짓고 술 마시는 이는 산천처럼 옛 사람들이네	詩酒舊山川

여러 공들이 탄복하고 칭찬하기를 그치지 않았다.

목계木溪 강혼姜渾[18]이 어느 날 함께 목멱산木覓山[19]에 올라 그에게 운자를 불러 시를 짓게 하니, 곧 입으로 다음과 같이 불렀다.

지팡이 짚고 산에 올라 아득한 사이를 바라보니	扶筇登眺渺茫間
만경의 푸른 물결과 만점의 산이로다	萬頃滄波萬點山
먹고사는 문제 참으로 내 발목 잡힐 일이 되어	口腹於吾眞一祟
내 몸 강가에서 늙지 못한다네	不將身世老江干

강목계가 놀라 탄복해 곧 「시은선생전市隱先生傳」[20]을 지었으니, 저자사람으로 그 시가 이와 같은 것도 우리나라에 드물게 있는 일이다.

충암沖菴 김정金淨[21]이 박계강朴繼姜에게 한 절구를 보내었으니 다음

---

18 강혼姜渾(1464~1519) : 본관은 진주晉州. 자는 사호士浩, 호는 목계木溪·동고東皐이다. 1498년 무오사화가 일어나자, 김종직金宗直의 문인이라 해 장류杖流되었다가 얼마 뒤 풀려났다. 그 뒤 연산군에게 문장과 시로써 아부해 그 총애를 받고 도승지에 올랐다. 대제학·공조판서를 거쳐 1512년 한성부판윤이 되고, 이어 숭록대부에 올라 우찬성·판중추부사에까지 이르렀다. 시문에 뛰어나 김일손金馹孫에 버금갈 정도로 당대에 이름을 떨쳤다. 그러나 명리를 지나치게 탐냈다. 저서로 『목계일고』가 있다. 시호는 문간文簡이다.

19 목멱산木覓山 : 서울 남산의 본이름이다. 『동국여지승람東國與地勝覽』

20 성대중成大中, 『청성집靑城集』 권7에 「시은선생전市隱先生傳」이 실려 있다.

21 김정金淨(1486~1520) : 본관은 경주, 자는 원충元沖, 호는 충암沖菴 또는 손봉孫峰으로 보은 출신이다. 1515년 순창군수로 있을 때 왕의 구언求言에 응해, 담양부사 박상朴祥과 함께 중종이 왕후 신씨愼氏를 폐출한 것은 명분에 어긋나는 일이므로 복위해야 하며 신씨폐위의 주모자인 박원종朴元宗 등을 추죄할 것을 상소했다가 보은에 유

과 같다.

저 시상을 보라 호산湖山으로 들어가	看渠詩思入湖山
붉은 티끌 열 길을 완강히 눌렀도다	剛壓紅塵十丈頑
시장에 크게 숨은 것은 본래 잘못된 길이 아니니	大隱從來非曲徑
저자 가운데 술병 속의 해 또한 신선의 짝이라네	市中壺日亦仙伴[22]

· 김정래金鼎來

김정래는 약천藥泉 남구만南九萬[23]의 배리陪吏[24]이다. 그는 일찍이 남공을 알현하기 위해 파담琶潭[25]을 가다가 길에서 비를 만나 다음과 같

배되었다. 이 문제를 둘러싸고 대간 사이에도 대립이 일어났고 얼마 뒤 그는 박상과 함께 재 등용 되는데, 이는 중앙정계에서 사림파의 승리를 뜻하는 것이었다. 그의 정치적 성장은 괄목할 만했는데, 그것은 당시 사림파의 급속한 성장과 밀접한 관계를 갖는다. 기묘사화 때 극형을 면하여 유배되었으나 신사무옥에 연루되어 죽임을 당했다. 1545년에 복관되었고, 1646년 영의정에 추증되었다. 저서로는 『충암집』이 있다.

22 이 이야기는 어숙권魚叔權의 『패관잡기稗官雜記』 3,4권에 나뉘어져 제목은 별도로 되어 있지 않고 여러 이야기 가운데 하나로 실려 있다.

23 남구만南九萬(1629~1711) : 숙종 때의 소론의 거두로 본관은 의령, 자는 운로雲路, 호는 약천藥泉·미재美齋이다. 개국공신 남재의 후손으로 오달제의 처조카이며 시호는 문충文忠이다. 숙종 묘정廟庭에 배향, 강릉의 신석서원申石書院, 종성鐘城의 종산서원鐘山書院, 무산茂山의 향사鄕祠 등에 제향 되었다. 당시 정치 운영의 중심 인물로서 정치·경제·형정·군정·인재 등용·의례儀禮 등 국정 전반에 걸쳐 경륜을 폈을 뿐만 아니라 문장에 뛰어나 책문冊文·반교문頒敎文·묘지명 등을 많이 썼다. 저서로 『약천집』·『주역참동계주周易參同契註』가 전한다. 글씨는 「좌상남지비左相南智碑」·「찬성장현광비贊成張顯光碑」, 개심사開心寺·양화루兩花樓·영송루迎送樓의 액자를 남겼다.

24 배리陪吏 : 조선 시대, 세자의 시중을 들던 나이 어린 아전衙前 혹은 그 고을의 가장 높은 관리나 지체 높은 양반을 모시고 따라다니던 아전이나 종을 이른다.

25 비파담琵琶潭 : 용인8경 가운데 제7경으로 꼽히는 자연경관으로 경기도 용인시 처인구 모현면 갈담1리에 있다. 조선 숙종 때 영의정을 지냈으며 문장과 덕망이 뛰어난 남구만南九萬이 낙향해 아름다운 경치에 반해 정자를 짓고 비파를 타며 즐겼다고

은 시를 지었다.

쓸쓸히 내리는 찬 비 속에서	蕭蕭寒雨裡
외로운 나그네 긴 내를 건너네	孤客渡長川
길 미끄러워 사람들은 언덕을 오르고	路滑人登岸
다리 무너져 말은 밭을 밟고 지나가네	橋崩馬踏田[26]

· 김부현金富賢

김부현[27]은 시강원서리侍講院書吏로 자는 예경禮卿이며 호는 항동巷東이다. 최기남崔奇男[28]의 외손으로 여항의 시 중에 가장 으뜸으로 삼는다. 삼연三淵 김창흡金昌翕이 보고 기이하게 여겨 그와 함께 시를 논했

전하는 곳이다. 남구만은 이곳에서 지내면서 『청구영언』에 실린 유명한 시조 '동창이 밝았느냐 노고지리 우지진다……'를 지었다고 전해진다.

26 이와 관련된 이야기는 남학명南鶴鳴, 『회은집晦隱集』 제5, 잡설雜說 「사한詞翰」에 실려 있는데, 김정래 가 아닌 김정태金鼎泰로 기록되어 있다.

27 김부현金富賢(?~1714) : 최기남의 외손이며 최승태의 사위로 경아전 출신이다. 오언절구 5수, 칠언절구 5수, 등 총 31수의 시가 『소대풍요』에 실려 있다. 그의 작품 가운데는 주로 지방의 병영에 서리로 나가면서 그곳을 들렀다가 지은 시가 다수 있다. 그의 시에는 신분적 갈등이 강하게 드러났다.

28 최기남崔奇男(1586~?) : 본관은 천녕川寧, 자는 영숙英叔, 호는 구곡龜谷·묵헌默軒이다. 어려서 신익성申翊聖의 문하에 드나들었으며 그의 아버지 신흠申欽의 눈에 띄어 시의 재능을 인정받았다. 시의 재능이 뛰어나 사대부들 사이에서도 이름을 날렸다. 최기남은 경전에 밝았고 『주역』을 좋아해 직접 베껴서 탐독했다. 63세 때에는 병이나 누워 있으면서도 도연명을 따라 만시輓詩 3장을 지었다. 71세 때에는 병이 위독해지자 자신의 제문을 짓기도 했다. 현종 초에 실록감인원實錄監印員이 되어 『효종실록』 편찬에 참여했다. 이때에 나이가 70여 세였다. 75세 때인 1660년에는 교유하던 위항시인인 정남수鄭枏壽·남응침南應琛·김효일金孝一·최대립崔大立·정예남鄭禮男 등과 함께 동인지 『육가잡영六家雜詠』을 간행했다. 그는 위항시인들의 스승으로 존경을 받았으며 문하에 훌륭한 시인들을 많이 길러냈다. 저서로는 『구곡집』 2권이 있다. 한시 외의 글은 자서전격인 『졸옹전拙翁傳』 한편뿐이며 나머지는 440여 수의 시로 채워져 있다.

는데, 시에 놀라운 구절이 많았다. 혹은 사도시[29]의 서원이라고도 한다. 홍세태洪世泰와 시를 읊는 짝이 되었다.

· 강취주姜就周

강취주[30]는 한미하고 천한 사람이었다. 젊어서 마을의 협객패가 되어 음지를 좇아다니나가 끝내 다리가 부러져 폐인이 되었다. 그는 만년에 시가를 업으로 삼아 사대부 사이를 노닐며 즐겼고, 집에 부인이 털옷을 꿰매어 먹고 살아도 욕되게 여기지 않았다. 사람됨이 강개하고 슬픔을 간직하면서도 호쾌하며 기상과 의리를 좋아하고 풍류가 있었다. 한 다리로 다니며 나무를 짚고 뛰었기 때문에 동강東岡 조상우趙相愚[31]가 그의 호를 노주鷺洲라 했다. 평소에는 책을 읽지 않았지만 그의 시는 유독 천기天機에서 나와 그 뜻을 얻은 구절은 자못 맑고도 고고하며 울림이 있어 대개 또한 유우석劉禹錫과 백낙천白樂天의 사

---

29 사도시司導寺 : 원래 공정고供正庫로 조선조 때 대궐 안의 쌀·간장 등의 공급을 맡아 보던 관아인데 나중에 사도시司䆃寺로 바꾸었다.

30 강취주姜就周 : 자는 여재汝載, 호는 노주鷺洲이다. 어렸을 때 여항의 협사들과 부리며 다니다가 다리를 다치게 되었는데, 작대기를 짚고 겅중겅중 뛰었기 때문에 조상우가 노주라는 호를 붙여 주었다고 한다. 그의 시에 대해 '평소에는 글을 읽지 않으나 그의 시는 천기에서 나와 뜻을 얻은 구절이 자못 청고한 울림이 있었다.' 고 평한다. 그의 행적과 관련된 내용은 본 책인 『진휘속고』의 내용이 자세하다.

31 조상우趙相愚(1640~1718) : 본관은 풍양豊壤, 자는 자직子直, 호는 동강東岡이다. 이경석李景奭의 문하에서 수학했으며, 1657년 사마시에 합격한 뒤 송준길宋浚吉의 문인이 되었다. 정승으로 있을 때 당론의 폐단을 없애려고 노력했으며, 1717년 세자 대리청정의 명령이 내렸을 때에는 판중추부사로 있으면서 반대하는 소를 올리는 등 남구만·최석정 등과 함께 온건한 소론으로서 정치 활동을 했다. 또한, 오랜 기간 관직에 있으면서 부세제도·형사제도·예론을 비롯한 국정 전반에 대한 건의를 많이 했다. 글씨를 잘 써서 장렬왕후莊烈王后의 옥책문을 쓰는 데 선발되었고, 충현서원忠賢書院의 사적비 등을 남겼다. 남평의 용강사龍岡祠에 제향되었으며, 시호는 효헌孝憲이다.

이에 있었다.[32]

언젠가 남사南士 홍순연洪舜衍[33]과 함께 근根자 운으로 시를 지었는데, 강취주가 먼저 다음과 같이 읊었다.

이백의 표일한 시는 대적할 사람 없고	謫仙飄逸詩無敵
동방삭의 해학은 근거 없는 말이로다	方朔詼諧語不根

홍순연은 당시에 시를 잘 짓는다는 명성을 자부했지만 그에게 무릎을 꿇고 칭찬하며 탄복했다. 또 북관北關으로 가는 도중에 지은 시가 있으니 다음과 같다.

사람은 두만강 여울을 따라 멀어지고	人隨豆滿江灘遠
말은 마천령 길을 들어가 더디네	馬入摩天嶺路遲

---

32 이덕무, 『청장관전서』 제24권, 편서잡고4 「시관소전詩觀小傳」에 "백거이白居易의 자는 낙천樂天, 자호自號는 취음선생醉吟先生 또는 향산거사香山居士라 하는데 하규下邽 사람이다. 정원貞元 중엽에 진사과에 급제하여 여러 관직을 거쳐 찬선대부贊善大夫에 이르렀고, 언사言事 문제로 강주 사마江州司馬에 폄직되었다가 충주 자사忠州刺史로 이동되었다. 그 후 문종文宗이 즉위하매 소환召還되어 태자빈객太子賓客을 제수 받았고, 회창會昌 초엽에 형부 상서刑部尙書로 치사致仕하고 죽으니, 시호가 문文이다. 그는 원진元稹과 더불어 시를 화답해 읊었으므로 원백元白이라 불렸고, 유우석劉禹錫과 함께 시를 화답했으므로 유백劉白이라 불렸다."는 내용이 보인다.

33 홍순연洪舜衍(1653~?) : 자는 명구命九이고, 호는 경호鏡湖이며, 본관은 남양南陽[唐]이다. 증조부와 조부는 모두 효성으로 이름난 홍여심洪汝諶, 홍택洪澤이며, 부친은 판교判校 화곡華谷 홍남립洪南立이다. 어린 나이에 일찍 문장文章을 이루었고, 필치筆致가 매우 정묘精妙했다. 1677년에 생원生員이 되었고, 1705년 을유식년과乙酉式年科 문과에 급제해 흥덕군수興德郡守가 되었다. 이후 일본에는 사신으로 갔으며, 중국사행中國使行에 제술관製述官으로 갔으나 돌아오지 않았다. 그의 첩 안원安媛 역시 문장에 능해 「규원閨怨」이라는 시가 전한다.

또,

끊어진 언덕 사립문에 봄이 반쯤 가렸고	缺岸柴扉春半掩
떨어지는 꽃 흐르는 물은 도원桃源에서 흘러오네	落花流水自桃原

위의 시는 더욱 칭송 받는다. 시가 『해동유주海東遺珠』[34]에 수록되었다. 그는 사람들을 잘 가르쳐 따라서 배우는 사람이 매우 많았는데 풍원豊原 조현명趙顯命[35]과 동계東溪 조구명趙龜命[36]도 또한 일찍이 그에게 배웠다.

동계 조구명이 찬贊하기를,[37]

"내가 취주就周의 사람됨을 보니 우락부락한 얼굴에 머리를 떨며 괴상하게 생겼지만 풍모가 소탈하여 굳이 입으로 드러내지 않더라도 그 모습이 시인과 같지 않음이 없다. 담론을 잘해 그 소리가 맑고 깨끗하며, 매번 머리를 흔들며 시를 읊조림에 묘하게 알맞은 가락이

---

34 『여항문학총서』 8, 『해동유주』 「도중途中」에 이 시가 실려 있다.

35 조현명趙顯命(1690~1752) : 본관은 풍양豊壤, 자는 치회稚晦, 호는 귀록歸鹿·녹옹鹿翁이다. 그의 봉호가 풍원豊原이다. 1728년 이인좌李麟佐의 난이 발생하자, 사로도순무사四路都巡撫使 오명항吳命恒의 종사관으로 종군했으며, 난이 진압된 뒤 그 공으로 분무공신奮武功臣 3등에 녹훈, 풍원군豊原君에 책봉되었다.

36 조구명趙龜命(1693~1737) : 본관은 풍양豊壤이고, 자는 석여錫汝·보여寶汝, 호는 동계東谿·건천자乾川子이다. 청주淸州 출신의 문인으로 첨정 조태수趙泰壽의 아들이다. 조선 후기 소론의 벌열가문인 풍양조씨 종중에서 태어났으나 벼슬에는 뜻을 두지 않고 문장에만 정진했다. 전통적 문학론에 바탕을 두고 작가의 진솔한 식견을 중시하는 18세기 조선 후기 문학론을 형성했다. 시문보다는 산문에 특히 뛰어나 당대 팔문장八文章으로 평가되기도 했다. 주요 저서로 『동계집東谿集』, 『건천고乾川藁』 등이 있다.

37 조현명趙顯命, 『귀록집歸鹿集』 권18, 서序 「노주집서鷺洲集序」에 찬이 실려 있다.

있어 마치 거문고와 피리가 울림을 남기는 듯하니, 지금도 바람 불고 달뜨는 밤이면 일찍이 생각하지 않은 적이 없다."

라고 했다.

· **오일명**吳一明

오일명은 자가 사함士咸이며 가문이 낮고 미천했다. 모습이 그림 같았고 글 재주가 풍부하며 총명하기가 남달라 책을 읽을 때 남들은 겨우 한 줄을 읽을 때 이미 다섯줄을 읽어나갔다. 어릴 때에 『맹자孟子』를 2번 읽어 암송했고, 장성한 후에 7번을 읽어 드디어 잊지 않았다. 그가 일찍 죽어 이룬 것은 없고 동계 조구명과 과거공부를 익혔으며 조구명보다 4~5살 많다.

· **이계현**李啓賢

이계현은 천한 사람으로 젊어서 승려가 되었다가 뒷날 머리를 길렀으며 춘성春城 남이웅南以雄[38]을 섬겼다. 그는 재주가 많고 문장에 능하였으며 말솜씨가 있어 응대를 잘했다. 또 칼을 다루는 것에 능해 「연시비가燕市悲歌」[39]를 불렀는데 듣는 사람이 강개하며 머리털이 곤

---

38 남이웅南以雄(1575~1648) : 본관은 의령宜寧이다. 자는 적만敵萬, 호는 시북市北, 시호는 문정文貞, 벼슬이 좌의정左議政에 올랐고, 이괄李适의 난 때 공을 세워 진무공신振武功臣 3등에 춘성군春城君으로 봉해졌다.

39 「연시비가燕市悲歌」: 연燕나라 저잣거리에서의 비장한 노래라는 말이다. 전국 시대 때 형가荊軻가 연나라 태자 단丹의 부탁을 받고 진왕秦王을 죽이러 떠날 적에, 축筑의 명인인 고점리高漸離의 반주에 맞추어 「역수한풍易水寒風」이라는 비장한 노래를 부르고 작별했다는 고사가 유명하다. 『전국책戰國策』 연책燕策3.

두서며 눈물을 흘렸다. 풍수지리[40]를 잘했다. 그는 언젠가 시를 지었는데 다음과 같다.

뜰 두둑에 작은 복숭아나무 꽃이 모두 떨어지니　　庭畔小桃花落盡
자규子規가 지저귀며 늦봄의 소리를 보내네　　子規啼送暮春聲

≪양재성≫

· **박창원**朴昌元

박창원[41]은 밀양密陽 사람으로 자는 선장善長, 호는 담옹澹翁이다.[42] 여항閭巷 출신으로 부친은 가선대부嘉善大夫를 지낸 박흥준朴興俊이다. 시와 문장을 잘 지었으며, 문집 한 권이 있다. 창원은 용모가 고풍스럽고 기이하며 지조가 굳었으며 소탈하고 과묵해 조용히 수양 했다. 어렸을 때에는 삼복재三復齋 이동언李東彦을 따라 노닐면서 매우 사랑을 받았다. 일찍이 부모를 여의고 먹고 살 수 없어서 조정의 소식지를 쓰는 품팔이로 생계를 삼았다.

그는 타고난 성품이 뛰어나 세상의 번거로운 일에 관계하지 아니했고, 일체의 가무나 여색을 한결 같이 끊고 기호가 담박했다. 기억記憶의 총명함이 남보다 뛰어나 한번 보면 잊어버리지 않았고, 경전經傳

---

40 감여술堪輿術 : 하늘과 땅, 음양설에 의해 집터나 묘 자리를 잡거나 또는 풍수지리에 관한 학문이다.

41 박창원朴昌元(1683~1753) : 본관은 밀양密陽, 자가 선장善長, 호가 담옹澹翁이다. 일찍이 부모를 여의고 7세 때부터 외조부인 진업국에게 역사를 배웠다. 이 후 李東彦(1662~1708)을 사사師事했다. 이동언이 1708년 조태趙泰의 모함으로 옥사 하자 매일 이동언의 옥중시獄中詩를 외우며 슬퍼할 정도로 그와의 관계가 돈독했다.

42 『담옹집澹翁集』은 3권 1책의 고활자본古活字本으로 1770년경에 간행되었다. 편찬자는 박담옹의 제자들인 것으로 추정된다.

을 두루 섭렵했으며, 주역周易에 더욱 밝았다. 역법曆法·음률音律·지리地理·의학醫學·복서卜筮에 이르기까지 모두 능통했다. 또한 일찍이 자신이 죽을 나이를 예언했다. 시어詩語가 청담淸澹해 당唐의 풍조에 가까우니, 어떤 사람은 그를 시인으로 지목했다. 또한 서예를 잘했다. 그는 숙종肅宗 계해년(1683)에 태어나 계유년(1753)[43]에 죽었으니 향년 71세이다. 묘는 양근군楊根郡[44] 신혈리神穴里 진관사津寬寺 옆에 있다. 문집 한 권이 있다. 자산紫山 이재휘李在徽[45]가 전傳을 지었다.[46]

일찍이 중국의 역사를 다음과 같이 노래로 지었다.[47]

복희씨伏羲氏, 신농씨神農氏, 황제씨黃帝氏는 삼황三皇이고　羲農黃帝爲三皇
오제五帝는 소호少昊·전욱顓頊·제곡帝嚳·요堯·순舜이다　五帝昊頊嚳唐虞
하夏나라는 17대 400년을 지냈고　夏十七世歷四百
은殷나라는 28대 600여년을 지냈다　殷卄八世六百餘
서주西周는 14대 동주東周는 24세대로　西周十四東卄四
870여년을 지냈다　歷年八百七十强
삼왕三王[48]의 뒤로 오패五霸가 있었고　三王之後有五霸
진秦 나라가 지위에 올랐으나[49] 2세世에 망했다네　秦爲閏位二世亡
한漢나라 고조高祖·혜제惠帝·문제文帝·경제景帝·무제武帝·소제昭帝·선제宣帝와

43 원문은 계축癸丑년으로 된 것을 바로 잡는다.
44 양근군楊根郡 : 경기도 양평 지역의 옛 지명을 이른다.
45 이재휘李在徽 이름은 경회景晦이다.
46 이재휘李在徽에 관한 내용은 『박담옹집朴澹翁集』, 박담옹집부록朴澹翁集附錄 「박담옹전朴澹翁傳」에 자세히 기술되어 있다.
47 박창원朴昌元, 『박담옹집朴澹翁集』에 위의 시가 수록되어 있다.
48 삼왕三王 : 우왕, 탕왕, 문왕을 뜻한다.
49 윤위閏位 : 정통이 아닌 임금의 자리를 이른다.

高惠文景武昭宣

원제元帝·성제成帝·애제哀帝·평제平帝에서 유자孺子까지 이르렀네[50]

元成哀平至孺子

이것이 서한西漢이 되어 장안長安에 도읍해 是爲西漢都長安

나라를 이어받아 214년을 이었다네 傳國二百十四祀

후한後漢의 광무제光武帝는 왕망王莽을 죽이고 낙양洛陽을 도읍해

光武誅莽宅洛陽

명제明帝·장제章帝·화제和帝·상제殤帝·안제安帝·순제順帝가 계승했네

明章和殤安順繼

충제冲帝·질제質帝·환제桓帝·영제靈帝에서 헌제獻帝까지 冲質桓靈至于獻

황통을 이은 것이 196년을 이었네 繼統百九十六歲

촉한蜀漢 두 임금[51]은 43년을 이었고 蜀漢兩君四十三

오吳나라와 위魏나라는 4~5대를 함부로 왕이라 칭했다네

吳魏僭號四五世

서진西晉은 무제武帝·혜제惠帝·지제止帝·회제懷帝·민제愍帝와

西晉武惠止懷愍

원제元帝·명제明帝·성제成帝·강제康帝는 금릉金陵에 머물렀네

元明成康金陵住

목제穆帝·애제哀帝·혁제奕帝·간문제簡文帝·효무제孝武帝·안제安帝·공제恭帝까지

穆哀奕簡孝安恭

재위를 누린 것이 155년이었네 享祚一百五十五

---

50 한나라 왕조는 기원전 206년에서 기원 후 8년까지 14대 왕위를 이었다.

51 촉한蜀漢 두 임금 : 소열황제昭烈皇帝 유비劉備와 그의 아들 효회황제孝懷皇帝 유선劉禪을 말한다.

중화中華[52]의 육지는 침몰되고, 오호를 뒤흔들었는데 神州陸沉五胡擾

송宋·제齊·량梁·진陳은 남조南朝가 되었고 宋齊梁陳南朝是

삼위三魏[53]와 제齊와 주周는 북조北朝가 되었다네 三魏齊周爲北朝

수隋나라는 문제文帝가 통일하였으나 양제煬帝·공제恭帝에 그쳤고

隋文統一煬恭止

당唐나라 고조高祖와 태종太宗은 진양晉陽에서 일어났네 唐高太宗起晉陽

고종高宗 중종中宗에 이르러 측천무후測天武后가 찬탈해 逮夫高中武簒基

예종睿宗·현종玄宗·숙종肅宗·대종代宗·덕종德宗·순종順宗·헌종憲宗과

睿玄肅代德順憲

목종穆宗·경종敬宗·문종文宗·무종武宗·선종宣宗·의종懿宗·희종

僖宗穆敬文武宣懿僖

소종昭宗·애제哀帝의 대에 당唐의 왕업이 끝날 때 까지 昭哀之世唐業訖

389년을 지탱했네 三百八十九年支

오계五季의 후량後梁·후당後唐·후진後晉·후한後漢·후주後周 등과

五季梁唐晉漢周

옥새는 60년 동안 다섯 번 옮겨지고 神器六旬五遷之

송宋나라는 변경에서 일어나 태종太宗·진종眞宗과 宋興于汴藝太眞

인종仁宗·영종英宗·신종神宗·철종哲宗을 거쳐 휘종徽宗·흠종欽宗에서 그쳤네

仁英神哲止徽欽

고종高宗·효종孝宗·광종光宗·영종寧宗·이종理宗·도종度宗·공종恭宗과

高孝光寧理度恭

단종端宗·조병趙昺에 끝나기 까지 남도南都에 임하였네 迄于端昺南都臨

---

52 신주神州 : 옛날 중국을 뜻한다.

53 삼위三魏 : 동위, 서위, 북위를 말한다.

320년 만에 원나라 세상에 속해　　三百廿載傳胡元
89년 긴 밤에 잠겨 있었네　　八十九年長夜沉
대명大明이 중천中天하고 고제高帝가 일어나서　　大明中天高帝興
건문建文·태종太宗·인종仁宗·선종宣宗과　　建文太宗仁與宣
영종英宗·경제景帝·영종英宗·헌종憲宗·효종孝宗·무제武帝·세종世宗과
　　英景英憲孝武世
목종穆宗신종神宗광종光宗희종熹宗으로 성왕成王이 서로 전하고
　　穆神光熹聖相傳
의종毅宗이 사직에 순사하고 삼제三帝가 계승해　　毅殉社稷三帝承
대통이 294년간 이어졌네　　大統二百九四綿
대개 포희씨庖犧氏로부터 영명왕의 역수나라 운명가 신축년에 그치기까지
　　盖自庖犧止永曆
5천 1백 18년이네　　五千一百十八年

· 조계옥趙啓沃

조계옥은 아마도 홍문관서리인 것 같다.[54] 직학直學[55]의 벼슬을 하던 류희춘柳希春이 그에게 준 시에 말하기를

가을 물과 같은 정신에 안목이 높으니　　秋水精神眼目多
만 권 책 뽑고서도 상아 찌를 달지 않네　　抽書萬卷不懸牙
조정에서 아끼고 좋아할 만한 사람 없다고 말하지 마라

54 조계옥은~같다 : 조선 시대 홍문관弘文館은 서적의 출납과 그 보관을 맡아보던 부서이다. 조계옥趙啓沃은 류희춘의 저술들을 필사하거나 홍문관에 소장된 서적들을 대출해 심부름을 해준 사람이다.

55 직학直學 : 고려 시대, 국자감國子監, 국학國學, 성균관成均館의 종구품 벼슬을 말한다.

莫道金閨無玩好

십년간 오래도록 글 아는 꽃미남을 대했었지　　十年長對解文花

라고 했다.[56]

조계옥趙啓沃은 총민聰敏해 고사故事를 찾는 데에 능했다. 인물 또한 맑고 준수했다. 관원이 그를 사랑하여 부르기를 '해문화解文花[글을 이해하는 꽃]'라고 했다. 내가 그 때문에 벼슬을 그만두고 돌아갈 때에 시를 지어 주었다.

· **김도**金壔

김도는 녹사錄事이다. 호는 근곡芹谷으로 시에 능했다. 비록 천민이었지만 순수함에 힘을 쏟았으니 그의 사람됨을 유추해 볼 수 있다. 그는 문장에 능해 공경들 중에 문장에 뛰어난 선비들 사이에 노닐었는데, 선배 명공名公들이 그를 많이 좋아했다. 문인인 동지同知 신수방申壽芳이 남긴 시를 수습하고 베껴 한 책을 이루었다. 여기서 그는 류하柳下 홍세태洪世泰[57]와 더불어 같은 시기에 문명文名이 있었는데, 잘 알려지지 않음을 애석하게 여겼다.

· **박성원**朴性源

---

56 이 시는 『미암집』 제2권, 칠언절구보유七言絶句補遺 「홍문관 책색 서리 조계옥에게 주다[館吏趙啓沃]」에 같은 내용이 있다.

57 홍세태洪世泰(1653~1725) : 조선 후기의 시인. 본관은 남양南陽. 자는 도장道長, 호는 창랑滄浪·류하柳下이다. 시로 이름이 나서 김창협金昌協·김창흡金昌翕·이규명李奎明 등의 사대부들과 절친하게 지냈다. 중인 신분으로서의 좌절과 사회 부조리에 대한 갈등이 시 속에 우수와 감분感憤을 담게 했다. 죽은 지 6년 만인 1731년에 사위 조창회趙昌會와 그의 문인에 의하여 『류하집』 14권이 간행되었다.

박성원[58]은 밀양사람이다. 본래 한미한 처지의 여항인으로 자는 사준士濬으로 진사를 지냈고, 호는 포암圃菴이다. 사士 군자君子들과 노닐면서 예학禮學에 능했고, 아울러 음운을 이해하여 『정음통석正音通釋』 한 권을 지었다. 본래 이름은 『화음정운華音正韻』인데, 정조 때에 이름을 바꾸어 하사하였다. 『제례초祭禮抄』가 있다.

· 신의칙申矣則

신의칙의 자는 하사何事로 포교捕校의 아들이다. 학문에 종사해 『소학小學』으로 몸을 바로잡았다. 글씨를 잘 썼고, 아들은 효급孝及이다.

· 지수연池受衍

지수연[59]은 형조刑曹 서리胥吏로, 예학禮學을 익힌 사람이었다. 그는 고례古禮를 담론하는 것이 손바닥을 가리키는 것 같았다. 그리고 『가례家禮』 이후에 의례儀禮에 관한 문장에 잘못된 것이 많은 점에 대해 개탄했고, 넉넉히 옛사람의 풍도가 있었다. 성대중成大中[60]과 친하게 지냈다. 여항의 사이에 묻혀 있는 기사奇士 다섯 명을 꼽았는데, 김유

---

58 박성원朴性源(1697~1767) : 본관은 밀양, 자는 사준, 호는 포암이다. 진사로서 예학에 뛰어나고 음운학에 밝았다. 그의 저서 「화동정음통석운고 華東正音通釋韻考」, 「정음통석서 正音通釋序」, 「삼운통고 三韻通考」, 「사성통해 四聲通解」등이 있다.

59 지수연池受衍에 관해서는 『청장관전서靑莊館全書』 제50권 , 「이목구심서耳目口心書」에 보인다.

60 성대중成大中(1732~1809) : 본관은 창녕昌寧, 자는 사집士執, 호는 청성靑城이다. 1753년에 생원이 되고, 1756년에 정시문과에 병과로 급제했다. 그는 서얼이라는 신분적 한계 때문에 순조로운 벼슬길에 오르지 못할 처지였으나, 영조의 탕평책에 편승한 서얼들의 신분상승운동인 서얼통청운동庶孼通淸運動에 힘입어 1765년 청직淸職에 임명되어 서얼통청의 상징적 인물이 되었다.

성金維城, 윤유성尹有城, 최경섭崔景燮, 쌍좌전雙坐廛[61] 김씨金氏로 모두 동네 입구에서 갓을 만드는 장인이다.

· **김유성**金維城

김유성은 시詩에 능했으나 평생 성당盛唐 이후의 책은 보지 않았다.

· **윤유성**尹有誠

윤유성의 자는 경실景實이다. 가난을 견디며 글을 읽었고, 깊은 골짜기에 살면서 나오지 않았는데, 율곡栗谷의 책을 공경하기를 노재魯齋 허형許衡이 『소학小學』을 대하듯 하여 성실함이 있었다. 걸어서 금강산을 가다가 청성靑城 성대중成大中의 집에 묵었는데, 그가 함련頷聯과 경련頸聯의 두 연구聯句에서 말하기를,

> 선비가 곤액을 겪어야 큰 그릇을 이루게 되고 士經困厄方成器
> 산이 풍상風霜을 받아야 비로소 기이한 경치를 드러낸다 山受風霜始見奇
> 고행苦行은 응당 바위에서 부처처럼 참선해야 하니 苦行應參巖釋定
> 여윈 얼굴은 신선과 지기知己를 맺고자 했네 癯容要結海仙知

라고 했다.

· **김**金□□

---

61 원문에는 ‘쌍전雙廛’으로 되어 있으나 『청장관전서靑莊館全書』와 아래 김□□의 내용으로 보아 ‘쌍좌전雙坐廛’으로 바로 잡는다.

김□□은 호는 쌍좌전雙坐廛으로, 병가兵家에 통달했다.

· □□

□□[62]은 마을 안에 갓을 만드는 장인이 있는데, 병으로 꼽추가 되었는데 시를 잘 지었다.

· 김우문金又門

김우문[63]은 예조서리禮曹書吏로 시인이다.형암炯菴 이덕무李德懋[64]에게 시를 배웠다. 사람됨이 온후하고 신중하며, 시는 자못 정련되고 함축적이다. 그는 강산薑山 이서구李書九의 암행 행차[65]를 따라가다가 병으로 창원昌原에서 죽었다. 형암炯菴 이덕무李德懋가 만사輓詞의 네 수 가운데 두 번째 시에 말하기를

손수 전당시를 베꼈는데 글자가 파리에 견줄 만큼 작았고 手鈔全唐字比蠅

시가詩家의 비결은 참으로 깨달았다네 詩家秘訣悟良能

우리나라의 좋은 시를 장차 간행하면

62 □□ : 위에서 언급한 5인중 마지막 인물로 보여 진다.

63 김우문金又門과 관련된 내용은 『청장관전서靑莊舘全書』 권12에 보인다.

64 이덕무李德懋(1741~1793) : 실학자. 자는 무관懋官, 호는 형암炯庵. 아정雅亭 · 청장관靑莊館·영처嬰處·동방일사東方一士이다. 통덕랑通德郞을 지낸 이성호李聖浩의 서자庶子로 태어났다. 서자였기 때문에 관직에 크게 오르지는 못했지만 박학다재한 학문, 뛰어난 서체와 문장, 그림으로 이름을 떨쳤다. 1779년 규장각의 검서관檢書官이 되어 박제가朴齊家, 류득공柳得恭, 이서구李書九 등과 함께 4검서관으로 명성을 떨쳤고 그 후 1791년 적성현감積城縣監 재직 중 사망했다. 주요저서로는 『청장관전서靑莊館全書』가 있다.

65 수의繡衣 : 왕명을 받고 지방에 나가 정사를 살피는 것을 이른다.

青邱風雅行將選
같은 부류인 백대붕白大鵬[66]에게 양보하지 않았네　不讓旁流白大鵬

라고 했다.[67]

· 김덕형金德亨

김덕형은 각리閣吏로 그림을 잘 그렸다. 형암炯菴 이덕무李德懋가 김덕형金德亨의 매죽도梅竹圖와 풍국도風菊圖 두 폭의 화제畫題에

마른 댓잎 소리 그윽한 매화 향기 붓끝에 가득한데 乾聲暗馥筆尖盈
개자형个字形으로 뒤집혀 있고 여자형女字形[68]으로 비꼈네
个字翻翻女字橫
연마된 천 척 비단 어찌 얻어　安得砑光千尺絹
봉어교[69] 가에 김생金生을 찾아갈 건가　鮒魚橋畔訪金生

오구나무 쓸쓸해 그린 뜻 새로운데　烏桕蕭蕭寫意新
성긴 국화 피어나니 정신이 쇄락하네　又添疏菊頓精神

66 백대붕白大鵬(? ~1592) : 조선 중기의 위항시인委巷詩人이다. 그의 시를 본뜨는 시체詩體를 사약체司鑰體라 이름했다. 대체로 만당晩唐의 풍을 본떠 위약萎弱한 시를 지었다고 일컬어졌다. 그의 시는 「취음醉吟」·「추일秋日」 두 편밖에 남아 있지 않아 구체적인 시세계는 알 수 없으나, 세상에 만족하지 못한 원통한 심사와 울적한 기운[불평원울지기不平寃鬱之氣]을 반영하고 있다고 한다.

67 이 시는 이덕무李德懋의 『청장관전서青莊館全書』권12에 네 수의 중 두 번째 작품이다.

68 여자형女字形 : 그림에서 매화의 가지가 옆으로 비낀 모양을 '여女'자로 표현한다.

69 봉어교 : 지금은 사라진 경복궁 서십자각 옆쪽의 다리를 이른다.

현옹玄翁[70]은 세상 뜨고 표옹豹翁[71]은 늙어가니　　豹翁衰晩玄翁去
화가의 인물로는 다만 이 사람뿐이로세　　畫派人間祇此人

라고 했다.

· 진업국秦業國

진업국의 자는 성수聖修, 호는 송곡松谷, 풍기인豐基人으로, 박창원朴昌元의 외조부이다. 그는 평소 산수山水를 좋아해 일찍이 낭선군朗善君 이우李俁를 따라 유람하였다. 『풍악록楓嶽錄』에서 산맥山脈과 수세水勢를 자세히 기록했다.[72]

· 고시언高時彦

고시언 [73]은 여항인閭巷人으로, 호는 성재省齋이다. 문장에 능하다는 명성이 있었고, 문집 두 권이 있다.

---

70 현옹玄翁은 조선 후기 비운의 화가 심사정(1707~1769)을 가리킨다.

71 표옹豹翁 : 서화가인 강세황姜世晃(1713~1791)의 호이다. 아버지의 극진한 사랑과 교육, 자형 임정任珽의 영향을 받았다. 처남 류경종柳慶種, 친구 허필許佖, 이수봉李壽鳳과 절친했다. 또한 이익李瀷, 심사정沈師正, 강희언姜熙彦 등 여러 사람들과 교유했다. 그에게서 그림을 배운 제자로는 김홍도金弘道와 신위申緯가 주목된다.

72 진업국秦業國과 관련된 내용은 『박담옹집朴澹翁集』 하, 「외왕부풍악록발外王父楓嶽錄跋」에 보인다.

73 고시언高時彦(1671~1734) : 본관은 개성開城, 자는 국미國美, 호는 성재省齋이다. 1687년 역과譯科에 급제해 역관이 되었다. 여러 차례 청나라에 다녀와서 외교관으로서의 실력을 발휘해, 그 공으로 2품의 관계에 올랐다. 한시창작에 뛰어나 임원준林元俊·홍세태洪世泰·정내교鄭來僑 등과 함께 여항의 4 시인으로 칭송되었다. 유고로는 『성재집』이 남아 있으며, 조선 초기부터 당대까지 위항인들의 한시를 모아 『소대풍요昭代風謠』를 엮었다.

· **석희박**石希璞

석희박[74]은 여항인閭巷人으로 호는 남천南川이다. 신의信義를 숭상해 절조가 있는 협객의 풍모가 있었다. 시를 잘 지었는데, 글이나 사물 전체에 통하는 이치가 조리정연 했다. 『남천세고南川世稿』 한 권이 있다. 아들 만재萬載[75]는 호가 두촌豆村으로, 사람됨이 담박澹泊하며 이세利勢를 하지 않았다. 시를 잘 지었는데, 음조가 원만하고 오묘했다. 그의 아들은 지흘之屹이다.[76]

· **김흥갑**金興甲

김흥갑[77]은 여항인으로 시에 능했는데, 시가 자못 한가롭고 담박했다. '이웃 늙은이 거문고를 끌다[隣老携琴]'라는 시에,

식사 뒤 종소리에는 마음 절로 한가하고	飯後鳴鐘意自閑
다리 가까이에 조그만 사립문 깊이 닫혔네	橋頭深閉小柴關
외로운 다듬이소리 언제나 황혼 때면 빨라지고	孤砧每急黃昏際
열 집의 마을 고목 사이에서 언제나 쓸쓸하네	十室長寒古木間

---

74 「남천세고서南川世稿序」는 홍세태가 펴낸 여항시집 『해동유주海東遺珠』에 시가 수록되기도 한 석희박石希璞, 석만재石萬載 부자의 세고를 산정하고 지은 것이다.

75 석만재石萬載 : 본관은 화원花園. 자는 계수季叟, 호는 두촌豆村이다. 부친은 석희박石希璞이며, 아들은 석지흘石之屹이다. 시를 잘 지었는데, 시 속에 쓰인 언어 표현이 부드럽고, 정을 서술하거나 사물을 묘사한 것은 운치가 있고 아름다웠으며, 비록 위항문인委巷文人이었지만 뛰어난 문필과 예술을 자랑하는 선비들과 겨루어도 손색이 없을 정도였다. 유재건劉在建이 지은 『이향견문록里鄉見聞錄』 제5권 「문학文學」에는 석희박과 석만재石萬載에 대한 내용이 실려 있다.

76 원문에 자지흘子之屹의 아래에 두 글자가 들어갈 정도의 공란을 두었다. 큰아들이 지은之㶏이고, 둘째 아들이 지흘之屹임을 볼 때 당시 은자㶏가 희귀자라서 어려워 비워둔 듯하다.

77 김흥갑金興甲과 관련된 내용은 이덕무李德懋의 『청장관전서』 제49권에 보인다.

울며 가는 짝 잃은 외기러기 북곽北郭을 찾는데　　鳴度斷鴻猶北郭
비쳐 오던 초승달은 다시 서산으로 지네　　照來纖月更西山
이웃 늙은이 본시 양광佯狂[78]하는 자도 아닌데　　隣翁不是淸狂者
어찌 밤낮 술잔을 차고 돌아가는가　　日夕那能佩酒還

라고 했고, '전별하고 산사山寺를 지나다[餞罷過山寺]'라는 시에서는,

참선하는 자리에 오니　　到來參佛坐
고요하여 도심道心이 생기네　　寂寞道心生
빈 벽엔 늘 구름 기운 일고　　虛壁恒雲氣
텅 빈 문엔 다만 개울물 소리　　空門只澗聲
외로운 탑은 풍상 속에 서 있고　　風霜孤塔在
아침저녁엔 종 한 번씩 울리네　　朝暮一鍾鳴
자주 하늘가에 머리 돌려　　天際頻回首
은근히 나그네 길 염려하도다　　慇懃念客行

라고 말했다.

≪최종호≫

· 신귀원辛貴元

신귀원은 영월지역의 교생이었다. 『동각잡기東閣雜記』[79] 에 이르기

78 청광淸狂 : 마음이 깨끗하여 청아淸雅한 맛이 있으면서도 그 하는 짓이 상규常規에 어긋남을 이른다. 곧 일부러 미친척하는 양광佯狂을 뜻한다.
79 『동각잡기東閣雜記』 : 조선 명종·선조 때 문신 이정형李廷馨이 찬술한 야사책이다. 고려 말 이성계李成桂가 조선을 건국한 배경으로부터 선조 때까지 정치와 명신名臣

를 성종이 언젠가 후원[창덕궁 비원]을 거닐다가 한 구절을 정자 기둥에 지어 붙이기를

푸른 비단 가위질하여 삼춘三春의 버들을 만들었고	綠羅剪作三春柳
붉은 비단 마름질 하여 2월 꽃을 이루었네	紅錦裁成二月花

라고 했다.

3일이 지나서 다시 나가 한가롭게 거닐다가 앞서 지었던 시의 밑에 구절을 보았는데 이르기를

만약 공후들만 이 빛을 가져가게 하면	若使公侯爭此色
봄빛이 야인의 집에 이르지 않는다네	韶光不到野人家

라고 했다.

임금이 크게 놀라서 작자를 찾으니 곧 후원의 문지기 신귀원이라는 사람이었다. 임금이 불러 그 이유를 물으니 귀원은 교생으로써 과거를 보러갔다가 낙제하고 금문을 지키는 사람이었다. 곧 그를 급제시켜주어 세상에 이름을 떨쳤다.

들의 행적을 기록하고 있다. 『본조선원보록本朝璿源寶錄』이라고도 하며 상·하 두 권으로 되어 있다. 상권은 조선의 건국 배경으로부터 중종 연간의 기묘사화까지, 하권는 중종 말년의 정치적 사건으로부터 선조 때의 임진왜란까지를 취급하고 있다. 현재 『대동야승』 제53·54권에 상·하 두 권이 모두 수록되어 전하고 있다. 그런데 『대동야승』 중에서도 야사로서 가장 가치 있는 부분이 바로 이 『동각잡기』라고 평가받고 있다. 필자는 당리당략에 치우치지 않고 어디까지나 중립적인 입장에서 중요한 사건들을 모두 사실 그대로 명확하게 서술하려고 노력했다. 명신들의 언행도 공정하게 기록하고 있다.

· 아무개 교생校生

『소촌만록小村謾錄』에 이르기를 어떤 한 교생이 낙제해 시로 속죄하기를 청하니 강관講官이 운을 불러 두견杜鵑으로 읊게 하니 곧 대답하기를,

전신은 원래 촉나라[80]에서 나왔는데 前身元是出蠶魚
강남을 향해 울어서 송나라[81] 그르치게 했네 啼向江南誤屬猪
소자[82]는 일찍이 두견새 소리 듣기를 즐기지 않았으니 邵子嘗年聞不樂
천진 다리 위에서 절름발이 나귀를 머물게 했네 天津橋上駐蹇驢

라고 했다. 강운을 잘 두었다.

· 백대붕白大鵬[83]

목재木齋 홍여하洪汝河가 백대붕의 전을 지었다.

"백대붕의 자는 만리萬里이고 아버지의 이름은 연근蓮根이다. 나의

---

80 잠어蠶魚 : 어부魚鳧 잠총蠶從을 가리키는 것으로 모두 촉나라 선대왕들의 이름이다.

81 속저屬猪 : 속저屬猪는 송나라의 별칭이다. 후주後周의 부마駙馬 장영덕張永德이 방사方士들을 맞아들여 천하의 주인을 물었다. 어떤 이인이 말하기를 "진짜 주인眞主이 이미 나왔습니다." 하기에, 장영덕이 누구냐고 묻자, "공께서는 장차 자흑색紫黑色의 '돼지띠 해에 태어난屬猪' 사람 가운데 전투에 능한 이를 보거든 잘 대우하시오." 했다. 장영덕이 뒤에 송 태조 조광윤趙匡胤(927~976)을 만났을 때 그가 영특함을 알고 나이를 물으니 곧 정해생(927)이므로 힘을 다하여 따랐다는 고사에서 온 말이다.

82 소자邵子 : 송宋나라 소옹邵雍을 가리킨다. 천진의 다리 위에서 두견새 소리를 듣고 나라에 큰 변고가 생길 것을 짐작하고 타고 가던 나귀를 멈추었다.

83 홍여하의 『木齋集 권5』에 「白大鵬傳」이 실려 있다.

외증조 철성 이공[84]의 종이었다. 어머니가 전함사典艦司의 비婢이었기 때문에 어머니를 따라서 전함사의 노奴가 되었다. 대붕은 젊어서 시에 능하여 구절을 내면 사람들을 놀라게 했다. 한 때의 명사대부인 서익공徐益公과 한준겸공[85] 홍적공[86] 같은 사람들과 모두 더불어 사귀었다. 대붕은 언젠가 자를 불렀는데도 한익지 홍태고 제공들이 심기心期로 의탁하고 있었고 명분으로 책잡지 않았다. 제공들이 언젠가 이조吏曹의 정리政吏가 되어 살아갈 방도를 도모하게 했는데 대붕이 말하기를,

"나는 성현의 글을 읽는데 어찌 도필리刀筆吏[88]가 될 수 있겠는가?"

라고 하고 끝내 기꺼워하지 않으니 제공들이 더욱 그를 중히 여겼다. 계미년(1583) 간에 서공이 (북도)순안사가 됨에 대붕이 그를 따라 갔다. 서공이 돌아오다가 고개 위에 이르러 일행들의 짐 꾸러미를 검사했는데 대붕의 짐 꾸러미는 텅 빈 듯이 오직 공이 준 황모필 3개만 있을 뿐이었다. 그의 지조와 행실의 바르고 곧음이 다만 이와 같았다.

연근이 언젠가 죄를 지었을 때 이암공이 백대붕을 안동의 개인 집에 가두었는데 서공이 마침 안동의 부사가 되어 날마다 사람을 보내

---

84 철성이공鐵城李公 : 이암李嵒(1297~1364)을 가리킨다. 그의 초명은 군해君侅이다. 자는 고운古雲이며, 호는 행촌杏村이며, 시호는 문정文貞이다. 글씨에 뛰어나 동국東國의 조자앙趙子昂이라고 일컬어졌다.

85 한준겸韓浚謙(1557~1627) : 본관은 청주淸州이다. 자는 익지益之이며, 호는 류천柳千이다.

86 홍적洪迪(1549~1591) : 본관은 남양南陽, 자는 태고太古, 호는 양재養齋·하의자荷衣子이다.

87 도필리刀筆吏 : 글씨를 쓰는 천한 벼슬을 가리키는 말로 곧 아전衙前을 말한다.

어 그의 안부를 물었다. 대붕이 밤낮으로 아버지를 곁에서 모시면서 잠시도 떠나지 않다가 이공을 보면 번번이 땅에 엎드려 머리를 찧으며 더욱 조심했다. 이충순李忠順이라는 자가 있었는데 이공의 서자 조카였다. 이공이 죽자 대붕이 글을 지어 제사지냈는데 충순이 그 글을 읽었다. 계미년 가을에 내가 춘양에 왔을 때 충순이 나를 위해 앞서 있었던 일을 말해주었다. 인하여 말하기를,

"제문을 읽을 때, 나이가 너무 어려 글을 지을 수 없었지만 지금은 이미 오십년이 지나서 한 글자도 모두 망각해서 오직 '모년모월모일 노奴의 아들 백대붕이 돌아가신 주인님께 공경히 제사 지냅니다.'라고 했던 것만 기억할 수 있습니다."

라고 했다.

'대붕에게는 반죽시斑竹詩통에 옻칠해 그 바깥에 만리행장萬里行裝 네 글자를 새겨 넣은 것이 있었다. 아우 운붕雲鵬 또한 글을 잘했다'고 충순이 일러주었다. 시를 짓는데 능했지만 국법에 의해 막혀서 과시를 볼 수 없었고, 다만 스스로를 드러낼 수 없었기 때문에 시에 몹시 슬퍼함이 있었다. 류희경劉希慶과 사이가 좋아서 공경대부들에게 인정을 받았다. 허성許筬이 일본에 사신 갈 때 그와 함께했다. 후에 이일李鎰이 순변사로써 군대를 출정함에 대붕이 왜군들의 실정에 밝다고 평하여 자기를 따라오기를 명했다. 이일이 패하자 대붕도 죽었는데 처지가 미천했기 때문에 드러나지 않았다.

언젠가 술에 취해 길옆에 누웠는데 옆 사람 중에 묻는 자가 있어 시로 대답하기를,

술 취해 9월 9일 중양절을 혼자 노닐다가	醉揷茱萸獨自娛
산에 밝은 달 가득하니 빈 술병을 베개 삼네	滿山明月枕空壺
길가는 사람아 뭐하는 사람인지 묻지 말아라	傍人莫問何爲者
세상 풍파에 다 늙어버린 전함사의 노비다	白首風塵典艦奴

라고 했다.

언젠가 사약司鑰[88]이 되었는데 한 때의 그 동료들이 모두 그의 시의 형식을 본받았는데 아마 그의 시가 중국의 맹교孟郊나 가도賈島와 같아서 고담하면서도 미약함 때문이었을 것이다. 때문에 석주가 매번 만당시를 배우는 자를 보면 반드시 '사약의 체다'라 했는데 아마도 그 나약함을 조롱한 듯하다.[89] 하곡荷谷 허봉許篈[90]과 일송一松 심희수沈喜壽[92]가 모두 그와 평등하게 교제했다.

· 최기남崔奇男

---

88 사약司鑰 : 조선시대, 궁궐 내 각 문의 자물쇠와 열쇠를 관리하던 잡직을 말한다.

89 비슷한 내용이 허균許筠, 『성소부부고惺所覆瓿稿』 권25, 「사약백대붕능시司鑰白大鵬能詩」에 실려 있다.

90 허봉許篈(1551~1588) : 본관은 양천陽川, 자는 미숙美叔, 호는 하곡荷谷이다. 아버지는 동지중추부사 엽이고 동생은 균筠·난설헌이다. 류희춘에게 수학했다. 1568년 생원시에 합격하고, 1572년 친시문과에 급제했다. 1574년 성절사의 서장관으로 명나라에 다녀와 기행문 「하곡조천기荷谷朝天記」를 썼다. 다음해 이조좌랑으로 있을 때 을해당론이 일어나자 김효원金孝元 등과 동인의 선봉이 되어 심의겸등 서인과 대립했다. 이후 교리·전한·창원부사 등을 역임했다. 1583년 송응개·박근원朴謹元 등과 함께 이이李珥를 탄핵하다가 선조의 노여움을 사서 종성에 유배되었다. 1585년 영의정 노수신盧守愼의 주선으로 유배에서 풀려났으나 벼슬을 사양하고 백운산·인천·춘천 등지를 돌아다니며 방랑생활을 하다 금강산에서 병사했다.

91 심희수沈喜壽(1548~1622) : 본관은 청송靑松, 자는 백구伯懼, 호는 일송一松, 혹은 수뢰루인水雷累人이다. 장령掌令 심순문沈順門의 증손으로, 할아버지는 동지동녕부사 심봉원沈夆源이고, 아버지는 정자正字 심건沈鍵이다. 어머니는 이연경李延慶의

최기남[92]의 호는 구곡龜谷이며 조정의 벼슬아치 사이를 좇아 노닐었다. 선조가 불러 묻기를

"벼슬을 원하는가?"

라고 하니, 대답하기를,

"원컨대 천은天恩을 입어 한가로이 노닐며 일생을 보내고 싶습니다."

라고 했다. 언젠가 통신사를 따라서 일본에 갔다. 아들 승태承太는 호가 설초雪樵이고 아버지를 이어 시를 지었는데 격조가 맑고 고와서 시집이 세상에 행해져 항동巷東 김부현金富賢[93]과 이름을 나란히 했다. 손자 양연亮演은 어렸을 때 약재約齋 류공[94]을 섬겼다. 몹시 늙은 후에 미쳐서는 류공의 기일을 만나면 반드시 제사를 도왔다. 일과 행실이

딸이다. 노수신盧守愼의 문인이다.

92 최기남崔奇男(1586~?) : 본관은 천녕川寧, 자는 영숙英叔, 호는 구곡龜谷·묵헌默軒이다. 어려서 신익성申翊聖의 문하에 드나들었으며 그의 아버지 신흠申欽의 눈에 띄어 시의 재능을 인정받았다. 시의 재능이 뛰어나 사대부들 사이에서도 이름을 날렸다. 저서로는 『구곡집』 2권이 있다. 한시 외의 글은 자서전격인 「졸옹전拙翁傳」 한편뿐이며 나머지는 440여 수의 시로 채워져 있다.

93 김부현金富賢(?~1714) : 본관은 광산光山이다. 자는 예경禮卿이며, 호는 항동巷東이다. 최감의 외손이며 최승태의 사위로 경아전 출신이다. 오언절구 5수, 칠언절구 5수, 등 총 31수의 시가 『소대풍요』에 실려 있다. 그의 작품 가운데는 주로 지방의 병영에 서리로 나가면서 그곳을 들렀다가 지은 시가 다수 있다. 그의 시에는 신분적 갈등이 강하게 드러났다.

94 류상운柳尙運(1636~1707) : 본관은 문화文化이다. 자는 유구悠久이며, 호는 약재約齋 또는 누실陋室이다. 몽익夢翼의 증손이다.

남들보다 뛰어난 것이 많아서 그 사실을 기록한 사대부가 많았고 참봉參奉 이월암李月岩 또한 언젠가 시를 지어서 그것을 기록했다. 시고詩稿가 있다. 아들은 익대益大이다.

기남의 자는 영숙英叔이며 천녕川寧[95]사람이다. 기축년(1586)에 태어나 동지중추부사同知中樞府事를 지냈고 여항인이다. 혹자는 동양위東陽尉의 관노官奴라고도 한다. 역학을 공부했으며 문장을 잘했는데 시가 더욱 그윽하고 고아한 것으로 세상에 이름을 날렸다. 문집 2권이 있는데 월사가 서문을 지었다. 그의 「한식도중寒食途中」 시는 다음과 같다.

봄바람에 가랑비가 긴 둑을 스치니	東風小雨過長堤
풀빛이 안개 속에 가려져 바라봄에 흐릿하구나	草色和煙望欲迷
한식날 북망산 내려오는 길에	寒食北邙山下路
들새는 백양나무에 날아올라 우네	野鳥飛上白楊啼

『어우야담於于野談』에 나온다.

· **정초부鄭樵夫**

정초부의 이름은 전하지 않고 양근楊根에 살았다. 혹 여씨呂氏 집안의 노비로 이름이 봉鳳이라고도 한다. 모습이 매우 괴기스러웠다. 어려서 몇 권의 책을 읽고 능히 시인의 품성을 갖출 수 있었다. 그는 언젠가 관에 쌀을 빌리러 갔는데 장부에 누락되어서 허락받지 못했다. 그로인해 근심하며 고을의 누각에 기대어 다음과 같은 시를 읊었다.

---

95 천녕川寧 : 경기도 여주의 옛 지명이다. 『신증동국여지승람新增東國輿地勝覽』

산새들은 나무꾼의 성을 모르고　　山禽不識樵人姓
고을의 장부엔 일찍이 초야의 사람 이름 없다네　　郡籍曾無野客名
큰 창고 속 곡물 중에 한 알도 나누기 어려워　　一粒難分太倉粟
높은 누각에 홀로 기대니 저녁 안개 생기네　　高樓獨倚暮烟生

시가 드디어 알려졌는데 군수는 믿지 않다가 그를 불러 시험하며 '밝은 달 아래에서 빨래를 하다'「浣紗明月下」로 주제를 「」주니, 곧 다음과 같이 써서 올렸다.

흰 돌 반짝반짝 달은 비단을 비추고　　白石磷磷月照紗
하늘은 물 같고 물은 모래 같다네　　野天如水水如沙
가벼이 흰 연뿌리에 젖으니 겨우 색이 구분되고　　輕沾雪藕纔分色
어지러이 노을 무늬에 겹치니 꽃이 되지 않았네　　亂疊霞紋未作花
교인의 소반에 구슬 눈물[96]이 아니라　　不是鮫盤珠結淚
매미 날개에 이슬 엉긴 꽃이라네　　只應蟬翼露凝華
부르고 불러 동쪽시내의 친구 기다리니　　招招且待東溪伴
베 짜기 마친 봄 베틀은 버드나무 집에 드리웠네　　織罷春機垂柳家

군수가 크게 놀라고 이어서 쌀을 하사했다. 이로부터 이름이 드디어 크게 알려져 사대부들이 그와 시를 주고받았다. 또 다른 시는 다음과 같다.

---

96 교인의~눈물 : 교인은 물 속에 산다는 괴상한 사람을 말한다. 『박물지博物志』에 "교인이 물 속에서 나와 어느 인가人家에 기주寄住하면서 매일같이 깁絹을 팔았는데, 그가 떠나려 하면서 주인에게 그릇을 달라 하므로 주인이 그릇을 주자 울음을 울어서 구슬 눈물을 소반에 가득히 담아 주인에게 주었다." 했다.

동쪽호수 봄물은 쪽빛보다 푸르니　東湖春水碧於藍
백조 분명히 보이니 두 세 마리라네　白鳥分明見兩三
삐걱삐걱 노 젓는 소리에 다 날아가고　柔櫓一聲飛去盡
석양에 산 빛이 텅 빈 못에 가득하네　夕陽山色滿空潭

라고 했다.[97]

· 정옥세鄭玉世

정옥세는 임천[98]의 대장장이였다. 그의 오강회고시烏江懷古詩는 다음과 같다.

만인을 대적하는 병법을 배웠건만 어디에 쓸고　學敵萬人何所用
팔 년 전쟁에 천하를 돌아다녔네　紛紛天下八年兵
홍문의 잔치[99]가 끝나자 범증은 눈물 흘리고　鴻門宴罷謀臣泣
장막의 노래 슬프니 장사도 놀랐네　玉帳歌悲壯士驚
달빛 어두운 못에서 오추마는 나아가지 않고　月黑澤中騅不逝
바람 잔잔한 강물 위엔 노 젓는 소리조차 없구나　風殘江上櫓無聲
영웅은 한 칼에 천추의 피를 뿌리니　英雄一劒千秋血
차가운 물결이 되어 밤낮으로 우네　化作寒波日夜鳴

라고 했다.

---

97 유사한 이야기가 이덕무李德懋, 『청장관전서靑莊館全書』 권34, 「양근초부楊根樵夫」에 실려 있다.

98 임천林川 : 충청남도 부여 지역의 옛 지명이다. 『신증동국여지승람新增東國輿地勝覽』

99 홍문연鴻門宴 : 홍구鴻溝의 군문軍門에서 항우項羽와 패공沛公이 베푼 연회에 대한 중국의 고사가 있다.

『지봉유설芝峯類說』에 나온다. 아들 숭덕崇德과 숭훈崇訓은 모두 향리였으며 모두 시에 능했다.[100]

· **영교營校 조풍릉趙豊陵**

감영의 장교였던 풍릉豊陵 조문명趙文命이 언젠가 장수의 임무를 겸했었다. 집에 있을 때 일이 없어서 우연히 한 련을 생각했는데 다음과 같다.

책 있는 벽은 깨끗하여 가을 소슬하네 圖書壁淨秋蕭瑟

대구를 구했지만 뜻에 맞지 않았다. 마침 어떤 소교小校가 창밖에서 일을 받았는데 공은 오히려 깊이 생각기를 그치지 않았다. 소교가 나아와 말하기를,

"청컨대 댓구를 붙이고자 합니다."

라고 했다. 공이 사나운 목소리로 말하기를,

"네가 어찌 할 수 있겠는가? 한 번 해보라"

라고 하니 소교가 다음과 같이 말했다.

창 있는 성문은 엄하여 대낮에도 쓸쓸하다. 棨戰門嚴晝寂寥

---

100 유사한 이야기가 이수광李睟光, 『지봉유설芝峯類說』 권14, 「방류旁流」에 실려 있다.

공이 그 민첩하고 슬기로움을 칭찬하며 특별히 총애를 더하여 자주 변방의 장수로 제수했다고 한다.

· **대궐 문지기**禁直軍

『지봉유설』에 이르기를 일찍이 궐안의 초석 위에 시가 있었는데 그 내용은 다음과 같다.

고향소식은 봄소식과 같지 않으니 鄕信不如春有信
객의 마음 어찌 무정하다 할 수 있겠는가 客情那似不無情
늙음에 상심하니 함부로 강하고 씩씩함을 생각하고 傷衰謾自思强壯
난리를 겪으니 부질없이 태평을 이야기하네 經亂空勞說太平

누가 지었는가를 물으니 곧 대궐 문지기가가 지은 것이라 했는데 이름이 전하지 않아서 안타깝다.

· **강윤정**姜允精

강윤정은 신분이 천한 선비였다. 시에 능하다는 명성이 있었다. 그의 [아방궁阿房宮]시는 다음과 같다.

만인의 힘을 헛되이 동원하더니 虛費萬人力
석 달 붉은 불길 만들려 했는가 圖爲三月紅

또「군산에서 피리소리를 듣다 君山聞笛」라는 시는 다음과 같다.

지는 달은 어둡고 아득한 강물에 아직 떨어지지 않았는데
落月未落江茫茫

한 곡조 아름다움이 차가운 물결치는 소리를 따르네
一曲香隨寒潮聲

사람들이 입으로 전해 외웠는데 불행히 일찍 죽었다.

· **실명씨**失名氏

『지봉유설』에 다음과 같은 이야기가 있다.

"언젠가 역관에서 다음과 같은 시를 보았다.

뭇새들 같은 가지에서 함께 자지만 衆鳥同枝宿
날 밝으면 제각기 하늘을 나르네 天明各自飛
우리네 삶도 이 같은데 人生亦如此
하필이면 눈물까지 흘릴까나 何必淚霑衣

누가 지은 것인지는 모르겠다."

≪이심권≫

· **시 짓는 상인**詩商

한 선비가 소작인들 추수하는 것을 보려고 남쪽 지방을 가다, 중도에 수원 남문 주막에 머물렀다. 다음날 새벽에 길을 나서려는데, 벽 너머로 보부상[등짐 장삿꾼] 무리들도 식사하라고 동료를 부르는 소

리가 들렸다. 그리고는 출발하려 하는데, 한 상인이 말했다.

"오늘 신새벽 달빛이 아름다우니, 우리들이 각자 한 구씩 시구를 지으면 절구시 한 편이 될 것이네. 새벽에 떠날 채비를 다 했으니, 아주 좋네." 하고는 시구를 읊는 것이었다.

"어스름한 나무 가만히 낙엽지고 새벽빛 쓸쓸해
陰樹微落曉色凄"

라고 하니 또 다른 상인이 이어서 읊었다.

"나그네 말먹이고 세 번째 닭소리 들리네. 行人秣馬第三鷄"

또 다른 상인이 이어서 읊기를,

"사내는 콩팔러 서울로 떠나려는데 阿郞販豆長安去"

라고 했다. 또 한 상인이 마지막 구절을 읊었다.

"젊은 새댁 방앗일 마치고 돌아오고 달은 서쪽에 있네.
小婦舂歸月在西"

대개 문장에는 한계가 없다는 말이 또한 이들 무리에게도 해당된다. 이들이 저자거리에 숨어사는 은인들이 아니라는 것을 어떻게 알 수 있겠는가?

· 시를 고쳐주는 장사꾼補詩商

삼연三淵 김창흡金昌翕[102]이 일찍이 금강산을 유람했는데, 그 뒤에도 여전히 흥취가 남아 있어 시로 읊었다.

세상 밖에서 한가한 유람 오래도록 못했는데	物外淸遊久未能
꿈속에 개골산의 층층 옥산이 보이네	夢中皆骨玉層層
가을이라, 만이천봉에 떠오른 달	秋來萬二千峯月
예불 올리는 고승의 등불을 비추네	應照高僧禮佛燈[103]

하루는 행상이 삼연의 집 앞을 지나면서 소리쳤다.

"시를 고치겠습니까?"

공이 그 소리를 듣고 하도 이상해서 그를 불러 들여서 물었다. 그

---

101 『수미청사脩眉青史』: 작자는 미상으로, 규장각 소장 『청운잡총青韻襍叢』에 수록되어 있다. 박인량朴寅亮, 고려高麗 예종睿宗, 정서鄭敍, 최자崔滋, 남효온南孝溫, 이행李荇, 김정金淨, 이민구李敏求, 정두경鄭斗卿, 무명씨無名氏, 천인賤人, 여자女子, 임제林悌, 정희량鄭希良, 허균許筠, 이정구李廷龜, 정도전鄭道傳, 신유한申維翰 등 수십 명의 詩話가 선발되었다.

102 김창흡金昌翕(1653~1722): 본관은 안동安東, 자는 자익子益, 호는 삼연三淵이다. 기사환국 때 아버지가 사사되자 형 창집·창협과 함께 은거했다. 후에 관직이 내려졌으나 모두 사양했다. 성리학에 뛰어나 형 창협과 함께 이이 이후의 대학자로 이름을 떨쳤으며, 낙론洛論을 지지했다. 문집에 『삼연집』, 저서에 『심양일기瀋陽日記』·『문취文趣』, 편서에 『안동김씨세보安東金氏世譜』가 있다.

103 김창흡, 『삼연습유三淵拾遺』 1권에 같은 시 「증풍열상인贈豊悅上人」이 있다.

러자 그가 대답했다.

"시에 병통이나 흠결이 있으면, 제가 고쳐 드립니다."

공이 이에 이 시를 읊고는 말했다.

"네가 이 시를 고칠 수 있겠느냐?"

그가 말없이 음미하더니 대답했다.

"이 시구는 매우 아름다운데, 또한 조금 흠결이 있습니다. '비추다 조照'자가 좋지 않습니다. '짝하다 반伴'자가 평온합니다.[104]

삼연이 크게 놀라고 그를 들어오게 하고는 자리에 오르게 했는데, 그 사람이 한사코 마다하며 나갔는데 어디로 갔는지를 알 수 없었다고 한다.

대개 시속에 숨은 자들은 서로 희학하면서 그렇게 지내는가?

· **관동지방 소금장수**關東鹽商

서파西坡 오도일吳道一[105]이 강원도 관찰사로 있을 때이다. 하룻밤 묵

---

104 그러면 '예불 올리는 고승의 등불과 짝하는구나[應伴高僧禮佛燈]'가 된다.

105 오도일吳道一(1645~1703) : 본관은 해주海州, 자는 관지貫之, 호는 서파西坡이다. 1673년 춘당대문과에 을과로 급제하고, 1698년 이조참판·공조참판을 지내고 양양부사로 좌천, 삭출削黜되었다가 1700년 대제학·한성부판윤 등을 역임하고 병조판서에 이르렀다. 특히, 문장에 뛰어나 세칭 동인삼학사東人三學士라 하였으며, 술을

으며 산사에서 노닐다가 운자를 부르며 시를 짓는데, '일천 천千' 자字운韻에 이르러서 애써 지어봤지만 시구절을 완성하지 못했다. 그리고 혼잣말로 말했다.

"천千 자가 매우 센 운자로다."

그런데 창밖에서 사람이 있는 것 같더니 말 소리가 들렸다.

"누가 오공을 두고 시를 잘한다고 하는가? 일천 '천千'자가 어찌 어렵단 말인가?"

오공이 기이하게 여기고 그 사람을 수소문해서 찾으니 곧 소금장수인데 마루 아래에서 기숙하던 자였다. 시험 삼아

"시를 지을 수 있냐?"

라고 물었더니, 처음에 매우 꺼리다가 자꾸 강하게 권하니 곧 시를 읊었다.

어찌 말하지 않는가	何不曰
큰 바다는 동남북으로 하늘을 띄우고	浮天大海東南北
기이한 봉우리 만이천봉은 땅에 꽂혔구나	揷地奇峰萬二千

좋아하여 숙종으로부터 과음의 경계를 받았다. 죽은 뒤 복관되고 울산의 고산서원孤山書院에 제향되었다. 저서로 『서파집』이 있다.

오공이 크게 놀라서 그의 성명을 묻자 이렇게 대답했다.

"'소금장수'라고 부르면 되는데 무엇 때문에 굳이 이름을 부르려 합니까?"

오공이 억지로 묻자. 다만 성이 '오吳'씨라고 했다 한다.

· **송宋씨 성을 가진 사람**有姓宋者

그는 열한 명의 사내아이를 낳았는데, 입 '구口'자로 항열을 정했다. 첫째, 둘째, 셋째, 넷째로부터 열한 번째에 아이까지 차례로 이름을 만들었다. 첫째 아들은 구口, 둘째 아들은 려呂, 셋째 아들은 품品, 넷째 아들은 전田, 다섯째 아들은 오吾, 여섯째 아들은 육𠯁 , 일곱째 아들은 질叱, 여덟째 아들은 팔叭, 아홉째 아들은 구叴, 열째 아들은 고古, 열한 번 째 아들은 길吉로 했다 한다. 『이설俚說』[106]에 나온다.

106 『이설俚說』: 시속의 이야기를 담은 책으로 보이는데, 작자와 내용이 미상이다.

10. 간사한 사람奸人

· 정상鄭瑺

정상[1]은 서얼이다. 그의 부친은 금루학禁漏學[역법과 관상대를 맡은 관직] 인년獜年이다. 신사년辛巳年에 그가 송사련宋祀連과 함께 고변을 하여, 상과 직위를 넉넉하게 받았다. 의복과 가구 등이 분수에 넘치고 사치스러운 것이 많았는데 향곡과 같은 시골에서 허락 없이 참람된 행동을 하고 다녔다. 정상은 평상시에도 비단 옷을 입고 주홍색의 교의를 타고 다녔는데, 명종明宗 기유년己酉年(1549)에 사헌부에서 이를 적발했다. 그를 가두고 금부에서 장차 죄를 따지려고 했는데 정상이 옥관에게 말했다.

"나라에 큰 일이 있을 것이요. 밀계할 일이 있습니다."

승정원으로 하여금 심문하게 했다. 정상이

"지평持平 한지원韓智原과 안처겸安處謙 자식들이 대간과 사이가 두텁기 때문에 저를 모함해 아무 죄도 아닌 것으로 원한을 갚으려 한다고 들 합니다."

라고 말했다고 한다. 승정원에서는 정상이 자기가 죄를 면하기 위해 큰일을 거짓으로 꾸미며 임금을 속여 대간을 흔들려고 했다하여

1 정상鄭瑺 : 송사련과 함께 안처겸, 안당, 권전 등이 심정, 남곤 등을 제거하려 한다고 무고하여 신사무옥을 일으켰다. 이 공로로 당상에 올랐다.

금부로 옮겨서 국문하게 했다. 온 집안을 변방 경원으로 유배 보냈다. 그에게 딸 하나가 있었는데, 평원군平原君 수守에게 출가해 아들 덕양군德陽君 령令을 낳았다.

· **변충길**邊忠吉

변충길은 사복시에서 말을 키우는 아전이다. 참판 유대정兪大禎[2]이 북경에 갔을 때에 그를 군관으로 데리고 갔다. 천한 노예가 북경 가는 군관이 되는 것은 전에 없었던 일이다. 광해군의 정사가 어지럽던 때 충길이 궁중에 딸을 바쳐 총애를 얻게 되어 적성현감을 제수 받았다. 유석증兪昔曾[3]이 두 번이나 나주 목사가 된 것과 승선承宣이 된 것도 모두 충길이 힘쓴 덕이었다. 사림의 의론이 그 일을 안타깝게 여겼다.

인조반정 초에 그녀의 딸이 사약을 받아 죽었다. 충길을 벼슬을 삭탈당하고 평민으로 돌아갔다.

· **선홍복**宣弘福

선홍복은 낙안의 교생이다. 기축년(1575) 정여립 옥사 때에 선홍복의 집에서 문서를 수색해 냈는데, 정여립과 상통한 흔적이 있었다. 그를 잡아들여 심문하니 모든 것을 자백해 사형에 처해졌다. 선홍복이 진술에 이발李潑[4], 이길李洁[5], 백유양白惟讓[6], 이진길李震吉[7] 등을 끌어들

---

2 유대정兪大禎(1552~1616) : 본관은 기계杞溪, 자는 경휴景休이다. 호조판서 여림汝霖의 증손으로, 할아버지는 관綰이고, 아버지는 단성현감 호灝이며, 어머니는 한수온韓守溫의 딸이다.

3 유석증兪昔曾(1570~1623) : 본관은 기계杞溪, 자는 이성而省, 호는 독송獨松이다. 유관兪綰의 증손으로, 할아버지는 호灝이고, 아버지는 봉사奉事 대록大錄이며, 어머니는 김수원金秀源의 딸이다.

4 이발李潑(1544~1589) : 본관은 광산光山, 자는 경함景涵, 호는 동암東巖·북산北山 등

였으며 류덕수柳德粹의 집에서 참서讖書를 얻었다고 했다. 이들을 잡아 국문하게 하니, 류덕수는 곤장을 맞고 죽었다.

· 송길宋吉

송길은 김화金化 아전이다. 간교하고 교활함을 헤아리기 어려울 정도였다. 일찍이 송길이 돼지를 공납하는 아전이 되어 서울에 와서 전생서典牲署[8] 주인집에 기거했다. 전생서 하인은 모두 돼지를 길러 이득을 보는 자들이었다. 송길이 이웃집에 살찐 돼지를 보고서 몰래 시장에 들러서 저자 거리의 남은 음식을 돼지에게 조금씩 먹였다. 열흘 정도 되자 그 이웃집 돼지들이 점차 송길이 익숙해졌다. 전생서에 나가게 될 때가 되자 빈손으로 공청에 나아가 호소했다.

"밤에 돼지를 공납하러 오다가 다른 무리에 들어가 잃었습니다. 감히 찾아 낼 수가 없었습니다. 청컨대 전생서 아래 돼지 기르는 사람들이 돼지 무리를 몰고 전생서 뜰에 들어올 때 저로 하여금 찾게 한다면 제 소리를 듣고서 곧 찾아낼 것이니 그것으로 증거로 삼으면

이다. 달선達善의 증손으로, 할아버지는 공인公仁이고, 아버지는 제학提學 중호仲虎이다. 어머니는 윤구尹衢의 딸이다.

5 이길李洁(1547~1589) : 자는 경연景淵, 호는 남계南溪이며, 이발李潑의 아우이다.

6 백유양白惟讓(1530~1589) : 본관은 수원水原, 자는 중겸仲謙이다. 참교參校 사수思粹의 증손으로, 할아버지는 익견益堅이고, 아버지는 부사府使 인호仁豪이며, 어머니는 정효순鄭孝純의 딸이다. 백인걸白仁傑의 조카이다.

7 이진길李震吉(1561~1589) : 본관은 덕산德山, 자는 자수子脩이다. 현문顯文의 증손으로, 할아버지는 경經이고, 아버지는 군수 의신義臣이며, 어머니는 정희증鄭希曾의 딸이다.

8 전생서典牲署 : 조선 시대에 나라의 제향에 쓸 양·돼지 따위를 기르는 일을 맡아보던 관아이다. 1460년에 전구서典廏署를 전생서典牲署로 고쳤다가, 1894년에 없앴다.

어떻겠습니까?"

라고 하니 전생서 관리가 그의 말대로 했다. 돼지들을 몰고 들어오자 한 돼지가 송길의 소리를 듣고 송길의 앞에 나서는 것이었다. 이에 송길이 관리에게 아뢰었다.

"이 놈이 제 돼지입니다."

전생서 관리가 그 말을 믿고 돼지 공납을 받았다. 돼지를 기른 사람은 아무런 변명도 못했다. 거짓으로 담당 관리에게 아뢰고, 아무것도 없이 남의 돼지를 빼앗아 방납을 했다. 또 그가 매를 공납하는 아전이 되었는데 다만 매의 장식만 가지고 상경해서는 각 읍의 매들을 두루 보고 한참동안 모자란 사람을 살피고는 그를 속여서 말했다.

"너의 매가 매우 훌륭하다. 그런데 그 장식을 갖춘 것이 허름한 게 매우 아쉽다. 내가 새것을 얻었는데, 꽤 화사하고 아름답다. 그대에게 줄 수 있는데, 맘에 안든다고 거절하지 말게."

이에 싸가지고 온 주머니에서 꺼내어 그에게 주었다. 그 사람은 매우 기뻐하며 받아서는 매의 장식을 바꾸었다. 다음날 해당 관리에게 아뢰었다.

"오늘 밤에 저의 현 사람이 도둑을 맞았습니다. 제 생각에는 그 도적이 반드시 관청에 올 것입니다. 청컨대 그 것을 찾고자 하니 나으리는 금하지 말아 주시기 바랍니다."

해당 관리가 허락을 했다. 송길이 이에 각읍에서 올라온 매의 장식을 두루 보고는 마침내 자기가 속인 사람의 매 앞에 이르러서 기뻐하는 척 하면서 말했다.

"제 매입니다."

속은 자가 변명하고자 했지만, 송길은 바로 해당 관리 앞에 나가서 큰 소리로 말했다.

"소인의 매가 아니라면 장식에 어떻게 '김화 金化' 두 글자가 새겨져 있겠습니까? 저 아전의 거짓을 들어서는 안됩니다."

해당 관리가 그의 말을 옳다고 생각해서 마땅히 김화에서 공납한 것으로 여겼다. 송길은 또 사기를 쳐서 매를 빼앗았다. 송길이 죽기를 각오하고 먹이를 훔치고 공납한 일을 세상이 나중에야 알게 되었다. 그 나머지 일은 알지 못한다.

이렇게 지혜와 교묘함을 부려서 아무 것도 없는데도 남을 속여서 공납에 응했으니 이 두 가지 일을 대략 기록해서 간악함을 살펴보는데 조금이나마 도움을 주고자 한다. 『효빈잡기效顰雜記』[9]

---

9 『효빈잡기效顰雜記』: 고상안高尙顔(1553~1623)이 지은 것으로, 우화 및 시사점이 많은 얘기들이 수록되어 있다. 고상안의 자字는 사물四勿이며 호는 태촌泰村으로, 선조

· 엄택주嚴宅周

엄택주[10]는 본래 성명은 이만강李萬江이다. 사노로 조실부모하고, 주인을 버리고 도망해서 성을 엄씨로 바꾸었다. 엄嚴은 엄친嚴親의 엄嚴자字이다. 부친의 이름은 장춘長春이었는데, 춘春이 사계절의 으뜸이란 뜻을 취하여 원(糸元)으로 고쳤다. 할아버지의 이름은 순원舜元이었는데, 순舜 임금의 효심을 취하여 효峠 로 고쳤다. 증조는 란蘭이었는데, 풀 종류 가운데 우두머리를 취하여 낭등莨登으로 고쳤다. 그는 영조 을묘년乙卯年에 증광시에 합격을 하고 봉상판관奉常判官을 거쳐 여러 읍을 거쳤다. 일이 발각되어 세 번이나 형벌을 받았다. 흑산도黑山島에 가서 노비가 되었다. 아들 연連은 을해년乙亥年 옥사에 곤장형을 받고 죽었다.

· 정막개鄭莫介

정막개[11]는 의정부의 노비이다. 교활하기 짝이 없었다. 일찍이 박영문朴永文, 신윤무辛允武 두 집안과 친숙했다. 그는 여우처럼 몰래 그들의 모의를 듣고, 믿기 어려운 일을 억지로 보태고 지어내어 두 집안이 난을 모의한다고 밀고했다.

그는 일찍이 꿈을 꾸는데 결박되어 수레 위에 실려서 형장에 나아

때 문과에 급제하여 풍기군수가 되었으나 광해군이 즉위하여 국정이 혼란하자 벼슬을 버리고 고향에 돌아가 여생을 학문에 전념했다.

10 엄택주嚴宅周 : 숙종肅宗 연간 사람. 현감을 지냈다. 전의현 관노 이만강李萬江이 성과 이름을 엄택주로 바꿔 과거에 급제한 것이 드러나 흑산도로 유배되고 다시 관노가 되었다.

11 정막개鄭莫介 : 의정부議政府의 관노官奴이다. 1513년 박영문朴永文·신윤무辛允武 등이 영산군寧山君 이전李恮을 추대하며 모반을 꾀한다고 고변한 공으로 상호군上護軍이 되었다. 뒤에 고변의 시일이 늦었다는 지평持平 권발權撥의 탄핵으로 강등되었다. 이듬해 종 3명을 보내어 성희안成希顔의 종을 구타하여 심문을 받았다.

가는 것이었다. 도중에 군기시 앞에 이르렀는데, 홀연히 바뀌어서 자신이 준마를 타고 있고 그 의장이 성대했다. 깨고 나서 기이하게 여겼다. 이에 조정에 모반 사건을 고변하기로 결심했다. 나라에서는 충성, 절의의 선비라 하여 공을 특별히 인정해 당상堂上에까지 올려 주었다. 임금이 호군護軍으로 별도로 은대를 하사했다. 의장 안마 등 보물이 헤아릴 수 없었다. 일찍이 저자 거리에 행차를 나갔다가 무뢰배나 어린 아이들이 다투어서 말의 앞뒤에서 안으니, 앞으로 나아가지를 못했다.

≪송병렬≫

11. 사노비私奴

· 반석평潘碩枰

반석평[1]은 재상집의 노비였다. 그가 어렸을 때에 재상이 그의 순후함과 영민함을 아껴서 시서詩書를 가르치되 여러 자질들과 함께 배우게 했다. 조금 성장함에 곧 먼 고을의 자식 없는 사람에게 부탁해 자취를 숨기고 학문에 진력하고 절대 주인집과는 왕래하지 않았다. 성장하여서는 국법을 무릅쓰고 과거에 응시했는데, 누구도 아는 자가 없어서 드디어 급제를 했고 재상의 반열에까지 올랐다. 겸손하고 공경하는 마음과 청렴하고 성실한 태도로 국가의 신신藎臣[임금에게 충성하는 신하]이 되어 팔도의 관찰사를 역임하고[2] 지위는 정正 일품에까지 이르렀다.[3]

이후 주인집 재상이 이미 돌아가시고 그의 자손들이 모두 궁벽해져 출타할 때도 나귀도 없이 길을 걸어 다니게 되었다. 석평이 매번 길에서 만나면 초거軺車[4]에서 내려 진흙길에 바삐 달려가 절을 하니 길가에서 보던 자들이 매우 의아해했다.

---

1 반석평潘碩枰(?~1540)은~ 노비였다 : 반석평은 중종中宗 때의 문신으로 본관은 광주光州. 자는 공문公文, 호는 송애松厓이다. 천얼賤孼로서 한성 판윤漢城判尹, 형조 판서刑曹判書까지 이르렀다. 『실록實錄』 중종中宗 9년 2월 정유丁酉 기사에 "반석평은 문지門地가 미천하다."라는 내용이 보인다. 류몽인의 『어우야담』에는 '이 참판 댁으로 주인집 아들은 이오성李五成'이라고 기록되어 있다. 하지만 이오성에 관한 자세한 인적 사항은 미상이다.

2 1530년 충청도 관찰사, 1531년 전라도·경상도 관찰사. 1533년 평안도 관찰사 등을 역임했다.

3 실제 반석평이 죽기 직전까지 제수 받은 관직 중 높은 품계는 형조 판서 및 한성부 판윤 등 정2품으로, 이야기가 유전되는 과정에 정1품으로 오인되었던 듯하다.

4 초거軺車 : 조선 시대, 종 2품 이상의 벼슬아치가 타던 수레를 말한다.

석평이 이에 소장疏章을 올려 사실을 자백하고, 자신의 벼슬을 깎고 주인집 자손에게 관직을 내려주도록 청했다. 이에 조정에서는 의논하여 훌륭하게 여기고는 국법을 파기해 석평을 본래대로 그 자리에 머물도록 하고, 주인집에는 벼슬을 내려 주었다.

· □□형□□衡

□□형은 영남의 사노私奴이다. 『소학小學』을 구해 읽고서는 관찰사 모재慕齋 김안국金安國[5]에게 편지를 올렸는데 내용은 이러하다.

"의리義理는 천성天性에서 나오지만 부자父子와 군신君臣의 도가 시행된 이후에 천리가 바르게 되고 인도가 확립되게 됩니다."

· 명복明福과 명회明會

명복과 명회는 고양高陽 사람 집의 사노私奴이다. 임진왜란 때 명복 형제가 그들의 부형이 해를 당한 것을 가슴 아프게 여기고는 화살을 쏘아 왜적 70여 명을 죽이고 60명의 목을 베었다. 행조行朝[6]로부터 특별히 신분에 구애받지 않고 우림장羽林將[7]에 제수되었다.[8]

---

5 모재慕齋 김안국金安國(1478~1543) : 본관은 의성義城. 자는 국경國卿, 시호는 문경文敬, 모재는 그의 호이다. 1507년에 문과에 급제했고, 1517년 경상도관찰사로 파견되어 각 향교에 『소학』을 권하고, 향약을 시행하도록 해 교화사업에 힘썼는데, 위 내용은 당시의 일화로 보인다. 모재는 1519년 다시 서울로 올라와 참찬이 되었으나 같은 해에 기묘사화가 일어나서 조광조 일파의 소장파 명신들이 죽음을 당할 때, 겨우 화를 면하고 파직되어 경기도 이천에 내려가서 후진들을 가르치며 한가히 지냈다. 1532년에 다시 등용되어 대사헌, 대제학 등을 역임했으며, 1541년 병조판서 때에 천문·역법·병법 등에 관한 서적의 구입을 상소하고, 물이끼[水苔]와 닥[楮]을 화합시켜 태지苔紙를 만들어 왕에게 바치고 이를 권장하기도 했다.

6 행조行朝 : 국가의 변란 등으로 인해 도성을 떠나 다른 곳으로 옮겨가는 조정을 말한다.

· **명춘**命春

명춘은 참봉이었던 동래 정영후鄭榮後[9] 집안의 노비이다. 임진왜란 때 참봉의 부인 한씨는 처녀였던 어린 시누이와 강에 투신해서 죽었다. 명춘이 울며 부르짖으며 강을 따라 시체를 찾았으나 적에게 사로잡히게 되었다. 이에 마을 사람을 불러 이야기하기를,

"내가 힘을 다해 7일간 주인 시체의 소재는 알았으나 장사는 치르지 못하고 지금 나는 죽네. 그대는 돌아가 주인집께 시신의 소재를 알려 주게나."

라고 하고 드디어 굽히지 않고 죽었다.

· **김충보**金忠輔

김충보는 최희남崔希男을 배반한 노비이다. 성씨 집의 여종이었던 은종의 지아비로, 류희분柳希奮[10]을 찾아뵙고 방납防納[11]했다. 류희분이

---

7 우림장羽林將 : 우림위장羽林衛將의 줄임말이다. 말을 타고 궁중宮中을 지키고, 임금이 거둥할 때 호위와 경비를 맡아하는 장군으로, 정3품에 해당한다. 허통許通이란 서얼이나 문벌이 낮은 자는 문관의 청직이나 높은 벼슬을 할 수 없는데, 허용해 준다는 의미이다.

8 정탁鄭琢, 『약포집藥圃集』 권4, 「피난행록避難行錄」에 관련 기사가 보인다.

9 동래 정영후鄭榮後(1569~1641) : 자는 인보仁輔, 호는 매오梅塢, 동래는 본관. 학봉 김성일과 한강 정구의 제자이다. 정경세 등과 친하였고, 경전과 역사, 예학에 밝아 선조 때 사제감 참봉에 오르고, 그 후 여러 차례 벼슬에 임명되었으나 뜻이 없어 굳이 나아가지 않고, 오직 학문에만 전념할 뿐이었다. 임진왜란(1592)이 일어나자 늙으신 어머니를 모시고 멀리 피난할 수 없어서 집 뒤 대동산에 숨었다가 잡혔다가 이후 석방되었다. 하지만 그의 부인과 동생은 투신해 자결했다. 부인과 동생에 관한 사적은 정경세의 『우복선생문집愚伏先生文集』 권17, 「쌍절비명 병서雙節碑銘 幷序」에 관련 내용이 보이고 있다.

그 덕에 은을 바쳐서 광해군이 통정대부, 가선대부에 오르게 했다. 그리고 김충보는 장기와 양산의 현감을 제수 받았다. 은종의 아버지인 언종彦從의 묘가 군위에 있었는데, 충보가 군위의 사또에게 요전상澆奠床[12]을 차리어 그 묘에 제사지내고 향소鄕所[13]에서 거두어 오게 했다. 계해년(1623) 인조반정 때 참수되었다.[14]

· **왕명회**王命會

왕명회는 동악東岳 이안눌李安訥[15] 집안의 노비이다. 광해군 재위 때 권충남 등과 권력을 잡았다. 계해반정 초기에 참수되었다.

---

10 류희분柳希奮(1564~1623) : 본관은 문화文化, 자는 형백亨伯, 호는 화남華南이다. 광해군이 즉위하자 왕의 처남으로 일문이 요직에 나갔다. 예조참판 때 이이첨李爾瞻 등과 함께 소북의 류영경柳永慶 일파를 탄핵해 숙청했다. 그 뒤 정인홍鄭仁弘과 함께 대북에 가담해 정권을 좌우하며, 대사간·도승지 및 이조·병조·형조의 참판 등 요직을 역임했다. 1612년 시인 권필權韠을 무고해 유배시켰고, 앞서 임해군臨海君·영창대군永昌大君·능창대군綾昌大君 등을 무고해 죽이는 데 가담한 공으로 익사공신翼社功臣 1등에 책봉되어 문창부원군文昌府院君에 봉해졌다. 병조판서로서 이이첨·박승종朴承宗 등과 삼자동맹을 맺고 인목대비仁穆大妃의 폐위를 위해 대북에 속한 언관·유생들을 동원, 폐모론을 일으켰다가, 인조반정이 일어나자 참형을 당했다.

11 방납防納 : 지방에서 바칠 공물貢物을 대신해서 바치고 그 대가를 곱절로 받는 일을 말한다. 상인이나 하급 관리가 이것으로 중간이득을 취했으며, 국가 역시 징수의 편의를 위해 이를 장려했다. 하지만 방납은 이후 폐단이 많아 임진왜란 후 대동법大同法의 시행을 가져오게 했다.

12 요전상澆奠床 : 무덤 앞에 차려 두는 제사상을 말한다.

13 향소鄕所 : 고려 말기와 조선 시대, 지방 군郡, 현縣의 수령守令을 보좌하던 자문 기관을 말한다.

14 『대동야승大東野乘』·「일사기문逸史記聞」에 김충보 기사가 보인다.

15 동악東岳 이안눌李安訥(1571~1637) : 본관은 덕수德水, 자는 자민子敏, 동악東岳은 그의 호이다. 선조 때 과거에 급제하여 1607년 동래부사를 거쳐 인조반정 이후 함경도 관찰사, 형조판서 겸 홍문관제학에 제수되었다. 문장으로 유명했던 택당澤堂 이식李植의 종숙從叔이다. 동악의 시 가운데 동래부사로 부임하여 지은 「동래사월십오일東萊四月十五日」은 전쟁의 상처를 형상화한 대표적 작품으로 평가된다.

광해군 재위 때에 권충남權忠男·지응곤池應鯤·왕명회王命會·김순金純 등이 혹은 조도사調度使라고 칭하고 혹은 차관差官으로 칭해 흩어져 외직으로 나가서는 강제로 직첩을 팔아 갑절로 그 값을 받았다. 그 돈이 한편으로는 궁중으로 흘러들어가기도 하고, 다른 한편으로는 간신들의 집으로, 또 다른 한편으로는 개인의 호주머니로 흘러 들어갔다. 충남이 이로 인해 곧장 함안 군수에 제수되었다. 인조반정 뒤에 충남과 명회는 함께 죽임을 당했다.

· **이태**李泰

이태는 이만성李晩成[16] 집의 노비였는데, 평소 글씨를 잘 썼다. 이공이 그의 요사함을 미워해 장차 그를 죽이려 했는데, 응재凝齋 박태관朴泰觀[17]이 그의 재주를 아껴서 죽음을 면하게 해 주었다.

그는 일찍이 일에 연좌되어 음성陰城에 유배 갔다가, 무신년(1728)에 적이 청주로 들어온다는 것을 듣고 스스로 속오군 초관[18]에 예속되어 적을 토벌하고자 했다. 그의 어머니에게 하직인사를 하니 어머니는 만류하고자 했으나 옷을 뿌리치고 떠나 적이 격파되었다는 것을 듣

---

16 이만성李晩成(1659～1722) : 본관은 우봉牛峰. 자는 사추士秋, 호는 귀락당歸樂堂·행호거사杏湖居士. 숙종 때 문과에 합격해 이조참의, 대사성을 역임했고, 경종 때 병조판서를 역임했다. 하지만 신임사화에 연루되어 전라도 부안에 유배되었다가, 다시 서울로 불려와서 국문을 받다가 64세를 일기로 옥사했다. 1724년 영조가 즉위하자 복관되었다. 영암의 죽정서원竹亭書院에 제향되었고, 시호는 충숙忠肅이다. 저서로는 『귀락당집歸樂堂集』이 있다.

17 응재凝齋 박태관朴泰觀 : 이만성의 외사촌 동생이라는 기록이 있으나 인적 사항은 자세하지 않다.

18 속오군 초관 : 속오군은 주로 양인·공사천인公私賤人으로 조직된 군대로, 1592년 임진왜란 때 기존의 국방체제가 아무런 역할을 하지 못하자 정부에서 전쟁 중에 군제를 전면 개편하면서 지방에 설치했던 군대이다. 초관이란 조선시대 병사집단인 초哨를 통솔하던 종9품 관직을 말한다.

고서야 그만두었다. 끝내 요사한 짓을 하다가 죽었다.[19]

· 홍세태洪世泰

홍세태[20]는 본래 아무개집 노비이었다. 시를 짓는 것을 좋아했고 당나라 시인들의 의경 배우기를 잘해 청성淸城 김석주金錫胄가 '고잠高岑의 부류이다.'[21]라고 말했다. 그의 주인이 그가 고분고분하지 않는 것을 미워해서 죽이려고 했는데, 청성이 은 백 냥을 내었고 동평군東平君 이항李杭[22] 또한 그와 같이 돈을 내서 속량 받을 수 있었다.[23]

---

19 성대중,『초사담헌草榭談獻』과『청성잡기靑城雜記』에 관련 내용이 보인다.

20 홍세태洪世泰(1653~1725) : 본관은 남양南陽. 자는 도장道長, 호는 창랑滄浪·류하柳下이다. 홍세태는 5세에 책을 읽을 줄 알고 7, 8세에는 글을 지을 만큼 뛰어난 재주를 타고났으나 신분이 중인층이라 제약이 많았다. 시로 이름이 나서 김창협金昌協·김창흡金昌翕·이규명李奎明 등의 사대부들과 절친하게 지냈다. 임준원林俊元·최승태崔承太·유찬홍庾纘弘·김충렬金忠烈·김부현金富賢·최대립崔大立 등의 중인들과 시회를 함께 하며 교류했다.

21 청성~부류이다. : 김석주金錫胄(1634~1684)의 자는 사백斯百, 호는 식암息庵. 청성淸城(청풍의 별호)은 그의 본관이다. 현종 때 문과에 급제해 도승지, 이조판서, 우의정을 역임했다. 저서로『식암집』이 있다. 고잠高岑은 당唐 나라 시인 고적高適(706~165)·잠삼岑參(715~770)을 병칭하는 말이다. 고적은 어려서 매우 가난하여 구걸하며 생활해 서민의 아픔과 고통을 잘 알고 있었다. 50세에 비로소 과거에 급제했고 안록산의 난 이후에는 화이난[淮南]과 검남劍南의 절도사가 되었다. 잠가주라고도 한다. 잠삼 역시 어려서 고아에다 가난하여 각고의 노력을 거쳐, 문학적 재능에 의존해 과거에 급제했다. 750년대에 당나라 세력권 안에 있던 중앙 아시아의 변경 식민지에서 관리로 일했지만, 755년에 안사의 난이 일어나자 중국으로 돌아왔다. 그는 황제에 대한 충성을 지켜 안사의 난이 진압된 뒤 768년에 은퇴할 때까지 계속 여러 지방의 지방장관 자리를 유지했다. 고적과 잠삼이 체험을 살려 쓴 새외시塞外詩는 풍부한 상상력과 이국정서를 생생하게 그려 당시唐詩에서 독자적인 지위를 차지한다. 홍세태의『류하집서柳下集序』서문에도 김석주가 자신의 저작을 보고 고적과 잠삼의 부류라고 했다[息庵公見余少作, 稱之曰高岑者流]는 내용이 기술되어 있다.

22 동평군東平君 이항李杭(? ~1701) : 본관은 전주全州, 휘는 항杭, 자는 제보濟甫, 호는 존오당存吾堂이다. 할아버지는 인조이고, 아버지는 숭선군崇善君 징徵이다. 동평군東平君에 봉해졌다. 숙종 재위 때에 총애를 받아 여러 차례 주청사로 청나라에 다

· **효생**孝生

효생은 이윤서李胤緖[24]의 노비이다. 이괄李适[25]의 군대가 영변에 주둔하고 있었다. 박진영은 효생을 보고 술과 음식을 대접하면서 약속하기를,

"중군中軍 주인어른께 편지를 전해 그로 하여금 병사를 거느리고 투항해 오게 하면 천금의 상을 내릴 것이다."

라고 했다. 그러자 효생은 받지 않고 말하기를,

녀왔고 평소 장희빈과 친분이 두터웠다. 하지만 1701년 신사辛巳의 옥으로 장희빈이 사사되자 장희빈 일가와 친했고, 노비 숙정淑正을 양인으로 속량시켜 장희빈의 오빠 장희재의 심복으로 삼게 된 것이 드러나 절도로 유배되었다가 사사되었다.

23 성해응成海應,『초사담헌草榭談獻』에 그에 관한 기사가 전한다.

24 이윤서李胤緖(1574~1624) : 본관은 합천陜川, 자는 선승善承이다. 1594년 무과에 급제한 뒤, 선전관이 되어 무변武弁으로 비변사 낭관을 겸했고, 청하 현감, 구성 부사 등을 지냈다. 1623년 위장衛將이 되어 조정에 돌아왔다가 부원수 이괄李适이 영변에 병영을 설치하자 중군中軍으로 휘하에 있었으나 이괄의 교만하고 방자함을 꺼려했다. 이괄이 난을 일으키자 별장 이순무李舜懋와 함께 도원수 장만張晩에게로 탈출했다가 난이 점점 확대되자, 반역자를 처단하지 못한 일을 자책하고 자결했다. 뒤에 진무원종공신振武原從功臣 1등에 추록되고, 형조판서 겸 지의금부사에 추증되었다. 그 뒤 다시 우찬성 겸 판의금부사에 추증되어 정문이 세워졌다,

25 이괄李适(1587~1624) : 본관은 고성固城, 자는 백규白圭이다. 무과에 급제해 태안 군수를 역임하고, 1622년 함경도 병마절도사로 부임하기 직전, 인조반정에 가담, 작전지휘를 맡아 반정을 성공하게 했다. 후금後金과의 국경 분쟁이 잦자 평안도 병마절도사 겸 부원수副元帥로 영변寧邊에 출진, 성책을 쌓고 국경 경비에 힘썼다. 1624년 아들 전旃이 지식층과 사귀다가 공신들의 횡포로 인한 시정의 문란을 개탄한 것이 과장되어, 반역의 무고를 받고 영변의 군영에 금부도사가 당도하자 무능하고 의심 많은 공신들에 대한 적개심이 폭발, 난을 일으켰다. 1만 2000의 군사를 거느리고 탁월한 작전으로 서울로 진격하자 인조는 공주公州로 피란하고 이괄은 서울을 점령하고 흥안군興安君 제瑅를 왕으로 추대했다. 그러나 서울에 입성한 지 이틀 뒤 장만張晩의 관군에 참패, 이천利川으로 도망했으나 부하 장수 기익헌奇益獻 등에게 목이 잘려 난은 평정되었다.

"이로 인해 주인어른께서 죽음을 면하는 것은 저의 바람이지만, 그것으로 기화奇貨로 삼는다면 제가 차마 할 수 없는 짓입니다."

라고 했다. 듣는 자들이 그를 의롭게 여겼다.[26]

· 엄택주嚴宅周

엄택주는 위에 또 나왔다. 실제 성은 이李, 이름은 만강萬江으로 전의全義 급창及唱의 아들이고, 어머니는 사노비였다. 숙종肅宗 기해년己亥年(1719)에 사마시에 합격했고, 영조英祖 을사년乙巳年(1725) 문과에 급제했지만 을축년乙丑年(1745) 대계坮啓로 발각되어 절도絶島의 노비로 삼으라는 엄형이 내려졌다.[27]

그는 어려서 뛰어난 재주가 있어 같은 고을 문관이었던 신후삼愼後三[28] 에게 수학했으며 16~7세에는 문예가 크게 진보했다. 뒤에 종적을 감추고 동해 산수를 떠돌다가 영월寧越 호장戶長의 딸에게 장가들어 스스로 엄흥도嚴興道[29]의 후손이라 말하고 성명을 바꾸어 용문사龍門寺

---

26 조경남趙慶男, 『속잡록續雜錄』에 관련 내용이 보인다.

27 대계坮啓로~내려졌다. : 대계臺啓와 같은 말로 조선 시대 대간이 논해 아뢰는 일이다. 곧 관리의 잘못을 지적하여 유죄임을 밝히려고 임금에게 올리는 계사啓辭나 사헌부司憲府·사간원司諫院에서 임금에게 올리는 계본啓本·계목啓目을 말한다. 엄택주와 관련 대계 및 관련 기록은 『조선왕조실록』 영조 21년 을축(1745) 조항에 자세하다. "정언 홍중효가 상소하여 나침, 조진세, 엄택주의 일에 대해 아뢰다." ; "이만강(엄택주)을 절도로 형배하다"

28 신후삼愼後三(1683~1735) : 본관은 거창居昌, 자는 이선而先이다. 숙종 때 문과에 급제해 영조 때 고산찰방高山察訪, 영해부사寧海府使를 거쳐 1727 진주목사晉州牧使로 부임했다. 1728년 진주목사로 있을 때, 지방 토호土豪인 김수종金守宗 등의 무리와 함께 이인좌의 난에 가담했다는 혐의를 받아 체포된 후 유배당했다. 이후 1735년 다시 관직에 등용되었다.

29 엄흥도嚴興道 : 조선전기 강원도 영월寧越의 호장戶長으로, 단종이 세조에 의해 죽

30에서 독서했다. 10년간 두문불출하며 재상의 자제들과 교유해 문예의 명성이 한양에 자자해졌고, 연달아 사마시와 문과에 합격해 연일 현감에 올랐다.

· **허생의 노비**許生奴

허생의 노비는 『백야기문白野記聞』[31]에 다음과 같이 기록되어 있다.

허생의 노비가 있었는데 그 이름은 알지 못하겠다. 갑자년(1624)에 역적 이괄李适이 한양에 들어와 웅거하고 있을 때 역적 이괄의 막하에 허생 옆집에 사는 자가 있어 평소 허생이 뚝심이 있음을 알고 사람을 보내 뵙기를 청했다. 때마침 허생이 형님의 상을 당해 염도 하지 않았기에 차마 빈소 곁을 떠나지 못하겠다는 이유로 사양했다.

이에 또 재촉하기를 '천하의 일을 경영하는 사람은 집안일을 돌아보지 않는다 하거늘, 어찌해서 형의 초상을 핑계대는가?'라고 하자, 허생이 앞서 말한 이유를 고집하면서 고사했다.

그러자 또 군뢰軍牢[32]를 보내어 협박하기를 '오지 않으면 군율로 일을 처리하겠다.'라고 하자, 허생도 죽고 사는 문제에 있어 두렵지 않

자 후환이 두려워 아무도 시신을 거두지 않았는데, 관까지 준비해 장례를 치르고 은거했던 인물이다. 시호 충의忠毅. 현종 때 송시열宋時烈의 건의로 그의 자손이 등용되고, 1725년 충의忠義를 기리는 정문旌門이 세워졌다. 뒤에 공조참판이 추증되고, 영월의 창절사彰節祠에 배향되었다.

30 용문사龍門寺 : 경기도 양평군 용문면 신점리 용문산에 소재한 신라시대에 세워진 사찰을 말한다.

31 『백야기문白野記聞』 : 조석주趙奭周(1641~1716)가 조야朝野에서 견문한 것을 기록한 일화집으로, 필사본 1권이다. 조석주의 본관은 배천白川. 자는 유신維新, 호는 백야白野이다. 숙종 때 문과에 급제했으나 벼슬은 장령掌令에 머물렀다. 만년에는 고향에 돌아가 기주棋酒를 즐겼고, 사람됨이 단정하고 겸손했으며, 파당을 미워하고 청렴함을 중시했다. 뒤에 도승지에 추증되었다.

32 군뢰軍牢 : 군대軍隊 안에서 죄인罪人을 다루던 병졸兵卒을 말한다.

을 수 없어서 노비를 불러 말위에 안장을 얹으라고 했다.
노비가 묻기를,

"초상에 아직 염도 하지 않았는데 장차 어디를 가려고 하십니까?"

라고 하니 허생이 사실대로 설명하고 또 말하기를,

"가지 않으면 반드시 죽일 터이니 장차 어찌 어찌하란 말이냐?"

라고 했다. 이에 노비가 말안장을 던지고 물러서서 말하기를,

"적을 따라도 죽고, 따르지 않아도 죽는다면, 적을 따르지 않고 죽는 것이 적을 따르고 죽는 것보다 오히려 더 낫지 않겠습니까?"

라고 했다. 이에 허생 역시,

"그렇다면 장차 어찌 하는 게 좋겠느냐?"

라고 다시 묻자 노비는,

"살려고 하기 때문에 일에 어려움이 많은 것입니다. 죽기를 각오하신다면 무슨 어려움이 있겠습니까?"

라고 답하고는 드디어 군뢰를 꾸짖고는 쫓아버렸다. 그리고는 삼

으로 꼰 밧줄 열 발 남짓을 취해서 앞으로 안내하며,

"저를 따라 성가퀴를 넘어서 도주하면 될 것입니다."

라고 했다. 허생이,

"성 주위에는 모두 지키는 군사들이 있는데 누가 기꺼이 나를 도망가게 두겠는가?"

라고 하자 노비가,

"죽음을 각오한 사람이 어찌 성가퀴를 지키는 병졸을 두려워하십니까?"

라고 했다. 곧장 성위로 가서 넘어가고자 하자 성가퀴를 지키는 자가 과연 가로막고 서자 노비가 꾸짖으며,

"너는 순리를 버리고 잘못을 따르고 있으니 마땅히 멸족을 당할 처지인데도 오히려 사람들이 성을 벗어나는 것을 막고 있느냐?"

라고 꾸짖고는 지팡이로 저지하며 물리치니 지키는 병사들이 감히 접근하지 못했다. 이에 삼밧줄을 허생의 허리에 매고는 아래로 떨어뜨려 내려갔고, 노비 또한 성벽을 타고 나와서 노비와 주인이 모두 탈출할 수 있었다.

누가 노예들이 지혜가 없다고들 하는가? 당시에 사대부라고 일컫

는 자들은 그 뜻과 절개가 이 노비에게 능히 부끄럽지 않을 수 있겠는가? 허씨 집에서는 꺼리고 싫어하는 바가 있고, 노비 또한 스스로 말할 수 없었기에 마침내 그 이름은 상실하여 전하지 않게 되었다. 애석하구나!

· 이신李信

이신은 본래 낙안樂安의 관노官奴였는데 역役을 피해 도망쳐서 스님이 되었다. 그러나 머리를 기르고 대사성大司成 김식金湜[33]을 따라 배웠고, 대사성의 집 담 근처에 움막을 짓고 겸손히 낮추고 부지런히 공부했다. 이에 대사성이 마음을 다해 그를 가르치고 자질子侄처럼 여겼다. (기묘사화 때) 김식에게 화가 일어나는 날에 그는 일부러 허위사실을 날조해[34] 옥사가 성립되자 상을 받고 면천되었다. 고향으로 돌아온 이후 강도强盜의 일에 연루되어 군수 김문서金文瑞의 손에 죽었다.[35]

---

33 대사성大司成 김식金湜(1482~1520) : 본관은 청풍清風. 자는 노천老泉, 호는 사서沙西·동천東泉 또는 정우당淨友堂이다. 1519년 4월 조광조·김정金淨 등 사림파의 건의로 실시된 현량과에서 장원으로 급제해, 당시 사림들로부터 두터운 신뢰를 얻고 있었고, 또 중앙에 이미 진출해 있던 사림파 중에서도 조광조에 버금갈만한 인물로 평가되었음을 뜻한다. 그는 급제자 발표 닷 새 만에 성균관사성成均館司成이 되었고, 며칠 뒤에는 홍문관직제학弘文館直提學에 올랐다가 다시 대사성大司成에 임명되었다.

34 허위사실을 날조해 : 김식은 대사성에 임명된 지 얼마 되지 않은 11월에 기묘사화가 일어나자 절도안치絶島安置의 처벌이 내려졌다가, 영의정 정광필鄭光弼 등의 비호로 선산善山에 유배되었다. 이후 이신은 "김식이 제자를 모아서 대신들을 공격할 것을 모의한다."는 무고를 만들어 올리는데 이를 신사무옥이라 한다. 김식은 이 신사무옥에 연좌되어 다시 절도로 이배되게 되자, 거창에 숨었다가 "해는 기울어 하늘은 어둑한데 텅빈 산사위에 구름이 떠가네. 군신간의 천년의 의리는 어느 외로운 무덤에 있는가(日暮天含黑 山空寺入雲 君臣千載義 何處有孤墳)"라는 시를 남기고 자결했다.

35 작자 미상, 『기묘록속집己卯錄續集』, 「이신전李信傳」에 관련 내용이 전한다.

· **철수**鐵壽

철수는 동래의 관노이다. 매동邁同과 함께 천곡泉谷 송상현宋象賢[36]에게 충성을 바쳤다. 묘갈을 세우고 단壇 담장 밖에서 단향壇享하는 날[37]에 함께 제사를 지냈다.[38]

≪정은진≫

· **매동**邁同

매동은 동래부 사람이다. 매번 천곡泉谷 송상현宋象賢[39]의 제삿날 및 생신날과 절기일을 맞으면 반드시 성대하게 음식을 차려놓고 제사를 지냈다. 뒤에 공의 아우 상인象仁[40]의 집에 가서는 공의 순절하던 일을

---

36 천곡泉谷 송상현宋象賢(1551～1592) : 본관은 여산礪山, 자는 덕구德求, 천곡泉谷은 그의 호이다. 선조 때 문과에 급제하여 배천군수를 거쳐 1591년 통정대부에 오르고 동래부사가 되었다. 왜적이 동래성에 침입하여 15일간 결사항전 하였으나 중과부적으로 성이 함락되었다. 이에 조복을 입고 단정히 앉은 채 적병에게 살해당했다. 충절에 감복한 적장이 시를 지어 장사지내주었다.

37 단향壇享하는 날 : 단향이란 단壇에서 지내는 제사祭祀를 말하는 바, 단향하는 날이란 단에서 제사지내는 당일을 말한다. 동래읍성 남문 밖 농주산弄珠山에 임진왜란 때 순절한 인물들을 모시는 전망제단戰亡祭壇이 있었다. 이 제단은 1742년에 송공단宋公壇이 세워지면서 농주산 전망제단에 모셔진 순절한 인물들을 그곳으로 옮겼다. 송공단은 동·서·남·북 4단으로 되어 있다. 북단에는 송상현宋象賢(1551~1592), 양산군수 조영규趙英珪, 동래교수 노개방盧盖邦, 동단에는 유생 문덕겸文德謙, 비장裨將 송봉수宋鳳壽·김희수金希壽, 청지기 신여로申汝櫓, 서단은 노개방의 부인, 송상현의 첩 금첨金蟾, 정발의 첩 애향愛香, 남단에는 향리 송백宋伯, 동래부민 김상金祥과 두 명의 촌녀村女 및 기타 이름이 밝혀지지 않은 인물들을 모시고, 관청에서 매년 4월 15일 제사를 올렸다. 위 본문에서 말하는 단은 송공단이 아닌 전망제단을 의미하는 듯하다.

38 송시열, 『송자대전』, 「동래남문비東萊南門碑」에 철수와 송상현에 관한 기록이 일부 등장한다.

39 송상현宋象賢(1551～1592) : 본관이 여산礪山이다. 자는 덕구德求, 호는 천곡泉谷·한천寒泉, 시호는 충렬忠烈이다. 임진왜란 때 동래부사로 왜적을 맞아 싸우다 전사했다.

40 송상인宋象仁(1569～1631) : 자가 성구聖求, 호는 서곽西郭, 동래부사 상현象賢의 아

말하고 목메어 울면서 그치지 못하고 고기를 주어도 먹지 않으며 말했다.

"오늘 공의 아우님을 만나니 공을 보는 것 같은데 어찌 고기를 먹는단 말이오?"

조정에서 그 집에 상을 주고, 그의 아들에게는 벼슬을 주었다.

· **수석**水石

수석은 사노비이다. 권가술權可述[41]은 중종 때 무사이다. 일찍이 바다를 건너다 풍랑을 만나 배가 부서지고, 배에 함께 탔던 백여 명의 사람은 모두 빠졌으나, 오직 권가술과 그의 노비 수석만이 한 개의 부서진 널빤지에 매달렸다. 널빤지가 좁아서 두 사람도 탈 수가 없어, 떳다가 가라앉았다가 했는데 파도가 매우 급해 의지하고 댈 만한 곳이 없었다. 수석이 가술에게 말했다.

"널빤지가 좁아서 쉽게 탈 수가 없습니다. 장차 물에 두 사람 모두 빠져 죽는 것을 면하기 어렵습니다. 소인이 무엇이 아깝겠습니까? 바라건데, 나리께서 잘 보전하십시오. 잘 보전하십시오. 소인은 이제 하직인사 드립니다."

라고 하고는 마침내 물에 뛰어 들어 죽었다. 가술이 비로소 널빤지

우이다.

41 류몽인柳夢寅, 『어우야담於于野談』, 인륜편人倫篇, 「奴婢」에 보인다.

에 오를 수가 있었다. 혼자서 널빤지를 타고 바다 위를 흘러 아래로 내려가면서 살려 달라 외쳤다. 그 덕분에 그곳을 지나가던 배가 와서 태워주어 살 수가 있었다. 마침내 관가에다 그 사실을 아뢰자. 수석의 의로운 행동을 기리는 문을 세워 주었다. 그의 아내와 자식들은 노비의 신분을 벗겨주어 양민이 되었다. 가술도 관직이 제주목사까지 이르렀다.

· **윤량**尹良

윤량은 사노로 전의全義 사람이다. 제 주인을 모시고 여행할 때였다. 견마를 잡고 새재[조령]을 넘는데 날이 장차 저물려고 했다. 어떤 한 사람이 갓을 벗은 채, 칼을 들고 산골짜기로부터 오는데 앞길을 끊고 바로 달려서 오는 것이었다. 윤량은 그가 도적인 것을 알고, 곧 제 주인 머리채를 잡고, 끌어 당겨 말에서 떨어뜨리고 그의 머리를 밟고 말했다.

"이 사내는 내 주인이다. 평상시 나를 혹독하게 부렸다. 내게 날마다 회초리질을 해 거의 죽을 뻔 한 것이 여러 번이었다. 번번이 원수를 갚고자 했는데 기회를 엿보지 못했다. 지금 뒤에 짐발이 있는데 보물이 많다. 그 값이 제법 되는데 내게 칼을 빌려 주면 이 자에게 원한을 풀겠다. 그리고 그대와 짐바리를 나누어 가진다면 매우 좋지 않겠나?"

도적이 윤량의 말을 믿고 그에게 칼을 빌려 주었다. 그러자 윤량이 드디어 칼을 거꾸로 들고 도적을 찌르고 주인을 살렸다.

· 박인수朴仁壽

박인수는 동중추부사 신발申撥의 가노이다. 천업을 일삼지 않고 배우기에 힘쓰며, 선행을 좋아했다. 게다가 『대학』, 『소학』, 『가례』, 『근사록』 등 무수히 많은 책을 읽었다. 행실 또한 매우 탁월했으니 예가 아니면 행하지 않았다. 그의 작은 주인 만퇴헌晩退軒 신응구申應榘[42]를 따라 개골산에서 꽃과 가지를 두드리며 글을 읽었다. 당시 사류들이 모두가 그를 존중했다. 하루는 도적이 그의 방으로 들어와 가산을 가지고 가는데도 꿋꿋이 누워서 놀라지 않고 장난치며 도적에게 말했다.

"난 집안 재산이 아깝지 않으니, 네 맘대로 가져 가거라. 다만 내일 아침 온 집안이 굶을 것을 생각해서 몇 되의 쌀은 남겼으면 좋겠구나."

아침에 일어나서 보니 과연 쌀 한 말이 남겨져 있었다. 어떤 이가 물었다.

"도적이 들어왔을 때 어찌 해서 피하지 않았는가?"

라고 했다. 그러자 박인수가

"나는 재물이 아깝지 않았고, 또 그 놈을 해치고 싶은 마음이 없었으니 그는 반드시 나를 해치지 않을 것인데, 내가 왜 그를 두려워하

42 신응구申應榘(1553~1623) : 본관은 고령高靈, 자는 자방子方, 호는 만퇴헌晩退軒이다. 이이李珥·성혼成渾의 문하에서 수학했다. 조정에서 여러 차례 불렀으나 나아가지 않다가 인조반정 후에 형조참의·동부승지·좌부승지 등을 거쳐 장례원판결사掌隷院判決事·춘천부사를 역임했다. 저서로는 『만퇴집』이 있다.

겠는가?"

라고 대답했다.

그의 말을 들은 많은 사람들이 탄복했다. 평소 그의 집안 주변에는 썰렁하게 거문고와 책만이 있어, 은자의 정취가 있었다. 날이 아직 밝지 않았을 때에 제자들 수십 인은 뜰아래서 나열해 서서 절하고 오랫동안 그를 모시고 서 있다가, 죽과 밥이 나오면 먹었다. 다 먹고 나면 물러나 각자 자기 학업에 열중한다. 매일 영곡서원靈谷書院 아래에서 의식을 행하는 데, 경치가 아름답고 빼어났다. 그는 집이 가난하여, 초가를 지어놓고 살았다. 물가에 나아가서 고요히 앉아 거문고를 울리면서 스스로 즐겼다. 아름다운 얼굴에 백발이 마치 신선 가운데 사람 같았다. 임진년 국난에 탄식하며 말했다.

"나라는 깨어지고 종가는 쇠해지는데, 이 늙은이 장차 어디로 가겠는가? 맹세코 이곳에서 죽으리라."

라고 하고 드디어 거문고 연주를 그치지 아니했다. 그는 왜군에게 해코지를 당하지 않았다. 『어우야담(於于)野談』

· **월룡**月龍

월룡은 임진년에 충장공 정발鄭撥을 따라 부산성에 있었다. 성이 함락될 때에 적군에 맞서 싸우다 죽었다.

· **길삼봉**吉三峯

길삼봉[43]은 천안의 사노이다. 그는 난폭한 도적으로 용기와 힘이 무리들 중에서 뛰어났다. 관군이 매번 습격을 해서 체포하려 했지만, 그때마다 번번히 빠져나갔다. 그의 명성이 나라 안에 자자했다. 아우는 길삼산吉三山이다.

· **금동이**金同伊

금동이[44]는 강녕부정江寧副正 이기李祺의 노예이다. 연산군에게 총애받는 기생이 이기의 집을 빼앗으려고 "이기가 노비를 사주하여 자기를 꾸짖었다" 하고는 송사를 제기했다. 연산군이 화가 나서 이기와 금동이를 가두고는 인두형을 가하면서 자백을 받으려 했다. 동이가 진술하기를

---

43 길삼봉吉三峯 : 조선 중기의 장사壯士이다. 천안지방의 사노私奴로 뒤에 불한당이 되어 민간에 많은 피해를 주고 있었다. 조정에서 체포령을 내렸으나 신출귀몰하는 재주가 있어 끝내 잡히지 않았다. 1589년 정여립이 전주에서 모반을 일으키자 나주羅州에서 모반군에 참여해 정여립의 모사가 되었다. 그 뒤 모반군을 이끌고 전라도 고부古阜·태인泰仁·남원南原·지리산·계룡산 등지로 다니면서 관군과 민가를 괴롭혔지만 잡지 못했다. 그리하여 민심은 더욱 흉흉해졌으며 관군이 잡지 못하게 됨으로써 가공인물이라는 설도 있었다.

44 금동이金同伊 : 『중종실록』 3년, 무진(1508)에 다음과 같은 기록이 보인다. "의노義奴 금동金同을 표창하는 문려門閭를 세우고 또 그 집의 요역徭役을 면제해주기를 명령했다. 금동金同은 곧 강녕부정江寧副正 이기李祺의 종이다. 폐주廢主 때 흥청興淸에 소속된 세은가이世隱加伊가 왕의 총애를 지극히 받았는데, 그의 아비가 권세를 믿고 기의 집을 빼앗고도 오히려 부족해 또 그 소실小室을 빼앗으려고 하여, 기가 능욕을 했다고 거짓말로 고소하니, 폐주가 크게 노해 기와 금동을 잡아 가두고 곧 죽이려고 했었다. 이 때 금동이 진술하기를, "종이 한 짓이요, 주인은 실상 알지 못하는 일입니다"라고 했다. 여섯 차례나 고문을 받았으나, 끝내 조금도 변함이 없이 스스로 극형을 당하고 그 주인으로 하여금 죽지 않게 했는데, 이 때에 와서 이 명령을 내린 것이다."

"죄는 종에게 있지만, 종놈이 한 짓을 주인이 아는 것은 아닙니다."

라고 했다. 이기는 이에 형벌을 면하고, 동이는 마침내 형벌을 받았다. 중종 3년에 정려문을 세워주었다.

· **황무진**黃戊辰

황무진[45]은 원주에 사는 천한 노예이다. 부모를 지극한 효성으로 섬겼으며, 그의 주인이 상을 당했을 때에는 온 힘을 다해 일을 처리했다. 또한 주인을 위해 석물까지 지극하게 갖추었다. 주인이 마침내 노비의 신분을 풀어주었다. 인조조에 충효로 정려문을 세워주었다. 허관설許觀雪이 그의 묘지墓誌를 지었다.

· **대립**大立

대립은 판관判官 어한명魚漢明[46]의 구종驅從[관원을 모시고 따라다니는 하인]이다. 병자호란 때에 어판관을 따라 강화도로 갔다. 도중에 대립이 아내와 자식을 만났는데, 그 아내는 울부짖으며 그를 따라 나섰고, 딸 자식은 그의 옷을 끌며 말렸다. 대립은 채찍으로 아내와 자식을 쫓아내고는 말을 끌고 공을 따라 갔다.

---

45 황무진黃戊辰 : 원주原州에 사는 천인이다. 그는 어버이에게 극진한 효성을 베풀었고, 그 주인이 상사를 당했는데 가난해 장례를 치르지 못하게 되자, 그는 성력을 다해 장례비를 장만했고 또한 석물石物까지 고루 갖추어 놓았다. 그리하여 주인은 그를 속량해 내보내서 관리가 되었다. 인조仁祖 때 충효로서 그 문려門閭에 정표했는데, 사람됨이 단정하고 고아하며, 비록 무식하기는 하나 재주가 출중해 의리에는 욕심을 부리듯 했다. 관설觀雪 허 선생許先生(이름은 厚)이 그의 묘지墓誌를 지었다고 한다. 내가 원주를 지나는데 아직까지 그 정표가 있었다. 이익, 『성호사설』 제7권, 「인사문人事門」에 나온다.

46 어한명魚漢明(1592~1648) : 본관이 함종咸從이다. 조선 중기 때의 문신으로 자는 여량汝亮, 시호는 충경忠景. 교관 몽린夢麟의 아들이다.

· **결이**玦伊

결이는 충신 윤정준尹廷俊[47]의 노예이다. 평소 대단한 힘이 있었다. 이 때문에 윤공이 일찍부터 그를 아끼고 곁에서 떼어 놓지 않았다. 공이 반란군이었던 적(이괄)을 꾸짖다가 살해 당했다. 이를 본 결이는 마침내 통곡을 하고는 바다에 뛰어 들어 죽었다.

· **사방지**舍方知

사방지[48]는 사노비[私賤][49]이다. 어려서부터 그의 어미가 여자아이로 보이기 위해 지분을 바르고 바느질을 가르쳤다. 어른이 되자 조정 대신들 집안을 자주 드나들면서 여종들과 사통하는 일이 많았다. 마침내 사대부 집안을 더럽히는 지경에 이르렀다. 이후 곤장을 치고 신창현新昌縣으로 귀양보냈다.

· **일승복**一升僕[쌀 한 됫박 먹는 종놈]

일승복은 김여물金汝岉[50]의 노복이다. 이름은 전하지 않는데, 밥 먹는 양이 자못 많았다. 여러 노복들이 모두 칠 홉의 쌀밥을 먹는데, 이 노복은 한 되의 쌀밥을 먹었다. 그래서 김공은 유독 그에게 한 되의 쌀로 품삯을 지급했다. 여러 노복들이 모두 시기하며 화를 내었다.

---

47 윤정준尹廷俊(?~1624) : 조선 후기의 무신으로 본관은 파평坡平이다. 자는 수백秀伯, 인조 정묘년에 옹진瓮津 부사로서 전사했다.

48 사방지舍方知 : 조선초 사람이다. 남녀 한몸이었으며, 여장을 하고 사대부 집안의 부녀자들과 놀아난 죄로 곤장을 맞고 유배되었다.

49 사천私賤 : 사적으로 매매되거나 사역되던 종을 이른다. 비복婢僕·백정白丁·무격巫覡·배우俳優·창녀娼女 등이 있다.

50 김여물金汝岉(1548~1592) : 본관은 순천順天이다. 자는 사수士秀, 호는 피구자披裘子이다.

김공이 순변사 신립을 따라서 전투에 참여했는데 여러 노복들은 모두 따라가기를 원하지 않았으나, 유독 일승복만은 따라갈 것을 청하고 따라 갔다. 군대가 충주에 이르러서 신립의 군대가 패배하고 김공은 그곳에서 죽고 말았다. 진중에서 일승복은 공이 간 곳을 잃어버리자 달천 강가로 달아났다가 고개를 돌려 탄금대 아래를 보니 날아가는 총알이 비처럼 쏟아졌다. 그러자 그는 탄식하며 말했다.

"내가 죽는 것을 아껴서 공의 은혜를 저버린다면 장부가 아니다."

라고 했다. 마침내 짧은 창을 가지고 적진을 헤치고 들어갔다가 왜적에게 쫓겼다. 세 번 적진에서 물러나고 세 번이나 적진으로 나아갔다. 자신의 몸은 적의 칼과 창에 수십 군데 찔렸으면서도 마침내 공의 시신을 구덩이 아래에서 찾아냈다. 드디어 공의 시신을 업고 나와서 산의 궁벽한 곳에 염을 해 매장 했다가 왜병이 물러난 뒤에 선영先塋에 돌아가 매장해주었다. 일승복의 충성과 용기가 후대에 전할 만하다. 그러나 그의 이름이 전해지지 않고, 다만 일승복이라고만 불려지니 안타깝다!

· **김일정**金日精

김일정은 해남의 사찰 노비이다. 인종과 효종, 현종의 세 임금의 상 때에 참최복斬衰服[51]을 입고 삼 년 동안 육류를 먹지 않았다. 일이 알려지자, 면천되었다.

---

51 참최斬衰 : 부친상을 당하거나 해 상복 입는 기간이 3년 동안인 복제를 말한다. 이 경우 상복은 굵고 거친 삼베로 아래의 옷단을 꿰매지 않고 만든다.

· 김철견金鐵堅 김귀천金貴千

김철견과 김귀천은 모두 양천良賤[양인으로서 천역에 종사하는 사람]이다. 중종 신사년(1521) 안처겸安處謙 옥사 때에 김철견, 김귀천 등 양천 육십여 명이 곤장형을 받고 북방의 변방으로 옮겨졌다. 계사년(1533) 가을에 풀려나 돌아왔다.

· 조축생曹丑生

조축생은 공청도公淸道[52] 병영의 노비이다. 정축년에 병사兵使 이의배李義培[53] 가 순절했는데 축생도 이공을 따라 싸우다 죽었다. 나라에서 그를 위해 정려문을 세워주었다.

· 은작銀勺

은작은 유명개劉名蓋[54]의 가노이다. 주인을 따라 황석산성黃石山城[55]을 지키고 있었다. 주인이 순절을 하자, 자신도 주인의 시체 곁에서 죽었다.

· 억수億守

억수는 생원 정의번鄭宜藩[56]의 노비이다. 임진왜란 때에 의번이 의

52 공청도公淸道 : 충청도 지역을 1613년에 공청도公淸道로 칭했다.

53 이의배李義培(1576~1637) : 본관은 한산, 자는 의백, 시호는 충장이다.

54 유명개劉名蓋(1548~1597) : 본관이 거창이다. 정유재란 때 거창 좌수座首로 황석산성黃石山城에서 왜군과 싸우다 순절했다는 기록만 보일뿐 생애는 자세히 밝혀지지 않았다.

55 황석산성黃石山城 : 경상남도 함양군 서하면 봉전리에 있는 고려 시대의 산성을 이른다.

56 정의번鄭宜藩(?~1592) : 본관은 연일延日이다. 자는 위보衛甫, 호는 백암栢巖이다. 1585년 사마시司馬試에 합격한 뒤, 1592년 임진왜란 때 부친과 더불어 영천永川에서

병을 일으켜서 힘껏 싸우다가 죽었다. 억수가 차마 주인을 버리고 떠날 수 없어 그와 함께 죽었다.

· **석이**石伊

석이는 군수 원사립元士立[57]의 노비이다. 사립이 왜적과 전투할 때에 석이가 번번이 맨 몸으로 말을 당기고 칼과 창 사이를 부딪치고 다녔다. 왜적이 그를 '홍장군'이라고 불렀다.

· **검산**檢山

검산은 충렬공 강수남姜壽男[58]의 노비이다. 임진년에 충렬공이 삭녕주에서 싸우다 죽었다. 검산은 그의 곁에서 끝내 떠나지 않고 충렬공을 끌어안고 있다가 함께 죽었다. 그에게 노비의 신분을 없애 주었다.

≪송병렬≫

의병을 일으켜 승리했다. 경주에서 싸우다가 적에게 포위되어 위기에 처한 부친을 구출하고, 혈투 끝에 죽었다. 영조 때 좌승지左承旨에 추증되고, 영천의 환고사環皐祠에 제향되었다.

57 원사립元士立(1569~1610) : 본관은 원주原州이고, 자는 현경顯卿이다. 어려서부터 효성이 지극하고 무예에도 뛰어났다. 난이 끝나고 향리로 돌아와 못다한 효행을 뉘우치며 3년 간 시묘했으나 이에 몸이 쇠약해져 상을 끝낸지 얼마 안되서 병으로 타계했다. 1805년 생부 적성현감공에 이어 효자정려가 내려져 양세兩世의 충효각을 건립했다.

58 강수남姜壽男(1552~1592) : 본관은 진주晉州이고, 자는 인수仁叟이다. 1580년 별시 문과에 병과로 급제, 주서·전적을 거쳐 예조·병조의 좌랑과 정랑을 역임했다. 강수남은 백면서생白面書生으로서 군사에 관하여 배운 일이 없었지만, 오로지 충의의 마음으로써 국가에 목숨을 바치기로 맹세하고, 출전하기에 앞서 가족들을 불러놓고 이별을 고하고 죽은 뒤에 시체라도 찾게 하고자 붉은 실을 머리에 얽어매고 옷소매에는 이름을 기록했다. 시호는 충렬忠烈이다.

12. 기술자工匠

· 이춘복李春福

이춘복은 석수장이이다. 오자옹五者翁 김약金籥[1]이 비석을 사려고 춘복에게 값을 물으니, 춘복이 말하기를,

"70필입니다. 빗돌을 사서 어디에 쓰려고 하십니까?"

라고 했다. 오자옹이 답하기를,

"돌아가신 스승 조헌趙憲[2] 공이 금산錦山에서 순국[3]해 비석을 세워 공적을 기록하려고 하네."

라고 하니, 춘복이,

"정말 이런 일에 쓰신다면 어찌 감히 값을 말씀드리겠습니까?"

---

1 김약金籥(1568~1643) : 본관은 개성開城이고 자는 평숙平叔, 호는 오자옹五者翁이다. 옥천출신으로 조헌趙憲의 문인이다.

2 조헌趙憲(1544~1592) : 조선 중기의 문신이자 의병장이다. 본관은 배천白川이고 자는 여식汝式, 호는 중봉重峯·도원陶原·후율後栗이다.

3 금산錦山에서 순국 : 임진왜란이 일어나자 옥천에서 문인 이우李瑀·김경백金敬伯·전승업全承業 등과 의병 1,600여 명을 모아, 8월 1일 영규靈圭의 승군僧軍과 함께 청주성을 수복했다. 그러나 충청도순찰사 윤국형尹國馨의 방해로 의병이 강제해산당하고 불과 700명의 남은 병력을 이끌고 금산으로 행진해 영규의 승군과 합진해 전라도로 진격하려던 고바야가와[小早川隆景]의 왜군과 8월 18일 전투를 벌인 끝에 중과부적으로 모두 전사했다. 후세에 이를 숭모해 금산전투라 일컬었다

라 하고, 바로 드리며 직접 돌을 다듬고 품삯도 받지 않았다.

중봉重峯[조헌의 호]이 700명의 의사義士와 함께 금산에서 순절하니, 월정月汀 윤근수尹根壽[4] 공이 순의비문殉義碑文[5]을 지었다. 김약이 비석을 세우려고 은진恩津 현감 이대하李大河에게 말했더니, 이대하가 비석 값과 돌을 다듬는 비용을 마련해주었다. 김약이 드디어 석수장이 이춘복을 찾아가 말하기를,

"그대 집에 비석으로 쓸 만한 돌이 있다고 들었네. 사고 싶은데 값이 얼마나 하는가?"

라고 하니, 춘복이 대답하기를,

"70필입니다. 어디에 쓰려고 합니까?"

라고 했다. 김약이 말하기를,

"돌아가신 스승 조헌 선생이 금산에서 순국하여 비석을 세워 사실을 기록하려 하네."

라고 대답하자, 춘복이 말하기를,

---

4 윤근수尹根壽(1537~1616) : 본관은 해평海平이고 자는 자고子固, 호는 월정月汀이다. 시호는 문정文貞이다. 문집『월정집月汀集』이 있다.

5 순의비문殉義碑文 : 『월정집月汀集』 권6에 실려 있는 「증이조참판조공일군순의비贈吏曹參判趙公一軍殉義碑」를 가리킨다.

"그렇다면 어찌 감히 값을 말씀드리겠습니까?"

라고 하고 당장 드렸는데, 스스로 돌을 다듬으며 처음부터 끝까지 힘을 다했고 품삯 또한 받지 않았다.[6] 『잠곡수필潛谷隨筆』

· **김업동**金業同

김업동은 금속세공장이이다. 허리띠 고리를 잘 조각했는데 세상에 이와 견줄 사람이 없었다. 사대부들이 대부분 값을 지불하지 않고 조각해 달라고 하니, 업동이 그 고통을 견디지 못해 엄지손가락을 자르고 다시는 그 일을 하지 않았다.

· **지수경**池壽慶

지수경은 선조 때 화포 기술자이다. 남한산성이 함락되었을 때 오랑캐의 포로가 되었는데 오랑캐가 그에게 연습 삼아 포를 쏘게 하고 구경했다. 수경이 구경하는 자들을 일부러 한쪽으로 모이게 하고는 포를 조준하여 쏘아 죽이니, 오랑캐가 노해 사지를 찢어 죽였다.[7] 『지봉유설芝峯類說』[8]에 나온다.

· **이장손**李長孫

---

6 이 이야기는 김육金堉, 『잠곡필담潛谷筆譚』에 제목 없이 여러 이야기 가운데 하나로 실려 있는 내용이다.

7 이 이야기는 이수광李睟光, 『지봉유설芝峯類說』 권3, 「병기兵器」에 제목 없이 실려 있는 내용이다.

8 『지봉유설芝峯類說』: 1614년 이수광李睟光이 편찬한 일종의 백과사전이다. 20권 10책으로 주로 고서와 고문에서 뽑은 기사일문집奇事逸聞集이다. 그가 죽은 뒤에 그의 아들 성구聖求와 민구敏求에 의하여 1634년에 출간되었다.

이장손[9]은 화포 기술자이다. 우리나라는 옛날부터 화포를 제작하는 설계도가 없었는데 이장손이 화포의 모양을 본떠서 처음으로 비격진천뢰飛擊震天雷[10]를 만들었다. 진천뢰震天雷를 가져다 대완포大碗砲로 발사해 5~6백 보를 날아가는데, 땅에 떨어지고 잠시 뒤에 안에서 화약이 발화해 터진다. 적진을 함락시키는 데는 가장 좋은 무기로 임진왜란 때 박진朴晋이 이것으로 경주에서 왜적을 패퇴시켜 왜적이 가장 두려워하는 무기라고 한다.

경상병사慶尙兵使 박진朴晋[11]이 경주를 수복할 때 안강현安康縣에서 밤에 병사를 매복했다가 성 밖에서 비격진천뢰飛擊震天雷를 발사하니 성 안으로 날아가 적진 안에 떨어졌다. 적이 그 체제를 몰라 다투어 모여 구경하면서 서로 밀고 굴리며 만져 보았다. 조금 있다가 포砲가 그 속에서 터지자 소리가 천지를 진동하고 쇳조각이 별처럼 부서져 나가니 맞아서 즉사한 자가 20여 명이되었다. 온 진중이 허둥지둥 놀라고 두려워 신비스럽게 여기다가 그날로 드디어 울산 서생포西生浦로 달아났다. 박진이 바로 성에 들어가 왜적이 남긴 곡식 만여 석을 얻었다. 이 일이 조정에 알려져 가선대부嘉善大夫로 승진했다. 대개 진천뢰는 화포 기술자 이장손이 처음 만든 것으로 적진을 함락하는데

---

9 이장손李長孫 : 조선 선조 때 문기제조 기술자이다. 군기시軍器寺에 소속된 화포장火砲匠으로서 임진왜란이 일어나자 비격진천뢰飛擊震天雷라는 포탄을 만들어 공을 세웠다.

10 비격진천뢰飛擊震天雷 : 조선 시대, 대완구大碗口라는 대포에 넣어서 성城을 공격하거나 방어할 때 쓰던 포탄이다. 이장손이 처음으로 만들었으며, 임진왜란 때 큰 효력을 발휘했다.

11 박진朴晋(?~1597) : 본관은 밀양密陽이고 자는 명보明甫이다. 1592년 8월에 경상좌도병마절도사로 안강현에서 16개 읍의 병력을 모아 경주성慶州城을 공격했으나 복병의 기습으로 실패했다. 한 달 뒤 군사를 재정비하고 비격진천뢰飛擊震天雷를 사용해 경주성을 다시 공략해 많은 수의 왜적을 베고 성을 탈환했다.

가장 좋은 무기였지만 뒷날 사용하는 자가 없었다고 한다.[12]

· **김지**金墀

김지(아래 다시 나온다)는 승자총통勝字銃筒[13] 대·중·소 세 종류를 만들었다.[14]

· **장영실**蔣英實

장영실[15]에 대하여 『필원잡기筆苑雜記』에 다음과 같이 기록되어 있다.

"세종께서 자격루自擊漏[16], 간의대簡儀臺[17], 흠경각欽敬閣[18], 앙부일구仰釜

---

12 이 이야기는 이긍익李肯翊, 『연려실기술燃藜室記述』 별집 제12권, 「융장군기戎裝軍器」에 유사한 내용이 기록되어 있다.

13 승자총통勝字銃筒 : 1579년에 김지金墀가 발명한 소화기小火器이다.

14 김지金墀와 관련된 기록은 류성룡柳成龍, 『서애집西厓集』 제16권, 「기조총제조사記鳥銃製造事」에 실려 있다.

15 장영실蔣英實 : 조선 세종 때 과학자이다. 중국계 귀화인과 기녀 사이에서 태어난 동래현의 관노로 재주가 세종에게 인정되어 중국에 파견, 천문기기를 연구했다. 1432년에 경복궁과 서운관 두 곳에 설치할 많은 천문관측의기天文觀測儀器를 만드는 계획이 착수되었는데, 장영실이 이때부터 이천李蕆과 함께 천문기기를 설계하고 제작을 지휘했다. 먼저 간의簡儀와 혼천의渾天儀의 두 기본 관측기계를 완성했고, 1437년에 완성된 천문관측의기에는 대간의·소간의를 비롯해 휴대용 해시계인 현주일구懸珠日晷·천평일구天平日晷·정남일구定南日晷·앙부일구仰釜日晷·일성정시의日星定時儀·규표圭表 등이 있다. 그리고 장영실의 가장 훌륭한 업적으로는 1434년에 완성된 자격루自擊漏가 있다.

16 자격루自擊漏 : 조선 세종 때 장영실自擊漏이 만든 물시계이다.

17 간의대簡儀臺 : 조선 세종 때 만든 천문관측기구로 관천대觀天臺라고도 한다.

18 흠경각欽敬閣 : 조선 세종 때 자동으로 작동하는 천문시계인 옥루玉漏를 설치했던 건물이다.

日晷[19] 를 만들었는데 제작이 매우 정교하고 치밀했다. 이것들은 모두 임금이 만들라는 재가에서 만든 것이다. 비록 장인이 수없이 많아도 주상의 뜻을 엿볼 수 있는 이가 없었는데 호군護軍 장영실만이 임금의 지혜를 받들었다. 장영실이 재주와 솜씨를 부리면 임금의 뜻과 딱 들어맞아 주상이 그를 매우 귀중히 여겼다. 사람들이 모두 '장영실은 때에 맞추어 태어난 인물이다.'"

라고 했다. 세종께서 또 영실에게 엽전을 주조하게 했는데 한 때 사용되다가 바로 사라지고 지폐만 썼다.[20]

· **태풍손**太豊孫

임진왜란 후에 조총을 가르치려 했으나 화약이 없었다. 군기시軍器寺 장인 태풍손이라는 자가 화약을 만들어 적에게 공급했다. 그래서 그 죄가 사형死刑에 해당되었으나 특별히 용서해주고 염초焰硝를 굽도록 했다. 풍손이 감격하고 두려워해 있는 힘을 다해 구워내니 하루에 구워내는 양이 거의 10근이나 되었다.[21]

· **배순**裵純

배순은 순흥順興의 무쇠장이이다. 선조 국상 때 3년 동안 상복을 입

---

19 앙부일구仰釜日晷 : 조선 세종 때 제작된 대표적인 해시계이다.

20 이 이야기는 서거정徐居正, 『필원잡기筆苑雜記』 권1에 여러 기사 가운데 제목 없이 기록되어 있다.

21 이 이야기는 서영보徐榮輔, 『만기요람萬機要覽』, 「군정편軍政編 훈련도감訓鍊都監」과 이긍익李肯翊, 『연려실기술燃藜室記述』 별집 제12권, 「융장군기戎裝軍器」에 같은 내용이 보인다. 여기에는 인물명이 모두 대풍손大豊孫으로 기록되어 있다.

어 조정의 명으로 충효정려비忠孝旌閭碑를 세웠다.[22]

· **연택**延澤

연택은 함흥咸興의 붓 만드는 기술자로 붓을 잘 만들었다. 이 때문에 함흥의 연필延筆이 호남湖南의 홍소洪梳, 박소朴梳처럼 우리나라에서 유명했다.[23]

· **김아동**金阿童

김아동은 연금술사이다. 가정嘉靖 계사년(1533)에 사신을 따라 북경에 가서 가짜 금[假金] 만드는 법을 배울 수 있었는데, 은박銀箔에 연기를 쐬면 드디어 진짜 금처럼 되었다. 그것으로 그림을 그리거나 혹은 첩지에 사용했는데 더할 나위 없이 짙은 황금빛을 띠었다. 다만 쐬는 연기는 바짝 마른 풀을 취해 쓰는데 그것이 무슨 풀인지를 모른다.

『지정조격至正條格』[24]을 살펴보니, 안서로安西路와 풍직馮直 등이 은박을 그을려 가짜 금을 만들고 이것으로 실을 만들어 천을 짠다고 했으니 그 제도가 대개 오래되었다. 뒤에 김아동이 다시 북경에 가서 그을리는 풀을 많이 사와 금박金箔을 팔아 큰 부자가 되었다. 법사法司에서 그 기술을 올리라고 그를 불러다 물었으나 사실대로 고하지 않았다. 그에게 누차 고문을 가하여 결국 그는 옥중에서 죽고 말았다.[25]

---

22 배순裵純에 관한 기록은 이준李埈, 『창석집蒼石集』 권13, 「배순전裵純傳」과 곽진, 『단곡집丹谷集』 권5, 「배순전裵純傳」에 비교적 자세히 기록되어 있다.

23 이 내용은 강박姜樸, 『국포집菊圃集』 권12, 「총명쇄록聰明瑣錄」에 이와 같이 간단히 기록되어 있다.

24 『지정조격至正條格』: 원나라 순제順帝 지원至元 6년(1340)에 반포한 법전으로 제조制詔·조격條格·단례斷例의 세 부분으로 구성되어 있다.

25 이 이야기는 어숙권魚叔權, 『패관잡기稗官雜記』 2권에 제목 없이 여러 이야기와 함

『패관잡기稗官雜記』

· 조성趙晟

조성[26]은 호가 양심당養心堂이다. 우리나라는 옛날 역청瀝青[27] 만드는 방법을 몰랐다. 중종 때 칠장漆匠을 중국에 보내 배워 오게 한 적이 있었으나 결국 그 방법을 전수받지 못했다. 진사 조성이 당 나라에서 발행한 『역청방瀝青方』을 구해 그대로 한 번 해보았더니 옻칠과 차이가 없었다. 그 뒤에 또 복건성福建省에서 표류해온 옛 기술자에게 물어서 그 칠장이 점차 중국 밖으로 두루 퍼져나갔다.[28] 『패관잡기稗官雜記』

· 이성석李聖錫

이성석은 어우於于 류몽인柳夢寅[29]이 외사촌 형이라 불렀고, 재상이 천거하여 동몽교관童蒙教官에 제수되었다. 일찍이 『자유편自牖篇』을 지었는데 한자 가운데 구결을 취해 이·니·은·을·애·서伊尼隱乙厓西를 만드니 30자로 분류되지 않은 것이 없었다. 역순으로 언해하는 법으로 대개 초학자들을 쉽게 깨우치게 하려는 뜻이었다. 어우가 『자유편自

께 실려 있다.

26 조성趙晟(1492~1555) : 조선 중기의 학자이다. 본관은 평일平一이고 자는 백양伯陽, 호는 양심당養心堂이다. 음악에도 해박해 이득윤李得胤의 『고금금보문견록古今琴譜聞見錄』과 『송씨이수삼산재본금보宋氏二水三山齋本琴譜』에 「조성보趙晟譜」가 전한다. 문집 『양심당집養心堂集』이 있다.

27 역청瀝青 : 송진에 기름을 섞어 만든 일종의 유기화합물이다.

28 이 이야기는 어숙권魚叔權, 『패관잡기稗官雜記』 2권에 제목 없이 여러 이야기와 함께 실려 있다.

29 류몽인柳夢寅(1559~1623) : 조선 중기의 문신이다. 본관은 고흥高興이고 자는 응문應文, 호는 어우당於于堂·간재艮齋·묵호자默好子이다. 야담을 집대성한 『어우야담於于野談』과 시문집 『어우집於于集』이 있다.

牖篇』의 서문을 지었다.

성석은 본래 재능이 있어서 언젠가 목우류마木牛流馬[30]를 만들었는데 강아지처럼 작아 사람 뜻대로 잘 움직이고 걸었다. 관아에 천거되어 큰 목우류마를 만들었는데 몸체가 무거워 움직일 수가 없어 당시 사람들이 이를 비웃었다. 교관으로 어린 아이들을 가르치니 매우 빨리 가르친 효과가 나타나자 사람들이 모두 기이하게 여겼다.

· **유흥발**劉興發

유흥발은 밀양의 재주 있는 장인이다. 처음 일본에서 파는 자명종을 구해 곰곰이 생각해 운용의 묘리를 스스로 체득했다. 기계가 작동해 회전하면 12시간마다 모두 저절로 종을 치도록 되어있는데, 자시子時와 오시五時에는 9번 치고 축시丑時와 미시未時에는 8번, 묘시卯時와 유시酉時에는 8번, 사시巳時와 해시亥時에는 4번, 진시辰時와 술시戌時에는 5번 쳤다. 매시 정각에는 1번만 쳤다. 밖에는 둥근 바퀴가 있어서 12시간을 새겨놓았고 해와 달이 그 속에서 회전했는데 달이 차고 기우는 모습과 해가 운행하는 모습이 조금도 어긋나지 않았다. 서양 자명종에 비해 더욱 기이했다.

· **김지**金墀

선조 갑술년(1574)에 전라좌수사全羅左水使 김지가 총통銃筒을 바쳤는데, 쇠구슬을 한꺼번에 쏘는 방식이었다. 병관兵官에서 시험 삼아 써보니 과연 효과가 있었는데 매서우면서도 빨랐다. 사용하도록 아뢰

30 목우류마木牛流馬 : 제갈량이 위魏나라의 조비曹丕를 공격할 때 군량을 운반하기 위해 저절로 움직이는 목우유마를 발명했다고 한다.

었더니 임금이 이를 허락했다.

· **이옥견**李玉堅

이옥견은 왕족으로 부친이 흥안군興安君[31]이고 조부가 한남군漢南君[32]이다. 부친과 조부가 이미 폐고廢錮[33]되고 나서 옥견도 서인이 되었다. 순수하고 성실했으나 삶을 꾸릴 수 있는 기술이 없어서 인근 장인에게 신 만드는 기술을 배워 입에 풀칠을 했다. 마침내 솜씨가 매우 정교하게 되어 한양의 자제들 가운데 기생들에게 꽃신을 사주는 자들은 모두 찾아가서 반드시 옥견이 만든 수제품을 달라고 말했다.

그 뒤에 부친과 조부가 복작復爵되고 옥견도 다시 사면되어 회천군懷川君에 제수되었는데 바로 종실 양반가의 품직이었다. 옥견이 비황마飛黃馬를 타고 담비털 모자를 쓰고서 날마다 조정에 달려갔는데, 길에서 같은 일에 종사했던 갖바치를 만나면 반드시 말에서 내려 인사를 했고 어른을 만나면 비록 진흙길이라도 반드시 절을 했다. 그래서 갖바치들이 황공해 어쩔 줄 몰라 멀리서 옥견을 보면 바로 피해 버렸다.

언젠가 관대冠帶를 차리고 가다가 예전 동업자를 만났는데, 손을 잡고 초가로 들어가 함께 술을 마시면서도 자신의 본색을 드러내지 않

---

31 흥안군興安君(?~1624) : 이름은 제堤이다. 선조의 열 째 아들이며, 어머니는 온빈한씨溫嬪韓氏이다. 성품이 활달·호협해 엉뚱한 짓을 잘했다. 1624년 이괄李适의 난 때, 그들과 내통하여 역모를 꾀하다가 관군의 승전으로 잡혀 서울로 압송된 뒤 도원수 심기원沈器遠 등에게 살해되었다.

32 한남군漢南君(?~1459) : 이름은 어琜 이고 자는 군옥群玉이다. 세종의 넷째 서자庶子이며, 어머니는 혜빈양씨惠嬪楊氏이다. 1455년 세조가 즉위하자 금성대군錦城大君·영풍군永豊君·혜빈 양씨와 함께 역모를 꾀했다는 죄로 유배되었다. 그 뒤 모든 전토田土와 노비를 몰수당하고 1459년(세조 5) 배소配所인 함양에서 병으로 사망했다.

33 폐고廢錮 : 평생 관리가 될 수 없게 벼슬길을 막는 것을 이른다.

으니, 시종들과 거리 사람들도 다들 이를 의롭게 여겼다. 그 자손 가운데 의성군義城君이 있는데 학문을 좋아하였고 효행孝行이 있었다.

≪김남규≫

· 이충무李忠武

충무공忠武公 이순신李舜臣[34]은 자신의 생각으로 거북선을 만들어 이로써 항상 전쟁에서 승리했다. 대개 그 방법은 선상에 거북 등껍질 같은 판을 깔았고 위에 열십자 모양의 좁은 길을 두어 아군이 통행할 수 있게 했다. 길 외에는 모두 칼 송곳을 열 지어 꽂았다. 앞은 용머리를 만들어 입에 총 구멍을 만들고, 뒤는 거북이 꼬리를 만들어 꼬리 아래에 총 구멍을 두었다. 좌우에 각각 총 구멍 여섯 개를 두었고 병사들을 그 아래에 숨기고 사방으로 발포해 종횡으로 나아가고 물러남에 빠르기가 나르는 것 같았다. 전시에는 띠 풀을 엮어 덮어서 칼과 송곳이 드러나지 않게 하고, 적이 배위로 넘어 오르면 칼과 송곳에 함몰되게 했다. 포위당하면 화총火銃이 일제히 발사되며 적의 배 가운데로 가로질러 가니 아군은 손상됨이 없었고 거북선이 향하는 곳은 줄줄이 쓰러졌다.[35]

---

34 이순신李舜臣(1545~1598) : 본관은 덕수德水. 자는 여해汝諧이다. 아버지는 이정李貞이며, 어머니는 초계 변씨草溪卞氏로 변수림卞守琳의 딸이다. 서울 건천동乾川洞 부근에서 출생했다. 그의 가계는 고려 때 중랑장을 지낸 이돈수李敦守로부터 내려오는 문반文班의 가문으로, 이순신은 그의 12대손이 된다. 전라全羅 좌수사左水使가 되어 거북선을 창안創案했고, 임진왜란壬辰倭亂 때 전라全羅 좌도 수군水軍 절도사節度使가 되어 한산도에서 왜군倭軍을 맞아 크게 이겼다. 시호諡號는 충무공忠武公이다.

35 이와 관련된 이야기가 이순신李舜臣, 『이충무공전서李忠武公全書』 권13, 부록附錄5 기실紀實[상], 「국조보감國朝寶鑑」에 실려 있다.

· **변이중**邊以中

변이중[36]은 임진왜란 때에 호남의 소모사召募使[37]로 화차火車 300량을 만들었다. 40개의 구멍을 만들어 승자총통勝字銃筒[38] 40개를 꽂아 심지를 이어 발화하게 했으니, 그 제도가 매우 정밀했다. 전라감사全羅監司 권율權慄[39]이 행주幸州에 진을 치고 공에게 화차를 구하자 공이 40량을 주었다. 얼마 지나지 않아 적이 와서 행주를 습격하자 승자조총勝字鳥銃이 일시에 함께 발사되니 소리가 산악을 진동했다. 왜적이 본래 우리가 조총鳥銃을 알지 못한다고 생각했는데 여기에 이르러 조총소리를 듣게 되었다. 그 소리가 서로 이어져 끊이지 않자 크게 놀라 철수했다. 그 후에 권공이 공에게

---

36 변이중邊以中(1546~1611) : 본관 황주. 자 언시彦時. 호 망암望菴. 장성長城 출생. 이이李珥의 문인. 1568년 사마시司馬試를 거쳐, 1573년 식년문과에 급제했다. 임진왜란 때(46세) 전라도 소모어사召募御史가 되어 병마·군기軍器를 수습하고, 수원에 주둔하여 기호畿湖의 적에 대비했다. 그뒤 조도사調度使가 되어 양천에서 전공을 세우고, 화차火車 300량을 만들어 권율權慄에게 주어 행주대첩에 크게 기여했다. 독운사督運使를 지내면서 군량 수십만 석을 조달, 명나라 군대에 대주었다. 1603년 함안군수로 갔다가 2년 뒤 사임하고, 장성에 돌아와 여생을 마쳤다. 이조참판에 추증, 장성 봉암서원鳳巖書院에 제향되었다. 그의 화차 제조는 조선 과학사에 있어서 큰 업적으로 평가된다. 문집에 『망암집』이 있다.

37 소모사召募使 : 소모관召募官이라 하며 조선시대 병란이 발발했을 때 그 지역의 향병鄕兵을 모집하기 위해 국왕이 임시로 임명하던 관리이다.

38 승자총통勝字銃筒 : 총구에서 화약과 실탄을 장전하고 손으로 약선에 불씨를 점화, 발사하는 유통식 화기有筒式火器이다. 이 승자총통은 1575년부터 1578년까지 전라좌수사와 경상병사를 지낸 김지金墀가 만든 화기로서 1583년 니탕개尼湯介의 난 때 큰 몫을 했다. 그러나 그 뒤 임진왜란 때는 왜군의 조총 때문에 그 위력을 잃었다.

39 권율權慄(1537~1599) : 조선 중기의 명장. 본관 안동. 자는 언신彦愼, 호는 만취당晩翠堂 ·모악暮嶽, 시호는 충장忠莊이다. 1582년 식년문과式年文科에 병과로 급제, 승문원정자承文院正字가 되고, 전적典籍을 거쳐 1587년 전라도도사, 이듬해 예조정랑·호조정랑 ·경성판관鏡城判官에 이어, 1591년 의주목사義州牧使가 되었다. 금산군 이치梨峙싸움, 수원 독왕산성 전투, 행주대첩 등에서 승리했다. 임진왜란 7년 간 군대를 총지휘한 장군으로 전공을 세웠다. 그 중에서도 변이중은 행주대첩에 40량을

"사람들 중에 공을 헐뜯는 자들은 대부분 화차火車로써 헐뜯는 구실을 삼는데, 나는 공의 화차 때문에 승리 할 수 있었다."

라고 했다.[40]

· 『어우야담於于野譚』에 다음과 같이 말했다.

무릇 사람의 자질구레한 기술을 자기들끼리 그 업을 사유화했기 때문에 그 업이 남들에게는 전하지 않았다. 옛날에 재경梓慶의 악기 틀[簴][41]과 윤편輪扁의 수레바퀴[42]와 대마大馬[43]의 추구錘鉤[44]와 송나라

보급해 사흘 만에 승리하는 데에 큰 공을 이루었다.

40 이와 관련된 이야기가 이정구李廷龜, 『월사선생집月沙先生集』 권46, 묘갈墓碣 「종부사정변공묘갈명 병서宗簿寺正邊公墓碣銘 幷序」에 실려 있다.

41 재경梓慶의 악기 틀 : 옛날에 재경梓慶이란 목수가 북을 거는 틀[鐻]을 만들었는데, 사람들이 모두 귀신의 솜씨 같다고 했다. 노魯나라 제후가 그것을 보고는 무슨 도道가 있느냐고 물으니, 재경이 말하기를, "저는 북틀을 만들 적에는 이레 동안 재계齋戒를 하여 저의 손발과 육체까지도 모두 잊게 된 다음에야 산속으로 들어가서 나무를 찾으며, 마음속에 완전한 모양의 북틀이 떠오른 다음에야 비로소 손을 댑니다. 곧 저의 천성天性을 나무의 천성과 합치시키는 것입니다."라는 내용이 『장자莊子』 「달생達生」에 나온다.

42 윤편의 수레바퀴 : 제 환공齊桓公이 당상에서 책을 읽고 있었는데, 당하에서 수레바퀴를 깎던 윤편이 "임금께서 읽고 있는 것은 옛사람의 찌꺼기입니다." 하고, 그 이유에 대해서 말하기를 "수레를 만들 때 너무 깎으면 헐거워서 튼튼하지 못하고 덜 깎으면 빡빡해서 들어가지 않습니다. 더 깎지도 덜 깎지도 않는 일은 손짐작으로 터득해 마음으로 수긍할 뿐이지 입으로 말할 수가 없습니다. 거기에 비결이 있습니다만, 제가 제 자식에게 깨우쳐 줄 수도 없고 자식 역시 제게서 물려받을 수도 없습니다. 그래서 이 나이에도 늙도록 수레바퀴를 깎고 있는 것입니다. 옛사람도 그 전해줄 수 없는 것과 함께 죽어 버렸습니다. 따라서 전하께서 읽고 계신 것은 옛사람들의 찌꺼기일 뿐입니다."라고 한 내용이 『장자莊子』 「천도天道」에 나온다.

43 대마大馬 : 관직명으로 대사마大司馬와 같은 뜻으로 쓰인다. 『장자莊子』, 「지북유知北遊」편에 "大馬之捶鉤者, 年八十矣, 而不失豪芒"이라 했다.

44 추구錘鉤 : 추구捶鉤라고도 하며, 달구어 두들겨 만든 허리띠를 가리킨다.

사람의 병벽광洴澼絖[45]등이 모두 그런 종류들이다. 우리나라 한양의 사면絲麵, 실국수, 개성의 교면蕎麵, 메밀국수, 전주의 백산白散[46], 안동의 다식茶食[47], 성주의 백자병柏子餠[48], 인동의 유피장니油皮障泥[49], 의주의 누철등자鏤鐵鐙子[50] 등은 모두 자기들끼리만 그 묘리를 비밀로 하고 다른 읍에 전하려 하지 않았다.

옛날에 용인현龍仁縣[51]의 한 노복이 과저瓜菹[오이지][52]를 잘 만들어 대대로 그 비법을 전수했는데, 이웃 읍에서 본받으려 했지만 전수 받

---

45 병벽광洴澼絖 : 표백솜을 가리킨다. 송나라 사람과 표백솜에 대한 이야기는 『장자莊子』, 「소요유逍遙遊」에 "或以封, 或不免於洴澼絖, 則所用之異也."라 했다

46 백산白散 : 허균許筠, 『성소부부고惺所覆瓿藁』 제26권, 설부說部5, 「도문대작屠門大嚼」에 '백산자白散子라고 하며 속명은 박산薄散인데, 전주全州 지방에서만 만든다고 기록하고 있다. 산자散子는 연례나 제례에서 필수 음식으로 쓰는 과정류의 하나이다. 백산자는 산자의 한종류로, 쌀로 만든 백당을 묻혀 눈처럼 희고 소담하게 만든 것이다.'라는 기록이 있다.

47 다식茶食 : 허균許筠, 『성소부부고惺所覆瓿藁』 제26권, 설부說部5, 「도문대작屠門大嚼」에 '다식은 안동安東 사람들이 만든 것이 맛이 매우 좋다. 쌀·밤·콩 등의 곡물을 가루 내어 꿀 또는 조청에 반죽해 다식판에 박아서 글자·기하문양·꽃문양 등이 양각으로 나타나게 만든 음식이다.'라는 기록이 있다.

48 백자병柏子餠 : '잣박산'이라고 하며 설탕과 물, 된 조청을 넣어 끓인 것에 고깔을 떼고 닦아놓은 잣을 넣은 후 기름을 바른 판에 얇게 펴서 굳힌 것이다.

49 유피장니油皮障泥 : 가죽 말다래를 뜻한다. 장니障泥는 말다래로 말을 탄 사람의 옷에 흙이 튀지 않도록 하기 위해 말의 안장 양쪽에 늘어뜨린 기구이다.

50 누철등자鏤鐵鐙子 : '누철'은 표면에 무늬를 새겨 놓은 철을 말하고, '등자'는 말을 탈 때 밑고 올라가는 제구를 말한다.

51 용인현龍仁縣 : 조선시대 경기도 용인 지역에 설치된 행정 구역이다. 1403년과 1406년에 고려 말 이래의 문란된 지방 제도를 개편하려 했으나 시행되지 못하다가 1413년에 이르러서야 개편했다. 이때의 군현제 정비 과정에서 용구현과 처인현을 합치고 내부의 면리를 형성했다.

52 용인龍仁 오이지 : 경기도 용인 지역에서 담궈 먹는 오이지이다. 조선에 쓰여진 고조리서古調理書에도 용인오이지에 대한 기록이 있을 정도로 역사가 오래되고 유명한 경기도 지방의 향토음식이다. 특히 7~8월이 제철인 오이를 이용하고 쌀뜨물과 찬물을 함께 넣어 만든 소금물에 오이지를 담그는 것이 특징이다.

을 수 없었다. 금천현감衿川縣監[53]이 용인에 특사를 보내 현령에게 간절히 배우기를 청하자, 노복이 뜰에 엎드려 죄를 청하며,

"우리 작은 고을에는 다른 특별한 반찬이라곤 없고 유독 오이지만 이름났을 뿐입니다. 지금 다른 읍에 전수하라고 명하신다면 청컨대 죽음으로 사양하고자 합니다."

라고 하자 현령이 억지로 강요 할 수 없었다.

평산平山[54] 사람 중에 마개馬疥[55]를 잘 치료하는 이가 있었는데, 그 비법을 숨기고 사람들에게 전수해주지 않았다. 태수太守 박엽朴燁[56]이

---

53 금천衿川 : 경기도 광명 지역에 설치되었던 조선시대 행정구역이다. 『신증동국여지승람新增東國輿地勝覽』에 따르면, 금천衿川에서 '금衿'은 율진군栗津郡의 속현이었던 곡양穀壤을 고려 초기에 금주衿州[『세종실록지리지世宗實錄地理志』에는 금천으로 기록되어 있음]로 고친 데서 유래한 이름으로 여겨진다. 이후 조선시대에 들어 1413년 '주州'라는 명칭이 읍격에 관계없이 남용되는 것을 바로잡고자 전국적인 지명 변경 조치가 이루어져 군郡이나 현縣 등급에 해당하는 고을에 '주'자가 사용되었을 경우 주를 '산山' 또는 '천川' 등으로 바꾸었다. 이에 따라 금주도 금천으로 개칭되었다.

54 평산平山 : 황해도黃海道 평산군의 한 읍邑이다. 근의 동부東部, 예성강禮成江 우안에 자리잡고 있다. 사방四方이 산지山地로 싸인 소분지小盆地로 옛날 군사軍事 상上의 요지要地였다. 경의선京義線이 통과通過한다. 명승名勝·고적古蹟으로는 태백 산성太白山城·옥류천玉流川·주필대·평산온천平山溫泉 등等이 있다.

55 마개馬疥 : 개창疥瘡의 하나로 가려워 긁어도 아픔을 모르거나 피부가 더덕더덕해져서 아픈 것도 가려운 것도 잘 모른다.

56 박엽朴燁(1570~1623) : 자는 숙야叔夜, 호는 국창菊窓, 본관은 반남潘南이다. 1597년에 문과에 급제했다. 내외內外 직에 역임하여 가는 곳마다 치적을 올렸다. 함경남도 병사가 되어 성지城池를 수축해 북변의 방비를 공고히 했고, 황해도 병사를 거쳐 평안도 관찰사가 되어 6년 동안에 치적이 나타나서 명성이 높았다. 북호北胡들의 동정을 잘 알고 방비했으므로 그들이 감히 연변을 침범하지 못했다. 권신 이이첨李爾瞻을 모욕하고도 무사하리 만큼 명성을 떨쳤으나 인조반정 후 부인이 광해군의 인척이었다는 이유로 그를 두려워하는 훈신勳臣들에게 학정虐政의 죄로 사형당했다.

위엄으로 그를 겁박했지만 여전히 그 비법을 전수받지 못했다. 다만 여산礪山[57]에 호산춘壺山春이란 명주는 맛이 가장 뛰어났지만 이웃 읍에서 그 방법을 배울 수 없었다. 그 고을의 여종이 무인 나준용羅俊龍의 첩이 되었는데, 나준용이 삭주朔州[58]의 태수가 되어 그 술 빚는 법을 삭주에 전수해 주었다. 지금 삭주의 술이 짙은 향기가 호산춘과 같다. 일설에는 '송흠宋欽[59] 이 삭주를 다스릴 때에 이 술을 빚었으며, 송흠이 여산礪山사람이어서 그 술의 이름을 송흠주宋欽酒'라고 했다고도 한다.

살펴보건대 한 읍에서 만든 것이 이와 같이 이름을 드날린 것도

『소대기년昭代紀年』에는 도백으로 있을 때 많은 재물을 노략질해 광해군에게 바치고 향락했으므로 원성怨聲이 높았다 한다.

57 여산礪山 : 전라북도 익산 지역의 옛 지명으로 여산은 여량礪良과 낭산朗山이 합쳐져 생긴 지명이다. 여산은 전라도와 서울 방면간의 길목으로 관내에 양재역良才驛이 있었고, 병자호란 때에는 이곳에 의병청義兵廳이 설치되었다. 충청도 접경의 작지鵲旨에는 매년 7월 15일에 부근 지역의 양도 주민들이 모여 수박희手搏戲로 승부를 다투며 즐기는 풍속이 있었다. 또한, 접경지대의 황화정皇華亭은 전라도의 신구 관찰사가 교대하는 곳이었다.

58 삭주朔州 : 평안북도平安北道 삭주군의 군청郡廳 소재지所在地로 신의주新義州에서 북동 약80km지점地點에 있다. 쌀·콩·담배 등等의 농산물農產物과 축산물畜產物·공산물工產物·광산물鑛產物의 집산지集散地이다. 삭주 온천溫泉과 금의 산출產出로 유명하다.

59 송흠宋欽(1459~1547) : 자는 흠지欽之이며, 호는 지지당知止堂, 본관은 신평新平이다. 기묘년에 태어나서 경자년에 사마시에 뽑혔고, 성종 임자년에 문과에 올라 벼슬이 판중추에 이르렀다. 기사에 들고 청백리로 뽑혔다. 시호는 효헌공孝憲公이고 나이 90세에 죽었다. 청백하고 검소하고 벼슬에 욕심이 없음이 조원기趙元紀와 같았고, 여러 번 1품 품계에 올랐다. 공이 매양 지방에 수령으로 부임할 때에 신영新迎하는 말馬이 겨우 세 필 밖에 안 되었다. 공이 타는 말이 한 필이고, 그의 어머니와 아내가 각각 한 필씩 탔으므로, 그때 사람들이 '삼마태수三馬太守'라고 불렀다. 여산 군수礪山郡守가 되었을 때, 고을이 큰 길 옆이어서 손님은 많은데 대접할 것이 없어, 특별한 방법으로 술을 만들었는데, 이것을 '호산춘壺山春'이라 했다. 「행장」에 나온다.

많다. 예를 들어 공주公州의 육촉肉燭[60], 청주淸州의 설어항雪於項, 영흥永興[61]의 약과藥果, 근래 구례求禮의 유기鍮器, 옥과玉果[62]의 부채, 나주羅州의 칠漆이 모두 이와 같다.

· **화포장**火砲匠

고려에서 남경南京으로 사신을 보낼 때의 일이다. 어떤 한 화포장이 중국으로 조회 가는 사신을 따라 바다로 남경으로 가게 되었는데, 집이 매우 가난하고 행색이 초라하고 볼품없어 같이 가는 사람들이 서로 눈짓하며 그를 비웃었다. 사행선이 가다가 바다의 어느 한 섬에 이르러 나무를 하고 물을 길어 순풍을 타고 배를 출발하려 했는데, 배가 갑자기 빙빙 맴돌며 나아가지 않았다. 배 안에 사람들이 모두 말하기를,

"예부터 배를 타고감에 한 사람이 수액水厄이 있으면 배에 있는 모든 사람들이 함께 그 해를 입는다고 했으니 지금 우리 배 안에는 수재水災를 당할 사람이 없는지요? 청컨대 한 번 시험해 봅시다."

라고 했다.

---

60 육촉肉燭 : 육초라고도 하며 쇠기름으로 만든 초이다.

61 영흥永興 : 황해남도 청단군 용포리의 동남쪽에 있는 마을이다. 언덕에 위치해 있다. 협동조합 당시 번영하라는 뜻에서 영흥이라 했다. 지난날 큰 무덤이 있었다고 해 능돌이라고도 한다.

62 옥과玉果 : 전라남도 곡성 지역의 옛 지명이다. 옥과라는 지명의 '옥玉'은 '티 없이 맑고 조용하다'는 뜻을 나타내고, '과果'는 '훌륭한 인물을 배출 한다'는 뜻을 가졌다고 한다. 조선시대에는 대부역大富驛이 있었고, 동서로 곡성과 담양, 남북으로는 화순군 동복과 전라북도 순창을 연결하는 도로가 있다.

매번 한 사람씩 육지로 내려감에 배는 여전히 위태로이 맴돌았는데, 화포장이 육지로 내려가자 배가 문득 세차게 막힘이 없었다. 드디어 서로 의논해 식량·의복·솥·도끼·칼 등 모든 쓰이는 여러 기물들을 갖추어 억지로 그를 섬 안에 남겨두고 떠나며 약속하기를,

"일을 끝내고 돌아오는 길에 꼭 여기에서 자네를 맞이해 함께 타고 돌아갈 것이네."

라고 하고 드디어 서로 울며 이별했다.

화포장은 홀로 궁벽한 섬에 있으며 풀을 엮어 움집을 만들어 비바람과 추위와 더위에 대비하고 상라蟓螺, 조개, 소라를 줍고 해초[63]를 모아 굶주림과 목마름을 보충하며 스스로 외딴섬에서 백골이 되는 것을 분수로 여겼다. 밤에 잠을 이루지 못해 귀 기울여 듣노라면, 새벽마다 어떤 소리가 섬에서부터 산을 뒤흔들고 고개를 진동하며 바다로 나갔다가, 또 날이 저물면 어떤 소리가 바다에서 파도를 일렁이며 골짜기로 다다라 섬으로 들어오니 매우 기이하게 생각했다. 그래서 그는 새벽 때를 기다려 산림에 풀 가리개를 하고 숨어 살펴보니 크기가 큰 들보와 뗏목만하고 몇 백자인지도 알지 못할 만큼 길고 큰 이무기 한 마리가 섬에 있으면서 곰, 이리, 사슴, 돼지를 잡아 삼키고 바다로 들어가서는 물고기와 거북 등을 좇아 먹어치우니 그것이 다니는 길이 움푹 들어가 도랑 하나를 만들어 큰 배를 들일만 했다.

---

63 윤조綸組 : 『이아爾雅』에 "윤綸은 실끈과 같고 조組는 인끈과 같다." 했는데, 그 주에, '「윤과 조는」 바닷속에서 나는 풀로서 문채가 있는 때문에 이 문채를 상징해 윤과 조라는 이름을 붙였다' 했다. 여기서 윤조는 나물의 두가지 이름을 뜻한다. 『이조한문단편집』에는 윤저綸蛆로 기록되어 있다

화포장은 새로 큰 칼을 갈아 이무기가 다니는 길목에 열 지어 꽂았는데 모두 자루를 묻고 칼날을 위로 나오게 했다. 다음날 새벽에 그 이무기가 과연 바다에서 돌아오다가 아래턱에서 꼬리에 이르기까지 모두 서슬 같은 칼날에 찢겨 주기珠璣·낭간琅玕·야광夜光·화제火齊[64] 같은 것들이 모두 땅에 쏟아져 나와 쌓여 계곡을 채웠다.

여러 날 비린내가 바람을 타고와 코를 찔러 그 냄새를 찾아 가서 보니 큰 이무기가 숲 속에 죽어있었다. 그 배를 갈라서 수레를 비추는 한 치 지름의 구슬을 얻었는데[65] 몇 십 몇 백 개나 되는지 알지 못할 정도였다. 드디어 풀을 엮어 싸니 크기가 한 섬 만한 것이 십여 포가 되어 헤어진 옷으로 덮어두고 돌아오는 배를 기다린 것이 거의 반년이 되었다. 양식이 다되어가 그는 어떻게 삶을 도모해야 할지 알지 못했는데, 문득 큰 배가 돛대를 펼치고 바다에서 오는 것이 보였고, 높이

"화포장은 별 탈 없는가?"

라고 부르는 소리가 들려서 이르러보니 중국에 갔다 동으로 돌아오는 사행선이었다. 서로 손을 잡고 위로하고 맞이해 배에 오르니 배에

64 주기珠璣~화제火齊 : 주기珠璣에서 '주'는 둥근 구슬, '기'는 둥글지 아니한 구슬이라는 뜻으로, 온갖 구슬을 다 이르는 말이다. 간琅玕은 중국에서 나는 경옥硬玉의 한 가지로 어두운 녹색綠色 또는 청백색青白色이 나는 반투명半透明의 아름다운 돌로, 예로부터 장식裝飾에 많이 쓰였다. 화제火齊는 화제주火齊珠의 준말로 보주寶珠의 일종이다.

65 수레를 비추는 한 치 지름의 구슬 : 『통감通鑑』에 "齊威王魏惠王 會田於郊 惠王曰 齊亦有寶乎 威王曰 無有 惠王曰 寡人 國 雖小 尚有徑寸之珠照車前後各十二乘者 十枚 豈以齊大國而無寶乎"라는 구절이 있는 바 진귀한 보물을 가리킨다.

함께 탄 사람들은 모두 남경의 시장에서 남금南金[66]·대패大貝·무늬비단·채색비단을 얻어 가득실어 돌아온 것이었다. 화포장이 말하기를,

"여러분들은 크나큰 복으로 모두 중국에서 귀중한 재화를 얻었지만 나는 홀로 궁벽한 섬에서 야위어 파리하게 있어 빈손으로 돌아가게 되었으니 운명인가 봅니다. 무슨 면목으로 돌아가 처자식을 보겠습니까? 섬 안에는 할 만한 것이 없고 물가에 둥근 돌이나 모아 늙은 아내가 상을 누르고 베틀을 받치며 길쌈하는 도구로 쓸까합니다."

라고 하고는 드디어 열개 남짓 풀 꾸러미를 들어 배에 실었는데 모두 해진 옷으로 덮어두어 배에 함께 탄 사람들은 속으로는 웃었지만 불쌍하게 생각했다.

돌아와서는 그것을 시장에 내다 팔아 많은 재화를 얻은 것이 거의 수만금을 넘어 드디어 나라의 갑부가 되었다. 자손들 혼사를 모두 명문가와 높은 문벌들과 맺었으며, 함께 교제해 친밀하게 지내는 사람들은 모두 당시에 공작과 후작, 권세 있거나 귀한 사람들이었으니 어찌 역관·모리배·장사꾼[67]의 부류와 같이 말할 수 있겠는가?[68]

---

66 남금南金 : 중국 형주荊州·양주揚州 지방에서 나는 황금으로, 품질이 좋은 것으로 이름이 높다. 따라서 귀중한 물건 또는 좋은 재질이라는 뜻으로 비유되어 쓰인다.

67 상서象胥~무천貿遷 : 상서象胥는 역관譯官을 지칭하는 말로 역어지인譯語之人, 역어인, 역인, 설인舌人, 상서象胥 등으로 불리기도 했다. 모리牟利는 사리를 취함, 개인적 이익을 챙기는 것을 뜻하며, 모리謀利로도 쓰인다. 무천貿遷은 물건을 상호 바꾸거나 파는 일로서, 상업 활동의 다른 표현을 이른다.

68 이와 관련된 이야기가 『이조한문단편집李朝漢文短篇集』에 「박포장朴砲匠」으로 실려 있다. 해제를 살펴보면 『동야휘집東野彙集』 권 7에서 뽑았으며, 원제가 「낙소도 포장획화落小島 砲匠獲貨」인데 박포장으로 바꾸었다. 『청구야담靑邱野談』 권5서울대 고도서본에 「수사행 박상득화隨使行 薄相得貨」도 이와 내용이 비슷하다고 밝혀 두

· **강계백생**江界白生

강계의 백생은 은장銀匠이었다. 그는 비녀와 귀걸이, 칼집을 만들었는데, 비교적 다른 장인들보다 솜씨가 정교했다. 그가 일을 할 때에는 반드시 갓을 바로 쓰고 꿇어앉아서 두드려 주조했는데, 물건을 팔 때는 두 가격을 부르지 않았으며 생활할 수 있는 정도면 그만이었으므로 높은 값을 받기 위해 또한 수고롭게 애쓰지도 않았다.

그는 어떤 때는 두 손을 모으고 호탕한 노래를 불렀는데, 노래 소리가 힘차고도 드높았다. 밤에는 반드시 글을 지으며, 혹은 시를 읊어 책에다 적어 놓기도 했다. 급급하게 얻고자 하지도 않았고 처량하게 근심하는 것도 없었으니, 아마도 공장으로 변장한 은자가 아니겠는가?[69]

≪양재성≫

었다.

69 이와 관련된 이야기가 이덕무李德懋, 『청장관전서靑莊館全書』 권50, 「이목구심서耳目口心書3」에 실려 있다.

13. 못난이形怪

· 이근李謹

이근은 대대로 문벌이 좋은 집안이었다. 그가 처음 태어날 때에는 하나의 고기 덩어리로 겨우 사람의 생김새만 갖추었다. 털이 온 몸을 덮어 마치 돼지 새끼와도 같아서 부모가 처음에는 그를 키우지 않으려고 했다. 이미 성인이 되었는데도 키가 석자를 넘지 못하고 머리털이 땅까지 내려왔으며, 수염이 한 자나 되었다. 걸음걸이는 비틀거리고 손발에도 모두 털투성이어서 이를 본 사람들은 놀라고 기이하게 여기지 않는 자가 없었다. 이근 자신도 자기가 병자인 줄을 알아서 사람만 보면 곧장 숨었다. 자기 집에서 글을 배울 수 밖에 없었는데 총명이 남보다 뛰어나 경전經傳이나 사기史記에 정통하지 않는 것이 없었으며, 글을 잘 짓고 글씨도 잘 썼는데 그 중에서도 시詩에 가장 능했다. 또한 노래와 휘파람을 잘 불었으니 대개 천성으로 타고난 것이다. 문족門族인 지천芝川 황정욱黃廷彧[1]이 기이하다는 소문을 듣고 와서 보고 운자를 불러 시를 짓도록 했는데, 운자를 내자 곧바로 대답을 했다. 이에 크게 칭찬하고 그의 부모에게 권하여 장가들이게 했다.

임진왜란 때 이근은 광주廣州에 있는 선산先山 근처로 피난했다. 갑

---

1 황정욱黃廷彧(1532~1607) : 자는 경문景文, 호는 지천芝川이다 예조판서·병조판서 등을 역임했다. 1592년 임진왜란이 일어나자 호소사號召使가 되어 왕자 순화군順和君을 배종陪從해 관동으로 피신했다. 왜군의 포로가 되어 왜장 가토加藤淸正로부터 선조에게 보내는 항복 권유문을 쓰도록 강요받았다. 이로 인해 이후 정권을 장악한 동인의 집요한 공격을 받아 복관되지 못한 채 죽었다. 문장·시·서예에 능했다. 저서로는 『지천집』이 있다. 1623년에 신원伸寃 되었다.

자기 왜적의 무리를 만나게 되어 달아나 숲 속에 숨었는데, 왜적들은 그를 보고 괴상한 짐승이라 생각하고 물러서서 감히 가까이 오지 못했다. 오랫동안 보고 난 뒤에 곧 포박하여 서로 웃고 구경하고는 기이하게 태어났다고 여겨 마주 들고 그들의 두목에게 갔다. 왜의 두목도 역시 놀라고 괴상히 여겨 사람인지 짐승인지 분별하지 못해 먹을 것을 던지기도 하고 혹은 회초리로 때려서 우는지, 먹는지를 시험했다. 그러나 이근은 조금도 두려워하는 빛이 없었으므로 왜의 두목은 더욱 기이하게 여겼다.

어떤 늙은 왜놈이 그를 보고 말하기를,

"어찌 빨리 죽이지 않느냐? 이놈은 바로 조선인으로 우리에게 화살을 쏠 수 있는 자이다."

라고 하니, 여러 왜놈들이 일제히 분이 나서 칼을 빼어 참수하려 하자, 왜의 두목은 힘써 말렸다. 밤이면 대나무 농짝에 넣어서 도망가는 것을 막았다. 또 점을 치는 중을 불러다가 그에 대한 점을 치게 했다. 점쟁이가 말하기를,

"사로잡은 것은 곰도 아니요 범도 아니니, 곧 문왕文王이 여상呂尙을 얻었던 징조이니, 어찌 이인異人을 얻은 것이 아니겠습니까?"

라고 했다. 그리하여 왜의 두목은 크게 기뻐하여 그를 더더욱 후하게 대접했다.

왜의 두목이 진을 친 곳은 바로 한강 제천정濟川亭이었다. 이때는 마

침 7월 보름이어서 달빛은 대낮처럼 밝았고 강의 물결은 누인 명주 같이 잔잔했다. 밤기운은 쓸쓸하고 가을 소리는 사방에서 일어났다. 이근은 홀로 앉아 잠이 오지 않아 백 가지 감회가 가슴 속에서 일어나므로 대나무 농짝 안에서 길게 휘파람을 부니 그 소리가 처량했다. 여러 왜병들은 놀라 일어나서 눈물을 흘리지 않는 자가 없었다. 왜의 두목도 이를 듣고 고향을 그리워하는 생각을 이기지 못하고, 나라를 떠나온 생각에 눈물이 흘러 옷깃을 적셨다. 비로소 죽롱竹籠을 열고 이근을 나오게 하며 말하기를,

"무슨 괴물이 이렇게 기이한 재주가 있느냐! 저번에 신통한 승려가 점친 것이 헛말이 아니로구나."

라고 했다.

이근은 스스로의 생각에, '지금의 계책은 내가 요행히 이곳을 벗어나서 혼자 계신 어머님을 다시 뵙는 것이다.'고 여겼다. 마침내 마음을 놓고 말하며 웃어대니, 왜의 두목이 술을 주면서 마시라고 권했다. 이근은 주량도 또한 커서 병을 기울여 마음껏 마시고 술이 취하자 길게 노래를 불렀다. 그 노래는 초나라 가락으로, 노래를 하니 진영의 왜놈들이 모두 감동해서 울었다. 노래가 끝나자 이근은 일어나서 춤을 추었는데, 좌우로 돌고 손뼉을 치고 발을 구르는 등 백 가지 모양을 드러내니, 여러 왜놈들이 또한 손뼉을 치며 크게 웃었다. 춤이 끝나자 이근은 눈물을 줄줄 흘리면서 실성한 것처럼 통곡하니, 보는 자들도 모두 울었다. 왜의 두목이 묻기를,

"너는 무엇 때문에 그렇게 슬피 우느냐?"

라고 했다.
이근은 붓을 찾아 글씨를 써서 보이기를,

"80세의 노모와 서로 헤어진 지가 이미 오래되었는데, 죽었는지 살았는지조차 알 수가 없어 우는 것이오."

라고 하니, 왜의 두목도 이 말을 듣고 가엾게 여기며 감탄했다. 또한 그의 필적을 보더니 혀를 차면서 칭찬하고, 이로 인해 여러 사람들에게 말하기를,

"이 인물이 몹시 괴이하고 이상하더니 이제 그가 하는 짓을 보니 또한 심상치가 않다. 만일 진중에 둔다면 반드시 요망스러운 일이 생겨서 도리어 후회할 일이 일어날 것이다. 잡아 두어봐야 유익할 것이 없고 죽이자니 차마 그럴 수도 없으니 놓아 보내는 것이 좋겠다."

라고 하니, 이 말을 듣고 모든 왜병들도 그 말이 옳다고 했다. 마침내 왜의 두목이 이근에게 말하기를,

"네가 지금 집에 돌아가기를 생각하고 있으니 네가 원하는 대로 해라."

라고 했다.

이근은 왜의 두목의 뜻을 짐짓 시험해 보려고 했다. 그래서 말하기를,

"길이 막혔으니 가고 싶지만 어디로 돌아가겠소? 이 진중에 머물기를 원합니다."

라고 했다. 이에 왜의 두목이 말하기를,

"다만 말해 보아라."

라고 하므로 이근은,

"강화江華로 가고 싶습니다."

라고 했다. 왜의 두목은 진중에 잡혀와 있는 우리나라 사람 4·5명을 찾아내어 조그만 배에 양식을 많이 준비하여 실어서 강화로 실어 보내주었다. 이미 강화에 도착하자, 그는 박경신朴慶新이 해주 목사海州牧使가 되었다는 소식을 듣고 그곳에 가서 투숙했다. 이근의 어머니는 목사의 고모가 되기 때문에 가서 해주 관사에 와 있었다. 그래서 마침내 모자가 서로 만나게 되었다. 이근은 나이가 70에 가깝도록 살다가 죽었으며 자손도 또한 많았으니 아, 또한 기이하도다! 감사 박경신이 항상 이근에 대해 말했고, 죽천竹泉 이덕형李德泂이 지은 이근의 유사遺事에 전한다.[2]

---

2 이근李謹과 관련된 내용은 이규경李圭景, 『오주연문장전산고五洲衍文長箋散稿』에 자

· 가산동嘉山童

가산동은 삼등三登 마을의 평민이었다. 가산동의 어머니는 자식이 없어 가산사嘉山寺의 미륵불에게 기도했는데, 꿈에 말하기를,

“이제 너는 곧 아기를 가지게 될 것이다.”

라고 했다. 가산동의 아버지는 장사하러 먼 곳에 있었는데 때마침 그날 돌아왔다. 임신해 아이를 낳게 되어 가산동嘉山童이라 이름 지었다. 나이 16세에 갑자기 비대肥大하게 자라 크기가 미륵불彌勒佛 같았다. 외가外家가 강동江東에 있어서 가산동이 그곳에 가서, 세 마리 소의 척추를 꺾으니 윤수익尹守翼이 아버지의 임소로 갔다가 이것을 보았다. 가산동이 사는 집은 벽 전체를 통과하는 것으로 문짝을 만들었으니 참으로 이미 놀랄만하다. 그를 보면 모자 다섯 개를 더한 크기의 머리이고, 손가락은 팔뚝 같으며, 팔뚝은 넓적다리 같고, 넓적다리는 허리 같았다. 유독 이불 하나로 몸뚱이를 가릴 정도로 커서 겨우 가렸으나 다 못 가려서 누른 살색만 흐릿하여 가까이서 볼 수가 없었다. 하루에 먹는 것이 밥 세 동이에 국 세 동이였다. 능히 할 수 있었던 것은 곧 골패 놀이인데, 사람들이 대적할 수가 없었다. 가산동은 본래 부자 집 자녀였는데 집안의 재산이 점점 다하여 20여 세에 죽었다.[3]

세하게 기록되어 있다.

3 가산동嘉山童에 대한 내용은 성해응成海應, 『연경재전집研經齋全集』 권57, 「가산동嘉山童 곽씨아郭氏兒」 에 보인다.

· **곽씨아**郭氏兒

곽씨아는 현풍玄風 사람으로 망우당忘憂堂 곽재우郭再祐[4]의 친족이다. 그의 아버지는 이름은 전해지지 않고 별장別將으로 불렸다고 한다. 별장은 늙도록 자식이 없었는데 70이 되어서야 사내아이를 낳았다. 사내아이가 갑자기 성장해 3~4세에 땔 나무를 지고 부모의 방을 따뜻하게 할 수 있었다. 이웃 마을 사람들이 이를 기이하게 생각했다. 어떤 이는 말하기를,

"이는 장차 뒷날 재앙이 될 터인데 어찌 죽이지 않는가?"

라고 했다. 이에 그의 부모가 염려했으나 사랑스러워 죽일 결정을 할 수가 없었다. 곽씨아는 이를 알고 부모와 사별辭別하려하니, 이웃 사람이 말하기를,

"너가 성장함은 죄가 아니나 남에게 의심받는바가 되니 너는 마땅히 먼 곳으로 떠나서 부모에게 누가 되게 하지 말라."

라고 했다. 그리하여 드디어 작별인사를 하고 떠났다. 그런데 부모가 병이 나면 방이 따뜻해진다는 것을 깨달았다. 이웃 사람들이 괴이하게 여겨 살펴보았더니 곽씨아郭氏兒가 문득 땔 나무를 지고 와서 그 부모의 방을 따뜻하게 했다. 자취를 밟아 그 이유를 물으니 말하기를,

---

4 곽재우郭再祐(1552~1617) : 본관은 현풍玄風이다. 자는 계수季綏, 호는 망우당忘憂堂이다. 경상남도 의령 출신이다. 임진왜란이 일어나자 최초로 의병을 일으켜, 초야에 묻힌 홍의장군으로 혁혁한 공을 세웠다.

"제가 항상 생각하기를 부모님이 연로하여 의지할 곳도 없어 병이 생기는가를 살펴서 곧 와서 방을 따뜻하게 했습니다."

라고 했다.[5]

· **복동**福同

복동은 광해군光海君 때의 박수무당이다. 모습이 부인 같아서 수염이 없고, 말소리도 또한 여자 목소리였다. 여복女服을 입고 궁금宮禁을 출입하며 음사淫祀를 설치하니, 궁녀 중에 이 일을 관장하는 자와 섞여 있으면 남녀유별男女有別하지 않을 때가 많았다. 어떤 사람이 말하기를

"반정 이후에 사형 당했다."

라고 했다.

· **강가시**康加屎

강가시에 대해서는 선조宣祖 갑진년(1604) 겨울의 일에 나타난다. 기백箕伯[6]이 올린 보고서에,

"선천부宣川府에 괴이하게 태어난 사람 강가시가 있는데 그는 아내

---

5 곽씨아郭氏兒에 대한 내용은 성해응成海應,『연경재전집硏經齋全集』 권57,「가산동嘉山童 곽씨아郭氏兒」에 보인다.

6 기백箕伯 : 조선 시대, 평안도의 관찰사를 달리 이르던 말이다.

향이香台를 거느리고 산비山非의 집에 머물면서 접대 받고 있었습니다. 산비를 불러들여 물어보니 강가시는 본래 귀성龜城 사람인데, 아내 향이香台와 함께 와서 스스로 말하기를 '나에게는 기괴한 아들 셋이 있는데, 응당 하늘로부터 내려온 것이다.'고 했는데 과연 세 사람이 공중에서 내려 왔습니다. 아름다운 수염에 모습은 크고 의관衣冠이 매우 근엄하며 말소리는 작아 듣기 어려웠습니다. 하나는 성인聖人이라 하고, 하나는 신선神仙이라 하며 하나는 생불生佛이라 했습니다. 유연히 사라져서 가는 곳을 알 수 없었습니다. 그의 어머니 향이香台는 장남은 음문陰門에서 낳고, 다음 두 아들은 갈빗대 사이로 낳았는데 금년에 모두 출생해 저와 같이 장대하게 되었고, 또 넷째 아이를 가졌으니 마땅히 오른쪽 갈빗대 사이로 출산했다고 합니다."

라고 했다.[7]

· **이현배의 아들**李玄培子

이현배李玄培는 문관文官으로 진주목사晉州牧使가 되었을 때 한 어부가 뱅어를 올렸는데, 몸 전체가 빙설氷雪 같았다. 이현배의 아내가 구워서 그것을 먹었다. 그달에 임신해 아들을 낳았는데 머리카락이 모두 하얗고 피부는 마치 옥과 같았으며, 눈동자는 엷은 황색에 흰빛이었다. 나이 10여세가 되자 스승에게 나아가 학문을 함에 자못 총민하고 글을 잘 지었다. 그는 여러 아이들과 함께 자주 나의 집[8] 뜰에서 놀았

---

7 강가시康加屎와 관련된 내용은 조경남趙慶男, 『난중잡록亂中雜錄』에 보인다.

8 이 내용은 이덕무李德懋의 『청장관전서靑莊館全書』, 「기복건인황삼문답記福建人黃森問答」에 보인다.

는데 환한 대낮에는 사물을 보면 분명치 않고 감히 태양을 우러러 보지를 못하고 항상 고개를 숙이고 땅을 바라보며 다녔다. 동료들이 밤에 그의 집에 들어가 보면 어두운 방에 앉아서도 능히 글씨를 쓰는 것을 보았는데 종정도從政圖[9]의 가는 글자가 털끝만큼도 어긋남이 없었다. 식자識者들이 우려했는데, 그것이 전란의 징후가 됨을 알았기 때문이다. 나이 13세에 죽었는데, 그 이듬해에 왜구가 우리나라를 크게 어지럽혔다. 대개 서쪽은 금색金色이니 그 전쟁의 징후가 된다고 했는데, 과연 그러했다. 『어우야담於于野談』

≪최종호≫

· 키가 크고 살찐 사람이 키가 작고 몸집이 작은 사람을 다음과 같이 조롱했다.

삿갓을 쓰면 갓끈이 땅에 끌리고	着笠纓垂地
신발 신으면 이미 머리도 파묻혔네	穿靴已沒頭
길에서 소 발자국에 고인 물 만나면	路逢牛跡水
건너려고 겨자씨로 배를 만드네	欲渡芥爲舟

키가 작고 몸집이 작은 사람이 도리어 조롱하기를 다음과 같이 했다.

이불을 덮을 때마다 다리가 튀어나오고	蓋衾輒露脚

9 종정도從政圖 : 조선시대 양반집 자녀들이 놀던 놀이로 일명 '승경도'라고도 하는데 어느 것이나 '벼슬살이를 하는 도표'라는 뜻에서 온 것이다. 『용재총화慵齋叢話』의 저자인 성현은 종정도의 창시자가 정승 하륜河崙이라고 했다. 지금으로부터 500년 전에 시작되었다.

문에 들어가면 먼저 머리 부딪치네	入門先打頭
배꼽을 태우면 초를 만들 만하고	燃臍堪作燭
다리 자르면 배를 저을 만하다네	刖足可撑舟

소경이 귀머거리를 다음과 같이 조롱했다.

욕을 들어도 도리어 활짝 웃고	逢叱還開笑
동쪽을 물으면 곧 서쪽으로 답변하네	問東便答西
처자가 매번 일을 말할 때마다	妻孥每道事
문득 말소리가 작다고 꾸짖네	却責語聲低

귀머거리가 도리어 조롱하기를 다음과 같이 했다.

밤이 아닌데 항상 밤 같고	不夜常如夜
자는 것이 아닌데 또한 자는 것 같네	非眠亦似眠
만약 삼척 지팡이가 없다면	若無三尺杖
길가에 넘어지는 것 어찌 피하리	那免道傍顚

곰보가 머리를 깝신거리는 절름발이를 다음과 같이 조롱했다.

발을 높낮이로 어지럽게 들고	亂擧高低足
때때로 위아래로 머리 흔드네	時搖南北頭
바람이 불지도 않고 취한 것도 아닌데	非風亦非醉
평지에서 배를 탄 것 같다네	平地似乘舟

머리를 깝신거리는 절름발이가 도리어 조롱하기를 다음과 같이 했다.

물가에 가면 물고기가 그물에 놀라고	臨水魚驚網
산에 오르면 새가 그물을 두려워하네	登山鳥惕羅
소의 천엽이 아니라면	若非牛千葉
바로 말부리망 이라네	正是馬㡆窠

대머리가 털복숭이를 다음과 같이 조롱했다.

멀리 있을 땐 덥수룩한 곰 같고	在遠疑熊鬣
앞에 있으면 털모자 쓴 것 같네	當在若帽毛
두 뺨은 어느 곳에 있는가	雙腮何處在
코 하나만 홀로 높구나	一鼻獨能高

털복숭이가 도리어 조롱하기를 다음과 같이 했다.

처음 볼 땐 요망한 여자 모습이더니	初見疑妖女
자세히 보니 늙은 중 닮았네	細看似老僧
수염 없는 턱은 서리 내린 후의 들판이고	頤童霜後野
툭 튀어나온 머리는 불난 뒤의 언덕이라네	頭兀火餘陵

내가 언젠가 동파가 황매의 깊이 들어간 눈을 놀린 것을 들었는데 시에 이르기를

지난해 슬픈 눈물 올해에 떨어지고	前年悲淚今年落
오리 밖의 행인을 십리로 보네	五里行人十里看

라고 했는데,

황매가 도리어 동파가 수염이 많은 것을 놀린 시는 다음과 같다.

입술과 이를 찾으려 해도 못찾았더니	點檢脣否無覓處
홀연히 털 속에서 소리가 들리네	忽然毛裏有聲傳

이 시와 함께 전하여 한 번 웃음거리로 넓힐만하다.[10]

· 손와損窩 최석항崔錫恒

손와 최석항[11]은 키가 몹시 작았다. 언젠가 한림원의 선임자로써 후임 이현조를 검속했는데 몹시 포학하게 하는 것이 곧 관아에 전해 내려오는 관례였다. 이현조는 그 괴로움을 견디지 못해 이에 시로 그를 조롱하니 내용은 다음과 같다.

---

10 유사한 이야기가 이수광李睟光, 『지봉유설芝峯類說』 권16, 「해학諧謔」에 실려 있다.

11 최석항崔錫恒(1654~1724) : 본관은 전주全州이다. 자는 여구汝久, 호는 손와損窩이다. 1678년 진사가 되고 1680년 별시문과에 병과로 급제, 예문관검열이 되었다. 몸집이 작고 차림이 초라했으나, 사리판단이 정확해 경상도관찰사로 있을 때는 전국의 관찰사 중 제일이라는 평판을 들었다. 1721년부터 2년에 걸친 이른바 신임사화에서 소론이 승리하는 데 큰 구실을 했다. 1721년 10월 왕세제王世弟 대리청정의 지시가 내렸을 당시 좌참찬으로서 왕을 만나 그 부당성을 지적해 그것을 철회시키기도 했다. 이조판서를 거쳐 좌의정에 이르렀고, 나이 70이 되어 기로소耆老所에 들어갔다. 당시 소론4대신 가운데 한 사람으로 꼽혔는데, 이러한 당색 때문에, 영조가 즉위한 뒤 관작이 추탈되었다가 복관되기도 했다. 저서로는 『손와유고』 13권이 있다.

어떤 기형적으로 생긴 놈이 한림원 속을 지나기에	何物奇形院裏過
멀리서 바라보니 우습기도 하고 탄식도 나오네	望之堪笑亦堪嗟
달고 온 두 눈은 놀란 토끼처럼 빨갛고	擡來雙眼疑驚兎
걸어가며 층계를 오르는 것은 뛰어오르는 개구리 같구나	步上層階類躍蛙
소반에 숟가락질 할 때는 솥을 들듯 하고	每引盤匙如擧鼎
담뱃대 옆으로 비껴 문 모습은 나발 부는 것 같네	偶横烟竹若吹螺
사람 사이에 이렇게 괴이한 모습 내가 처음 보니	人間至怪吾初見
비로소 깨달았네. 금년에 액회가 많을 것이란 걸	始信今年厄會多

대개 시어가 혀를 찰 정도로 너무 잘 묘사해서 사람들이 최석항이 반드시 매우 성낼 것이라 생각했는데 그러나 최석항은 보고서 웃고 말았다. 다만 시중드는 하인을 관리하기만 해서 사람들이 그의 아량에 복종했다.

· **장순손**張順孫

장순손[12]은 젊었을 때 모습이 돼지머리를 닮아서 동료들이 돼지머리라고 그를 비웃었다.

---

12 장순손張順孫(1457~1534) : 본관은 인동仁同이다. 자는 사호士浩 또는 자활子活이며, 성주星州 출신이다. 1485년 별시 문과에 3등으로 급제한 뒤 정언·회령판관을 역임하고, 1496년 홍문관에 들어와 부응교·응교를 지냈다. 1504년 갑자사화에 연루되어 먼 지방에 부처付處되었다가 중종반정으로 풀려나 경상도관찰사에 보임되었으며, 기묘사화로 조광조 일파가 축출되자, 복직되어 판중추부사判中樞府事를 역임한 뒤 다시 이조판서·판의금부사를 거쳐 판중추부사가 되었다. 이 때 나이 70으로 궤장几杖을 받기도 했다. 이어 권신 김안로가 정권을 장악하자, 그에 의해 우의정에 오르고, 좌의정을 거쳐 1533년 영의정에 올랐다가 이듬 해 죽었다.

14. 대식가巨量

· **정응두**丁應斗

정응두[1]는 먹는 양이 가장 많았다. 언젠가 농장에서 한가롭게 거처하는데 홍시 이백 개를 큰 버드나무 그릇에 담고 술 두 병 및 여러 안주를 바치는 마을 노인이 있었다. 응두가 술 두병과 여러 안주를 다 먹어 그릇을 비우고는 앉아서 한가롭게 이야기 하면서 홍시를 가져다가 그 꼭지를 떼어내서 입에 던져 순식간에 다 먹었다. 그리고 빈 그릇을 마을 노인 앞에 던졌다. 마을 노인이 사죄하며 말하기를,

"처음 제가 바칠 때는 나리께서 여러 날 먹을거리를 제공했는데 지금 제 앞에서 다 먹어 치울 줄 생각지도 못했습니다."

라고 했다. 그 마을에 이충의李忠義라는 자가 있었는데 집에 사철 제사가 있어서 제사가 끝나면 정응두를 맞이해 먹였다. 신위에 진설한 것을 모두 앞에 내어주었는데 제사용 그릇은 몹시 커서 평상시에 쓰는 그릇보다 세배였다. 과일 예닐곱 접시와 유밀과 예닐곱 그릇이 높이가 모두 한 척이나 되었고 떡의 높이와 구운 고기의 높이도 한 척이었으며 국수 두 그릇과 어육탕 예닐곱 그릇과 그 외에 물과 뭍에서 나는 음식 약간 그릇과 밥과 국과 술에 이르기까지 양에 따라

---

1 정응두丁應斗(1508~1572) : 본관은 나주羅州이다. 자는 추경樞卿이다. 1521년 진사시에 합격하고, 1534년 식년문과에 장원으로 급제해 선공감직장繕工監直長에 제수되었다. 그 뒤 전적을 거쳐 세자시강원설서에 임명되었다. 1561년 병조판서가 되었다. 그해 판의금부사로 종묘 헌관獻官이 되었으며, 그 뒤 좌찬성·평안도관찰사 등을 거쳐 1566년 판중추부사에 이르렀다. 시호는 충정忠靖이다.

서 올렸는데 모두 그릇을 비워버렸다. 온 집안사람들이 그가 먹는 양을 알아서 지극히 풍성하게 하는데 힘썼으니 세상에 드문 장관이라 여겼다.

· 김응사金應泗

김응사는 의관이었으며 어우於于 류몽인柳夢寅과 같은 마을 사람이었다. 배의 둘레가 열 아름이어서 먹는 양이 매우 많았다. 간의諫議 홍장민洪長民이 유생이었을 때 위장병을 앓았는데 응사와 함께 산사에 거처하면서 치료했다. 응사를 위해 두부 한 솥과 밥 다섯 되 술 한 동이를 준비해서 먹였는데 응사가 한 번에 먹고서 그 그릇을 비우고 드디어 뒷짐을 지고 어슬렁거리면서 하늘을 우러러 보고 탄식하기를,

"요즘 나의 위장의 기운이 매우 약해졌구나."

라고 했다.

· 홍일동洪逸童

· 고형산高荊山

고형산[2]은 70세인데도 음식을 잘 먹어서 사람들이 먹보라 불렀다.

---

2 고형산高荊山(1453~1528) : 본관은 횡성橫城이고 자는 정숙靜叔이다. 사마시에 합격해 생원이 되고, 1483년 별시문과에 병과로 급제한 이후 연산군 때 해주목사·함경북도병마절도사를 지냈다. 중종 때 강원도관찰사와 형조·호조·병조의 판서 등 요직을 차례로 역임하고 우찬성에 이르렀다. 조광조趙光祖 일파의 정치개혁을 반대하는 세력의 한 사람으로 현량과賢良科의 실시 등을 극력 반대했으며, 1519년 남곤南袞 일파와

항상 남들과 삶은 콩 한 섬 먹기 내기를 했다.[3]

함께 기묘사화를 일으켜 신진세력을 축출했다. 곧고 근검한 성품으로 수리數理에 밝아 행정능력이 뛰어났다. 뒤에 기로소에 들어갔으며, 시호는 익평翼平이다.

3 유사한 이야기가 박동량朴東亮, 『기재잡기寄齋雜記』, 「역조구문이歷朝舊聞二」와 이긍익李肯翊, 『연려실기술練藜室記述』 제9권, 「중종조의 상신相臣」에 실려 있다.

15. 닮은 사람肖貌

· **박청**朴淸

박청은 충의위忠義衛를 지냈으며 세양공 박강朴薑[1]의 후손이었다. 세양공의 영정이 수백 년간 유전되었는데 박청의 용모와 서로 닮아서 피차를 구별할 수 없었다. 아마도 여러 세대를 지났지만 몹시 닮은 사람이었던 듯하다.[2]

· **류몽웅**柳夢熊

류몽웅[3]은 어우於于 류몽인柳夢寅의 중형仲兄이다. 집에서 선조인 정승 류탁柳濯의 초상화를 보관했는데 몽웅의 아내가 보고서 몹시 근심했다. 아마도 정승이 직간을 하다가 명대로 살지 못했기 때문인 듯하다. 훗날 몽웅은 마침내 효성 때문에 죽었다.[4]

· **홍학곡**洪鶴谷

---

1 박강朴薑(?~1460) : 본관은 반남潘南이다. 성질이 정교精巧하고 기능技能이 많아서 1444년 대호군大護軍을 거쳐 이듬해 군기감정軍器監正에 임명되어 항시 이 직무를 맡고 있었다. 1452년 중추원부사가 되고 1455년 수양대군首陽大君이 단종의 왕위를 수선受禪하는 일에 협력, 그 공으로 좌익공신佐翼功臣 3등에 책정되고 금천군錦川君에 봉해졌다. 1457년 지중추원사知中樞院事, 이듬해 황해도도순찰사가 되었다. 시호는 세양世襄이다.

2 유사한 이야기가 류몽인柳夢寅, 『어우야담於于野談』에도 실려 있다.

3 류몽웅柳夢熊(1557~?) : 본관은 흥양興陽이며, 자는 자상子祥이다. 1585년에 생원시에 합격했다.

4 유사한 이야기가 류몽인柳夢寅, 『어우야담於于野談』에도 실려 있다. 임진왜란 때 형 류몽표柳夢彪와 함께 어머니를 모시고 피란 도중 왜적이 어머니를 향해 칼을 내려치자 몸으로 막아 보호하고 죽은 일이 기록되어 있다.

정척鄭惕[5]이 80에 홍서봉洪瑞鳳[6]의 모습을 보고 자세히 들여다보다가 말하기를

"그대는 그대의 외증조부 사간 류충관柳忠寬[7] 공과 생김새와 목소리 및 신장까지 같지 않은 것이 없네. 후손은 선조에 대해서 혈기가 관통하니 어찌 저승과 이승의 구별이 있겠는가?"

라고 하고 자신도 모르게 눈물을 흘렸다고 한다. 아마도 류사간은 곧 정척의 이모부로 어렸을 때부터 생전에 얼굴을 뵀던 것이 매우 익숙했기 때문일 것이다.[8]

· **김귀봉**金貴奉

김귀봉은 경기도 양근군 남중면 성덕리의 평민이었다. 사람됨이 소박하고 신중해 남들과 함께함에 거스르는 일이 없었고 비록 조그마한 일이라도 남을 속이거나 숨기는 일이 없었다. 이 때문에 마을에

---

5 정척鄭惕(1522~1601) : 본관은 해주海州이다. 자는 군길君吉이며, 호는 행촌杏村이다. 1543년 사마시에 합격하고, 1549년 식년문과에 을과로 급제해 수찬·교리·정언·지평·장령·사간·우승지 등을 역임했다. 1567년에 양사의 탄핵을 받아 상주목사에서 파직당했다가, 1592년에 풀려나 중추부첨지를 지냈다. 뒤에 이조참판에 추증되었다. 1598년에 지은 시 「기질공목문부寄姪公牧文孚」가 『수양세고首陽世稿』에 전한다.

6 홍서봉洪瑞鳳(1572~1645) 본관은 남양南陽이다. 자는 휘세輝世이며, 그의 호가 학곡鶴谷이다. 일찍이 시명을 떨쳐 『청구영언』에 시조 1수가 전한다.

7 류충관柳忠寬(1496~1539) : 문과에 1등으로 급제해 승문원 정자로 벼슬살이를 시작했다. 이후 평안도 군직과 병조, 사간원, 홍문관의 관직을 거쳐 금산 군수를 비롯해 평안도, 전라도 등 외직을 돌았다. 군기시軍器寺와 장악원掌樂院의 정에 이어 사간司諫으로 재임하던 중 1539년 43세로 세상을 떠났다. 류충관은 다방면에 재주가 뛰어났는데, 특히 활을 잘 쏘아 과녁인 버드나무를 뚫을 정도였다고 한다.

8 유사한 이야기가 류몽인柳夢寅, 『어우야담於于野談』에도 실려 있다.

서 착하다고 칭찬했으나 47세에 병으로 죽어 오직 그의 아내만 집에 있었다. 3년 뒤에 어떤 사람이 찾아와서 말하기를,

“대흥[덕산이라고도 한다.] 송도사 집안의 노비인데 2년 전에 주인집에 아들이 태어났습니다. 등에 ‘양근 남중면 성덕리 김귀봉’이라는 열 한글자가 있는데 푸르고 가늘지만 매우 분명해 주인영감이 마음속으로 이상하게 여겨서 저로 하여금 가서 찾아보게 했기 때문에 일부러 와서 확인해보려 합니다.”

라고 했다. 귀봉의 아내가 듣고서 서글픈 마음에 송도사 집과 마을을 자세히 알아보고서 보냈다. 돌아가 실제 흔적을 알렸는데 오래지 않아 귀봉의 아내가 송씨 집에 일부러 가서 그 아이를 보여 달라고 했다. 송씨 집에서 그것을 꺼려하여 가까이에서 보게 하지 않고 다만 멀리서 보는 것만 허락해 주었다. 귀봉의 아내가 멀리서 잠시 보고는 슬픔을 이기지 못하며 말하기를,

“생긴 모습은 비록 작지만 그 전형은 제 남편과 흡사합니다.”

라고 하고 며칠을 머물다가 돌아갔다고 한다. 『학산한어鶴山閑語』

≪이심권≫

16. 귀신鬼神

· 국초의 선비

조선 초에 어떤 선비가 있었다. 친구를 방문해 술을 마셨는데 날이 저물어 취해 돌아오다가 길에 누웠더니 홀연히 시를 읊조리는 소리가 들려왔다.

산골 물 졸졸 흐르는 계곡, 산은 적막한데	澗水潺溪山寂歷
달이 뜬 황혼 무렵 나그네 시름 아득하도다	客愁迢遞月黃昏

드디어 일어나 둘러보았더니 몸이 누웠던 산길 옆으로 오래된 봉분이 하나 있는데 가시나무가 주변을 둘렀다.

· 박률朴律

박률의 시에

바람에 떨어진 해당화 눈처럼 날리고	海棠風墜花如雪
성 밖 인가의 문은 모두 닫혔네	城外人家門盡關
아득한 언덕길 홀로 돌아가자니	茫茫丘隴獨歸去
날 저물고 길은 먼데 산 너머 또 산이로다	日暮路遠山復山

라고 했다.

· 이현욱李顯郁

이현욱은 시의 귀신에 씌었는데, 아계鵝溪 이산해李山海[1]는 그가 그런 줄도 모르고 크게 칭찬을 더했다. 손곡蓀谷 이달李達[2]이

"이 사람은 나이가 어린 것으로 보아 반드시 시의 귀신을 만난 것입니다."

라고 말했으나, 아계는 처음에는 그렇지 않다고 여겼으나 얼마 지나자 과연 그러했다. 그가 허영주許郢州[3]의 시에 차운하기를

봄의 산길 후미져 나무꾼에게 돌아가는 길 물으니 春山路僻問歸樵
손가락으로 앞 봉우리의 아득한 돌길을 가리키네 爲指前峯石逕遙
스님과 흰 구름은 어두운 골짜기로 돌아가고 僧與白雲還暝壑
달은 푸른 바다 위로 차가운 바닷물 따라 떠오른다 月隨滄海上寒潮
세상 형편 늙어갈수록 도무지 의지할 데 없건만 世情老去渾無賴
놀러 다니는 흥취는 근년 이래로 유독 삭을 줄 모르네

---

1 이산해李山海(1539~1609) : 자는 여수汝受, 호는 아계鵝溪·종남수옹終南睡翁이다. 어려서부터 총명해 신동으로 불렸으며, 특히 문장에 능해 선조시대 팔문장가의 한 사람으로 불렸다 한다. 서화에도 뛰어나 조광조묘비와 이언적묘비를 썼다. 저서로 『아계집』이 있다. 시호는 문충文忠이다.

2 이달李達(1539~1612년) : 조선 중기의 시인이다. 자는 익지益之, 호는 손곡蓀谷이다. 한시를 잘 지었으며, 허균을 가르쳤다. 허균은 「손곡산인전」을 지어 스승을 그렸다. 허균은 「손곡산인전」에서, "이달의 시는 맑고도 새로웠고, 아담하고도 고왔다. 그 가운데에 높은 경지에 오른 시는 왕유·맹호연·고적高適·잠삼岑參의 경지에 드나들면서, 유우석·전기錢起의 기풍을 잃지 않았다. 신라·고려 때부터 당나라의 시를 배운 이들이 모두 그를 따르지 못했다."고 높이 평가했다. 시집으로 허균이 엮은 『손곡집』 6권 1책이 있다.

3 허영주許郢州 : 영주 자사를 지낸 허지옹許志雄이란 인물로 당나라 한유와 동시대 인물이다. 한유가 지은 「送許郢州志雄序」라는 글이 있다.

遊興年來獨未銷

머리를 돌리면 외로운 배 또 자취 아득한데 回首孤航又陳迹

물 건너의 성근 종소리는 한밤에 아득해라 疏鐘隔渚夜迢迢

라 했고, 또 이손곡의 시에 차운한 시는 다음과 같다.

바람에 몰려 놀란 기러기 모래밭에 내려앉고 風驅驚雁落平沙

물의 자태 산 빛엔 날 저물어가는 모습이라 水態山容薄暮多

화가[4] 시켜 이 경치 그림 속으로 옮기고 싶은데 若使龍眠移畫裏

고깃배의 피리 소리를 장차 어떻게 할 것인가 其於漁艇笛聲何

시어가 모두 속기를 벗어났고 품격 또한 힘차고 노련했다. 그는 시에서 귀신이 떨어져나간 뒤부터는 일자무식꾼이 되어 마치 추매椎埋의 재주처럼 감쪽같이 없어져버렸다.

· **권협**權韐

권협의 호는 초루草樓이다. 초루가 귀신을 만나 지은 시에 이르기를

꽃비 내리는 13일의 누대에 樓臺花雨十三天

풍경소리 그치고 향기는 쇠잔하며 밤은 고요하네 磬歇香殘夜閴然

창 밖 두견새 피울음을 토하는데 窓外杜鵑啼有血

꿈속 같은 새벽 산에 달은 연기처럼 걸렸네 曉山如夢月如煙

4 화가라고 번역한 원문의 용면龍眠은 송나라 저명한 화가 이공린李公麟의 호이다.

라고 했다.

· 『청비록淸脾錄』

『청비록』[5]에 말했다. [이정필 아래에 나온다] "어떤 유생이 병으로 누워 있는데, 죽은 지 얼마 안 되는 그의 매부가 푸른 도포에 검은 복건幅巾을 쓰고 구불구불 걸어왔다. 병자는 그가 이미 죽은 것도 잊어버리고 반갑게 맞아들였다. 머물게 하고 함께 술을 마셨는데, 매부가 이에 시를 읊기를

학은 하늘가에 홀로 있건만	獨鶴淸霄外
기러기는 석양 비치는 속에 돌아가는구나	歸鴻夕照中
서로 생각나는 달 밝은 밤	相思明月滿
꿈이 바다 끝 동쪽에서 다하도다	夢盡海天東

라고 했다.

· 관서무인關西武人

관서 지방의 무인 모갑이[우두머리]가 자칭 청성淸城 김석주金錫胄[6]의 신령이 강림했다며, 공중에서 소리가 있어 청성의 평생 사적을 스

---

5 『청비록淸脾錄』: 조선 후기에 이덕무李德懋가 지은 시평집이다. 책의 명칭을 『청비록』이라 한 것은 당나라 중 관휴貫休의 시작품 "천지 사이의 맑은 기운, 시인들 비장脾臟에 스며든다."라는 구절에서 유래했다.

6 김석주金錫胄(1634~1684)는 조선 후기의 문신으로 본관은 청풍이며, 자는 사백斯百, 호는 식암息庵이다. 서인으로서 경신대출척을 일으켜 남인을 숙청했다. 그 뒤에도 남인의 철저한 숙청을 주장하면서 노론을 이끌었던 인물이다.

스로 말한다고 했다. 김석주의 본가에서 그를 불러와서 숙소를 정하고 대접하며 그가 가리키는 바를 들어보았다. 그가 가리키고 지시하는 말이란 그 집안을 어지럽히지 않는 것이 없으며, 스스로 재앙과 실패를 저질러 끝내는 기사년己巳年에[7] 후사가 끊어지는 혹독하고 매서운 일을 부른다는 것이다.

· **장종소**張宗紹

장종소는 임술년 가을에 죽었다. 그의 친구가 부여扶餘에 있었는데 밤에 장종소를 고란사皐蘭寺에서 만나는 꿈을 꾸었다. 평소처럼 함께 즐거워하며 등불을 잡고 술을 사서 마시며 시를 읊조렸다. 그 연구聯句에

술잔 앞의 옛 친구 아직 청춘의 나이련만	樽前故友猶青眼
누각 위의 아름다운 사람은 반백의 노인일세	樓上佳人半白頭

라고 했고, 또

스님도 잠자는 깊은 밤 맑은 풍경 달에 걸리고	僧夢夜闌淸磬月
나그네 시름 깊은 가을 석양의 누각에 기대네	客愁秋倚夕陽樓

라고 했다. 그 뒤에 들으니 장종소의 죽음은 꿈을 꾸기 전에 있었다고 하더라. 「손현좌무공전孫鉉佐武空傳」

---

7 김석주는 기사화국 때에 삭탈관직 되었다.

· 고득종高得宗

고득종[8]은 중추원사中樞院使의 관직을 지냈다. 그 아들 순淳은 자가 희지熙之인데, 도를 굳게 믿고 배우기를 좋아했다. 하루는 시를 읊조리다가 잠자리에 들었는데, 그 아버지 중추공이 시 한 편을 주기를

젊은 나이의 창창한 흰머리 예전보다 줄었는데	算髮蒼蒼減昔年
외로운 몸 적적하게 산 앞을 지키고 있네	孤身寂寂守山前
백골이라고 지각과 느낌 없다 말하지 말라	莫言白骨無知感
너의 시 읊는 소리를 듣고 나는 잠을 못 자노라	聞汝吟詩我不眠

라고 했다.

· 최수성崔壽城

최수성[9]의 호는 원정猿亭인데, 신사년 옥사[10]에 죽었다. 친구 이달형李達亨이 발[簾]을 가지고 시신을 염습해 빈 골짜기에 임시로 묻었다. 밤에 그 곁을 지키고 있으니, 꿈에 최공이 와서 시를 읊기를

---

8 고득종高得宗(1388~1452) : 조선 전기의 문신이다. 본관은 제주, 자는 자부子傅, 호는 영곡靈谷이다. 시호는 문충文忠이다. 1414년 문과에 급제한 후 동지중추원사同知中樞院事와 한성부판윤 등을 역임했다.

9 최수성崔壽城(1487~1521) : 조선시대 전기의 학자, 화가이다. 자는 가진可鎭, 호는 원정猿亭, 북해거사北海居士, 경포산인鏡浦山人이다. 본관은 강릉江陵이다. 일찍이 학문을 연마해 사림士林간에 명망 높은 학자가 되었으며 시문이나 서화, 음률, 수학에 모두 뛰어났다.

10 신사년 옥사 : 기묘사화로 세도를 잡은 남곤南袞·심정沈貞·홍경주洪景舟 등 훈구세력에 대해 안처겸安處謙 안처근 부자 등이 역모를 시도했는데, 이 사실이 훈구세력들에게 알려지면서 다수의 사림파들이 체포되어 심문을 받은 '신사무옥辛巳誣獄'이 1521년에 일어났다.

이 무덤을 뉘라서 찾아오랴	玄室誰相訪
처량한 원숭이나 홀로 친할만하네	淸猿獨可親
발에 싸여 골짜기에 온 뒤부터	自從簾谷後
주검 덮어준 그 사람 길이길이 생각하노라	遙憶盖骸人

라고 했다.

· **송교생**宋校生

모재慕齋 김안국金安國[11]이 영남의 관찰사로 있을 때에 송씨 성을 가진 향교의 유생이 시에 능하다는 소문을 듣고 그를 월파정月波亭[12]으로 불러 보고는 근체시를 짓게 했다. 이에 그는 다음과 같이 썼다.[13]

휘황찬란한 누각, 아래 물과 위로 하늘 압도하는데	金碧樓明壓水天
옛날 누가 이 봉우리 앞에 정자를 지었는가	昔年誰構此峯前
어부는 빗소리 너머로 낚싯대 하나 드리우고	一竿漁父雨聲外
십리 길 가는 행인 산 그림자 옆으로 가는구나	十里行人山影邊
난간에 구름 생기는 모습은 무협의 새벽 같고	入檻雲生巫峽曉
물결 따라 떠가는 꽃잎은 무릉도원의 안개로다	逐波花出武陵煙

---

11 김안국金安國(1478~1543) : 조선 전기의 문신이자 학자이다. 자는 국경國卿, 호는 모재慕齋, 본관은 의성義城이다. 예조판서, 대제학 등을 지냈다. 저서에 『모재집慕齋集』을 남겼다.

12 월파정月波亭 : 경북 선산에 있는 정자이다.

13 이 시는 고려의 도원흥都元興이 밀양의 영남루를 읊은 것이라고 전해지며, 밀양의 영남루와 영남루 관련 자료에는 모두 그렇게 기록되어 있다. 한편 이 시는 정희량이 지은 것으로도 알려져 있다. 그 문집 『허암유고』에 「제영남루題嶺南樓」라는 제목으로 실려 있다.

백사장의 갈매기는 이별의 노래를 듣기는 하나	沙鷗但聽陽關曲
어찌 송별하는 자리의 수심을 알 수 있으랴	那識愁心送別筵

모재가 크게 감탄해 칭찬하고는 집으로 돌아가 사재思齋 김정국金正國[14]에게 말했다. 대개 사재가 시를 잘 안다고 스스로 자부했기 때문이었다. 사재는

"이는 필시 귀신이 지은 시이지, 화식火食을 하는 사람이 지은 것이 아닙니다."

라고 하기에, 징험해보니 정말 송씨가 요녀妖女를 얻은 것이었다. 처음에는 문장을 이해하지 못했는데, 요녀를 얻은 뒤로는 그 요녀가 항시 문자 쓰는 것을 가르쳤다. 그로 인해 글 잘한다는 이름이 있게 되었고, 그 시편이 아주 아름답지 않은 것이 없었다. 그 집안사람이 술법으로 그 요녀를 쫓아내었더니, 그 요녀가 손바닥에 시를 쓰기를

소녀는 이제 낙수의 신녀가 될 터이니	花婦今爲洛水神
세상에는 모두 무정한 사람이로다	世間皆是薄情人

라고 하고는 드디어 떠났는데, 송생은 예전 모습으로 되돌아가 글자를 알지 못했다. 사재 김정국은 이로부터 더욱 시를 잘 안다고 자

14 김정국金正國(1485~1541) : 자는 국필國弼, 호는 사재思齋, 팔여거사八餘居士이다. 김안국金安國의 동생이고, 김굉필金宏弼의 문하에서 수학했다. 저서로 『사재집思齋集』이 있다.

신했다.

· **최인범**崔仁範

최인범의 자는 덕규德規이고 삭녕朔寧 사람으로, 선조 임금 계미년에 문과에 합격했다. 『어우야담於于野談』에 "덕규는 나의 젊은 시절 친구였다. 오직 시를 전공하고는 과거 시험공부는 달갑게 여기지 않았다. 과거에 합격한 뒤에 얼마 되지 않아서 죽었다. 죽은 뒤에 그는 집안에서 항상 검은 도포를 입고 큰 신발을 신고는 종들을 부르며 마루와 행랑 사이를 출입했다. 집안사람들이 보니 평시와 같았다고 했다. 그가 일찍이 자부한 시에 이르기를

중을 불렀더니 완악해 아전을 닮았고　　喚做舍僧頑似吏
느려터진 촌구석의 말은 마치 당나귀 같네　　賖來村馬弱如驢

라고 했다.

· **강극성**姜克誠

강극성은 일찍부터 글 잘한다는 이름이 있었다. 계해년 봄이었다. 꿈에 선객仙客과 함께 술집 누각에 올랐었는데, 한 선녀가 술잔을 들어 즐겁게 마시기를 권했다. 선객이 강극성에게 시를 보자고 청하므로, 절구 한 수를 지어서 보여주기를,

술집 장식된 누각에 거침없는 사람　　酒肆粧樓放縱狂
수많은 사람들 입에 그 성명 향기롭게 오르네　　萬人牙頰姓名香

그대를 만나 전생의 일을 말하노니　　逢君說着前身事
향촉의 탁자 머리에서 옥황상제 받들던 몸이라네　香案前頭奉玉皇

라 하고, 이어 종이 끝에 '선적仙謫'이라고 썼다. 선객이 보고

"'선적'이라는 말은 즉 '적선謫仙'을 말하는 것인가?"

라고 물었다. 잠시 후에 그 선녀가 인사하고 가려고 하자, 강극성이 머물기를 권하며 노래 하나를 부르라고 청했다. 선녀가

"노래 악보에 익숙하지 못하니 원컨대 시로 화답하겠습니다."

라고 말하고는, 바로 둥근 부채에 시를 써서 주었다. 그 시에

서둘러 단장하고 술집 누각으로 내려와　　忽忽粧束下西樓
두 신선과 짝이 되어 좋은 놀이에 흥을 돋웁니다　來伴雙仙侑勝遊
그런대로 예주蕊珠신선의 궁전의 노래 한 곡을 부릅니다만　聊唱蕊珠歌一曲
노래 끝나고 놀이채를 받으려는 건 아니랍니다　曲終非爲錦纏頭

라고 했는데, 쓰기를 마치고는 드디어 가버렸다. 깨고 보니 꿈이었다. 강극성은 그 해 가을에 어떤 일로 벼슬에서 떨려났으니, 적선이 미리 예언한 것이 아니겠는가? 『청강시화淸江詩話』

· 조기종趙起宗

성화成化[15] 병술년(1466) 정해년(1467) 무렵, 시골의 유생 조기종趙起宗이라는 사람이 한양의 낙생방樂生坊에 우거하면서 조신曺伸[16]과 함께 남학南學[17]에서 공부를 했다. 조기종은 바야흐로 어리고 연소해 시문詩文의 구두句讀를 아직 이해하지 못하고 시율에 대해서 알지 못했다. 하루는 그가 꿈에 어떤 빈 집에 들어가니, 널찍하고 쓸쓸한데 대추 꽃이 막 피어 있어 초여름 같은데 뜰에는 풀이 갓 돋아나고 따뜻한 바람이 불어오는 늦은 봄이었다. 두서너 사람의 서생이 있었는데 모두 평소에 아는 사람들은 아니었지만 조기종에게 시를 지으라고 권했다. 조기종이 즉시 입으로 시 한 수를 부르기를

나무에는 대추 꽃이 활짝 피었고	樹上棗滿開
빈 집에는 쓸쓸히 사람이 없도다	空家寂無人
봄바람은 불어 다함이 없고	春風吹不盡
온 천지 풀이 새롭게 돋아나네	萬里草多新

라고 했다. 꿈에서 깨어난 뒤에도 그 시를 잘 기억해 한 글자도 남김없이 같이 공부하는 서생에게 말해주었고, 벽에 써놓기까지 했다. 다음 날에 조기종은 죽었으니, 또한 괴이한 일이다. 『소문쇄록謏聞瑣錄』[18]

---

15 성화成化 : 중국 명나라 헌종 때(1465~1487)의 연호이다.

16 조신曺伸(1454~1529) : 조선 전기 문신으로 문장에 능했고, 시를 잘 지었다. 중국어와 일본어에도 능통해서 1479년 통신사행의 군관軍官으로 참여해 일본에 건너가 이름을 알렸다. 주요 저서로는 1518년중종 13 왕명을 받아 김안국金安國과 편찬한 『이륜행실도』를 비롯해, 『적암시고』, 『소문쇄록』, 『백년록』 등이 있다.

17 남학南學 : 조선시대 선비를 양성하기 위해 한양의 중앙 및, 동, 서, 남 네 곳에 국가에서 세운 학교인 사학 四 學의 하나로, 남쪽에 세운 것을 말한다.

· **황준량**黃俊良

황준량[19]의 호는 금계錦溪이다. 그 풍채가 사람을 감동시킬만했다. 그가 성주목사로 부임했을 때에 관원 아무개의 아내가 몰래 금계를 엿보고 흠모했는데, 드디어 상사병이 들어 죽었다. 하루는 금계가 관아에 앉았는데 흰 옷을 입은 어떤 여자가 문밖에 어른거렸다. 점점 가까이 와서 자기를 핍박하는 것을 깨달았다. 그로 인해 병이 들어 날로 심해져 드디어 구할 수 없게 되었다. 금계는 죽음에 이르러서도 두 손을 맞잡고 읍을 하며 떠밀어내는 형상을 하면서 입으로는 남녀유별의 분수를 끊임없이 말했으니, 굴복시키기 어려운 지조가 있었다.

· **이익수**李翼壽

『송계만록松溪謾錄』에 문집 『자연당집自然堂集』에 관한 일이 기록되기를 "거창현居昌縣에 이익수李翼壽라는 사람이 있었다. 나이 열예닐곱 살 때에 길에서 푸른 옷을 입은 동자를 만났다. 나이는 열두세 살 쯤 되고 자칭 해동의 신선이라고 했다. 서로 말을 해보고 대단히 기뻐해, 밤에 돌아갔다가는 아침에 와서는 항상 서로 붙어 다녔다. 그로부터 이익수의 문장과 글씨가 더욱 진보해 붓을 잡으면 문득 글이 완성되었다. 그가 지은 글이 거의 수 천편에 이르렀으나 흩어지고 잃어버려 거의 없어졌다. 약간을 수습해 책한 권을 만들고 그 제목을 『자연당집自然堂集』이라고 했으니, 자연당이란 해동 신선의 자호이다. 「삼청정기三淸亭記」와 「오가사기五可寺記」 등과 같은 기문은 사람들이 정말 미칠

18 『소문쇄록』: 조신曺伸(1454~1529)이 편찬한 시화잡록집이다.

19 황준량黃俊良(1517～1563) : 조선 전기의 문신이다. 자는 중거仲擧, 호는 금계錦溪이며, 이황李滉의 문인이다.

수 없는 글이다. 시작품에는 이런저런 것이 있지만 시는 산문에 미치지 못했다. 하직하고 떠날 때에 눈물을 줄줄 흘렸으며, 허공을 날아올라 떠났다. 날아오르는 즈음에 사람들이 혹 그 모습을 본 사람이 있었다. 이익수가 재주가 없어진 뒤에는 겨우 자기의 성명을 기억했다. 중년 이래로는 나에게(송계松溪 권응인權應仁) 와서 배웠는데, 항상 실성한 사람 같았다. 지금은 죽었다. 뒤에 홍씨가 이씨의 태악의 일이름을 감춘 일은 대좌별자리를 교대한 것과 같은 것이냐고 거듭 물었었다." 라고 한다.

≪김혈조≫

· **김안로**金安老

김안로[20]가 과거에 급제하기 전이었다. 꿈에 신인神人이 와서 알려주며,

"봄은 우임금의 산천에 무르녹고	春融禹甸山川外
음악은 순임금 뜰 새와 짐승 사이에 울린다네	樂奏虞庭鳥獸間

20 김안로金安老(1481~1537) : 조선의 권신權臣으로 자는 이숙頤叔, 호는 희락당希樂堂·용천龍泉, 또는 퇴재退齋이며 본관은 연안延安이다. 1506년에 문과에 장원을 해 호당湖堂에 들어갔으나 남곤南袞에게 쫓겨난 일이 있다. 기묘사화 후 이조 판서로 승진 했으나 남곤·심정沈貞의 탄핵으로 1524년 풍덕豊德에 유배당했으나 심정의 축출에 성공했다. 다시 예조 판서로 등용되자 심정·이항李沆을 죽이고 정권을 장악하는 한편 경빈 박씨敬嬪朴氏와 복성군福城君 미嵋를 사사賜死케 했다. 그 후 정권을 장악, 우의정을 거쳐 벼슬이 좌의정에 이르렀고 누차 옥사를 일으켜 이언적李彦迪·이행李荇·정광필鄭光弼 등을 귀양 보냈다. 그러나 문정왕후文貞王后를 폐하려다 실각한 다. 1537년 허항許抗·채무택蔡無擇과 함께 잡혀 유배되고, 이어서 사사 되어 세상에서 정유삼흉丁酉三兇이라 부른다. 중종의 딸 효혜공주孝惠公主의 남편인 연성위延城尉 김희金禧는 김안로의 아들이다. 저서로 『용천담적기龍泉談寂記』·『희락당고希樂堂稿』 등이 있다.

이 구절은 그대 평생의 급제해 드날릴 점이라네."

라고 했다. 잠에서 깨어나 그 시가 무엇을 이르는 말인지 알지 못했고, 사람들에게 말하지도 않았다. 연산군 병인년(1506)에 율시로 선비를 뽑았는데, 시제가 곧 '봄날 이원제자[21]가 악보를 본다[春日梨園弟子閱樂譜]'는 것이었고, '간間' 자로 압운押韻을 하라는 것이었다. 안노가 문득 꿈속의 구절을 생각해보니 시제의 뜻과 꼭 들어맞아 채워서 항련項聯을 지었다. 그때 김감金勘[22]은 대제학이고, 모재慕齋 김안국金安國[23]이 예조좌랑禮曹佐郞으로 고시관이 되었는데 읽다가 이 구절에 이

---

21 이원제자梨園弟子 : 이원은 배우俳優들의 기교技巧를 닦는 곳이고 제자란 곧 연극演劇하는 배우를 지칭하는 말이다. 당 현종唐玄宗 때 장안長安의 금원禁苑 안에 있는 이원에서 제자 3백 명을 뽑아 속악俗樂을 가르쳤던 데서 연유된 것이다.

22 김감金勘(1466~1509) : 조선 중종 때 문신으로 본관은 연안延安이다. 자는 자헌子獻이고 호는 일재一齋, 선동仙洞이다. 1489년 사마시를 거쳐 문과에 급제해 대제학, 좌찬성에 이르러 연산군이 우의정에 임명했으나 굳이 사양했고, 연산군의 지나친 인명살상을 간했다. 임사홍任士洪 부자의 시기로 경상도관찰사慶尙道觀察使로 나갔다가 소환되자 중종반정에 가담해, 정국공신靖國功臣의 호를 받고 연창부원군延昌府院君에 봉군된 후 영경연사領經筵事 겸 병조판서를 역임했다. 서자 출신 김공저金公著와 박경朴耕의 원로대신 습격 미수 사건이 일어나자 유자광柳子光의 모함으로 금산錦山에 귀양 갔다가 곧 풀려났으나, 병으로 퇴관하고 나라에 큰 일이 있을 때만 의론에 참가했다. 그는 성품이 명랑하고 문장이 아름답고 굳세다는 평을 받았다. 시호는 문경文敬이다.

23 김안국金安國(1478~1543) : 조선 중기의 문신이며 학자이다. 본관은 의성이고 자는 국경國卿이며 호는 모재慕齋이다. 김굉필金宏弼의 문인으로 도학에 통달해 조광조趙光祖·기준奇遵 등과 함께 지치주의至治主義 사림파의 선도자가 되었다. 1501년 생진과에 합격, 1503년에 별시문과에 을과로 급제해 승문원承文院에 등용되었으며, 이어 박사·부수찬·부교리 등을 역임했다. 사대부 출신 관료로서 성리학적 이념에 의한 통치의 강화에 힘썼으며, 중국문화를 수용, 이해하기 위한 노력에 평생 동안 심혈을 기울였다. 시호는 문경文敬이다. 저서로는 『모재집』·『모재가훈慕齋家訓』·『동몽선습童蒙先習』 등이 있고, 편서編書로는 『이륜행실도언해』·『성리대전언해性理大全諺解』·『농서언해』·『장서언해』·『여씨향약언해』·『정속언해』·『벽온방』·『창진방』 등 다수의 작품이 있다.

르러서는

"이 시는 귀신의 말이다."

라고 했다. 김감이 그렇게 여기지 않자 모재가 청하기를

"이름을 떼어 본 뒤 이 수재를 불러서 따져 물으면 알 수 있을 것입니다."

라고 하니. 김감이 곧 안노를 불러 물어보니 과연 꿈속에서 귀신이 준 것이었다. 모재는 이일로 인해서 남의 시를 잘 알아본다고[24] 일컬어졌다.[25] 일설에는 '이시는 정소종鄭紹宗의 일인데 그 근거가 분명하다.'라고도 한다.[26]

· **정소종鄭紹宗**

정소종은 연산군 갑자년(1504) 과시에 합격해 관직이 봉교奉敎[27]에

---

24 조감藻鑑 : 사람이나 사물의 겉만 보고도 그 인품이나 좋고 나쁨을 분별하는 식견을 말한다.

25 이와 관련된 이야기는 허균許筠의 『성소부부고惺所覆瓿藁』 제26권, 부록1 「학산초담鶴山樵談」에 실려 있다.

26 허균許筠의 「학산초담鶴山樵談」 세주에, "『송와잡설松窩雜說』에는 이 일이 정소종鄭紹宗의 일로 되어 있는데 근거가 분명하며, 또한 『국조방목國朝榜目』을 참고해 보아도, 연산군 갑자년 11월 별시에 어제御題는 춘방이원한열방악春放梨園閒閱放樂이었고 시는 칠률七律이었는데 제4등은 정소종鄭紹宗으로 되어 있어, 송와宋窩 이기李墍의 호가 기록한 것과 딱 들어맞는다. 여기서 김안로金安老라 한 것은 잘못 전해진 것 같다."는 기록이 첨부되어 있다.

27 봉교奉敎 : 정원은 2인이다. 예문관의 정8품 대교待敎 2인과 정9품 검열檢閱 4인과 더불어 '8한림八翰林'이라고 해 춘추관의 기사관記事官을 겸하는 사관史官이었다.

이르렀다. 어릴 때에 꿈에 한 늙은이가 다음과 같은 시 한 구절을 써 주었다.

우禹임금 발자취 있는 산천 밖이요, 禹跡山川外
순舜임금 뜰의 새와 짐승 사이로다. 虞庭鳥獸間

연산군 갑자년에 별시別試를 시행했는데, 시제를 '봄날 이원음악[28]을 보며, 칠언율시'로 했다. 정소종은 문득 꿈속의 구절을 생각해 글을 부연해 5언시를 연역해 한 연구를 완성했다.

봄은 우임금의 발자취 있는 산천밖에 무르익고 春濃禹跡山川外
풍악은 순임금 뜰의 새와 짐승 사이에 연주되네 樂奏虞庭鳥獸間

그때 모재慕齋 김안국金安國이 고시관이 되었는데 신묘한 말로 여겨 드디어 높은 등급에 두었으니, 기이하도다. 『지봉유설芝峯類說』에 보인다.[29]

· 허초당許草堂

초당草堂 허엽許曄[30]에 대해서는 『청죽수기聽竹隨記』[31]에 다음과 같은

---

28 이원악梨園樂 : 어전악御前樂의 한 종류로, 그 곡이 일정하지 않다. 『임하필기林下筆記』 권33, 「화동옥삼편華東玉糝編」

29 이와 관련된 이야기가 이수광李睟光의 『지봉유설芝峯類說』 권15, 「신형부 몽매身形部 夢寐」에 실려 있다.

30 허엽許曄(1517~1580) : 본관은 양천陽川, 자는 태휘太輝, 호는 초당草堂이다. 봉篈·균筠의 아버지이다. 어려서 나식羅湜에게 『소학』·『근사록』 등을 배웠고, 서경덕徐敬德의 문인으로 학문을 익혔으며, 노수성盧守成과 벗했다. 동·서인東西人의 대립시 김

기록이 있다.

심대부沈大孚[32]가 허초당의 묘사墓舍를 지나다가 묵었는데, 밤에 귀신이 구슬프게 곡하는 소리가 들려 괴이하게 생각해 물어보니,

"내 아들 허균이 죽은 뒤부터 매일 밤 목 놓아 울고 있다네."

라고 했다. 심대부가 곧장 벽에 시를 써서 다음과 같이 위로했다고 한다.

못난 아들 차라리 없는 것과 같아서	不肖寧無子
빈산에 백골만 싸늘하네	空山白骨寒
영령英靈은 밤마다 울음 그치소서	英靈休夜哭
황금 주발 또한 인간 세상에 있다네	金盌亦人間[33]

효원金孝元과 함께 동인의 영수가 되어 당시 사류의 지도급 인물이 되었다. 벼슬을 30년 간이나 지냈는데도 생활이 검소했다. 말년에 경상도관찰사로 있을 때 김정국金正國이 찬수한 『경민편警民編』을 보충 반포하고, 『삼강이륜행실三綱二倫行實』의 편찬에 참여하기도 했다. 청백리에 녹선錄選되고, 개성의 화곡서원花谷書院에 제향되었다. 저서로는 『초당집』·『전언왕행록 前言往行錄』 등이 있다.

31 『청죽수기聽竹隨記』 : 정확한 작자와 내용은 미상이다.

32 심대부沈大孚(1586~1657) : 본관은 청송靑松, 자는 신숙信叔, 호는 가은嘉隱·범재泛齋이다. 1613년 사마시에 합격하고 진사가 되었으며 인조반정 후 효행으로 관직을 주었으나 나가지 않았다. 1630년 봉림대군鳳林大君의 사부가 되었으며 1633년 증광문과에 을과로 급제했다. 그 뒤 종부시정宗簿寺正·성산星山현감을 거쳐 사간을 지냈다. 1639년 가도椵島에 포진하고 있던 명나라 군사의 극심한 민폐를 막았고, 또 삼남에 흉년이 들자 백성을 구제했다. 문경 소양사瀟陽祠에 배향되었다.

33 황금 주발…있다네 : 두보杜甫의 「제장오수일諸將五首一」시에 "전에 무덤 속에 있던 황금 주발이 인간 세상에 나왔네.[早時金盌出人間]"라는 구절이 있다.

이 후로 귀신의 곡소리가 드디어 그쳤다. 허초당의 묘는 과천의 상초리霜草里에 있다.[34]

·『이순록二旬錄』[35]에 다음과 같은 기록이 있다.

남쪽에 과거를 보는 수십 명이 과거 길에 올라 새벽에 금강에 도착하여 궁원弓院으로 향했다. 일행은 모두 함께 공부한 사람들이었는데 다만 앞에 있는 두 사람은 누구인지 알지 못했다. 그때는 아직 새벽이 되지 않아 달빛이 들에 가득했다. 앞에 있는 사람이 동료들을 돌아보며

"지금 경치가 연구聯句를 짓기에 딱 맞아 떨어집니다."

라고 하고는 이어

"궁원에 달 걸리니 바람은 화살 같고, [弓院月彎風似箭]"

라고 불렀더니, 뒷사람이 곧장 응수하기를

---

34 이와 관련된 이야기가 강박姜樸의 『국포선생집菊圃先生集』 권12, 「한묵만희 재영산시 총명쇄록翰墨漫戲 在英山時 聰明瑣錄」에 실려 있다.

35 『이순록二旬錄』: 구수훈 具樹勳(1685~1757)의 저서이다. 구수훈의 본관은 능성綾城, 자는 여상汝尙이다. 1722년 무과에 급제, 여러 직을 거쳐 1732년 함경도병마절도사咸鏡道兵馬節度使, 통제사統制使를 거쳐 1737년 황해도병마절도사가 되었으나 1741년 대간의 탄핵으로 삭직되었다. 1743년 다시 경기도수군절도사가 되고 1751년 수원부사水原府使가 되었으나 대흉년으로 인한 기민飢民의 구제를 태만히 했다는 죄로 파직당했다. 그러나 1753년 좌포도대장左捕盜大將에 올랐고 1754년 수직壽職으로 지중추부사知中樞府事가 되었다. 무인이지만 문장에 능했다.

"금강에 연기 퍼지니 버들가지 실 같네. [錦江烟織柳如絲]"

라고 했다. 같이 온 여러 사람들이 서로 함께 전하여 외우고 한양으로 들어가서 삼연三淵 김창흡金昌翕에게 질정해보니 삼연은 귀신의 시라고 여겼다고 한다.

· **안응세**安應世

안응세[36]는 『소문쇄록謏聞鎖錄』에 다음과 같은 기록이 있다.

자정子挺 안응세安應世가 죽은 뒤 3년이 되는 임인년(1482)에, 희지熙之 고순高淳[37]이 꿈에 광야에서 자정을 만나 서로 시를 지어 주고받기를 평소와 같이 했다. 자정이 백공伯恭(남효온)과 종지宗之[38]는 어디에 있는지를 물으니, 고순이 말하기를,

"이미 절에 들어가 과거공부를 하고 있습니다."

라고 했다. 자정이 기뻐하지 않고 곧 시 한 수를 지어 고순에게 부쳐 두 사람에게 주었는데, 그 시는 다음과 같다.

문장과 부귀가 모두 구름 같은데 　　文章富貴摠如雲

---

36 안응세安應世(1455~1480) : 진사進士, 자字는 자정子挺, 호號는 월창月窓이다. 가난하게 살면서도 자연 속에 묻혀 시를 지으며 안빈낙도 하다가 요절했다.

37 고순高淳 : 본관은 제주濟州이다. 자가 희지熙之, 또는 태진太眞·진진眞眞이라고도 했다. 귀머거리가 되어서 사람들은 땅에 글자를 써서 의사를 통했다. 무술년에 조명詔命에 응해 시정을 논하는 글월을 올렸는데, 망령된 자라는 이름을 얻었다. 누가 이 소리를 전하니 희지는 듣고 대단히 기뻐하며 스스로 호를 망인妄人이라고 했다.

38 종지宗之 : 남효온과 교유한 이씨李氏 성의 시인으로, 자가 종지이고 이름은 미상이다.

무엇 때문에 수고로이 글 읽기에 힘쓰는가	何須勞苦讀書勤
다만 돈이 있으면 술을 사 마실 것이요	但當得錢沽酒飮
세상 인사는 모름지기 말하지 말라	世間人事不須云

고순이 깨어나 기록해 나에게 주었는데, 나는 그때 그 뜻을 알지 못했고, 10년이 지난 뒤에야 깨달았다.[39]

· 김충암金冲菴

충암冲菴 김정金淨[40]이 제주에 귀양 갔을 때였다.

꿈에 한 노인이 와서

"그대와 서로 본지가 오래 되었는데 문장이 어떤지는 알지 못하니 한 편을 감상해보기를 원합니다."

라고 말했는데, 선생은 보여줄 만한 것이 없다고 대답했다. 노인이

"함께 연구聯句시를 지어봅시다."

---

39 이와 관련된 이야기가 남효온南孝溫의 『추강냉화秋江冷話』, 초입찬抄入撰에 실려 있다.

40 김정金淨(1486~1521) : 본관은 경주慶州. 자는 원충元冲, 호는 충암冲菴·고봉孤峯이다. 보은 출신으로 1507년 증광 문과에 장원으로 급제해 성균관전적成均館典籍에 보임되고, 수찬修撰·병조좌랑을 거쳐 정언正言으로 옮겨졌다. 이어 병조정랑·부교리副校理·헌납獻納·교리·이조정랑 등을 거쳐 1514년에 순창군수가 되었다. 이 때 왕의 구언求言 : 정치에 도움이 되는 말이나 글에 응해 담양부사 박상朴祥과 함께 중종 때 억울하게 폐출된 왕후 신씨愼氏의 복위를 주장하고, 아울러 신씨 폐위의 주모자인 박원종朴元宗 등을 추죄追罪할 것을 상소했다가 왕의 노여움을 사서 보은에 유배되었다. 시호는 처음에는 문정文貞이고, 나중에 문간文簡으로 고쳐졌다. 저서로는 『충암집冲菴集』이 있는데, 여기에 실린 「제주풍토록」은 그가 기묘사화로 제주도에서 유배 생활을 하면서 견문한 제주도의 풍토기이다.

라고 하고는 곧장

“장마가 처음 개인 후,[積雨初晴後]”

라고 읊으니, 선생은 부득이 응할 수밖에 없었다. 선생이

“서늘한 기운 나뭇가지 끝에서 생겨나네.[新凉樹梢生]”

라고 하니, 노인이

“밤 깊으니 그윽한 문 고요하고,[夜深幽戶靜]”

라고 하여, 선생이

“달이 떠오르니 작은 창이 밝아지네.[月近小窓明]”

라고 했다. 노인이

“시를 베갯머리에서 얻으니,[詩自枕邊得]”

라고 하니, 선생은

“거문고는 무릎위에서 울리네.[琴從膝上鳴]”

라고 했다. 노인이

"이 사이의 맑은 재미,[此間淸意味]"

라고 하니, 선생은

"속인들과 평하기 어렵네,[難與俗人評]"

라고 했다.
노인은 읊다가

"무릎위에서 울리네[膝上鳴]"

의 구에 이르러 놀라며

"시격詩格이 변함없습니다."

라고 하고 문득 사라져 보이지 않았다. 「연보年譜」에 보인다.[41]
함께 지은 연구시는 다음과 같다.

老人 장마가 처음 개인 후	積雨初晴後
先生 서늘한 기운 나뭇가지 끝에서 생겨나네	新涼樹梢生

41 이와 관련된 이야기는 김정金淨의 『충암집冲庵集』, 「충암선생집년보冲庵先生集年譜」에 실려 있다.

老人 밤 깊으니 그윽한 문 고요하고　夜深幽戶靜
先生 달이 떠오르니 작은 창이 밝아지네　月近小窓明
老人 시를 베갯머리에서 얻으니　詩自枕邊得
先生 거문고는 무릎위에서 울리네　琴從膝上鳴
老人 이 사이의 맑은 재미　此間淸意味
先生 속인들과 평하기 어렵네　難與俗人評

· 신보한재申保閑齋

보한재保閑齋 신숙주申叔舟[42]가 젊은 시절 알성시謁聖試를 보러 갈 때였다.

한 밤중에 사람들과 함께 성균관으로 갔다. 가는 중에 길에 한 물건이 입을 벌리고 길을 막고 있는 것을 보았는데, 윗입술은 하늘에 붙어 있고 아랫입술은 땅에 닿아있었다. 동행하는 사람들은 두려워하며 뒷걸음질 쳐 다른 길로 갔지만 신숙주는 곧장 두 입술 안으로 들어갔다. 그 안에는 푸른 옷을 입은 동자가 있었는데 절을 하고는,

42 신숙주申叔舟(1417~1475) : 본관은 고령高靈, 자는 범옹泛翁, 호는 희현당希賢堂 또는 보한재保閑齋이다. 조선 전기의 문신으로 1438년 생원과 진사를 뽑는 시험에 모두 합격했고, 이듬해 시행된 친시문과親試文科에서 을과로 급제해 전농시典農寺 직장直長을 시작으로 관직생활을 시작했다. 그리고 1447년 중시문과重試文科에서 다시 을과로 급제하는 등 일찍부터 그 재능을 인정받아 집현전 부수찬副修撰, 응교應教, 장령掌令, 집의執義, 우부승지右副承旨, 좌부승지左副承旨, 직제학直提學 등을 두루 역임했다. 세종의 두터운 신임을 받았고 훈민정음을 창제하는데 기여했다. 그리고 일본을 다녀 온 후 보고 들은 것을 토대로 일본의 풍물과 정치세력, 외교시 필요한 사항 등을 상세하게 밝혀 놓은 『해동제국기』를 저술해 향후 일본과의 교린외교에 도움이 되도록 했다. 시호는 문충文忠이다. 저서로는 『보한재집保閑齋集』이 전하는데, 1644년 7세손 신숙申淑이 영주군수로 있을 때 교서관본 완질을 얻어 간행한 것이다.

"선비님을 따라 노닐며 오직 지시하시는 대로 따르기를 바라옵니다."

라고 하여 신숙주는 고개를 끄덕였다.

이로부터 동자는 신숙주를 따라다니며 조금도 떨어지지 않았다. 신숙주가 드디어 과거에 급제했는데, 모든 길흉에 대해서 먼저 말해주지 않음이 없었으며, 그가 인도해주는 대로 따르면 불길한 일도 없었다. 신숙주가 바다를 건너 일본에 들어갈 때에는 바람이 고요하고 파도가 잔잔해져 끝내 무사히 건너 돌아올 수 있었다. 그가 세조를 따라 일등공신에 책봉되고 지위가 정승[43]에 올랐는데 동자가 반드시 먼저 그 소식을 알려주었다. 그가 죽을 때에 이르자 동자가 울며 하직하고 떠났는데, 얼마 지나지 않아 죽었다.[44]

· 서상남徐尙男

서상남[45]은 진사로 부사府使 극일克一[46]의 아들이다.

극일이 상주에 있을 때 젊은 시절부터 재주와 명성이 있어 함께

---

43 태정台鼎 : 삼공三公, 곧 삼정승을 말한다. 삼공은 주대周代의 관명官名으로서『주례周禮』의 태사太師·태부太傅·태보太保에서 연유했다. 고려 시대에는 태위太尉·사도司徒·사공司空을 가리켰고, 조선 시대에는 영의정·좌의정·우의정을 뜻한다.

44 이와 관련된 글이 유몽인柳夢寅의『어우야담於于野譚』에 실려 있는데 마지막에 "嘗觀古書, 李林甫有神童, 安祿山有神兵, 豈此類歟"라는 구절이 더 수록되어 있다.

45 서상남徐尙男 : 서극일徐克一의 아들로 생원 진사이며 효행으로 참봉이 되었다. 아울러 임진왜란 때 상의군 의병의 좌막으로 참전했고, 1593년 송이회宋以誨, 덕휴德休와 함께 군공안軍功案을 가지고 순찰사 영을 다녀왔다.

46 서극일徐克一 : 자는 선원善源, 본관本貫은 이천利川, 호가 율정栗亭이다. 별제別提와 승의랑承議郎을 지낸 서윤의徐允義의 아들로 정유년(1537) 식년시式年試에 생원生員으로 합격하고, 병오년(1546) 식년시 문과式年試文科에 병과丙科 급제했다. 관직은 판사判事, 청송도호부사青松都護府使, 서흥부사瑞興府使, 원정院正을 역임했다.

교유하는 사람들이 모두 고을의 고아한 사람들이었다. 그가 죽자 낙서洛西의 이산尼山에 장사지냈는데, 아들 상남이 그 곁에 여막을 짓고 아침저녁으로 반드시 묘에 곡을 했다. 묘 앞에는 한 그루 나무가 있고, 그 아래를 잘 다져 휴식하는 곳으로 만들어 박씨 성을 가진 열 너덧 살 동자가 상남에게 배우고 있었다.

동자가 하루는 꿈에 나무 아래에 이르러 정승政丞 노수신盧守愼[47], 사성司成 김충金冲[48], 노정린盧正獜, 옥과玉果 현감縣監 김범金範[47], 진사進士 김언건金彦健[48]이 극일과 그 곳에 모인 것을 보았는데, 그 정자를 관행觀行이라 명하고 마주앉아 시를 수창하니 편장篇章이 높이 쌓였다. 극일이 시를 박동朴童에게 주어 상남에게 말해주라고 하자 박동은 본래 글 짓는 것을 알지 못해 수백 번을 읽고서야 비로소 외우기를 마쳤다. 곧

---

47 노수신盧守愼(1515~1590) : 조선 중기의 문신·학자로 본관은 광주光州, 자는 과회寡悔, 호는 소재蘇齋·이재伊齋·암실暗室·여봉노인茹峰老人이다. 우의정 숭嵩의 후손이며, 아버지는 활인서별제活人署別提 홍鴻이다. 성리학자로 명망이 있었던 이연경李延慶의 문인이자 사위이다. 1541년 27세 때 이언적李彦迪과 최초의 학문적 토론을 벌였다. 1543년 식년문과式年文科에 장원한 뒤로 1544년 시강원사서侍講院司書가 되고, 같은해 사가독서賜暇讀書를 했다. 그는 온유하고 원만한 성격을 가진 문신이자 학자로서 사림의 중망을 지녔으며, 특히 선조의 지극한 존경과 은총을 받았다. 시호는 문의文懿이며, 뒤에 문간文簡으로 고쳤다. 저서로는 『시강록侍講錄』·『소재집』 13권 8책이 있다. 만년에는 뜰에 상록수 10종을 심어 두고 십청十青이라 불렀다.

48 김충金冲(1513~1572) : 본관은 상산商山, 자는 화길和吉, 호는 서대西臺이다. 1551년 별시문과에 갑과로 급제해 전적에 임명된 뒤, 태상주부·형조좌랑·감찰·춘추관·기주관記注官 등을 두루 역임했다. 1554년 청홍도사清洪都事가 되었으며, 1556년 함흥부판관이 되었다. 이어 직강直講·호조정랑·교감校勘 등을 거쳐, 1561년 평택현령에 임명되었으나 곧 사직하고 고향에 돌아갔다. 이곳에 작은 초막을 짓고 서대초당이라 이름하고 시를 읊으며 지냈다. 1567년 다시 호조정랑으로 관직에 나가 봉상시첨정奉常寺僉正·사예司藝를 거치고, 이듬해 초계군수·사성司成 등을 역임하고, 1571년 선공감정繕工監正이 되었다. 성품이 청렴하고 간소해 관직에 있는 동안 권력 있는 자들에게 이부移赴하지 않았다. 상주 효곡서원孝谷書院에 제향되었다. 저서로는 『서대이문록西臺異聞錄』이 있다.

놀라 깨어나서는 급히 상남을 불러 촛불을 비추어 쓰니 그 시는 다음과 같았다.

관행정에 여섯 신선 모이니 참으로 즐거운 일이라 觀行亭中六仙會眞樂事
관행정의 이름 백세에 남을 것이로다 觀行亭名留百祀
낙동강 가에 여섯 신선의 사당을 세울만하니 洛水之上可以立六仙社
낙동강 물은 만고에 흘러 그치지 않을 것이로다 洛水萬古流不舍
청산의 아래 몇 서까래 여막 효자가 지어 靑山之下數椽廬孝子營
효자는 거의 계시듯 하는 정성을 다하네 孝子幾竭如在誠
효자는 비바람 피하지 않고 날마다 세 번 와서 孝子不避風與雨日三來
부르짖으며 곡하는 소리에 나의 아득한 꿈이 깨네 號哭聲中冥夢回[51]

『창석집蒼石集』에 보인다.

---

49 김범金範(1512~1566) : 본관은 상주, 자는 덕용德容, 호는 후계后溪·동계桐溪이다. 1540년 진사시에 장원, 1566년 천거로 내시교관內侍敎官에 임명되었으나 사퇴했다. 다시 학행學行으로 천거되어 옥과玉果현감이 되었으며, 명종의 부름으로 조식曺植과 함께 학문 ·정치에 관해 진언했다. 만년에 주자학에 전심해 많은 후진을 가르쳤다. 인조 때 효자정문이 세워졌고, 상주의 옥성서원玉成書院에 배향되었다. 문집에 『후계문집』이 있다.

50 김언건金彦健(1511~1571) : 본관은 영동永同, 자는 정보精甫, 호는 운정芸亭이다. 어려서 아버지를 여의어 어려운 과정에서 학문을 닦았고, 장년이 되자 노수신盧守愼·임훈林薰 등과 교유했다. 1540년 성균관에 입학했으나 과거시험에 실패한 뒤 이를 포기하고 향촌에 은거하며 농사에 힘쓰는 한편, 홀어머니를 지성으로 봉양했다. 1624년 효행으로 읍인이 정표할 것을 청하므로 그에게 감찰을 증직했으며, 박언성朴彦誠·남응철南應哲 등과 연악서원淵嶽書院에 제향되었다. 저서로는 『운정유집』이 전한다.

51 이와 관련된 내용이 이준李埈의 『창석선생문집蒼石先生文集』 권13, 잡저雜著 「기이記異」에 실려 있다.

· **송상현**宋象賢

을미년(1595)에 송상현[52]의 아들 인급仁及이 꿈에 송상현을 보았는데, 공이

"국가의 화와 난리가 아직 평정되지 않았고 닥칠 일을 말로 다할 수 없는 것이 있으니 어느 때인들 눈을 감을 수 있겠느냐?"

라고 하고는 다음과 같은 시를 부쳐주었다.

불행한 운세 거듭 일어나 사람들이 죽으리니	否運重回士如殲
병자, 정묘년에 닥칠 화는 임진년보다 더하리라	丙丁之禍碧於藍
서쪽 철옹鐵瓮에 가자니 술 없는 것이 걱정이요	西行鐵瓮愁無酒
동쪽 금강金剛으로 오니 소금 있음이 기쁘도다	東來金剛喜有鹽
임금의 수레는 일찍이 요동 학의 울음에 놀라	琴蓋曾驚遼鶴唳
황건黃巾은 마침내 한漢 나라 발끝에 부서지리	黃巾竟破漢靴尖
훗날 행여 전란이 평정되길 기다려서	他年幸得干戈息
나의 뼈를 잘 거두어 강남에 장사지내다오	好收吾骨葬江南

52 송상현宋象賢(1551~1592) : 자는 덕구德求, 호는 천곡泉谷 또는 한천寒泉이며, 본관은 여산礪山이다. 1570년에 진사, 1576년 별시문과에 병과로 급제했다. 1584년 종계변무사宗系辨誣使의 질정관質正官으로 명나라에 다녀왔다. 1591년 동래 부사가 되고 이듬해 임진왜란이 일어나 왜군이 동래성東萊城에 들이닥치자 항전했지만, 성이 함락될 무렵 조복朝服으로 갈아입고 단정히 앉은 채 순사殉死했다. 부산의 충렬사와 개성 숭절사崇節祠, 청주 신항서원莘巷書院, 고부 정충사旌忠祠 등에 배향되었다. 시호는 충렬忠烈이다. 장남 지제교知製敎 인급仁及, 차남 진사 효급孝及 등 2남을 두었다.

당시에 전하는 것이지만 사실인지 아닌지는 알지 못하겠다.[53]

· 김석주金錫胄[54]와 민암閔黯[55]

『기록冀錄』[56]에 보인다.

· 선세휘宣世徽

선세휘[57]가 젊은 시절 산사에서 책을 읽다가 잠이 들었다.

꿈에 한 늙은이가

"빨리 피하거라, 빨리 피하거라."

---

53 이와 관련된 이야기가 조경남趙慶男의 『난중잡록亂中雜錄』 3에 실려 있다.

54 김석주金錫胄(1634~1684) : 본관은 청풍, 자는 사백斯百, 호는 식암息庵이다. 1657년 진사에 급제, 1662년 증광문과에 장원했다. 이후 이조좌랑 사간원정언 사헌부지평 홍문관부교리 수찬 헌납 교리 등을 역임하고 1674년 좌부승지가 되었다. 1680년 허적 등이 실각한 뒤 이조판서의 자리에 올라 남인을 제거하는데 진력했으며, 허견許堅의 모반을 고발 처리한 공로로 보사일등공신保社一等功臣 청성부원군淸城府院君에 봉해지기도 했다. 1682년 우의정에 오른 뒤에도 남인 탄압의 선봉에 있었으며, 김익훈金益勳과 함께 전익대全翊戴를 사주하여 허새許璽 등 남인이 반역을 꾀한다고 고변하도록 했다. 이 때문에 1689년 기사환국己巳換局으로 남인이 정권을 잡은 뒤 공신호를 박탈당하고 일가족이 처형되는 참화를 입었으며, 후에 복구되어 숙종 묘정에 배행되었다. 시호는 문충文忠이다. 저서에 『식암집息庵集』 23권, 『별고』 2권 도합 25권 12책과 『해동사부海東辭賦』 상하 2권 1책이 있다.

55 민암閔黯(1636~1694) : 조선 후기 현종, 숙종 때의 문신으로 본관은 여흥驪興, 자는 장유長孺, 호는 차호叉湖이다. 1668년 별시문과別試文科에 급제, 지평持平, 함경도 관찰사를 지냈다. 남인으로서 송시열宋時烈 등 서인의 처형문제에 강경론자였다. 1691년 우의정이 되었고, 1694년 갑술환국 때 대정大靜에 유배되었다가 사사되었다.

56 『기록冀錄』 : 정확한 작자와 내용은 미상이다.

57 선세휘宣世徽(1582~1623) : 자字는 덕미德美, 사원士遠, 호號는 사촌沙村이다. 부父는 증참의贈參議 선봉장宣鳳章이다. 1606년 25세 때 병오丙午 증광시增廣試 생원生員 3等, 1621년 40세 때 신유辛酉 알성시謁聖試 갑과甲科 장원壯元의 내력이 있다.

라고 해 드디어 깜짝 놀라 일어나 다른 방으로 옮겼다. 조금 있다가 바위가 무너져 승방을 깔아뭉개어 승려들은 대부분 죽었지만 세휘만 홀로 죽음을 면할 수 있었다. 다음날 밤 꿈에 늙은이가 또 시를 지어 주었다.

초 땅의 나그네 멀리 삼협三峽에 들어서는 날	**楚客遠投三峽日**
촉 땅의 새는 오경五更에 이르도록 밤새우네	**蜀禽啼到五更時**

세휘는 그 뜻을 이해할 수 없었고 내심 기이하게 생각했다. 광해군 때에 이르러 권문세가에 붙어 다녔으며 과거에 급제하여 수령이 되었지만 백성의 재물을 빼앗고 부정을 일삼는[58] 행실이 많았다. 인조반정[59]이 일어난 후에 체포되어 옥사에 갇혀 그 죄가 죽을 지경에 이르렀다. 그런데 그날 밤 오경五更이 되자 두견새 우는 소리가 들려왔고 문득 노인이 꿈속에서 준 시가 생각나 옥에 있는 죄수들에게,

---

58 장오贓汚 : 조선시대에 관리가 국가질서를 위배해 부정한 방법으로 재물이나 이익을 취득하는 일체의 행위를 이른다. '장贓'에는 개인 행위에 해당하는 '장물贓物'과 관이 연루된 '뇌물賂物 등'이 모두 포함된다. 그런데 여기에 '오汚'가 부가됨으로써 관리범죄의 성격이 드러나게 된다. 즉 '오汚'가 들어감으로써 장오贓汚는 단순한 재산범죄의 성격을 넘어선 오직汚職 범죄로서의 의미를 지니게 된다. 결국 '장오贓汚'라 함은 관리가 국가질서를 위배해 부정한 방법으로 재물이나 이익을 취득하는 일체의 행위를 의미한다. 이렇게 보면 '장죄贓罪'는 불법으로 재화를 취득하는 죄 전체를 가리키는 반면, '장오贓汚'는 그보다 협소하게 관리의 부정부패와 관련된 범죄를 지칭할 때 사용되는 용어라고 할 수 있다. 이러한 장오贓汚가 발생하는 원인으로는 속관이나 아전 등이 그 관官의 관리와 품관들을 고발하거나, 아전이나 백성들이 그 고을의 수령과 감사를 고발하면 처벌하는 부민고소금지법部民告訴禁止法, 수령의 임기를 늘린 수령육기법守令六期法, 진상제도進上制度 등이 거론된다.

59 인조반정仁祖反正 : 1623년 이귀李貴·김유金瑬등 서인이 광해군을 폐위시키고 인조를 옹립한 사건을 이른다.

"나는 살 수 있을 것 같습니다."

라고 하고는 곧장 아래 구를 완성했다.

화복은 모두 이미 정해져 있음을 이제야 알겠으니 乃知禍福皆前定
그 해 꿈속에서의 시를 돌이켜 기억하노라 追憶當年夢裏詩

다음날 사형을 면하고 삼수현三水縣에 유배를 갔다. 시에서 말한 '삼협三浹'의 말과 부합된다. 『천예록天倪錄』에 보인다.[60]

≪양재성≫

· 대구對句 때문에 원한 품고 죽은 아낙屬對寃婦

이 이야기는 『무송소설』[61]에 나온다.

구봉서具鳳瑞[62]가 호남 관찰사로 있을 때이다. 나주에 어떤 사내가 자기 부인을 살해했다는 혐의를 받고 옥에 갇혀 있었다. 여러 해가 지났으나 판결이 나질 않았다. 어느날 밤, 달 빛이 한낮같을 때였다. 안찰사 구봉서는 밤이 깊었으나 잠이 영 오질 않아 일어나서 뜰 한가운데를 거닐다 오동나무에 기대었다가 갑자기 '기이한 오동나무 주위를 거닐다 함께 달 구경하네. [徙倚奇桐同玩月]'라는 시구를 지었

60 이와 유사한 이야기가 『천예록天倪錄』, 「서산사노옹음우棲山寺老翁陰佑」에 보인다.
61 『무송소설撫松小說』 : 김명시金命時(1592-?)의 편저이다. 미국 버클리대학교 동아시아도서관에 소장되어 있다.
62 구봉서具鳳瑞(1596~1644) : 조선 중기의 문신으로 본관은 능성綾城이다. 자는 경휘景輝이고, 호는 낙주洛洲이다. 이조좌랑 변抃의 증손으로, 할아버지는 봉사奉事 광원光遠이고, 아버지는 군수 계棨이며, 어머니는 전주이씨로 기耆의 딸이다. 장단의 낙하洛河에서 태어나 서울에서 자랐고, 권필權韠에게서 시를 배웠다.

다. 그러나 한참을 깊이 생각했지만 그 대구를 얻지 못했다. 그런데 홀연히 한 여자가 지나가며

"어찌하여 점등하러 누각에 올랐다가 각자가 시를 지었구나.[點燈登閣各成詩]라고 대구를 짓지 않습니까?"

라고 했다. 이는(구봉서가) 기댈 의倚자를 파자해 '기이할 기奇'로 하고, 오동나무 동桐을 같은 동同으로 한 것이며, (아낙은) 등불 등燈과 집 각閣도 파자하여 오를 등登과 각기 각各으로 해 대구로 삼은 것이다. 구봉서가 갑자기 정신이 황홀해 술을 가져오라 해서 마음을 진정시키고서야 이내 잠자리에 들었다. 창밖에서 억울함을 하소연하는 소리가 들렸다. 누구냐고 묻자. 대답하기를

"달빛 아래서 시를 지었던 여인입니다."

라고 하며, 억울함을 말했다.

"저는 본디 나주에 사는 문벌 있는 집안의 자손입니다. 남편 또한 같은 고향사람입니다. 일찍이 잠자리에서 남편에게 '어찌하여 점등하러 누각에 올랐다가 각자가 시를 지었구나.[點燈登閣各成詩]에 대구를 짓지 않습니까?'라고 했지만, 남편은 대구를 찾지 못했습니다. 그래서 절에 올라가서 대구를 찾아서 오기로 약속했습니다. 다음날 절에 올라가서 오랫동안 집에 돌아오지 않았습니다. 남편과 함께 있던 자가 이상하게 생각하고 까닭을 묻자, 남편은 사실대로 말했습니

다. 마침 벽 너머 옆방에 있던 광주 선비가 몰래 그 말을 듣게 되었습니다. 밤이 깊자 내려와서 자신이 제 신랑이라 하면서 대구를 알아내어 왔다는 것입니다. 잠시 후에 신방으로 들어와 저로 하여금 촛불을 들지 못하게 하고 강제로 함께 잠자리를 하려고 했습니다. 제가 의심스러워 거절하자, 저를 찌르고 가버렸습니다. 저의 집안에서 드디어 관아에 고발하자 관아에서는 제 남편을 잡아 가두었습니다. 제 남편은 장차 원통하게 죽게 될것에 대한 억울함을 하소연하고자 했지만, 아직 풀려나지 못했습니다. 지금 상공을 만나, 귀신인 제가 사람보다 낫기에 찾아와 하소연하는 것입니다."

구봉서가 말했다.

"어떻게 너를 찌른 사람을 잡을 수 있느냐?"

라고 하니

"백일장을 열어서 상공께서 얻으신 구절을 걸고, 대구를 짓는 자에게 마땅히 상을 베푼다고 하면, 반드시 제가 얻은 구절로 대구를 지었다고 하는 자가 있을 것입니다. 이 자가 바로 그 사람일 것입니다."

라고 했다. 구봉서가 그 여인의 말대로 하자, 도내의 많은 선비들이 모였다. 구봉서가 지은 구절을 걸고 대구를 구하자, 광주의 선비가 과연 점등點燈 구절을 써서 바쳤다. 이에 불러다가 자리를 마련하고 상을 준다하고는 곧 명령을 내려 잡아 엄한 형벌에 처하라 했다. 몸소 직접 그를 신문하니, 그가 자백을 했는데, 그 여인의 말대로였다. 이에 곧 법대로 처리하고 앞서 갇힌 자를 풀어주었다. 『무송소설撫松小說』

· **제말**諸沫

제말[63]은 임진난 때에 의병을 일으켜 왜적을 토벌했다. 그는 가는 곳마다 승리를 거둬 곽재우와 나란히 이름이 났다. 성주의 선비 정석유鄭錫儒가 과거에 급제하기 전이었는데, 당시의 성주의 자제들과 함께 관아에서 과거 공부를 위한 시를 짓고 있었다. 뒤에는 매죽당梅竹堂이고, 매죽당 앞에는 또 지이헌支頤軒이 있었다. 하루는 정석유가 혼자 지이헌 가운데를 걷고 있었다. 때마침 달이 매우 밝았다. 별안간 검은 사모를 쓰고, 붉은 도포를 입은 자가 대밭 가운데에서 수염을 치켜 올리며 나오면서 말했다.

"나는 이 고을 옛 목사 제말이다. 나는 본디 고성현에 살던 백성이었는데, 임진년 난을 당하여 의병을 일으켜 왜적을 물리친 공로로 조정에서 특별히 성주목사를 제수해 주었다. 웅해熊海와 작영斫營, 정진鼎津[64] 등에서 왜적을 맞아 싸울 적에 물리치지 못한 적이 없었다. 그러나 당시 격문이 없어지고, 역사에는 전하지 않았지만, 당시에 정기룡

---

63 제말諸沫(?~1592) : 경상남도 고성 출신의 의병장으로, 임진왜란 때 의병을 일으켜 웅천·김해·정암 등지에서 큰 공을 세워 성주목사에 임명되었다. 그 뒤 전투에서 전사했는데, 정조 때 병조판서에 추대되었다. 시호는 충의忠毅이고 본관은 칠원이다. 쌍충사적비雙忠事蹟碑가 있다. 쌍충사적비는 임진왜란 때 의병장으로 목숨을 바친 제말과 제홍록 두 장군의 공적을 기리기 위해 세워진 것으로, 두 제씨의 충절을 기린다는 의미로 '제씨쌍충비'라고도 한다.

64 웅해熊海, 작영斫營은 미상이다. 정진鼎津은 정진강鼎津江으로 의령과 함안 사이를 흐르는 강으로 지금의 남강으로 추정된다.

등 여러 사람이 모두 나를 보좌하는 비장이었다.”

라고 하고는 이내 허리에 찼던 보검을 뽑으면서

“이 칼로 일찍이 여러 놈의 왜군 머리를 베었지.”

라고 했다. 그의 이마에는 항상 붉은 빛이 돌며 왕성했다. 성긴 수염을 펴면서 스스로 시를 읊조렸다.

길고 긴 산 구름과 함께 멀리 가고	山長雲共去
멀고 먼 하늘 달과 함께 외롭네	天逈月同孤
적막한 성산관에	寂寞星山館
혼령은 있는가 없는가	幽魂有也無

또 말하기를

“나의 무덤은 칠원에 있는데, 자손이 없어서 돌보지 못하고 있다.”

라고 했다. 그리고는 재빨리 허리 굽혀 읍을 하고는 가버렸다. 재빨리 대나무 숲 사이로 다시 들어갔다. 날이 밝자 이 일을 함께 이야기 하고 감탄하고 기이하게 여겼다. 당시 감사監司 정익하鄭益河가 이 말을 듣고 정석유를 불러 오게 했다. 드디어 칠원 관아에 연락해 묘역을 고치게 했다. 묘지기 두 호를 두어서 지키게 했는데, 칠원의 사또 어사적魚史廸이 낮에 잠을 자는데 꿈에 한 관인이 와서

"내 무덤은 네 관아에서 몇 리 쯤 되는 아무 언덕, 아무 좌향에 있다. 감사가 마땅히 무덤을 수리하라 명령할테니, 그대는 유의하고 있거라."

라고 했다. 꿈을 깨고는 이상하게 여겼는데, 그날 저녁에 통첩이 이르러서 어사적이 드디어 그 무덤을 크게 수리했다고 한다.

· **성완**成琬

성완[65]은 독서를 많이 했으며, 젊어서 시를 잘했다. 비록 장편 대작이라도 다른 사람에게 붓을 잡히고 입으로 읊었으며, 스스로 소동파에 견주었다. 사람들은 '시 귀신' 때문이라고 했다. 경술년(1680년) 3월(음력) 친구의 집을 찾아갔다. 술이 취해 날 저물어 돌아오는 길에 사포서司圃署[66] 뒷길을 지나가고 있었다. 때마침 어둑어둑한 시각이었다. 갑작스레 검은 옷 입은 노인을 만났는데, 기쁘게 손을 잡더니 이렇게 말했다.

"자네와 함께 갈 곳이 있다네."

성완이 머뭇거리면서 손을 뿌리쳤으나, 노인이 억지로 그를 잡는

---

65 성완成琬(1639~?) : 본관이 창녕昌寧이고 자는 백규伯圭, 호는 취허翠虛이다. 부친은 성후룡成後龍이다. 1666년 병오丙午 식년시式年試에 진사進士 2등 8위로 합격했다. 시로 이름이 있었다. 일찍이 제술관製述官으로 일본에 들어갔고 관직이 찰방에 이르렀다. 문집『취허집翠虛集』이 있다.

66 사포서 : 조선 때, 궁중의 원포나 채소 따위에 관한 일을 맡아 보던 관아이다.

것이었다. 눈 깜짝할 사이에 이미 서대문 밖을 나가서 길마재鞍峴[67] 동쪽 산기슭을 오르는 것이었다. 노인이 손으로 성완의 눈을 닦아 주니, 성안의 눈이 비로소 밝아졌다. 위로 우러러 올려다보니, 그는 머리가 정수리까지 벗겨진 대머리였다. 백발에다가 훤칠하게 큰 키로 눈가에는 매우 털이 많아 사나와보였다. 무늬가 있는 검은 옷을 입고, 허리에는 띠를 매지 않았다. 누런 신을 신었는데 머리는 한 자 남짓 될 정도로 길었다. 그래서 그와 함께 수많은 소나무 사이를 노닐었는데, 다음날 새벽 성완을 끌고 동쪽 가에 있는 바위 위에 올라서 운을 부르고 시를 지으라고 재촉했다. 성완이 이에 바로 시를 지었다.

서쪽 봉우리 제일 꼭대기 올라 배회하다가　徙倚西峯上上頭
높은 하늘과 대지를 두 눈으로 살펴보네　高天大地騁雙眸
머리 숙여 내려다보니 발해가 평평한 거울 같고　俯臨渤海平看鏡
머리 돌려 바다거북 가리키는데 작은 미꾸라지 같네　回指穹鰲小似鰍
한필의 비단 같은 길이 저자 거리를 가르고　匹練中分三市路
뜬 구름 낮게 떠 오성 누각 높이 재는듯하네　浮雲低度五城樓
정공[68]이 그날 공을 이룬 자리　鄭公當日成功處
운 좋게도 신선을 모시고 장쾌한 유람을 했다네　幸陪仙翁辦壯遊

---

67 길마재鞍峴 : 서대문구 봉원동에 있는 산으로, 기봉·안산·무악·봉화뚝·봉우재·봉우뚝·기산이라고도 했다. 인왕산 서쪽 현저동·홍제동·봉원동에 걸쳐 있는데, 연희동 북쪽에 높이 솟은 산이다.

68 정공鄭公 : 미상이다.

노인이 다 듣고는 칭찬하면서 말했다.

"비록 단로丹老가 보더라도 마땅히 혼을 빼앗길 것이다."

라고 했다. 그리고 나서 화답시를 지었다.

꼭두새벽부터 다음날 갈 때까지 종일 사람 머리를 살피다
卯來卯去檢人頭
맑고 기품있는 너를 보니 두 눈을 비비었네　見爾淸標刮兩眸
기상은 푸른 하늘을 내닫는 옥마 같고　氣似靑天駈玉馬
문장은 창해에서 뽑아 올린 금추[69]인듯하네　文如滄海抽金鰍
근심은 창암댁에 모두 놓아두고　牢躔盡置蒼巖宅
한 밤중에 느린 걸음으로 자갈루에 오르네　緩步宵登紫葛樓
해도 없고 바람도 없는 때에 길이 둘러보았으니　無日無風長歷覽
오슬을 만나면 맑은 유람했다 말하리라　定逢烏瑟道淸遊

성완이 두 번 세 번 속으로 암송했다. 노인은 지은 시를 바위돌 사이에 두고는 가버리니 홀연히 보이지 않았다. 성완은 그가 없는 틈을 타서 벗어나 집으로 돌아가고자 했지만, 몸은 포승줄에 묶인 듯이 움직일 수 없었고, 두 눈은 눈동자가 흐려져 또렷하게 보이지 않았다. 비록 사람을 부르고자 해도 목소리가 입 밖을 나오질 못했다. 성완은 종일토록 혼미해 넘어져있었다. 해가 어스름해지자 노인이 데리고

69 옥마玉馬, 금추金鰍 : 모두 말과 고래의 미칭이다. 문장과 기상이 웅혼함을 비유한다.

나가면서

"또 함께 갈 곳이 있네."

라고 했다. 길마재 서쪽 산기슭을 거쳐 창릉昌陵[70] 소나무 사이에 도착했다. 모두 산허리 길로만 가는 것이었다. 한밤중에 달이 소나무 그늘 사이로 나올 즈음에야 노인이 말했다.

"이 경관은 대우로 연구시聯句詩를 지을 만하구나."

이에 내가 바로 시를 지었다.

오래된 나무는 흐르는 이슬이 젖었고	木老流露濕
깊은 산속에는 달빛이 기이 하구나	山深月色奇

노인이 성완을 칭찬했다. 다음날 새벽에 또 소나무 사이에 버려두고 가버렸으나, 전날과 같이 빠져나올 수가 없었다. 해가 어스름해지자 또 찾아와서 성완을 데리고 진관사津寬寺[71] 서쪽 산기슭에 이르렀다. 어지러운 숲 사이를 왔다 갔다 할 뿐이었다. 이윽고 닭이 울고 나무하는 아이가 꽹과리를 치면서 오자, 노인이 깜짝 놀라 일어나 손을 풀어주었다. 그리고 나서는 홀연히 보이지 않았다. 성완은 마침내 맥

70 창릉昌陵 : 조선 제8대 왕 예종과 계비 안순왕후 한씨의 능이다. 사적 제198호로. 경기도 고양시 신도읍 용두리龍頭里에 있다.

71 진관사 : 북한산(삼각산) 서쪽 기슭에 있는 조계종 소속 고려시대의 고찰로, 불암사, 삼막사, 보개산 심원사와 함께 조선시대에는 한양 근교의 4대 사찰 중 하나였다.

이 풀려서 넘어지고 자빠지다가 겨우 소생할 수 있었다. 엉금엉금 기어서 앞으로 나아가니 진관사가 바라보이는 것이었다. 그는 스님을 부르며 살려 달라 했다. 스님에게 부탁했더니 아는 자가 있어 성완을 업어서 산방에 들여 놓았다. 여기저기 수소문해서 집에 소식을 알렸더니, 성완의 부친이 다급하게 찾아왔다. 온갖 방법으로 치료약을 구해서 쓰고 난 뒤에야 겨우 살아났다. 그는 노인과 주고받은 시들을 기억해내어서 그의 아우로 하여금 베끼게 했다.

성완이 노인에게서 빠져 나온 이후에도 계속 이틀 낮밤을 다시 찾아와서 괴이한 짓거리를 하기에 칼로 그를 찌르고 그 다음날 집으로 돌아왔다. 이틀이 지난 밤에 홀연히 꿈속에서 붉은 옷을 입은 동자가 찾아와서 그에게

“내가 검은 옷을 입었던 노인이다. 지난번에는 늙은 모습이고, 지금은 젊은 모습으로 만나는 것이니 그대는 의아하게 생각하지 말라.”

라고 했다. 성완이 그 때문에 깜짝 놀라 깨었다. 다시 몇 일이 지난 어느 날 밤에 또 꿈을 꾸었다. 푸른 도포를 입은 훌륭하게 생긴 사내가 다시 찾아와서

“지난밤 검은 옷 입은 귀신이나 붉은 옷 입은 아이가 모두 나라네. 나는 원한 품은 혼령이지, 사악한 귀신이 아니라네. 그대의 입을 빌려 나의 사정을 전하려고 하는 것이니 저버리지 말아주게.”

라고 했다. 성완이 전할 것이 무슨 일이냐고 묻자, 푸른 도포를 입

은 자가 눈물을 뚝뚝 흘리며 울면서 말했다.

"나는 신라 경순왕 때의 학사인 맹시孟蓍이고, 자는 국서國瑞이다. 집은 금오산金鰲山 서쪽에 있다네. 내 성품이 매화를 심고, 학을 기르는 것을 좋아해서 '매학도인'이라고 자호했다네. 하루는 왕께서 잔치를 베풀고 학사들에게 봄날에 관한 시를 지으라고 했네. 내가 그때 이런 시를 지어서 바쳤다네.

벽도화碧桃花 위에 부슬부슬 비 내리고	碧桃花上雨霏霏
용못에 물 가득하니 버들 빛이 푸릇푸릇하구나	水滿龍池柳欲翠
아름다운 꽃들이 무성한 서쪽 동산 길에	萋萋芳草西園路
찬 연기 땅 덮으니 습기조차 일어나지 않네	羃地寒烟濕不起

왕께서는 감탄하고 칭찬했으며, 여러 학사들은 서로를 돌아보며 놀랐다네. 훗날에 다시 채운루彩雲樓에서 잔치를 베풀었다네. 왕은 취비라고 하는 왕비를 무척 아꼈는데, 동해 용의 딸이었네. 그녀의 총명과 미모는 나라를 기울일 정도였지. 이날 그 왕비를 위해서 시를 지었다네. 나도 그날 다음과 같은 시를 지어 바쳤다네.

그녀의 뼈는 아름다운 경요[72]요, 살갗은 옥이니	瓊瑤爲骨玉爲肥
초승달 몸매와 별의 눈빛은 절세의 자태라네	月態星眸絶世姿
앞 계단에서 놀다 봄꽃을 주우니	戱向前堦拾春花
봄바람이 불어와 향기를 맞는구나	好風吹動瑞香披

---

72 경요瓊瑤 : 옥玉 이름 이다.

그 뒤 어느날 일본 승려 의능義能이 사신으로 찾아와서, 학사들에게 시로서 자기 나라를 빛낼 것을 요청하였네. 왕께서 시를 지어 주라고 나에게 명하셨네. 이에 그때 다음과 같은 시를 지어 주었네.

가운데는 해를 감춘 땅이요, 바다는 끝이 없네	中藏日域海無邊
한 성씨가 나라를 잇고 다섯 개 보물 전하네	一姓相承五寶傳
세상의 어느 나라도 산과 내 두루 갖추기 어려운데	萬國山川難並處
해뜨는 부상扶桑[73]의 가지 위엔 푸른 하늘 걸렸네	扶桑枝上掛靑天

일본 승려 의능義能이 크게 기뻐하고, 검은 비단 네 필을 바치면서 말했네.

"이 비단은 일본의 고치실로 짠 것입니다."

왕께서 나에게 두 필을 하사하셨고, 나는 그것을 도복으로 만들어서 매일 입으니, 사람들이 나를 보고 '흑의학사'라고 한 것이네. 훗날 포석정에 갔는데, 왕께서 특별히 나에게 흰 옥피리를 하사해, 그 날의 놀이를 빛나게 하셨네. 내가 그 때 오언절구를 지었네.

포석정 앞에 달 떠오르고	鮑石亭前月
맑은 물결 위에 채색선이 출렁이네	淸波漾彩船
흰 피리소리 한 가락 듣다가	一聲白玉笛

73 부상扶桑 : 해가 뜨는 동쪽 바다 속에 있다는 상상 속의 신성한 나무로 여기서는 일본을 가리킨다.

피리소리 그치자 늙은 용이 잠드네　　　　吹罷老龍眠

나는 마침내 종정경宗正卿 김린金璘에게 참소를 받아, 절영도[74]로 쫓겨났다네. 4년이 되던 해에 고려 태조 왕건이 왕으로 등극했을 때에 경순왕이 땅을 떼어 주고 화친을 하였네. 이 때 왕이 나를 사신으로 보내었는데, 내가 돌아오는 길에 한산漢山[75]을 지나다 죽었네. 관으로 옮길 수가 없어서 임시로 인왕산 아래에 묻혔는데, 드디어 타향을 떠도는 넋이 되어 버렸네. 때마침 북사공北司公 여구공閭邱恭과 북부공北副公 채희蔡禧는 서로 우정이 좋았으며 모두 시를 잘하는 자들이었네 그 날 그대와 함께 이 두 사람을 찾아간 것인데, 갑자기 꽹과리 소리를 듣고 놀라 흩어진 것이 한으로 남는다 하겠네."

성완이 물었다.

"김린이란 자가 누구입니까?"

그가 대답했다.

"김유신의 후손이라네."

뒤이어 여구공이 누구냐고 묻자.

---

74 절영도 : 부산 영도影島이다. 이곳 정상이 봉래산이어서 이 지역을 '동래東萊'라고 한다.

75 한산漢山 : 백제百濟의 두 번째 도읍지都邑地였던, 지금의 경기도京畿道 광주廣州의 옛 읍과 남한산성南漢山城이다. 온조왕溫祚王 14(또는15)년에 이곳으로 옮겼다.

"여구는 오슬烏瑟 산인山人이고, 채희는 단로丹老이네."

또 말했다.

"나의 사적은 역사에 나타나지 않으니, 오히려 한을 품은 사람이라네. 그대가 이 일을 잊지 말고 세상에 전해 주기를 크게 바란다네."

라고 말했다 한다.

성완이 오직 '예'라고 몇 차례 대답을 하는데, 홀연히 놀라서 잠에서 깨고 보니, 동쪽 하늘이 밝아오는 것이었다. 『천예록天倪錄』[76]에 나온다. 성완이 스스로 기록한 것을 수록했다.

≪송병렬≫

· **신경연**辛慶衍

신경연[77]은 평안도平安道 평사評事[78]로 관아에서 죽었는데, 신비한 자취를 뚜렷이 남겼다. 죽은 뒤 수십 년이 지나 그의 벗이 관서關西로 가는 도중에 신경연을 만났다. 벗의 자字를 부르며 평소처럼 옛일을 이야기하더니 드디어 부탁하기를,

---

76 『천예록』에도 성완의 기이한 이야기가 실려 있다. 내용은 대부분 비슷하다.

77 신경연(1570~?) : 조선 중기의 문신이다. 본관은 영월寧越이고 자는 사달士達, 호는 금정錦汀이다. 문집 『금정집錦汀集』이 있다.

78 평사評事 : 조선 초기의 정6품 관직으로 병마평사兵馬評事의 약칭이다. 병마절도사의 막하에서 군사조치에 참여하며 문부文簿를 관장하고 군자軍資와 고과考課 및 개시開市 등에 관한 사무를 담당했다.

"내 자손들이 매우 가난한데, 내가 유물이 있어도 전해줄 수가 없네. 보도寶刀와 옥권玉圈[79]이 들보 위에 있으나 집안에 아는 사람이 없으니 그대가 아려주길 바라네."

라고 했다. 벗이 마음속으로 이상하게 여겨서 돌아가자 곧바로 그 자손들에게 일러주고 들보 위를 살펴보게 했더니 과연 보도와 옥권을 찾았다고 한다.

· **김덕생**金德生

김덕생[80]은 태종太宗 때 형벌을 받고 억울하게 죽었다. 세종世宗 조에 들어와 세종이 어느 날 밤에 침전에 앉아 있었는데 밖에서 누군가 오는 소리가 들렸다. 이상하게 여겨서 물어보니, 대답하기를,

"신은 김덕생입니다. 억울하게 죽은 지 10년이 지났지만 아직도 객지에서 울적하게 지내고 있습니다. 고향으로 돌아가 장례를 치를 수 있도록 허락해주십시오."

라고 했다. 주상이 안타깝게 여겨서 빨리 유사有司에게 명해 그의 원통한 사연을 신원시켜 주게 하고, 동지중추원사同知中樞院使에 추증하여 고향으로 돌아가 장례를 치르게 했다. 그리고 묘역을 관에서 맡

---

79 옥권玉圈 : 망건의 당줄을 꿰게 옥으로 만든 작은 고리이다.

80 김덕생(1367~1402) : 고려 말 조선 초의 무신이다. 본관은 상산商山이고 자는 대원大元, 호는 증산甑山이다. 시호는 충간忠簡이다. 1400년 제2차 왕자의 난 때 이방원을 도와 난을 평정하는 데 공을 세워 추충분의익대좌명공신推忠奮義翊戴佐命功臣에 봉해졌으나 동료들의 시기로 억울하게 처형당했다. 1438년 가정대부嘉靖大夫, 1445년 동지중추원사에 추증되었다.

아 묘표墓表를 세워주도록 했는데, 실제 정통正統 병진년(1436)의 일이다. 임술년(1442)에 주상이 또 애도하고 김덕생이 살았던 함평咸平에다 사당을 세우니, 지금 이른바 증산사甑山祠라는 곳이다.[81]

· **임백령**林百齡

임백령[82]이 젊은 시절 꿈에 신인神人이 나타나 말하기를,

"자네는 괴마槐馬라고 자를 짓게."

라고 했다. 그는 꿈을 깨고 나서 이상하게 여겨 드디어 스스로 호號를 '괴마'라고 지었으나 그 뜻은 알지 못했다. 가정嘉靖 병오년(1546)에 책봉冊封에 사은謝恩하는 정사正使로 우의정 직함을 빌어 가게 되었다. 연경燕京에서 병이 들어 말하기를,

"나는 아마 죽을 것이다. 이미 우의정의 직함을 빌려서 왔고 또 올해가 말띠 해를 만났으니 신인이 말했던 괴마[83]라는 것이 아마도 이것을 두고 한 말일 것이다."

라고 했는데, 결국 돌아오다가 영평부永平府에 이르러 죽고 말았다.[84]

---

81 이긍익李肯翊의『연려실기술燃藜室記述』별집 제4권「사전전고祀典典故 서원書院」에 여기 보다 간략하게 기록되어 있다.

82 임백령(?~1546) : 조선 중기의 문신이다. 본관은 선산善山이고 자는 인순仁順, 호는 괴마槐馬이다. 우의정을 차함借銜해 사은사로 명나라에 갔다가 북경北京에서 병을 얻어 이듬해 돌아오던 중 영평부永平府에서 죽었다.

83 괴마 : 삼공三公을 삼괴三槐라고 한 "槐"와 오년午年의 말[馬]을 의미한다.

84 이 이야기는 어숙권魚叔權이 지은『패관잡기稗官雜記』제4권에 제목 없이 여러 이

· **전영달**全穎達

전영달은 문장으로 한 세상을 울렸다. 젊은 시절 나그네로 완성完城(전주)을 유람하다가 지정池亭에서 묵었다. 술에 취해 문을 닫고 혼자 자는데 문득 발걸음소리가 들렸다. 여인이 밖에서 문을 열고 들어왔는데 용모와 자태가 매우 고왔다. 전영달이 취한 가운데 눈을 뜨고 언뜻 한번 본 뒤에 다시 가물가물 잠이 들자 미인이 문을 닫고 나가더니 꿈속에 나타나 말하기를,

"아, 무정한 사람이로다. 제가 내심 그대의 풍모를 사모해 당신의 청광淸光을 가까이 모시려고 했는데 술에 취하여 나를 알아보지 못하니 실망하고 돌아갑니다. 연잎 위에 시를 써두고 먹 하나를 남겨 드립니다. 저를 위해 이 먹을 잘 보관하시고 잃어버리지 마십시오. 뒷날 반드시 우수한 성적으로 과거에 급제하고 높은 관직에도 오를 터인데 이 먹을 잃어버리면 아마도 불길할 것입니다."

라고 했다. 전영달이 아침에 일어나 문밖을 보니 연잎이 있었고, 연잎 위에는 다음과 같은 시가 적혀 있었다.

원객은 몹시 취해 불러도 듣지 못하고	遠客沈醟[85]喚不聞
연꽃은 달 흔들며 물결 속에 춤을 추네	睡荷搖月舞波紋
오늘 밤 좋은 만남 하늘이 준 기회니	今宵佳會天應借
광산의 한 조각 구름을 남겨주노라	留與光山一片雲

야기 가운데 하나로 기록되어 있다.

85 醟 : 주석에 음명주병야 音冥酒病也로 되어 있다. 음은 명冥이니, 술병이다.

그 곁에는 먹 한 자루가 있었는데 '광산편운光山片雲'이라고 찍혀 있었다. 대개 연잎은 먹을 먹지 않는데 이 글씨는 자획이 매우 분명해 내심 기이하게 여겼다. 그 먹을 수습한 뒤 표시하고 비단주머니 속에 보관해두었다.

뒷날 선조宣祖 정축년(1577)에 급제해 외직으로 부임했다. 관기가 잠시중을 들었는데 그가 취한 틈을 타 먹을 몰래 훔쳐 자기 주머니 속에 넣어두었다. 밤 꿈에 예전 지정池亭의 미인이 나타나 화를 내며 이르기를,

"처음에 그대를 아껴 먹을 주며 잃어버리지 말하고 했는데, 지금 어찌 내 말을 잊었습니까?"

라고 했다. 전영달이 깨어나 그 주머니를 열어보니 먹이 없었다. 기생에게 따져 물어 다시 찾아서 열어보니 봉하여 표시해둔 것은 여전한데 먹이 그 안에 없었다. 크게 괴이하게 여기며 말하기를,

"신녀가 준 것을 돌아와 보관하다가 잃어버렸으니, 신녀가 아마 원망한 것이로다."

라고 했다. 그 뒤에 결국 더 높은 관직에 오르지 못했다.[83] 『어우야담於于野談』

· **이달**李達

---

86 이 이야기는 유몽인柳夢寅이 지은 『어우야담於于野談』에 제목 없이 여러 이야기 가

이달[87]이 서경西京을 유람하면서 선연동嬋娟洞[88]에 들렀다. 이때 마침 산꽃이 바람에 날리고 비를 품은 구름이 마치 그림과 같았다. 그 곳을 서성이다가 슬픔에 잠겨 다음과 같이 절구 한 수를 읊었다.

모란봉 아래 선연동 골짜기	牧丹峯下嬋娟洞
골 속에 미인 묻힌 곳이라 풀 항상 봄이라네	洞裏埋香草自春
만일 신선의 기술 빌릴 수 있다면	若爲借得仙翁術
그날의 가장 고운사람 불러오리라	喚起當年第一人

그는 돌아와 여관에 누워 술에 취해 가물가물 꿈속에 들었다. 꿈속에서 기생들이 곱게 단장하고 아름다운 옷을 입고 단정하게 다가오더니,

"저희는 선연동에 있는 사람입니다. 어제 훌륭한 시를 지어서 죽은 저희들을 향기롭게 해주셨으니 진중한 은혜에 깊이 감사드립니다."

라고 했다. 화들짝 놀라 꿈에서 깨어났다. 다음날 선연동에 들어가 차와 술로 제를 올리며 다음과 같이 시를 지어 주었다.

운데 하나로 기록되어 있다.

87 이달(1539~1612) : 조선 중기 서얼 출린 시인이다. 본관은 홍주洪州이고 자는 익지益之, 호는 손곡蓀谷·서담西潭·동리東里이다. 원주의 손곡蓀谷에 묻혀 살았기에 호를 손곡이라 했다. 시집으로 허균許筠이 엮은 『손곡집蓀谷集』 6권 1책이 있다.

88 선연동嬋娟洞 : 평양平壤 북쪽에 있는데 예부터 기생의 무덤이 들어선 곳이다.

추생의 피리[89]도 아니건만　　不是鄒生律
그윽한 골짜기 봄이 오게 했네　　能回幽谷春
향기로운 넋 마치 살아있는 듯　　香魂猶髣髴
이부인[90]을 다시 보는듯하네　　重見李夫人[91]

『어우야담於于野談』

· **윤결**尹潔

윤결[92]이 언젠가 차식車軾[93]에게 시 한 수를 읊어주고,

"이 시는 어떤가?"

라고 물었다. 차식이 대답하기를,

---

89 추생의 시 : 추생은 전국시대 제齊 나라 추연鄒衍을 이르는데, 그가 연 혜왕燕惠王을 섬길 적에 혜왕이 다른 신하의 참소하는 말을 믿고 그를 하옥시키자 때아닌 5월에 서리가 내렸고, 또 북방은 기후가 차서 오곡五穀이 자라지 못했는데, 그가 율律을 불어 기후를 다습하게 하자 벼와 기장이 자랐다고 한 데서 온 말이다. 『열자列子 탕문湯問』

90 이부인 : 이부인李夫人은 한무제漢武帝의 부인으로 천하일색이었다고 전한다. 그가 한 무제의 총애를 독차지하다가 일찍 죽어 버리자 무제는 그를 애처로이 여겨 그의 형모形貌를 감천궁甘泉宮에 그려 놓고 늘 그를 생각했으며, 한 번은 방사方士에게 부탁해 이부인의 신神을 맞아오게 해 그 신을 바라보고서 비감悲感을 짓기도 했다. 『한서漢書 외척전外戚傳』

91 이 이야기는 유몽인柳夢寅이 지은 『어우야담於于野談』에 제목 없이 여러 이야기 가운데 하나로 기록되어 있다.

92 윤결(1517~1548) : 조선 중기의 문신이다. 본관은 남원南原이고 자는 장원長源, 호는 취부醉夫 또는 성부醒夫이다. 시에 능했다고 한다. 유구琉球에 표류했던 박손朴孫의 경험담을 토대로 지은 『유구풍속기琉球風俗記』가 있다.

93 차식車軾(1517~1575) : 조선 중기의 문신이다. 본관은 연안延安이고 자는 경숙敬叔, 호는 이재頤齋이다. 아들이 차천로車天輅이다.

“이 시는 귀신이 지은 시네.”

라고 했다. 윤결이 크게 놀라며,

“내가 어제 밤 꿈에 어느 깊은 골에서 노닐었는데, 흰 모래가 십리 남짓 펼쳐져 있고 달빛이 대낮 같은데 꾀꼬리 소리가 들려왔네. 듣자하니 그 골이 바로 석문동石門洞이었네. 그래서 드디어 다음과 같이 시를 지었네.”

우연히 석문동에 들어가	偶入石門洞
시 읊으며 홀로 밤길 거닐었네	吟詩孤夜行
달빛은 대낮처럼 밝고 개울 모래 흰데	月午溪沙白
빈산에서 한차례 꾀꼬리소리 들려오네	空山啼一鶯

『오산설림五山說林』[94]

· 백마장군白馬將軍

황진이가 송도松都에 타향살이 할 때 옛 활터에 묵은 적이 있었다. 밤 달이 어스름하고 사람 소리 없이 고요한데 백마장군이 나타나 말을 매고 서성이더니 소매로 눈물을 닦고 다음과 같이 노래했다.

---

94 『오산설림五山說林』: 조선 중기의 문신이자 문인인 차천로車天輅가 지은 시화집詩話集이다. 내용은 체계 없이 시 또는 제자백가서에 나오는 구절에 대한 고증考證을 주로 전개했다. 중국의 이백李白·두보杜甫·맹호연孟浩然 등 시인들의 여러 시편에 관한 시화詩話와 우리나라 정철鄭澈 등의 시편에 얽힌 일화가 수록되어 있다.

오백년 도읍지를 필마로 돌아드니　五百年都邑地 匹馬歸來兮
산천은 의구한데 인걸은 간데없네　山川依舊 人傑何所之兮
어즈버 고국흥망을 물은들 무엇 하리　已矣哉 故國興亡 問之何爲兮

노래가 끝나자 채찍을 휘두르며 떠나갔다. 어디로 갔는지 알지 못하다가 비로소 사람이 아니라는 걸 알았다. 지금 사람들이 잘못 전해 황진이가 지은 노래라고 한다.[95] 『어우야담於于野談』

· 김용金容

김용은 본관이 음성陰城이다. 『어우야담於于野談』에 다음과 같이 기록되어 있다.

"김용이 서울에서 떠돌아다니다가 전염병에 걸려 죽었는데, 굶주린 사람들이 그의 시신을 훔쳐다 구워 먹었다. 그 뒤에 김용의 외사촌 김계문金繼文 또한 전염병에 걸려 죽을 지경이었는데, 잠결에 김용이 나타나 곁에서 다음과 같이 시를 지어주었다.

해골이 깃든 숲속 성글다 우거지고　骸棲林莽疎還密
넋은 안개구름 따라서 끊어질듯 이어지네　魂逐烟雲斷復連
고달파라 생전에 잘못된 계책 많았으니　役役生前多謬計
애달파라 죽은 뒤 가장 가련한 일이로다　哀哀身後最堪憐
흐르는 한강 맑은 물결 푸르니　漢江流水澄波碧

---

95 이 이야기는 유몽인柳夢寅이 지은 『어우야담於于野談』에 제목 없이 여러 이야기 가운데 하나로 기록되어 있다.

밤마다 애타는 가슴속 씻어주네　　為洗胸中夜夜煎

김용이 이어서 '너는 오늘 소생할 것이다'라고 했는데 꿈에서 깨자 열이 떨어지고 되살아났다. 김용은 생전에 그런대로 글을 지었으나 그다지 잘 짓지는 못했었다. 귀신이 되고 난 뒤에 그 시가 처량해 생전의 지었던 시보다 나았다."

· **이동주**李東柱

이동주는 옥산玉山 이우李瑀[96]의 증손이다. 죽을 때 문득 스스로 말하기를,

"어떤 사람이,

청산이 얼마나 깊던가　　青山深幾許
소쩍새 울음소리만 들리네　　惟聞子規啼

라고 시를 읊어 주었다."

라고 했다. 이 시는 꿈을 꾼 것인가? 아니면 신인神人이 와서 알려 준 것인가? 또한 기이한 일이다. 우암尤庵 송시열宋時烈이 지은 「이생묘

---

96 이우李瑀(1542~1609) : 본관은 덕수德水이고 다른 이름은 위瑋 또는 후琊이다. 자는 계헌季獻, 호는 옥산玉山·죽와竹窩·기와寄窩이다. 율곡栗谷 이이李珥의 동생이다. 초충草蟲을 그려 길에 던지면 닭이 와서 쪼았다는 일화가 있을 만큼 화훼초충花卉草蟲을 잘 그렸다고 한다.

표李生墓表」[97]에 나온다. 아래 상세한 내용이 나온다.

≪김남규≫

· **류혁연**柳赫然

(류혁연柳赫然[98] 은 아래에 자세하다.) 충청도에 사는 한 선비가 서울 길을 떠났다. 도중에 잠이 들어 꿈속에서 한 장군을 만났다. 행차가 매우 성대했는데 사람들이 류혁연柳赫然이라고 칭했다. 입으로 절구 한 수를 읊어 주었는데 내용은 이러하다.

우리 임금께서 먹을 것 나누어주고 옷 벗어 입혀주었으니[99] 吾王推食解衣衣
살아서나 죽어서나 임금의 은혜 아님이 없구나 生死君恩也莫非
살았을 때의 죄는 커서 끝내 면하기 어려웠지만 明時罪大終難逭
혼이 대궐 섬돌[100]에 이르니 옛 벼슬이 그대로라네 魂到丹墀舊秩依[101]

선비가 서울로 들어서자 비로소 류혁연을 신원시킨다는 명령을

---

97 『송자대전宋子大全』 권199, 「묘표墓表」에 기록되어 있다.

98 류혁연柳赫然(1616~1680) : 본관은 문화文化, 자는 회이晦爾. 호는 야당野堂이다. 병자호란 때 아버지가 전사하자 형제가 함께 출전했다. 무과에 급제해 병조 판서를 지냈으며 1680년 경신대출척 때 사약을 받았다. 이후 1689년 기사환국으로 남인이 다시 정권을 잡자 신원되고 영의정에 추증되었다.

99 먹을 것을 ~입혀주었으니 : 옷을 벗어 주고 밥을 나누어 준다'라는 뜻인 해의추식解衣推食과 같은 말로, 한신이 유방이 자기에게 베풀어 주었던 은혜를 설명하며 사용했던 성어이다. 『사기』 『회음후열전淮陰侯列傳』에 나온다.

100 대궐의 섬돌 : 원문은 단지丹墀로, 천자天子의 궁전 섬돌에 붉은색을 칠했기 때문에 붙여진 명칭이다.

101 류혁연의 문집 『야당유고野堂遺稿』 권1에는 「증이생혁 몽중시 복관작시贈李生爀 夢中詩 復官爵時」란 제목으로 실려 있다.

들었다.

『청죽수록聽竹隨錄』[102]

· 이징李徵

(이징李徵은 위의 장 '『청비록』에 말하기를'에 보인다.)[103] 이정필李廷弼[104]의 아들로 요절해서 죽었다. 얼마 있지 않아서 그의 매부인 심생이 오히려 밤중인데도 달빛이 밝아 고요히 앉아 있는데 갑자기 문밖에서 말을 모는 떠들썩한 소리가 들렸다. 나가보니 곧 이징이었다. 당에 올라서 예를 표했는데 심생이 깜짝 놀라 묻기를

"그대는 죽은 지 이미 오래되었는데, 어찌해서 이승으로 나왔는가?"

라고 했다. 이징이 이에

"저승에서 휴가를 받아서 왔습니다."

라고 대답하자, 심생이

102 『청죽수록聽竹隨錄』: 정확한 작자와 내용 미상이다.

103 위의 장 '귀신(鬼神)' 부분에서 『청비록』에서 말한 이징에 관한 일화가 언급된 바 있다.

104 이정필李廷弼 : 조선 후기 영암 출신의 무인이다. 본관은 경주慶州, 자는 자운子雲이다. 아버지는 용양위 부사과龍驤衛副司果를 지낸 이주남李柱男이고, 형제로는 형 이정량李廷亮과 동생 이정빈李廷彬, 이정찬李廷讚이 있다

"그대의 위엄을 보니 관리인 듯하네."

라고 했다. 다시 이징이

"저는 글을 짓는 사인舍人[105]일 뿐입니다"

라고 대답했다.

심생이 술을 권하며 자작하게 하자 잔을 기울여 즉시 비웠다. 심생이 그의 글씨를 얻어서 증표로 삼고자 했다. 이징은 즉시 절구 하나를 완성하고는 손수 써서 심생에게 주었는데 다음과 같다.

한 마리 학은 하늘가에 있고	獨鶴青雲外
외로운 기러기는 석양 속에 있네	孤鴻落照中
서로 그리워하는 달 밝은 밤	想思明月滿
꿈은 바다 끝 동쪽으로 돌아가네	歸夢海天東

그리고는 길게 읍을 하며 거듭 인사하고 떠나갔다. 다음날 심생이 장인 이정필을 만나서 그가 쓴 시를 보여주니 과연 거짓이 아니었다고 한다.

· **정용**鄭鎔[106]

---

105 사인 : 『주례』에 의하면 궁정의 정치를 맡아보는 관리를 뜻했으나, 이후 귀인이나 개인의 일을 맡아보는 관리를 뜻하는 용어로 바뀌었다.

106 허균의 『학산초담』에 관련 내용이 보인다.

정용鄭鎔[107]의 호는 오정梧亭으로 시로 세상에 알려졌다.

일찍이 중풍에 걸렸는데 하루는 스스로 말하기를,

"어떤 나이 어린 서생을 만났는데, 연화건蓮花巾을 쓰고 모습은 옥설玉雪 같았다. 스스로 당 나라의 아사雅士 요개姚鍇라 칭하며 장길長吉 이하李賀 [108]와 친한 사이로 안탕산雁蕩山에 산 지 2백년이 되었다고 했다. 조선의 산천이 가장 아름답다는 것을 듣고는 한라산에 옮겨 산 지도 천 년 가까이 되었으며, 금강산으로 가려 하다가 자네와 인연이 있으므로 삼각산에 와 머문 지도 벌써 30년이 되었는데 이제야 비로소 금강산에 왔다라고 했다.'라고 전해주었다."

그의 시는 다음과 같다.

만리 되는 큰 바다에 날은 저무는데	萬里鯨波海日昏
벽도[109] 꽃 그림자 하늘 문에 비치네	碧桃花影照天門
신선의 수레 한 번 쉬면 천년이 흐르고	鸞驂一息空千載
구령의 신선 피리 소리 한밤중에 듣네[110]	緱嶺靈簫半夜聞

107 정용鄭鎔 : 본관은 해주海州, 자는 백련百鍊, 호는 오정梧亭이다. 정용鄭鎔은 벼슬이 이조참판吏曹參判에 이르렀고 가선대부嘉善大夫를 증직贈職받았다. 시詩를 잘 써서 세상에 이름이 있었으며 그의 시가 『국조시산國朝詩刪』에 들어 있다

108 이하李賀(791~817) : 당나라 때의 천재 시인으로, 장길長吉은 그의 자이다. 27세에 요절했다.

109 벽도碧桃 : 신선이 먹는 복숭아의 이름이다. 한나라 무제武帝의 창窓 앞에 파랑새가 와서 울었는데, 동방삭東方朔이 그것을 보고, "그 파랑새는 서왕모西王母의 사신인데 오늘밤에 서왕모가 올 것입니다."했다. 그날 밤 과연 서왕모가 자기의 동산에 3천년에 한 번씩 열린다는 반도蟠桃라는 복사를 가지고 내려왔다고 한다.

110 구령의~ 듣네 : 구령緱嶺은 구지산이라고도 불리는데, 주周나라 영왕靈王의 태자 진晉이 칠월 칠석날에 흰 학을 타고 피리를 불며 구산緱山의 마루에 머물러 있다가 손을 들어 사람들에게 인사를 하고 떠났다."고 한다.

또 다음과 같은 시가 있다.

삼각산에 깃든 지 삼십년인데 棲身三角三十春
남녘 구름 바라보며 늘 곡을 했네 日日每向南雲哭
솔바람 소리는 용음龍吟[111]만 못하고 松風不如龍吟聲
난안도 또 삼릉학만 못하도다 蘭雁又下三陵鶴
삼릉학은 오지를 않고 三陵鶴不來
촉도봉 앞엔 가을 달만 어둡구나 蜀道峯前秋月黑

어떤 이가 난안蘭雁의 뜻을 묻자, 난초가 시들 무렵이면 철새인 기러기가 오기 때문에 난안이라 했다고 한다. 이렇게 한 해 남짓 지나더니 시마詩魔가 떠나고 병도 나았다.

이현욱의 시마는[112] 장편 대작도 다 지을 수 있었고, 산문散文에도 다 원숙했는데, 정용의 시마 격은 현욱보다 나았지만 율시는 절구에 못 미쳤으니, 하물며 그 산문에 있어서 말할 게 무엇이 있겠는가? 요개姚鍇의 이름은 전기傳記나 소설小說에도 보이지 않으니, 혹 당 나라 말기에 절구로 유명한 사람인 듯하다.

하곡荷谷 허봉許篈[113]이 그의 오언 절구를 사랑해 성당盛唐에 손색이

---

111 용음龍吟 : 피리 소리를 형용한 것으로, 이백李白이 「금릉청한시어취적金陵聽韓侍御吹笛」 시에서 "바람이 불어 종산을 감아 도니, 일만 골짜기가 다 용의 울음소리로다.(風吹繞鍾山 萬壑皆龍吟)라고 읊은 바 있다.

112 위의 장에 "이현욱李顯郁은 시의 귀신에 씌었는데, 아계鵝溪 이산해李山海는 그런 줄도 모르고 크게 칭찬을 더했다.(李顯郁 祟詩魔 李鵝溪 不知其然 大加稱道)"라는 구절이 나온 바 있다.

113 하곡荷谷 허봉許篈(1551~1588) : 본관은 양천陽川이고 자는 미숙美叔. 호는 하곡荷谷 이다. 아버지는 허엽許曄이다. 허난설헌許蘭雪軒의 오빠이자 허균許筠의 형이다. 선조 때 문과에 급제해, 이듬해 사가독서賜暇讀書를 했다. 1574년 성절사聖節使

없다고 여겼다. 그가 노산魯山의 고택故宅을 소재로 지은 시는 다음과 같다.

사람은 복사꽃 핀 언덕을 건너고	人度桃花岸
말은 버드나무 스치는 바람에 우네	馬嘶楊柳風
노을진 산 그림자 속에	夕陽山影裏
노산군[114] 댁은 쓸쓸도 해라	寥落魯王宮

「청명일에 남에게 주다(淸明日贈人)」라는 시는 다음과 같다.

2월이라 제비가 바다를 떠나니	二月鷰辭海
고을마다 꽃이 진천秦川[115]에 가득 해라	千村花滿秦

의 서장관書狀官으로 자청해 명나라에 가서 기행문 「하곡조천기荷谷朝天記」를 썼다. 그는 김효원金孝元 등과 동인의 선봉이 되어 서인들과 대립했다. 1584년 병조판서 이이李珥의 직무상 과실을 들어 탄핵하다가 종성에 유배됐고, 이듬해 풀려났으나 정치에 뜻을 버리고 방랑생활을 했다. 1588년 38세의 젊은 나이로 금강산 밑 김화연 생창역에서 죽었다.

114 노산군 : 조선 제6대 왕인 단종을 말한다.(재위 1452~1455). 문종의 아들로 어린 나이에 즉위해 숙부인 수양대군에게 왕위를 빼앗기고 상왕이 되었다. 1456년 성삼문·박팽년·하위지河緯地·이개李塏·유응부兪應孚·유성원柳誠源 등이 단종의 복위復位를 도모하다가 발각되어 모두 처형된 후 1457년 상왕에서 노산군魯山君으로 강봉降封되어 강원도 영월寧越에 유배되었다. 수양대군의 동생이며 노산군의 숙부인 금성대군錦城大君이 다시 경상도의 순흥順興에서 복위를 도모하다가 발각되어 사사賜死되자 노산군에서 다시 강등이 되어 서인庶人이 되었으며, 끈질기게 자살을 강요당해 1457년 10월 영월에서 죽었다.

115 진천秦川 : 오늘날의 섬서성陝西省, 감숙성甘肅省의 진령秦嶺 이북으로, 춘추 시대에 진秦나라에 속했던 곳이라 이렇게 부른다. 최호崔顥의 「위성 소년의 노래(渭城少年行)」시에 "만호의 누대는 위수에 임했고, 오릉의 꽃과 버들은 진천에 가득해라.(萬户樓臺臨渭水, 五陵花柳滿秦川.)"라는 구절이 보인다.

청명절에 매번 취한 지도　　每醉淸明節
지금까지 삼십 년일세　　至今三十春

「춘만春晩」이란 시는 다음과 같다. (아래 정백련鄭百鍊에도 보인다.)

봄잠 자고 나서 술잔 따르니　　酒滴春眠後
꽃이 걷어 올린 발 앞에 날리네　　花飛簾捲前
인생 능히 그 얼마리오　　人生能幾許
비 내리는 하늘을 슬프게 바라보네　　悵望雨中天

「추일秋日」이란 시는 다음과 같다.

국화는 빗속에 꽃 드리우고　　菊垂雨中花
가을이라 우물 위 오동잎이 놀라서 지네　　秋驚井上梧
오늘 아침 더욱더 슬퍼지는 것은　　今朝倍惆悵
어젯밤 강호의 꿈을 꾸어서이지　　昨夜夢江湖

그의 「문금聞琴」이란 시는 이러하다.

아름다운 여인 붉은 거문고를 끼고　　佳人挾朱瑟
띠 싹 같이 부드러운[116] 섬섬옥수를 놀리네　　纖手弄柔荑

116 띠~ 부드러운 : 원문은 유이柔荑로 띠 싹같이 부드럽고 흰 새순을 말한다. 『시경』 「위풍衛風·석인碩人」편에 “손은 부드러운 띠 싹 같고, 피부는 엉긴 기름같이 윤택하네(手如柔荑， 膚如凝脂)”라는 표현이 있다.

갑자기 유수곡[117]을 타니	忽彈流水曲
집은 고릉 서녘에 있다네	家在古陵西

손곡蓀谷 이달李達이 "밝은 달은 큰 바다 저문 줄도 모르고[明月不知滄海暮], 구의산[118] 기슭엔 흰 구름만 자욱하구나[九疑山下白雲多]"라고 하는 구절을 전해 주었는데, 이미 꿈의 경지에 든 것이었다.

허균은 정용의 아우 감鑑과 매우 절친한 벗이므로, 상세한 얘기를 전해들었다고 한다.

· **최누백**崔婁伯[119]

최누백崔婁伯[120]의 부친은 최상저崔尙翥인데 호랑이에게 해를 당했다. 누백이 당시 나이 15살로 도끼를 메고 호랑이 자취를 밟았다. 그는 도끼로 찍어 호랑이의 배를 가르고 아버지의 뼈를 그릇에 담아 장사를 지내고 드디어 묘 옆에 여막을 짓고 지냈다. 어느 날 설핏 잠이든 사이에 그의 아버지가 와서 다음과 같이 시를 읊었다.

덤불을 헤치고 효자려에 이르니	披榛到孝子廬
조심하고 경계하라는 뜻 끝이 없구나	愼勿戒意無窮
흙을 져서 날마다 무덤 위에 더하니	負土日加塚上

117 유수곡 : 고산유수곡高山流水曲의 줄임말로 거문고 곡조를 뜻한다. 옛날에 거문고의 명수인 백아伯牙가 탔던 곡조라 하는 바, 후대에는 아름다운 시가詩歌를 범칭한다.

118 구의산九疑山 : 현재 중국 호남성湖南省 영원현寧遠縣에 위치하고 있는 산으로 순舜 임금의 무덤이 있다고 하는 곳이다.

119 권별의 『해동잡록海東雜錄』과 이익의 『성호사설星湖僿說』에 관련 기사가 보인다.

120 최누백崔婁伯 : 고려 중기의 문신으로 본관은 수원水原이다.

마음을 아는 벗 청풍과 명월이라네	知音淸風明月
살아서 봉양하고 죽어서 묘막을 지키니	生則養死則守
효도에 시종이 없다고 누가 말하리오	誰謂孝無始終

· **황흠**黃欽

황흠黃欽[121]은 판서를 지냈다. 젊은 시절 시마를 접하고는 뒤에 더욱 힘써 공부해 문장에 능해지자 시마가 떠나갔다.

· **이의승**李宜繩

이의승李宜繩(1665~1698)[122]이 일찍이 영암 처가에 갔는데 얼마 있지 않아 그의 벗 이즙李檝이 꿈에 나타나 절구 한 수를 읊었다.

강남의 향기로운 풀에 초록빛이 아스라한데	江南芳草綠迢迢
적막한 외로운 혼 다시 부르지않네	寂寞孤魂不復招
천리의 나그네 마음 어느 곳에 의탁할까	千里客心何處托
한양성 밖 상방上房[123]나루라네	漢陽城外上房潮

그러나 돌아오지 못하고 죽었다. 배편으로 서울 어귀에 돌아가 보니 과연 시의 뜻과 꼭 들어맞았으니 또한 이상하도다.

---

121 황흠黃欽(1639~1730) : 본관은 창원昌原, 자는 경지敬之이다. 참봉으로 1680년 문과에 급제한 이후 좌우 참찬과 육조의 판서를 두루 역임했다. 정사에 관여한 50여 년 동안 숙종·경종·영조 3대를 모셨다.

122 이의승李宜繩(1665~1698) : 본관은 용인龍仁이고 자는 승혜繩兮, 호는 원옹園翁이다. 증조는 후천後天이다. 당시 뛰어난 문장가였던 오도일吳道一로부터 그 재주와 학식을 인정받을 정도로 시로써 명성을 떨쳤다. 문집으로 『원옹집』이 있다.

123 상방 : 관아의 수장이 거처하는 곳을 말한다.

· **송몽인**宋夢寅

송몽인宋夢寅[124]은 호가 금암琴岩이다. 시재가 있어 당시唐詩의 운에 차운했는데 그 중 한 구에 이르기를

긴 강은 끝이 있는데 물결은 부질없이 흘러가고	長江有限潮空去
교목엔 봄빛 없는데 달만 홀로 비추네[125]	喬木無春月獨來

라 했으니 이것은 귀신의 솜씨이다. 일찍 죽어서 사람들이 하나같이 애석해했다.

『국당배어菊堂排語』[126]

· **양희**梁喜

양희梁喜(1515~1580)는 시에 뛰어났다. 일찍이 눈이 내린 저녁에 매화를 찾아 지은 시에

"눈이 입술에 떨어지니 시가 얼어붙으려 하네雪墮吟脣詩欲凍"

라고 하는 구절이 있었는데,[127] 오래도록 대구를 짓지 못하고 드디어 잊어버리고 기억조차 못했다. 10년 뒤에 꿈속에 어떤 사람이 와서

---

124 송몽인宋夢寅(1586~1612) : 자는 문병文炳, 호는 금암琴岩이다. 저서로 『금암집琴岩集』이 있다.

125 송몽인의 『금암집琴岩集』, 「차당인시운 육수 次唐人詩韻 六首」 중 일부이다.

126 『국당배어菊堂排語』 : 조선 효종 때의 문신인 정태제鄭泰齊(1612~1669)의 잡록집을 말한다.

127 박세당의 『서당사재西堂私載』 권8, 「이조참판증이조판서양공묘지명吏曹參判贈吏曹判書梁公墓碣銘」에 관련 시구가 등장한다.

"그대는 어찌해서 '시가 얼어붙으려 하네'라고 한 구절을 이어 짓지 않는가?"

라고 물었다. 그리고는

"매화가 노래하는 부채에 나부끼니 곡조에서 향기가 이네梅飄歌扇曲生香"

라고 나직이 읊조렸다. 깨어나서 기이하여 드디어 율시를 이루었다.

유인幽人이 세한의 맹서를 맺고자 幽人要結歲寒盟
홀로 강가의 매화를 찾으니 흥이 넘쳐나네 獨訪江梅興欲狂
눈이 입술에 떨어지니 시가 얼어붙으려 하고 雪墮吟唇詩欲凍
매화가 노래하는 부채에 나부끼니 곡조에 향기가 이네 梅飄歌扇曲生香
사람은 은하수를 따라 다리 근처를 지나고 人從銀漢橋邊過
달은 경요瓊瑤에 걸려 굴 속은 서늘하네 月掛瓊瑤窟裏凉
밝은 달은 정말 높고 바람도 진정 세차니 明月正高風正急
어느 곳에서 혼을 불러 남은 향기를 찾을까 招魂何處覓餘芳

『국당배어菊堂排語』

· **이언저李彦著**

이언저李彦著는 지평持平을 지냈다.[128] 죽은 후에 처남 시직侍直 김성익金盛益이 이언저 꿈을 꾸었는데 성대한 말을 타고 만 명의 장사를

128 이언저李彦著(1656~?) : 본관은 연안延安, 자는 군미君美, 호는 한당漢堂이다. 숙종 21년 을해(1695)에 '이언저李彦著를 지평으로 삼았다'라는 기록이 실록에 보인다.

거느리며 사신의 임무를 띠고 멀리 떠나는 모습이었다. 김성익이 매우 서글퍼하자 이언저가 그를 위로하며 절구 한 수를 지어 주었다.

화표에 봄이 사그라들자 떠났던 학은 돌아오고
華表春殘別鶴回
석담에 맑은 물결 흐르고 오래된 괴목은 누워졌네
石潭流玉古槐摧
돌고 도는 삶이 하나의 꿈인 것을 내 먼저 깨달았으니
輪環一夢吾先覺
자부紫府[129]의 맑은 노님을 그대 애닯아 하지 말게나
紫府淸遊爾莫哀

김성익 또한 화답했다.

화표에 훨훨 날개 나부끼며 학의 그림자 도니[130] 華表翩翩鶴影回
바람인 듯 빗방울인 듯 나의 마음을 누르네 如風如雨我心摧
서천 세계를 그대 말하지 마오 西天世界君休說
백발의 어버이가 가련하다네 白首人間是可哀

---

129 자부紫府 : 도교에서 말하는 신선이 거처하는 곳이다.

130 화표에~돌아오고 : 한漢나라 때 요동의 정령위丁令威가 일찍이 영허산靈虛山에 들어가 선술仙術을 배웠다. 뒤에 학으로 변화해 고향에 돌아가서 성문의 화표주華表柱에 앉았는데, 한 소년이 활을 가지고 쏘려 하자 그 학이 날아올라 공중을 배회하면서 말하기를 "새여 새여, 정령위가 집 떠난 지 천 년 만인 이제야 돌아왔네. 성곽은 예전 같은데 사람은 간 곳 없어라, 어이해 신선 안 배우고 무덤만 즐비한고.(有鳥有鳥丁令威 去家千年今始歸 城郭如故人民非 何不學仙冢纍纍)"라고 했다는 고사를 말한다.

대개 이언저에게는 연로하신 부모가 살아계셨기 때문이다.

· **정백련**鄭百鍊

『성수시화惺叟詩話』에 다음과 같은 기록이 있다. 젊었을 적에 정백련鄭百鍊을 만나 본 일이 있었다. 스스로 얘기하기를 병이 들어 귀신을 만났는데 능히 절구를 지을 줄 알더라고 했다. 그의 시 중 가장 뛰어난 것은 이러하다. (위의 정용鄭鎔 부분에 보인다.)

봄잠 자고 나서 술잔 따르니	酒滴春眠後
걷어 올린 발 앞에 꽃이 날리네	花飛簾捲前
인생 능히 그 얼마리오	人生能幾許
비 내리는 하늘을 슬프게 바라보네	悵望雨中天

또

만 리 되는 큰 바다에 날은 저무는데	萬里鯨波海日昏
벽도꽃 그림자 하늘 문에 비치네	碧桃花影照天門
신선의 수레 한 번 쉬면 천년이 지나고	鸞驂一息空千載
구령의 신선 피리 소리 한밤중에 듣네	緱嶺靈簫半夜聞

그 음운이 맑고 그윽하여 인간 소리가 아니었다.

· **황건중**黃建中

황건중[131]에 대해서는 「벽오만기碧梧謾記」에 다음과 같은 이야기가 있다.

황건중은 일찍이 철원의 사찰에서 독서를 했는데, 절이 태봉泰封의 옛 궁터와 거리가 2-3리 떨어져 있었다. 한번은 밤에 어떤 한 미인이 건중의 침소에 나타나기에 건중이

"누구냐?"

라고 물었다. 이에 여인이 대답하기를

"저는 궁예弓裔 때의 궁녀입니다."

라고 했다. 건중이 말하기를,

"궁예와는 1,000여년이 떨어졌는데, 너는 어찌해서 살아있단 말이냐?"

라고 하니, 여인이 대답하기를

"제가 궁중宮中에 있을 때는 겨우 15세였습니다. 나라가 난을 만나 죽어서 우물 속에 던져져 있었는데, 당신의 먼 조상이신 황계윤黃繼允[132] 장군께서 저의 시신을 거두어 이곳에 묻어 주었으니 무덤이 이

---

131 황건중黃建中에 대해서는 이시발李時發의 『벽오선생유고碧梧先生遺稿』권7, 「만기謾記」에 자세히 기술되어 있다.

132 황계윤黃繼允 : 본관은 창원昌原. 진사進士 전라도全羅道 생진生進, 영광군지靈光郡誌에 보인다.

문 밖에 있게 되었답니다. 저는 그분의 은덕에 감사하고 보답하고자 1,000여년에 이르는 시간동안 뼈에 사무치도록 다짐했습니다. 장군의 먼 후손인 군께서 이곳을 왕래한다 전해 들었습니다. 그러므로 아내[133]의 임무를 갖추어서 은혜에 보답하는 자리가 되기를 원합니다."

라고 했다. 건중이 이로부터 서로 가까이 지내면서 수시로 왕래했다. 그녀는 건중을 위해 궁예 때 궁중의 옛 일을 말하는데 자못 자세해 들을 만 했다. 건중이 점점 병이 깊어져 여러 해동안 약으로 치료했지만 괴이하게도 그만 죽고 말았다.[134]

≪정은진≫

· 류혁연柳赫然[135]

류혁연[136]은 경신년(1680) 대출척大黜陟 때에 원한을 품고 억울하게 죽었다. 기사년(1689)에 이르러 서산瑞山에 사는 사인士人 이섭李燮[137]이 꿈에 동쪽 교외에 나갔더니 군인들의 모습이 대단히 성대해 한결 같이 크게 두려웠다. 군인들이 높은 융단戎壇에 우뚝이 임했는데 사람들이 말하기를 류모柳某(류혁연)가 갑자기 초빙한 자리라고 했다. 류혁연이 이섭李燮에게 한 절구의 시를 읊어 보이기를

---

133 기추箕箒 : 아내의 일을 말한다.

134 이 이야기는 만종재본 어우야담 150번째 이야기에 소개되어 있으나 여기서는 내용이 많이 생략되어 있다.

135 이와 관련된 내용은 유득장柳得章의 『야당유고野堂遺稿』, 「행장行狀」에 자세히 기술되어 있다.

136 류혁연柳赫然(1616~1680) : 앞에서 인용된 주석 참조.

137 이섭李燮에 대해서는 『조선왕조실록』, 1712년 10월 24일 조에 '한성부 참군漢城府參軍 이섭李燮은 일찍이 사옹원 봉사司饔院奉事 때에 비쇄鄙鎖하고 징렴徵斂한다는 비방이 있었다.'는 내용이 보인다.

'우리 임금께서 먹을 것을 나누어주시고'

라고 운운云云[138] 했다. 이섭李燮이 꿈에서 깨어나 이상하게 생각해서 이를 달력 위에 적어 두었다. 얼마 안 되어 숙종이 복관復官의 명命을 하교下敎했다. 이섭李燮이 비로소 꿈에 지었던 시의 내용과 같음을 깨닫고 이를 증험하기 위해 류혁연柳赫然의 후손을 찾아가 그가 달력에 써 둔 내용을 보여주었다고 전한다. 이섭李燮이 꿈속에 화답한 시를 지었으나 그 운자의 위치가 상하로 바뀌었다. 시의 내용은 이러하다.

나는 본래 서호西湖의 한 평민으로	我本西湖一布衣
모래 밭 초가집에 이 한 몸 의탁했네	石田茅屋此身依
한가히 풍월風月을 읊으며 생애에 만족하니	投閑風月生涯足
인간세상 시비가 있음을 알바 아니라네	不識人間有是非

· 이발李潑

이발[139]은 승지承旨를, 동생 이길李洁은 사인舍人을 지냈다. 집이 남평南平에 있었고 당시에 명망名望이 있는 집안이었다. 같은 이웃에 박朴좌수座首[140]라는 사람이 있었는데, 곧 향반鄕班[141]으로 이발李潑의 집안과 더불어 여러 세대를 사이좋게 지내왔다. 마침 절기나 명절을 따라 지내는 제사 날에 이르러 두 사람은 모두 서울에 있었으므로, 고향으로 돌아오지 못했다. 그들은 아직 결혼하지 못한 맏아들로 하여금 가서

138 이와 관련된 내용은 유득장柳得章의 『야당유고野堂遺稿』, 「행장行狀」에 보인다.

139 이와 관련된 내용은 이현일李玄逸의 『갈암집葛庵集』, 「경연강의經筵講義 3월 4일」에 보인다.

140 좌수座首 : 조선 시대, 지방의 행정 단위인 주, 부, 군, 현에 두었던 향청鄕廳의 우두머리를 말한다.

성묘하게 했다. 이 때문에 맏아들이 성묘하러 가서 박朴 좌수座首의 집에서 유숙留宿하게 되었다. 박朴 좌수座首의 집에는 처녀가 하나 있었는데 나이가 15세로 색예色藝가 남달랐다. 그녀는 이동李童(이발의 맏아들)의 풍모에 감동하여 상사병으로 들어 눕게 되었다.

그녀의 부모가 여러 가지 방법으로 치료했으나 점점 고치기 어려운 지경이 되었다. 박좌수와 아내는 딸이 죽을까 염려되어 밤새워 울었다. 이 모습을 본 처녀가 말하기를

"'이제는 병이 어찌 할 수 없는 지경에 이르렀습니다. 비록 부끄러운 일이 있을지라도 어찌 숨기면서 알리지 않겠습니까?' 라고 하면서 '제가 아무 날에 이동李童을 엿본 뒤로부터 마음속으로 연모戀慕해 이 병에 이르게 되었으니, 지금 이동李童의 집으로 시집갈 수 있다면 병을 고칠 수 있을 것이고 그렇지 않다면 죽게 될 것입니다. 부모님께서 이를 도모해 주시기 바랍니다.'"

라고 했다.

박朴 좌수座首는 딸의 애처롭고 불쌍함을 견디지 못하고 드디어 이李씨 집을 찾아 서울에 들어갔다. 종일토록 마주하며 이야기 했으나 감히 사실을 말할 수가 없었다. 이발李潑이 의심하며 따져 물으니 박좌수가 갖추어 딸이 말한 바를 이야기하고는 눈물을 흘렸다. 이를 듣고 이발이

"그대의 집안은 비록 한미寒微하나 또한 양반 집안인데 우리 집안

---

141 향반鄕班 : 예전에, 시골에 살면서 여러 대에 걸쳐 벼슬을 하지 못하는 양반을 이르던 말이다.

과 결혼하는 것이 어찌 불가함이 있겠는가? 다만 그 아이는 내가 낳은 것이 아닌 동생의 자식으로 우리 집에 양자 온 것이네. 때문에 나 혼자 판단할 수 없네. 마땅히 아우와 논의해 혼사를 정할 것이니 그대는 염려하지 말게."

라고 했다. 박 좌수는 감사感謝해 마지않았다. 돌아와 그 사실을 딸에게 전해 주었더니 억지로 밥을 먹어 조금씩 기운을 찾아갔다. 한 달여 만에 이발 집안에서 사람을 보내어 박 좌수가 서울로 올라오기를 청했다. 박 좌수가 서울에 가니 이발과 이길이 함께 앉아 있는데, 이길이 분기에 찬 기세로 박 좌수를 꾸짖으며 말하기를

"그대가 어떠한 놈이기에 감히 우리 집안과 혼사를 청하는가? 진실로 대대가 우의 있게 지내지 않았다면 마땅히 무례한 죄로 다스렸을 것이네. 너그럽게 용서해 보내니 다시는 마음에 두지 말게나."

라고 했다. 박 좌수는 부끄러워하며 물러나 돌아와 이 사실을 딸에게 전해 주었다. 수일이 지나자 딸은 마침내 요절했다.

하루는 이발이 꿈을 꾸었다. 한 처녀가 슬피 우는 소리가 멀리서부터 점점 가까워지더니 대문에 이르러서는 붓으로 문미門楣에 글씨를 쓰고 곧바로 사당祠堂으로 들어가서는 소리가 멈추었다. 이에 놀라며 깨어나 등불을 밝히고 문미門楣를 보니 다음과 같은 시가 있었다.

쓸쓸한 승지承旨의 댁이요	凄涼承旨宅
적막한 사인舍人의 집이로다	寂寞舍人家

이발이 묵묵히 생각에 잠기어 이 글을 보더니 망연자실茫然自失하며 말하기를

"우리 집안이 위태롭구나! 이는 반드시 박 좌수 딸이 빌미가 된 바이다."

라고 했다. 얼마 되지 않아 이발과 이길이 모두 잡혀 감옥에 갇혀 죽게 되었다.

17. 흉악무도한 사람凶逆

· 유세창柳世昌

유세창[1]은 고변告變한 공로로 상을 타려고 계획해 이웃 동네 어린아이들을 모아서 서로 장난을 치다가 성명을 기록해 계稧를 만드는 시늉을 하고는 아이들을 꾀어서 집으로 데리고 갔다. 술을 먹이고 내기를 해 이겨서 그들의 옷을 빼앗고 말하기를,

"내일 술을 가지고 와서 옷을 찾아가라."

라고 하며 모두 돌려보냈다. 그리고는 가만히 그들의 성명과 역모逆謀하는 말을 써서 옷깃을 뜯고 넣은 다음 다시 꿰매 두었다. 이튿날 약속대로 아이들이 모이자 옷을 돌려주어 입게 하고는 그날 바로 신고했다. 이에 명하여 모두 잡아다가 대궐 뜰에서 국문鞫問했으나 다른 증거가 없자 세창이 공초供招에서

"옷깃의 꿰맨 곳을 뜯어서 보면 알 수 있습니다."

라고 했다. 바로 제공한 옷을 뜯어보니 과연 반역을 도모하는 말을 쓴 글이 나오자 변명할 말이 없이 모두 굴복 했다. 그 일로 수십 명이 처형을 당하고, 매를 맞아 죽은 자가 매우 많았다. 그 중 몇 명은 나이 겨우 15, 6세로서 서캐가 머리털 속에 가득한데 미친 자의 꼬임에 넘어가 죽음을 당한 것이니, 듣는 자가 원통히 여겼다. 『사재척언』

---

1 유세창柳世昌에 대해서는 허봉許篈의 『해동야언海東野言』에 자세히 기술되어 있다.

· 공호겸孔好謙

공호겸[2]은 임진년(1592)에 징병으로 끌려가 왜군에 투항해 적의 향도嚮導가 되었던 인물이다. 거짓으로 경상감사慶尙監司라고 칭하면서 영산현靈山縣을 근거로 삼아 사방으로 나아가 노략질을 했다. 현풍玄風 현감 신초辛礎는 공호겸孔好謙의 부친에게 학문을 배워서 일찍이 공호겸과 사이좋게 지냈었다. 그러므로 신초는 해진 옷에 한 필의 말을 타고 곧장 찾아가 만날 것을 구하니 호겸이 군사의 위엄을 성대하게 차리고서는 병사를 시켜 막게 했다. 신초가 웃으면서 말하기를

"내가 옛날의 정의 때문에 왔는데 자객으로 대우할 줄 몰랐네."

라고 하면서 소매를 떨치고 돌아가려 하자 호겸이 이를 듣고 곧 명을 내려 불러 들어오게 했다. 정성을 가까이함이 평소와 같이하며 술을 가져오게 해 함께 마셨다. 신초는 평소에 호겸이 술을 좋아함을 알아서 기쁘게 술을 마시고 그가 술에 취해 살필 수 없는 지경에 이르게 되자 부하에게 명령해 역사力士를 시켜 포박하게 하고는 돌아와 화왕산성火旺山城에 들어가 호겸의 목을 벴다.

· 이몽학李夢鶴

선조宣祖 병신년((1596) 7월 6일 밤에 역적이 홍산鴻山에 들어와 고을 수령을 사로잡고, 7월 7일 낮에는 임천林川으로 가 그곳의 수령을 또한 사로잡았다. 역적의 우두머리는 곧 홍산鴻山의 이몽학李夢鶴이다.

---

2 공호겸孔好謙에 대해서는 조덕린趙德鄰의 『옥천선생문집玉川先生文集』권10, 「묘갈명墓碣銘, 보성군수문암신공묘갈명寶城郡守聞巖辛公墓碣銘」에 자세히 기술되어 있다.

좌위장左衛將 능운能雲과 우위장右衛將인 사노私奴 팽종彭從과 척후장斥候將 장축張蓄 등이 암호를 부르며 모여 무리를 이루어 작당을 했다. 이날 임천林川에서 정산定山으로 들어오니 고을 수령이 달아났다. 밤에 역적들이 다시 고개를 넘어 청양靑陽으로 들어가니 고을 수령이 또한 달아났다. 9일에 청양靑陽으로 향했는데 홍주洪州 목사牧使 홍가신洪可臣이 성城을 매우 견고하게 지킨다는 소식을 듣고 도적들이 침범할 수가 없었다. 물러나 대흥大興 땅에 진을 쳤다. 이몽학과 팽종은 그의 부하를 위하려다가 정산定山 사람 김경창金慶昌에게 참수 당했다. 장축張蓄은 정산定山 사람에게 사로잡혀 서울로 끌려갔고, 능운能雲은 부여扶餘 도천사道泉寺의 중에게 참수 당하게 되니 휘하의 도적들이 모두 별처럼 흩어졌다. 홍산鴻山과 임천林川 등의 고을 수령들은 홍주洪州 감옥에 갇혔다. 선봉장選鋒將 한현韓賢은 정산定山 사람 오복남吳福男이 내부사정을 말하기를 한현韓賢이 제일 먼저 병사를 일으켰다고 했으므로 그를 홍주洪州에 가두었다. 그 나머지 아직 체포되지 않은 자는 곳곳에 복병을 두고 감시해 체포하게 했다. 대저 방심한데서 변고가 일어나서 여러 고을의 수령이 아직 병사를 수일 내로 모으지 못하니 불과 며칠 안에 5개의 성이 함락되어 난리로 인한 재앙의 처참함은 왜적과 다를 바가 없었다.

· 정여립鄭汝立[3]

정여립[4]은 대대로 전주의 남문 밖에서 살았는데 그의 아버지가 꿈

---

3 이와 유사한 이야기가 『연려실기술練藜室記述』 14권, 「선조조고사본말宣祖朝故事本末」과, 『운암잡록雲巖雜錄』, 「기기축역옥記己丑逆獄」에 실려 있다.

4 정여립鄭汝立(1546~1589) : 본관은 동래東萊이다. 자는 인백仁伯이며, 전주全州 출신이다. 통솔력이 있고 두뇌가 명석해 경사經史와 제자백가서에 통달했다. 1567년 진사

에 정중부鄭仲父를 보고서 낳았다. 천성이 거칠고 비루했지만 일찍 도학을 담론해 율곡 이이李珥[5]와 이발李潑[6], 정철 등과 서로 따르며 몹시 친밀했다. 선비들 사이에서 이름이 나서 모두 그를 요직에 앉히려 했으나 이조좌랑 이경중李敬中[7]이 본래 여립의 사람됨을 미워해 현달한 지위에 기꺼이 추천하려 하지 않았다. 이에 여립을 중히 여기는 자들

가 되었고, 1570년 식년문과 을과에 두 번째로 급제한 뒤 이이李珥와 성혼成渾의 각별한 후원과 촉망을 받아 일세의 이목을 끌었다. 1583년 예조좌랑이 되고 이듬해 수찬이 되었다. 하지만 이이와 문제가 생겨 서인의 미움을 집중적으로 받게 된다. 선조의 눈밖에 나서 동인의 역천力薦에도 불구하고 중앙에서 관직을 얻지 못하고 고향으로 돌아갔다. 그러나 동인 사이에서 그는 여전히 인망과 영향력이 있어 감사나 수령이 다투어 그의 집을 찾았다. 특히 전라도 일대에서 그의 명망이 높았다. 그는 진안 죽도竹島에 서실을 지어놓고 대동계大同契를 조직해 매달 사회射會를 여는 등 세력을 확장해갔다.

5 이이李珥(1536~1584) : 본관은 덕수德水이다. 자는 숙헌叔獻이며, 호는 율곡栗谷, 석담石潭, 우재愚齋이다. 1564년 호조좌랑을 시작으로 예조좌랑·이조좌랑 등을 역임하고, 1568년 천추사千秋使의 서장관書狀官으로 명나라에 다녀왔다. 부교리로 춘추기사관을 겸임해『명종실록』편찬에 참여했다. 1575년 주자학의 핵심을 간추린『성학집요聖學輯要』를 편찬했다. 1577년 아동교육서인『격몽요결擊蒙要訣』, 1580년 기자의 행적을 정리한『기자실기箕子實記』를 편찬했다. 문묘에 종향되었으며, 파주의 자운서원紫雲書院, 강릉의 송담서원松潭書院, 풍덕의 구암서원龜巖書院, 황주의 백록동서원白鹿洞書院 등 20여개 서원에 배향되었다. 시호는 문성文成이다.

6 이발李潑(1544~1589) : 본관은 광산光山이다. 자는 경함景涵이며, 호는 동암東巖, 북산北山이다. 1589년 동인 정여립鄭汝立의 모반사건이 일어남을 계기로 서인들이 집권하게 되자, 관직을 사퇴하고 교외에서 대죄待罪하던 중 잡혀 두 차례 모진 고문을 받고 장살杖殺되었다. 그가 죽은 뒤 82세의 노모와 8세의 아들도 엄형嚴刑으로 죽었는데, 그 노모는 형벌이 너무 지나치다고 꾸짖으면서 끝내 역모에 관한 일을 승복하지 않았으며, 문생·노비도 모두 엄형을 가하였으나 승복하는 자가 없었다

7 이경중李敬中(1542~1604) : 본관은 전주全州이다. 자는 공직公直이며, 호는 단애丹崖이다. 1581년 이조좌랑으로 있을 때 정여립鄭汝立이 당시 명망이 있음을 보고 극력 배척하며 청현淸顯의 자리에 두지 말라고 논책했다가 도리어 정인홍鄭仁弘·박광옥朴光玉·정탁鄭琢 등 동인의 언관들로부터 논핵論劾당하여 파직되었다. 뒤에 응교應敎를 거쳐 1584년 집의執義에 이르렀으나 대사헌 정철鄭澈과의 불화로 경상도 추쇄어사推刷御史로 좌천되었다가 밀양에서 병사했다. 그 뒤 1589년 정여립이 모반하여 패사하자 유성룡柳成龍이 경중의 예견이 사실화되었음을 상소하여 이조참판에 추증되었다.

이 경중이 좋은 사람을 시기한다고 여겼다. 정인홍鄭仁弘[8]이 장령이 됨에 미쳐서 율곡 등과 더불어 경중의 죄를 물어 파면시켜 여립이 비로소 정언이 되었다. 그러나 대부분 향촌에 있으면서 벼슬하지 않으니 더욱 사람들에게 추중을 받았다. 계미년(1583년) 율곡이 이조참판으로서 임금을 뵈면서 여립이 등용될 수 있도록 극진히 천거했다. 이에 여립은 수찬이 되었지만 오래지 않아서 사직하고 떠났다. 율곡이 이발과 서로 사이가 멀어지고 죽음에 다다르자, 여립은 다시 이발에게 붙어 율곡을 격렬하게 공격했다. 선비들 중에 율곡을 비난하는 자들이 그와 더불어 교제했다. 백유양白惟讓[9]이 여립과 함께 옥당에서 당직을 할 때 그의 논변을 듣고 매우 기뻐서 자신의 딸을 여립의 형의 아들에게 시집보냈다.

정여립은 성품이 험상궂고 패악스러웠으며 기백은 건장하고 왕성했다. 과거에 급제해 지위가 높은 자리에 이르자 임금이 그를 미워했다. 이에 벼슬을 버리고 향곡에서 무단히 억압한 일이 많았다. 몰래

---

8 정인홍鄭仁弘(1535~1623) : 본관은 서산瑞山이다. 자는 덕원德遠이며, 호는 내암來庵이다. 1573년 학문과 덕행을 인정받아 황간 현감으로 발탁되어 선정을 베풀었다. 제용감정 등을 지내고 임진왜란 때 합천에서 의병을 모아 합천, 성주, 대구 등지에서 활동하며 왜병을 격퇴하여 영남 의병장의 호를 받았다. 전란 종결 후 대사헌, 중추부동지사, 공조참판 등을 거쳐 우의정과 좌의정을 거쳐 영의정에 이르렀고 서령부원군瑞寧府院君에 봉군되었다. 임훈, 조식의 문인이다.

9 백유양白惟讓(1530~1589) : 본관은 수원水原이며, 자는 중겸仲謙이다. 1572년 친시문과親試文科에 병과로 급제하여 1581년 홍문관교리弘文館校理, 이어 강원도어사江原道御史·사헌부집의司憲府執義·홍문관전한弘文館典翰을 지내고 1588년 대사성·이조참의, 1589년 병조참판·부제학副提學 등을 역임했다. 성품이 인자하였으며 사정邪正의 시비를 가려낼 때에는 의논이 강직하여 남에게 굴하지 않아서 명망이 두터웠다. 1589년 정여립鄭汝立의 모반사건이 일어나자 아들 백수민白壽民이 정여립의 형 정여흥鄭汝興의 딸을 아내로 삼았던 탓으로 연좌되어 사형 당하자 사직했다. 서인西人 정철鄭澈로부터 탄핵을 받아 유배되었으며, 선홍복宣弘福의 초사招辭에 연루되어 장형杖刑을 받은 뒤 감옥 안에서 사망했다.

모반을 도모하고 강학을 가탁해 불량배들과 무사, 중들을 불러 모으고 해서의 풍속이 완악함을 알고는 또 안악 변숭복[10], 박연령, 해주의 지함두[11] 등과 몰래 서로 교제를 맺고 패거리들과 약속해 기축년 겨울 끝자락에 서남쪽에서 일시에 병사를 일으켜 한양으로 곧장 쳐들어가기로 했다. 승려 의암이 그 모습을 염탐하고는 재령 군수 박충간[12]에게 몰래 말하고 안악교생 조구가 또 문서를 보내 본 고을에 고발했다. 군수 이축[13]과 황해도 관찰사가 임금에게 급변을 상고하니 금도禁都[14]들이 내려와 병사를 일으켜 에워싸고 정여립의 집에 보관된

---

10 변숭복邊崇福(?~1589) : 일명 범氾이다. 본래 안악安岳의 교생으로 용맹이 뛰어났다. 정여립鄭汝立과 알게 되면서 서로 의기투합해 함께 거사계획을 세웠다.

11 지함두池涵斗(?~1589) : 해주海州 출신이다. 1589년 흉년이 들어 도적이 심하고 민심이 소란하던 때 간행奸行 죄로 고향에서 쫓겨났다. 뒤에 이름을 바꾸고 호남·호서 지방을 방랑하다가, 정여립鄭汝立의 권유로 모반謀反에 가담했다가 잡혀 죽었다.

12 박충간朴忠侃(?~1601) : 본관은 상주尙州이다. 자는 숙정叔精이다. 음보蔭補로 여러 청환직淸宦職을 역임했다. 1584년 호조정랑에 올랐고 1589년 재령군수로 재직중 한준韓準·이축李軸·한응인韓應寅과 함께 정여립鄭汝立의 모역을 고변한 공으로 형조참판으로 승진되고 또 평난공신平難功臣 1등에 책록되고 이어 상산군商山君에 봉해졌다. 1594년에는 진휼사賑恤使가 되어 구호에 필요한 쌀·콩 등의 신속한 조달대책을 상소해 백성의 구제에 진력했다. 1597년 순검사·선공감제조繕工監提調를 역임하고, 1599년에는 충훈부忠勳府의 쌀·소금 등을 사적으로 이용했다고 해 한때 불우하게 된다. 1600년 그는 남이공南以恭 등의 파당행위의 폐해를 상소했다가 집권층에 밉게 보여 여러 차례 탄핵을 받았다.

13 이축李軸(1538~1614) : 본관은 전주全州이다. 자는 자임子任이며, 호는 사촌沙村이다. 1576년 식년문과에 을과로 급제해 승문원에 들어갔다. 그 뒤 호조좌랑·예안현감·형조와 공조의 정랑 등을 거쳐, 1589년 안악 군수로 있을 때 한준韓準·박충간朴忠侃·한응인韓應寅과 함께 정여립鄭汝立의 모역을 조정에 고변한 공으로 이듬해 평난공신平難功臣 1등으로 완산군完山君에 봉해지고 공조참판으로 승진되었다. 그 뒤 형조판서·우참찬을 역임하고 1592년 임진왜란 때에는 건의대장建義大將 심수경沈守慶의 부장으로 의병을 지휘했으며, 1594년에는 진휼사가 되어 서울의 백성을 구휼했다. 이어 좌참찬을 거쳐, 1611년 완산부원군完山府院君에 올랐다. 영의정에 추증되고, 시호는 안양安襄이다.

14 금도禁都 : 금도감관禁都監官 금지 명령을 어긴 사람들을 적발하는 관원을 말한다.

편지들을 모두 거두어서 안으로 들였다. 이에 여립과 평소 친하게 지내고 왕래하며 편지를 주고받은 모든 자들이 죄를 얻었다.

여립이 낌새를 알아차리고는 이에 그의 아들 옥남[15]과 같은 무리 안악 변범, 박연령의 아들 춘룡과 함께 진안 죽도에 숨었다. 진안의 현감 민인백[16]이 죄인을 쫓아 포위해가니 여립 등이 바위에 둘러 앉아 있었다. 민인백이 산채로 사로잡고 싶어 왕명으로 잘 타일러 군관들에게 핍박하지 말 것을 경계했는데 여립이 먼저 칼로 변범을 베니 즉사하고 또 옥남과 춘룡을 베었지만 죽지 않고 땅에 엎어졌다. 때문에 칼자루를 땅에 꽂고 스스로 칼날에 목을 베니 소 울음 같은 소리를 내면서 즉사했다. 시체를 싣고온 뒤 그것을 시장에 갈기갈기 찢으니 백관들이 차례로 서있었다. 아들 옥남은 태어나면서 정신과 풍채가 준수했고, 눈동자 두개[17]를 가졌으며, 양쪽 어깨에는 사마귀가 있었는데 마치 해와 달의 모습 같았다. 여립이 반역할 마음이 싹튼 것은 아마도 이 아들을 믿었기 때문인 듯하다. 기축년에 체포되었을 때 17세였는데 공초에 진술하기를

---

15 정옥남鄭玉男(?~1589) : 본관은 동래東萊이다. 아버지는 여립汝立이다. 정여립의 모역사건이 발각되자 아버지와 함께 진안의 죽도竹島로 도망했다가 박연령朴延齡의 아들 춘룡春龍과 함께 진안현감 민인백閔仁伯에게 잡혀 문초를 받은 뒤 길삼봉吉三峯이 모주라고 자백하고 죽음을 당했다. 이 때문에 뒷날 진주의 처사 최영경崔永慶이 길삼봉으로 지목되어 죽임을 당하고 옥사가 크게 확대되었다.

16 민인백閔仁伯(1552~1626) : 본관은 여흥驪興이다. 자는 백춘伯春이며, 호는 태천苔泉이다. 1573년 진사가 되고, 1584년 별시문과에 장원해 성균관전적을 지냈다. 사헌부 감찰 때 서인 정철鄭澈의 일파라고 해 안협현감으로 좌천되었다. 이때 기근이 들었으나 백성들을 잘 무휼해 진안현감으로 전임되었는데, 재임 중 기축옥사 때 정여립鄭汝立이 현계縣界로 들어오자 군사를 동원해 정여립의 아들 옥남玉男을 잡아들였다.

17 중동重瞳 : 항우와 순임금의 눈동자처럼 겹으로 된 눈동자를 말한다.

"주모자는 길삼봉[18]입니다."

라고 했다.

고부古阜의 한경 태인泰仁의 송간 남원南原의 조유직[19], 신여성辛汝成, 해서海西의 김세겸金世謙, 박연령朴延齡, 이기李箕, 이광수李光秀, 박익朴杙, 박문장朴文長, 변숭복邊崇福등 10여인이 항상 지함두를 찾아왔는데 승려 의연은 어디서 왔는지 알지 못하겠다. 함두가 언젠가 집안에 있을 때 승려 의연은 밤낮으로 함께 머물렀다. 연령이 서울의 소식을 찾아보고자 이에 해서로 간다고 했다. 모두 체포되어 승복하고 죽었지만 송간, 조유직, 신여성은 자백하지 않고 죽었다. 정집은 여립의 조카로 환형에 처해지고 목이 베였다.

· **지함두**池涵斗

지함두는 해주사람으로 본명은 경함景涵이고 본래 서울 사람이었다. 친족과 간통하다가 일이 발각되자 달아나 숨어서 이름을 고쳤다. 문자를 조금 이해하고는 스스로를 처사라 칭했다. 정여립의 사주를 받고 이에 해서에서 말을 퍼뜨리기를

---

18 길삼봉吉三峰(?~1601) : 길운절吉雲節은 본래 천안의 사노였으나, 조선왕조에 불만을 가진 무리를 규합해 정권에 대항했다. 조정이 체포령을 내렸으나 끝내 잡히지 않았다. 1589년에 정여립 모반사건의 모사로 지목되었다. 그뒤 반란군을 이끌고 전라도 고부·태인·남원·지리산·계룡산 등에 출몰하면서 관군을 습격했다는 풍설이 있으나 확인되지 않는다. 가공인물이라는 설도 있다.

19 조유직趙惟直(1558~?) : 본관은 함안咸安이며, 자는 사정士精이다. 1586년에 별시에 합격했다.

"길삼봉, 길삼산 형제는 신병神兵을 거느리고 어떤 때는 지리산에 들어가고 어떤 때는 계룡산에 들어간다."

라고 하고, 또 말하기를

"정팔룡(정여립의 어렸을 때 호)은 매우 용맹스러운 사람이니 마땅히 임금이 되어야 한다. 오래지 않아 전쟁을 일으킬 것이다."

라고 했다. 이에 해서지방에 유언비어가 무성해 호남의 전주 땅은 마땅히 성인이 일어나서 우리 백성들을 극제極濟함이 있을 것이니 이로부터 국가가 태평할 것이라 여겨졌다. 어리석은 백성들은 그것을 듣고 현혹되어 여러 사람의 입으로 퍼뜨렸다. 함두는 주먹을 쥐고 반석을 두드려 네 조각을 냄이 마치 번개 같았다. 때문에 무리의 장이 되었다고 한다.

· **변숭복**邊崇福

변숭복은 안악사람이다. 전주에 있을 때는 변계邊溪라 하고 동래에 있을 때는 백일승白日昇이라 했다. 그는 용감하고 건장함이 매우 뛰어났다. 조구趙球가 고변했다는 말을 듣고 안악에서부터 달려가 여립에게 알렸다. 사일 반 만에 금구에 이르러 드디어 여립이 밤을 틈타 달아나 몸을 숨기게 했다. 일명 범氾이라고도 한다. 시신이 실려 오고 나서 다시금 참형되었다.

· **승려 의연**僧義衍

승려 의연은 운봉[20]지역 민가의 아들로 스스로 요동인이라 칭했다. 여러 고을과 여러 산을 두루 돌아다니며 말하기를

"내가 요동에 있을 때 조선을 바라보니 왕의 기운이 있었는데 한양에 이르니 호남에 기운이 있었고 호남에 이르니 전주 남문 밖에 있었다."

라고 했다.

· **길운절**吉雲節

길운절은 선산 사람이다. 죽은 직강直講 소해蘇海의 아들 덕유德兪는 곧 여립의 생질이다. 기축년(1589)에 은혜를 받아 제주도에 안치되었다. 신축년(1541) 선산사람 길운절이 몰래 제주에 들어가 덕유와 역적 도모를 하다가 덕유의 아내가 눈치 채게 되자 운절이 먼저 고발하니 제주목사 조경趙儆이 덕유를 붙잡아 서울로 호송해 죽였다. 길운절은 먼저 고발했기 때문에 석방되었다. 후에 특전이 없음을 원망하다가 도로 거두어져 참형을 당했다. 운절은 머리에 세 개의 뿔이 있어서 어렸을 때의 이름이 삼봉이었다. 이자가 바로 길삼봉吉三峯이다.

· **이기**李箕

황해도 죄인 이기 등은 여립과 함께 도모한 것을 자백하고 사형에 처해졌다.

---

20 운봉雲峯 : 전라도 남원지역을 말한다. 「한국고전종합DB」

· 황언륜과 방의신黃彦倫 方義臣

황언륜과 방의신은 안악수군이었다. 황언륜 방의신등은 자백하고 사형에 처해졌다.

· 고문을 받고 죽은 자被拷椋死者

이발李潑[21]은 전 대간大諫이었다. 이길李洁[22]은 전 응교應敎였다. 이급李汲은 이발의 형으로 별좌別坐를 지냈다. 백유양白惟讓[23]은 병조참지兵曹參

---

21 이발李潑(1544~1589) : 본관은 광산光山이다. 자는 경함景涵이며, 호는 동암東巖, 북산北山이다. 1568년 생원이 되고, 1573년 알성문과에 장원, 이듬해 사가독서賜暇讀書를 하고, 이조정랑으로 발탁되었다. 1579년 응교, 1581년 전한, 1583년 부제학을 역임하고 이듬해에 대사간에 이르렀다. 1589년 동인 정여립鄭汝立의 모반사건이 일어남을 계기로 서인들이 집권하게 되자, 관직을 사퇴하고 교외에서 대죄待罪하던 중 잡혀 두 차례 모진 고문을 받고 장살杖殺되었다. 그가 죽은 뒤 82세의 노모와 8세의 아들도 엄형嚴刑으로 죽었는데, 그 노모는 형벌이 너무 지나치다고 꾸짖으면서 끝내 역모에 관한 일을 승복하지 않았으며, 문생·노비도 모두 엄형을 가했으나 승복하는 자가 없었다.

22 이길李洁(1547~1589) : 본관은 광산光山이다. 자는 경연景淵이며, 호는 남계南溪이다. 생원시에 올라 1577년 태묘별시문과太廟別試文科에 을과로 급제하고, 사인을 거쳐 벼슬이 응교에 이르렀다. 발이 이이李珥·성혼成渾과 교분이 차츰 멀어지자 서인들이 미워하므로 시사時事에 참여할 수 없음을 알고 고향으로 물러갈 때 함께 낙향했다. 1589년 정여립鄭汝立의 모역사건을 계기로 서인들이 집권하자 동인들에게 박해가 가하여져, 형 발·급汲 등은 모진 고문 끝에 장살되었고, 그도 희천으로 귀양갔다가 뒤에 불려와서 역시 죽임을 당했다. 1694년 신원되고 부제학에 추증되었다.

23 백유양白惟讓(1530~1589) : 본관은 수원水原이며, 자는 중겸仲謙이다. 1572년 친시문과親試文科에 병과로 급제하여 1581년 홍문관교리弘文館校理, 이어 강원도어사江原道御史·사헌부집의司憲府執義·홍문관전한弘文館典翰을 지내고 1588년 대사성·이조참의, 1589년 병조참판·부제학副提學 등을 역임했다. 성품이 인자하였으며 사정邪正의 시비를 가려낼 때에는 의논이 강직하여 남에게 굴하지 않아서 명망이 두터웠다. 1589년 정여립鄭汝立의 모반사건이 일어나자 아들 백수민白壽民이 정여립의 형 정여흥鄭汝興의 딸을 아내로 삼았던 탓으로 연좌되어 사형당하자 사직했다. 서인西人 정철鄭澈로부터 탄핵을 받아 유배되었으며, 선홍복宣弘福의 초사招辭에 연루되어 장형杖刑을 받은 뒤 감옥 안에서 사망했다.

知를 지냈다. 백진민白振民은 백유양의 아들로 생원生員이었다. 조대중曺大中[24]은 전 도사都事였다. 류몽정柳夢井은 전 남원부사였다. 이황종李黃鍾은 전 찰방察訪이었다. 최여경崔餘慶[25]은 전 감역監役이었다. 윤기신尹起莘은 유사儒士였다. 이진길李震吉[26]은 여립의 생질로 검열檢閱을 지냈는데 자백하지 않아 장형을 당해 죽었다. 그가 여립에게 보낸 편지 속에 '임금의 혼미함이 날로 심해진다'등의 말이 있어 역률로 단정되었다. 그 나머지는 능히 다 기록할 수 없고, 이발과 백유양의 집안은 가장 혹독한 화를 입었다.

· **연루되어 유배간 자** 連累被竄者

정언신鄭彦信[27]은 우의정으로 정여립과 서찰을 주고받았으나 소를

---

24 조대중曺大中(1549~1589) : 본관은 옥천玉川이다. 자는 화우和宇이며, 호는 정곡鼎谷이다. 1576년 진사시에 합격하고, 1582년 식년문과에 병과로 급제했다. 1589년 전라도도사로 지방을 순시하던 중 보성에 이르러 부안에서 데려온 관기官妓와 이별하며 눈물을 흘렸는데, 이것이 당시 반란음모로 처형된 정여립鄭汝立의 죽음을 슬퍼한 것으로 오해되어, 정여립의 일파로 몰려 국문을 받다가 이듬해 장살杖殺되었다. 국문을 받던 중 읊은 시가 「난언亂言」이라 해 죽은 뒤 추형追刑을 당했다.

25 최여경崔餘慶 : 본관은 화순이며, 자는 적원積元이다. 1575년 한양에서 형 수우당 최영경과 함께 선대의 토지가 있는 진주로 와서 도동에서 한집에 같이 살면서 섬기기를 부모같이 했다. 감역監役이 되었다가 신녕현감新寧縣監으로 전임되었는데, 최영경이 기축옥사에 연루되자 그의 아우라는 명복으로 1590년 죽임을 당했다.

26 이진길李震吉(1561~1589) : 본관은 덕산德山이며, 자는 자수子脩이다. 1586년 별시문과에 을과로 급제했고, 검열檢閱을 역임했다. 1589년 기축옥사 때 정여립鄭汝立의 생질로서 모반에 참여한 혐의로 체포되어 장살杖殺되었다.

27 정언신鄭彦信(1527~1591) : 본관은 동래東萊이다. 자는 입부立夫이며, 호는 나암懶庵이다. 1589년 우의정이 되어 정여립鄭汝立의 모반 후 그 잔당에 대한 옥사를 다스리고는 위관委官에 임명되었다. 그러나 서인 정철鄭澈의 사주를 받은 대간으로부터 정여립의 구촌친九寸親이므로 공정한 처리를 할 수 없다는 탄핵을 받아, 위관을 사퇴하고 이어서 우의정도 사퇴했으며, 정철이 위관을 대신했다. 그 뒤 역가문서逆家文書 가운데에 그가 들어 있다는 것을 구실로 정철 등으로부터 계속 정여립의 일파로 모함을 받아 남해에 유배되었다가 투옥되었다. 사사賜死의 하교가 있었으나 감형되

올려 스스로 변론하기를

"한 번도 편지를 주고받은 적이 없다."

라고 하니 임금이 기만한다고 생각해 죽이고자 했으나 대신들에 의해 구제받았다. 국문을 받음에 궁전의 뜰에 피와 살이 낭자했다. 북도로 유배가서 오래지 않아 죽었다. 김우옹金宇顒[28]은 안동부사였다. 홍종록洪宗祿은 직제학直提學이었다. 신식申湜[29]은 지평持平이었다. 정숙남鄭叔男, 정개청鄭介淸[30]은 사인士人이었다.

· 하옥되어 감옥에서 고생하다 죽은 자下獄瘐死者

어 갑산에 유배되어, 그 곳에서 죽었다. 1599년에 복관되었다. 문경의 소양사瀟陽祠에 제향되었다.

28 김우옹金宇顒(1540~1603) : 본관은 의성義城이다. 자는 숙부肅夫이며, 호는 동강東岡, 직봉포의直峰布衣이다. 아버지는 삼척부사 희삼希參이다. 조식曺植의 문인이다. 1589년 기축옥사가 일어나자 정여립鄭汝立과 함께 조식의 문하에서 수학했다는 이유로 회령에 유배되었다가, 1592년 임진왜란으로 사면되어 의주 행재소行在所로 가서 승문원제조로 기용되고, 이어서 병조참판을 역임했다. 이듬해 명나라 찬획贊劃 원황袁黃의 접반사接伴使가 되고, 이어서 동지중추부사로 명나라의 경략經略 송응창宋應昌을 위한 문위사問慰使가 되었으며, 왕의 편지를 명나라 장수 이여송李如松에게 전했다.

29 신식申湜(1551~1623) : 본관은 고령高靈이다. 자는 숙지叔止이며, 호는 용졸재用拙齋이다. 신숙주申叔舟의 5대손이며, 광윤光潤의 증손으로, 할아버지는 서澂이고, 아버지는 현령을 지낸 중엄仲淹이며, 어머니는 유엄柳渰의 딸이다. 이황李滉의 문인이다. 1576년 별시문과에 병과로 급제했다. 사헌부집의司憲府執義로 있을 때 정여립鄭汝立의 일파로 탄핵되어 유배당했다가 1592년 다시 집의가 되었다. 임진왜란 때에는 경상도안무어사慶尙道按撫御史로 활약했다. 그 뒤 동부승지·좌부승지·좌승지 등을 역임하고 대사간과 부제학을 거쳐 도승지·동지중추부사·공조참판 등을 지냈다. 1599년에 사은사謝恩使로 명나라에 다녀와서 호조참판·대사헌이 되었다.

30 정개청鄭介淸(1529~1590) : 본관은 고성固城이며 나주 출신이다. 자는 의백義伯이며, 호는 곤재困齋이다. 아버지는 봉산훈도 세웅世雄이며, 어머니는 나씨羅氏이다.

최영경崔永慶[31]은 처사였다. 옥사가 꼬리에 꼬리를 물어 삼년이 지났지만 끝나지 않아 죽은 자가 몇천 명이었다. 여립과 변계는 자결했는데 시체를 실어 와서 시장에서 환형에 처함에 백관들이 직접 형벌을 행하는 것을 보게 하고서 철수교에 효수하고 그 처자들을 죽이고, 그들의 아버지와 조상의 무덤을 파고 그들의 집을 연못으로 만들고, 그들이 살던 금구군을 없애버리고 전주에 속하게 했다. 이상은『운암잡록雲巖雜錄』에 나온다.

· **무신**(1728년) **3월 14일** 戊申三月十四日

봉조하奉朝賀 최규서崔奎瑞[32]가 안호로 하여금 고변하게 해 16일에 친국했다.

1589년에 정여립鄭汝立의 모역사건 때 이의 처리과정상 연루자의 색출이 지방 사류에게까지 확대되는 와중에서, 1590년 5월정여립과 동모했다는 죄목으로 체포되어 평안도 위원으로 유배되었다가 다시 같은 해 6월 함경도 경원 아산보阿山堡로 이배되고, 7월 그곳에서 죽었다.

31 최영경崔永慶(1529~1590) : 본관은 화순和順이다. 자는 효원孝元이며, 호는 수우당守愚堂이다. 서울 출생이다. 전라도관찰사 중홍重洪의 증손으로, 할아버지는 교하현감 훈壎이고, 아버지는 병조좌랑 세준世俊이다. 어머니는 현감 손준孫濬의 딸이다. 조식曺植의 문인이다. 1590년 정여립 역옥사건鄭汝立逆獄事件이 일어나자 그는 유령의 인물 삼봉三峯으로 무고되어 옥사獄死했다. 당시 정적 정철과의 사이가 특히 좋지 않아 그의 사주로 죽은 것으로 의심을 받았다. 그러나 1591년 신원伸寃되어 대사헌에 추증되고, 사제賜祭의 특전이 베풀어졌다. 1611년 산청의 덕천서원에 배향되었다.

32 최규서崔奎瑞(1650~1735) : 본관은 해주海州이다. 자는 문숙文叔이며, 호는 간재艮齋, 소릉少陵, 파릉巴陵이며, 시호는 충정忠貞이다. 아버지는 사정寺正 최석영崔碩英이며, 어머니는 광주김씨光州金氏로 김자남金自南의 딸이다. 다섯 살 때 중부仲父인 현감 최석유崔碩儒의 후사로 들어갔다. 부인은 전주이씨全州李氏로 이혜李蕙의 딸이다. 1701년 우참찬이 되었으며, 1702년에는 한성판윤에 제수되었으나 상소하여 사직하고 이후 30년간 벼슬에 나아가지 않았다. 1723년 영의정에 제수되었으나 역시 상소를 올리고 사직했다. 1728년에 이인좌의 난이 일어나자 도성으로 달려가 변고를 알리고 역적 토벌의 글을 올려 어필을 하사받았다.

언성군彦城君 김중만金重萬은 고발자로 벼슬 두 품계를 올려주고 쌀 다섯 섬과 남녀 노비 각각 세 사람과 집을 주었다.

안박安鑮은 한 차례 형벌을 가했음에도 불복해 외딴섬에 유배되었다.

정관빈鄭觀賓은 두 번째 고발자로 첨지에 제수되고 쌀 두 섬과 집을 주었는데 그가 상소를 올려 받지 않아서 와서별제瓦署別提에 제수 되었다.

성탁成琢은 한차례 형벌을 가했음에도 불복해 형조에 이송되었다.

남태징南泰徵[33]은 도적의 수괴로 포장 출신이다. 남재南在[34]의 후손이다. 열두 번에 승복하여 진陣 앞에 효시되었다.

박필몽朴弼夢[35]은 도적 우두머리로 참판 출신이었다. 한 차례의 형벌

---

33 남태징南泰徵(?~1728) : 본관은 의령宜寧이다. 숙종 때 무과에 급제하여 1720년 공주영장公州營將에 등용되었다. 경종이 즉위하자 충청도 수군절도사가 되었으며, 소론에 가담해 왕실의 복제服制를 놓고 다투는 예송문제에 앞장서기도 했다. 그해 같은 소론인 이인좌李麟佐와 정희량鄭希良 등이 청주에서 반란을 일으켰을 때 서울에서 내응하기로 했다는 죄로 일당들인 신광원愼光遠·민효관閔孝觀 등과 함께 참형을 당했다.

34 남재南在(1351~1419) : 본관은 의령宜寧이다. 초명은 겸謙이다. 자는 경지敬之이며, 호는 구정龜亭이다. 할아버지는 지영광군사知靈光郡事 남천로南天老이고, 아버지는 검교시중檢校侍中 남을번南乙蕃, 어머니는 최강崔茳의 딸이다. 남은南誾의 형이다. 1371년 진사시에 제5등으로 합격했다. 아우 은과 함께 이성계李成桂의 세력에 가담해 고려 조정의 신진 사류로서 구 세력과 대립했다. 1389년 우사의右司議가 되었다. 1390년 판전교시사 겸 집의判典校寺事兼執義가 되어 이성계가 위화도에서 회군하자 윤소종尹紹宗과 함께 비록 행군에는 참여하지 않았으나, 사직社稷의 대계大計를 의논하고 계책을 도왔다. 그 공으로 회군공신回軍功臣에 봉해지고, 곧 철원부사로 나갔다가 염문계정사廉問計定使로서 양광도楊廣道로 파견되어 민정을 살폈다. 조선이 개국되자 개국공신 1등에 녹훈되고 전지田地 170결結과 노비 20구를 하사받았다. 1392년 중추원학사로 대사헌을 겸했고 의성군義城君에 봉해졌다.

35 박필몽朴弼夢(1668~1728) : 본관은 반남潘南이며, 자는 양경良卿이다. 황潢의 증손으로, 할아버지는 세환世桓이고, 아버지는 태진泰進이며, 어머니는 김덕승金德承의 딸이다. 1728년 소론 급진파인 이인좌李麟佐가 청주에서 난을 일으키자 유배지에서 나와 반란에 가담한 태인현감 박필현朴弼顯의 군중으로 가 서울로 진군하려 했다. 그

과 낙형 두 차례를 가했다 백관들이 차례로 서있는데서 능지 참에 처해졌다.

이사성李思晟[36]은 도적 우두머리로 평안병사 출신이었다. 낙형烙刑으로 위협을 가하자 승복했다. 백관들이 차례로 서있는 데서 능지참에 처해졌다.

박필현朴弼顯[37]은 태인현감으로 병사를 일으켜 반역했다가 달아나

러나 도중에 반란이 진압되었다는 소식을 듣고 죽도竹島에 숨었으며, 검모포黔毛浦로 가 잔당들과 다시 거사하려다가 무장현감 김몽좌金夢佐에게 붙잡혔다. 서울로 압송되어 능지처참되었고, 가문은 몰락했다.

36 이사성李思晟(?~1729) : 무과에 급제해 1711년 훈련원부정으로 참핵사參覈使 송정명宋正明과 함께 임시로 형조좌랑이 되어 청국인의 살해사건을 조사했다. 그 뒤 전라우도수군절도사·경상도병마절도사·회령부사·함경북도병마절도사 등을 역임했다. 1727년 평안도관찰사로 있으면서 삼부초장三部抄壯이라는 군제軍制를 독자적으로 실시했다. 이듬해 김일경金一鏡의 당여인 이인좌李麟佐가 소현세자昭顯世子의 적파손嫡派孫인 밀풍군 탄密豊君坦을 왕으로 세워 왕통을 바르게 한다는 등의 내용으로 격문을 사방으로 돌리고 정변을 기도할 때, 총융사 김중기金重器, 금군별장 남태징南泰徵 등과 통모해 병사를 이끌고 서울로 쳐들어갈 계획을 세웠다. 계획이 사전에 발각되어 체포, 서울로 압송되어 영조가 인정문仁政門에 나아가 친국함에 사실대로 자복했다. 이듬해 3월 참형되었고 그의 처자도 또한 연좌되어 처형되었다. 그가 실시한 군제인 삼부초장도 이 해 5월 양서안무사兩西安撫使 조지빈趙趾彬의 주청에 따라 폐기되었다.

37 박필현朴弼顯(1680~1728) : 본관은 반남潘南이다. 1726년 이인좌李麟佐가 상주로 이주했을 때 그와 만나 사생지교死生之交를 맺고 반란의 뜻을 품었다. 그리고 묵동墨洞에 있는 서제庶弟 만호萬戶의 집에서 평안병사平安兵使 이사성李思晟 및 호남의 한세홍韓世弘과 자주 모여 구체적인 거사 계획을 짰다. 그러던 중 태인泰仁의 현감으로 부임하자 마침 무장茂長에 유배되어 있던 종형 필몽弼夢을 대장으로 삼아 반란을 일으키려 했다. 1728년 3월에 최규서崔奎瑞의 고변告變으로 역모의 윤곽이 드러나게 되어 이인좌가 청주에서 난을 일으키자, 중앙에서는 그를 태인현감의 자리에서 몰아내려 하자 곧이어 반란에 가담했다. 반란이 실패로 돌아가자 이에 가속家屬들 몇 명만을 거느리고 아들과 함께 상주에 숨어 있다가 상주의 영장營將 한랄韓琜에게 사로잡혔다. '지금 사대부는 남인南人·소북小北·소론少論을 막론하고 모두 이 반란에 가담했으며 평안병사 이사성이 맹주盟主'라고 하는 흉서凶書를 남기고는 그 자리에서 아들 사제師濟와 함께 참수斬首되었다.

박도형朴道亨에게 목숨을 구걸했다. 상주尙州 감영의 장수 한랄韓瑮에게 사로잡혀 참형되었다.

이유익李有翼은 도적 우두머리로 참봉을 지냈었다. 이명세李命世[38]의 아들이다. 열여덟 번의 낙형으로 위협을 가하자 승복했다. 백관들이 차례로 서있는 데서 능지참에 처해졌다.

민관효閔觀孝는 역적 우두머리로 민종도[39]의 손자이며, 이서우李瑞雨의 사위이다. 한 차례 형벌을 가했다.

신광원愼光遠은 선전관宣傳官으로 열일곱 번의 형벌을 가했다.

이세룡李世龍은 전주全州에서 잡혀왔다. 한 차례의 형벌에 승복해 진陣 앞에 효시되었다.

이하[40]李河는 참군參軍이었으며 이연평李延平의 증손이다. 한 차례의

---

38 이명세李命世(1673~1727) : 본관은 전주全州이며, 자는 천보天保이다. 1697년 정시문과에 을과로 급제해 벼슬이 지평持平에 이르렀다. 1701년 가주서假注書 때에 장희재張希載의 비망기備忘記를 논의할 때에 동궁東宮의 일을 염려하다가 왕의 노여움을 사서 파직되었다가 1710년에 지평持平으로 다시 서용되었다. 1713년에 홍천현감으로 있을 당시 사헌부의 탄핵을 받아 다시 파직 당했다.

39 민종도閔宗道(1633~?) : 본관은 여흥驪興이며, 자는 여증汝曾이다. 1662년 증광문과에 병과로 급제했다. 이듬해 예문관대교가 되고, 1664년 봉교를 거쳐 1665년 지평·정언 등을 역임했다. 그 이듬해 다시 중시문과에 병과로 급제했다. 할아버지가 이조참판, 큰아버지 희熙는 좌의정, 아버지는 좌찬성, 동생 홍도弘道는 이조정랑을 각각 지낸 명문이었다. 이러한 전통에 힘입어 그도 헌납·필선·부승지·수찬·부교리 등을 역임하고, 1668년 세자시강원문학이 되었으며, 1674년 병조참지가 되었다.

40 이하李河(?~1728) : 아버지는 참봉 명세命世이다. 1728년 소현세자昭顯世子의 적파손嫡派孫 밀풍군密豊君을 추대하고 반란을 일으킨 이인좌李麟佐의 난에 경중인京中人으로서 가담한 중심인물이다. 이인좌 등이 이사성李思晟·김중기金重器·남태징南泰徵 등과 공모해 내외상응하려 할 때, 민관효閔觀孝와 함께 영남 및 양성陽城의 병을 동원해 범궐犯闕하기로 했다. 특히 김일경金一鏡의 외손이 그의 사위가 된 연고로, 김일경의 영조에 대한 불평을 자주 들었고, 또 밀풍군의 집과는 연이어 있는 까닭에, 영조 즉위 초부터 이에 참여해 서울에서의 모의는 거의가 그의 집에서 이루어졌음이 밝혀져 역모로 처형되었다.

형벌을 당했다.

이지인李志仁[41]은 이윤문李允文[42]의 아들이며 한음漢陰 이덕형李德馨의 후손이다. 세 차례의 형벌에 승복해 능지참에 처해졌다.

이순관李順觀, 이익관李益觀은 이서우李瑞雨의 첩의 자식이다. 서소문西小門에 도적의 패악부도의 이야기를 걸었고 마구 두드려 맞고 능지참에 처해졌다.

이인좌李麟佐[43]는 도적 우두머리로 이운징李雲徵[44]의 손자이며 권대운權大運의 외손이다. 한 차례 형벌을 당했다. 백관들이 차례로 서있는

---

41 이지인李志仁(?~1728) : 본관은 광주廣州이다. 경종 때 음관蔭官으로서 제릉참봉齊陵參奉을 역임한 바 있으나, 영조의 즉위와 더불어 노론이 정계의 주도권을 장악한 뒤로는 관력이 더 이상 이어지지 않았던 듯하다. 1728년 무신란戊申亂 때에는 도성 내 주도층 중의 한 사람으로서 이하李河·이유익李有翼 등과 더불어 장사를 모집해 대궐을 침범할 계획을 하기도 했다. 거사가 실패로 돌아간 뒤 세 차례에 걸친 국문을 받고 사형에 처해졌다.

42 이윤문李允文(1646~?) : 본관은 광주廣州이며, 자는 사옹士雍이다. 1692년에 부평부사로서 춘당대문과에 을과로 급제했다. 학문이 깊고 문장에 능해 세자시강원의 문학·필선·보덕 등을 역임했다. 그밖에도 사간원 헌납·사간, 사헌부집의 등으로 간관의 역할을 충실히 이행했으며, 외직으로는 임실현감·부평부사 등을 역임하면서 정사에 힘썼다.

43 이인좌李麟佐(?~1721) : 본명은 현좌玄佐이다. 본관은 전주全州이며, 청주 송면 출신이다. 할아버지는 관찰사 이운징李雲徵이며, 윤휴尹鑴의 손서孫壻이다. 본래 남인 가문에서 출생하였던 이인좌는 소론 당파와도 연대하는 입장이었다. 영조의 즉위로 소론이 정계에서 배제되자 정희량鄭希亮·이유익李有翼·심유현沈維賢·박필현朴弼顯·한세홍韓世弘 등 소론 과격파는 갑술환국 이후 정계에서 물러난 남인들과 공모하여 밀풍군密豊君 이탄李坦을 추대하고 무력으로 정권쟁탈을 꾀했다. 이인좌는 대원수라 자칭하고 1728년 3월 15일 상여에 무기를 싣고 청주에 진입, 충청병사 이봉상李鳳祥, 군관 홍림洪霖, 영장營將 남연년南延年 등을 살해하고 청주성을 점령했다. 이어서 각처에 격문을 돌려 병마를 모집하고 관곡을 풀어 나누어주는 한편, 서울을 향하여 북상하여 목천·청안淸安·진천을 거쳐 안성·죽산에 이르렀다. 그 해 3월 26일 친국에서 역모의 전모를 공술하고 다음날 대역죄로 군기시軍器寺 앞에서 능지처참되었다.

데서 능지참에 처해졌다.

웅보熊輔는 영남으로부터 잡혀 와서 참형에 처해졌다.

기좌驥佐와 준좌駿佐는 연좌되어 당고개堂古介[45]에서 사형에 처해졌다.

권서봉權瑞鳳, 권서린權瑞麟, 권서룡權瑞龍, 목함경睦咸敬, 이배李培는 적중군賊中軍으로 두 차례 형벌을 가하자 승복해 병적兵賊을 일으킨 것으로 능지참에 처해졌다.

곽중휘郭重輝와 정조윤鄭祚胤[46]은 한 차례 형벌에 승복해 능치참에 처해졌다.

한세홍韓世弘은 역적의 우두머리로 서평부원군 한준겸韓浚謙의 증손자이다. 한 차례 형벌에 처해졌다.

나만치羅晩致는 한 차례 형벌을 가하자 승복해 능지참에 처해졌다.

이문저李文著는 이하李河의 숙부로 한 차례 형벌에 승복해 능지참에 처해졌다.

(이)인엽(李)人燁은 일신도정一新都正[47]으로 한 차례 형벌에 승복하여 특

---

44 이운징李雲徵(?~1717) : 본관은 전주全州이다. 1728년 병란을 일으킨 이인좌李麟佐의 조부이다. 1678년 문재文才와 조행操行이 뛰어나고 지려智慮와 용력勇力이 뛰어나 오정위吳挺緯와 이원정李元禎의 추천으로 곧바로 6품에 발탁되어 호남의 수령守令직을 역임했다. 그러나 1680년 허적의 서자 허견許堅과 복선군福善君을 추대하려는 역모에 가담했다는 혐의로 도배당했다. 1689년 그는 사헌부장령으로 다시 등용되어 집의·승지를 거쳐 강원도 관찰사·전라도관찰사를 역임했다. 그러나 1694년 형 이의징李義徵과 악한 짓을 같이 해 권세를 탐내고 화를 만들기를 좋아했다는 이유로 탄핵을 받아 파직, 귀양조치 당했다가 1699년에 방귀전리放歸田里되었으며, 1710년에 방송放送되었다.

45 당고개堂古介 : 현 서울 특별시 노원구 상계동에 위치한 곳을 가리킨다.

46 『조선왕조실록』 영조 4년 무신(1728)에 '남한 순무사南漢巡撫使 김동필金東弼이 장계하기를, "적장 정조윤鄭祚胤·곽중휘郭重輝를 붙잡아 보냅니다."'라는 내용이 있는 바 『진휘속고』의 정윤조鄭胤祚를 정조윤鄭祚胤으로 바로잡았다.

47 『승정원일기』 영조 1년 을사(1725) 창은정昌恩正 이권李權이 상소한 내용에 "신이 종질인 원풍도정原豐都正 이희李熙, 조카인 일신도정一新都正 이인엽李人燁 등과 의

별히 교수형에 처해졌다.

조상趙鏛은 문과에 합격했었는데 세 차례 형벌에 승복해 능지참에 처해졌다.

안익태安益泰는 한 차례 형벌을 가하고 사형을 감해주어 외딴 섬에 유배 보냈다.

안추安樞는 두 차례 형벌을 가하자 이사성李思晟의 군관이었음을 승복해 능지참에 처해졌다.

이일좌李日佐는 석징碩徵의 손자로 한 차례 형벌을 받았다.

나숭대羅崇大는 두 차례 형벌을 받았다.

정세윤鄭世允과 유심柳諗은 한 차례 형벌을 가하자 내막을 알면서도 고발하지 않았음[48]을 승복해 당사자만을 죽이는 형벌[49]에 처했다.

이규서李圭瑞는 두 차례 형벌을 가했고 사형에 처해지지는 않았다.

박태후朴泰厚와 정의련鄭宜璉은 정희량鄭希亮의 조카로 한 차례 형벌을 가하자 승복해 참형에 처해졌다.

정희량鄭希亮은 역적의 우두머리로 동계桐溪 정온鄭蘊의 현손자이다.

나순곤羅順坤은 영남에서 붙잡혀 와서 능지참에 처해졌다.

박종원朴宗元은 청주淸州의 우후虞候[50]였는데 역적들에게 항복해 도순무사가 목을 베어 서울로 보냈다.

논해…"라는 기록이 보이는 바 『진휘속고』의 일신도정日新都正을 일신도정一新都正으로 바로잡았다.

48 지정불고知情不告 : 실정을 알고도 고하지 않은 죄를 말한다.

49 지주기신只誅其身 : 당사자만을 죽이는 형률로 지정불고죄에 시행되기도 했다.

50 우후虞候 : 조선시대 서반 무관 외관직이다. 각 도에 두었던 병마절도사兵馬節度使와 수군절도사水軍節度使 밑에 두었던 부직副職으로, 병마우후兵馬虞候는 종삼품從三品으로 병우후兵虞候·아장亞將이라고 했고, 수군우후水軍虞候는 정사품正四品이었다.

김성옥金聲玉은 금부가도사禁府假都事로 자객을 거느리고 진에 들어가자 순무사가 목을 베어 서울로 보냈다.

이사필李思弼은 이사성李思晟의 종제從弟이다. 선전관宣傳官으로 입직하지 않고[51] 나와 이로 인해 대간이 논해[52] 참형되었다.

윤덕유尹德裕는 두 차례 형벌을 당하고 역모를 함께 도모한 것으로 재산을 몰수하고 처자까지 죽이는 형벌에 처했다.

이홍관李弘觀은 실정을 알면서도 고발하지 않아서 당고개唐古介에서 사형 당했다.

임상극林象極은 임상덕林象德의 아우이며 진천현감鎭川縣監이었다.

이정휘李挺徽는 이정주李挺周의 형으로 황간현감黃磵縣監이었다.

이두삼李斗三은 결성현감結城縣監으로 대원수大元帥 세 글자 때문에 형벌을 당했다고 한다.

김도응金道應은 회인현감懷仁縣監으로 앞서 네 고을의 수령으로 역적으로 병사를 일으키는데에 연관되어 진陣 앞에 효시되었다.

이정열李廷說은 청안현감淸安縣監으로 당고개唐古介에서 사형되었다.

양명하梁命夏는 이시만李蓍晩의 사위로, 망명해 자살함으로 역률逆律로 논죄했다.

신윤조辛胤祖는 승복해 능지참에 처해졌다.

안황安愰은 한 차례 형벌을 가하자 승복해 능지참에 처해졌다.

이선택李善擇과 조경옥曺景沃은 한 차례 형벌을 당했다. 이인좌와 친

---

51 궐직闕直 : 사유事由가 있어서 혹은 무단으로 입직入直하지 않음을 말한다.

52 대계臺啓 : 조선 시대 대간이 논해 아뢰는 일을 이른다. 특히 관리의 잘못을 지적해 유죄임을 밝히려고 임금에게 올리는 계사啓辭이다. 사헌부司憲府·사간원司諫院에서 임금에게 올리는 계본啓本·계목啓目. 대관臺官은 국정의 모든 면에 대해 국왕에게 가부 의견을 올릴 수 있는 권한이 있어서 그 의견을 올리는 것이 대계였다

분이 깊어 실정을 알고도 알리지 않아서 효시되었다.

이만원李萬元은 훈국訓局[53]에 넘겨져 효시되었다.

김옥성金玉成은 아홉 차례 형벌을 가하고 실정을 알고도 고하지 않아 당고개唐古介에서 참형되었다.

안정安煶은 승복해 능치참에 처해졌다.

한세능韓世能은 두 차례 합벌을 가하자 승복해 능지참에 처해졌다.

이일李溢은 실정을 알고도 고하지 않아 참형되었다.

조세추曺世樞는 한 차례 형벌을 가하고 승복해 능지참에 처해졌다.

호산군壺山君 이정李樫은 두 차례 형벌을 가하자 승복했다.

이윤행李允幸은 한 차례 형벌을 가하자 승복해 능지참에 처해졌다.

소정蘇樫은 한 차례 형벌을 가하자 승복해 능지참에 처해졌다.

정적림鄭商霖과 이제시李齊時는 협천陜川 좌수座首[54]로 훈국訓局으로 보내져 효시되었다.

이지시李之時는 이만원李萬元의 종질從侄로 세 차례 형벌을 가하고 승복했다. 뒤에 남을 무함한 것으로 형벌이 한 차례 더해져 능치참에 처해졌다.

장흠張欽은 두 차례 형벌을 가하자 승복해 능지참에 처해졌다.

두거비斗去非(두껍이)는 한 차례 형벌을 가하자 승복해 능지참에 처해졌다.

김규金奎와 정현鄭灦은 영남嶺南에서 효시되었다.

이백전李百全과 이사로李師魯는 이사상李師尙의 종제從弟로 한 차례 형

---

53 훈국訓局 : 조선 시대의 훈련도감訓鍊都監을 달리 이르는 말이다.

54 좌수座首 : 조선시대 때 지방의 주州·부府·군郡·현縣에 두었던 향청鄕廳의 우두머리로 육방六房 중의 이방吏房과 병방兵房을 맡아보았다.

벌을 가하자 승복해 능지참에 처해졌다.

이진좌李震佐와 이유좌李儒佐 당초에 귀양을 보내고 도사都事를 따라 보내어 효시했다.

조관규趙觀奎는 두 차례 형벌을 가하자 실정을 알고도 고하지 않은 것으로 승복해 참형되었다.

신경귀辛景龜는 두 차례 형벌을 가하자 실정을 알고도 고하지 않은 것으로 승복했다.

임환任環은 두 차례 형벌을 가하자 승복해 능지참에 처해졌다.

남처중南處重은 무고誣告로 진陣 앞에 효시되었다.

김덕삼金德三은 능지참에 처해졌다.

원만주元萬柱와 이시수李時愁는 이진화李震華의 조카로 능지참에 처해졌다.

민백효閔百孝는 민원보閔元普의 아들로 능지참에 처해졌다.

송래익宋來益은 해미현감海美縣監[55]이다. 도적이 역변을 모의하는데 동참한 것에 연관되어 참형을 당했다.

탄坦은 역도逆徒의 수장이다.

· **연좌된 인물들**連坐秩

박사관朴師寬은 망명亡命해 잡혀와 역변을 모의하는데 동참한 것으로 능지참에 처해졌다.

박사민朴師敏은 당고개唐古介에서 참형되었다.

박사침朴師沈은 고폐高敝에서 참형을 당했다. 박몽필朴弼夢의 셋째 아들이다.

---

55 해미海美 : 충청남도 서산지역의 옛 지명이다.

박사중朴師重은 박필현朴弼顯의 아들로 상주尙州에서 참형되어 보내졌다.

박기성朴寄成은 박종원朴宗元의 아들로 진陣 앞에 효시되었다.

박필기朴弼夔는 교리校理이다.

박필우朴弼禹와 필현弼顯 형제는 당고개唐古介에서 교형에 처해졌다.

박필인朴弼仁과 필충弼忠은 박필현朴弼顯의 서제庶弟로 효시되었다.

박사질朴師質은 박필현朴弼顯의 아들로 당고개堂古介에서 참형되었다.

남한동南漢東은 남태징南泰徵의 아들로 당고개堂古介에서 교형에 처해졌다.

정의황鄭宜璜은 정희량鄭希亮의 아들로 참형에 처해졌다.

나숭엽羅崇燁은 나만치羅晩致의 아들로 당고개堂古介에서 참형되었다.

이세갑李世甲은 이배李培의 아버지이고, 이복일李福一은 이배의 아들로 당고개堂古介에서 교형에 처해졌다.

이금강李今剛은 이익관李益觀의 아들로 당고개堂古介에서 교형에 처해졌다.

류문규柳文奎와 문벽文壁은 류심柳諗의 아들로 당고개堂古介에서 교살絞殺되었다.

박몽필朴弼夢의 처 애이愛伊와 박필현朴弼顯의 처, 인좌麟佐의 처 자정紫貞은 당고개堂古介에서 교살絞殺되었다.

이밀李蜜은 이사성李思晟의 아들로 참형되었다.

수영守英은 두거비斗去非의 아버지로 당고개堂古介에서 교살絞殺되었다.

신경용辛景龍은 당고개堂古介에서 교형에 처해졌다.

신경호辛景虎는 여주呂州에서 교형에 처해졌다. 윤조胤祖의 둘째 아들이다.

조명좌曺命佐와 정좌鼎佐는 영남嶺南에서 참형되었다.

정희량鄭希亮의 처 송가宋哥는 교형에 처해졌다.

신채愼採는 남원南原에서 교형에 처해졌다.

· **포도청으로 옮겨진 인물들**移送捕廳秩

엄악발嚴惡發 주신휘周信輝 김광석金光石 임광제林光悌 안찬서安纘緖 주신필周信必 성탁成琢이 형조刑曹로 이송되었다.

· **망명질**亡命秩

임서린任瑞麟 서봉瑞鳳 형제가 잡혀왔다. 황□□黃□□[56]

· **죄로 죽은 사람들**物故秩

심유현沈維賢은 도적의 우두머리로 부사府使였다. 두 차례 형벌을 받아 사형[57]되었고 역률逆律로 논죄 되었다.

허간許侃은 네 차례 형벌을 받아 사형되었다.

정도형鄭道亨은 유악維岳의 손자로 두 차례 형벌을 받아 사형되었다.

한순韓洵은 두 차례 형벌을 받아 사형되었다.

한광韓洸은 세 차례 형벌을 받아 사형되었다.

이정李檉은 영장營將으로 두 차례 형벌을 받아 사형되었다.

안세최安世最는 두 차례 형벌을 받아 사형되었다.

윤천경尹天擎은 네 차례 형벌을 받아 사형되었다.

박필룡朴弼龍 필현弼顯 형제는 한 차례 형벌을 받아 사형되었다.

---

56 『진휘속고』 원문에는 관련 내용이 삭제된 듯하다.

57 물고物故 : 죄인이 죽음을 당하는 일, 또는 죄지은 사람을 죽이는 일이다.

최봉소崔鳳韶는 한 차례 형벌을 받아 사형되었다.

임서봉任瑞鳳은 직장直長으로 두 차례 형벌을 받아 사형되었다.

최근崔根은 두 차례 형벌을 받아 사형되었다.

민원해閔元諧는 진사進士로 세 차례 형벌을 받아 사형되었다.

민원보閔元普는 네 차례 형벌을 받아 사형되었다. 민창도閔昌道의 둘째 아들로 집안이 노적[58] 되었다.

김홍수金弘壽는 네 차례 형벌을 받아 사형되었다.

조한발趙漢發은 다섯 차례 형벌을 받아 사형되었다.

조만정趙萬珽은 다섯 차례 형벌을 받아 사형되었다.

김정현金鼎鉉은 세 차례 형벌을 받아 사형되었다.

한유韓游는 여섯 차례 형벌을 받아 사형되었다.

김덕쇄金德鎖는 다섯 차례 형벌을 받아 사형되었다.

송하宋賀는 세 차례 형벌을 받아 사형되었다.

이세우李世遇는 이성조李聖肇의 숙부로 두 차례 형벌을 받아 사형되었다.

임서호任瑞虎 서봉瑞鳳 형제는 한 차례 형벌을 받아 사형되었다.

조동규趙東奎는 두 차례 형벌을 받아 사형되었다.

조덕규趙德奎는 세 차례 형벌을 받아 사형되었다.

구성언具聖彦은 세 차례 형벌을 받아 사형되었다.

성일용成一龍은 세 차례 형벌을 받아 사형되었다.

류래柳徠는 문판관文判官 명우命遇의 아들로 다섯 차례 형벌을 받아

---

58 노적孥籍 : 모역謀逆이나 반역叛逆 등을 범한 국사범國事犯에 대해 본인은 극형에 처한 뒤, 그 처자를 연좌緣坐시켜 노비의 적에 올리고 그들의 재산까지 몰수하는 처벌이다.

사형되었다.

박연성朴衍成은 물고되었다.

이진화李震華는 다섯 차례 형벌을 받아 사형되었다.

조수趙燧, 황전黃傳, 민사맹閔思孟, 정대윤鄭大允은 여덟 차례 형벌을 받아 사형되었다.

이명의李明誼는 세 차례 형벌을 받아 사형되었다.

임서린任瑞麟은 노적되었다.

· 방면된 사람들放送秩

안호安鎬, 막실莫實은 고변告變한 사람이다.

이세열李世說, 이당李槒, 권구權榘, 김천일金千鎰, 송희조宋喜朝, 목천임睦天任, 안경우安擎祐, 차이황車以黃, 이하택李夏宅 명언明彦의 아들, 김당金塘, 이흥주李興柱, 김진협金震浹, 주돌산朱乭山, 박익제朴益濟, 이희李熙, 이후李煦, 민창기閔昌基 병사兵使, 이사주李思周 수병手兵, 이형상李衡祥 참의參議, 조명□趙明□, 부귀富貴, 조항趙抗, 홍시귀洪時龜, 박경순朴慶舜 이하李河의 처남, 임희대林希大, 전한상全漢相, 조성재趙聖材, 목천강睦天綱, 목천추睦天樞, 목성운睦聖運, 채성룡蔡聖龍, 채성후蔡聖後, 채성찬蔡聖贊, 채성원蔡聖遠, 채성욱蔡聖奧, 채유세蔡有世.

· 귀양 간 사람들論罪秩

관효觀孝는 인좌의 족당族黨으로 육촌에 한해 유배 갔다.

이흥인李興仁은 전 부사府使로 한음漢陰 이덕형李德馨의 손자였으며 극변인 회녕부會寧府에 유배 갔다.

김수명金壽明은 무고를 입어 국청에 들어갔다. 일곱 차례 형벌을 당함에 대신들에게 욕하고 대들어 외딴 섬에 유배 갔다.

이척李滌은 이하李河의 아우로 다시 유배지로 출발했다.

이숙李璛은 운산군雲山郡으로 유배 갔다.

나숭대羅崇岱는 나만규羅晩奎의 아들로 사형을 면하고 외딴섬에 유배 갔다.

김세운金世云은 강진 신지도薪智島에 유배 갔다.

안익태安益泰는 사형을 면하고 외딴섬에 유배 갔다.

정치신丁致愼은 도삼년徒三年[59]의 형벌에 처해졌다.

조증趙拯은 도삼년 형벌에 처해지고 유배 갔다.

안호安鎬는 처음 봉조하奉朝賀 최규서崔奎瑞를 고변한 자이다. 외딴섬에 유배 갔다.

이철추李鐵搥는 홍주의 아들로 외딴섬에 유배 갔다.

신석영辛錫永은 외딴섬의 노비가 되었다.

돌몽乭夢은 외딴섬에 유배 갔다.

이제겸李濟謙은 선천부宣川府에 충군되었는데 율봉찰방栗峰察訪으로 벼슬을 버리고 도망갔기 때문이다.

강백姜栢은 철산부鐵山府에 충군되었는데 성환찰방成歡察訪으로서 머리를 풀어헤치고 도망와서 대계臺啓를 받았다.

서명연徐命淵은 철산부로 원찬遠竄되었는데 충청도 관찰사湖伯으로서 인교대印交代를 하지 않고 도망가서 대계臺啓를 받았다.

최필번崔必蕃은 사형을 면하고 극변에 충군되었는데 죽산부사로서 도적을 피해 도망갔기 때문이다.

민윤창閔允昌은 자의諮議로 부안扶安에서 몸을 빼내어 위도蝟島의 군졸

---

59 도삼년徒三年 : 도형 3년이란 말로, 중죄인을 관가에서 도역을 시키는 형벌을 말한다

에 충당되었다. 예산현감禮山縣監으로 어휘御諱를 바로 썼다.

홍익구洪益龜는 사형을 면하고 의주부 군졸에 충당되었다.

유경유柳慶裕는 대계臺啓를 받고 영암군으로 유배 갔다.

김중기金重器는 요동백遼東伯 김응하金應河의 손자로 대계臺啓를 받고 멀리 경흥慶興으로 갔다.

권첨權詹은 군졸에 충당되었다. 호백湖伯이 도적의 세력이 치성할 때에[60] 체임遞任을 맡겼으나 전령을 보내어 병사를 내지 않고 오랫동안 관망했다.

이시번李時蕃은 경상병사慶尙兵使였다.

이징李徵은 징겸徵慊의 겸종慊從으로 사형을 면하고 외딴섬에 유배 갔다.

이지간李之幹은 관효觀孝의 이웃집에 살면서 절친했기 때문에 대계를 받고 벽동碧潼에 유배되었다가 풀려났다.

박필희朴弼熙는 사형을 면하고 외딴 섬으로 유배 갔다.

만적萬迪 김옥金沃 이만춘李萬春은 대계臺啓를 받아 역적과 절친하다는 이유로 극변極邊으로 유배 갔다.

정사효鄭思孝는 전 감사監司로 국청鞫廳에서 유배 갔다.

이진유李眞儒 서종하徐宗厦는 국청에서 돌아와 유배지로 출발했다.

이명언李明彥은 부사副使였다.

조진희趙鎭禧는 서장관으로 대계臺啓로 극변極邊으로 유배 갔다.

박익관權益寬은 전 감사監司로 외딴 섬에 유배 갔다.

---

60 치장鴟張 : 솔개鴟鳥가 날개를 벌리고 덤비는 모습을 말하는데, 비유해 흉포한 세력이 발호하는 것을 뜻하기도 한다.

· 선조17년 기축[61]에 일본에서 우리나라 사람 김대기金大璣 공대원등孔大元 116명을 데려왔다. 또 배반한 백성 사화동沙火同을 박송縛送했다. 정해년이 되어 또 왜적 긴시요라緊時要羅 삼보요라三甫要羅 망길시라望吉時羅 등 세사람이 말하기를 "왜구가 들어온 일은 내가 아는 바가 아니고 곧 귀국의 사화동沙火同이 유혹했기 때문에 포박하여 보내니 귀국에서 처치하는 대로 따르겠습니다."라고 했다. 임금이 병사의 위엄을 크게 떨치며 인정전仁政殿에 어거하여 사화동沙火同을 묶어두고 뜰에 들어가 힐문하고서 성 밖에서 참형하고 나라 안팎에 반교頒敎하고 의지義智 등에게 잔치를 베풀어주었다.

≪이심권≫

61 유사한 이야기가 『한음선생문고부록漢陰先生文稿附錄 권1』「연보年譜」와 『재조번방지일再造藩邦志』, 「再造藩邦志 一」에 실려있다.

18. 도적盜賊

· 산속의 의적[1]峽裏義賊

정익공貞翼公 이완李浣이[2] 젊은 시절에 산중으로 사냥을 가서 짐승을 쫓아 깊은 산골로 들어갔다. 날이 저무는 줄도 깨닫지 못했는데, 인가가 매우 멀어 투숙할 곳이 없었다. 나무꾼의 길을 두루 찾아 몇 개의 산등성이를 넘어가니 홀연히 깊은 산골 움푹한 곳에 커다란 기와집이 하나 있었다. 드디어 찾아가서 하룻밤 자자며 문을 두드렸으나 적막해 응답이 없었다. 한참 있다가 한 여자가 나왔는데 나이는 스물 남짓하고 용모는 단정하고 고왔다. 여인이 손을 내저으며

"이곳은 나그네가 머물 곳이 아닙니다. 속히 돌아가십시오."

라고 했다.

정익공이 속으로 생각해보니 '산은 깊고 날은 저물었으며 호랑이와 표범이 득실대는 곳이라 그야말로 진퇴유곡이라 이곳을 두고서는

---

1 이와 유사한 이야기가 야담집 『선언편選言篇』과 『청구야담靑丘野談』에도 실려 있다. 『선언편』에는 글의 제목이 없고, 『청구야담』에는 「적괴중소적장검賊魁中宵擲長劍」이란 제목으로 되어 있다.

2 이완李浣(1602~1674) : 효종 때 송시열과 함께 '명에 대한 은혜를 갚고, 청에게 받은 치욕을 씻는다'는 명분을 내세우며 북벌을 계획하고 군비 확충책을 펼침에 따라 북벌과 관련된 요직을 두루 맡았다. 1624년 무과에 급제하고 만포첨사가 되었으며, 1636년 병자호란이 일어나자 정방산성에서 적을 크게 무찔렀다. 1638년 함경남도병마절도사가 되었으며, 이듬해 동부승지에 임명되었다. 그 뒤 양주목사 등 여러 관직을 역임했다. 1649년 북벌계획에 관여하면서 우포도대장, 한성우윤, 어영대장을 두루 역임했다. 1653년에는 종래 훈척만이 임명되던 훈련대장에 뽑혔다. 그 뒤 한성부판윤·공조판서·형조판서 등을 지냈다. 박지원의 「허생전」에는 북벌과 관련해 매우 무능한 인물로 그려져 있다.

어디로 가란 말인가' 하고는 대문을 밀치고 들어섰다. 여인은 눈썹을 찌푸리며

"죽었군, 죽었어."

라고 하고는 차마 굳게 거절하지 못하고 그를 맞이해 내실로 들어갔다. 좌정을 하고 물었다.

"집주인은 어디에 계신가?"

라고 했다. 대답하기를

"여기는 도적의 괴수가 거처하는 곳이어요. 저는 본래 양가의 딸로 어느 해에 여기로 잡혀 와서 아직도 범의 아가리를 벗어나지 못하고 있습니다. 도적의 괴수가 지금 마침 사냥을 나갔으니 오래지 않아 응당 돌아올 것입니다. 만약 손님이 머물고 있는 것을 보게 된다면 저와 손님은 반드시 칼끝에 목숨을 바치게 될 겁니다. 이를 장차 어찌 하겠습니까?"

라고 답한다. 공이

"죽게 된다면 죽을 뿐이지. 내가 너무도 배가 고프니 내게 먹을 것을 줄 수 있겠소?"

라고 했다. 여인이 괴수에게 주려고 했던 저녁밥을 그에게 차려주었다. 정익공이 먹기를 마치고는 곧 여인을 끌어안고 취침하려고 했다. 여인이 한사코 거부하며

"목숨이 경각에 달렸는데, 이게 무슨 짓이요?"

라고 하자.

"그렇지 않네. 고요한 밤 사람이 없는 이곳에 남녀가 한 방에 거처하는데 비록 혐의가 없다고 변명하려고 해도 어떤 사람이 이를 믿겠소? 이러나저러나 피하지 못하고 화가 미치기는 일반입니다. 살고 죽는 것은 명이 있는 법이니, 어찌 두려워 겁을 내겠소."

라고 하고는 드디어 서로 끌어안고 누웠다.

거의 한밤중이 되어서였다. 도적의 괴수가 뜰에 짐을 부려놓고는 문을 열고 들어왔다. 신장은 10척에 얼굴은 크고 씩씩했으며, 풍모는 웅걸하고 특별한데다가 손에는 장검을 쥐고 있었다. 정익공이 떡 하니 드러누워 있는 것을 보고는 큰 소리로 꾸짖어

"네놈은 누구이기에 함부로 남의 집에 들어와 남의 여자를 범한단 말이냐? 너는 정말 겁대가리 없는 놈이로다."

라고 했다. 정익공이 조금도 겁내는 모양이 없이

"짐승을 쫓아 산속에 들어왔다가 날이 저무는 줄도 모르게 되어 남의 집에 하룻밤 기숙하려는 게 뭐가 잘못되었단 말이냐?"

라고 하자. 도적의 괴수가

"너는 대담한 놈이로다. 기왕 하룻밤 자고 가려고 했다면 바깥 행랑에나 있을 것이지, 어찌 감히 방자하게 내실에 들어와 남의 처를 태연히 범한단 말이냐? 이것만으로도 죽어 용서 못할 죄로다. 게다가 주객의 분수가 엄연히 구별되거늘 너는 주인을 보고도 당돌하게 벌렁 누워 있으니, 이러고도 살 수 있을까?"

라고 했다. 공이 웃으며

"이런 지경에 이르면 내가 비록 한결 같은 마음으로 곧고 결백해 남녀가 자리를 달리 했다고 한들 네가 과연 의심하지 않겠느냐? 공손히 손님의 예를 갖추고 무릎으로 슬슬 긴다하더라도 네가 과연 너그러이 용서하겠느냐? 사람이 이 세상에 태어나면 반드시 한 번은 죽게 되어 있으니 뭐 죽음을 족히 두려워하랴. 네 마음대로 하거라."

라고 했다. 말하는 기세가 명쾌하고 안색이 태연자약했다.

그러자 도적의 괴수가 큰 밧줄로 정익공을 꽁꽁 묶어서 대들보 위에 매달아 놓았다. 그 처를 돌아보고는

"뜰에 사냥해 온 짐승이 있으니 지지고 굽고 해서 가져오너라."

라고 했다. 그 여인이 다리를 후들거리며 시키는 대로 산돼지와 노루 사슴을 잡고 잘라서 지지고 구워 큰 쟁반에 담아서 진상했다. 드디어 술을 가지고 오라고 해 몇 잔을 연이어 들이키고는 고기를 잘라서 씹어 먹었다. 다시 고기 한 덩어리를 잘라 칼끝에 꿰어서 정익공을 바라보며

"너도 사람일터인데, 곁에 두고서도 맛을 보이지 않는다면 되겠느냐?"

라고 했다. 정익공이 입을 벌려 받아서 먹는데, 조금도 의심하거나 두려워하는 기색이 없었다. 도적의 괴수가 한동안 물끄러미 쳐다보더니

"너는 가히 대장부라고 이를만한 인물이로다."

라고 하고는 칼을 던지고 일어나서 그의 포박을 풀어주었다. 악수를 하고 자리에 앉히고는

"내가 숱한 사람을 보았건만, 금일에서야 비로소 천하의 대단한 사내를 만나보게 되었구나. 장차 세상에 크게 쓰이게 되어 나라의 호국간성이 될 인물이니 내가 너를 어찌 죽이겠느냐? 이제부터는 둘도 없는 친구로 허여하겠다. 저 여인이 비록 나의 아내라고 할 수 있겠으나, 지금 그대에게 사랑을 받았으니 곧 그대의 권속이러니 내 어찌 그를 가까이 할 수 있겠느냐? 그리고 창고에 쌓인 재물과 옷감을 모두 그대에게 줄 터이니, 그대는 사양하지 말라. 대장부가 세상에 큰

일을 하려는데 수중에 돈이 없다면 무슨 일을 경영할 수 있겠는가? 나는 이제 떠날 터이다. 뒷날 큰 재앙이 닥쳐 피하기 어렵게 되거든 그대가 나를 구원해주게."

말을 마치고는 함께 술을 즐겁게 마셨다. 그리고는 바람처럼 일어나 떠났는데 어느 곳으로 향했는지 알 수 없었다. 정익공은 여인을 말에 태우고 재물을 싣고 귀가 했다.

뒷날 정익공은 과연 현달하게 되어 훈련대장 겸 포도대장이 되었다. 그 때 지방에서 체포된 도적의 괴수가 있었는데, 심문할 즈음에 자세히 그 용모를 살펴보니 바로 그 산속의 도적이었다. 이에 죄 없음을 밝혀 석방하고 장교의 대열에 두었다. 차차로 승진되어 무과에 합격하고 병마절도사에 오르게 되었다고 한다.

· 곰가죽을 뒤집어쓴 도적熊皮盜

『잠곡수필潛谷隨筆』에[3] 말했다.

"도적이란 본시 양민 출신으로 지혜로운 꾀와 대담한 용맹을 가진 사람이 그렇게 된 것이다. 대개 재주는 있으되 그 타고난 출신이 비천해 자신의 재주를 펼칠 수가 없고 또 생계가 막막한데 부대끼어 부득이해서 도적이 된 것이다. 역시 애석하고 가련한 일이다.

남소문동南小門洞에[4] 옛날 보물과 돈을 많이 쌓아두고 이를 두지斗支

---

3 『잠곡수필潛谷隨筆』: 잠곡潛谷 김육金堉(1580~1658)이 지은 저서이다. 『잠곡필담潛谷筆談』이라고 알려져 있으며, 당시의 기사이문奇事異文을 기록한 수필집의 일종이다.

4 남소문南小門: 광희문 남쪽, 남산 봉수대 동쪽에 있던 성문이다. 1457년에 만들었으며, 한강 나루를 통해 남쪽으로 가려면 광희문을 통과해 되는데, 그것은 거리가 멀고 불편하므로 한강 나루터를 도성에서 곧바로 통과해 나갈 수 있는 문을 하나 새로 설

안에 보관하고 자물통을 채워둔 부자가 있었다. 두지란 나무로 된 큰 궤짝이다. 여러 도적들이 이 소문을 듣고 침을 흘렸으나 무슨 꾀를 낼 줄 아는 사람이 없었다. 어떤 사람이 나서서

"내가 능히 취할 것이라."

라고 하고는 드디어 크고 작은 자물통의 열쇠를 수십 개를 만들고 곰 가죽 하나와 구리그릇 하나를 구했다. 그 패거리들과 함께 몰래 부잣집에 숨어들어가 자물통의 크기를 헤아려 자물통을 열고 그 안에 수장된 보물을 모두 취해 그 일당에게 짊어지고 나가게 했다. 자신은 곰 가죽을 덮어쓰고 구리그릇을 가지고 두지 안으로 들어가서는 다시 예전처럼 자물통을 채우고는 떠나게 하였다. 다음날 아침에 부잣집의 주인과 사람들이 모두 일어나자 두지 안에서 구리그릇 소리가 들리는 것이었다. 괴상히 여겨 열어보았더니 큰 곰 한 마리가 큰 소리를 내며 튀어 나와서 달아났다. 집안사람들이 놀라자빠지고 혹 기절한 자까지 있었다. 두지를 들여다보니 텅 비어 아무 물건도 없었다. 모두들 보물이 곰으로 변해서 달아났다고 생각했다. 크게 집안의 변괴라고 여겨서 무당을 불러 푸닥거리를 하고는 도둑을 맞았다고는 생각하지도 못했다."

≪김혈조≫

치하는 것이 좋겠다는 건의가 있었고, 세조도 그렇게 하는 것이 좋겠다고 생각해 남소문을 설치했으며, 후대에 불필요하다고 여겨 폐했다.

원문편

醫員
卜者
孝子
忠臣
胥吏
賤人
傔人
功臣
詩人

奸人
私奴
工匠
形怪
巨量
肖貌
鬼神
凶逆
盜賊

1. 醫員

· 鄭敬先

太祖朝人 命撰鄕藥集成方三十卷 陽村序 東伯金希善 鋟梓廣傳 又撰醫林撮要 楊禮壽校正

· 李商老薛景成

幷高麗時人 見方技考

· 㫖敬智

世祖朝內醫 己卯 命召內醫㫖敬智等 講醫書

· 李希憲

內醫直長 尹知微 內醫副奉事 幷校正東醫寶鑑

· 安瓚

醫學訓導 庶孼 字黃中 博覽醫書 術業甚精 尤精於性理學 隨証試藥 參証以理 通達無碍 雖古方所未有 因疾起意 治無不效 活人甚多 由是見重於一世縉紳 靜菴嗟惜其才 士類多與之爲友 同輩甚忌嫉 如仇讐 己卯之變 李沆爲大憲 以交結黨人 拿致鞫問 數日之間 酷加栲掠 又受杖一百流外 至延曙驛死 人皆惜之 有一男子 乘曉出途中 忽兩眼皆合 不能自開 以手揩之 如以膠漆投接 仍作盲 諸醫皆不知病由 瓚解之曰 眼屬於肺 肺受病 故眼必閉 乃授以治肺之藥 服之漸開如常 有一婦人 一日 陰戶忽痛 有頃 黃黑毛相雜 如牛馬之毛 由陰戶湧出 晝夜不止 瓚曰 毛者 血之餘 血受

病 故有此怪 可先治血 乃教以治血之藥 未久毛止如常 有一婦人 嗽口 自舌端血出淋漓 連日不止 多用止血藥 猶不止 瓚曰 急服蘇合香丸四丸 稍遲則不能救 或曰 心腹之病 必服此 未聞止血也 瓚曰 血者屬心 而血得烈則沸 今婦人 素多用心 心氣極烈 血沸湧出 妄行于舌 若血盡心虛 客邪乘之 則不能救矣 治心去烈 則血自止 服之果止 人服其術精識透 非庸醫所及一云 醫學敎授 順興人 子自命 以譯學至嘉善

· 朴世舉

太醫也 與安瓚竝稱名醫 無兒傳業 見惡於人 終至藉于敗常 可勝痛哉 從遊己卯士類 甚有志槩 盡誠事靜菴 己卯後 歲時必投謁門外 趙公子容輩有疾 則極力救之 雖中夜必往 趙公宅行廊 盖以草 不能歲改 將至腐毁 亦以己用 圖得瓦署提調 輸入蓋瓦 世上希有之事也 中廟 常患風腫 命世擧進鍼 有一士子 率小廝瘦困者 問病於朴 朴察形診脈 則乃量大料小 因餒困乏而別無他證者也 命藥曰 用加蘇魚萬苣丸 空心呑下三十丸 則不數日 病可快差矣 士子初不解其意 更問 此藥 以那箇材合劑乎 朴曰 自有方門 不須問也 仍加書曰 無蘇魚 則菜炙亦可云 士子始悟其爲萬苣裹飯 大笑而去

· 裵尙文

世宗甲子 政院啓 醫員裵尙文 治廣平大君之疾 不能調攝 以致大故 請鞫之 憲府亦請罪, 上曰 尙文本孟浪人也 然此非尙文之罪 乃其命也 竟不允

· 金順蒙

稗官雜記曰 醫之善治腫者 有金順蒙 自成廟季年 針藥效者 不知幾千人 中廟特陞通政 後有錄事李孟亨者 亦以治腫名 授軍職 然其術不及順蒙

遠甚 近有金尙昆者 不解方書 見腫不論膿否 輒手鍼鍼之 嘗歷行諸寺 鍼病甚多 因而死者居半 猶命屬惠民署而祿之

· 金遂良

別侍衛 善治瘰癧 輕則傅藥使消 重則灸其四旁 合毒藥塗之 不數日 肌膚濃潤 用鍼割其瘡根 每隔三兩日一割 至於一邊盡空 割旣畢 貼膏生肌 遂爲平人 然常祕其術 不以誨人

· 金範

別侍衛 眉菴日記曰 宣祖丙午 別侍衛金範 上疏具陳 毒腐散生肌膏與浴以假梧桐煎水 是皆治天疱瘡齊用之藥 獨其飮浴秋牟酒之法 範所獨得經綸 禮曺啓以救療多效 思廣濟活兼欲杜絶殺人之害 試藥得效後 量施酬賞之典何如 上依允

· 金循義

撰進倉療纂要 崔浥 邊漢山 文宗國恤後以不謹侍疾 三人幷除名內醫

· 金公著

醫官 中宗丁卯以謀害熱臣 被南袞誣告 與朴耕趙匡輔李長吉 同被鞫與耕同被斬

· 李誠

典醫監前卿 中宗己卯 以鄕約人上疏伸寃決杖奪告身

· 李碩幹

公州人 父生員諴 明德後 居家孝友 進參奉不就 早年能文 明醫學 有經驗方一卷 蔡得己 朴溓 許任 有經驗方一卷 四人幷撰東醫聞見方

· 任元濬

撰瘡疹集

· 朴知止

儒醫 善鍼術 見一松集

· 盧重禮

典醫監正 宣德八年 與直提學兪孝通 承令 撰道新增鄕藥集成方 撰胎產要錄二卷 誘解一卷

世宗甲寅承命編進

· 安景昌

撰辟瘟方一卷

· 黃□□

有黃氏經驗方

· 朴松堂

自被刑後 博觀醫書 著經驗方 活人新方等書 刊行于世 精於醫術 活人甚衆 及拜承旨 知申權橃啓言 內醫提調 大典言 承旨兼之 今朴英精通醫

術請使兼之 公固辭不居

· 楊禮壽

字敬甫 號退思翁 御醫知事 學于山人張漢雄 神於醫理 所謂醫經要覽張氏醫方者此也 著醫林撮要 嘗隨 使行赴燕 越江露宿 有虎乘夜 負去置之高阜上 出諸雛 置前 拜跪伏地 有乞憐狀 禮壽意揣其雛有病 遍見之 一子折脚將死 乃出囊中 丸藥以付 且以松脂 遞付之 示其狀 又以手指松 虎頷之 因跪謝不已 出一片黑石置前 禮壽 取而藏之 虎又負還 安置故處 及入燕 以其石示博物者 驚曰 此酒泉石也 浸水 水化爲酒 儘絶寶也 試之果驗 才氣過人 外恭內倨 於人所所推服 素有足病 官至宰樞問藥人來 雖名卿達官 迎送不出戶外 及門 重峯至 扶起下庭 屈膝而拜曰 此爺 平生行事求之古人 亦罕其匹 卽 仁民愛物之心 雖謂之聖人可也

· 許浚

字淸源 自幼好學 博通經史 尤精醫學 號龜巖 御醫 以術至崇祿 著東醫寶鑑二十五卷 諺解痘瘡集要二卷 諺解二卷 胎産集一卷 辟溫新方一卷 救急方一卷 諺解一卷

· 楊仁壽

醫官 宣廟潛邸時 受史略于仁壽 及御極 命除六品東班職 臺啓改正 更命付上護軍 又以資級不準 以護軍司直 陞降受祿

· 金應鐸

太醫

· 李命源

太醫

· 鄭禮男

太醫 宣廟丙申年間 儒醫鄭碏 內醫楊禮壽 許浚 金應鐸 李命源 鄭禮男等 同撰醫書 値丁酉亂事遂寢

· 安光翼

宣祖朝 太醫

· 楊禮壽 [又見下]

幼時謁鄭湖陰 方讀陽節 潘氏歷代論 謂楊曰 爾亦志學耶 仍誨之一遍去其冊 使誦之 楊應口而誦 終篇不一錯 湖陰大驚曰 以爾之才 學文章 當傳我衣鉢矣 楊寒門人也 急於祿仕 遂應醫科爲名醫 其方用覇術治百病 速效如神 有一女子 産後發心疾 狂言亂說 常曰 有白衣幼女至 狂疾輒作 往問于楊 楊曰 非鬼祟也 兌象小女 肺尙白 是風邪入肺也 乃專治肺風疾得瘳 又有一人病瘡 閉戶密室 有物如柳絮 滿室而飛 落於身 鑽膚入成瘡 問之于楊 楊曰 是病不著於方書 必蟲氣如絮 挾鬼邪也 乃用殺蟲辟鬼之劑卽效 楊多口給有一人來言其病曰 乍寒乍熱 困惱思臥 乏氣多虛汗 日以漸劇 時春夏之交 日長食少 察其病 盖出於飢 楊曰新稻米精鑿作飯 包萵苣葉作丸如拳大 加炙蘇魚 每日午 呑下十五丸則 必愈 聞者絶倒

· 趙英璇

內醫 宣祖壬辰 四月二十九日 廷議決去 邠計 英璇 及政院吏 申德隣等

十餘人 叩闍大言 京城不可棄 『再造蕃邦志』

· 安德壽

以醫術著名 宣祖朝 老神名醫也 年老多病罕與人相接而 其診病命藥百無一差 雖難名痼疾 無不治 世稱楊禮壽 用覇道效速而多傷人 安德壽用王道效遲而不傷人 時論多歸安 有一人遇邪祟苦疾沈痛累月 德壽以藥療之 其證五變 其藥亦五變 皆見效 夜夢有一人謂德壽曰 吾與若人 有積世深讐 已告上帝 必殺之乃已 吾五變其證以避公藥 而公又五變其藥以療之 吾將不勝公矣 明日 當六變其證 公若更變新藥以治之 吾當移其讐於公與公爲祟矣 德壽覺而異之 頃之 其家來問其病 其證果六變矣 德壽以疾辭其人竟不救 李梧里大人咸川公 屢苦危疾 梧里每就德壽問藥 輒見效

· 孫士銘

御醫 以醫名一國 僉知 平生所全活不知爲幾百千 · 宣祖乙亥 仁順王后國恤 憲府劾醫官孫士銘 安德壽 對上言證候不重事至欺罔 下詔獄 子文恕世其業 聰明強記 博通醫書 發藥多效 世醫咸推之 嘗從通信士使赴日本見金鶴峯集

· 鄭楠壽

一作枏壽 醫官 癸亥反正日 光海往所親 安國信家 欲轉往他處 被楠壽所告 遂擁來入 處都摠府 有楠壽等所著六家集

· 李馨益 朴頵

二人俱以醫技 承眷于仁祖 馨益至於夜半獨爲入診而 僅至正三品散秩

額不過六品主簿

· 柳後聖

孝宗朝太醫

· 趙徵奎 又見下

孝宗朝太醫

· 申可貴

孝宗朝腫醫

· 崔有泰

孝宗朝人 鍼醫 爲國名醫 位至一品知事 屢經邑守

· 鄭後啓

崇禎己巳生 壽六十九 內醫 且通卜筮相人等雜技

· 白光炫

腫醫 歷縣令知事

· 金應三 金履亨

肅宗朝 醫官 崇祿歷牧使

· 方泰輿

父察訪 世謙 字聖得 肅宗乙酉生 具庠撰碣 官府使 壬午以內醫 侍銅闈

進丸劑蒙嚴旨 賴知申李彛章救解 歷典 痲田朔寧通津富平四邑 幷有惠政 性至孝

· 康命吉

御醫 正宗朝承命 撰濟衆新編

· 李元豊

正宗朝兒醫 裒輯 痲疹彙成

· 成後龍

俊耉 庶子 參奉 善醫

· 柳瑺

監司景緝庶子 字汝珍 兼仕參奉至主簿 辛酉一云癸亥 肅宗痘候 平復後 以保護功 超授嘉善 九典郡縣 賜田民 位至輔國 加設知事一窠 終身 常帶金玉兩圈 皆御手親賜 壽八十一 有六子

· 李景華

成川人 著廣濟秘笈四卷

· 金浩

義州 醫士也 有一女人 不得於其夫 一日忽 舌縮入喉間 不得語將死 浩乃以黃連六箋 官桂一箋 同煎 急服數匙 入口卽通言語 舌復出如常 浩謂心腎未交所致 連桂交於頃刻之間 故用之云

· 李公沂

明憲公坡 庶曾孫 御醫 扈聖功 韓溪君 贈判尹 名醫

· 鄭碩

秋潭 精於本草 善岐黃術

· 盲仲

適庵 能解醫譯 世目以才府

· 張□□

山人漢雄 父也 業瘡醫 嘗餌商陸 能役鬼 九十八出家 不知所終

· 金允誾

內醫主簿 明宗朝 承命與護軍柳之蕃 輯疽瘡易解方 諺翻

· 趙徵奎

孝宗朝 御醫 常昵侍禁中 奏技頗驗 孝廟常善視之 特除司僕主簿 爲人愚悖

· 柳藕

母有宿疴 推究醫術 手自製藥

· 姜應貞

涉獵醫術

· 鄭道傳

撰診脈圖

· 朱溪君

通醫術 不喜巫佛

· 柳成龍

抄錄醫學辨證指南 又撰針經要訣

· 金錫冑 柳命堅

善醫理

· 崔涉

居昌平維谷 鍼醫

· 鄭慶昌 李玄緻

善醫術

· 尹東里

父讀易齊 頤敎 字子美 乙酉生 壽八十

· 北窓

稗官雜記曰 精於醫術 嘗以其意 斟酌 劑消滯湯 治痢疾 試之甚效云 見巧事撮要

· 成浹

以儒醫 宣祖大漸時 入侍

· 昌城都正佖

通解醫術

· 李齊憲

丹厓 敬中後 妙於針法 世稱神醫

· 朴太初

星州儒醫 景宗癸卯 府軍職

· 金應立

嶺右賤人也 以神醫名而目不識丁 其術不診脈不論症 但觀刑察色而知其病祟 金山倅李銘子婦入門初咳嗽苦劇 李亦粗解醫理 雜試方藥 日就添苦 至於垂盡之境 問于應立對以未察顏色何以議藥 李銘慰其將死 從權招見 應立入門熟視曰 此乃易治之病 腸胃有生物之滯而然也 使買數箇溫湯鎔和而服之 曰必吐出矣 飮之未幾 吐一痰塊 剖而視之 內包一小茄子 小無傷敗 問于病人則 以爲十餘歲時 摘食茄子一箇 生呑 必是此物也 自是後病根永除 銘之侄女 婿有積痼之疾 百藥無效 問于應立 應立見之而 笑曰 不必服他藥 今當秋節葉落 無論某葉 擇其不傷朽者 數駄以大釜四五列置煎之 合煎至一椀 後無時服可也 依其言得效 又有一人病如角弓反張 應立見之 便撚紙作鍼 刺鼻孔作嚔 如是終日而病愈 其所病多類此 甚可異也

· 趙浚

國初 趙浚等 始置濟生院 裒集諸方 又採東人經驗方 分門類聚 名曰 鄕藥濟生集成方 附以馬牛醫方 頒諸中外

· 鄭磏 鄭碏

深知醫方

· 柳亮

忠景 公素諳醫方 嘗爲提調 上候未寧 公至藥房 手劑御藥以進 深蒙歎賞

· 安玹

左相 精於醫術 常領內外醫局 教以隨症用藥之禮 輒有神效

· 許葺

睿宗己丑文 典籍 郡守樞子 漢原尉趙璿女婿 精通醫理

· 南應深

字子貢 號松坡 業醫 又能詩 內醫院正

· 洪翰輔

校理萬遂孫 號癖菴 詞律甚工 善通軒岐術

· 李公胤

掌令敏徵子 承旨廷圭孫 粗解醫理 都事 景宗甲辰大恤 環聚亭凶言 乙

亥追律

· 申曼

舟村 於書 無所不通 雖僻書左道 一見覷破玄微 若黃岐之術 不甚用工 而 已透三昧 醫學精透 孫大規 傳其方 或有奇效

· 南彦經

東岡 旁通醫術 晩年患血病 調養中 亦通醫家術 適宣廟違豫 朝廷設進藥廳 公疏言 士不知醫 不足謂之通儒 仍陳受病之原 治療之策 遂進御所議藥 頗得其效 竟復常

· 全有亨

鶴松 僿說曰 全有亨 素曉醫方 至有撰著成書 以利後人於無窮 其活之功如何 而甲子不免非辜亂斬 人謂全 當壬辰亂 行道間 三屠死屍然後 其術益精通 然其橫死 亦坐此爲殃云

· 蘇泰元

參奉 四殷永福玄孫 精通醫術 性狷潔 與益山寒泉之儔稱美

· 宋汝翼

進士 通曉醫藥

· 朴雲

撰衛生方

· 鄭惟仁

撰頤生錄

· 救急方

世宗朝奉教撰 撰人 未詳

· 東人經驗方 二卷

撰人 不傳

· 李時聖

崇祿 差備待令 許坫 正憲 差備待令 李時弼 景宗壬寅 以向國凶言 配旋義 方震夔 正憲 差備待令 許信 鄭爾揆 以上六人藥醫

· 吳重卨

資憲 差備待令 李得英 嘉義 卞三彬 崔泰齡 差備待令 石柱泰 蔡光夏 以上六人 針醫

· 權聖徵

正憲 差備待令 景宗 癸卯祿官

· 河宗海

燕山朝 淫媟之臣 反正後 以醫長 特拜活人惠民提調

· 高世輔

燕山朝 淫媟之臣 慫慂不測 反正後 仍爲首醫 頗通十淸 中宗甲戌 授惠民活人提調

· 金興守

成宗朝 御醫 甲寅 許忠貞琮 病革 上命內醫金興守 專委治療

· 李循

奉事城庶子 參判彦忠孫也 內醫正 光海朝棄宦歸鄕 子誠立內醫正 女尙宮弟(佫+各)內醫正 崇政八十九

· 李燦

菊窓 少多病 治岐黃術 仁祖驛召 至郡除職 至司禦工正 壽八十

· 金壽烇

輔德義元玄孫 士人宗相庶子 御醫 崇政府使 子迪基文 孫鎭聲文 掌令

· 丁志泰

醫知事

· 李城

典醫監

· 金應崑

中宗 嘗患背腫 使御醫金應崑 進針甚痛楚之

· 金興壽

中宗朝良醫 以精術 官至知中樞

· 尹後益

仁廟朝針醫

· 崔宇量

仁廟朝針醫

· 尹東謙

居全州助村 以醫名世 有人舌上 忽生硬肉 如馬蹄釘 不言不食 痛不可狀 往問于尹 尹敎以急割取生犬生鷄足 各一爛搗成塊 開口含之 移時痛止 硬肉自拔 言與食如常

· 任瑞鳳

父道恒 國光五世孫 善醫術 景宗癸卯 孝陵參奉 戊申杖死 子應會 坐配南原 亦以善醫稱

· 金就成

眞樂堂 解醫技 多所濟活

· 安景沂

竹山人 同知 精通醫技

· 元義

居輪玉洞 孝子 中和齋姜應貞 母病三年不解帶 一日夢天神降于庭 謂曰 明日來客 必醫汝母病 及明果有一少年 名元義者 自云居輪玉洞 請投宿 姜留與語試問母病 少年果知醫藥者 以其方試之 十五日而病愈

· 吳謙

自以多疾 博涉醫方 常以簡精自樂 飮食起居 皆中節宣 享淸閒之福十有三年

· 趙晟

音律醫技 亦到其眞 少多疾病 因疾而邃於醫藥 活人亦衆

· 蔡世英

博覽經史天文醫藥 無不涉獵

· 成悌元

問學之暇 留意於山經地誌 醫卜之技

· 金河西

仁廟有不安節 公請同參議藥 藥房以非其職任 拒之 公至於發聲扣胸以請之

· 任彦國

湖南儒者 累擧不中 平生行己 頗爲鄕里所稱 以治腫名 禮曹議于大臣

啓請給驛召來 始至官 給月廩及賜寒衣 猶以朝夕 僕賃之難 特授衛職 試其技 多效其治腫之法 旣鍼之後 必燒鶩肉以傅之 請其由則曰 吾居鄕 見治馬瘡者 必燒鶩肉傅之 卽合吾意 人馬皆同故 試之有效 夫取法於醫馬而用之於醫人 未知其術果精耶

· 李耳

嶺南士人 亦精治腫 依任彦國例 召致京師而祿之 其術與任小異 必按經絡 而鍼之其穴 至十餘處 賴以得愈者 十之六七 盖其所精者 經絡之鍼也

· 任李二士之相繼 在京也 禮曹啓准選 年少醫官若干人 受其鍼法 別設治腫廳于都內中央京邸 使鍼醫 逐日常仕 凡病腫者 絡繹往治 畿甸人民則馱諸牛馬 以來得效者 不可勝紀 以其有功 輪付典醫監直長 職及開城府月令 五六年後 其技皆精 後進慕效 頗趨其業 後以朝議革罷 至萬曆甲戌 經筵官 以嶺南人陳慤誠 有治腫才 啓請 乘馹上來 授醫學校授 其設廳授業一如任李故事 中外士庶之得腫者 復有治療之效矣 幷出稗官雜記

· 成灠

深究醫理 其精粹微妙 非俗儒醫所及 濟活甚多

· 昌城君佖

尤於扁倉之術 深得其要 國家議藥未嘗不與焉

· 尹仁美

潛谷隨筆曰 尹生仁美 南方名醫也 嘗上洛路傍 主人內腫甚重 請對藥

尹見腫甚難治 謂曰 我之術不能治也 遂至洛留數月下去 謂其人必死而問之 則病已差 如平人 怪問何以治療 其人曰尊客去後 病尤重 恐益甚 兒輩採鷄腸而來 取而食之 胸中豁然整頓減 連食半月 病遂歇 今則如常 爲無病人矣

· 內醫院之設

專爲大內 必得良醫 可任其責 舊例 充其選者 皆自謂平民 雖有術業之最精者 若庶孼則斥之 中廟時 宋參判麟壽 遇朝廷大會 告曰內醫衙門 只爲上躬取其良醫而已 豈問其地 况雜官俱是一類 而大典內醫院條 又無分別平民庶孼之語 請通庶孼於本院 以收良醫之技 朝廷是之 令禮曺啓准施行 其後本院官欲狹其路 告於提調 凡未中醫科者 不許選補

· 楊禮壽

學於山人張漢雄 神於醫理 所謂醫經要覽 張氏醫方者此也

· 金應壽

馬醫 扈聖功臣 盆城君

· 安祉

扶安注叱盧浦士人也 善馬醫無與儔云

2. 卜者

· 於于野談曰 古人善卜筮者 非徒於人脩短陞沈 吉凶悔吝也 取驗若神 至於種草木造器皿 推究其終始 契合於悠久者 有之 昔有買一瓦枕者 常置書床 忽有客叩門請謁 倒屣迎之 討論古今 博洽慧敏 無比 知其爲物怪 欲執之 客驚走爲鼠 竄匿床下 遂擧瓦枕 投之不中 瓦枕中裂 其枕有文曰 某年某月某日某時 見異客破 高麗王入中國薨 乏棺材 或曰某僧舍柏樑 可合爲棺材 以他材易之 拔其樑而浴之 其樑有文曰 某年某月某日爲高麗王棺李濟臣爲書狀官 赴燕京 買一鏡于市 其奩 有文 銀字書之曰 某年號某甲子某月日造 後二百年 歸李氏 其鏡背貫紐處 銀字八分書李字 濟臣旣買 算其年 適爲符合 海州山寺 有沈香佛 自中原來 不知其幾百年 至萬曆年間或聞佛之中臟 有金銀諸寶 試發而視之 臟中無物 只杜沖葉以金字書之曰李珥 字叔獻 號栗谷 道名義菴 李栗谷相公珥 叔獻甫 少時爲僧 號義菴 中年自坡山 移居海州石潭者也 其年珥卒 車五山天輅 以此立傳 虛菴鄭希良遊全羅道 朝日 至友人書室 坐話 忽見叢竹中 長竹三竿 無風自戰 主人怪之問希良 希良曰 至午 必有官人 伐是竹而去 果至午 有官吏來謁 問其故曰官家有所需 覓長竿 敢請 主人使吏 自擇於叢竹中 吏自擇三竿而伐之卽其朝自戰之竹也 韓億齡 善卜之矇瞍也 有人家中 牝牛產犢 推其年月日時 誣以人命 令億齡占之 億齡曰 是命四歲 當具五刑而死 人雖至惡 豈有四歲犯五刑者乎 必六畜也 客大驚而服 後四年 家有婚事 宰其牛 充盤羞又有一人令家僮 種匏子 見雙甲茁地 以其年月日時成五柱 問金孝命 孝命瞽師中名卜者 曰是匏某月日時死 不及結子矣 其人笑而不信 識諸篋中 至夏月 匏蔓方長 會 天雨 屋漏 令家僮 升屋易瓦 失其手 一瓦落蔓上 中絶客驚悟 發其篋 視之 果其日矣 君子曰 是豈獨占之者能也 事之前定於未

形 天也 夫人謂事事可以力能營營乎 半夜而憂 不亦謬乎

· 禹倬

易東 精通易學 卜筮無不中

· 安愼

太祖朝卜

· 金鶴老

世宗朝卜 居河陽 以善卜稱 占南忠簡家 休咎盡驗 黃烈成守身 有寵於英廟 後忽蹭蹬 問于金鶴老 鶴老曰 公無憂 歲在乙酉 必拜相 果於乙酉大拜

· 洪繼灌

盲人 以神卜稱 都中有洪繼灌里 洪以善卜名 故仍以名焉 洪允成少時落拓不遇 取解入京 聞洪繼灌 造而推命 繼灌致敬曰 公 人臣極貴之命也 仍曰某年某時 公必判刑部 某之子 必以罪繫獄當死 幸公念我而活之 因謂其子曰 某時繫獄 只言某之子 可也 允成愕然不敢諾 未十年 果超授刑判 一日鞫大獄 一囚呼曰 囚是盲卜洪繼灌子也 願公活之 洪乃悟而釋之 尙成安公少時 使洪繼灌 推命編年 驗其禍福 一無差失 及至某歲月日云 以大限無幸 公以所經之盡驗 至是日 沐浴備遠具 以待矣 竟得無恙安過 於是心竊怪之 更問于洪卜 洪卜沈吟良久 進曰 公之壽限 果止於此 實非推數之錯誤也 嘗聞有陰德者 或得延壽云 公必致陰報而然也 後十五年而卒 洪後被斬

· 金智明

吉州盲人卜筮 奇中多驗

· 吳順亨

主簿 鄭虛菴嘗論一時算命者 皆妄庸耳 但服吳主簿順亨曰 此人推算必精實無實虛 但怯於世道 不盡其術耳

· 鄭虛菴

嘗推上中下三元人命 累成篇秩 細字如毫末 大如斗者 百餘卷 名金鏡數

· 金倫

少時遊關西妙香山等處 有一方外士名李千年者 從行遊歷諸名山 幾六七年 得授數術 以覲父母辭 還嶺東本家 仍推數斷人 吉凶禍福 百無一誤 千年與倫 期於己酉年 來江西縣九龍山待我云 手書贈詩曰 八十山中老三彭已掃除 人間應不夢 鶴伴竟無餘 雪榻蟾光冷 雲窓日影疏 誰知無累鑑萬古自淸虛 其侍奉小兒 年可十三四歲 亦手書贈詩曰 天地無家山水客 生涯一句意如如 苔痕山路白雲鎖 月影淸冷竹韻踈 又書一詩曰 碧山雲萬疊滄海闊無邊 爲問緣何事 歸心北闕懸 詩格高古 筆迹奇健 至於侍兒 詩才筆法 亦不凡 非尋常方士 明矣 倫嘗從行 見其師生年月時甚詳 及來京師有申判事景洸 好卜書 錄仕人達官五行 常自推卜驗之 虛菴五行 亦錄於其中 倫往訪景光 仍閱其書 至虛菴五行 忽大驚曰 是吾師李千年八字也 以此知虛菴之不死也 或云 潛竊虛菴三元明鑑數百卷而逃 歸賣卜 其驗如神其後經亂 散失其書 李光義 李華 梁大軸輩 或得謄書 而皆不滿帙云 虛菴一日夜 靜坐山房 與金倫談玄 忽有狐鳴於山外 聲甚急 虛菴嗟悼久之 向

山誦呪數聲 彈指數聲 翌朝 使倫往前山 尋其狐 吐血而斃 倫大驚 拜于庭曰 從先生久 傳數糟粕而 至於符呪神方 未聞梗槪 願學焉 虛菴曰 爾傳我數學 一生衣食 自有餘裕 何必學此爲 倫强請不已 虛菴曰 吾使爾未治其心 而先從于此 必有害人妨物者矣 終不敎焉 以紗妙卜名達九重 至授祿官不亦濫乎 嘗誤卜黃相國憲之命 不勝愧赧 下庭拜曰 此事闕 倫一生乞勿傳播 其誑欺取名之狀 擧此可知 『稗官雜記』

· 李賀

少時出家 居三角山 僧伽寺 居客室 意欲修察異僧 忽有弊袖老僧 狀貌淸奇 每中夜出外 如便旋然 盥嗽已 如屋後 向北二拜 心異之 知非常人 事之甚謹 如子事父 奴事主 未嘗須臾離 留僧伽客舍 許多日 一日先曉鼓 荷鉢而去 賀望望踵後 不使之知 終日直西而往 入天磨之知足菴 旣定 賀入而拜 老僧驚怪 問其來由 賀曰貧道願爲弟子 不敢離下風也 老僧深惡之 殫誠禮服 勤如前 累日而後 拜而請曰 貧道已知大師 必有異識靈覺 敢請承敎 老僧怫然作色曰 年少沙彌 何其妄也 吾有何異 屢請 輒牢拒責之 閱多月 虔誠不懈 請敎愈勤 老僧感其出於眞誠 乃敎以卜筮 賀粗解文字 性且慧 不勞而曉 每占一事 試其推決 斤正其善否 由粗就精 終至百無一謬 又請益以大數 老僧曰爾雖至此以往 衣食有贏 其他則吾不知之 在知足數月 乘夜 不告而去 賀起而要其踪跡 莫知所如 遂痛哭而返 自是後 遇事輒占 其合如契 名聲四揚 懷精者 旁午而至 遂解衲還俗 遨遊縉紳間 隣有書生失奴 問于賀 賀曰獨乘鈍馬 向南而行 必得 書生如其言 乘駑駘 不帶僮僕 獨往任所之 馬倦而不前 遂下馬入灌叢 折枝爲鞭 逃奴伏於灌叢下 遂與偕還 洪牧某遣騎邀之 旣至 與之飯 飯未已 忽投匙而驚曰 有事請亟歸 詰之則曰 吾命在今日午前 請歸死於家 仍拂袖而起 時州判官再三要之 固

留而與之酒 方夏月用燒酒 賀素嗜飮 連進五六器 於席上 吐血而死 或曰其師老僧卽鄭慮菴也

· 鄭興宗

豊德人 解五行推卜之術 於帖冊中 列書士大夫五柱 幷錄慈殿大殿五柱有先後分之說 陳復昌與之同鄉相知 發其事 明宗丙午夏 三省交鞫 辭連宜城尉子南沂等 幷被極刑 出東閣雜記

· 金孝明

卜者 鄭文翼公在謫 圵啓已允 而孝明曰 尙有十餘年福祿 保無他憂 果驗丘從直未第時 孝明推命曰 位至正一品 壽近八耋 極富貴也 後果驗 嘉靖壬午春 監試將揭榜 卜師金孝明占之曰今 年生員壯元乃草頭人 進士壯元乃木頭人 蔡無逸果爲生壯 而李璪爲進壯 『稗官雜記』 癸丑年別試 或問孝明曰今年科擧何如 答曰金姓當魁 李姓居末矣 乃榜出 金慶元李慶祐也

· 金致命

盲卜 尹元衡時人 元衡嘗爲蘭貞所産 使致命議婚于朴公啓賢 或誘或脅朴公不勝憤怒而憚於絶物 依違以答 未幾元衡見棄物論 削職黜外 時朴爲大憲 捉囚致命 斃于杖下

· 朴堅

李鰲城母夫人 方妊鰲城時 病羸甚 家人懼其不克解娩 投毒劑 欲其下胎而卒無他及 鰲城始生 右脇連肩背腐黝 不成肉理 二日不乳 三日不開眼五日不啼擧家憂之 瞽師朴堅至 鰲城大人正獻公 使推其命 堅遽賀曰兒當

富貴 第記取我言

· 安應時

龍川名卜 癸亥鄭遵爲灣尹 招問身命 應時大贊之 出謂人曰 鄭尹今年必從東門出 及反正 莅斬于東門外

· 南應敏

折衝 多技 能善占 少時窮甚 出家爲僧 旋還俗 占多奇中 又能望氣 仁祖奇之 時加除授安興僉使

· 金順命

卜者 崔遲川與延陽谿谷 同謁鰲城 時順命適在座 鰲相問曰 三人命數何如 順命笑曰 必以占人已顯之四柱瞞之耳 不然安有三政丞同坐一座乎

· 韓億齡

洪鶴谷之在娠也 億齡占之 得彩鳳飛雲之兆 賀曰來月必得濟世奇男 及彌月不解 又占之曰 天降貴人 必擇吉辰 翌日亥時最吉 及期果生 洪公之錫名 盖取其占辭云

· 咸忠獻

以卜名 宣祖己亥三司因公論交章 論劾大憲洪汝諄 汝諄削職 未幾汝諄蒙敍還朝 其黨反攻前日彈劾之人 斥逐殆盡 執義金藎國 司諫宋馹 掌令崔東立 持平朴慶業 校理朴彜敍 吏郎李必亨南以恭 幷削職 獨校理柳希奮以戚里得免 掌令慶暹 校理李德泂 修撰李必榮 幷補外 其時有人 以被譴諸

人命運 問于卜者咸忠獻 咸曰此皆宰相之命也 前途極遠 但其中一人壽限不足 其後十一人中九人皆至宰列 一人爲監司通政 是亦宰列也 獨李必亨蒙敍遽殞 壽止三十八歲 咸之言果驗 可謂神卜矣 出李竹泉集

· 張順命

仁祖誕降時 有異事 乙未十一月四日大院君夫人 胎動而難産 宣廟憂之召日者張順命 卜之曰 當於七日誕降 果彌日至七日 又召順命 敎曰果可産乎 對曰今日必誕降 上曰何時 對曰酉時 至酉初果誕 赤光滿室 異香擁鼻大院君遽焚芙蓉香 以亂其臭 宣祖大喜 命名曰 天胤也 旣冠之諱 亦宣祖所命 從人從宗 韻書無之 是盖宣廟有意於其間歟

· 趙陽來

仁同士人 善占多奇驗 同鄕有一武人 將赴擧 詣趙占吉凶 趙題占繇曰月明山路 虎狼可畏 君當虎囕 然又當捷科 世豈有死 而登科者耶 武人大懼 欲止行 趙曰 捷科無疑 可以登程 虎咥果難逃避 雖在家烏可免乎 武人然之 遂發行 行之兩日 至一無人之地 適日暮月上 忽有一敵當前 曳倒武人於地 扼其吭 據其胸 拔長劍以擬之 白刃斑斑如霜 命在頃刻 武人懇乞曰 汝之所欲者財也 凡吾衣服行資 及所騎馬 恣汝取去 吾非汝血讐也 願貸一命 賊曰 吾非貪財者也 苟非血怨深讐 豈至於此 武人曰 吾平生 未嘗有傷害人者 汝何云 深讐也 賊試思之 武人默念 良久曰 吾於年少時 怒一婢杖之而忽死 此外 未曾有由我死者 賊曰 我非賊也 是婢之子也 自母死後 爲人收養 及至長成 志未嘗一日忘讐 汝雖不知 吾之伺間久矣 天借吾便 今幸遇於此 此誠難得之會也 吾豈捨汝哉 遂引釖幾至頸 武人知不可免乃曰 任汝所爲 賊磨牙疾視 注釼三四 欲築 未築者再三 末乃擲于地 退伏

曰 今玆相釋 可以行矣 武人曰 汝旣讐我 則何爲 不殺而釋之 賊曰 仇讐私怨也 奴主名分也 私怨雖深 名分亦不可顧 且聞主殺吾母 後卽悔之 每於死日 設食以祭之 云 恩情亦不可忘也 主殺其婢 爲奴者何敢報也 顧此至慟蓄積 結在心曲 思欲一洒 今旣搤項 擬刃雖未相害 志可少伸 以奴淩主 厥罪難赦 今就死於主翁之前矣 武人餘怕未歇 毛髮俱爽 且聞其語 不覺驚歎曰 汝義人 何以死爲恩讎兩忘 吾當善視 偕我上京 同我甘苦可也 仍問其名 對曰 虎狼也 奴而犯主 唐突至此 何敢爲奴 請死于此 遂以其釼 自刎而死 武人錯愕 遂傾行資 收瘞山麓 上京果捷武科 趙生之玅驗如此 而虎狼之事 孝義卓立 亦可以傳後矣

· 尹名世

盲卜

· 林遇春

以堪輿名世 且工於破字占 一日 偶到武弁稠坐 一弁曰 余年前 往遊關西 有所眄妓矣 一別更無來會 請占之 乃書欝字以示之 解曰 與君爲從兄弟者 今夕遊於林中 必私此妓矣 座中怪問之 答曰 欝之爲字 夕到林間 四寸不良 必有以也 一座大駭 識其日子矣 時其人之姨從 出使西關 果於是夕 往遊某邑林亭 而狎其妓 追後 知其爲某弁之所眄 來謝之 人服其神玅

· 丁壽憲

術士也 尹志謫居羅州 推命於壽憲 壽憲使志書一字 志書字田字 解曰 物在口中 有思心斷 云云 又曰 左右防塞 王亦奈何 魚絶頭尾 終罹于羅 乙亥志就戮 文書中 有壽憲所記 壽憲亦以被誅

· 黃尙淸

星州盲卜 以善占名 道伯閔百祥 以其賣卜惑世 按治將置重科 黃請以卜贖罪 閔適以溺器 藏置衣裾中 使之覆射 黃呼寫一絶 以呈曰 若非漢儒冠 應是智伯頭 靑銅三百字 胡爲在其中 閔奇 其已知溺器 未曉下句語 開器視之 中有五十錢 盖幇子之誤置器中者 而計五十文 印字通爲三百 益奇其神驗特釋

· 金震發

沃川盲人 顯宗丙午 莊烈·仁宣兩大妃 進宴時 震發以笛工上京 人聞其善相馬 召以試之 震發以手捫馬 能知齒之老少 才之駑駿 無毫髮差 至卞其種曰 㺚馬雛也 濟州産也 驛馬也 鄕馬也 鑿鑿皆中 人異之 密以震發自騎者 解鞍易與轡 置之諸馬間 震發撫而笑曰 何瞞我乎 此吾馬也 傍觀者皆驚異 而亦疑其有神憑焉

· 郭玉

三和盲人 性聰敏 日往書堂 使人讀小學 端坐而聽 成誦無滯 能踐履事母 誠孝備至 又嘗學卜曰 易者卜之宗也 亦聽以知其理 誦其言也 聞歌笛轟嘲則喜 色見乎衣巾 抵掌快笑 眞盲之豪也歟

· 李獜命

卜者 嘗推延平·漢陰·朴慶新·尹暹命 以延平爲第一 漢陰次之 朴尹平平云 後果驗

· 宋詳

卜者 李撥兄弟四人 其季曰 漫 卜者宋詳 嘗以漫爲最吉 三兄爲極凶 後漫未成一名而夭 潑洁爲名士 汲以蔭補官人 皆以詳言爲誕妄 後至己丑獄三兄弟並殞非命 人始服其明驗

· 李和

張漢雄同時人 卜人有名

· 尹祈

艮補 善易筮 嘗出宰禮山 時有逸囚 公筮而迹之 果獲一境 稱神君 不敢欺 嘗預知有兵禍 避地楊口山中 丁酉倭寇 士民多罹鋒刃 公一家賴以晏如

· 池億千

盲卜 以善卜名 嘗推朴泌川命 言辛酉橫死之厄

· 金永昌

明宗朝國卜

· 永柔名卜

李陶菴縡 戊子以繡衣暗行關西 過永柔 遇一卜者 托以推奴之行 問休咎 使占之 占訖 示繇辭曰 踏盡關河萬疊山 少年王事也無閑 青春衣上如添 繡冠冕金門得得還 仍笑曰 決非推奴之行 勿誑我 李遂不答而去

· 金詷

新登生員 自南來居太學 妙於卜筮 鳴一世 有宗室一人 宋祀連之女婿也

家在南部里 聞詗名來 問休咎 詗不多說 只書贈曰 有懷伊人 一去西北 瞻望歔欷 風淸月白 宗室詰其由 詗笑而不答 是年秋 朝論大起 削祀連僞勳 伸安氏之寃 宗室之妻還爲安家婢 安家子女爲從婢隨轎後 自南部 西北向藏義里 宗室家該代納他婢 不許 宗室値秋風月白之時 瞻望垂泣 一如其言

· 詗後登第

觸罪將受刑于禁府 同囚盡拷掠 次及詗 詗密占之 至午應有恩宥 詗輒請如厠 故久不起 獄卒主督 至午果有命 特除刑獲免

· 一日

往省堂姨家 姨家家業素裕 有寒族送婢僕 起居于姨 詗與彼亦同戚也 婢言 小主今日解娩生女 詗問其何時生 詗黙筭之 謂堂姨曰 是兒雖女後必貴 姨家亦賴此兒 終受大福 願及此時 收育之 姨素知詗神卜 卽呼人 請養其女 其家喜而許之 及長爲柳相國塡婦人 詗之姨終身享 其養姨亦過稀壽死 死後數月柳相亦卒 詗繫獄時 李芑亦被金安老所中 因在囚中 詗推其命知其終爲相國 遂與結歡云

· 宋祀連

見陰陽數

· 李秀節

韓山人 秀彦族也 擧進士 精術數 出入金昌集之門 辛丑獄 與金令行等十九人 被謫 及宥還 過令行所居靑楓溪 歷言 某歲一番人 當復進 某歲被禍諸公 當復官 其言一一皆驗 英宗自在春邸 知其名 故特活之 且其孫陷

陋獄 特放

· 金生麗

貫茂朱 太宗朝文科 咸吉道巡撫使 刑議 精於數命 申二樂亭欲以朴挹翠爲婿 召公問之 對日 新郎文章早達 而二十六當凶死 不可與婚 請見處子四柱 見之曰 可婚也 閨秀二十二而夭 其時郎爲吏郎矣 遂成婚 後一如其言無差

· 尹守謙

文參判 善推數 己未深河之役 姜金兩帥降虜 尹以灵龜占之 繇辭曰 一點玉人去 雙鬟公主來 其後 景瑞病死於彼中 弘立丁卯淸人送還 未幾死於衿川『潛谷隨筆』

· 金德齡

自稱遁甲

· 朴大立

無患子 能役鬼

· 李土亭

見陰陽家

· 朴震龜

得異訣 精通河洛數 事物之理 吉凶之兆 無不通曉

· 權禱

陰陽家

· 林珀

卓識神悟 博通九流 前知來事

· 徐孤靑

少師土亭 又師花潭 有前知之術

· 李誼伯

居信川 學道善奇門

· 成揆憲

旁通九流 深於丹家三式之術 其前知以此云

· □□[1]

蘇都事自坡 將要道 遇一鹿 觸前而斃 以爲不祥 卜之 曰 吉 是必牝鹿方孕七子 烹而食之 必有符應 遂如其言 後果生六子一女 偕老五十四年子卽陽谷也

· 鄭夏圭

以卜筮得名 而於山占尤善 旣作卦 論其山形局無對 如在目中 以此其吉凶論斷 人莫不信 朴書權丁內艱求山 邀鄭將卜 以五十貫錢爲幣 取淨泉

1 □□ : 원문에 이름 없이 이야기만 전할 때 이와 같이 표시해두었다.

百度洗滌 儲于銅盤以進之云

· 朴燁

葯窓 天文地理奇偶術數之學 無不通曉

· 張雲起

術士 漢人也 自稱張道人 周遊嶺南 仁祖辛巳間 適到興海郡 時柳參判淰謫居是地 雲起見柳所書文字曰 此必柳筆也 不久當蒙恩宥 遂卽訪柳所寓曰 來十二月初五日蒙放 二十六日入京 以此書之壁上 不合則我當爲君家僕 及期果驗不差 自言初學術時 穿窖十餘丈 坐其中 十一朔而出 初入甚暗 久則自明 窖中微細之物 皆能見之 旣出後 烟霄雜氣 無不通見云『潛谷筆談』

· 陜川盲卜

仁祖壬午年間 成以性出身陜川 一日官廳庭中 有水湧出 高數尺 俄而客舍地坼數十丈 如凍坼之狀 而可容數指 極以爲怪 翌日坐衙 有盲人呈訴判已招問 汝解占否 曰 粗學之矣 問其事 使言吉凶 盲曰 已聞而占之 明年四月某日 西方兵起 東北又有大兵繼起 因以革代 以性責其妖妄 命亟出之至甲申 李自成起於山西 淸人入 毅宗殉社 日月不差『潛谷隨筆』

· 趙倫

術人 中宗留神雜術 如地理談命之類 皆被引接 錫以御衣 由是倫亦出入無常

· 李大任

生員 大義 宣廟朝人 兄弟推數 倡爲吉凶之說 齋中多士奔波 掌議禹伏龍 發論痛擊

· □□

成廟朝 有一術士 善解字 成廟在春邸 微行訪問 書示帛字 術士沈吟疑訝曰 皇冠帝裳 決非人臣相也 又書示問字 術士起拜曰 左君右君 非君而何 成廟還第 言其奇中 有竊聽者 往叩亦書帛者(字) 術士愕然曰 字爲白巾 子其丁憂乎 又書問字 術士曰 口在門裡 是乃懸口於他人之門 子將丐食 問者憤恨而退 果符其言

3. 孝子

· 吳浚

成廟朝人 興德縣 化龍里 士人也 事親至孝 親沒 葬於靈鷲山 結廬墓側 日啜白粥一器 哭泣之哀 聽者隕涕 祭奠常用玄酒 而有泉在山谷中 極淸甘 距廬約可五里 浚日必親汲以用 不以風雨寒暑少懈 一夕有聲發自山中 如雷轉 一山盡撼 朝視之 有泉湧出廬側 淸淨甘洌 一如谷泉 往視谷泉 已竭矣 遂取用庭泉 得免遠汲之勞 邑人名之曰 孝感泉 廬在深山中 虎豹之所窟宅 盜賊之所萃藪 家人甚憂之 過小祥一日 忽見一大虎 蹲坐廬前 浚戒之曰 汝欲害我 任如所爲 我無可避耳 虎低首掉尾 俯伏而跪 若致敬者然 浚怪之 又曰 旣不相害 何爲不去 虎卽出門外而不去 日以爲常 遂至擾順 若家畜犬豕 而每於朔望 必致一大鹿或山猪於廬前 以供祭需 周歲不廢 猛獸盜賊 由是屛跡 及浚闋服還家 虎始去 其他孝感異蹟 甚多 事聞旌閭賜帛 浚年六十五卒 贈僕正 享鄕祠 孝感泉至今尙在 邑人愛護 以石環築云

· 鄭玉良

宣廟朝人 三嘉陸洞 士人也 事母至孝 母嘗病 冬月思食生棗 不可得 玉良立庭 號泣終夜 翌日庭前 忽生棗樹七株 皆結白實 瑩然耀日 玉良摘而進之 母食 積痼之疾 忽得良已 孝感之事 一時宣傳 玉良後入仕 歷五邑 皆有治績 本里有書院 其棗樹餘根 至今留在 碑曰 鄭玉良 字昆寶 幼而雋異 才器高宏 博涉經史 謹守禮法 入孝出恭 爲世所重. 以行誼 屢入公辟 仕爲河陽縣監 政平訟理 毫無營私 遞任時 卜至八駄 至於街童巷婦 景慕淸白 及棄官歸 號稱耕齋 念慈母寡居 不離侍側 日加定省之禮 躬盡菽水之奉 母歿葬祭以禮 守廬三年 仍於家廟前 朝夕上食 又追生時棗茶之嗜 用奠不

怠 一日於冬月 茶盡未進 向廟號泣 朝起而視之 白棗七枚 忽生廟傍 數尺其長 結子滿枝 里報官家 圖上白棗 轉聞于朝 表旌孝閭 行著三綱之記 事在輿圖之中 監司洪牧撰碑

· 李宗禧

李墢小字 宗禧 全義縣人也 九歲値闔室遘癘 其父母婢僕 一時病臥 獨宗禧未痛 其父光國病已久而 以熱未退 氣窒者二日 全身闕冷無省覺 宗禧獨自遑遑 蹙起病婢 急進粥飮 將刀斫破四指 出血滿椀[2] 注其父口 幾至半椀微有氣息 宗禧驚喜 遂盡灌餘血 父始甦 其翌日 又昏窒如昨 宗禧號泣禱天 又亂斫衆指於几上 血乃大出 又進一器 忽聞空中有聲呼曰 宗禧 汝誠感天 冥府已延汝父之年 汝其勿憂 家衆莫不聞之 皆曰 聲音乃長湍尹公之聲也 尹公卽 宗禧外祖尹瑓 其死已久者也 其父自此漸蘇 其母亦獲瘳道伯李聖龍 聞而奇之 特爲給復 事聞旌閣 鶴山閑語曰 宗禧今年 三十二來居漢城阿峴 容貌端潔 莊雅士也

· 朴泰星

字景淑 英廟時人 三歲而孤事母孝 始補入內醫 力辭曰 生不識父顔 何可束帶立於世乎 及父歿之歲 乃衰経廬墓 哀毁如初喪 上墓輒攀號 有蒼鳥忘鳴 樹上有常處 三年如一日 墓在淸潭上 谷邃林密 虎豹每爲患 自孝子居廬 村民夜行 鷄犬安棲 人多就居廬側 事聞始有除職之議 以孝得官 非孝子之意 特命旌閭 新齋洪樂命撰傳 · 子受天 字聖守 家貧爲騎曺吏 孝事父母 其父自廬墓後 仍居靑潭上 靑潭距京城一舍 日日西退之暇 輒往省歸

---

2 『진휘속고』에는 '완腕'으로 기록되어 있으나 『석재고』의 원문 대조 및 해석상 완椀자의 오기로 보여 바로잡았다.

而卯進不後於人 如是爲常者 三十年 雖風雨寒暑不廢焉 事聞給復 孫允黙博學强記 以書名家

· 劉希慶

閭巷人也 父業同 祖通政 貫江華 字應吉 號村隱 又市隱 仁宗乙巳生 壽嘉義九十二 贈判尹 幼有至性 年三十父沒 負土以葬 因守不去 有隣僧哀之 作土宇其側 手煮粥勸之食 母久病 取所藉席 出惠化門外 手濯而曝之巖上 坐其傍讀書 見者異之 少學唐詩於朴思庵 又從南東岡 受朱子家禮博綜之禮 尤明於喪禮 公卿大夫有喪 必邀之 稱以祭服匠 國有喪議用質殺無能知其制者 乃召希慶定之 壬辰亂 涕泣糾義士 助天兵討賊 上嘉奬之昏朝戊午 爾瞻謀廢母后 脅都下民庶投疏 違者罪之 希慶獨不從 且素與爾瞻熟 卽絶之 嘗遇諸塗 爾瞻叱曰 若不訪我何也 對曰 小人有母 急於供養未暇造公門 及反正 大臣以其節聞 特命進秩 爲人恬靜 家在淨業院下流卽水涯累石爲臺 名之曰枕流 傍植桃柳數十株 每春時花開 嘯詠其中 爲詩閑澹如其人 思菴亟稱之 公卿咸造唱酬 世稱枕流臺詩帖 是也 永安尉最友善 日過松下 仁穆大妃聞之 輒馳賜御饌 後地入禁中爲都揔府 今爲摛文院其松尙存

· 李芝峯贈詩曰 唯追唐李杜 不學宋陳黃 雪屋琴書冷 梅牕笑語香 乃記實也 性澹雅 自少學詩禮 襄陽途中詩 山含雨氣水含煙 青草湖邊白鷺眠 路入海棠花下去 滿枝香雪落揮鞭 又 石帶苔紋老 山含雨氣青 竹葉朝傾露 松梢曉掛星等句 爲人所稱 壬辰亂後 不自聊 爲衛將所書員 扈衛中殿次遂安 時雪霽 溪山之勝 倍之 扈從諸臣 使希慶 賦之 其詩曰 扈衛遼陽(遂安古號)古郡城 風飄瓊屑灑林坰 村童莫嫌埋樵逕 天爲行宮作玉京 『於于野談』

金昌翕撰墓表曰 君名希慶 字應吉 村隱其號 所居枕流臺 有諸賢之賜與名 今其地入於都摠府 所植一松猶在云 爲人恬愨好古 少學唐詩於思菴朴公 受禮說於東崗南公 遂博綜三禮註疏及杜典 丘儀 以究■之學 凡所口講指畫 曲有据依 自國恤以至士喪 莫不待君而含斂 其未遍詣 則送麻裁服者 相接於枕流臺下 君一皆順應 閑則對松而哦 一時諸匠 咸造其巷 與共筆硯 要爲溟岳遊 未嘗以老疾辭 其襟韻如此 君生於嘉靖乙巳二月 歿於崇禎丙子二月 凡在輦轂下九十二年 於國家否泰平陂 所閱多矣 每値時變 輒有可觀之節 壬辰倭亂 義募市民 爲勤王擧 戊午 母后之廢 朝議督街居者老使投疏 不從則刑 君不爲撓 素善李爾瞻 至是 惡而絶跡 出遇見詰 答曰 小人有母 專於奉養 未暇踵公門云 君實有孝行 十三 喪父 葬之以禮 凍體負土 遂廬其下 母褻三十年帖席 夙夜于側 身自浣滌廁牏 而以其暇劬書 行篤而學敏 斯見其文質矣 君系出江華 祖道致 父業仝 盖皆卑微 配許氏 年亦踰九旬而歿 同葬道峯 有子五人 舜民 禹民 聖民 士民 逸民 內外曾玄二百餘人 君始以壬辰起義 受宣廟之褒 至癸亥反正而仁廟嘉其節 命爵嘉善 其得通政資 則以嘗贊肉食者 謀裕國需 是亦忠之致也 旣耋而例加嘉義 歿 用子逸民原從勳 贈君資憲大夫漢城府判尹 就其所生地 亦旣隆顯矣 然疏菴任公 高君之賢 而陋我邦制曰 蓬蓽綺紈 才孰長短 而流品是拘 尙德哉斯言也 余以先古有枕流之契 而在今日世道之感 竊愛夫小人有母之說是以 樂爲表闡 而忘其不文 遂書此 以與爲君孫者自勖云

柳夢寅撰傳曰 劉生名希慶 號村隱 長安寒微人也 無手業 所事惟詩禮 抵老不易他伎 雖窮餓猶恬如也 知生者 憐其老不易名 初托名都監 蒙例賞加折衝將軍階 年七十 常閑居余觀吾東方自箕子以來 外別貴賤殊甚 至季葉 尤重科擧 雖有宏才邃學奇僞之士 不幸出於賤孽則不令齒仕路 如地位不當繇文武科進者 于譯于醫 于陰陽算數 監天相地 皆有科以應時用 下此

則爲胥徒農工賈僕隸 各遂其生謀 故苟不宜赴大科者 各自書其書 其書非詩書 有業者儕類 目笑之以爲迂 中世有魚無迹, 朴繼姜, 鄭玉瑞。以辭章名 徐起 朴仁壽 權千同 孔億健 以學行稱 當時大夫士多假之顏色 不以賤隸視 毋論名實端窾 槩是百年間寡聞者也 若劉生 所處庳 不得應科第 則入他伎以圖生 乃其職也 嘗學詩 不事生産 與書吏白大鵬 酬唱若塤篪 一時搢紳諸彦 多獎譽之 始遊東湖讀書堂 見名官佳什 和其韻 相國思菴公朴淳大嘉賞之 仍敎以唐詩 俾成其才 時朝士尙理學 必繩以家禮 小學 洪可臣 徐仁元 許錇 安敏學之輩 許生以可敎 敎之家禮 於居家孝友 及冠婚喪祭 節目度數 無不盡詳 參以儀禮經傳 杜氏通典 丘氏儀節 悉用時人所不用之文 按圖籍先儒議論 畢究其終始 故士有喪 咸請生執禮經論五服之制仰生口以成禮 又嘗事親 殫其誠孝 居喪也 哀禮俱至 衆以此益敬之 名儒許筬 愛之特甚 當其使日本也 欲與白大鵬洎生偕 生以養老辭 獨以大鵬行逮壬辰之亂 巡邊使李鎰 以大鵬諳倭中事 强之同行 大鵬死軍中 生益孤猶不廢舊業 棲遑食貧 遇物 輒哦咏以自遣 長安之北村 有淨業院 地僻近山 有淸泉一條出巖洞間 買其地居之 手種桃杏四五樹 壘石爲小臺 日坐卧其上 名之曰枕流臺 仍有詩若干首 今之文士若車五山天輅 李芝峯睟光 申玄翁欽 金南窓玄成 洪鹿門慶臣 任踈菴叔英 曹峴南友仁 成雙泉汝學 或登其臺而賦之 或見其詩而和之 或聞其風而贈之 緫諸篇成一帙 悉以文鳴世者也 若余則與生識面 已四十年 始遊壯義洞之淸風溪 時李潑家住溪上愛生淸踈 引于其家 余與洪生永弼 遇生于永敬殿前 洪曰 子不識劉生乎此詩人也 吾伯叔父莫逆交也 子何見之晩也 洪伯叔 卽騷家哲匠天民 聖民也 余奇生爲人雅朗恭謹 通曉古禮 且能詩 指雨後靑山 呼韻使賦之 生應口對曰 石帶苔痕老 山含雨氣靑 余愛其淸麗 往來心曲 自是頗相欵 今者裒其卷徼余文 不過虛還者數矣 及得觀之 生之好文學 七十猶篤 於是乎知

爲君子人矣 余雖不佞 竊不自遜 妄期以不朽 其贈生也 不以詩序記而以傳者 欲使劉生志業 永有以傳之也 萬曆四十三年歲次乙卯 高興後人 寒泉默好翁 柳夢寅 書

· 素慕仰靜菴 且愛道峯山水 欲終老其間 要李澄爲作林莊圖 請諸所與遊者 以詩文道其意 後葬道峯下 以孝旌閭 有集二卷 喪禮抄一卷 能使朴燁失其猛 『柳下誌』

· 曺德健

書吏也 居彰義洞 有至行 與再從祖昆弟之親數十人 同室居之 埋小甕於堂下 約曰遇不可者而欲相戒飭 毋 煩言 但書之小紙投甕中 歲終輒合坐發視 各默自勉戒于心 不以語人 卽焚其紙 亦不使知爲某人所書 盖不煩言語戒責者 慮傷恩也 不使人知爲某書者 防蓄嫌也 此其爲同居不爭之道 而規飭之義 亦在其中矣 又於先墓下 別厝祭器貯之 臨祭極其誠敬 閭巷人慕其行 雖亡賴子弟 亦不敢呼其名 必曰'德健氏 其死在顯廟中年云

· 白胤耉

平山人 高麗侍中景臣後 字頤孟 号學古堂 堂受學于朴澹翁 家甚貧爲養親 爲兵曹書吏 甞曰後世無善俗 以事不師古也 遂自號學古堂 有詩文集三卷 行于世 雖仕曹史 手未嘗去書 以古人自期 精思力踐晝夜孜孜 事父母極其誠 男子終日侍坐 父子妻妹 各有位秩然也 嘗言 服聖人之言 行聖人之事 三代可復 王道可興 且爲仁而不明乎禮 不能安仁 學校古也可復之 科擧末也可廢之 井田行然後民產均 昭穆辨然後神人定 禁緇徒革奴婢 則軍丁裕 罷折受去免稅 則國用富 竭力事親 友愛兄弟 奉先 致誠敬 三月一上墓 輒

哭盡哀 斥巫卜絶嗜欲 嚴於辭受 英廟戊寅 纂喪禮補編 以胤耈知禮辟之 令給事左右而佐之 胤耈論三大禮 請白于上曰 昭穆之制也 被髮之謬也 嗣王冕服之疑也 諸臣重其事 不能用 又議節目數十條 多見採用 人或譏其爲吏者 卽曰 此古人所謂祿養 且隨事得自効報國 豈有貴賤乎 補編未訖而沒 年四十九 宗伯申晦 亞銓金致仁 白上言 白胤耈持母喪 鹽菜之外 無所食 每日仕退 服衰居苫 哭泣之哀 感動傍人 且精通疑禮 今纂喪禮 多採其言 上嗟異之 命旌閭 有三子曰 敬門 謙門 顯門 李德懋撰傳 有集一卷

· 林秀福

南陽靈興島人也 姜晉暉之避亂入島 覘其行 則事母極其孝敬 每晨入省安否 出入必拜 母病斷指卽愈 及沒 洗面沐髮 從容辭訣于母 臥而逝 時年三十 牛溪撰傳

· 朴承章

梁山驛吏 享梁山賢孝祠

· 羅有文

丹城正兵 燕山時短喪法嚴 人莫敢違 有文持母喪執禮甚謹 人皆勸脫喪而終不從

· 金貴千

私賤也 孝於父母 樂聞善行 聞趙靜菴之死 爲之心喪三月 常出入安瑭家與處謙獄 全家徙理山 流離道里之中 猶爲安家飮泣不食肉 妻孥詈之曰 顚沛至此 有何恩德 猶爲素食乎 貴千曰 如我賤人 何處不得生活乎 彼枉死

稚弱飄零 何所依賴 念及于此 何忍飮食 厥後或由本郡上京 必先訪處謙兩幼孤饋之 且左右抱持 飮泣終夕 久而不衰 嘗曰 安學諭忌日 設奠於幽靜處放聲痛哭 情猶未洩云云 後蒙宥還 後數年 以貿販往理山 客死 黃免記事

· 金昌九

幼有至性 齋沐露禱 以祈親壽 得延數紀 其他養生送死 遵禮意 事聞英廟 癸未命守臣 親書海東黔婁金昌九之閭 九字鐫揭其門 終身復戶

4. 忠臣

· 申德麟

承政院書吏 宣祖壬辰四月二十九日 庭議去邠之計 已定 內醫趙英璇與申德麟等十餘人 叩閤大呼 言京城不可棄

· 姜孝元

侍講院書吏也 晉州人 贈左戶旋忠 尤庵表死于瀋中 孝廟以其子在賤籍 命內需司 贖良 丁丑陪世子入瀋 鄭公雷卿 察其忠信可仗 欲除命壽 往復謀議之際 必與焉 及事泄 孝元不慴不諱 大罵宰臣之反復右命壽者 與鄭公同死

· 朴傑

尙州戶長 壬辰亂 與判官權吉同死 享尙州忠烈別祠

· 文德謙

東萊校生 貫南平 壬辰倭寇忽至 德謙不顧家 直詣鄕校 鄕校中虛無人 乃奉先聖位版 移安于淸遠樓 俄而教授盧蓋邦至 遂與之同死 奴檢山窃尸歸瘞 妻閔氏 子逢中先死之妻鄭氏 幷死道側 贈戶佐 享忠烈祠 嚴璹撰傳

· 金祥

東萊府民 壬辰亂 乘瓦屋擊賊戰之 贈東部參軍 享忠烈祠

· 宋伯

東萊戶長 壬辰戰亡 贈禮賓主簿 享忠烈祠

· 申汝櫓

庶孼也 宋東萊象賢傔人 申象村作傳 隨宋公在府 公以其有老母 恐被賊 遣還汝櫓 道聞釜山見陷 謂人曰 吾受公厚恩 臨亂愛死 非義也 遂詣公同死 贈中部參奉 享忠烈祠

· 梁朝漢

東萊府人 以儒歷訓導 壬辰殉 弟通漢 壬辰與兄同殉 敷河朝漢孫 辛未生 壽九十五 壬辰十二 被擄日本 己未得還 享大耋 行不用杖 飮不留瀝 但暫聾微有蠻音 任恬軒撰傳

· 姜忠老

洪原縣監宋諶 陪吏也 丁丑宋公力戰亡 忠老不忍去同死

· 愼德顯

父通政聖矩 字汝純 居昌縣吏 善草隸 英宗戊申亂 起復倡義 與從兄錫顯 戮力共濟 力辭勳名 贈工佐 享彰忠祠

· 愼錫顯

字達夫 德顯從兄 贈工佐 享彰忠祠

· 愼致根

字敬長 錫顯從侄 贈佐尹 享彰忠祠

· 愼光世

字世叔 贈參判 享彰忠祠

· 愼克終

贈工佐 享彰忠祠 以上 竝縣吏 俱死節

· 愼敦行

一作敦恒 山陰縣吏子也 幼就學于愼侍直 文才夙成 學行又高 年旣壯見士夫必拜於廳下 士夫爲之敬待 嘗擧鄕解 上京赴會試 將錄名 同事人書以幼學臣愼某 敦行見之不悅 亟改之曰 貢生臣, 人或詰其固執, 敦行曰 幼學 士夫所稱也 我鄕民也 安可不正其名 以欺吾君乎 其言行皆類此 治儒業 讀書修行 革帶布衣偉如也 家藏嶺南刊本書籍 無一遺漏 與咸陽權克中友善 克中亦家世微 經明行修 右道人士 稱愼處士 和易祥善 嘗退讓謙謙 權處士操守嚴潔 然誨人不倦 敦恒子千能 年踰弱冠 文藝夙就 嘗從李雅亭德懋遊 証其詩文藁 有詩曰 鵠與烏群便見親 鶴隨雞伴豈相嗔 爲君暫屈昻藏氣 近我無傷潔白身 蔡濟恭 作六愼事蹟碑

· 金澤 洪彦仁 洪信

以上三人 竝南陽府吏 丙子俱從府使尹忠簡棨 殉節竝贈職給復

· 金鐵賢

宣川軍保通引也 己未深河之役 隨金應河渡河 方金公倚柳射 一軍皆死 獨鐵賢守不去伏金公甲裡捧矢 矢盡曰 願與公同死 遂伏劍而死 朝廷復其子孫十世 立祠龍灣 畵金公像 亦畵鐵賢於其側 丙子亂虜賊焚其祠

· 金鉉

字和平 宣川通引也 與同郡桂汝杠 車載重 金大渾 崔熙允 李達彬等 三十餘人 俱立殣于柳下云

· 李士龍

星州砲手 癸丑生 仁祖庚辰錦州之役 從軍臨行 慷慨不食官犒 及與皇朝人交戰 獨發空砲 淸人覺而怒詰之 士龍曰 豈忍砲向天兵也 淸將脅之以刃 大呼不屈 遂被害 一軍嘖嘖曰 義士也 後有見山海關城頭石 大刻曰朝鮮義士李士龍 後賜祭錄孤 李玄錫 作傳

· 愛男

寧邊官奴也 南忠壯以興 以平安兵使兼本府府使 丁卯亂 馳入安州城 愛男始終不離 及城陷賊逼南公 公據火藥櫃麾使急退 愛男大哭不去 竟與同殉

· 張士珍

軍威校生 壬辰起義 射殺賊兵甚多 賊稱以張將軍 不敢入軍威界 爲賊所引誘伏兵起力戰矢盡死 贈水使 弟士珪 同起義戰死

· 愼弘男

壬辰倭亂 以正朝戶長 上京被選壯元 扈駕參從動 特教免鄕 宥及永世

· 愼大英

宣祖丁酉 以戶長入安義黃石山城 被陷沒

· 嚴興道

寧越戶長 贈戶參 享彰節祠愍忠小祠 丁丑端宗昇遐 人不敢收視 興道卽臨哭具棺 斂葬于郡北五里 諸族惧禍 怵止之 答曰爲善被禍 吾所甘心其後蕃昌 尹陽來表

· 金愁骨伊

金愁骨伊珍山御營軍 英宗戊申亂 都巡撫使之出師也 愁骨老而病且死主將愍之 强使歸 愁骨奮然曰 吾祖死於險川之役 踵吾祖而死王事 吾所願也 今以老且病歸 何以見吾祖於地下 涕泣不肯去 事平 上聞之 賜號忠義軍 其持母服也 勸之肉 終不聽 給復一結 差鄕將官

· 朴春鳳

英宗戊申 逆賊叛于安陰 入據咸陽郡 召郡倉吏朴春鳳 使之開倉出穀春鳳堅藏鑰匙而不納 賊脅之以兵 春鳳張目大叱曰 安陰鄭班 何與於王庫之穀乎 賊遂亂撲 六七日乃死 無人顯發 至今人心爲怫鬱

· 李震遇 趙重廉

二人 俱以淸州軍校 戊申亂 與金晋熙 募兵討賊

· 李雲龍

廣州貢生 一云 靖陵守僕 壬辰兩陵之變 雲龍衝冒險難 奔告于伊川行朝 又徒步至龍灣行在 朝廷嘉其忠憤 特除本陵參奉 及沒 特爲從葬于火巢外 無子孫 墓祀不得守護香火 自本陵改封定陵隸守護 又定寒食一祭之規

· 鄭信國 朴潛美

太學典僕 丙子亂 太學諸生皆奔迸四散 獨鄭朴二人 哭入聖廟 先奉西廡位版及祭器樂器 埋于明倫堂 後二人背負五聖十哲位版 進士羅以俊 具巾服陪入南漢 仁廟嘉賞列朝屢加褒獎 英宗丁未特命旌忠僕二人之閭

· 命吉 鳳伊

命吉 官奴 鳳伊 私奴 命吉卽南陽官奴 鳳伊卽忠簡公尹棨家奴也 丙子亂俱從尹公殉忠竝復戶

· 鐵壽

東萊官奴也 與府人邁同效忠於宋泉谷 竪碣壇墻外壇享竝祭

· 睦孝知 黃緻 辛克長

竝享寧越別壇 李檍公淸兵使李義培裨將 丁丑主將同死 贈職旌閭

· 張裨將

圻伯沈岱裨將 自西厓麾來從者也 壬辰從沈岱轉鬪至朔寧 賊垂夜至大呼曰 監司安在 張出而應曰 我乃監司也 賊斫其頸而去 追知其見欺 復跟逼 沈公遂遇害

5. 胥吏

· 鄭義孫

忠贊衛 朴自逸 安崇福 崔仁碩書吏 李仲進書吏 宋糞樂工 以上六人 己卯士禍作日 上疏伸捄 决杖

· 李守謙

承文院書員也 壬辰亂去邠時 守謙執柳相成龍馬鞚 告曰院中文書 當何以爲之 柳公令收拾其緊關者追來 守謙哭而去

· 鄭愛南

吏曹政吏也 光海時 金尙宮之母後夫劉夢玉 及其姪婿鄭夢弼 貪縱用事 朝臣之嗜利無恥者 多寅緣取高官 吏議李挺元 欲以夢弼擬襄陽 愛男以政吏進 曰襄陽雖降爲縣 其實府也 夢弼是小吏之弟正男之子 渠是白身 安可擬此 以傷國體乎 且本曺有相避之規 小人方爲政色吏 願用此例 挺元大慚沮 士論快之 夢弼官同知 癸亥斬

· 金貞立

書吏 庚申 許積禎等四五人 皆籍産 己巳 按籍還給 甲戌 又按己巳還給之籍 一一還徵 貞立大言于衆 曰朝家旣已還給 則典賣資生 乃其勢也 當從方今見 在物沒入 乃於六年之後 按籍徵收 有若賊贓者然 西人士大夫何無一人識道理耶 至欲陳疏 覓疏紙不得 乃止云

· 洪克臣

內需司書題 備局吏 社洞投筆 北漢疏

· 林俊元

內需司書員 京兆前 捨銀償債 李監察繪五老事蹟 記其事 明谷見而携去 圖仍留崔氏家 五老 卽洪克臣 林俊元 而三人失其名 其一 卽醫人 有召無貴賤輒往 行見病者 必下馬 問其疾 爲之敎藥 其一 少善角者 居廣通橋

· 朴成蕃

掌苑署奴也 嘗出入本署堂上尹任家 以是 乙巳受刑八次 終無一言而死

· 李遇芳

秋曹吏也 己卯 天旱時 副學金時粲 上銜島配 遇芳 乃上言放副學 天乃雨

· 洪東錫

趙相泰采傔人 而惠局吏也 辛壬年間 臺官發啓 極論趙金等四相 而故使東錫書啓本 東錫投筆不書 曰子不可以書其父之罪惡 傔從之於主公 有父子之義 義不可書 諸臺 怒而囚之 至於受刑數三次 而終不聽從 及趙相之謫耽羅也 東錫棄吏任隨往 未幾 後命至 而趙相之子觀彬 未及入來 金吾郎 不許遲待 促進藥椀 東錫在傍 不勝憤恨 乃蹴藥椀 而覆之 金吾郎 大怒而無奈 已而 觀彬至 趙相顧謂觀彬曰 東錫 汝可視以同氣 其後 東錫復爲惠吏 子孫世襲 至今出入趙氏門 通謁內外云

· 玄德明

捕盜軍官 庚子 以捕校詗捕陸玄 景宗 壬寅杖斃 丙午恤典 世稱秋霜義士

· 金士命

陪吏 中宗辛巳 安處謙獄 以名在名錄 訊問杖流

· 朴連中

金德粹妻李氏乳母之義子也 金大司成亡命時 與德粹等逃匿 及李信告連中驍健 故逮捕益急 後蒙赦 猶不出 金大成門人 非學徒而嘗居大成宗者也

· 裵純

豊基郡 良人 少居禮安冶 以爲業 聞退溪之行 心誠慕之 晩歲移居豊基及退溪喪 哀痛殊深 鑄鐵爲像 朝夕虔薦 茹素衣白三年

· 李承敏

全州保人也 孝宗庚寅上疏 論時政得失軍民積弊 上命政院招入 使讀其疏 讀之無礙滯 上奇其才 先免其役 尋除中部參奉

· 河大海

文義校生也 容儀俊特 膂力過人 讀書旁通 論議忼慨 許積罷相 歸鄕里河來謁 戴蔽陽笠 衣裳綻裂 泥塗在身 許相起而敬待 無所問答 少頃辭出許云 請以手中扇奉贈 河受而退 傍人恠問 許云 彼是異士 蔽陽笠 責余欺君 綻衣泥塗 警余在塗泥中耳 李監司彦紀之倅文義也 河来謁 拜於廳上拱立堦上 曰拜下 禮也 今拜于上 不已泰乎 李命陞堂 陞堂坐 便退於是 鄕

座首進曰 明府至誠賑民 今而後 其效乃著 問其故曰 河某異士也 平生跡不及官門 曾出遊時 當簽丁以其長子充額 妻孥逃避 河返而聞之 即携其二子 来訴云 如小民者避役 國家何處得軍丁 但長子身病 不堪應役 請以次子代定云云

· 申景輝

　忠定門下人也 當忠定死而暴屍也 以御營書吏 投呈自退 以戎服長劒護尸以歸 仍放酒死

6. 賤人

· 表廷俊

新昌人 家世素微賤 少業武登第 歷萬戶僉使 後至縣監 資性堅悍精敏與人甚恭謹 而遇事敢爲 於義益勇 少時隨金淸陰 航海朝天 一日遇海舶數十 若將圍逼 淸陰踞坐柁樓 指呼從人 從人皆讋伏 不敢動 廷俊獨挺身出抗聲 與舶上人問答 彼亦卒不敢犯而去 又嘗事朴承宗 及朴死 親戚皆亡匿無敢收其屍 廷俊獨匍匐往哭之 身爲棺斂而去 人以爲有扈輒胎習風云 壬午虜差來執淸陰北去 時淸陰被拘在義州 廷俊在京聞之 卽日乘傳 晝夜疾馳 三日而至灣 謁淸陰于壽星村 時虜差未及至 廷俊告之故 因請從往 淸陰義而不許曰 彼死地也 爾有老母在 奈何欲從我 廷俊慨然曰 小人誠有母然尙無恙 且不忍公獨入不測之地 遂留不去 二日 虜差始至 趣行 意氣恂恂 恐喝百端 癸未正月 虜執淸陰渡江 廷俊從之 旣至瀋陽 幽之北館 北館卽虜所處死囚者也 淸陰謂廷俊曰 吾死職耳 爾無與我俱死理 同入此無爲也 麾之使去 廷俊泣不肯曰 業已從公 今何忍棄公先歸 及門 門者拒之 廷俊力持淸陰腰不脫 遂得入 旣入 栫棘錮門 三日不通水火 已而稍寬 亦非人所堪也 廷俊少無悔戀 日夜與之同臥起 身服奴隷役 閱數月不少懈 及淸陰子弟至 始辭歸 猶戀戀不忍去 淸陰爲之賦詩以贈 亟稱其氣義 自是廷俊遂有名於世 廷俊爲人短小 髯長至腹 今年八十餘 尙强壯渥顔 健步翩翩若少年 嘗言在北館時 與虜譯命壽言 或抗言相爭 則命壽輒嘻笑罵曰 爾亦欲效淸陰者耶 其見畏慕如此云 農岩記其事

· 金貴連

金城民家也 以富名鄕里 爲人好施 厚資乞丐 來者甚衆 歲飢則爲廣堂

鴈序列之 側席坐其下 與之同食 以此千里襁至 每當炊 出覘來人幾何 乙丙之荒 人之往嶺東者 往往見木碑於道 權一衡爲邑宰 聞而奇之 送騎邀致 貴連惶惧 不敢騎 跨牛來謁 權公禮貌之 且親錄其名於公案 毋令私役 固辭不獲 道伯巡到本邑 召以營裨 抵死不承命 使吏掖之具儀禮謁 遂使乘馹前導 苦辭不肯 出東溪集

· 安龍福

東萊戰船櫓軍也 出入倭館 善倭語 肅宗癸酉[3]夏 漂泊鬱陵島 倭船七艘先到 倭先惹爭島之端 龍福與倭辨詰 倭怒執以歸拘五浪島 龍福謂島主曰 鬱陵島于山 本屬朝鮮 朝鮮近而日本遠 何故拘我不歸 島主乃送之伯耆州 伯耆島主 待以賓禮 賚粮許多 不受 島主問其所欲 龍福又言其故 禁止侵擾 以厚交隣 是吾願也 島主許之 稟于江戶 成契券 與之遂還 行到長碕島 島主登馬島 奪券送之馬島 馬島主囚之 問于江戶 江戶復爲書契 勿侵两島 且令護送 馬島主復奪其書券 囚五十日 押送東萊倭舘 又留之四十日 送之東萊府 龍福悉訴于府伯 府伯不以聞 以犯越刑之 後二年 乙亥夏 龍福憤鬱不已 誘販僧五人棹工四人 復至鬱陵 我國三南船先泊 漁採斫竹 有倭船適至 龍福令諸人縛執 諸人懼不從 倭云我等漁採松島 偶至此 卽去 龍福曰松島[4] 本我于山島 明日進至于山島 倭擧帆走 龍福追之 漂泊玉岐島 轉至伯耆州 島主欵迎 龍福自稱欝陵搜捕將 乘轎入 與島主抗禮 言前事甚詳 云我國歲輸米一石 必爲十五斗 綿布一匹 三十五尺 紙一卷二十丈 馬島偷

3 『진휘속고』 원문에는 '癸丑'으로 되어 있으나, 숙종 재위 기간동안 '계축'에 해당하는 해는 존재하지 않는다. 이익의 『성호사설』을 비롯하여 원중거의 『화국지』 등에 모두 '계유'로 되어 있는바, 계축은 계유의 오기로 보여 바로 잡았다.

4 『진휘속고』에는 松島 두 글자가 누락되어 있으나 『성호사설』 등 기타 자료들을 참조하여 추가했다.

損 謂米石七斗 布匹二十尺 截紙爲三卷 吾將欲直達于關伯 治欺罔之罪 同行有稍解文字者 製疏 示島主 馬島主父聞之 乞憐於伯耆州 事遂已 慰諭送還曰 爭地事 悉如汝言 有不如約者 當重罰之 秋八月 還泊襄陽府 監司狀聞 拿致龍福于京 朝議以犯越挑釁 將斬之 大臣尹趾完南九萬力言 緩其死 使萊府送書馬島 責其奪取公文之失 島主果自服 歸罪於前島主 不復往來欝陵 朝廷乃減龍福死 配遠地云

· 梁敷河

東萊人 壬辰亂 被俘留島中 二十七年而歸 至九十五而歿 任恬軒作傳傳畧云

敷河 年十二 被虜 以良家子 獻于關白 秀吉命譯敎習倭語 三月而盡曉 秀吉知其非賤 狎以愛之 常置左右 及秀吉死 屬於輝元 乃說輝元 請還國 輝元許之 亦與路帖 敷河行 収男婦八十餘人 雇船來泊馬島 因說島主 得歸 時年三十九 歸言沈遊擊 以毒火藥 紿餌秀吉 秀吉因此 病死之由

· 漂海商

嘉靖壬戌 湖陰鄭公之隣人業海商者 飄風泊于浙江寧波府 地府憑驗號牌 刷送于北京 道經龔天使家 龔時以國子祭酒 致仕家居 聞朝鮮人來到 請于譯官 緩程與言 商人道湖陰世系 與歷官之次 龔大驚 引與歸家 出妻子相視 爲書於湖陰 令傳之 且厚饋以送 龔之服湖陰如此

· 趙完璧

晉州人 丁酉被擄入倭 隨商舶入安南 安南距日本 海路三萬餘里云

· 宋將軍

光州傭也 失其名 孝廟下令 求力士於國中 擧千斤者方中格 宋傭應募入官庭 指庭畔石 曰彼可千斤耶 卽擧之甚易 遂以中格上聞 上促召之 命侍衛武士角力 皆能抗 且賜食甚豊 啖立盡 上益奇之 卽冠于前 且賜宮人爲婚 賜第金虎門外 刀釼韡袍之屬 皆從內府出 甚寵愛之 已而 試邊上小鎭 使習邊塞事 上每念而賜與 馳驛相屬 及上薨 宋猝聞諱音 悲哀慟寃 棄印符 馳至闕下痛哭 入其家 其妻感上恩 已自縊死 節度使又以其棄鎭擅行請梟首 顯廟憐而救之 宋無所依着 轉客龍仁地 邑人見其軀幹 壯大如驅虎呼之以宋將軍 爲酒食 必邀與共食 觀其啖 以爲笑樂 宋每値寧陵諱辰 輒食素 終日痛哭 常着孝宗所賜錦半臂 年久盡弊 獨存銀釦 常有涕淚痕 人勸賣以自食 則不肯也

· 皮匠

有隱君子 匿迹於皮匠之中 靜菴知其賢 就而問學 時或共宿 皮匠曰公之才 足以經濟一世 然得君而後 可爲也 方今主上 但以名用公 實不知公也 萬一有小人間之 則公必不免矣 勸之仕 不應 終不言其姓名

· 康翎田夫

中宗壬午 適天旱 康翎縣有三人 在田鋤禾 其一人 曰旱勢如此 今年亦必不稔 近歲聞 趙宰相光祖 極淸簡 百僚敬畏 各道州郡 絶無折簡 以此鄕里中 亦無叫呼之吏 今聞被竄而死 天災恐由於此 同耘一人 走京告之 卽拏來拷訊 竟被極典 同鋤一人 以不告坐罪 賞告者綿布 『稗官雜記』

· 朴成蕃

掌苑署奴也 字茂叔 善養花木 尹任甚愛之 乙巳辭連 李德應 刑訊不服 親鞫之際 德應引服 成蕃 曰汝出入侍從 吾嘗以爲可用之人 今所行如此 可惡之甚也 且何以見尹任於地下乎 與鄭希登 同坐鞫庭 家人饋以生梨 德應欲食一箇 成蕃叱斥不與 更以數顆盛楪 獻于鄭公 曰臨死不亂 景仰欽服 有此獻也 又曰與公同死 死亦榮矣 竟不服而死 又叱李德應 曰誣招出口 闔門屠戮 至使士類 一網打盡 皆由汝誣也 成蕃雖賤類 而其疾惡慕善如此

· 鶴老

宗室賤産 弘文館奴也 解學問 交遊文士 坐此己卯士禍 決杖一百贖流 辛巳誅

· 鶴年

宗室宿娼之子 而未贖身者 上言移屬爲弘文館奴 己卯與巴陵君 請王子諸君 戮力救解 坐此決杖贖流 辛巳誅

· 禹六不

趙豊原傔人也 爲人質直嗜酒 嘗見忤於一武宰 被囚捕廳 將欲杖殺 賴趙公救出得免 及趙公喪 後仍事春相 多所規諫 後病酒死

· 吉三峰

天安官奴 勇猛絶倫 爲獷賊 軍官每襲捕 輒逃脫 名聞國內 多力如盘之石 以手攻破

· 朴國只

醴泉軍士 戊申亂守鳥嶺 國只病瘡 破腫垂死, 郡守許令 歸家調治 國只謂當死所守之地 不去 仍不起 蒙恤典

· 王太

金虎門外 酒家傭也 好讀書 能屬詩而 貧不自存 正廟聞之 召入試以詩 太能製進 下詢其所願 對以願讀綱目· 詩書及諸子 上異之 命付壯勇營軍案 給月料 仍使讀書 出『日得錄』

· 金良

良人也 少見知於崔守愚 崔眼高一世 於士大夫少許可 而獨可良 其爲人可知也已 及崔殞於獄中 時法網甚密 士大夫皆傷其冤 而無敢收視者 獨良取其屍 斂之 凜然有古義士風 於是乎崔亦可謂知人者哉 良九十餘 以老秩知事終 有一女 卽木齋洪汝河庶母之母也 故木齋得其詳而爲之傳焉

7. 傔人

· 安守旭

雲谷傔也 自幼給事左右 厚被薰炙 爲人良直 曉事以勤勞 得差惠廳吏 及雲谷喪後 遞奪職名 禍色日熾 時洪相鳳漢 以首揆 兼管惠廳 家人日囑曰 安吏乃逆家傔也 盍汰之 洪心然之 會守旭賫公簿來 禀四者畢 洪問其姓名 又問 汝是誰家人而得吏 對曰 厚蒙確橋故李相大爺深恩 服役本廳矣 洪闢窓大喝曰 爾何敢稱相位耶 守旭 昂然不少屈 洪相改容曰 義人也 吾薄試之矣 且命近前曰 汝以事確橋者 能事吾乎 對曰 敢不惟命 乃令永除本仕 管摠家務 箚疏書牘 一以咨之 日用施措 多與商確 應對敏給 無不中窺(規) 兼於庄獲錢穀 一出一納 上下受裕 動令適宜 上下諸人 俱得歡心 洪公嘗問雲谷居家之事 對曰 故主 雖在夜深燕寢之際 若小報至 則使小的隔窓而讀 如有傳曰二字則亟令停之 必整衣加冠 跪坐而後 始令更讀 俯首而聽 服事五十年 未見一日少懈 其他未知也 洪相每與客語 及雲谷 必去姓斥呼 其子姪 亦皆如是 守旭曰 吾今日忍聞此不忍聞之言 若媒寵而恬聽則是狗彘不若也 乃乞辭退 洪相不許 而守旭辭之益堅 洪公 乃使諸子及門客 不復去姓斥呼 但道確橋 守旭之見待洪氏之門 如此 一日洪相 早朝晏退 命守旭脫朝衣 汗透袍背 淋漓欲滴 回顧守旭曰 今日筵對 吾殫盡心力矣 守旭嘿然無應 洪相更曰 俄者聖教 反復丁寧 不知爲幾十条 有難更錄者 雖使雲谷復生 未必勝於吾之所對也 守旭曰 故主平日 謹守不言溫室樹之義 未嘗以筵中事說與子弟 雖鵝谷梧川兩大爺 亦未得參聞 不圖大爺 將此莫重莫愼之事 備道于么麽賤傔 不勝慨然 洪公 嘿然自悔 不豫者屢日 乃謂守旭曰 汝在吾左右 慣見吾不是處 我夙夜兢懼 或見過于汝 汝可歸家時時來省也 洪相之眷愛 久而不少替 及洪家寢衰 門客傔從 雲散霧空 而

守旭獨守不去 誠勤倍於前日 一世皆義之 至今其子孫 尙襲倉氏云

· 金完喆

李相國溦 家傔也 嘗隨公嶺營任所 公閱簿有剖決 則必侍立背後 或有誤判 輒規之 判已乃退 或終日立脛 浮腫而不少懈 公入爲相 嘗扈駕昌陵將還 索茶不得 怒汰惠局掌食吏 以完喆代之 惠局有飯果法 三公出外 必供之 供已乃退 退後 雖欲食不復討 乃例也 完喆至衙 得詢其由 還見公辭退 公怪問之 曰 索茶於命退之後 是爲小人故 公端委廊廟之上 事近罔民將何望於公乎 公愧謝乃復其吏 嘗與人同上北漢白雲臺 將下 同上一人 目眩股栗 不能下 完喆乃負而下 如平地 亦甚異矣『壺山外史』

· 千興喆

金相國熤 家傔也 美姿好遊俠 流浪於紅粉之中 尙慕節 報睚眦 有古俠客之風 雖窮乏 未嘗取人一物 人不敢侮之矣

· 善對驛吏

柳西厓爲都體察使 時有列邑移文事 文旣成 屬驛吏 使之行移 過三日復收其文 將欲追改也 驛吏持文而入 西厓詰之曰 受書三日 爾何尙不分列邑 對曰 俗談朝鮮公事三日 小人已揣其三日後復推入 故姑未頒之矣 西厓初欲罪之 仍思之曰 是言 可以警俗 吾過矣 吾過矣 遂改其文而頒之 不之罪焉

8. 功臣

· 李陽生

庶孼賤人 初嘗以織造屨資生 入壯勇隊 從征李施愛 有功封君 目不知書 然性純謹樂易 過舊肆 見微時所交 必下馬論懷而後去 其妻成慵齋叔姑家婢 年老麁陋 且無子 人有勸改娶者 答曰 吾少時所與共貧困 而一朝棄之 不可 且以賤人而娶良家女 有害於義 吾嫡兄 微弱不振 不如以其子爲後 賴吾功蔭 庶幾大吾宗也 善搏虎 見人顔色 必辨盜賊 十不一失 朝廷每有捕虎捕盜之事 委以任之 出慵齋叢話

· 李斗堅

卑賤 寧社功 完恩君

· 李碩龍

尼山縣吏 告柳濯等變 策寧國功慶陽君

· 趙球

安岳校生 嘗稱汝立弟子 多聚徒衆飮醵 踪跡殊常 郡守李軸 掩捕問狀 球知不可諱 盡以汝立逆狀發告 策平難功金陵君

· 吳連

扶餘正兵 扈聖功 石城君

· 高彦伯

喬桐鄕吏 從軍擊胡有名 壬辰從都元帥爲將領 有斬級功 特加折衝 授楊州牧使 使保護陵寢 賊嘗犯泰陵 彦伯逐之 諸陵獲全 後官至慶尙左兵使宣武功 濟興君 戊申臨海獄 辭連杖死

· 盧永孫

本賤卒 一云庶孼 中宗丁卯上變告 李顆逆謀 策定難之功 資憲光原君

· 趙得琳

世祖蒼頭 佐翼 翊戴功 巴山君

· 吳致雲

牽馬衛 扈聖功 碧城君

· 金龍

牽馬衛 扈聖功 石陵君

· 金應壽

馬醫 扈聖功 盆城君

· 慶宗智

司謁 扈聖功 琅城君

· 徐敬生 峯城君 金孝江 長川君 李存命 陜川君 柳漢 星川君 李存 成川君 竝翊戴功宦者 鄭允謙 淸溪君 元衡妾父 康允凞 信川君袞庶子 文致 平

原君 以上[5]宦 金繼恭 加平君 金叔孫 興安君 金銀 公山君 任元山 保安君 以上靖國功 洪彦純 唐城君 譯官 光國功 金起文 眞城君 崔彦純 月城君 閔希騫 呂驪原君 許浚 陽平君 以上宦 金應壽 馬醫 盆城君 楊舜民 禁軍 洪陵君 李公沂 韓溪君 醫 以上扈聖功 金重萬 將校 彦城君陽■■

5 『진휘속고』 원문에는 이하以下로 되어 있으나 이상以上의 오기로 보여 바로잡았다.

9. 詩人

· 孫萬戶

許荷谷 奉使關北 到豊山驛見題壁詩曰 世上無人識俊才 黃金誰爲築高臺 邊霜染盡靑靑鬢 匹馬陰山十往來 辭氣感慨 甚佳作也 問之郵卒 曰 兵營裨將孫萬戶所題也

· 武人

失名氏 悼樵奴詩曰 前溪久斷驅牛影 蘆管誰吹不忍聞 樵路蟹梁風雨夜 此中疑有往來魂

· 李孝則

玄風鄕所也 魚無跡嘗往嶺南 到鳥嶺 下馬憩樹下 時秋景政佳 苦吟覓句 良久未就 適有一行客 衣藍縷騎款段 亦爲同歇 見許沈吟 請借紙筆 卽書一絶曰 秋風黃葉落紛紛 主紇山前半沒雲 二十四橋嗚咽水 一年三度客中聞 魚見之大警 遂閣筆而去 其人卽 李孝則

· 金忠烈

弘文館吏 號玉壺子 字而彦 稍解詩律 江陵人 光海時 金尙宮憤懷上疏云 赫赫宗周褒姒滅之 我朝三百年宗社 將滅於金尙宮之手 臣竊爲殿下痛哭云云不報 · 子寶鼎 爲掖庭司鑰 顯宗丙午 扈駕溫泉 登武科

· 朴鵬逵

吏曹書吏之子也 早孤 有志於學 嘗假病藥之說 以自箴 有自命藥矯氣

反性丸之文

· 朴繼姜

市人 號市隱 詩入國朝詩刪 稗官雜記曰 市人朴繼姜 有能詩聲 中廟改玉後 陪名士遊彰義門外 得句曰 乾坤新雨露 詩酒舊山川 諸公嘆美不已 姜木溪嘗與同登木覓山 呼韻使賦詩 卽口占曰 扶筇登眺渺茫間 萬頃滄波萬點山 口腹於吾眞一祟 不將身世老江干 木溪驚服 乃作市隱先生傳 以市人而其詩如此 亦東國之所罕有也 沖菴贈朴繼姜一絶曰 看渠詩思入湖山 剛壓[6]紅塵十丈頑 大隱從來非曲徑 市中壺日亦仙伴

· 金鼎來

南藥泉 陪吏 嘗爲謁南公 往琶潭 路中値雨 詩曰 蕭蕭寒雨裡 孤客渡長川 路滑人登岸 橋崩馬踏田

· 金富賢

侍講院書吏 字禮卿 號巷東 崔奇男外孫 閭巷之詩最爲首 金三淵見而異之 與之論詩 詩多驚句 或云司導寺書員 與洪世泰爲詩伴

· 姜就周

寒賤人 少爲閭里俠 馳逐幽隱 終以折脚爲廢人 晩業詩歌 遊歡士夫間 家縫毛衣以資食 不辱也 爲人慷慨悲爽 好氣義有風流 以一足拳[7]行 扶木

---

6 진휘속고에는 염厭자로 되어 있으나, 『패관잡기』의 원문 대조 및 해석상 압壓자의 오기로 보여 바로잡았다.

7 『이향견문록』에는 '卷'으로 되어 있다.

跳躍 故趙東岡 號爲鷺洲 平居不讀書 其詩 獨發自天機 其得意句 頗淸孤有響 蓋亦劉白之間也 嘗爲南士洪舜衍 同賦根字韻 就周先唱曰 謫仙飄逸詩無敵 方朔詼[8]諧語不根 洪時負能詩聲 而屈膝稱服 又有北關路中作 人隨豆滿江灘遠 馬入摩天嶺路遲 尤稱其 缺岸柴扉春半掩 落花流水自桃源詩入海東遺珠 善敎人 從而受業者甚衆 趙豊原趙東溪 亦嘗受業 趙東谿贊曰 余視就周爲人也 黧顔顴頭古怪 而風味蕭然 不必發諸口 而其貌無非詩者 善談論 其聲瀏亮 每搖頭誦詩 妙有節奏 如絲管遺響 至今風月之夜 未嘗不思也

· 吳一明

字士咸 門地側陋 眉目如畵 文辭富贍 聰明絶人 讀書 人纔一行而已五行 幼時讀孟子二遍而成誦 長後讀七遍而遂不忘 早死無成 與趙東溪肄擧業 長趙四五歲

· 李啓賢

賤人 少爲僧 後長髮 服事南春城以雄 多才能文 有口給善應對 又能掣劍爲燕市悲歌 聞者 慷慨髮竪涕下 善堪輿術 嘗有詩曰 庭畔小桃花落盡子規啼送暮春聲

· 朴昌元

密陽人 字善長 號澹翁 生於閭巷 父嘉善興俊 能詩文 有集一卷 形貌古奇 志操狷介 簡黙養靜 少時從三復齋李東彦遊 甚見親愛 早喪父母 貧無以資生 嘗傭書朝報以爲食 天稟絶俗 一切聲色 嗜好泊如也 記聽過人 一

---

8 『이향견문록』에는 ‘談’으로 되어 있다.

覽不忘 博涉經傳 尤長於易 至於星曆音律地理醫卜之說 亦皆旁通 又嘗自言其死年 詩語淸澹逼唐調 或以詩人目之 又善筆法 肅宗癸亥生 癸丑沒七十一 墓楊根神穴里津寬寺側 有集一卷 紫山李在徽撰傳 嘗作歷代歌曰 羲農黃帝爲三皇 五帝昊頊嚳唐虞 夏十七世歷四百 殷卄八世六百餘 西周十四東卄四 歷年八百七十强 三王之後有五霸 秦爲閏位二世亡 高惠文景武昭宣 元成哀平至孺子 是爲西漢都長安 傳國二百十四禩 光武誅莽宅洛陽 明章和殤安順繼 冲質桓靈至于獻 繼統傳國百九十六歲 蜀漢兩君四十三 吳魏僭號四五世 西晉武惠止懷愍 元明成康金陵住 穆哀奕簡孝安泰恭 享祚一百五十五 神州陸沉五胡擾 宋齊梁陳南朝是 三魏齊周爲北朝 隋文統一煬恭止 唐高太宗起晉陽 逮夫高中武簒基 睿玄肅代德順憲 穆敬文武宣懿僖 昭哀之世唐業迄 三百八十九年支 五季梁唐晉漢周 神器六旬五遷之 宋興于汴藝太眞 仁英神哲止徽欽 高孝光寧理度恭 迄于端昺南都臨 三百卄載屬胡元 八十九年長夜沉 大明中天高帝興 建文太宗仁與宣 英景英憲孝武世 穆神光熹聖相傳 毅殉社稷三帝承 大統二百九四綿 盖自包犧止永曆 辛丑 五千一百十八年

· 趙啓沃

似是弘文館書吏 直學柳眉巖贈詩曰 秋水精神眼目多 抽書萬卷不懸牙 莫道金閨無玩好 十年長對解文花 啓沃聰敏 能搜索故事 人物又淸秀 館員愛之 號爲解文花 余故臨歸 賦詩以贈

· 金壽

錄事 號芹谷 能詩 雖淺俚 而淳茂力完 可想其爲人 以能文 遊事公卿文儒間 先輩 名公多愛之 門人申同知壽芳 收聚遺詩寫 成一冊 與洪柳下 並

時而文名 惜其未著

· 朴性源

密陽人 本地寒微 閭巷人 字士濬進士 號圃菴 從遊士君子 能知禮學兼解音韻 著正音通釋一卷 本音華音正韻 正廟改賜名 祭禮抄

· 申矣則

字何事 捕投之子 從事學問 以小學律身 善書 子孝及

· 池受衍

刑曹書吏也 習禮學 談古禮如指掌 以至家禮以後 儀文之多誤 慨然興歎 綽有古人風 與成大中相善 歷擧閭巷間奇士五人 金有城 尹有誠 崔景燮 雙塵金某 洞口笠匠

· 金維城

能詩 平生不看盛唐以後書

· 尹有誠

字景實 固窮讀書 深居不出 敬栗谷書 如魯齋之於小學 有誠 徒步海山之遊 過宿成青城 青城贈之以詩 其兩聯曰 士經困厄方成器 山受風霜始見奇 苦行應參巖釋定 癯容要結海仙知

· 金□□

雙坐塵 曉達兵家

· □□

洞口內笠匠 病僂而善詩

· 金又門

禮曹書吏 詩人也 學詩于李炯菴 爲人醇謹 詩頗警切 隨李薑山書九 繡衣之行 病沒于昌原 李炯菴德懋挽曰 手鈔全唐字比蠅 詩家秘訣語悟良能 青邱風雅行將選 不讓旁流白大鵬

· 金德亨

閣吏 善畵 李炯菴 題其梅竹楓菊二帖曰 乾聲暗馥筆尖盈 令[9]字飜飜女字横 安得呀光千尺絹 鮒魚橋畔訪金生 烏桕蕭蕭寫意新 又添疏菊頓精神 豹翁衰晚玄翁去 畫派人間秖此人

· 秦業國

字聖修 號松谷 豐基人 朴昌元外祖也 雅好山水 嘗從朗善君 遊楓嶽錄 詳錄山脉水勢焉

· 高時彦

閭巷人 號惺[10]齋 有能文名 有文集二卷

· 石希璞

---

9 여기서 ‘令’자가 대나무 잎을 표현한 것으로 볼 때 ‘个’자의 잘못으로 보여 지므로 바로 잡는다.

10 ‘惺’은 ‘省’의 오류이다.

閭巷人 號南川 尙信義 有節俠風 善詩 脈理條達 有南川世稿一卷 子萬載 號豆村 爲人澹泊 不趨利勢 善詩韻調圓妙 子之屹

· 金興甲

閭巷人 能詩頗閑澹 其隣老携琴詩曰 飯後鳴鐘意自閑 橋頭深閉小柴關 孤砧每急黃昏際 十室長寒古木間 鳴度斷鴻猶北郭 照來纖月更西山 隣翁不是淸狂者 日夕那能佩酒還 餞罷過山寺詩曰 到來參佛坐 寂寞道心生 虛壁恒雲氣 空門只澗聲 風霜孤塔在 朝暮一鍾鳴 天際頻回首 慇懃念客行

· 辛貴元

寧越校生 東閣雜記曰 成廟嘗遊後苑 題一句於亭柱曰 綠羅剪作三春柳 紅錦裁成二月花 越三日更出閑步 見有足成下句曰 若使公侯爭此色 韶光不到野人家 上大驚訪問作者則 乃後苑門卒辛貴元也 上招問其由 貴元以校生赴擧落講而 守直禁門者也 卽令賜第 榮顯於世

· 校生

小村謏錄曰 有一校生 落講 請詩贖罪 講官呼韻 使咏杜鵑 卽對曰 前身元是出鼈魚 啼向江南誤屬猪 邵子嘗年聞不樂 天津橋上駐蹇驢 善押强韻

· 白大鵬

木齋洪汝河撰傳曰 白大鵬 字萬里 父名蓮根 余外曾祖鐵城李公之奴子 母典艦寺婢也 故從母爲典艦寺奴 大鵬少能詩 句出驚人 一時名士大夫如徐公益 韓公浚謙 洪公迪 皆與之定交 大鵬嘗字呼 韓益之 洪太古 諸公托以心期 不以名分見責也 諸公嘗使爲吏曹政吏 以謀食 大鵬曰 吾讀聖賢書

豈能作刀筆吏乎 終不肯 諸公益重之 癸未中 徐公爲巡按使 大鵬從之行 徐公還到嶺上 檢一行裝束 大鵬行槖蕭然 惟公所賜黃毛三箇而已 其操履耿介只如此 蓮根嘗有罪 李公囚之安東私第 徐公適倅安東 日遣人以候安否 大鵬晝夜侍父旁 不頃刻離 見李公 輒伏地叩頭 每見益加謹 有李忠順者 李公之庶姪也 李公之卒 大鵬祭之以文 忠順讀其文 癸未秋 余來春陽 忠順爲余道如右 因言讀祭文時 年尙少 不能句 今已過五十年 都忘却一字 惟記得某年月日奴之子白大鵬 敬祭于故上典云云 大鵬有斑竹詩 筒漆銘其外萬里行裝四字 弟雲鵬 亦解文 忠順云 能爲詩 爲國法所防 不得赴試 顧無以自見 有詩悲傷 與劉希慶友善 得爲公卿大夫所知 許筬使日本 與之俱 後李鎰以巡邊使出師 謂大朋明倭情 辟以自隨 及鎰敗 大鵬死之以地微故不顯 嘗醉臥路 傍人有問之者 答以詩曰 醉挿茱萸獨自娛 滿山明月枕空壺 傍人莫問何爲者 白首風塵典艦奴 嘗爲司鑰 一時其儕輩 皆效其體 盖其詩效島枯淡而萎 故石洲每見人學晩唐者 必曰司鑰體也 盖嘲其弱也 許荷谷 沈一松 皆與之平交

· 崔奇男

號龜谷 從遊縉紳間 宣廟召問 願官乎 對曰願蒙天恩閑遊 度一生 嘗隨通信使 往日本 子承太號雪樵 繼父爲詩 格調淸麗詩集行世 與巷東金富賢齊名 孫亮演 少時事約齋柳公 及篤老後 値柳公忌日必助祭 事行多過人者士大夫亦多識之 李參奉月岩 亦嘗有詩識之 有詩稿 子益大 奇男字英叔川寧人 己丑生 壽同知八十三 閭巷人或云 東陽尉官奴 治易學 善詞翰 以詩尙幽雅鳴世 有集二卷 月沙作序 其寒食途中詩曰 東風小雨過長堤 草色和煙望欲迷 寒食北邙山下路 野鳥飛上白楊啼『於于野談』

· 鄭樵夫

名不傳 居楊根 或云呂氏家奴 名鳳 貌甚古怪 幼讀數卷書 能具詩性 嘗乞粒於官 以漏帳不許 仍悄 倚郡樓哦詩云 山禽不識樵人姓 郡籍曾無野客名 一粒難分太倉粟 高樓獨倚暮烟生 又詩遂流播 郡守不信 召試之以浣紗明月下爲題 卽書呈曰 白石磷磷月照紗 野天如水水如沙 輕沾雪藕纔分色亂疊霞紋未作花 不是鮫盤珠結淚 只應蟬翼露凝華 招招且待東溪伴 織罷春機垂柳家 郡守大驚 仍賜米 自此名遂大播 士大夫與之唱和 又詩 東湖春水碧於藍 白鳥分明見兩三 柔櫓一聲飛去盡 夕陽山色滿空潭

· 鄭玉世

林川 業冶人也 烏江懷古詩曰 學敵萬人何所用 紛紛天下八年兵 鴻門宴罷謀臣泣 玉帳歌悲壯士驚 月黑澤中騅不逝 風殘江上櫓無聲 英雄一劍千秋血 化作寒波日夜鳴 出芝峯類說 子崇德崇訓 並鄕吏 皆能詩

· 營校 趙豊陵

嘗兼將任 居家無事 偶思一聯曰 圖書壁淨秋蕭瑟 求對未得稱意 適有小校稟事窓外 公猶沈吟不已 校進曰 請屬對 公厲聲曰爾何能爲第言之 校曰棨戰門嚴晝寂寥 公嘉其敏慧 特加眷愛 屢除邊將云

· 禁直軍

芝峯類說曰 曾見闕中礎石上有題云 鄕信不如春有信 客情那似不無情傷襄謾自思强壯 經亂空勞說太平 詢之則乃軍士所作也 名不傳可恨

· 姜允精

賤士也 有能詩聲 其阿房宮詩曰 虛費萬人力 圖爲三月紅 又 君山聞笛詩 落月未落江茫茫 一曲秀隨寒潮聲 士林傳誦 不幸早死

· 失名氏

芝峯類說曰 嘗見驛亭有題曰 衆鳥同枝宿 天明各自飛 人生亦如此 何必淚霑衣 未知誰作

· 詩商

有一士人 以看秋向南中 止宿水原南店 曉將登程 聞隔壁負商輩 亦導食招伴 將發一商曰 今曉月色可佳 吾儕各占一句 足成一絶 以俱曉程極好 因呼云 陰樹微落曉色凄 又一商續呼曰 行人秣馬第三鷄 又有一商續呼曰 阿郎販豆長安去 又一商尾呼曰 小婦春歸月在西 盖文章不限 亦在於此輩 安知其非隱市之徒歟 脩淸史

· 補詩商

金三淵嘗遊金剛 猶有餘思 遙吟曰 物外淸遊久未能 夢中皆骨玉層層 秋來萬二千峯月 應照高僧禮佛燈 一日有行商過門 呼之曰 欲補詩乎 公聞而怪之 招問之 對曰 詩有疵病 則吾能補之 公乃誦此詩曰 爾能補之乎 其人沈吟曰 此句儘佳 亦有少疵 照字不若伴字之爲穩 三淵大驚 延之上座 其人固辭 出門不知所之云 盖詩中隱者 欲相戱而然歟

· 關東鹽商

吳西坡按關東 夜宿游山寺 拈韻賦詩 至千字苦吟未就曰 千字甚强 窓外若有人聲曰 孰謂吳公善詩 千字豈其難乎 吳公異之 搜訪 其人乃鹽商之

寄宿於廳下者也 試問 能詩乎 初甚牢諱屢强之 而口號曰 何不曰 浮天大海東南北 揷地奇峯萬二千 吳公大奇之 問其姓名 對曰 當呼鹽商何以名爲强問之 只道姓吳云

· 有姓宋者

生十一男 以口字爲行 以一二三四 至十一次次命名 長曰 口 次曰 呂 三曰 品 四曰 田 五曰 吾 六曰 吰 七曰 叱 八曰 叭 九曰 旮 十曰 古 十一曰 吉 云 出俚說

10. 奸人

· 鄭璀

庶孼 父禁漏學猾年 辛巳同宋祀連告變 受賞職賞賜饒足 服玩多用僭侈武斷鄕曲 明宗己酉 憲府摘發 常服練帛 朱紅交掎 囚禁將治罪 璀語獄官曰 國有大事 欲密啓 令政院問之 璀曰 持平韓智原與安處謙子 諫交厚欲陷臣 非罪以報仇云云 政院論以璀自己免罪之事 構誣大事 欺罔君上 動遙臺諫 移禁府推鞫 全家徙邊流慶原 有一女嫁宗室 平原守 生子德陽令

· 邊忠吉

司僕寺養馬 兪參判大禎之赴京也 以軍官帶行 賤隸之爲赴京軍官 前所未有 光海政亂 忠吉納女 宮中得寵 拜積城縣監 兪昔曾之再牧羅州 及爲承宣 皆忠吉力也 士論惜之 反正初 其女賜死 忠吉廢爲民

· 宣弘福

樂安校生 己丑 汝立獄事 搜出弘福家文書 有與汝立相通之跡 拿問就服處斷 弘福招引李潑 李洁 白惟讓 李震吉 得讖書於柳德粹家 命拿鞫德粹杖斃

· 宋吉

金化吏也 奸猾叵測 嘗以貢豬色吏 來寓典牲署主人家 署下人 皆養豬以規利者也 吉見隣家有豬肥大者 潛市饌而飼之 積十餘日 漸至慣熟 及詣臺時 空手訴于公廳曰 夜納豬 夜來逸入他群 莫敢搜出 請令署下養豬人驅豬群 入庭俾得推恩 而以聞聲卽來認 以爲驗如何 署宦如其言 驅入則有猪

聞聲而前 吉告于官曰 是吾猪也 署官信而受之 養猪之人 無辭辨 白言售其譎詐 白地奪猪以防納 又爲貢鷹吏 只持鷹粧 而上京 遍見各色獸 久察其不慧者 誑之曰 爾鷹甚俊 而但粧具廉陋 甚可惜也 吾得新件 頗侈美 可畀爾勿令點退矣 乃出諸包裹中 而與之 其人大喜 受而改粧 翌日 告于該官曰 今夜縣鷹爲人所竊 必到此庭內 請遍覓 而宦勿禁焉 該官許之 乃遍閱各邑鷹粧 終至所誑人鷹 佯喜曰 吾鷹也 見誑者 欲爲辨明 吉乃就該官前大言曰 苟非小吏之鷹 則粧刻豈有金化二字乎 彼吏詭說決不當聽之 該官然之 以當金化之貢 吉又爲挾詐赤手攘鷹矣 世徒知吉之決死偸食貢利市之事 不識其餘 此等舞智騁巧粧饌 虛無欺人應貢 故略記二事 以爲察奸之一助焉 『效顰褋記』

· 嚴宅周

本姓名李萬江 以私奴早失父母 棄主逃亡 姓以嚴者 以嚴親之嚴也 父名長春 取春 爲四時元之義 改以紑 祖名舜元 取舜之孝 改以峈 曾祖名蘭取草頭 改萛登 英廟乙卯 增廣 歷奉常判官 歷數邑 事覺刑三次 黑山島爲奴 子連乙亥獄 杖斃

· 鄭莫介

議政府奴也 狡猾無比 嘗出入朴永文辛允武兩家甚慣 狐伏潛聽其謀 乃傳會難 密告兩家謀亂 嘗夢縛置車上 臨刑至軍器寺前 忽騎駿馬儀衛甚盛覺而異之 乃決意告變 朝廷以爲忠誠節義之士 以功特陞堂上 上護軍別賜銀帶 及儀章鞍馬寶物 無算 嘗具儀物出行市中 無賴小兒 爭擁馬前後 使不得前

11. 私奴

· 潘碩枰

宰相家奴也 其稚也 宰相愛其醇敏 誨以詩書 與諸子姪齒 及稍長 乃托於遐鄉無子者 匿跡力學 絶不令主家通 及長 冒法應擧 人莫之知 遂擢第 躋宰列 謙恭淸謹 爲國藎臣 歷八道方伯 位至一品 主家宰相旣沒 其子姪皆窮殘 出無驢 徒步於路 碩枰每遇於路 下軺 趨拜于泥塗 道傍觀者 多恠之 碩枰乃上章首實 請鐫削己爵 官主家子姪 朝廷義而優奬之 破邦憲 就本職如故 仍官其主家焉

· □□衡

嶺南私奴也 求讀小學 上書于道伯金慕齋曰 義理出於天性 父子君臣之道然後 天理正而人道立矣

· 明福 明會

高陽人家私奴 壬辰亂 明福兄弟 痛其父兄被害 射殺賊七十餘名 斬首十六級 自行朝 特爲許通 除羽林將

· 命春

參奉東萊鄭榮後家奴也 壬辰亂 參奉夫人韓氏與小姑處子 投江死 命春號泣 沿江求尸 爲賊所得 呼語里人曰 吾竭力 七日 求主尸 不得 今吾死矣 汝可歸報 遂不屈而死

· 金忠輔

崔希男叛奴也 以成家婢銀從之夫 得謁柳希奮 防納 納銀 陞通政嘉善 拜長鬐梁山倅 銀從之父 彥從之墓在軍威 忠輔使本邑倅 備澆奠床 祭其墓 鄕所領來 癸亥斬

· 王命會

李東岳家奴也 光海朝 與權忠南等用事 癸亥反正初 處斬 光海時 權忠男 池應鯤 王命會 金純等 或稱調度使 或稱差官 散出外方 勒賣告身 倍取其價 一入宮中 一入權奸 一入私橐 忠男因此 直拜咸安郡守 反正後 忠男命會並誅

· 李泰

李晚成家奴也 素善書 李公嫉其妖邪 將殺之 朴凝齋泰觀 愛其才而免之 嘗坐事 配陰城 戊申聞賊入淸州 自請隸東伍軍哨官以討賊 往辭其母母欲挽之 拂衣而去 聞賊破而止 卒以邪死

· 洪世泰

本人奴也 好爲詩 善學唐人意 金淸城曰高岑之流 其主惡其不從令 欲殺之 淸城出銀一百兩 東平君杭亦如之 得贖

· 孝生

李胤緖奴也 李适部分於寧邊 見孝生 饋以酒食 約傳書於中軍 使之領兵投義 賞千金 孝生不受曰 因此使主人脫死 奴之幸也 因以貨之 僕所不忍 聞者義之

· 嚴宅周 [又上]

實姓李 名萬江 全義 及唱之子 母私婢也 肅宗己亥司馬 英宗乙巳文科 乙丑因㙜啓發覺 嚴刑 絶島爲奴 少有絶才 受學于同縣文官愼後三 十六七歲 文藝大進 後藏踪浮遊東峽 娶寧越戶長之女 自稱嚴興道後孫 變姓名 讀書龍門寺 十年不出 交遊卿相子弟 文藝藉甚於洛下 連捷小大科 至延日縣監

· 許生奴

白野記聞曰 有許生奴 失其名 甲子 适賊之入據漢城也 适賊幕下 有與許生連家者 素知許生有膂力 送人請見 時許生方遭兄喪 未及殯斂 以不忍離違喪側辭 又趣之曰 爲天下者 不顧家 何可以同氣初喪爲托乎 許生又執前說固辭 又送軍牢劫之曰 不來 且以軍律從事 許生不能不怵於死生 呼其奴 使之鞴馬 奴問曰 初喪未殯 將欲何之 許以實告 且曰 不往必死 將奈何 奴投鞍却立曰 從賊死 不從亦死 不從賊而死 不猶愈於從賊而死乎 許生曰 然則 將若之何 奴曰 欲求生故 事多難處 若分死則 何難之有 遂叱逐軍牢 乃取麻索十餘把 前導曰 從我踰城而走 可也 許生曰 城堞 皆有守卒 誰肯許我逃去乎 奴曰 分死者 何足畏守堞之卒 乃至城上欲踰去 守堞者果禦之 奴罵之曰 爾乃捨順從逆 爾當族矣 反欲禁人出城耶 卽以杖毆而逐之 守卒不敢逼 於是以麻索繫許生之腰 垂而下之 奴亦緣城而出 奴主俱免焉 孰云奴隷無知耶 當時號爲士大夫 其志氣名節 能有不媿於此奴者耶 許家有所諱惡 奴亦不能自言 終至失其名而不傳 惜哉

· 李信

本以樂安官奴 逃役爲僧 長髮從金大司成學 築土宇于大成之第墻邊 折

節不怠 大成盡心教誨 視如子侄 及禍作 搆告獄成 受賞免賤 還鄉後 以連涉强盜 郡守金文瑞殺之

· 鐵壽

東萊官奴也 與邁同 效忠於宋泉谷 竪碣 壇墻外 壇享日 並祭

· 邁同

東萊府人 每於泉谷忌辰及節日 必盛具祭之以爲常 後抵川谷弟象仁家 敍公立節時事 嗚咽不勝 饋肉不食曰 見公弟如見公何忍食肉 朝廷廩其家 官其子

· 水石

私奴也 權可述 中宗朝武士也 嘗渡海 遇風船敗 同舟百餘人 盡渰沒 獨可述與其奴水石攀一破板 板狹不能容二人 乍沈乍浮 水勢甚急 依泊無所 水石謂可述曰 板狹 勢不易容 將不免胥溺而死 小人何惜 願大人好保好保 小人從此辭矣 遂投水而死 可述始得容身 獨乘板流下流 呼號求救 賴得過船來載得活 遂告官旌水石門 復其妻子 爲良民 可述亦官至濟州牧使

· 尹良

私奴全義人 陪其主 牽馬踰鳥嶺 日且曛 有一人脫冠提釼 由山谷 截前路 直趨而進 尹良知其爲賊人 卽捽其主 墮馬蹋其頂曰 是夫吾主也 居常虐 使我逐日賴撻幾死者 屢矣 每欲報怨 未乘其使 今有後馱某某珍物 價若干 願借我釼 吾且甘是夫 與若分馱載不亦可乎 賊信之 假以刃 尹良遂倒其釼 刺賊而活主

· 朴仁壽

同中樞申撥家奴也 不事賤業 力學好善 所讀者 大·小學·家禮·近思錄等書無多 而操行卓異 非禮不踐 與小主晩退軒隨 扑枝華讀書于皆骨山 一時士流皆重之 一日盜入其家 夜取家産而去 仁壽堅臥不驚戱謂盜曰 吾不惜家産 任汝取去 只慮明朝擧家飢 幸留數升米可乎 朝起視之 果留斗米矣 或問 盜入室何不避 曰 我不惜財 且無害渠之心 渠必不害吾 吾何畏彼哉 衆皆服 居家左右琴書蕭然 有隱者之趣 天未曙 子弟數十人 羅拜庭下 侍立良久 進粥食使喫 撤而退 各業其業 每日爲式靈谷書院下 水石佳勝 有薄業結草室居之 臨溪靜坐 鳴琴以自娛 韶顔白髮如神仙中人 逮壬辰難 歎曰 國破家殘老夫將安之 誓死于此 遂鳴琴不已 不爲倭所害 『(於于)野談』

· 月龍

壬辰從鄭忠壯撥 在釜山城 陷赴賊死

· 吉三峯

天安私奴 勇猛絶倫 爲獷賊 官軍每襲捕 輒跳脫 名聞國內 弟三山

· 金同伊

江寧副正祺奴也 燕山主嬖妓奪祺第 訴祺嗾奴罵妾 主怒囚祺及金同伊烙訐之 同曰 罪在奴非奴所知 祺乃得免 同伊竟被刑 中宗三年 旋閭

· 黃戊辰

原州賤隸也 事親至孝 其主之喪 竭力營辨 且爲之象設甚備 主遂贖放之 仁祖朝 以忠孝旋閭 許觀雪撰墓誌

· 大立

魚判官漢明駈從也 丙子從魚公路逢其妻子 其妻則號泣而隨之 兒女牽衣而挽之 大立以鞭駈斥其妻兒 而牽馬從公

· 玦伊

忠臣尹廷俊奴也 素有膂力 尹公嘗愛之 不離側 及見公罵賊道殪 乃痛哭赴水死

· 舍方知

私賤也 自幼其母爲女兒傅脂粉 學剪製 及長頻出入朝士家 多與女侍通 遂至汚衊士夫家 杖配新昌

· 一升僕

金公汝岉奴也 名不傳 食量頗寬 衆僕皆食七合米飯 而此僕食一升米飯 故金公獨給一升米料 衆僕皆猜怒 及壬辰亂作 金公從申巡邊赴戰 衆僕皆不願從 而獨一升僕請從而行 至忠州兵敗 金公歿于難 陳中一升僕 失公之處 退走㺚川邊 回顧彈琴臺下 飛丸如雨 歎曰 吾愛死 而負公之恩 非丈夫也 乃持短槍 披陳而入被倭所逐 三退三進 身被數十創 竟得公屍於坎下 遂負而出 殯藏于山僻處 兵退後得返葬于先塋 僕之忠勇可傳於後 而低沒失其名 只以一升僕稱之 惜哉

· 金日精

海南寺奴 仁廟 孝廟 顯廟 三大喪斬衰 行素三年 事聞免賤

· 金鐵堅 金貴千

竝良賤 中宗辛巳 安處謙獄 金鐵堅·貴千等良賤六十餘人 杖徙北邊 癸巳秋放還

· 曹丑生

公淸兵營奴也 丁丑兵使李公義培殉節 丑生從死旋閭

· 銀勺

劉名蓋家奴也 從主守黃石山城 及主立殣亦殺身於主屍傍

· 億守

生員鄭宜藩奴 壬辰亂 宜藩擧義兵 力戰而死 億守不忍離 與之同死

· 石伊

郡守元士立奴也 方士立之與倭搏戰也 石輒赤身控馬衝突釼槊間 賊稱之曰 紅將軍

· 檢山

姜忠烈壽男奴 壬辰忠烈公戰亡于朔寧也 檢山在傍終不離 抱持同死復其戶

12. 工匠

· 李春福

石工 金五者翁籥 欲買碑石 問價於春福 曰 七十匹 買石欲何用 五者曰 先師趙公 殉忠錦山 欲立碑紀績 春福曰 苟如用是 則何敢言價 卽納之 自爲攻石 不受手工 重峯與七百義士 同殉于錦山 月汀尹公 作殉義碑文 金籥謀立碑 言於恩津縣監李大河 李大河 備給買石之價 治石之費 籥遂往見石工李春福曰 聞汝家有可用碑石 願買之 價幾何 曰七十匹 將欲何用 籥曰 先師趙爺 歿于錦山 欲樹碑紀事 春福曰 然則豈敢言價 當卽納之 自爲治石 終始盡力 亦不受手工云 潛谷隨筆

· 金業同

雕刻工 善刻帶銙 世無與比 士夫多不歸直而責其刻 業同 不堪其苦 斷其母指 不復爲業

· 池壽慶

宣祖朝 大炮匠 南漢城陷時 被擄胡中 胡人使習放而觀之 壽慶故令觀者聚于一邊 以砲中殺之 胡人怒而支解之 出芝峯類說

· 李長孫

火炮匠 我國古無砲製 長孫依樣刱造飛擊震天雷 取震天雷 以大碗砲口發之 能蜚至五六百步 墮地良久 自內火發 最好陷陣 壬辰 朴晋用此敗倭于慶州 倭賊最畏云 慶尙兵使 朴晋之復慶州也 自安康縣 夜潛兵 從城外發飛擊震天雷 入城中墮于陣內 賊不曉其制 爭聚觀之 相與推轉揣摸 俄而

砲自中發 聲震天地 鐵片星碎 中仆卽斃者 二十餘人 一陣眩倒 莫不驚惧以爲神 卽日遂遁歸西生浦 晋乃入城 得餘穀萬餘石 事聞陞嘉善 蓋震天雷火炮匠李長孫之剏造也 最好陷陣 而後無用之者云

· 金墀[又下]

製勝字 大中小三樣銃

· 蔣英實

筆苑雜記曰 世宗 刱自擊漏 簡儀臺 欽敬閣 仰釜日晷 制作極精緻 皆出睿裁 雖百工 無能側上意者 惟護軍蔣英實 仰承睿智 運奇騁巧 無不脗合上甚重之 人皆曰 英實應期而生 世宗又命英實鑄錢 用於一時 而旋不行只用楮幣

· 太豊孫

壬辰後 欲敎鳥銃 而無火藥 有軍器寺匠人太豐孫者 以煑火藥與賊 罪當死 特貸之 令煑焰(焇) 豐孫感惧盡力 一日所煑 幾至十斤

· 裵純 順

興 水鐵匠 宣廟國恤時 服喪三年 命立忠孝旌閭碑

· 延澤

咸興筆工 善束筆 以是咸興延筆 名於國中 若湖南之洪梳朴梳焉

· 金阿童

金箔匠 嘉靖癸巳 隨使臣赴燕 得學假金之法 以銀箔燻烟 遂似眞金 以之繪畫 或用貼紙 濃黃無遺 但用乾草取用 不知其何草也 按至正條格 安西路馮直等 將銀箔熏作假金 裁線織造云云 其制蓋久矣 後金阿童再赴燕京 多買熏草以來 貼金販賣 因致饒富 法司欲薦其術 招而問之 不以實告 累加栲訊 竟死獄中 『稗官雜記』

· 趙晟

養心堂 東方舊不曉瀝青之法 中廟朝 嘗遣漆匠求學於中國 竟未傳其法 進士趙晟 得唐本瀝青方 依而試之 與漆無異 其後 又質于福建之漂來古匠手 漸遍中外焉 『稗官雜記』

· 李聖錫

柳於于 稱以表兄 宰相薦授童教 嘗作自牖篇 取文字中句訣 作伊尼隱乙厓西 莫不類三十字 逆順諺解之法 盖其意欲使初學易曉也 於于作序 聖錫性巧 嘗作木牛流馬 小如狗兒 能運步 隨人意 薦于官 作大牛馬 體重不能運 時人笑之 以敎官訓童蒙 頗有速效 人皆異之

· 劉興發

密陽巧匠也 始得日本所賣之鐘 窮思自得運用之妙 發機回轉 十二時皆令自撞 子午時九撞 丑未八 寅申七 卯酉六 巳亥四 辰戌五 每時正中 則只一撞 外有輪圓刻十二時 日月回轉於其中 盈虧徐疾 少不差 較西洋自鳴鐘尤極奇異

· 金墀

宣祖甲戌 全羅左水使金墀 獻銃筒 多放鐵丸法 兵官試用 果驗 以猛烈且急 啓請行用 上從之

· 李玉堅

父興安君 祖漢南君 父祖旣廢錮 玉堅亦爲庶人 醇慤而無手業可以資生 學造鞾于隣工 以糊口 終至手品極巧 長安子弟 爲娼妓買綵鞾者 皆歸焉 必曰玉堅手品 厥後 父祖復爵 玉堅亦起廢 授懷川 正爲宗班品職 玉堅乘飛黃戴貂帽 日趨于朝 路遇鞾工同業者 必下馬揖 見長者 則雖泥塗必拜 鞋工等 惶懼不自安 望卽避之 嘗冠帶行遇舊同業者 握手入草廬 對酌色不作 從者及行路 多義之 其子孫 有義城君 好學有孝行

· 李忠武

以意刱造龜船 以此常勝 蓋其製 船上鋪板如龜背 上有十字細路 容我人通行 餘皆列揷刀錐 前作龍頭口爲銃穴 後爲龜尾 尾下有銃穴 左右[11]各有銃穴六 藏兵其底 四面發砲 進退縱横 捷疾如飛 戰時覆以編茅 使錐刀不露 賊超登則陷于刀錐 掩圍則火銃齊發 橫行賊船中 我軍無所損 而所向披靡

· 邊以中

壬辰以湖南召募使 製火車三百兩 開四十穴 容勝字銃筒四十 令連心發火 制度極精緻 全羅監司 權慄 陣幸州 從公求火車 公與之四十兩 未幾 賊來襲幸州 勝字鳥銃 一時俱發 聲震山岳 倭賊素謂我不解鳥銃 至是聞聲聲相繼不絶 大驚撤去 其後權公謂公曰 人之毁公者 多以火車爲言 吾則以

11 『진휘속편』에는 '左右'로 되어 있는바 의미가 통하게 바로잡았다.

火車得捷云

· 於于曰 凡人大小藝 自私其業 其業不傳于人 古者 梓慶之簴 輪扁之輪 大馬之錘鉤 宋人之洴澼絖[12] 皆此類也 我國之漢京 絲麵 松京蕎麵 全州白散 安東茶食 星州柏子餠 仁同油皮障泥 義州鏤鐵鐙子 皆自私其妙 不肯傳他邑 昔者 龍仁縣奴 能作瓜菹[13] 世傳其術 隣邑效之不能傳 衿川縣監專使龍仁 懇縣令請學焉 龍仁縣奴 伏庭請罪曰 小邑無他異饌 獨以瓜菹[14] 名焉 今使傳之他邑 請以死辭 縣令不得强 平山人 有能治馬疥者 秘其方不傳之人 太守朴燁有嚴 威以刧之 猶不受其妙 獨礪山有酒 名壺山春 味最勝 隣邑不得學 其郡婢爲武人羅俊龍妾 爲朔州太守 傳其釀法于朔州 今朔州之酒芳烈 如壺山春 一云 宋欽爲朔州時 釀此酒 宋礪山人 名其酒 爲宋欽酒 按一邑製之 如是擅名者亦多 若公州之肉燭 淸州之雪於項 永興之藥果 近日求禮之鍮器 玉果之扇 羅州之漆一如也

· 火砲匠

高麗送使南京時 有一火砲匠 隨朝天之使 水路赴京 家甚貧 行資冷落 同行者 相與目笑之 行至海中一島 泊船樵汲 乘順風將發船 船忽回旋不進 船中人皆曰 自古舟行者 一人有水厄 滿船人同被其害 今我船中 無乃有當水災者乎 請試之 每下一人於陸 船猶廻遑 至火砲匠下陸 船輒沛然不滯

---

12 『진휘속고』원문에서의 통絖은 『어우야담』의 원문과 비교해 보았을 때 광絖의 오기로 보여 바로 잡았다.

13 仙葅 - 『어우야담』 원문에 과저瓜菹로 되어 있으며 지역의 음식도 맞는바 의미에 맞게 바로잡았다.

14 山葅 - 『어우야담』 원문에 과저瓜菹로 되어 있으며 지역의 음식도 맞는바 의미에 맞게 바로잡았다.

遂相與議 具糗粮衣服釜鬲刀劍 凡百所需諸器 强留之島中而去 約曰 竣事而歸 當邀汝于此 同載而還 遂相泣而别 火砲匠獨居窮島 結草爲窩 以備風雨寒暑 拾蠔螺 搴綸組 以充飢渴 自分爲絶島枯骨 常夜不寐 側耳而聽之 每曉 有聲自島中 掀山震嶺而出于海 又日晩 有聲自海中 揚波薄壑而入于島 深異之 候其時 草山障林以伺之 有一大蟒 其大如鴻樑巨桴 長不知其百尺 在島捕熊貙鹿豖而呑之 入海趁修鱗大甲而茹之 其行路 陷成一溝 可容大艦 火砲匠 新磨大劍 列植于所過之路 皆埋柄上刃 翌曉 其蟒果自海而返 從頷至尾 皆爲劍鋩所裂 珠璣琅玕 夜光火齊之屬 迸瀉于地 委積充谿 數日腥風吹 腐臭捩鼻 尋其氣 往視之 大蟒死于林中 刳其腹而出之 得照乘徑寸之珠 不知幾十百 遂徧草而裹之 大如斛者 十餘苞 以蔽衣覆之 以俟回船者 殆半歲 糗粮垂盡 不知何以料生 忽見大艦張帆 自洋而來 高聲以呼曰 火砲匠無恙否 至則朝東歸之船也 相與把手而慰之 遙之上船 同船之人 俱得南金大貝文緞綵錦於南京之市 充載而歸矣 火砲匠曰 諸君以洪福 皆得重貨於中國 而我獨枯槁窮島 空手而歸 莫非命也 何面目歸見妻子乎 島中無所爲 拾洲邊團石 要以充老妻鎭床支機紡績之具 遂擧十餘草包 載之于船 皆必覆以蔽衣 同船之人竊笑而哀憐之 旣還 鬻諸市 獲不貲之財 殆過累鉅萬 遂爲國中甲富 子孫嫁娶皆結名門巨閥 所與締交親密者 皆當時公侯權貴 豈可與象胥牟利貿遷之類 同日而語哉

· 江界白生

銀冶也 製釵環刀室 較他匠甚精巧 必精冠跪坐 椎鑄之 不貳價 糊口而止 亦不勞煩 有時拱手發浩歌 歌聲激越 夜必著書 或哦詩錄于冊 無汲汲之求 戚戚之憂 殆其隱於匠者歟

13. 形怪

· 李謹

家世閥閱 其始生也 乃一肉塊 僅辨面目 遍身毛髮 狀如猪兒 父母初欲不擧 旣成人 長不滿三尺 頭髮委地 鬚髯盈尺 行步蹣跚 手足生毛 見者莫不駭異 謹自知其病 見人輒匿 學於家庭 聰明絶倫 經傳史記 無不精通 能文善書 最長於詩 又善歌嘯 蓋天性然也 門族黃芝川 聞之奇來見 呼韻命製 應聲卽對 大加稱賞 勸其父母 使之娶妻 壬辰難 避亂於廣州墓山 猝遇羣倭 奔匿林藪 群倭見 以爲怪獸 却立不敢近 熟視乃捕 相與笑玩 以爲奇産 舁致於倭酋 倭酋亦驚怪 不辨人獸 或投以食物 或笞以試啼喫 謹略無怖色 倭酋尤異之 有老倭見之 曰何不速殺之耶 此乃朝鮮能射片箭者也 羣倭齊憤 拔劍欲斬 倭酋力止 夜則貯以竹籠 以防逃逸 又招解占僧 倭使筮之 曰所獲匪熊匪虎 乃文王得呂尙之兆也 無乃得異人耶 於是倭酋大喜 待之加厚 倭酋所陣 乃漢江濟川亭也 時當七月之望 月色如晝 江波似練 夜氣悽悽 秋聲四起 謹獨坐無寐 百感生中 於籠裡劃然長嘯 其聲寥亮 羣倭驚起 無不流涕 倭酋聞 不勝思鄕 去國之念 涕下沾襟 始開籠出謹 曰何等怪物 有此奇特 神僧之占 果不虛矣 謹自念爲今之計 莫若僥倖得免 復見偏母 遂放意言笑 倭酋以酒勸飮 謹酒戶亦寬 傾壺痛飮 酒酣長歌 歌楚調一陣感泣 歌竟起舞 左旋右廻 手拍足踏 百態俱呈 羣倭又拍掌大笑 舞畢乃泫然流涕 失聲痛哭 觀者皆感泣 倭酋問爾何悲泣 謹索筆書示 曰八十老母 相離已久 不知死生 是以哭之 倭酋惻然感歎 又見筆法 嘖嘖稱善 因言於衆 曰此物甚怪異 今觀所爲 亦非尋常 若置陣中 必作妖孼 反貽後悔 留之無益 殺之不忍 不如放送 羣倭曰諾 遂謂謹 曰汝今思歸 從汝所願 謹故試其意 乃曰道路梗塞 欲往何歸 願留陣中 倭酋曰第言之 謹曰欲往江華

倭酋搜出陣中 被携我國人四五名 以短舠多備糗糧 載送江華 旣至聞朴慶新 爲海州牧 因往投焉 其母乃朴之姑母 故往在邑衙 遂與相會 年近七十而逝 子孫亦多 吁亦異哉 朴監司慶新常言之於李 竹泉作遺事

· 嘉山童

三登村氓也 童母無子 禱于嘉山寺彌勒佛 夢言汝今有子 童父遠賈 適其日還 有娠生子 名嘉山童 年十六 暴長肥大 龐碩如彌勒佛 婦家在江東 童往詣之 折三牛之脊 尹守翼隨父任往見之 童所居 通壁爲戶 固已驚駭 及見之 聯五帽加之頭 指如腕 腕如股 股如腰 惟掩一布衾 黃色蕩蕩 不可逼視 一日所食飯三盆羹三盆 所能卽紙牌象戲 人莫能敵 童本富家子 家産從而盡 二十餘死

· 郭氏兒

玄風人 忘憂堂族也 其父失其名 稱別將云 別將老無子 遇七十始生男 男猝長大 三四歲能負薪溫父母室 隣里人異之 或言是將有後禍 盍除之 其父母憂之 然憐愛不能決 兒知之 辭父母 隣里曰兒之長非罪也 然爲人所疑 兒當遠去 無累父母爲也 遂辭去 然父母有疾 覺室溫 恠而伺之 兒夜輒負薪至 溫其室 跡而詢其故 曰兒常念父母老無依 候病發輒來溫之

· 福同

福同 光海時男巫也 貌如婦人 無鬢髯 語音亦雌聲 着女服 出入宮禁 設淫祀 宮女之掌事者 渾處無別多 有人言反正後刑死

· 康加屎

宣祖甲辰冬 箕伯狀啓 宣川府有怪誕人 康加屎率妻香台 止接于山非家 山非納招 加屎以龜城人與香台來 自言我有三奇男 當從天而下 果有三人 從空而下 美鬚貌大 衣冠甚嚴 言細難聽 或稱聖人 或稱神仙 或稱生佛 倏然而逝 不知去處 香台 長男生自陰戶 次二男生自脇間 今年皆生 長大如彼 又有第四男 當產自右脇云云

· 李玄培子

玄培 以文官爲晉州牧使 時漁人進白魚 全?如氷雪 玄培之妻走食之 是月有娠生男 頭髮俱白 肥膚如玉 瞳微黃且白 及年十餘歲 就師學問 頗聰敏善屬文 與群兒 屢遊於柳於子家門庭 正晝視物不甚明 不敢仰視日 常俛首視地而行 同隊者 夜入其室 見坐暗室能書 從政圖細字 不錯秋毫 識者憂之 知其有兵象 年十三而死 明年倭寇 大擾東國 蓋西方金色也 其爲兵徵也 果矣 『於于野談』

· 肥大者嘲短小者曰 着笠纓垂地 穿靴已沒頭 路逢牛跡水 欲渡芥爲舟 短小者反嘲曰 蓋衾輒露脚 入門先打頭 燃臍堪作燭 刖足可撐舟 盲者嘲聾者曰 逢叱還開笑 問東便答西 妻孥每道事 却責語聲低 聾者反嘲曰 不夜常如夜 非眠亦似眠 若無三尺杖 那免道傍顚 面縛者嘲頭旋足蹇者曰 亂擧高低足 時搖南北頭 非風亦非醉 平地似乘舟 頭旋足蹇者反嘲曰 臨水魚驚網 登山鳥惻羅 若非牛千葉 正是馬崻窠 禿者嘲髫鬚者曰 在遠疑熊鬣 當在若帽毛 雙腮何處在 一鼻獨能高 髫鬚者反嘲曰初見疑妖女 細看似老僧 灝童霜後野 頭凡火餘陵 余嘗聞東坡嘲黃妹深目 詩云 前年悲淚今年落 五里行人十里看 黃反嘲東坡多鬚詩曰 點檢否無覓處 忽然毛裏有聲傳 可與此詩同傳 可博一粲

· 崔損窩

體甚短矮 嘗以上畓內翰檢束下畓李玄祚 甚虐卽舘中舊例也 李不堪其苦 乃以詩嘲之曰 何物奇形院裏過 望之堪笑亦堪嗟 擡來雙眼疑驚兎 步上層階類躍蛙 每引盤匙如擧鼎 偶橫烟竹若吹螺 人間至怪吾初見 始信今年厄會多 蓋詩語未免咄咄太逼 人謂崔必深怒 而崔見而笑 但治其傔從 人服其雅量

· 張順孫

少時 貌類猪頭 儕輩以猪頭嘲之

14. 巨量

· 丁應斗

食量最寬 嘗閑居農墅 村翁有以紅柿二百顆 盛大柳器 酒二壺及諸肴而進之者 丁盡二壺及諸肴 空其器 坐與閑話 取紅柿决其蒂投之口 頃刻而盡 遂擲器于村翁之前 村翁謝曰始儂之進之也 欲供閤下累日之需 不料今者對儂而盡也 其巷中 有李忠義 家中行四時之祀 祀罷邀丁餉之 其一位所陳 盡進於前 凡祭器極大 倍燕器三之 果六七碟 油密果六七器高皆尺 餠高炙高尺 麵食二器 魚肉湯六七器 其他水陸之需 若干器 至於飯也羹也酒也 隨量而進 並皆空其器 一家知其嚼必務令極豊 以爲罕世之壯觀也

· 金應泗

醫官也 於于同巷人 腹大十圍食量極寬 洪諫議長民 儒生時 患胃病 與應泗 共處山寺療之 爲應泗具豆泡(腐)一釜 飯五升 酒一大盆饗之 應泗一喫而倒其器 遂負手盤桓 仰天而噫曰 近日吾之胃氣甚弱矣

· 洪逸童

· 高荊山

年七十而善飮食 稱雄飮 常與人賭食爊造一石

15. 肖貌

· 朴淸

忠義衛也 世襄公後孫 世襄公影幀 流傳數百年 淸之容貌 相倣不卞彼此 盖歷累世 而酷肖者也

· 柳夢熊

於于仲兄也 家藏其先祖 政丞濯影子 夢熊妻見而憂之甚 盖政丞以直諫不善終故也 後夢熊竟死於孝

· 洪鶴谷

鄭惕年八十見洪 貌熟視歎曰 君與君之外曾王父柳司諫忠寬 面目聲音曁身長無不如之 後孫之於先祖 血氣貫通 安有幽明之別 不覺淚下云 盖柳司諫 乃鄭惕之從母夫故 自少承顔甚慣故也

· 金貴奉

楊根南中面 聖德里 常民也 爲人愿謹 與人無忤 雖微細之事 無一欺隱 以此鄕里稱善 年四十七病死 獨其妻在家 後三年 有人來訪 言爲大興一云德山宋都事家奴而二年前主家生男 背上有楊根南中面聖德里金貴奉十一字 靑細而甚分明 家翁心異之 使之往訪故委來以驗耳 貴奉之妻 聞而悽感 詳聞宋宅鄕里而送之 故告實跡 未久貴奉之妻 委往宋家 求見其兒 其家忌之 不令迫見 只許遠望 貴奉妻從遠暫見不勝悲感曰 形貌雖小而典型恰似其夫留數日而歸云 『鶴山閑語』

16. 鬼神

· 國初 有一士人 訪友飮酒 日暮醉歸 臥中路 忽聞吟詩聲 曰 澗水潺溪山寂歷 客愁迢遆月黃昏 遂起視之 身臥山路傍 有一古塚蓋 棘環之

· 朴褌

詩曰 海堂風墜花如雪 城外人家門盡關 茫茫丘隴獨歸去 日暮路遠山復山

· 李顯郁

崇詩魔 李鵝溪 不知其然 大加稱道 李蓀谷言 此生年少 必得詩魔 鵝溪初不以爲然 而已果然 其次許郢州詩曰 春山路僻問歸樵 爲指前峯石逕遙僧與白雲還暝壑 月隨滄海上寒潮 世情老去渾無賴 遊興年來獨未銷 回首孤航又陳迹 疏鐘隔渚夜迢迢 又次李蓀谷詩 曰風驅驚雁落平沙 水態山容薄暮多 若使龍眠移畫裏 其於漁艇笛聲何 語皆脫俗 格且老蒼 自詩魔之去不識一字 爲椎埋之技

· 權韐

草樓 所遇鬼詩曰 樓臺花雨十三天 磬歇香殘夜闃然 窓外杜鵑啼有血曉山如夢月如煙

· 清脾錄 曰見下李廷弼于有一儒生病卧 其妹婿新死 青袍幅巾 逶邐而來病者忘其已死 延接申申 留與飮酒 妹婿仍吟曰 獨鶴淸霄外 歸鴻夕照中相思明月滿 夢盡海天東

· 關西武人

關西武人某甲 自稱金淸城降靈 空中有聲 自道平生行蹟 本家招致館待聽其指揮 其所指教者 莫非亂其家者 自速禍敗 終有己巳絶嗣之酷熱

· 張宗紹

壬戌秋死 其友在扶餘 夜夢遇張於皐蘭寺 歡洽與平日 携燈沽酒吟詩其聯曰 樽前故友猶靑眼 樓上佳人半白頭 又曰 僧夢夜闌淸磬月 客愁秋倚夕陽樓 其後聞之 則張之死 在夢前云 孫鉉佐武空傳

· 高得宗

官中樞 子淳 熙之 篤信好學 一日 吟詩就寢 夢其父中樞公與一詩曰 華髮蒼蒼減昔年 孤身寂寂守山前 莫言白骨無知感 聞汝吟詩我不眠

· 崔壽城

猿亭 辛巳獄殞 友人李達亭 以簾殮屍 權厝空谷 夜守其側 夢公來吟曰玄室誰相訪 淸猿獨可親 自從簾谷後 遙憶蓋骸人

· 宋校生

金慕齋爲嶺伯時 聞一校生姓宋者能詩 招見于月波亭 命作近體 乃書曰金碧樓明壓水天 昔年誰構此峰前 一竿漁父雨聲外 十里行人山影邊 入檻雲生巫峽曉 逐波花出武陵烟 沙鷗但聽陽關曲 那識愁心送別筵 慕齋大加稱賞 歸語思齋 蓋思齋以知詩自許故也 思齋曰 此必鬼語也 非烟火者所作 驗之果然 宋得女妖 初不解文 而得妖後 女妖常敎之寫字 仍以有名 其詩篇無不極美 其家人以術怵送其妖 妖乃書諸掌曰 花婦今爲洛水神 世間

皆是薄情人 遂去 宋依舊不識字 思齋自是益以知詩自信 『淸江瑣語』

· 崔仁範

字德規 朔寧人 宣祖癸未文科 於于野談曰 德規 余少時友也 專攻詩 不屑擧子業 登科 未幾而逝 死後 於家中 常衣黑綈袍巨履 呼僮僕 出入堂廡間 家人見之 如平時云 其嘗所自負者曰 嗄做舍僧頑似吏 賖來村馬弱如驢

· 姜克誠

早有文名 嘗於癸亥春 夢與仙客共登酒樓 有一仙娥奉爵勸歡 仙客求見姜詩 姜乃占一絶以示曰 酒肆粧樓放縱狂 萬人牙頰姓名香 逢君說着前身事 香案前頭奉玉皇 仍書紙末曰仙謫 仙客見之 問曰 仙謫 乃謫仙耶 俄而仙娥辭去 姜勸留要唱一歌 娥曰未嫺歌譜 願以詩和之 乃於圓扇題詩 以贈曰 忽忽粧束下西樓 來伴雙仙侑勝遊 聊唱蕊珠歌一曲 曲終非爲錦纏頭 寫就遂去 覺之 乃夢也 姜是年秋 落職以事 無乃謫仙之讖歟 『淸江詩話』

· 趙起宗

成化丙戌丁亥年間 年少鄕生趙起宗 寓居樂生坊 與曺伸隷業于南學 趙方稚少 未解句讀 不諳詩律 一日 夢入一空舍 曠爽寥闃 棗花新開似初夏而庭草始生 谷風習習 卽暮春也 有二三書生 皆非平日所識 勸趙賦詩 卽口占一絶曰 樹上棗滿開 空家寂無人 春風吹不盡 萬里草多新 覺而記之 不遺一字 語同學生 書于壁 翌日趙死 亦恠矣 『謏聞瑣錄』

· 黃俊良

錦溪 風采動人 其莅任星州也 有僚員某之妻 窺覘欽悅 遂病死 一日 錦

溪坐衙 有白衣女子 隱見於門外 漸覺来逼 病随而日深 遂不救然 至死猶拱揖 作拒排狀 口不絶男女之分 則有難屈之操矣

· 李翼壽

松溪謏錄 記自然堂集事 曰居昌縣 有李翼壽 年十六七時 道遇青衣童子 年可十二三 自稱海東仙 相語大悅 夜歸朝來 動輒追從 自此李之文章翰墨益進 操筆立成 其所作 幾至千餘篇 而散亡殆盡 僅拾若干爲一卷 目曰自然堂集 此仙子之自號也 如三淸亭 五可寺等記 人固莫及 詩曰云云 而詩不及文 辭去之時 泫然泣下 騰空而去 飛昇之際 人或有見其形者 還錦後 粗記姓名 中年來學于余 常若失性者 今也則亡矣 後之洪氏 重問李氏台岳事似同代座

· 金安老

未第時 夢神人來告曰 春融禹甸山川外 樂奏虞庭鳥獸間 此句 君之平生登敭占也 既覺莫曉其謂 亦不語人 燕山丙寅 以律詩取士 題乃春日梨園弟子閱樂譜 而押間字 安老忽憶夢中之句 甚合題意 塡作項聯 時金勘爲大提學 金慕齋以禮佐 爲對讀官 讀至此句曰 此詩鬼語也 金勘不以爲然 慕齋請待坼名 招此秀才 詰問則可知也 金勘乃招安老 詢問之則 果夢中神授也 慕齋由是以藻鑑稱焉 一云 此是鄭紹宗事 依據分明云

· 鄭紹宗

登燕山甲子科 官至奉敎 少時夢一老翁 書贈一句詩曰 禹跡山川外 虞庭鳥獸間 及甲子行別試 題春閱梨園樂 七言律詩 紹宗忽思夢中句 仍演成一聯云 春濃禹跡山川外 樂奏虞庭鳥獸間 金慕齋爲考官 以爲神語 遂置上

等 異哉 『芝峯類說』

· 許草堂

聽竹隨記曰 沈大孚 歷宿許草堂墓舍 夜聞鬼哭啾啾 怪而問之 則云自筠死後 每夜啼哭耳 沈卽題詩壁上以慰之曰 不肖寧無子 空山白骨寒 英靈休夜哭 金盌亦人間 自後鬼哭遂止 墓在果川霜草里

· 二旬錄曰 南中擧子數十人作科行 曉到錦江向弓院 一行盡是同接 而獨居前二人 不知爲誰人 時未及曙 月色滿野 居先者 顧謂同伴曰 時景正合聯句 仍叫曰 弓院月彎風似箭 後者卽應曰 錦江烟織柳如絲 同來諸人相與傳誦 及入洛 質之于三淵 三淵以爲鬼詩云

· 安應世

謏聞鎖錄曰 子挺亡後三年壬寅 高淳凞之 夢見於曠野 相與酬唱 自同平日 子挺問伯恭宗之安在 曰已上寺肄業矣 子挺不悅 卽成一詩 付高以遺二人曰 文章富貴摠如雲 何須勞苦讀書勤 但當得錢沽酒飮 世間人事不須云 高覺而記之 遺余 余時莫知其意 後十年然後覺之

· 金冲菴

謫濟州 夢一老人來曰 與子相見久矣 不知文章如何 願賞一篇 先生答以無有 老人曰 可與聯句卽呼曰 積雨初晴後 先生不得已應之曰 新凉樹梢生 老人曰 夜深幽戶靜 先生曰 月近小窓明 老人曰 詩自枕邊得 先生曰 琴從膝上鳴 老人曰 此間淸意味 先生曰 難與俗人評 老人吟咏至膝上鳴之句 驚曰 詩格依舊 因忽不見 年譜

· 申保閑齋

少時赴謁聖試 半夜與人同就成均館 見路中有一物 張口當路 上脣着於天 下脣接於地 同行者惶怖却步 取他路而去 申公直入兩脣中 中有一靑衣童子 拜而言曰 願從措大而遊 惟所指使 申公頷之 自此童子隨行不少離 遂捷巍科 凡有吉凶 莫不先言之 聽其指導 無有不吉 及渡海入日本 風恬浪靜 終致利涉而還 其從光廟 策首勳 位躋台鼎 童子必先告其吉 及其終也 童子泣而辭去 未幾而沒

· 徐尙男

進士 府使克一之子也 克一居尙州 少有才名 所與遊者 皆鄕之韻人也 及卒 葬于洛西之尼山 尙男廬于其側 朝夕必哭于墓 墓前有一樹 墠其下爲就息之所 有童子姓朴者 年可十四五 從尙男學 一日夢至樹下 見盧政丞守愼, 金司成冲 盧正獜[15] 金玉果範 金進士彦健 與克一會其處 命其亭曰觀行 對坐酬唱 篇章堆積 克一以詩授朴童 使之語尙男 朴童素不解屬文 讀屢百遍始成誦 乃魘而覺 亟呼尙男 取燭書之 詩曰 觀行亭中六仙會 眞樂事 觀行亭名留百祀 洛水之上 可以立六仙社 洛水萬古流不舍 靑山之下數椽廬 孝子營 孝子幾竭如在誠 孝子不避風與雨 日三來 號哭聲中冥夢回 『蒼石集』

· 宋象賢

乙未 公之子仁及 夢見公 公曰 禍亂未定 前頭事 有不可言 何時瞑目 因寄詩曰 否運重回士如殲 丙丁之禍碧於藍 西行鐵瓮愁無酒 東來金剛喜有鹽 琴蓋曾驚遼鶴唳 黃巾竟破漢靴尖 他年幸得干戈息 好收吾骨葬江南云

15 『대동야승大東野乘』「견한잡록遣閑雜錄」에는 '盧祺'로 기록되어 있다.

當時所傳 未知眞否

· 金錫冑 閔黯

見冀錄

· 宣世徽

少時讀書山寺 夢一老翁曰 速避速避 遂警起移他房 少頃巖石崩壓房僧多死而世徽獨免 翌夜夢 翁又贈詩曰 楚客遠投三峽日 蜀禽啼到五更時未解其意而心異之 及光海時 附麗權門 登第作宰 多有贓汚之行 反正後逮繫詔獄 罪將死 夜五更 聞杜鵑啼 忽憶翁夢中詩 謂諸囚曰 吾可以生矣乃足下句曰 乃知禍福皆前定 追憶當年夢裏詩 明日減死 流三水 三浹之語亦驗矣 『天倪錄』

· 屬對寃婦

撫松小說曰 具鳳瑞按湖南時 羅州有夫殺妻疑獄 累年不決 一日夜 月色如晝 具夜深 無寐起 步庭中 倚於梧桐 忽得「徙倚奇桐同玩月」之句 沈吟未得其對 忽有一女子過曰 何不以「點燈登閣各成詩」爲對耶 蓋劈倚爲奇桐爲同 而燈閣亦劈爲登各而爲對也 具忽精神恍惚 呼酒鎭心 仍就寢 窓外有訴寃聲 問爲誰也 對曰 月下屬對之女也 仍訴寃曰 妾本羅州士族 夫亦同鄕士人 嘗於枕上語夫曰 何不對點燈登閣各成詩乎 夫未得其對 約以上寺 得對而還 仍於翌日 上寺久不還家 同伴怪而問故 夫告以實 隔壁有光州士人 竊聽之 夜深下來 自稱新郞 卽得對而來 尋入新房 使勿擧燭 欲與之强 妾疑而拒之 則刃妾而去 妾家遂呈官 捉囚妾夫 妾夫將寃死 故欲訴寃而未果 今逢相公 精魄過人 故來訴耳 具曰 何以獲戕汝之人乎 對曰

設白日場 懸相公所得之句 或有屬對者當施座賞云 則必有以妾所得句爲對者 此卽其人也 具如其言 聚道內多士 懸詩求對 則光州士人果書點燈句以呈 乃招坐行賞 卽令捉下嚴刑 窮訊首實如冤婦言 卽施當律 放出前囚
『撫松小說』

· 諸沫

壬辰亂起義兵討倭 所向克捷 與郭再祐齊名 星州士人鄭錫儒未第時 與本牧子弟同做功令于衙 後梅竹堂 堂前又有支頤軒 一日鄭獨步軒中 時月甚明 忽見烏帽茜袍者 從篁竹間 拂髥而來曰 我是舊牧使諸沫也 本固城縣民 當壬辰亂 擧兵討賊 朝廷特除星牧 其熊海斫營 鼎津迎敵 無不摧破 而文檄泯沒 史乘無傳 當時鄭起龍諸人皆我之褊裨也 仍拔腰間寶釼曰 以此斬倭數將 額上每每有火紅 疎髥張動 自吟曰 山長雲共去 天逈月同孤 寂寞星山館 幽魂有也無 又言 墓在漆原無子孫 頹蕪不治云 翛然長揖而逝 焂忽復入竹間 旣明共語嗟異 時監司鄭益河聞之 召致錫儒 遂關漆原 改封塋域 爲置守塚二戶 漆倅魚史迪晝寢夢 一官人來告曰 吾墓在治所幾里某邱某坐 自巡營當命修 君其留意 旣覺異之 是夕關到 魚大加修治云

· 成琬

多讀書 少能詩 雖長篇大作秉筆口呼 自比東坡 人謂詩魔 庚戌暮春訪隣友 乘醉 夕歸路 由司圃署後 時方黃昏 忽逢黑衣老人 欣然握手曰 與君有共遊處矣 成逡巡而却 老人强爲提携 倏忽間已出西門外 陟鞍峴東麓 老人以手拭成眼 眼始明 仰而觀之 露頂白髮 頎然長身眼目甚獰 身着有紋黑衣 腰不繫帶 足着黃履 長髮尺 因與之同遊萬松間 翌曉提上東邊石上 呼韻促詩 成卽應聲曰 徙倚西峯上上頭 高天大地駛雙眸 俯臨渤海平看鏡 回

指穹鰲小似鰍 匹練中分三市路 浮雲低度五城樓 鄭公當日成功處 幸陪仙翁辦壯遊 老人聽畢稱曰 雖使丹老見之當爲奪魄 仍和曰 卯來卯去檢人頭見爾淸標刮兩眸 氣似靑天駈玉馬 文如滄海抽金鰍 牢躔盡蒼巖宅 緩步宵登紫葛樓 無日無風長歷覽 定逢烏瑟道淸遊云云 成再三默誦 老人挈置岩石間而去忽不見 成乘其無 欲脫歸 身若纏縛不能動 兩眼昏眊不能明 雖欲呼人 聲不出口 終日昏倒 初昏老人携出曰 更有同遊處 由鞍峴西麓 到昌陵松間 皆行山脊 夜半月出松陰 老人曰 此景可作聯句 余卽應曰 木老流露濕 山深月色奇 老人稱賞 翌日曉 又置松間而去 如前不得脫 初昏又到 携出至津寬寺西麓 徘徊亂叢間 已而 鷄鳴樵童擊錚而至 老人驚起解手 因忽不見 成乃惝怳顚仆 幸以得蘓 匍匐前進 望見津寬寺 呼僧救之 賴寺僧 有相知者 負入山房 轉通于家 其父倉黃而來 百方救療 堇得回甦 能記酬唱使其弟寫 出後連二日夜復來作怪 以劒擊之 其翌歸家 後二日夜 忽夢見紫衣童子來謂曰 我是黑衣老人 向以老醜 今以少時貌 見之 君勿訝焉成因驚覺 後數日夜 又夢 一靑袍美丈夫復來曰 向夜黑衣神紫衣童 皆我也我是寃魂 不是邪鬼 欲借君舌傳我情事 幸勿負也 成問所傳何事 靑袍者泫然泣下曰 我是新羅敬順王時 學士孟蓍字國瑞 家在金鰲山西 性好種梅養鶴 自號梅鶴道人 一日王設宴 命諸學士賦春詩 我作詩曰 碧桃花上雨霏霏水滿龍池柳欲翠 萋萋芳草西園路 羃地寒烟濕不起 王嗟賞 諸學士相顧失色 後日復宴於彩雲樓 王有寵妃名翠妃 東海龍女也 明艶傾國 是日爲妃賦詩 我獻詩曰 瓊瑤爲骨玉爲肥 月態星眸絶世姿 戲向前堦拾春花 好風吹動瑞香披 其後日本僧義能以使來到 請學士詩以賁其國 王命我賦贈 詩曰 中藏日域海無邊 一姓相承五寶傳 萬國山川難並處 扶桑枝上掛靑天 義能大悅 以黑錦四疋獻之曰 此錦扶桑繭絲所織者也 王以二端賜我 我爲道服每着 人皆謂黑衣學士 後遊鮑石亭 王特贈白玉笛 以侈其遊 我得小絶曰 鮑

石亭前月 清波漾彩船 一聲白玉笛 吹罷老龍眠 竟爲宗正卿金璘所讒 被逐絕影島 四年及王太祖立 敬順王割地以和 以我爲使 及還路過漢山死 不能遞柩 權窆仁王山下 遂作他鄕之魂 時與北司公閭邱恭及北副公蔡禧相友善 皆能詩者也 向與君訪此兩人 忽聞錚聲驚散 可謂遺恨 成問曰 金璘者誰也 答曰 金庾信後也 後問閭邱恭蔡禧誰也 曰 閭邱烏瑟山人 蔡卽丹老也 又謂曰 我之事跡不見於史 尙抱遺恨 子其勿忘傳於世 幸甚云云 成惟惟數聲 忽驚覺 東方向曙矣 出天倪錄 錄成琬自記

· 辛慶衍

以平安評事 卒于官 甚著靈蹟 歿後數十年 其友人 遇辛於關西道中 呼以字 道故以平昔 遂托曰 吾之子孫貧甚 吾有遺物 不能傳之 寶刀及玉圈在屋樑上 家人無知者 君幸傳之 其友人 心異之 及歸 卽語其子孫 驗之屋樑 果得刀圈云

· 金德生

太宗時 被形寃死 至世宗朝 嘗夜坐寢殿 聞履聲自外至 怍問之 對曰 臣金德生也 寃死十年 悶鬱客土 乞許歸葬 上嗟異之 亟命有司 伸其寃 贈同知中樞院使 返櫬故土 官庀墓事 樹石表墓 實正統丙辰也 壬戌 上又悼念卽所居咸平地建祠 今所謂甑山祠也

· 林百齡

少時 夢有神人 謂之曰 子宜以槐馬爲字 覺而異之 遂自號曰槐馬 然未曉其意 嘉靖丙午 以冊封謝恩正使 借銜右議政而行 在燕得病曰 吾其不起乎 旣借議政之啣 而又遭午年 神人所謂槐馬者 殆謂此歟 還到永平府而死

· 全穎達

以能文鳴 少時 客遊完城 宿池亭 被酒掩閤獨眠 忽有履聲自外 排閤而入 容態絶艷 全醉裡開目一視 復冥然而睡 美人掩閤而出 見于夢曰 嗟哉無情郎 吾心慕郎風儀 冒近淸光 醉而不省余 悵然而歸 題詩荷葉上 留一墨以贈 爲我堅藏此墨勿失 後必高第且顯官 失此其不吉矣 全朝起見閤外有荷葉 葉上有詩曰 遠客沈醟(音冥 酒病也)喚不聞 睡荷搖月舞波紋 今宵佳會天應借 留與光山一片雲 其側有墨一笏 印字曰 光山片雲 盖荷葉不受墨 而此則字畫甚明 心異之 收其墨 封而署之 藏錦囊中 後宣祖丁丑 登第作外官 有郡妓薦枕 乘其醉潛偸之 納己囊 夜夢見昔日池亭美人 慍而謂曰始吾愛君贈墨 戒以勿失 今何食言 全覺而開其囊 無墨 詰其妓 還索而視之 則封識如故 而墨則無矣 大怪之曰 神女所貽 歸收藏而失之 神其怨矣其後官不遷『於于野談』

· 李達

遊西京 過嬋娟洞 時山花飄颻 濕雲如畵 徘徊怊悵 吟一絶曰 牧丹峯下嬋娟洞 洞裡埋香草自春 若爲借得仙翁術 喚起當年第一人 歸臥旅舘 醉夢迷離 有羣妓 靚粧美服 井井而至曰 妾乃嬋娟洞裡人也 昨蒙惠然瓊章煒燦幽骨生香 鳴感珍重 遽然而覺 明日入洞 奠以茶酒 侑之以詩曰 不是鄒生律 能回幽谷春 香魂猶髣髴 重見李夫人『於于野談』

· 尹潔

嘗語車軾誦一詩問曰 此詩何如 車答曰 此鬼詩也 尹大驚曰 余昨夜夢遊一深洞 白沙十餘里 月色如晝 有一鶯聲 聞其洞 乃石門也 遂作詩曰 偶入石門洞 吟詩孤夜行 月午溪沙白 空山啼一鶯 五山說林

· 白馬將軍

黃眞嘗僑居于松都 古射場宿焉 夜月微明 闃 無人聲 有白馬將軍 駐馬盤桓 以袖拭淚而歌曰 五百年都邑地 匹馬歸來兮 山川依舊 人傑何所之兮已矣哉 故國興亡 問之何爲兮 歌竟 揮鞭而逝 不知所向 始知爲非人也 今人謬傳 爲眞伊所作云 於于野談

· 金容

陰城人 於于野談曰 容旅遊京師 遘癘死 饑人盜其屍 燔炙而食之 其後容之表弟金繼文 病疫將死 見容在傍贈詩曰 骸棲林莽疎還密 魂逐烟雲斷復連 役役生前多謬計 哀哀身後最堪憐 漢江流水澄波碧 爲洗胸中夜夜煎 仍謂曰 子今日甦矣 夢覺 熱退而蘇 容生時 粗能屬文 甚不善 及其爲鬼 其詩悽惋 勝生時

· 李東柱

玉山瑀 曾孫 死時 忽自言 有人詠詩云 青山深幾許 惟聞子規啼 此豈夢耶 抑神人來告耶 亦異矣 出尤菴所撰表 詳下

· 柳赫然 [詳下]

湖中一士人 作京行 路中夢見一將軍 儀甚盛 人稱柳赫然 口呼一絶以贈曰 吾王推食解衣衣 生死君恩也莫非 明時罪大終難逭 魂到丹墀舊秩依士人入洛 始聞柳申復之命『聽竹隨錄』

· 李徵[見上一張淸牌錄曰]

廷弼子 夭歿 未幾 其妹夫沈生 尙燦于夜中孤坐 忽聞門外 有騶御喧嘩

聲 出見則卽李也 上堂叙禮 沈驚問曰 君死已久 何以出現陽界耶 李曰受暇冥司而來爾 沈曰看君威儀 無乃做官耶 李曰方爲修文舍人耳 沈勸以酒使自酌 傾壺卽空 沈欲得其手蹟以爲證 李卽成一絶 手書以贈曰 獨鶴青雲外 孤鴻落照中 想思明月滿 歸夢海天東 仍長揖再言去 明日沈見廷弼 示其手蹟則果不誣云

· 鄭碏

梧亭 以詩名於世 嘗中風 一日自言曰 見一年少書生 戴蓮花巾 貌若玉雪 自稱唐雅士姚鍇 與李長吉友善 棲鴈蕩山 將二百年 聞東方山水最佳 移棲漢挐山 近千年 欲向金剛山 與汝有緣 故來任三角山 已三十年 今始到此 作詩曰 萬里鯨波海日昏 碧桃花影照天門 鸞驂一息空千載 緱嶺靈簫半夜聞 又曰 棲身三角三十春 日日每向南雲哭 松風不如龍吟聲 蘭雁又下三陵鶴 三陵鶴不來 蜀道峯前秋月黑 或問蘭雁之義則曰 衰蘭之節 鴈來賓故云也 如此歲餘 魔去而病愈 李顯郁之魔長篇大作亦能之 至於散文 皆圓熟 梧亭之魔格 過於顯郁 而律詩且不及絶句 況其文乎 鍇之名 不見於傳記小說 抑唐末以絶句名家者歟 許荷谷愛其五絶 以爲不減盛唐 題魯山故宅曰 人度桃花岸 馬嘶楊柳風 夕陽山影裏 寥落魯王宮 清明日贈人曰 二月鷰辭海 千村花滿秦 每醉清明節 至今三十春 春晚詩曰[見下鄭百鍊] 酒滴春眠後 花飛簾捲前 人生能幾許 悵望雨中天 秋日詩曰 菊垂雨中花 秋驚井上梧 今朝倍惆悵 昨夜夢江湖 聞琴詩曰 佳人挾朱瑟 纖手弄柔荑 忽彈流水曲 家在古陵西 蓀谷又傳明月不知滄海暮 九疑山下白雲多之句 則入夢境矣 許筠與梧亭之弟鑑密友 故備聞其詳云

· 崔婁伯

父尙蓊 爲虎所害 婁伯時年十五 荷斧跡虎 斫而刳其腹 以父骨安於器葬之 遂廬墓 一日假寐 其父來咏 披榛到孝子廬 愼勿戒意無窮 負土日加冢上 知音淸風明月 生則養死則守 誰謂孝無始終 後婁伯 登第

· 黃欽

判書 少時接詩魔 後尤力學能文 魔辭去

· 李宜繩

嘗往靈岩妻家 無幾 現于其友李檝之夢 告以一絶曰 江南芳草綠迢迢 寂寞孤魂不復招 千里客心何處托 漢陽城外上房潮 未還而逝 以木道返觀京口 果與詩意相符 亦異矣

· 宋夢寅

琴岩 有詩才 次唐律韻 一聯曰 長江有恨潮空去 喬木無春月獨來 此鬼語也 夭死 人皆惜之 『菊堂俳語』

· 梁喜

工於詩 嘗於雪夜 尋梅吟詩曰 雪墮吟唇詩欲凍之句 久未屬對 遂忘不記 十餘年後 夢有人來問子何不續詩欲凍之句乎 仍微吟曰 梅飄歌扇曲生香 覺而異之 遂成長律 幽人要結歲寒盟 獨訪江梅興欲狂 雪墮云云 人從銀漢橋邊過 月掛瓊瑤窟裏凉 明月正高風正急 招魂何處覓餘芳 菊堂排語

· 李彦著

持平 死後其內弟 金侍直盛益夢李 盛騶率萬將 奉使遠行者 金甚悵然

李慰勉之 因贈一絶曰 華表春殘別鶴回 石潭流玉古槐摧 輪環一夢吾先覺 紫府淸遊爾莫哀 金亦和云 華表翩翩鶴影回 如風如雨我心摧 西天世界君休說 白首人間是可哀 盖李有老親故也

· 鄭百鍊

惺叟詩話云 少日 見鄭百鍊 自言病而遇鬼 能作絶句 其最警絶者曰[見上鄭鎔] 酒滴春眠後 花飛簾捲前 人生能幾許 悵望雨中天 又曰 萬里鯨波海日昏 碧桃花影照天門 鸞驂一息空千載 緱嶺靈簫半夜聞 其音韻幽瀏 自非人間語

· 黃建中

碧梧謏記曰 黃生建中 嘗讀書于鐵原僧舍 寺距泰封故宮基二三里 一夕有一美姬來就生枕席 生問其爲誰則 女曰 妾是弓裔時宮人 生曰 弓裔距今千有餘年 汝何以得存耶 女曰 妾在宮中 年方十五 値國難 投死盌井 公之遠祖黃將軍 收妾屍 埋于此處 墳在此門外矣 妾感德思報 至今千餘年 銘在心骨 聞君以將軍之遠裔 來住于此 故請備箕箒之任 以爲報恩之地 生因與狎 來往無常 爲生言弓裔時 宮中故事 頗詳悉可聽 生漸成疾祟 累歲藥治 怪遂絶乃已

· 柳赫然

庚申寃死 至己巳 瑞山士人李燮 夢出東郊 見軍容甚盛 一大怕 軍高臨戎壇 人謂柳某 俄而招延李燮 吟示一絶曰 吾王推食云云 燮覺而異之 記于曆頭 未久 肅廟下 復官之命 燮始覺其夢驗 訪柳後孫 傳示其曆書云 燮於夢中和詩 而上下其韻 詩曰 我本西湖一布衣 石田茅屋此身依 投閑風月

生涯足 不識人間有是非

· 李潑

爲承旨 弟浩爲舍人 家在南平 時望隆赫 同隣 有朴座首 乃鄕班而與潑家 累世舊好也 適當節祀 潑浩俱在京 未歸 使未成長兒子 往省先墓 仍留宿朴家 朴有一女 年可及笄 色藝絶倫 見李童風神動人 念慕未忘 仍成病臥 其父母百方醫治 漸至難救 盡宵相泣 女言今則病已無奈 雖有羞愧之事寧可隱而不告乎 女自某日 窺見李童後 中心戀慕 乃致此疾 今如得歸于李家 庶幾獲瘳 否則死矣 願父母圖之 朴不勝慘憐 遂入京訪李 終朝對討 囁嚅不敢發 潑疑而詰之 朴乃備陳其女所言 仍爲泣下 潑曰 君家雖寒微 亦是班族 與我結婚 有何不可 但兒子非吾所生 卽以弟之子 繼後者也 不可獨斷 當與弟相議定婚 君可休慮 朴感謝不已 歸傳其語女 乃强食 稍有回甦之望 月餘潑家 送人請朴 朴上來 則潑浩同坐 浩盛氣責朴曰 君是何人敢請婚于吾家乎 苟非世好之誼 當治兜濫之罪 而寬貸以送 勿復萌心也 朴恧蹙而退歸 傳于其女 越數日女遂夭焉 一日潑夢有女哀號之聲 自遠而近及于大門 以筆書于門楣 直入祠宇而止 乃警覺以火燭 門楣而見之 有詩曰凄凉承旨宅 寂寞舍人家 默計淋漓見之 茫然自喪曰 吾家其殆乎 是必朴女之所祟也 未幾 潑浩俱連繫無噍類焉

17. 凶逆

· 柳世昌

謀欲邀功受賞 聚隣里愚騃小兒 相與雜戲 錄姓名爲作契之狀 誘會其家 因飮博賭 取各人之衣曰 來日可備酒來退衣去 皆令散去 潛書各人姓名及謀逆辭緣 割衣領納之 還合縫藏之 翌日依約皆至 還與衣衣之 卽日上變告 命皆拿致闕庭 鞫問了無他驗 世昌供誚開衣領見之可知 卽依供坼縫開見 果有書錄謀逆之語 無辭就服 數十人皆伏誅 杖死者甚多 其數年甫十五六 虱種滿頭 爲所誑誘被誅 聞者寃之 『思齊摭言』

· 孔好謙

壬辰提兵 投倭爲賊嚮導 僞稱慶尙監司 據靈山縣 四出摽掠 玄風縣監 辛礎 嘗授業于好謙之父 與好謙情厚 故乃以弊衣匹馬 直往求見 好謙盛陳 兵威以拒之 礎笑曰 吾以故誼來 不料待刺客 乃拂袖欲歸 好謙聞之 卽令召入 款邇如平素 命酒共歡 礎素諳好謙嗜酒 乃歡飮 至酩酊不省 礎令手下 力士縛 歸入火旺城斬之

· 李夢鶴

宣祖丙申七月初六日夜 賊入鴻山 主倅被擄 七日午入林川 主倅亦被擄 賊魁乃鴻山李夢鶴也 左衛將能雲 右衛將私奴彭從 斥候將張蓄等 嘯聚作黨 是日自林川入定山 主倅避走 是夜賊踰嶺入靑陽 主倅亦避走 初九日 自靑陽向 洪州牧使洪可臣 守城甚堅 賊不得犯 退住大興地結陣 夢鶴彭從 則爲其下定山 金慶昌所斬 張蓄爲定山人所擒 拿致京師 能雲則爲扶餘道 泉寺僧所斬 麾下皆星散 鴻山林川等邑守令 囚于洪州獄 選鋒將韓賢則定

山人 吳福男 言內以爲首倡起兵云 故亦囚洪州 其餘 未及捕捉者 處處伏兵督捕 大抵變出不意 列邑守令 未及聚兵 數日之內 連陷五城 兵禍之慘無異倭賊矣

· 鄭汝立

世居全州南門外 其父夢見鄭仲父而生 性麤鄙 夙談道學 與栗谷李潑松江等 相從甚密 有名於士流間 皆欲引置要路 吏佐李敬中 素惡汝立爲人不肖擬顯地 於是右汝立者 以敬中爲嫉善 及仁弘爲掌令 與栗谷等 劾罷敬中 汝立始爲正言 然多在鄕村不仕 益見推於人 癸未栗谷以吏判 入對極薦汝立可用 於是汝立爲修撰 未久辭去 及栗谷與李潑相弛 栗谷卒 汝立更附潑 攻栗谷甚急 士類之非栗谷者 皆與之交 白惟讓與汝立 同直玉堂 聞其論甚喜 以其女妻汝立兄子 性凶悖 氣魄壯盛 及登第通顯 上惡之 乃棄官歸 武斷鄕曲 潛謀不軌 假托講學 招聚無賴武士僧徒 見海西俗頑 又與安岳邊崇福朴延齡 海州池涵斗等 潛相交結 部署約束 擬於己丑冬末 西南一時擧兵 直犯京師 僧義巖詗其狀 密言于載寧郡守朴忠侃 安岳校生趙球 又以送狀 發告于本郡 郡守李軸海伯密啓上變 禁都下去 發兵圍 捕收汝立家藏書尺入內 於是凡與汝立素厚 而往來通書者 皆不得免 士類多得罪 汝立知機 乃與其子玉男及同黨安岳邊氾 朴延齡子春龍 匿于鎭安竹島 本縣監閔仁伯 跟捕圍住 汝立等環坐巖石 閔仁伯欲生擒 諭以王命 戒軍官勿逼 汝立先以刃斫邊氾卽死 又斫玉男及春龍 不死仆地 因以釰柄植地 自就刃割頸 聲如牛吼卽死 載尸以來 磔尸于市 百官序立 子玉男生而神采俊秀重瞳而兩肩有痣 如日月狀 汝立萌逆 盖恃此子云 己丑就捕時 年十七 供云謀主吉三峯也 古阜 韓璟(憬)[16] 泰仁宋侃 南原趙惟直 辛汝成 海西金世

16 진휘속편에는 韓璟으로 기록되어 있는데, 『混定編錄』, 「混定編錄5」에는 韓憬으로 기

謙 朴延齡 李箕 李光秀 朴杙 朴文長 邊崇福等 十餘人 常來訪池涵斗 僧義衍不知其所來 涵斗嘗在家間 衍僧日夜同處 延齡欲探京中消息 仍往海西云云 皆就捕承服誅 侃惟直汝成 不服而死 鄭緝 汝立姪 轘斬

· 池涵斗

海州人 本名景涵 本京城人 奸至親 事覺 逃隱改名 梢解文字 稱處士 聽汝立嗾 乃揚言于海西曰 吉三峯三山兄弟 領神兵 或入智異山 或入鷄龍山 又曰 鄭八龍汝立幼號 神勇人 當爲主 不久擧兵 於是海西行言藉藉 以爲湖南全州地 當有聖人作興極濟吾民 自此國家太平 愚民聞之眩惑喧傳 涵斗供拳叩盘石四散如電 故爲徒中之將云

· 邊崇福

安岳人 在全州 則曰邊溪 在東萊 則曰白日昇 勇健絶倫 聞球告變 自安岳奔告汝立 四日半而至金溝 遂使汝立乘夜逃躲 一名氾 載尸以來處斬

· 僧義衍

雲峯民之子 自稱遼東人 遍行列邑諸山曰 余在遼東 望東國 有王氣 到漢陽 則在湖南 到湖南 則在全州南門外

· 吉雲節

善山人 故直講蘇海之子 德兪 卽汝立三寸姪 己丑蒙恩安置濟州 辛丑善山人吉雲節 潛入濟州 與德兪 密謀不軌 爲德兪妻所覺 雲節遂先發告牧使趙儆 拿送德兪於京斬之 雲節以先告蒙赦 後以恩典不加 頗怨望 還收

록되어 있다.

處斬 雲節頭有三角 兒名三峯 此必是吉三峯也

· 李箕

黃海道罪人 李箕等 以汝立同謀承服 行刑

· 黃彦倫 方義臣

安岳水軍 黃彦倫方義臣等 承服行刑

· 被拷椋死者

李潑 前大諫 李洁 前應敎 李汲 潑兄 別坐 白惟讓 兵曹參知 白振民 惟讓子 生員 曺大中 前都事 柳夢井 前南原府使 李黃鍾 前察訪 崔餘慶 前監役 尹起莘 儒士 李震吉 汝立甥侄 檢閱 不服杖斃 其與汝立書中 有主昏日甚等語 斷以逆律 其他不能盡記 而潑與惟讓家得禍尤酷

· 連累被竄者

鄭彦信 右議政 與汝立通書札 而上疏自辨 曾無往復書 上以爲欺罔 欲賜死 賴大臣救之 被鞫 殿庭血肉狼藉 竄北道不久死 金宇顒 安東府使 洪宗綠 直提學 申湜 持平 鄭叔男 鄭介淸 士人

· 下獄瘐死者

崔永慶 處士 獄事蔓延 歷三載而未竟 死者 幾千餘人 汝立邊溪自刎 載屍來轘之於市 百官臨視行刑 梟首鉄水橋 誅其妻子 掘其父祖塚 汀瀦其家革其所居金溝郡屬于全州 右出雲巖雜錄

· 戊申三月十四日

奉朝賀崔奎瑞 使安鎬告變 十六日親鞫 金重萬彦城君 告者 超二資 給米五石 奴婢各三口家舍 安鑮 刑一次不服 絶島定配 鄭觀賓 次告者 僉知除授 給米二石家舍 渠上疏不受 瓦署別提除授 成琢 刑一次不服 移送刑曹 南泰徵 賊魁 捕將 南在後孫 十二度承服 陣前梟示 朴弼夢 賊魁 參判刑一次 烙二次 百官序立 凌遲斬 李思晟 賊魁 平兵 烙刑施威 承服 百官序立 凌遲斬 朴弼顯 以泰仁倅擧兵叛 亡命朴道亨 捕捉爲尙州營將韓球所斬送 李有翼 賊魁 參奉 命世之子 十八度 烙刑施威承服 百官序立 凌遲斬 閔觀孝 逆魁 宗道之孫 李瑞雨之婿 一次 愼光遠 宣傳官 十七度 李世龍 全州捉來 一次承服 陣前梟示 李河 參軍 延平曾孫 一次 李志仁 允文之子 漢陰之孫 三次 承服 凌遲斬 李順觀 益觀 瑞雨 妾子 西小門 掛書 賊以悖惡不道之說 亂打 凌遲斬 李麟佐 賊魁 雲徵之孫 權大運外孫 一次 百官序立 凌遲斬 熊輔 自嶺南捉送 處斬 驥佐駿佐 連坐堂古介正刑 權瑞鳳瑞麟 瑞龍 睦咸敬 李培 賊中軍 二次承服 以擧兵賊 凌遲斬 郭重輝 鄭祚胤 一次 承服 凌遲斬 韓世弘 賊魁 西平府院 曾孫 一次 羅晩致 一次承服凌遲斬 李文著 河之叔 一次承服 凌遲斬 人爗 一新都正 一次承服 特敎處絞 趙鏛 文科 三次承服 凌遲斬 安益泰 一次 減死 絶島定配 安樞 二次 以思晟軍官 承服 凌遲斬 李日佐 碩徵之孫 一次 羅崇大 二次 鄭世允 柳淰一次 以知情不告 承服 只誅其身 李奎瑞 二次 未及正刑物故 朴泰厚 鄭宜璉 希亮之姪 一次承服 處斬 鄭希亮 魁賊 桐溪之孫 羅順坤 自嶺南捉送凌遲斬 朴宗元 淸州虞候 降賊 都巡撫使 斬送 金聲玉 禁府假都事 率刺客入陣 巡撫使斬送 李思弼 思晟從弟 宣傳官闕直出 因臺啓斬 尹德裕 二次 謀逆同謀 收孥籍産 李弘觀 知情不告 唐古介 正刑 林象極 象德弟 鎭川縣監 李挺徽 挺周兄 黃磵縣監 李斗三 結城縣監 以大元帥三字 被刑云

金道應 懷仁縣監 右四邑倅 賊關動兵 陣前梟示 李廷說 清安縣監 唐古介行刑 梁命夏 李著晩婿 亡命自殺 論以逆律 辛胤祖 承服 凌遲斬 安愰 一次承服 凌遲斬 李善擇 曺景沃 一次 麟佐之切親 知情不告梟示 李萬元 出付訓局 梟示 金玉成 九次 知情不告 唐古介斬 安烇 承服 凌遲斬 韓世能二次 承服 凌遲斬 李溢 知情不告 斬 曺世樞 一次 承服 凌遲斬 壺山君 樫二次 承服 李允幸 一次 承服 凌遲斬 蘇樫 一次 承服 凌遲斬 鄭商霖 李齊時 陜川座首 出付訓局 梟示 李之時 萬元從侄 三次 承服 後誣人加刑一次凌遲斬 張欽 二次 承服 凌遲斬 斗去非 一次 承服 凌遲斬 金奎 鄭灝 自嶺南 梟示 李百全 李師 魯師尙之從 一次 承服 凌遲斬 李震佐儒佐 當初 發配 追遣 都事 梟示 趙觀奎 二次 知情不告 承服 斬 辛景龜 二次 知情不告承服 任環 二次 承服 凌遲斬 南處重 以誣告 陣前 梟示 金德三 凌遲斬 元萬柱 李時愁 震華之姪 凌遲斬 閔百孝 元普子 凌遲斬 宋來益 以海美縣監賊關施行謀逆同參 斬 坦 逆魁

· 連坐秩

朴師寬 亡命 捉來 謀逆同參 凌遲斬 師敏 唐古介 斬 師沈 高敝處斬 弼夢三子 朴師重 弼顯子 自尙州 斬送 朴寄成 宗元子 陣前 梟示 朴弼夔 校理 弼禹 弼顯兄弟 唐古介 絞 弼仁弼忠 弼顯庶弟 梟示 師質 弼顯子 堂古介 斬 南漢東 泰徵子 堂古介 絞 鄭宜璜 希亮子 處斬 羅崇燁 晩致子 堂古介 斬 李世甲 培之父 福一 培之子 堂古介 絞 李今剛 益觀子 堂古介 絞柳文奎文壁 浛子 堂古介 絞 弼夢妻愛伊 弼顯妻 麟佐妻紫貞 堂古介 絞李蜜 思晟子 斬 守英 斗去非父 堂古介 絞 辛景龍 堂古介 絞 辛景虎 呂州絞 胤祖 二子 曺命佐 鼎佐 自嶺南 斬 希亮妻 宋哥 絞 愼採 南原地 絞

· 移送捕廳秩

嚴惡發 周信輝 金光石 林光悌 安纘緖 周信必 成琢 移送刑曹

· 亡命秩

任瑞麟 瑞鳳弟 拿來 黃□□

· 物故秩

沈維賢 賊魁 府使 刑二次 物故 論以逆律 許佩 四次故 鄭道亨 維岳之孫 二次故 韓洵 二次故 韓洸 三次故 李樫 營將 二次故 安世最 二次故 尹天擎 四次故 朴弼龍 弼顯弟 一次故 崔鳳韶 一次故 任瑞鳳 直長 二次故 崔根 二次故 閔元諧 進士 三次故 元普 四次故 昌道 二子 孥籍■ 金弘壽 四次故 趙漢發 五次故 趙萬珽 五次故 金鼎鉉 三次故 韓游 六次故 金德鎖 五次故 宋賀 三次故 李世遇 聖肇叔 二次故 任瑞虎 瑞鳳弟 一次故 趙東奎 二次故 趙德奎 三次故 具聖彦 三次故 成一龍 三次故 柳綀 文判官 命遇之子 五次故 朴衍成 物故 李震華 五次故 趙燧 黃傳 閔思孟 鄭大允 八次故 李明誼 三次故 任瑞麟 孥籍

· 放送秩

安鎬 莫實 告變人 李世說 李槽 權榘 金千鎰 宋喜朝 睦天任 安擎祐 車以黃 李夏宅 明彦子 金塘 李興柱 金震浹[17] 朱乭山 朴益濟 李熙 李照 閔昌基 兵使 李思周 手兵 李衡祥 參議 趙明

---

17 『조선왕조실록』 영조 4년 무신(1728)의 내용에 기록된 내용을 볼 때 『진휘속고』의 기록이 오류로 보이는 金塘과 金震浹으로 바로 잡았다.

· 富貴

趙抗 洪時龜 朴慶舜 李河妻男 林希大 全漢相 趙聖材 睦天綱 睦天樞 睦聖運 蔡聖龍 蔡聖後 蔡聖贇 蔡聖遠 蔡聖奧 蔡有世

· 論罪秩

觀孝 麟佐族黨 限六寸 定配 李興仁 前府使 漢陰之孫 極邊定配會寧府 金壽明 被誣入鞫廳 刑七度以詬辱大臣 絶島定配 李滌 河弟 還發配所 李璛 定配 雲山郡 羅崇岱 晩奎子 減死 絶島定配 金世云 康津 薪智島 定配 安益泰 減死 絶島定配 丁致愼 徒三年 趙拯 徒三年 定配 安鎬 初告變 崔奉朝賀者 絶島定配 李鐵搥 興柱子 絶島定配 辛錫永 絶島爲奴 乭夢 絶島定配 李濟謙 宣川府充軍 以栗峰察訪 棄官逃去 姜栢 鐵山府充軍 以成歡察訪 被髮逃來臺啓 徐命淵 鐵山府 遠竄 以湖伯 不爲印交代逃去 臺啓 崔必蕃 減死極邊充軍以竹山府使 避賊逃去 閔允昌 諮議 出身扶安 蝟島充軍 以禮山縣監 直書御諱 洪益龜 義州府 減死充軍 柳慶裕 靈岩郡定配 因臺啓 金重器 遂東伯孫慶興遠寧因臺啓 權詹 充軍 以湖伯當賊勢鴟張之時托遞任 不爲傳令發兵逗留觀望 李時蕃 以慶尙兵使 李徵 泰徵傔從 減死絶島定配 李之幹 因臺啓以觀孝之隣居切親 碧潼定配放還 朴弼熙 減死絶島定配 萬迪 金沃 李萬春 因臺啓以逆賊切親 極邊定配 鄭思孝 前監司 自鞫廳定配 李眞儒 徐宗厦 自鞫廳還發配所 李明彦 副使 趙鎭禧 書狀 因臺啓極邊定配 權益寬 前監司 絶島定配

· 宣廟十七年己丑

日本刷還我人金大璣孔大元等一百一十六人 又縛送叛民沙火同 及丁亥 賊倭緊時要羅三甫要羅望吉時羅等三人曰 入寇事非我所知 乃貴國沙

火同所誘 故縛送之 聽貴國處宜 上大振兵威 御仁政殿 鎖沙火同 入庭詰問 斬于城外 頒教中外 宴義智等

18. 盜賊

· 峽裡義賊

李貞翼浣少時 射獵山間 逐獸深入 不覺日暮 村家甚遠 投宿無處 遍尋樵路 歷盡數崗 忽見窮山邃壑 有一大瓦家 遂往叩門乞宿 寂無應者 頃之有一女子 年可卄餘 容貌端麗 出而手麾曰 此非留客之所 速卽回去 貞翼默想 山深日暮 虎豹交跡 進退維谷 捨此安適 乃排門突入 女子蹙眉曰 死矣死矣 不忍牢拒 延之入室 坐定問 家主安在 答曰 此乃賊魁所居 妾本以良家女 某歲被掠留此 尙不得脫虎口 賊魁今適出獵 未久當還 若見留客則吾與留客 必作劒頭驚魂 此將奈何 公曰 死則死爾 吾已飢乏 可以餉我否 女以賊魁夕飯進之 公食訖 因抱女就寢 女牢拒曰 命在須臾 此何事也公曰 不然 靜夜無人 男女同處 雖欲別嫌 人孰信之 削之亦反 不削亦反 死生有命 安用恐怯 遂交枕而臥 殆及夜半 賊魁卸擔于庭 開戶而入 身長十尺 面貌魁梧 風儀雄特 手把長劒 見公高臥 大聲叱曰 若是何人 冒入人家奸人小姬 爾眞不畏死之人也 公少無慴容 徐曰 入山逐獸 不覺日暮 寄宿人家 有何不可 賊魁曰 若是大膽 旣欲投宿 則自有外廊 何敢恣入內室 不恤犯奸乎 已是殺無赦之罪也 且主客之分逈別 而汝見主人 偃臥唐突 如是而能生乎 公笑曰 到此地頭 吾雖貞白一心 男女分座 汝果不疑乎 恭執客禮 匍匐膝席 汝果寬恕乎 人生斯世 必有一死 死何足惧 任汝爲之 辭氣明快 顏色自若 賊魁乃以大索堅縛 懸之樑上 顧語其妻曰 庭有獵獸 或燔或炙以來 其女股慄應命 宰割山猪獐鹿 燔炙盛一大盤以進 遂命酒連倒數觥切肉以啗 更割一塊肉 挿于劒頭 向公謂曰 爾亦人耳 在傍而不知其味 可乎 公張口受食 無少疑惧之色 賊魁熟視半餉曰 爾可謂大丈夫矣 乃擲劒而起 解其縛 握手就坐曰 吾閱人多矣 始於今日 得見天下奇男子 將大用於

世 爲國干城 吾何以殺之 自今許以知己 彼女雖云吾妻 今爲君所昵 卽君之眷也 吾何可近之也 且庫儲財帛 併付於君 君其勿辭 丈夫有爲於世 而手無錢財 則何以營爲 吾則從此逝矣 日後 有大厄難道 君其救之 言訖 相與酌酒甚歡 乃飄然而起 不知去向 公仍馱姬輸財而歸 後果顯達 以訓將兼捕將 時有自外 邑所捕賊魁 按治之際 細察其狀貌 則乃其人也 於是白放置之校列 節次推遷 擢武科 至閫帥云

· 熊皮盜

潛谷隨筆曰 盜賊 本是良民 而亦有智慮膽勇者爲之 盖有才 而所生之地賤 不得展布 且迫於生計無聊 不得已爲之 亦可惜而可憐也 南小門洞舊有富家多儲寶貝 藏之斗支而鎖之 斗支者 大木櫃也 群盜聞之流涎 而莫知所以爲計 一人曰 我能取之 遂多造鑰匙大小數十餘箇 得一熊皮銅器 與其黨 潛入其家 量鎖之大小 開鑰 盡取其寶藏 令黨負以出 自冒熊皮 持銅器 入斗支中 使還鎖如故而去 詰朝 主人皆起 聞斗支中有銅器聲 怪而開之 有一大熊大聲 躍出而走 家衆驚倒 或有氣窒者 視斗支 空空無一物 皆以爲寶物化熊而去 大是家變 邀巫以禳之 不復置慮於偸失也

저자 소개

김혈조 : 영남대 한문교육과 교수, 한자문화연구소 소장
역서 『열하일기』, 『그렇다면 도로 눈을 감고 가시오』와 저서 『박지원의 산문문학』 등이 있다.

송병렬 : 영남대 한문교육과 교수, 대동한문학회 현 회장
저서 『새로운 한문교육의 지평』 『우리한문학 다시 읽기』 등이 있다.

정은진 : 영남대 한문교육과 부교수
역서 『표암유고』와 저서 『일기에서 역사를 엿보다』, 『한국 고전문학 작품론』등이 있다.

최종호 : 영남대 한자문화연구소 연구원.
논문 「西厓 柳成龍의 陽明學 批判」과 역서 『潁左文集』, 『敬庵先生文集』 등이 있다.

김남규 : 영남대 한문교육과 강사.

양재성 : 영남대 한문교육과 강사

이심권 : 영남대 한자문화연구소 연구원

박다원 : 영남대 한자문화연구소 연구원